科学出版社"十三五"普通高等教育本科规划教材

供食品卫生与营养学专业使用

公共营养学

主　　编	曾　果			
副主编	张　兵　李　鸣　王　玉			
编　　委	（按姓氏笔画排序）			
	王　玉	兰州大学	王志宏	中国疾病预防控制中心
	王惠君	中国疾病预防控制中心	吕全军	郑州大学
	孙晓红	贵州医科大学	阴文娅	四川大学
	芮　溧	昆明医科大学	李　鸣	四川大学
	何宇纳	中国疾病预防控制中心	何更生	复旦大学
	汪之顼	南京医科大学	沈秀华	上海交通大学
	张　兵	中国疾病预防控制中心	张玉梅	北京大学
	张立实	四川大学	张继国	中国疾病预防控制中心
	陈锦瑶	四川大学	程改平	四川大学
	曾　果	四川大学		
编写秘书	王　玥　刘　丹　李　润　张慧娟　李媛媛　周凤鸣　杨柳青			
	赵蓉萍　鲍妍宏　吴　成　张亦奇　兰　茜			

科学出版社

北　京

内 容 简 介

公共营养学研究人群的营养问题及其影响因素和营养改善的途径，探讨平衡膳食、合理营养与疾病健康的关系，具有宏观性、实用性、社会性和多学科性的特点。本书是我国高等院校食品卫生与营养学专业本科系列教材之一，编者多为国内重点医学院校和国家级营养机构的知名学者。全书共分为五篇十八章，包括：公共营养基础篇、公共营养疾病篇、公共营养技术篇、公共营养实践篇和公共营养管理篇，内容涵盖了公共营养学的基本理论、基本方法和基本应用。本书紧密结合我国当前社会经济发展趋势、人群健康需求和全球营养研究进展，力求内容的科学性、先进性和实用性。

本书既可作为食品卫生与营养学、预防医学、健康相关专业、食品科学与工程类本科专业的基础教材，也可作为营养专业研究生、临床医务工作者和健康相关从业人员的营养学实用参考书。

图书在版编目（CIP）数据

公共营养学 / 曾果主编. —北京：科学出版社，2018.2
ISBN 978-7-03-052100-2

Ⅰ. ①公… Ⅱ. ①曾… Ⅲ. ①营养学–高等学校–教材 Ⅳ. ①R151

中国版本图书馆 CIP 数据核字（2017）第 050353 号

责任编辑：周　园 / 责任校对：郭瑞芝
责任印制：李　彤 / 封面设计：张秀艳

科学出版社 出版
北京东黄城根北街 16 号
邮政编码：100717
http://www.sciencep.com

北京凌奇印刷有限责任公司印刷
科学出版社发行　各地新华书店经销
*
2018 年 2 月第 一 版　　开本：787×1092　1/16
2025 年 1 月第六次印刷　　印张：34
字数：809 000

定价：118.00 元
（如有印装质量问题，我社负责调换）

科学出版社"十三五"普通高等教育本科规划教材

食品卫生与营养学专家委员会

主 任 委 员 张立实 四川大学华西公共卫生学院
副主任委员 （按姓氏笔画排序）
 刘烈刚 华中科技大学同济医学院
 胡华强 中国科技出版传媒股份有限公司
 凌文华 中山大学
 糜漫天 第三军医大学
委　　员 （按姓氏笔画排序）
 于 燕 西安交通大学
 马玉霞 河北医科大学
 王 玉 兰州大学
 毛丽梅 南方医科大学
 厉曙光 复旦大学
 吕全军 郑州大学
 孙桂菊 东南大学
 孙晓红 贵州医科大学
 李 云 四川大学华西公共卫生学院
 肖 荣 首都医科大学
 汪之顼 南京医科大学
 张玉梅 北京大学
 赵秀娟 哈尔滨医科大学
 贾 红 西南医科大学
 殷建忠 昆明医科大学
 曾 果 四川大学华西公共卫生学院
 蔡美琴 上海交通大学医学院

前　言

饮食营养与国民身体素质密切相关，膳食、食物及营养素对人类疾病预防和健康促进的积极作用已得到广泛肯定。随着我国社会经济快速发展和大众生活方式的改变，我国居民的膳食模式、饮食行为、营养问题及营养相关疾病均发生了相应的变化，这对于公共营养学研究和营养改善工作提出了更高的要求。为适应新时期人群营养健康需求和满足营养人才培养的需要，我们组织了多所国内重点医学院校和国家级营养机构的知名学者编写这本《公共营养学》，该书是"食品卫生与营养学"系列教材之一。

全书内容共分为五篇十八章，包括：公共营养基础篇，公共营养疾病篇，公共营养技术篇，公共营养实践篇和公共营养管理篇，内容涵盖了公共营养学的基本理论、基本方法和基本应用。重点介绍人群营养标准、膳食指南、营养状况评价、营养调查与营养监测、常见营养相关疾病的防治策略及措施以及健康饮食指导的基本技能。本书结合当前国内外营养科学研究进展和营养热点问题，力求从公共营养的基础理论、基本方法到公共营养实践进行系统介绍，使学生和读者能清晰全面地了解人群营养问题的发现、分析和解决的路径和原理，从中理解营养因素与非营养因素之间的联系、膳食营养与疾病预防之间的关系，通过食物营养政策法规、营养调查和营养监测、营养标准制定等政府宏观行为如何推动大人群的营养改善。此外，本书还提供了附录、参考文献和国内外营养相关网站，以帮助学生深入学习和扩展知识。在本书编写将近尾声时，正值国务院"国民营养计划（2013—2030）和中国营养学会 2016 版《中国居民膳食指南》发布，我们及时将最新内容纳入，融会贯通引入本书。本书即可作为食品卫生与营养学、预防医学、健康相关专业、食品科学与工程类本科专业的基础教材，也可作为营养专业研究生、临床医务工作者和健康相关从业人员的营养学实用参考书。

在本书整个编写过程中，编者们都贡献了大量的智慧和经验，令人敬佩。科学出版社为本书的编辑出版给予了大力支持，此外，我的研究生们全程参与了本教材编写整理及校对工作，付出了辛勤劳动与汗水，在此一并表示衷心的感谢！由于时间和水平所限，本书难免存在疏漏和不足之处，希望各位专家和广大读者给予批评指正。

曾　果

2017 年 12 月 07 日于成都

目 录

绪论 ································· 1
 一、公共营养的概念和特点 ············ 1
 二、公共营养的历史 ··················· 1
 三、公共营养的工作目标和
  工作内容 ···························· 4
 四、公共营养的研究对象和方法 ······ 6
 五、公共营养与健康 ··················· 7
 六、我国人群营养问题和对策 ········ 8

第一篇　公共营养基础

第一章　营养学基础 ···················· 11
 第一节　能量与营养素 ················ 11
  一、能量 ······························ 11
  二、蛋白质 ··························· 15
  三、碳水化合物 ····················· 19
  四、脂类 ······························ 23
  五、矿物质 ··························· 25
  六、维生素 ··························· 29
  七、植物化学物 ····················· 34
  八、水 ································· 37
  九、膳食纤维 ························ 38
 第二节　各类食物营养价值 ·········· 40
  一、动物性食物营养价值 ·········· 40
  二、植物性食物营养价值 ·········· 44
  三、油脂类食物营养价值 ·········· 48
  四、其他加工制品食物营养价值 ··· 49

第二章　特定人群营养 ················ 51
 第一节　婴幼儿营养 ··················· 51
  一、婴幼儿生理特点 ················ 51
  二、婴幼儿营养需要 ················ 52
  三、婴幼儿喂养原则 ················ 55
  四、婴幼儿常见营养问题 ·········· 57
 第二节　学龄前儿童营养 ············· 58
  一、学龄前儿童生理特点 ·········· 58
  二、学龄前儿童营养需要 ·········· 58
  三、学龄前儿童合理膳食原则 ···· 59
  四、学龄前儿童常见营养问题 ···· 60

 第三节　学龄儿童营养 ················ 61
  一、学龄儿童生理特点 ············· 61
  二、学龄儿童营养需要 ············· 61
  三、学龄儿童合理膳食原则 ······· 63
  四、学龄儿童常见营养问题 ······· 64
 第四节　孕妇营养 ······················ 65
  一、孕妇生理特点 ··················· 65
  二、孕妇营养需要 ··················· 68
  三、孕妇合理膳食原则 ············· 71
  四、孕妇常见营养问题 ············· 72
 第五节　乳母营养 ······················ 75
  一、乳母生理特点 ··················· 75
  二、乳母营养需要 ··················· 77
  三、乳母合理膳食原则 ············· 79
  四、乳母常见营养问题 ············· 80
 第六节　老年营养 ······················ 81
  一、老年人生理特点 ················ 81
  二、老年人营养需求 ················ 83
  三、老年人合理膳食原则 ·········· 86
  四、老年人常见营养问题 ·········· 88

第三章　饮食行为 ······················ 90
 第一节　概述 ···························· 90
  一、饮食行为的定义 ················ 90
  二、饮食行为的功能 ················ 90
  三、饮食行为的建立 ················ 91
  四、饮食行为与健康 ················ 93
 第二节　日常饮食行为 ················ 94

一、食物消费行为 94
二、就餐行为 95
三、饮酒行为 96
四、营养补充剂消费行为 96
第三节 饮食行为的影响因素 97
一、个人因素 97
二、家庭因素 98
三、社会因素 99
四、大众传媒 101
第四章 食品安全 102
第一节 食品安全概述 102
第二节 食品污染 103
一、生物性污染 103
二、化学性污染 105
三、物理性污染 107
第三节 食源性疾病 107
一、食物中毒 108
二、食物过敏 113
第四节 食品安全监管及保障 ... 114
一、国外食品安全监管体系简介 ... 114
二、中国食品安全监管体系现状 ... 115
三、食品安全保障措施 116
第五节 食品保存、制作与营养
　　　保障 119
一、食品保存 120
二、食品加工 120
三、食品烹调 122

第二篇　公共营养疾病

第五章 营养不良 124
　第一节 概述 124
　　一、营养不良定义 124
　　二、营养不良流行趋势 124
　　三、饥饿与营养不良 125
　第二节 蛋白质-能量营养不良 .. 125
　　一、概述 125
　　二、防治指南 127
　　三、营养治疗 128
　第三节 缺铁性贫血 129
　　一、概述 129
　　二、防治指南 132
　　三、营养治疗 133
　第四节 维生素A缺乏病 134
　　一、概述 134
　　二、防治指南 136
　　三、营养治疗 137
　第五节 维生素D缺乏病 138
　　一、概述 138
　　二、防治指南 141
　　三、营养治疗 141
　第六节 碘缺乏病 142
　　一、概述 142
　　二、防治指南 145
　　三、营养治疗 145
第六章 营养相关慢性病 147
　第一节 肥胖病 147
　　一、概述 147
　　二、营养与肥胖 154
　　三、肥胖防治指南 155
　第二节 心脑血管疾病 158
　　一、高血压 158
　　二、冠状动脉性心脏病 163
　　三、血脂代谢异常 166
　第三节 糖尿病 171
　　一、概述 171
　　二、营养与糖尿病 175
　　三、糖尿病管理与营养防治 .. 176
　第四节 肿瘤 182
　　一、概述 182
　　二、肿瘤患者的代谢特点 183
　　三、营养与肿瘤 184
　　四、肿瘤防治策略 188
　第五节 痛风 194
　　一、概述 194
　　二、营养与痛风 198

三、营养防治 199	二、营养与肌衰症 215
第六节 骨质疏松 201	三、防治指南 216
一、概述 201	第八节 阿尔茨海默病 218
二、营养与骨质疏松 203	一、概述 218
三、骨质疏松防治策略 206	二、营养与阿尔茨海默病 220
第七节 肌衰症 212	三、防治指南 222
一、概述 212	四、营养治疗 224

第三篇　公共营养技术

第七章　膳食营养素参考摄入量 230
  第一节　膳食营养素参考摄入量国内外发展历程 230
    一、国际膳食营养素参考摄入量的发展历程 230
    二、中国膳食营养等参考摄入量的发展历程 232
  第二节　膳食营养素参考摄入量的概念和科学体系 233
    一、膳食营养素参考摄入量的主要指标 233
    二、营养素需要量 234
  第三节　膳食营养素参考摄入量的制订原则和建立方法 237
    一、制订和修订膳食营养素参考摄入量的基本原则 237
    二、膳食营养素参考摄入量的建立方法 243
  第四节　膳食营养素参考摄入量的应用 252
    一、膳食营养参考摄入量在膳食评价中的应用 253
    二、膳食营养素参考摄入量在膳食计划中的应用 255
    三、膳食营养素参考摄入量在其他方面的应用 258

第八章　膳食指南与食物指导 260
  第一节　概述 260
    一、膳食指南的概念和意义 260
    二、膳食指南的发展历程 260
    三、膳食指南的制订 261
  第二节　中国居民膳食指南 263
    一、一般人群膳食指南（2016） 264
    二、中国孕妇乳母膳食指南（2016） 265
    三、中国婴幼儿喂养指南 267
    四、中国儿童少年膳食指南 272
    五、中国老年人膳食指南 274
    六、中国居民平衡膳食的图示及其应用 274
  第三节　国外膳食指南和食物指导 280
    一、美国膳食指南和食物指导 280
    二、其他国家膳食指南和食物指导 284
  第四节　素食人群膳食指南 287
    一、素食及素食者的概念 287
    二、素食人群膳食指南 288

第九章　食谱编制与营养配餐 294
  第一节　食谱编制依据和原则 294
    一、食谱编制的目的 294
    二、食谱编制的理论依据 294
    三、食谱编制的基本原则 296
  第二节　食谱编制方法和评价 296
    一、计算法 296
    二、食品交换份法 297
    三、其他方法 300
    四、食谱的评价 302
  第三节　食谱应用 302
    一、计算法编制食谱 302

二、食物交换份法编制食谱⋯⋯309
第四节　营养配餐注意事项⋯⋯313
　　一、食物的选择⋯⋯313
　　二、特殊人群食谱编制的注意事项⋯⋯313
　　三、不同疾病状态食谱编制的注意事项⋯⋯315

第十章　营养调查与营养监测⋯⋯316
　第一节　营养调查⋯⋯316
　　一、营养调查目的⋯⋯316
　　二、营养调查设计⋯⋯316
　　三、营养调查内容⋯⋯318
　　四、国内外营养调查项目⋯⋯334
　第二节　膳食营养评价⋯⋯337
　　一、膳食营养评价依据及方法⋯⋯337
　　二、膳食营养评价内容⋯⋯339
　　三、膳食质量综合评价方法⋯⋯340
　　四、膳食模式⋯⋯345
　第三节　营养监测⋯⋯349

　　一、概述⋯⋯349
　　二、营养监测系统的建立与管理⋯⋯351
　　三、营养监测资料收集、分析和应用⋯⋯357
　　四、国内外营养监测项目⋯⋯362

第十一章　营养流行病学⋯⋯373
　第一节　概述⋯⋯373
　　一、营养流行病学的定义⋯⋯373
　　二、营养流行病学的研究目的⋯⋯373
　　三、营养流行病学的应用范围⋯⋯373
　第二节　营养流行病学研究方法⋯⋯374
　　一、描述性研究⋯⋯374
　　二、病例-对照研究⋯⋯375
　　三、队列研究⋯⋯376
　　四、结果解释⋯⋯381
　　五、营养流行病学的优势和局限性⋯⋯381

第四篇　公共营养实践

第十二章　营养教育与营养咨询⋯⋯383
　第一节　营养教育⋯⋯383
　　一、概念、目的及意义⋯⋯383
　　二、内容⋯⋯384
　　三、方法和步骤⋯⋯385
　　四、相关理论⋯⋯389
　　五、应用⋯⋯391
　第二节　营养咨询⋯⋯394
　　一、概念和目的⋯⋯394
　　二、方法和技巧⋯⋯394
　　三、程序和注意事项⋯⋯397
　　四、应用⋯⋯398

第十三章　公共营养现场工作⋯⋯400
　第一节　伦理学基础⋯⋯400
　　一、公共卫生伦理学原则⋯⋯400
　　二、伦理学在公共营养现场工作中的应用⋯⋯401
　　三、伦理学对公共营养的促进作用⋯⋯401
　第二节　公共营养现场工作准备⋯⋯401
　　一、现场工作准备与组织⋯⋯401
　　二、现场工作方案设计⋯⋯402
　　三、人员培训⋯⋯406
　第三节　公共营养现场工作的实施步骤⋯⋯407
　　一、现场工作启动⋯⋯407
　　二、现场工作实施⋯⋯408
　　三、现场工作结束⋯⋯408
　第四节　公共营养现场工作管理⋯⋯408
　　一、现场工作过程管理⋯⋯408
　　二、现场督导⋯⋯410
　第五节　公共营养现场工作评价⋯⋯411
　　一、现场工作评价分期⋯⋯411
　　二、现场工作评价目的⋯⋯412
　　三、营养现场工作评价指标与内容⋯⋯412

第六节 撰写公共营养现场工作
　　　　报告 ……………………… 413
　　一、现场工作报告的意义 ……… 413
　　二、现场工作报告的构成 ……… 413
　　三、现场工作报告的用途 ……… 414
第十四章 公共营养改善 …………… 415
　第一节 概述 ………………………… 415
　第二节 营养改善项目的实施与
　　　　管理 ……………………… 416
　　一、实施过程与管理 …………… 417
　　二、实施营养项目的条件 ……… 420
　　三、项目的评价 ………………… 423

　　四、项目的质量控制 …………… 423
　第三节 营养改善的方法 ………… 423
　　一、营养监测 …………………… 423
　　二、营养教育 …………………… 424
　　三、营养指导 …………………… 424
　　四、营养干预 …………………… 424
　第四节 营养改善项目 …………… 425
　　一、一般人群 …………………… 425
　　二、紧急条件下一般人群营养
　　　　改善 ……………………… 426
　　三、特定人群营养改善 ………… 427

第五篇　公共营养管理

第十五章 食物与营养政策法规 …… 433
　第一节 概述 ………………………… 433
　　一、政策与法规的定义 ………… 433
　　二、分类 ………………………… 433
　第二节 食物与营养政策法规的
　　　　制定 ……………………… 434
　　一、立法原则和依据 …………… 434
　　二、组织机构 …………………… 435
　第三节 食物与营养政策法规的
　　　　现状 ……………………… 436
　　一、《营养问题罗马宣言》和《行
　　　　动框架》 ………………… 436
　　二、欧盟营养政策主要行动及其
　　　　法律分类 ………………… 437
　　三、发达国家食物与营养政策
　　　　法规的现状 ……………… 438
　　四、发展中国家食物与营养政策
　　　　法规的现状 ……………… 442
　　五、中国食物与营养政策法规的
　　　　历史与现状 ……………… 443
　第四节 食物与营养政策法规与
　　　　公众健康 ………………… 448
　　一、食物与营养政策法规对公众
　　　　健康的影响 ……………… 448
　　二、食物营养政策法规的实施
　　　　效果 ……………………… 449

第十六章 公共营养人才培养 ……… 451
　第一节 公共营养专业机构 ……… 451
　　一、我国公共营养专业机构 …… 451
　　二、美国公共营养专业机构 …… 451
　　三、日本公共营养专业机构 …… 452
　　四、其他国家的公共营养专业
　　　　机构 ……………………… 452
　第二节 公共营养专业人才培养
　　　　体系 ……………………… 453
　　一、美国的营养教育和营养师培养体
　　　　系及其注册制度 ………… 453
　　二、日本的营养教育和营养师培养体
　　　　系及其注册制度 ………… 457
　　三、其他国家和地区营养师学历教育
　　　　和注册制度 ……………… 463
　　四、我国的营养教育现状及营养专业
　　　　人才的培养现状 ………… 464

第十七章 食品营养标签 …………… 468
　第一节 食品标签概述 …………… 468
　　一、食品标签的标示内容 ……… 468
　　二、食品标签的作用 …………… 469
　　三、食品标签发展历程 ………… 469
　第二节 食品营养标签内容 ……… 469
　　一、食品营养标签作用 ………… 470
　　二、食品营养标签的主要内容 … 470
　第三节 食品营养标签管理 ……… 471

一、标示规则 …………………… 472
　　二、营养成分标示 ……………… 474
　　三、检测系统 …………………… 475
　第四节　国内外食品营养标签标准
　　　　　与法规比较 ………………… 477
第十八章　食物资源利用与改造 ……… 479
　第一节　食品强化 ……………………… 479
　　一、概述 ………………………… 479
　　二、目的和意义 ………………… 481
　　三、基本原则 …………………… 482
　　四、应用 ………………………… 483
　　五、种类 ………………………… 486
　第二节　膳食补充剂 …………………… 487
　　一、概述 ………………………… 487
　　二、对健康的影响 ……………… 488
　　三、使用原则及现状 …………… 488
　第三节　功能性食品 …………………… 489

　　一、概述 ………………………… 489
　　二、基本原则及其原料要求 …… 491
　　三、展望 ………………………… 492
　第四节　特殊医学用途配方食品 …… 493
　　一、概述 ………………………… 493
　　二、分类 ………………………… 496
　　三、应用 ………………………… 498
　第五节　新资源食品 …………………… 499
　　一、概述 ………………………… 499
　　二、申请 ………………………… 500
　　三、我国批准作为新食品原料使用
　　　　的物质 ……………………… 501
　　四、发展前景 …………………… 501
附录一　中国居民膳食营养素参考
　　　　摄入量（2013版）……………… 503
附录二　重要营养素的主要食物来源 … 511
附录三　国内外重要的营养相关网站 … 530

绪 论

一、公共营养的概念和特点

(一) 公共营养的概念

公共营养又称社会营养,是研究饮食与营养的社会动态的科学。其主要工作是进行社会营养监测、组织营养调查和食品经济因素调查,制订膳食营养供给量标准,制定和修订以改善营养为目标的营养政策,对消费者和营养部门进行营养宣传和咨询,进行全社会规模的食物资源开发、利用和食物强化等,以使营养科学在社会实践中造福于人民。随着营养学研究和社会经济的不断发展,公共营养的概念和应用范畴也在发生变化,越来越受到学者和管理者们的高度关注。

公共营养学是一门研究如何预防疾病和通过改善大众的饮食习惯以提高其健康水平的科学。它涉及营养学、食物科学、流行病学和人类行为学的内容。它的目的是要改善社区中个体或群体的健康和营养状况。1997年7月,第16届国际营养大会为公共营养确定了新的定义:公共营养是以人群营养状况为基础,有针对性地提出解决营养问题的措施的科学,它阐述人群或社区的营养问题,以及造成和决定这些营养问题的条件。与临床营养相比,其工作重点从个体水平转向群体水平,从微观营养研究转向范围广泛的宏观营养研究,如制定消除营养不良的策略、政策与措施等。

(二) 公共营养的特点

1. 实践性 营养学是实践性很强的一门学问,公共营养工作者要真正使人群受益,就不能仅停留在营养状况的分析评价上,而必须在社会实践中寻找改善居民营养状况的措施并分析其效果。

2. 宏观性 公共营养研究是以整个国家、省或地区的各类人群为对象,从宏观上分析营养与经济购买力、食品经济结构、经济发展趋势、国家或地区的营养政策、食品经济政策之间的关系。

3. 社会性 公共营养对人群营养问题的思考和研究已超出了公共卫生领域,涉及政治、经济发展、农业政策、环境、人道援助及营养改善法律规章的制定、修订与执行。解决营养问题的方法也要考虑到卫生领域之外(贸易、农业等)与食物相关的公共政策。

4. 多学科性 公共营养是营养学的重要分支,公共营养研究需要结合分子基因学、临床医学和社会科学如人类学、社会学、经济学和政治科学等学科内容。公共营养实践如食品安全、营养政策等工作均应用了上述多种学科理论。

二、公共营养的历史

(一) 世界公共营养发展的历史

第二次世界大战之后,国外相关专业机构和学者开始研究宏观营养,营养工作的社会性不断得到加强;随后在世界卫生组织(World Health Organization, WHO)和联合国粮食及农业组织(Food and Agriculture Organization)的努力下,加强了全球营养工作的宏观调控，公共营养学应运而生，并进一步发展了公共营养事业。

19世纪中叶，许多营养学专家先后用平衡法、生长法、饱和法、试验治疗法等提出了人体对蛋白质（Protein）、必需氨基酸（essential amino acid，FAA）、无机盐和各种维生素的需要量。二次世界大战期间，美国政府为了保障士兵的营养需要，避免营养缺乏病困扰而建立起来的战时食物配给制度，食物结构调整政策及战时预防营养缺乏的社会性措施为公共营养的发展奠定了基础。1943年，美国首次提出膳食营养素供给量（RDA）建议，成为人群合理营养的科学依据，到20世纪50年代，基本完成了包括膳食调查、人体测量、临床检查和生化检测人体营养水平的营养调查。二战后几十年间，公共营养得到很大发展，其涉及的范围包括人群营养调查与监测、营养素供给量标准的制订、膳食结构调整、营养性疾患的预防、营养教育与宣传咨询及营养立法等。20世纪60年代末，美国营养指导机构倡议应以多样化、平衡和适度的膳食结构代替长期以来的高能量、高脂肪、高蛋白的"三高"膳食结构。

近年来，国外改善公共食物营养状况主要是通过开发利用植物蛋白质资源、食品的营养强化及利用遗传工程改造食用动植物来进行的。为了在全社会推行公共营养的保障、监督与管理措施，除了营养科学研究成果的反馈外，许多国家制定了营养指导方针，采取营养立法手段，建立国家监督管理机构，推行农业经济政策、社会食品经济政策等，使现代公共营养学更富于宏观性和社会实践性。1996年John Mason等学者首次提出了公共营养的学科界定和概念框架问题，详细说明了对公共营养的理解，进一步推动了公共营养的发展。

在消除营养缺乏病领域，公共营养工作已经取得了令人瞩目的成就，通过食物强化、营养补充剂，以及营养素辅食食品，使贫血、维生素A缺乏、碘缺乏、生长发育迟缓等营养问题得到了有效改善，新的改善措施仍然在不断涌现。然而，近年来营养过剩，膳食营养相关慢性病，如高血压（hypertension）、糖尿病、血脂异常等发病率大幅增加，尤其是中等及低收入国家中此类营养问题越来越严重。营养问题由过去的单一因素转变成多因素的交互作用，公共营养正面临着新的严峻挑战。营养问题的起因变得越来越复杂，使解决问题变得非常困难，公共营养在思想、理论和方法上都在逐渐创新和发展，营养政策、营养经济、营养生态等理论和研究实践正在兴起，将为新的营养问题的解决奠定基础。

（二）我国公共营养的历史

在遥远的古代，我国著名的中医论著《黄帝内经·素问篇》就曾提出"五谷为养，五果为助，五畜为益，五菜为充"的膳食理论。20世纪初，我国开始建立现代营养学，1913年前后首次发表我国的营养状况调查报告。1917年前后，许多医学院校陆续开展了膳食调查等研究。1925～1936年间，现代营养学的教学与科研有较大发展。在抗日战争的艰难时期，我国老一辈营养科学工作者坚持对当时的一般市民、学生、工人、农民等的营养状况开展调查研究工作，并编著一本当时仅有的《实用营养学》。

我国公共营养事业的快速发展是从20世纪80年代开始。1983年10月19日在江苏南京召开了首届公共营养专题讨论会，并成立了公共营养专业组。1984年正式成立了中国营养学会公共营养委员会，同年葛可佑在中国预防医学科学院营养与食品卫生研究所创建了我国第一个公共营养研究室；翟凤英继而扩展了公共营养研究领域。其通过与全国三十多个省、市、自治区卫生部门的积极合作，组织和开展了多项公共营养工作，在营养调查、营养监测、营养教育、营养改善及制定我国居民膳食指南。在我国经济体制改革时期，公共营养研究以宏观营养的观点追踪和研究社会经济等综合因素对人体健康的影响，从而进一步拓展了我国公共营养事业。至今在我国公共营养领域具有较大影响力的工作有以下几个方面。

1. 营养评价标准与膳食指南 1939年中华医学会提出了我国历史上第一个营养素供给量建议，1955年开始制定"每日膳食中营养素供给量"，1988年出版了《每日膳食中营养素供给量》，2000年出版了《中国居民膳食营养素参考摄入量——Chinese DRIs》，2014年又完成了新一版修订并正式出版。与此同时，经过国内许多营养学家的共同努力，1997年正式公布《中国居民膳食指南》、《中国居民膳食宝塔》，2007年进行了修订并出版，2016年又发布了新一版膳食指南。在此期间，公共营养工作者还组织开展了广泛的宣传教育活动，在我国人群推广实施膳食指南中发挥了很大作用。

2. 营养调查 1959年，我国在全国范围内（包括26个省、市、自治区）作了比较全面和深入的营养调查，从而基本掌握了全国人民的营养状况，为国家当时制定粮食定量分配政策和粮食加工质量指标提供了科学依据。随后在1982年、1992年、2002年分别进行了我国第二、第三、第四次全国营养调查，旨在了解我国各类人群膳食营养状况、发展趋势，研究当前存在的问题及为今后的政策干预及消费导向提供依据。2010年开始将全国营养调查改为营养监测，至2014年完成了一轮全国营养监测工作；2015年将营养监测与慢性病监测合并，继续开展定期营养监测工作。

3. 营养队列调查研究 自1989年，中国预防医学科学院营养与食品卫生研究所和美国北卡罗来纳大学人口中心协作于1989年、1991年、1993年、1997年、2000年追踪调查我国9个省抽样地区的食物供应、食物消费、人口结构和医疗卫生服务的变化对人群营养和健康状况所带来的影响。随后在2004年、2006年、2009年、2011年和2015年又继续开展追踪调查，并扩大调查队列至15个省、自治区、直辖市，调查数据对于了解我国居民在改革开放后的膳食营养变迁具有深远的意义。

4. 儿童营养监测与改善 20世纪80年代卫生部与联合国儿童基金会合作开展了"较贫困农村地区学龄前儿童营养监测与改善"项目，旨在利用当地条件，通过开展各种营养干预活动，改善儿童的营养、生长和发育状况；并开展专业技术培训，从而在全国范围内建立和强化基层营养工作队伍。第一期合作于1985～1989年在我国7个省开展，1990～1993年扩大到全国27个省101个县。在该项目期间，通过开展营养教育、贫血和佝偻病防治、扩大家庭菜园、家禽家畜养殖、稻田养鱼等多项改善措施，使儿童的营养状况有了明显改观，也为有关部门提供了改善儿童营养状况的信息和经验。

5. 营养干预 针对我国居民的营养问题，在过去数十年中营养专业人员提出了许多营养干预措施，其中食盐加碘、面粉强化、铁强化酱油、学生奶、营养餐、营养包等措施得到了国家和地方政府的认可和支持，从地区到全国范围被付诸实施，取得了显著营养改善效果，对公共营养的理论与专业领域研究产生了巨大的影响。

（三）我国公共营养的新进展

中国公共营养领域的专业人员在过去几十年通过应用基础理论与现代科学技术手段，不断探索研究解决我国居民营养与健康问题、满足社会需求的方法与途径。尤其是近十年，公共营养学界力求在借鉴国内外学术研究成果的基础上，建设和发展我国的专业学科力量，组织开展一系列科学研究和实践探索。

1. 营养政策、法规和标准研究　公共营养专业一直将营养政策、法规、标准等作为研究的重点，收集整理了大量国内外相关资料，开展国内外营养政策法规和标准的比较研究，为营养立法做了较为充分的前期准备工作。2010 年完成《营养改善工作管理办法》编写，由卫生部于 2010 年 8 月正式发布。2010 年卫生部成立了营养标准专业委员会，在 6 年期间，经过营养标准专业委员会和营养专业人员的扎实工作，已完成了 28 项营养标准，初步构建了符合我国实际的营养标准体系框架。

2. 营养与健康数据库的建立与应用　至今我国已经开展了多次全国性营养调查，也组织实施了"中国健康与营养调查"长期追踪队列。近几年，通过方法学研究和资源整合，逐步建立了国民体质与健康数据库、儿童营养数据库、身体活动数据库、食物成分数据库、功能因子数据库等，为开展膳食与健康、身体活动与疾病、营养功能成分与生长发育等研究提供了丰富的数据基础，营养数据库的进一步整合完善与共享应用正成为公共营养专业领域的一个发展重点。

3. 膳食模式与营养问题变迁探索　近年来许多学者使用膳食模式研究方法，对我国膳食结构和变化趋势进行分析，从而更全面地反映食物和营养素的综合效应，研究膳食变化与人体健康的关系。同时，对营养问题的关注，也从营养缺乏为主转变为营养缺乏与过剩两个方向。随着城镇化的快速发展，营养过剩引起的肥胖及慢性疾病问题已经越来越突出，与之相关的研究投入成倍增加，对营养问题认识的视野在不断扩展。

4. 营养素参考摄入量与膳食指南研究　专业人员根据我国人群调查数据对其中的一些营养素摄入状况及与健康、疾病之间的关联进行了深入分析，提供了我国人群的研究证据，对完成《中国居民膳食营养素参考摄入量（2013 版）》的修订起到了有力的循证支撑作用。

三、公共营养的工作目标和工作内容

（一）工作目标

公共营养是一个新的领域，最近国际上提出公共营养的目的："公共营养旨在阐述人群基础上的膳食及营养问题，并解释这些问题的程度、影响因素、结果以及如何制定政策、采取措施予以解决。"

发展公共营养的目标是为了更好地改善人群营养状况，尤其是那些正受到营养不良严重影响的人群，实现这个目标需要有效地运用现有的知识、方法和制定有关营养的政策及项目措施；另外，它侧重于因地制宜地解决营养问题，应依据其改善营养条件的有效性衡量公共营养工作成功与否。

（二）工作内容

公共营养发展至今，其工作内容、范围日益扩大。我国公共营养的内容主要包括以下几方面。

1. 膳食营养素参考摄入量　是公共营养工作的基础。营养学家根据有关营养素需要量的知识，提出了适用于各年龄，性别及劳动、生理状态人群的膳食营养素参考摄入量，并随着科学知识的积累及社会经济的发展予以更新。

2. 膳食指南　是公共营养工作的实用工具，是将营养科学理论和成果转化为大众化的营养教育指导建议。随着我国居民膳食结构的变化和生活方式的改变，营养专业人员对膳食指南进行了定期的修订。

3. 食品安全 随着社会的进步，人们对食品安全的认识及其概念、范畴的探索也在不断地更新与发展。尽管危害食品安全的因素变得复杂多样，但食品安全问题也随着国家立法、政府各部门采取的有效措施、国家经济的发展、人民生活水平的提高、卫生条件的改善及计划免疫的持久开展而得到有效控制。当然经济的发展也会带来新的食品安全问题。食品安全是相对的，而非绝对的，在进行食品安全性分析时，应该从食品构成、食品科技、现有检测方法及条件的现实出发，在明确提供营养全面和优质食品的同时，力求将可能存在的任何风险减小到最低限度，以保护公众的利益。在国际贸易中，食品安全还关系到国家经济、信誉和技术成就。

4. 营养调查 是公共营养的主要工作内容，是营养工作者进行科学研究工作的依据，也是农业、食品工业制订发展计划的依据。营养调查是全面了解人群膳食结构和营养状况的手段，是用自然科学技术方法调查研究以个体为基础的人群膳食摄取情况和人体营养水平。营养调查一般包括四方面内容，即膳食调查、体格检查、营养缺乏病临床检查和生物样本实验室检测。

5. 营养监测 是公共营养的主要工作内容，营养监测不同于营养调查，它是宏观的营养信息分析和社会性营养措施的制订与推行。营养监测的内容包括数据的收集、数据分析、资料分析利用。食物营养监测系统是营养监测的一部分。

6. 营养教育 是公共营养的主要工作内容，是健康教育的一个重要分支和组成部分，主要是通过营养信息交流和行为干预，帮助个人和群体掌握食物与营养知识和健康生活方式的教育活动与过程，其目的是消除或减轻影响健康的膳食营养因素，改善营养状况，预防与膳食相关的营养性疾病的发生，促进人们的健康水平和提高生活质量。常见的营养教育方式包括专题研讨会、普及培训班、大众传媒交流。

7. 食物营养计划与营养改善 食物营养计划旨在鉴别、发展、执行和评价将营养改善作为优先目标的政策和项目。不难理解在社会资源有限的情况下，社会和经济发展的主要目的都是解决温饱、改善营养状况、提高生命质量。因此食物营养计划应作为优先发展的目标之一，包括增加食物与农业生产项目、食品强化、国家大豆行动计划、学生营养午餐、环境改善项目等。

8. 社区营养 是公共营养的重要方面，是通过开展基层营养评估、营养干预、营养监测、营养教育等社区的营养工作，提高社区人群的营养知识水平，预防营养问题，改善健康状况。

9. 饮食行为 世界卫生组织倡议各国充分了解特定社会环境中食物所扮演的角色、人们对食物的态度及改变食物行为的态度。饮食行为是指受有关食物和健康信念支配的人们的摄食活动（食物选择、购买、烹调方法、食用方法等），这些通过影响人们对营养素的摄入，进而影响营养状况与健康。

10. 食物营养政策与法规 随着营养科学的发展及一些国家采取的营养政策不断取得成就，越来越多的营养学家及政策制定者认识到，不能让营养学的社会实践仅停留在说明人群营养现状上，必须分析社会人群营养制约因素和营养问题的形成条件，包括环境条件和社会经济条件，并制定改善营养的政策，落实营养措施，改善营养状态，促进人民健康。国家食物与营养政策、法规可对食物的生产、消费、人群营养与健康、增强综合国力提供强有力的法律保障。

四、公共营养的研究对象和方法

(一) 公共营养的研究对象

公共营养研究是从总体健康状况的影响方面分析营养上存在的问题,以整个国家、省或地区的各种人群为对象,而不局限于个体或个别人群某个营养素过剩与不足的问题上,也不局限在个体食谱的改善建议上,它更侧重于分析营养与经济购买力的关系,以及与食品经济结构、经济发展趋势、国家或地区的营养政策、食品经济政策之间的关系。

公共营养学是将营养学的成就转化为社会效益。一方面需要基础营养学的知识和技能,是立足于生物科学基础上的营养学的一个重要内容;另一方面,在判断与改善营养与健康的关系上,既要看营养与整体健康水平的联系,还要研究饮食习惯、经济条件、经济体制与政策,综合地分析问题和寻找措施,才能使营养科学在社会实践中造福于人民。

公共营养学对人群营养问题的思考、研究已超出了公共卫生领域,它涉及政治、经济发展、农业政策、环境、人道援助甚至营养改善法律规章的制定、修订与执行。解决营养问题的方法更是考虑到卫生领域之外,如贸易、农业等与食物相关的公共政策等。

(二) 公共营养的研究方法

公共营养学是营养学的一个部分,但它的研究方法并不是单一的。早在20世纪70年代,专家学者就意识到公共营养的措施已经超出营养学知识领域,当时常见的多部门营养计划的理念正是基于此理解。所以,在研究中公共营养学部分地结合了基因学、临床医学和社会科学如人类学、社会学、经济学和政治学等学科。当前,公共营养学专业人员所从事的食品与家庭安全、食品和营养政策等工作,正是应用了上述的多种学科与理论。

1. 营养状况评价方法 从营养学发展的历史来看,20 世纪初到中叶主要以研究营养缺乏病为主,从营养缺乏病了解营养状况及营养素需要量。目前随着营养状况的改善,营养素边缘性缺乏、营养相关慢性病成为主要的研究内容,因此对营养状况的评价提出了更高的要求,需要营养评价方法有更高的灵敏度和准确性。营养状况的评价是营养学的重要内容,也是一切营养科研工作的基础。要了解全国人民的营养状况,必须进行抽样调查并对调查结果进行评价;要了解某一行业人群、社区居民或学生的营养状况,也需要开展调查和评价。营养状况的评价一般通过膳食调查、体格测量、营养缺乏病的临床检查、营养状况实验室检验进行综合评价。

2. 营养代谢研究方法 制定、修订与执行居民膳食营养素参考摄入量(dietarg reference intakes, DRIs) 是公共营养工作的基础。制定一种营养素的参考摄入量必须依赖充足和可靠的研究资料,其中在代谢实验室中进行的人体研究及同位素标记物的研究等属于具有较高价值的资料。预防营养素缺乏病的人体需要量资料多数是通过这种研究获得的。代谢研究可以严格掌握受试者营养素的摄入量和排出量,并且可以重复采取血样等方法来测定营养素摄入量和有关生物标志间的关系,通常研究者用"营养素平衡实验"探讨该营养素的适宜营养状况。例如,能量代谢研究方法,平衡研究方法,耗竭、补充与饱和平台法,稳定性放射性核素示踪技术,营养代谢的动力学研究方法等。

3. 营养流行病学方法 是应用流行病学的手段研究人群营养及营养与健康关系的科学,研究可以确定膳食因素在人类与营养有关疾病中的作用,特别是在慢性病中的作用。

在一般因果关系建立之后，将流行病学的发现转变成面向大众的膳食建议来预防疾病，降低慢性疾病发生的危险和预防营养不良。营养流行病学研究方法包括横断面研究（现况调查）、队列研究、干预研究等。这些研究方法都涉及基本的统计学方法，如两样本 t 检验、方差分析、卡方检验、二项分布检验、秩和检验、变量间相关分析、多因素分析等。

营养流行病学方法的应用包括：①人群营养状况，如定期进行的全国性营养调查及各类人群的营养调查，了解人群的营养现状及营养变化趋势；②制定膳食指南，其中很多建议都是建立在营养流行病学研究基础上的；③研究营养与疾病的关系，包括确定与营养有关疾病的病因、研究与营养有关疾病的分布情况、确定营养在慢性病中的作用、人群营养的干预研究及对人群健康状况的评价。

五、公共营养与健康

公共营养工作者通过设计营养项目来帮助人们改善饮食习惯，并通过改变环境因素来支持良好的健康习惯。但是他们必须与其他专业人员密切合作，尤其是公共卫生工作者，共同帮助消费者完成和保持行为转变。

（一）健康标准与健康促进

1. 健康标准 作为人的基本权利之一，健康已日益成为社会发展和进步的重要标志。健康有着丰富内涵，健康是良好生活质量的基础，是人类自我觉醒的重要方面；是生命存在的最佳状态。1948 年世界卫生组织成立时，在其宪章中指出：健康不仅仅是没有疾病和没有衰弱的表现，而是生理上、心理上和社会适应方面一种完好的状态。世界卫生组织 1977 年将健康概念确定为"不仅仅是没有疾病和身体虚弱，而是身体、心理和社会适应的完美状态"。1978 年 9 月，国际初级卫生保健大会发表了《阿拉木图宣言》，宣言中提出：健康是基本人权，每个人达到尽可能健康水平是全球一项重要的社会性目标。健康的目标是追求一种更积极的状态，更高层次的适应与发展，是身心健康、社会幸福的完美状态。

1989 世界卫生组织又提出了有关健康的新概念：健康是指躯体健康、心理健康、社会适应良好和道德健康，而不仅仅是指没有疾病或身体不虚弱的状态。新定义指出只有上述 4 个方面健康才算是完全健康，不仅包括人的生物学上和精神上两个方面的健康状态，而且把健康概念扩展到人与社会相互影响的层面。

世界卫生组织在世界保健宪章中，对健康的概念做出具体阐述的同时，补充了衡量健康的 10 条标准。内容包括：

（1）精力充沛，能从容不迫地应付日常生活、学习或工作的压力而不感到过分紧张。

（2）处事乐观、态度积极、乐于承担责任、严于律己、宽以待人。

（3）应变能力强，能够较好地适应环境的各种变化。

（4）对一般感冒和传染病有抵抗能力。

（5）体重标准，身材匀称，站立时身体各部位协调。

（6）眼睛明亮、反应敏锐、无炎症。

（7）头发有光泽，无头屑。

（8）牙齿清洁，无龋齿，无疼痛，牙龈颜色正常，无出血现象。

（9）肌肉、皮肤有弹性，走路感觉轻松。

（10）善于休息，睡眠良好。

2. 健康促进 是帮助人们发挥最大潜力以获得良好健康。它侧重于改变人的行为、提倡合理膳食及健康食品、经常进行身体活动、有规律地休息、培养兴趣爱好、加强与家人和朋友的联系及协调好家庭、工作与娱乐之间的关系。这是一门帮助人们改变他们的生活方式，以达到理想健康状态的科学和艺术。行为改变就是健康促进活动的最佳结果，即所谓的干预，后者是通过改变与目标人群有关的行为来提高健康和预防疾病。

因此，随着医学模式从以诊断和治疗为主的传统医学向涉及健康相关各个方面的整体医学（holistic medicine）转变，预防已变得越来越重要。健康干预包括三个水平：①认识健康问题；②改变生活方式；③创造行为改变的支持环境。

（二）公共营养与健康的关系

很早以前，我们的祖先就已经注意到饮食与医疗、健康之间有着非常密切的关系。早在2000多年前有关史籍中就有了记载，《黄帝内经·素问》中将食物分为四大类，并以"养""助""益""充"来代表每一类食物的营养价值和在膳食中的合理比例，提出了"饮食有节、饮食以时、饥饱得中"的观点。

21世纪人们对营养与健康的要求也会越来越高。注重营养对每个人来说是"终身大事"，对每个国家来说是民族昌盛、国家富强的重要条件。科学合理的饮食习惯和全面均衡的营养是人体健康的基本前提和根本保证，均衡、全面的营养直接影响着生命活动的质量，左右着人的健康状态，人们的实际营养和健康水平，已成为评价社会文明进步的重要标志。

中国营养学会曾提出："合理营养是健康的物质基础，而平衡膳食是合理营养的唯一基础。"平衡膳食是指膳食中所含的营养素种类齐全、数量充足、比例适当；膳食中所供给的营养素与机体需要保持平衡。

为了实现营养膳食的合理性，必须做到营养成分全面均衡，营养搭配要因人而异，营养过程要持之以恒。为此，中国营养学会制定了《中国居民膳食指南》和《中国居民平衡膳食宝塔》，它们是根据营养学原理，紧密结合我国居民膳食消费和营养状况的实际情况，特别是最近的全国居民营养与健康调查的数据及资料而制定的，是指导广大居民实践平衡膳食，获得合理营养的科学文件，其宗旨是"平衡膳食、合理营养、促进健康"。

除了良好的营养外，影响人们健康的因素还有多种，如体育锻炼、良好的生活环境及良好的心理状态等。现代人普遍需要改善生命质量，旨在实现人类最高价值的文明，而实现这个目标，就要依靠在营养、健康和人与人之间的协调。为此，我们应该进一步制订营养和健康目标，并纳入有关法律、法规、政策和计划；加速培养相关人才，在做好正规的高等和中等医学院校有关专业教育的同时，将营养和健康知识纳入中小学的教育内容。此外，要充分利用各种宣传媒介，广泛开展群众性的营养和健康宣传普及活动，倡导合理的膳食模式和健康的生活方式。

六、我国人群营养问题和对策

（一）主要营养问题

1. 营养不良导致上千万儿童生长发育低下 1990~2010年，我国5岁以下儿童营养状况城乡差异一直较为明显，农村地区儿童低体重率和生长迟缓率为城市地区的3~4倍，而贫困地区农村又为一般农村的2倍,2012年我国农村地区5岁以下男女儿童比城市同龄儿童矮1.9cm。2006年联合国儿童基金会宣称,中国至少有1270万儿童存在生长迟缓,生长迟缓儿童的人数仅低于印度,列全球第二,儿童营养状况存在显著的城乡和地区差异。

2. 缺铁性贫血问题普遍存在 我国居民铁缺乏普遍存在,是贫血的主要原因,最新调查结果显示:我国居民整体贫血率为20.1%,女性高于男性,贫困地区则更为严重。

缺铁性贫血的敏感人群为妇女、婴幼儿、儿童和老年人。由于我国人口基数较大,贫血人群的绝对数量非常巨大。虽然经过多年的干预改善工作,但限于覆盖面有限,贫血问题仍然存在,尤其在贫困农村地区还非常严重。

3. 钙、维生素A、维生素D等微量营养素缺乏问题突出 首先,我国居民普遍存在钙摄入不足问题。多次调查数据显示:大多数人钙摄入量在推荐摄入量的一半以下。

其次,一半以上的儿童及老人存在维生素A边缘缺乏,严重威胁我国儿童和老年人的健康。一些地方性研究数据显示:我国老年妇女维生素D缺乏率达21.8%,不足率达62.4%。

此外,在婴幼儿童人群中还存在碘、硒、维生素B_1、维生素B_2、叶酸、维生素D等缺乏的情况,在老年人群中存在锌、硒、维生素B_1、维生素B_2等缺乏的情况。

4. 肥胖问题已成为我国严峻的健康问题 由能量摄入过剩、动物性食物或脂肪摄入逐年增加、身体活动量明显减少等营养不平衡问题引起的肥胖人群大幅增加。2002年我国成年人超重率与1992年相比大幅增加,超重和肥胖的人数达2.6亿。2012年成年居民超重率达30.1%,肥胖率达11.9%。值得关注的是:农村居民的超重肥胖率已经接近城市人口。肥胖正为我国人口健康素质的发展带来严峻挑战。

5. 营养相关慢性病呈现"井喷、海啸"趋势 近年来,与营养相关的高血压、高血糖、血脂异常等发病率急剧增加。从1973~2009年,慢性病占中国人群死因构成由53%上升到85%。2002年18岁及以上居民高血压患病率为18.8%,全国患病人数达1.6亿,2012年成人高血压患病人数在2亿以上,农村患病率上升迅速,城乡差距已不明显;中国成年人群糖尿病患病率从1980年的0.8%上升至2010年的6.8%;血脂异常也在大幅增加,估计全国血脂异常现患人数达1.6亿。

(二) 公共营养对策

欧美国家于20世纪70年代开始,通过实施营养改善措施,冠状动脉性心脏病(coronary artery heart disease,CHD,简称冠心病)的死亡率开始下降,近20年北美洲和澳大利亚的冠心病死亡率下降40%~50%。此外,许多发达国家的高血压患病率也已下降。

研究表明,正确、有效的营养改善措施可以预防和控制营养缺乏或过剩引起的疾病。我们应当积极行动起来,学习发达国家通过膳食转变预防慢性病的成功经验,并吸取不良饮食行为危害健康的教训,全面推进公共营养事业,预防营养缺乏,控制与膳食相关慢性病的发展,为全民赢得健康。

1. 公共营养政策应向以需求为基础的实践化方向发展 根据社会需求,我国已经开始加大对营养政策、法规、标准的研究,在充分科学证据的基础上,明确主要营养问题,采取科学化、规范化的程序,形成解决主要营养问题的体系化营养政策、法规、标准,并在实际应用中检验和修正。

近几年,国家对婴幼儿、妇女、老年人进行了重点的营养改善行动,包括营养知识普及和指导、以食物为基础的干预、营养保障机制的建立等,使我国的营养政策相关理论真正走向实践。

2. 营养数据库向大数据集成和共享应用方向发展　通过整理已有的国民营养健康基础调查数据,补充收集健康环境相关信息,如周围餐馆、食品售卖场所、医疗卫生服务、休闲活动场所等地理空间信息,增加城镇化人群、流动及留守人群膳食和健康资料,补充预包装食品、在外就餐及食物价格对居民食物选择和健康影响的信息,逐步建立综合的大数据集成。同时,建立相应的数据共享应用机制,鼓励科研人员广泛开展对数据资料的深入分析,积累以我国人群为基础的研究证据。

3. 公共营养研究向多学科交叉融合、体系化方向发展　针对营养问题的复杂性,公共营养研究将融合更多的学科理论,包括政策学、经济学、社会行为学、系统学、生态学、地理空间学等,建立相应的研究假说和学术体系,多层次、多角度理解营养问题的原因和影响因素。

4. 营养调查、监测向信息化、智能化方向发展　营养调查、监测的发展将与现代信息化新技术相结合,通过计算机、网络、手机等信息化设备收集人群的营养、健康及疾病数据,服务于国家、社会和个人。智能化是近几年兴起的一股科技潮流,应用智能设备和软件将使营养调查、监测及相关应用更加便利,更好地满足相应的营养需求。

5. 营养评价技术向个体化、实用化方向发展　营养评价正在从单一的营养素评价向多因素的膳食结构、膳食模式方向发展。一方面,研究人员运用数学模型、系统学模型来分析评价人群中营养与健康、营养与疾病之间复杂的关系;另一方面,营养评价也在向个体化应用方向发展,研发具有个性化特点的,应用更加简便、快速的实用技术和产品正成为今后专业领域的一个研究热点。

参 考 文 献

国家卫生和计划生育委员会疾病预防控制局.2015.中国居民疾病营养与慢性病状况报告(2015年).北京:人民卫生出版社.
翟凤英,张兵.2009.公共营养.北京:中国轻工业出版社.
中国疾病预防控制中心.2012.2010中国慢性病及其危险因素监测报告.北京:军事医学科学出版社.
中国科学技术协会.2016.营养学学科发展报告(2014-2015).北京:中国科学技术出版社.
中国学生体质与健康研究组.2012.2010年中国学生体质与健康调研报告.北京:高等教育出版社.
中国营养学会.2014.中国居民膳食营养素参考摄入量(2013版).北京:科学出版社.
中国营养学会.2016.中国居民膳食指南(2016).北京:人民卫生出版社.

(曾 果 张 兵)

第一篇　公共营养基础

第一章　营养学基础

第一节　能量与营养素

一、能　量

新陈代谢是生命活动的基本特征。机体通过摄取食物中的碳水化合物（carbohydrate）、脂肪、蛋白质来获取能量，以维持自身各种生理功能及生命活动。

（一）人体能量消耗

人体每日能量消耗主要体现在基础代谢、体力活动、食物热效应及生长发育等方面。当能量摄入与消耗处于理想平衡状态时，机体能量需要量（estimated energy requirement，EER）等于其能量消耗量。

1. 基础代谢　基础代谢能量消耗，又称基础能量消耗（basic energy expenditure，BEE）是指用于维持基础代谢状态所消耗的能量，是机体维持自身最基本的生命活动所需要的能量消耗，即人体在安静和恒温条件下（一般18～25℃），禁食12h后，静卧、放松而又清醒时仅用于维持体温、呼吸、心脏搏动、血液循环及其他组织器官和细胞的基本生理功能的能量消耗。

基础代谢率（basal metabolic rate，BMR）是指每小时每平方米体表面积（或每千克体重）人体基础代谢消耗的能量，其表示单位为 $kJ/(m^2 \cdot h)$、$kcal/(m^2 \cdot h)$、$kJ/(kg \cdot h)$ 或 $kcal/(kg \cdot h)$。

（1）体表面积计算法：1985年我国学者提出适合中国人的体表面积线性回归方程：

体表面积（m^2）= 0.006 59×身高（cm）+ 0.0126×体重（kg）- 0.1603

基础代谢能量消耗（kJ）= 体表面积（m^2）×基础代谢率[$kJ/(m^2 \cdot h)$]×24h，根据表1-1人体每小时基础代谢率和计算出的体表面积可求出人体24h的基础代谢能量消耗。

表1-1　人体每小时基础代谢率

年龄（岁）	男		女		年龄（岁）	男		女	
	kJ/m^2	$kcal/m^2$	kJ/m^2	$kcal/m^2$		kJ/m^2	$kcal/m^2$	kJ/m^2	$kcal/m^2$
1～	221.8	53.0	221.8	53.0	11～	179.9	43.0	175.7	42.0
3～	214.6	51.3	214.2	51.2	13～	177.0	42.3	168.6	40.3
5～	206.3	49.3	202.5	48.4	15～	174.9	41.8	158.8	37.9
7～	197.7	47.3	200.0	45.4	17～	170.7	40.8	151.9	36.3
9～	189.9	45.2	179.1	42.8	19～	164.0	39.2	148.5	35.5

续表

年龄（岁）	男		女		年龄（岁）	男		女	
	kJ/m²	kcal/m²	kJ/m²	kcal/m²		kJ/m²	kcal/m²	kJ/m²	kcal/m²
20～	161.5	38.6	147.7	35.3	55～	148.1	35.4	139.3	33.3
25～	156.9	37.5	147.3	35.2	60～	146.0	34.9	136.8	32.7
30～	154.0	36.8	146.9	35.1	65～	143.9	34.4	134.7	32.2
35～	152.7	36.5	146.4	35.0	70～	141.4	33.8	132.6	31.7
40～	151.9	36.3	146.0	34.9	75～	138.9	33.2	131.0	31.3
45～	151.5	36.2	144.3	34.5	80～	138.1	33.0	129.3	30.9
50～	149.8	35.8	139.7	33.9					

由于 BMR 测定的复杂性，1985 年世界卫生组织（World Health Organization，WHO）提出用静息代谢率（resting metabolism rate，RMR）代替 BMR（表 1-2）。测定时要求全身处于休息状态，禁食 4 小时。RMR 的值略高于 BMR，而且测定方法更为简便。

表 1-2　人体静息代谢参考值（kcal/24h）

年龄（岁）	体重（kg）								
	40	50	57	64	70	77	84	91	100
男性									
10～	1351	1526	1648	1771	1876	1998	2121	2243	2401
18～	1291	1444	1551	1658	1750	1857	1964	2071	2209
30～	1343	1459	1540	1621	1691	1772	1853	1935	2039
＞60	1027	1162	1256	1351	1423	1526	1621	1716	1837
女性									
10～	1234	1356	1441	1527	1600	1685	1771	1856	1966
18～	1084	1231	1334	1437	1525	1628	1731	1833	1966
30～	1177	1264	1325	1386	1438	1499	1560	1621	1699
＞60	1016	1121	1195	1268	1331	1404	1478	1552	1646

（2）直接计算法：是一种简便的根据体重、身高和年龄直接用 HARRIS-Benedict 多元回归方程式计算基础代谢能量消耗的方法（表 1-3）。HARRIS-Benedict 多元回归方程如下所示。

基础代谢能量消耗（男）＝66.47＋13.75×体重（kg）＋5×身高（cm）－6.76×年龄（岁）
基础代谢能量消耗（女）＝655.10＋9.56×体重（kg）＋1.85×身高（cm）－4.68×年龄（岁）

表 1-3 按体重计算基础代谢能量消耗（BMR）的公式

年龄（岁）	男		女	
	kcal/d	MJ/d	kcal/d	MJ/d
0～	60.9m − 54	0.2550m − 0.226	61.0m − 51	0.2550m − 0.214
3～	22.7m + 495	0.0949m + 2.07	22.5m + 499	0.9410m + 2.09
10～	17.5m + 651	0.0732m + 2.72	12.2m + 746	0.0510m + 3.12
18～	15.3m + 679	0.0640m + 2.84	14.7m + 496	0.0615m + 2.08
30～	11.6m + 879	0.0485m + 3.67	8.7m + 820	0.0364m + 3.47
>60	13.5m + 487	0.0565m + 2.04	10.5m + 596	0.0439m + 2.49

注：m=体重（kg）。

影响人体基础代谢能量消耗的因素包括以下几种：

（1）年龄：人的一生中，婴幼儿时期的 BMR 非常高，至青春期出现一个代谢活跃的高峰，中年以后逐渐开始下降，到老年时期明显降低。

（2）性别：实测结果表明，同年龄、同体表面积的情况下，女性 BMR 低于男性。

（3）体型与体质：基础代谢与体表面积的大小呈正比，体表面积越大，向外散热越快，基础代谢能量消耗越高。人体瘦体组织代谢活跃，其耗能占基础能量消耗的 70%～80%，在同等重量下，体型瘦高且肌肉发达者的基础代谢高于矮胖者。

（4）特殊生理状况：婴幼儿和青少年生长发育迅速，基础代谢能量消耗相对较高；怀孕和哺乳期基础代谢能量消耗增加。

（5）内分泌因素：甲状腺素、肾上腺素等分泌异常时，能量代谢增强，BMR 明显升高。

其他还有许多因素例如生活和作业温度、营养状况、神经的紧张程度、疾病等都会影响基础代谢能量消耗。

2. 体力活动（physical activity） 是指任何由骨骼肌收缩引起的导致能量消耗的身体活动。体力活动是人体能量消耗的主要因素，通常情况下占机体总能量消耗的 15%～30%。体力活动可分为工作、家务、体育及休闲等，其中以工作能量消耗差异最大。根据活动的频率、持续时间和强度等可将体力活动分级。

影响体力活动消耗的因素主要包括：①肌肉量：肌肉越发达者，活动时能量消耗越大；②体重：体重越重者，做相同活动所消耗的能量越多；③工作熟练程度：工作越不熟练者，消耗能量越多。

3. 食物热效应（thermic effect of food，TEF） 是指因摄食而引起的额外的能量消耗，又称为食物特殊动力作用（specific dynamic action，SDA）。

由于产能营养素在体内代谢方式的差异和三磷酸腺苷（adenosine triphosphate，ATP）转化率不同，不同产能营养素的食物热效应不尽相同。一般来说，脂肪为 4%～5%，碳水化合物为 5%～6%，蛋白质为 30%～40%。混合膳食的能量代谢约占总能量的 10%。例如，某人的基础代谢为 1600kcal，进食 1600kcal 的碳水化合物、脂类、蛋白质类食物其能量代谢分别增高至 1696、1664、2080kcal。食物热效应在进食不久后会出现，2h 后达到最高点，3～4h 后恢复正常。

影响食物热效应的因素主要包括：①摄食量，与能量消耗正相关；②进食速度，进食快者比进食慢者食物热效应高。

（二）人体能量的需要与供给

能量需要量（energy requiring）是指维持机体正常生理功能所需的能量。能量需要量即为能量消耗量，可以通过计算和测量两种方法确定能量需要量。

（1）计算法：基础代谢所消耗的能量占人体全天总能量的60%～70%。而人体职业劳动强度和体力活动水平直接影响能量需要量。WHO用基础代谢能量消耗和体力活动水平（physical activity level，PAL）的乘积来计算成年人能量需要量或消耗量。2013版《中国居民膳食营养素参考摄入量》将中国居民膳食能量需要量按身体活动水平分为轻、中、重三级：年龄在18～50岁的轻体力活动男性每日能量需要量为2250kcal，女性为1800kcal；其他不同年龄段，不同身体活动水平对应的能量需要量可参见附录一。

（2）测量法

1）直接测热法（direct calorimetry）：基本原理为通过特殊的直接测热装置，对人体整个能量代谢过程中散发的所有热量进行测量，包括人体辐射、传导、对流及蒸发4个方面散发的热量。在测定时，要求被测者处于隔热良好的四周被水包围的小室，在室内做不同强度的体力活动所释放的热量被水吸收，通过仪表准确测量一定时间内水温的变化和水量，从而计算人体释放出的总能量。

2）间接测热法（indirect calorimetry）：机体依靠呼吸从外界摄取氧，以供各种物质氧化的需要，同时也将代谢产物CO_2呼出体外，一定时间内机体的CO_2产量与O_2耗量的比值称为呼吸商（respiratory quotient，RQ）。通过计算呼吸商，再查"不同呼吸商下氧的能值表"得到该呼吸商下消耗每升氧所产生的能量，乘以受试者每分钟耗氧量即可得到该活动每分钟所消耗的能量。对24h内的各项活动进行此类计算，得到一日活动能量消耗的总量。碳水化合物、脂肪、蛋白质三者所含元素比例不同，三者呼吸商也不一样，分别为1.0、0.7、0.8。日常生活中，人体摄入的都是混合膳食，呼吸商的平均值在0.85左右。正常情况下，机体极少使用蛋白质供能，因此在计算呼吸商时，为使操作简便，忽略蛋白质代谢的影响。测定一定时间内，在混合膳食下的机体CO_2产量与O_2耗量，计算出非蛋白呼吸商，查表得到相应的氧热价，再乘以耗氧量或二氧化碳产量，即可得到该时间段机体的产热量。

3）双标水法（double labeled water method，DLW）：采用稳定放射性核素（双标水）法测定人体一段时间（7～15日）内日常生活和工作环境中自由进行各种活动的总能量消耗量的一种方法。受试者摄入一定量的双标水（^2H_2O和$H_2^{18}O$）后，当机体中这两种标记放射性核素达到平衡时，^2H和^{18}O分别参与H_2O代谢和CO_2代谢，求其相应速率常数就可计算出CO_2生产率，再通过呼吸商即可得到CO_2产量，据此计算出单位时间内平均能量消耗量。

4）行为观察法：对受试者进行24h专人跟踪观察，详细记录受试者生活和工作中各种活动及其持续的时间，然后查"日常活动能力消耗表"，根据受试者体表面积的多少，计算出24h的能量消耗。

5）能量平衡法：在普通劳动和生活条件下，健康成年人摄食量与能量需要相适宜时，即能量消耗量（MJ）=能量摄入量（MJ），体重保持相对稳定，为能量平衡；当能量摄入超过能量消耗时，多余能量以脂肪的形式储存，表现为体重增加，每增加1kg体重，机体将储存25～33MJ的能量（平均29MJ），为能量正平衡；当能量摄入低于机体能量消耗时，机体将动员储备脂肪,表现为体重减少,为能量负平衡。实际工作时,可按下列公式计算日能量消耗。①体重增加:能量消耗量(MJ)=能量摄入量(MJ)-平均体重增加量(kg)×29MJ/调查天数(d)。②体重减少:能量消耗量(MJ)=能量摄入量(MJ)+平均体重减少量(kg)×29MJ/调查天数(d)。

(三)能量缺乏与过量

人体每日摄入的能量不足,机体会运用自身储备的能量甚至消耗自身的组织以满足生命活动的能量需要。人长期处于饥饿状态,在一定时期内机体会出现基础代谢降低、体力活动减少和体重下降以减少能量的消耗,使机体产生对于能量摄入的适应状态,此时,能量代谢由负平衡达到新的低水平上的平衡。其结果可导致儿童生长发育停滞,成人消瘦和工作能力下降。

如果能量摄入过剩,多余的能量会在体内储存起来。人体内能量的储存形式是脂肪,脂肪在体内的异常堆积,会导致肥胖和机体不必要的负担,并可成为心血管疾病、某些癌症、糖尿病等退行性疾病的危险因素。

评价人体能量营养状况的常用指标为体质指数(body mass index,BMI),其计算公式为:BMI=体重(kg)/身高^2(m^2)。我国健康成人BMI在18.5~23.9为正常范围。

二、蛋 白 质

蛋白质(protein)是由许多氨基酸组成的高分子化合物,是细胞、组织、器官的重要组成部分,为人体的必需营养素。蛋白质是生命的物质基础,食物蛋白质被人体消化吸收后,用于合成新的组织或维持组织蛋白质分解代谢与合成代谢的动态平衡。一般来说,成人体内每日约有3%的蛋白质被更新,肠道和骨髓内的蛋白质更新速度较快。抗体的新陈代谢和生理功能都依赖蛋白质的不同形式得以正常进行。

(一)蛋白质的分类及功能

1. 蛋白质的分类 20世纪中叶以后,蛋白质的功能被逐渐认识,蛋白质按结构和功能分类的方法得到公认,一般分为以下几类:结构蛋白、可溶性蛋白、结合蛋白、催化蛋白即酶类、蛋白质激素、免疫球蛋白。

2. 蛋白质的功能

(1)构建机体和修复组织:人体的任何组织和器官都以蛋白质作为重要的组成成分,所以人体在生长过程中就包含着蛋白质的不断增加。人体的瘦组织(lean tissue)中,如肌肉、心、肝、肾等器官含大量蛋白质;骨骼和牙齿中含大量胶原蛋白;指(趾)甲中含有角蛋白;细胞从细胞膜到细胞内的各种结构中均含有蛋白质。总之,蛋白质是人体不可缺少的结构成分。

(2)构成动物机体的调节物质:如催化体内新陈代谢的酶类是蛋白质类物质;调节体内物质代谢的激素也大多是多肽类物质;免疫性抗体、脂蛋白和血红蛋白等都是蛋白质。此外,遗传信息传递、血液的凝固、视觉的形成、人体的运动均与蛋白质有关。

(3)供能物质:当碳水化合物摄入缺乏时,蛋白质是能量和葡萄糖的供体。蛋白质氧化后可产生能量,可用于促进合成代谢、维持体温和进行其他生理活动。1g食物蛋白质在体内氧化可产生约16.7kJ的能量。

(二)必需氨基酸

1. 定义 必需氨基酸（essential amino acid, EAA）指的是人体自身不能合成或合成速度不能满足人体需要，必须从食物中摄取的氨基酸。对成人来讲必需氨基酸共有八种：赖氨酸（lysine, Lys）、色氨酸（tryptophan, Trp）、苯丙氨酸（phenylalanine, Phe）、蛋氨酸（methionine, Met）、苏氨酸（threonine, Thr）、异亮氨酸（isoleucine, Ile）、亮氨酸（leucine, Leu）、缬氨酸（valine, Val）。而组氨酸（histidine, His）为婴幼儿生长发育期间的必需氨基酸。

2. 氨基酸模式及限制氨基酸 氨基酸模式（amino acid pattern），是指某种蛋白质中各种必需氨基酸的构成比例，它反映食物蛋白质及人体蛋白质中必需氨基酸在种类和数量上的差异，其计算方法就是将某种蛋白质中色氨酸的含量定为1，分别计算其他必需氨基酸的相应比值，这一系列的比值就是该种蛋白质的氨基酸模式（表1-4）。

表1-4 常见食物和人体蛋白质氨基酸模式

氨基酸	全鸡蛋	牛奶	牛肉	大豆	面粉	大米	人体
异亮氨酸	3.2	3.4	4.4	4.3	3.8	4.0	4.0
亮氨酸	5.1	6.8	6.8	5.7	6.4	6.3	7.0
赖氨酸	4.1	5.6	7.2	4.9	1.8	2.3	5.5
蛋氨酸+半胱氨酸	3.4	2.4	3.2	1.2	2.8	2.8	2.3
苯丙氨酸+酪氨酸	5.5	7.3	6.2	3.2	7.2	7.2	3.8
苏氨酸	2.8	3.1	3.6	2.8	2.5	2.5	2.9
缬氨酸	3.9	4.6	4.6	3.2	3.8	3.8	4.8
色氨酸	1.0	1.0	1.0	1.0	1.0	1.0	1.0

食物蛋白的氨基酸模式与人体蛋白的氨基酸模式越接近，其营养价值也相对越高。若食物中任何一种必需氨基酸缺乏或过量，可造成体内氨基酸的不平衡，使其他氨基酸不能被利用，影响蛋白质的合成。这些相对含量较低的必需氨基酸称为限制氨基酸（limiting amino acid）。因此，在饮食中提倡食物多样化，将多种食物混合食用，使必需氨基酸互相补充，使其模式更接近人体的需要，以提高蛋白质的营养价值，这种现象称为蛋白质互补作用（complementary action），如大豆与米、面同食，可以弥补大豆蛋氨酸不足而米、面中赖氨酸不足的问题。

(三)食物蛋白的营养学评价

1. 食物蛋白质含量 评价食物蛋白质的营养价值，首先应考虑该食物中蛋白质的含量。各种蛋白质含氮量相近，约占蛋白质的16%。目前国际上比较常用的方法为考马斯亮蓝法（Bradford法），是一种常用的微量蛋白质快速测定方法。而经典的凯氏（Kjeldahl）定氮法是通过测定食物中的氮含量，再乘以换算系数6.25得到食物蛋白质的含量。

2. 食物氨基酸组成和评价　氨基酸评分（amino acid score，AAS），亦称蛋白质化学分，是目前广为应用的一种食物蛋白质营养价值评价方法，不仅适用于单一食物蛋白质的评价，还可用于混合食物蛋白质的评价。该法的基本步骤是将被测食物蛋白质的必需氨基酸组成与推荐的理想蛋白质或参考蛋白质氨基酸模式进行比较，并按下式计算氨基酸评分。

$$氨基酸评分 = \frac{被测蛋白质每克氮(或蛋白质)中氨基酸量(mg)}{理想模式或参考蛋白质中每克氮(或蛋白质)中氨基酸量(mg)} \times 100$$

确定食物蛋白质的氨基酸评分步骤：首先计算被测蛋白质中每种必需氨基酸的评分值；其次从中找出最低的必需氨基酸（第一限制氨基酸）评分值，即为该蛋白质的氨基酸评分。

氨基酸评分法简单，但未考虑食物蛋白质的消化率。为此，美国食品药品监督管理局（Food and Drug Administration，FDA）推出了一种经消化率修正的氨基酸评分（protein digestibility corrected amino acid score，PDCAAS），其计算公式如下所示。

$$经消化率修正的氨基酸评分 = 氨基酸评分 \times 真消化率$$

3. 食物蛋白质利用率

（1）消化率（digestibility）：蛋白质消化率不仅反映蛋白质在消化道内被分解的程度，还反映消化后的氨基酸和肽被吸收的程度。蛋白质的消化率受人体自身和食物两方面影响，包括机体的消化功能、精神状态、饮食习惯、食物属性及加工方式等。根据是否考虑内源粪代谢氮（指肠道内内源性氮，是实验对象完全不摄入蛋白质时，粪中的含氮量）因素，可分为真消化率（true digestibility）和表观消化率（apparent digestibility）两种方法。

在实际应用中，往往不考虑粪代谢氮，这样不仅实验方法简单，而且因所测得的结果比真消化率要低，具有一定安全性。

$$蛋白质真消化率(\%) = \frac{食物氮 - (粪氮 - 粪代谢氮)}{食物氮} \times 100$$

$$蛋白质表观消化率(\%) = \frac{食物氮 - 粪氮}{食物氮} \times 100$$

（2）蛋白质生物价（biological value，BV）：是反映被消化吸收后的待测蛋白质被机体利用的程度。其计算公式如下所示。

$$生物价 = \frac{储留氮}{吸收氮} \times 100\%$$

$$吸收氮 = 食物氮 - （粪氮 - 粪代谢氮）$$

$$储留氮 = 吸收氮 - （尿氮 - 尿代谢氮）$$

通常采用动物或人体实验，实验期内动物食用含被测蛋白质的合成饲料，收集实验期内动物饲料和粪、尿样品，测定氮含量；另在实验前给实验动物无氮饲料，收集无氮饲料期粪、尿样品，测定氮含量，得粪代谢氮和尿内源氮数据。生物价对指导肝、肾患者的膳食具有指导意义，生物价高，表明食物蛋白中的氨基酸主要用于合成人体蛋白，没有过多的氨基酸经肝肾代谢或由尿排出，从而大大减少了肝肾负担（表1-5）。

表 1-5 常见食物蛋白质的生物价

蛋白质	生物价	蛋白质	生物价
鸡蛋蛋白质	94	熟大豆	64
鸡蛋白	83	扁豆	72
鸡蛋黄	96	蚕豆	58
脱脂牛奶	85	白面粉	52
鱼	83	小米	57
牛肉	76	玉米	60
猪肉	74	白菜	76
大米	77	红薯	72
小麦	67	马铃薯	67
生大豆	57	花生	59

（3）蛋白质净利用率（net protein utilization，NPU）：是反映被测食物蛋白质被机体利用程度的指标，包括食物被消化和利用两个方面，能更全面地反映被测食物蛋白质的实际利用程度。计算公式如下所示。

$$蛋白质净利用率(\%) = 消化率 \times 生物价 = \frac{储留氮}{食物氮} \times 100$$

（4）蛋白质功效比值（protein efficiency ratio，PER）：是指平均每摄入 1g 蛋白质所增加的动物体重，是用处于生长阶段中的幼年动物（一般用刚断奶的雄性大白鼠）在实验期内其体重增加（g）和摄入蛋白质的量（g）的比值来反映蛋白质营养价值的指标。动物摄食持续时间、年龄、试验开始的体重和所用动物的种类都是很重要的变量。实验时，饲料中被测蛋白质是唯一蛋白质来源，占饲料的 10%，实验期为 28 日。由于所测蛋白质主要被用来提供生长的需要，该指标被广泛用来作为婴幼儿食品中蛋白质的评价。

$$蛋白质功效比值 = \frac{动物体重增加(g)}{摄入食物蛋白质(g)}$$

（四）蛋白质的需要量及食物来源

理论上成人每日摄入约 30g 蛋白质即可维持零氮平衡，但从安全性和消化吸收等方面考虑，成人按 0.8g/（kg·d）摄入蛋白质为宜。由于我国居民膳食以植物性食物为主，所以 18 岁以上成人蛋白质推荐摄入量为男性每日 65g，女性 55g。按能量计算，我国成人蛋白质摄入占膳食总能量的 10%～12%，儿童青少年为 12%～14%。

蛋白质广泛存在于动植物中。一般而言，动物性食物（肉类、鱼类、蛋类及乳类）的蛋白质消化吸收较好、利用率较高，属于优质蛋白；植物性食物（谷类、豆类、蔬菜类、菌藻类及坚果类）的蛋白质利用率相对较低，但其中大豆蛋白也是优质蛋白的良好来源。

（五）蛋白质-能量营养不良

蛋白质缺乏往往与能量的缺乏共同存在。蛋白质-能量营养不良（protein-energy malnutrition，PEM）是一种因缺乏能量和蛋白质引起的营养缺乏病，主要发生在婴幼儿，在经济落后、卫生条件差的地区较多见。蛋白质-能量营养不良的临床表现因个体差异、严重程度、发病时间等因素而不同，临床症状包括体重不增和减轻、皮下脂肪减少和消失、以及全身各器官系统不同程度的功能紊乱，临床上一般分为消瘦型（marasmus）、水肿型（kwashiorkor）和混合型（marasmickwashiorkor）三类，根据营养缺乏的程度可分为轻、中、重三类；根据发病过程又可分为急性、亚急性和慢性三类。

三、碳水化合物

碳水化合物（carbohydrate，CHO）亦称为糖类，是自然界最丰富的能量物质。碳水化合物由碳、氢、氧三种元素组成。碳水化合物是一个大家族，1998年WHO/FAO按照聚合度（DP）将碳水化合物分为三类：糖、寡糖和多糖。膳食纤维素是碳水化合物的重要组成部分如部分寡糖和非淀粉多糖等。碳水化合物的重要功能是提供能量，是人类膳食能量的主要来源。近年来，随着营养科学的发展，人们对碳水化合物生理功能的认识已从"提供能量"扩展到对慢性病的预防，如调节血糖、血脂、改善肠道菌群等更多方面，而与慢性病关系的研究成果丰富了碳水化合物营养作用的认识和理解。

（一）碳水化合物的分类

FAO/WHO根据其化学结构和生理作用将碳水化合物分为糖（1～2个单糖）、寡糖（3～9个单糖）、多糖（≥10个单糖），见表1-6。

表1-6 碳水化合物分类

分类	亚组	组成
糖（1～2个单糖）	单糖	葡萄糖，半乳糖
	双糖	蔗糖，乳糖，海藻糖
	糖醇	山梨醇，甘露醇
寡糖（3～9个单糖）	异麦芽低聚寡糖	麦芽糊精
	其他寡糖	棉子糖，水苏糖，低聚果糖
多糖（≥10个单糖）	淀粉	直链淀粉，支链淀粉，变性淀粉
	非淀粉多糖	纤维素，半纤维素，果胶，亲水胶质物

资料来源：FAO/WHO 1998年。

1. 糖

（1）单糖（monosaccharide）：是不能被水解的最简单的碳水化合物，是构成各种寡糖和多糖的基本单位。根据其功能碳原子数目，可分为乙糖、丙糖、丁糖、戊糖、己糖及庚糖等。其中戊糖、己糖是自然界分布最广、含量最多的糖；丙糖、丁糖、庚糖多以中间的代谢产物形式存在。碳原子数目大于3的单糖因其不对称性，有 D-和 L-两种构型，天然存在的单糖多为 D-构型。葡萄糖和果糖是食物中最常见的单糖，它们都是己糖。自然界中只有葡萄糖和果糖有大量的游离态存在，其他的一些单糖主要存在于双糖或多糖中。葡萄糖又名右旋糖，是人体在禁食情况下，体内唯一存在的单糖。果糖几乎与葡萄糖同时存在于植物中，是糖类中甜味最高的，其甜度为蔗糖的1.2～1.5倍。除此之外，单糖还包括半乳糖、甘露糖、阿拉伯糖等。

（2）双糖（disaccharide）：自然界最常见的双糖是蔗糖和乳糖。此外还有麦芽糖、海藻糖、纤维二糖等。蔗糖由一分子葡萄糖和一分子果糖构成，主要来源于甘蔗和甜菜。而由一分子葡萄糖和一分子半乳糖组成的乳糖只存在与哺乳动物的乳汁中,浓度约为5%。

(3)糖醇(sugar alcohol):是糖的衍生物,由于其代谢不需要胰岛素,常用于糖尿病患者膳食。同时也是食品工业上重要的甜味剂和湿润剂。目前常用的包括甘露醇、麦芽糖醇、木糖醇、乳糖醇等。

2. 寡糖(oligosaccharide) 又称低聚糖,是由3~9个单糖分子通过糖苷键构成的聚合物,根据糖苷键的不同而有不同的名称。目前已知的几种重要的寡糖有棉籽糖、水苏糖、异麦芽糖、低聚果糖等。低聚果糖主要存在于水果、蔬菜中,是一种水溶性膳食纤维,难以被人体小肠吸收,但易被结肠益生菌(probiotics)利用,产生短链脂肪酸。其甜度为蔗糖的30%~60%。

3. 多糖(polysaccharide) 是由超过10个的单糖分子脱水缩合并通过糖苷键聚合而成的高分子碳水化合物。与单糖和低聚糖不同,多糖类一般不溶于水,无甜味,不能形成结晶,无还原性。在酶或酸的作用下,水解成单糖残基不等的片段,最后成为单糖。

根据营养学新的分类方法,多糖可分为淀粉和非淀粉类。

(1)淀粉(starch):存在于谷类、根茎类等植物中,由葡萄糖聚合而成,因聚合方式不同分为直链淀粉和支链淀粉。直链淀粉是由几十至几百个葡萄糖残基以 α-1,4-糖苷键依次相连成的一条直链,相对分子质量为1万~10万。天然直链淀粉为卷曲螺旋状,在热水中可溶解,遇碘产生蓝色反应,且易"老化",形成难消化的抗性淀粉。支链淀粉相对分子质量相对较大,一般由几千个葡萄糖残基组成,其中每25~30个葡萄糖残基以 α-1,4-糖苷键相连成许多短链,每两个短链之间又以 α-1,6-糖苷键连接,如此形成许多分枝再分枝的树杈状结构。支链淀粉难溶于水,与碘可产生棕色反应,易使食物糊化,从而提高消化率。食物中直链和支链淀粉含量变化取决于淀粉的来源或加工方式。食物淀粉中,支链淀粉含量较高,一般为65%~81%。支链淀粉含量越多,糯性越大。

(2)抗性淀粉(resist starch,RS):是因人体肠道不能吸收而被发酵的淀粉及其分解产物,被认为是膳食纤维的一种。RS 因其来源或加工方法不同,消化性有所不同,一般可分为三类。①RS1:物理包埋淀粉,指那些因细胞壁的屏障作用或蛋白质的隔离作用而不能被淀粉酶接近的淀粉,如部分研磨的谷物和豆类中,一些淀粉被裹在细胞壁里,在水中不能充分膨胀和分散,不能被淀粉酶接近,因此不能被消化。但是在加工和咀嚼之后,往往变得可以消化。② RS2:抗性淀粉颗粒,指那些天然具有抗消化性的淀粉,主要存在于生的马铃薯、香蕉和高直链玉米淀粉中。其抗酶解的原因是具有致密的结构和部分结晶结构,其抗性随着糊化完成而消失。③RS3:回生淀粉指糊化后在冷却或储存过程中结晶而难以被淀粉酶分解的淀粉,也称为老化淀粉。它是抗性淀粉的重要成分,由于它是通过食品加工形成的,因而也是重要的一类抗性淀粉。这类淀粉即使经加热处理,也难以被淀粉酶类消化,因此可作为食品添加剂使用;这类淀粉存在于放冷的熟土豆谷类等食物中。

(3)改性淀粉(modified starch):又称变性淀粉,指普通经过物理或化学方法处理后,某些性质改变的淀粉,如预糊化淀粉(α-淀粉)、高黏度淀粉、低黏度淀粉、氧化淀粉、交联淀粉、糊精、阳离子淀粉、淀粉衍生物等。改性淀粉仍保持原有颗粒结构,外观与原粉无差别,但黏度、黏度的稳定性、色泽、凝沉性、胶黏性等性质发生了明显改变。在食品工业中用于增稠、保型、稳定冷冻食品内部结构、改善食物风味、除却异杂味等;在制药工业中用作平衡物质兼黏合剂;在化妆品行业中用于制作爽身粉、护肤粉等。

大多数的非淀粉类多糖(non-starch polysaccharides,NSP)是由植物细胞壁成分组成,包括纤维素、半纤维素、果胶等，即传统概念中的膳食纤维。

（二）食物血糖生成指数

食物血糖生成指数（glycemic index，GI）简称生糖指数，是表示某种食物升高血糖效应与标准食品（通常为葡萄糖）升高血糖效应之比，是指人体摄入一定食物后会引起多大的血糖反应(表 1-7)。高 GI 食物，进入胃肠后消化快、吸收率高，葡萄糖释放快，葡萄糖进入血液后峰值高，即血糖较高；低 GI 食物在胃肠中停留时间长、吸收率低，葡萄糖释放缓慢，葡萄糖进入血液后的峰值低、下降速度慢，即血糖较低。当 GI 在 55 以下时，可认为该食物是低 GI 食物；当 GI 在 55～75 之间时，该食物为中等 GI 食物；当 GI 在 75 以上时，该食物为高 GI 食物。GI 可作为糖尿病患者选择食物的参考依据，也可广泛用于高血压和肥胖者的膳食管理及健康教育等。

表 1-7 常见食物的血糖生成指数

食物名称	GI	食物名称	GI	食物名称	GI
馒头	88.1	玉米粉	68.0	葡萄	43.0
熟甘薯	76.7	玉米片	78.5	柚子	25.0
熟土豆	66.4	大麦粉	66.0	梨	36.0
面条	81.6	菠萝	66.0	苹果	36.0
大米	83.2	闲趣饼干	47.1	藕粉	32.6
烙饼	79.6	荞麦	54.0	鲜桃	28.0
苕粉	34.5	甘薯（生）	54.0	扁豆	38.0
南瓜	75.0	香蕉	52.0	绿豆	27.2
油条	74.9	猕猴桃	52.0	四季豆	27.0
荞麦面条	59.3	山药	51.0	面包	87.9
西瓜	72.0	酸奶	48.0	可乐	40.3
小米	71.0	牛奶	27.6	大豆	18.0
胡萝卜	71.0	柑	43.0	花生	14.0

（三）碳水化合物的功能

碳水化合物是生命细胞结构的主要成分及主要供能物质，具有调节细胞活动的重要功能。机体中碳水化合物的存在形式主要有三种，葡萄糖、糖原和含糖复合物，碳水化合物的生理功能与其摄入食物的碳水化合物种类和在机体内存在的形式有关。

1. 储存和提供热能　膳食碳水化合物是人类获取能量最经济最主要的来源，1g 葡萄糖在体内完全氧化分解，可以释放能量 16.7kJ（4kcal）。维系人体健康所需的能量中，55%～65%由碳水化合物供给。糖原是碳水化合物在体内的储存形式，在肝脏和肌肉中含量最多，肝脏约储存机体内 1/3 的糖原。机体需要时，肝脏中的糖原即分解为葡萄糖以提供能量。葡萄糖在体内释放能量较快，供能也快，是神经系统和心肌系统的主要能源，也是肌肉活动时的主要燃料，对维持神经系统和心脏的正常功能、增强耐力、提高工作效率都有重要意义。

2. 构成机体的重要物质　碳水化合物也是构成机体组织的重要物质，并参与细胞的组成和多种活动。每个细胞都有碳水化合物，其含量为 2%～10%，主要以糖脂、糖蛋白和蛋白多糖的形式存在，分布在细胞膜、细胞器膜、细胞质及细胞间质中。糖结合物广泛存在于各组织中，如脑和神经组织中大量的糖脂，它是细胞与神经组织的结构成分之一。糖与蛋白质结合的糖蛋白，如黏蛋白和类黏蛋白，是构成软骨、骨骼和眼球的角膜、玻璃体的组成成分；某些酶如核酸酶等都是糖蛋白；一些具有重要生理功能的物质如抗原、抗体、酶、激素，其组成成分也包括碳水化合物。

3. 节约蛋白质 机体的一切生命活动都以能量为基础。当碳水化合物供应不足时，机体为了满足自身对葡萄糖的需要，将通过糖原异生（glyconeogenesis）产生葡萄糖，供给能量；当食物能提供足量的可利用碳水化合物时，人体首先利用它作为能量来源，从而减少了蛋白质作为能量的消耗，使更多的蛋白质参与组织构成等更重要的生理功能，因此碳水化合物起到了节约蛋白质的作用（sparing protein action）。膳食中碳水化合物的补给充分，使体内有足够的 ATP 产生，也有利于氨基酸的主动转运。

4. 抗生酮作用 脂肪在体内分解代谢，需要葡萄糖的协调作用。脂肪酸被分解所产生的乙酰基需要与草酰乙酸结合进入三羧酸循环，而最终被彻底氧化和分解产生能量。当膳食中碳水化合物供应不足时，草酰乙酸供应相应减少；而体内脂肪或食物脂肪被动员并加速分解为脂肪酸来供应能量。这一代谢过程中，由于草酰乙酸不足，脂肪酸不能彻底氧化而产生过多的酮体，酮体不能及时被氧化而在体内蓄积，导致酮血症和酮尿症。膳食中充足的碳水化合物可以防止上述现象的发生，该作用被称为碳水化合物的抗生酮作用（antiketogenesis）。

5. 解毒作用 经糖醛酸途径生成的葡萄糖醛酸，是体内一种重要的结合解毒剂，在肝脏中能与许多有害物质如细菌毒素、乙醇、砷等结合，以消除或减轻这些物质的毒性或生物活性，从而起到解毒作用。机体肝糖原丰富时对有害物质的解毒作用增强，肝糖原不足时，机体对有害物质的解毒作用显著下降。

6. 增强肠道功能 非淀粉多糖类如纤维素和果胶、抗性淀粉、功能性低聚糖等抗消化的碳水化合物，虽不能在小肠消化吸收，但能刺激肠道蠕动，增加结肠发酵产生短链脂肪酸，增殖肠道菌群，有助于正常消化和增加排便量。

近年来已证实某些不消化的碳水化合物在结肠发酵、可选择性地刺激肠道菌的生长，特别是刺激某些益生菌如乳酸菌、双歧杆菌的生长。益生菌提高了机体消化系统功能，尤其是肠道的消化吸收功能，能够促进肠道特定菌群的生长繁殖。这种不能够被消化的碳水化合物被称作"益生元"（prebiotic）。

（四）碳水化合物的需要量及食物来源

膳食碳水化合物的摄入比例过少，可造成蛋白质浪费，组织蛋白和脂肪分解增加及阳离子丢失等。而过高比例的碳水化合物，可引起脂肪和蛋白质摄入减少，同样会对机体造成不良后果。研究表明，膳食碳水化合物的供能比大于 80%或小于 40%都对健康不利。因此许多国家将碳水化合物的供能比定为 50%～65%。根据 2013 版中国居民膳食营养素参考摄入量（dietary reference intakes，DRIs）推荐：除 1 岁以下婴儿外，膳食碳水化合物供能比均为 50%～65%；同时建议膳食中应含有不同种类的碳水化合物，限制纯能量食物如糖的摄入，添加糖的比例也应低于总能量的 10%。对于膳食碳水化合物一般不推荐绝对摄入量，主要考虑碳水化合物的适宜供能比。另外，每日应至少摄入 50～100g 可消化的碳水化合物以预防碳水化合物缺乏。

碳水化合物的主要食物来源于谷物（水稻、小麦、玉米、大麦、燕麦、高粱等）、薯类（红薯、土豆等），还来源于水果蔬菜类和纯能量食物（包括淀粉和糖）等。谷类一般含碳水化合物为60%～80%，薯类含量为15%～29%，豆类为40%～60%（表1-8）。糖类的主要来源是白糖、糖果、甜食、糕点及含糖饮料等。

表1-8 常见食物碳水化合物的含量（g/100g可食部分）

食物	碳水化合物含量	食物	碳水化合物含量	食物	碳水化合物含量
稻米	77.3	腐竹	21.3	猕猴桃	11.9
方便面	60.9	豇豆	58.9	核桃	9.6
高粱米	70.4	豆腐	3.8	苹果	12.3
挂面	74.5	奶糖	84.5	芝麻	21.7
月饼	52.3	巧克力	51.9	大白菜	3.1
馒头	48.3	芸豆	54.2	菠菜	2.8
面条	58	红薯	23.1	番茄	3.5
麻花	51.9	胡萝卜	7.7	西瓜	6.4
面包	58.1	牛奶	3.4	香蕉	20.8
花生	17.3	木耳	35.7	芹菜	3.3

四、脂　类

脂类（lipids）是人体必需的宏量营养素之一，是一类具有重要生物学作用的有机化合物。由脂肪酸和醇作用生成的酯及其衍生物统称为脂类，这是一类一般不溶于水而溶于脂溶性溶剂的化合物。人体脂类总量占体重的10%～20%，包括脂肪（甘油三酯）和类脂（磷脂、固醇类）。脂肪是人体能量的主要来源和储存形式，在供给人体能量方面起着重要作用。脂类也是人体细胞组织的组成成分，如细胞膜、神经髓鞘都必须有脂类参与。同时脂类能够促进维生素A、维生素E等脂溶性维生素的吸收和利用，对维持人体的健康发挥重要作用。

（一）脂类的分类及功能

1. 甘油三酯（triglyceride，TG）　是三分子脂肪酸（fatty acid，FA）和一分子甘油（glycerol）结合而成。甘油三酯是人体内含量最多的脂类，约占体内总脂量的95%，大部分组织均可以利用甘油三酯分解产物供给能量，同时肝脏、脂肪等组织还可以进行甘油三酯的合成，在脂肪组织中储存。根据不同的分类依据，脂肪酸有不同的分类方法。按照其碳链长度，脂肪酸可分为长链脂肪酸（long-chain fatty acid，LCFA）含14～24碳、中链脂肪酸（medium-chain fatty acid，MCFA）含8～12碳、短链脂肪酸（short-chain fatty acid，SCFA）含6碳以下；按其饱和程度，脂肪酸可分为饱和脂肪酸（saturated fatty acid，SFA）和不饱和脂肪酸（unsaturated fatty acid，USFA），根据不饱和双键的数量可将含有一个不饱和双键的脂肪酸称为单不饱和脂肪酸（monounsaturated fatty acids，MUFA），含有两个及以上不饱和双键的脂肪酸称为多不饱和脂肪酸（polyunsaturated fatty acids，PUFA）；按照空间结构可分为顺式脂肪酸（*cis*-fatty acids）和反式脂肪酸（*trans*-fatty acids）。

甘油三酯主要生理功能有：①储存和提供能量：当人体能量摄入过多而未被利用时，

就会转化为脂肪储存起来。当机体需要时，脂肪细胞中的酯酶立即分解甘油三酯释放出甘油和脂肪酸进入血循环。氧化 1g 脂肪所释放的能量为 37.6kJ，比氧化 1g 糖所提供的能量（约 16.7kJ）多一倍。②保温及润滑作用。③节约蛋白质。④参与机体物质和能量代谢。

2. 必需脂肪酸（essential fatty acids，EFA） 是指人体维持机体正常代谢不可缺少而自身又不能合成，或合成速度慢无法满足机体需要，必须通过食物供给的脂肪酸。n-6 系列的亚油酸（linoleic acid）和 n-3 系列的 α-亚麻酸（linolenic acid）是人体必需的两种脂肪酸。亚油酸可在体内转化为 γ-亚麻酸、花生四烯酸（arachidonic acid）等 n-6 系脂肪酸，而 α-亚麻酸可转变生成二十碳五烯酸（eicosapentaenoic acid，EPA）、二十二碳六烯酸（docosahexaenoic acid，DHA）等 n-3 系脂肪酸。它们都是多不饱和脂肪酸，其中以亚油酸最为重要，它在一定程度上可以替代和节约亚麻酸。2013 版中国居民 DRIs 中建议亚油酸成人适宜摄入量（adequate intake，AI）为总能量的 4%，α-亚麻酸为总能量的 0.6%。

必需脂肪酸的主要功能：①磷脂的重要组成部分；②前列腺合成的前体；③与胆固醇的代谢有关。

3. 磷脂（phospholipid） 是一类含有磷酸的脂类，机体中主要含有两大类磷脂，由甘油构成的磷脂称为甘油磷脂（phosphoglyceride）；由神经鞘氨醇构成的磷脂，称为鞘磷脂（sphingolipid）。人体含量最多的鞘磷脂是神经鞘磷脂，由鞘氨醇、脂肪酸及磷酸胆碱构成。神经鞘磷脂是构成生物膜的重要磷脂，它常与卵磷脂并存细胞膜外侧。

磷脂的主要功能：①细胞膜的成分；②提供能量；③乳化作用；④改善神经系统功能。

4. 固醇（sterol） 又称甾醇。它是一类有多个环状结构的脂类化合物，广泛存在于动植物中。胆固醇与人体组织、胆汁酸和激素有关。胆固醇的来源有二：外源性胆固醇来自膳食，内源性胆固醇来源于人体自身的合成。胆固醇的营养意义是促进脂肪运输、构成细胞的膜结构、构成神经髓鞘，合成胆汁酸盐、维生素 D、肾上腺皮质激素和性激素。胆固醇是非必需营养素，因为人体内肝、小肠黏膜、皮肤等组织细胞均能合成胆固醇，即使膳食中没有胆固醇体内也不会缺乏。若膳食中有少量胆固醇，则吸收后可反馈抑制肝中胆固醇的合成。但膳食胆固醇过多时体内反馈抑制作用克服不了血浆胆固醇的升高，从而促进动脉粥样硬化，有损健康。胆固醇主要存在于动物性食物中。

（二）脂类的运输及储存

食物中的脂肪在小肠被消化后，分解为甘油、短链和中链脂肪酸，在小肠黏膜细胞内再合成甘油三酯，与磷脂、胆固醇、蛋白质形成乳糜微粒（chylomicron），经淋巴入血运送到肝外组织中，在脂蛋白脂肪酶作用下，甘油三酯被水解，产物被肝外组织利用，乳糜微粒残粒被肝摄取利用。血中的乳糜微粒是颗粒最大、密度最低的脂蛋白，是脂肪的主要运输形式。

脂肪分布在动物的皮下、大网膜、肠系膜等组织，通常将这些组织称为脂肪组织或脂库。体内脂肪是储备能量的物质。不同的动物储存的数量不同。个体间随营养和生理状况的不同而有明显的差异。动物以脂肪作为能量储存物质是因为 1g 脂肪彻底氧化释放的能量远比糖类和蛋白质多。而且脂肪不亲水，同样重量的脂肪比亲水的糖或蛋白质所占的体积要小，有利于储存。脂肪储存在皮下和器官周围还具有防止热量散发，稳定和保护器官不受机械损伤的作用。

（三）脂类的供给量及食物来源

2013 版中国居民 DRIs 建议，膳食脂肪供能比为 20%～30%，必需脂肪酸供能比不应低于总能量的 3%。其中饱和脂肪酸、单不饱和脂肪酸、多不饱和脂肪酸的比例应为 1∶1∶1，并建议成人 DHA 和 EPA 的宏量营养素可接受范围（AMDR）为 0.25～2.0g/d。

人体膳食脂肪的主要来源为动物性食物和植物种子。动物性食物中畜肉类含脂肪最丰富，且多为饱和脂肪酸和不饱和脂肪酸。牛、羊肉含脂肪量比猪肉低很多。海生动物和鱼类富含不饱和脂肪酸，如二十碳五烯酸（EPA）、二十二碳六烯酸（DHA），这两种脂肪酸具有扩张血管、降低血压血脂、抑制血小板凝集等作用，可预防高血压、脑血栓等老年病的发生。植物油中普遍含有亚油酸，在菜油和茶油中含量相对较少，而在豆油、亚麻籽油、紫苏油中含量较多。蛋黄、肝脏、大豆、花生等中磷脂含量较多。胆固醇只存在于动物性食物中，如动物脑、内脏和蛋类中胆固醇含量丰富，奶类及肉类也含胆固醇。植物性食物不含胆固醇，而含植物固醇。

五、矿 物 质

人体组织中含有自然界各种元素（element），目前在地壳中发现的 92 种天然元素在人体内几乎都检测得到。矿物质是构成人体组织和维持正常生理功能必需的除碳、氢、氧、氮外其他元素的总称，也叫无机盐或灰分，是人体必需的七大营养素之一。一般将人体内含量高于 0.01% 的矿物质称为常量元素（macroelement），含量低于 0.01% 的称为微量元素（microelement）。常量元素包括钠、氯、钙、磷、镁、钾、硫。微量元素包括铁、铜、锌、锰、钴、碘、硒、氟、钼、铬等。目前发现有 20 余种矿物质是构成人体组织、参与代谢、维持生理功能的必需元素。1990 年 FAO/IAEA/WHO 三个国际组织的专家委员会重新界定必需微量元素的定义并按其生物学的作用将其分为三类。

（1）人体必需微量元素，共 8 种，包括碘、锌、硒、铜、钼、铬、钴、铁。
（2）人体可能必需的元素，共 5 种，包括锰、硅、硼、钒、镍。
（3）具有潜在的毒性，但在低剂量时，可能具有人体必需功能的元素，共 7 种，包括氟、铅、镉、汞、砷、铝、锡。

（一）常量元素

1. 钙（calcium） 在人体内的含量仅次于氢、氧、碳、氮而列于第五位。是人体内含量最多的一种无机元素。相当于体重的 1.5%～2.0%，其中 99% 集中在骨骼和牙齿中，使机体具有坚硬的结构支架，其余则以游离或结合形式存在于细胞外液、血液和软组织中，这部分钙称为混溶钙池（miscible calcium pool），与骨骼钙维持着动态平衡。血浆中离子化钙正常浓度为 0.94～1.33mmol/L，这部分的钙对维持体内细胞正常生理状态，调节机体生理功能起着重要作用。钙随食物进入胃后，在胃酸作用下溶解。胃液中盐酸、乳酸及氨基酸等能降低肠道 pH 及增加钙溶解度，均能促进钙的吸收，而食物中的草酸、磷酸、植酸或食物纤维等，能形成草酸钙或植酸钙等，影响钙的吸收；食物中脂肪量过多，或脂肪消化不良时，脂肪酸与钙结合形成不溶性钙皂，妨碍钙的吸收。

体内钙约 99% 以羟磷灰石 $[CO_2(PO_4)_6Ca(OH)_2]$ 的形式分布于骨骼和牙齿，参与骨骼和牙齿的构成；体液中的钙多以离子（Ca^{2+}）形式存在，是血液凝固及某些神经递质发挥作用所必需的因素，并对神经肌肉兴奋性、心肌和骨骼肌的收缩、细胞代谢和功能等有重要的调节作用；钙离子是许多酶系统的激活剂，如活化磷酸激酶，在糖原代谢中能激活肌细胞内肌纤凝蛋白 ATP 酶，促进肌肉收缩，维持细胞膜的稳定性；钙离子作为细胞内最重要的"第二信使"之一，在细胞受到刺激后，参与细胞信息传递。

影响机体钙吸收的因素：①随年龄增长吸收率降低，特殊生理时期吸收增加；②维生素 D 促进钙吸收；③凡能降低肠道 pH 或增加钙溶解度的物质，均可促进其吸收，如某些氨基酸（色氨酸、赖氨酸）等与钙形成可溶性钙盐，有利于钙吸收；④抗生素如青霉素、氯霉素等促进钙吸收；⑤植物性食物中的草酸、植酸、磷酸与钙形成难溶性钙盐，阻碍钙吸收；⑥某些碱性药物（如苏打等）可使肠道 pH 升高，阻碍钙吸收。

儿童长期钙缺乏和维生素 D 不足可导致生长发育迟缓、骨软化、骨骼变形，严重者可导致佝偻病，出现"X"形或"O"形腿、肋骨串珠、鸡胸等。中老年人尤其是绝经女性，钙丢失加快，易引起骨质疏松。流行病学资料表明，膳食钙的摄入是高血压的保护因素。增加钙和乳制品的摄入量能降低结肠癌的危险性。高钙尿是肾结石的一个重要危险因素，过量钙影响铁、锌吸收，对镁代谢有潜在不良反应。

2013 版中国居民 DRIs 中推荐 18 岁以上，50 岁以下成人钙的推荐摄入量（recommended nutrient intakes，RNI）为 800mg/d。不同生理条件，如婴幼儿、儿童、孕妇、乳母、老人均应适当增加钙的供给量。成人钙的可耐受最高摄入量（tolerable upper intake level，UL）为 2000mg/d。

奶及奶制品是钙的最佳来源。发酵酸奶更利于钙的吸收。此外豆类、绿色蔬菜也是钙的良好来源。

2. 磷（phosphorus） 广泛存在于动植物组织中，也是人体含量较多的元素之一，稍次于钙，排第六位。成人体内含有 600~900g 的磷，约占人体体重的 1%。体内有 85%~90% 的磷以羟磷灰石的形式集中于骨和牙，其余散在分布于全身各组织及体液中。在细胞膜和软组织中的磷大部分以有机磷酯形式存在，少部分为磷蛋白和磷脂。

磷的生理功能：①骨盐的主要成分，也是构成组织细胞如核酸、磷脂和某些辅酶不可缺少的元素；②形成 ATP 和 CP，是能量转换的中心物质，在肌细胞的无氧能量代谢中起重要作用；③构成缓冲体系，维持酸碱平衡；④组成磷酸酯类，与蛋白质结合形成细胞膜的成分；⑤调节细胞因子活性等。

理论上膳食中的钙磷比例维持在（1~1.5）：1 比较好，不宜低于 0.5，牛奶的钙磷比为 1：1，而人乳比牛奶更好，成熟母乳为 1.5：1。考虑妊娠期和哺乳期磷吸收率的增加，因此孕妇和哺乳期妇女磷的 RNI 与成人一致。2013 版中国居民 DRIs 推荐 18~50 岁成人磷的 RNI 为 720mg/d，UL 为 3500mg/d。磷主要存在于瘦肉、禽类、鱼、蛋、坚果、豆类、海带、紫菜等。而谷类的磷主要以植酸磷的形式存在，其与钙结合不易吸收。

3. 镁（magnesium） 正常成人体内含镁 20~28g，其中 60%~65% 存在于骨骼，27% 存在于肌肉、肝、心、胰等组织，2% 存在于体液中。1934 年科学家证实，镁是人体必需的常量元素。血浆中镁的浓度为（1~3）mg/100ml。镁是多种酶的激活剂，在能量和物质代谢中起着重要作用；镁与钙、磷一起构成骨骼和牙齿，镁与钙既有协同又有拮抗作用；能促进神经肌肉的兴奋性；维持体液酸碱平衡；镁是一种导泻剂，具有促进胃肠道功能的作用；对激素具有调节作用；另外镁还是心血管系统的保护因子。

镁缺乏时会引起肌肉痉挛和心动过速，食欲减退、倦怠和恶心、呕吐，甚至精神错乱、幻觉等。乙醇中毒、严重肾脏疾病、急性腹泻和恶性营养不良的患者容易发生镁缺乏。而镁过量会引起恶心、胃肠痉挛、嗜睡、肌无力等，一般发生在肾功能不全、糖尿病酮症早期患者身上。

2013 版中国居民 DRIs 推荐 18～50 岁成人镁的 RNI 为 330mg/d。叶绿素是镁卟啉的螯合物，所以绿叶蔬菜中富含镁。粗粮、坚果也富含镁，肉类和牛奶次之。约有 45% 的膳食镁来自蔬菜、水果、谷物和坚果，约 29% 来自奶、蛋、肉。精制食品中的镁含量较低。硬水中含镁盐较多，软水中含量相对较少。

4. 钾（potassium） 是人体主要阳离子之一，98% 的钾存在于细胞内。钾参与碳水化合物、蛋白质代谢，维持神经肌肉应激性和心肌功能，具有维持细胞内正常渗透压和体液的酸碱平衡的作用。

钾缺乏可使神经肌肉、消化、心血管、泌尿、中枢神经系统等发生功能性或器质性变化。长期缺钾可引起肾功能障碍。体内血钾浓度高于 5.5mmol/L 时，出现毒性反应，称高血钾症。

2013 版中国居民 DRIs 推荐成人钾的 AI 为 2000mg/d，成人钾的预防非传染性慢性病的建议摄入量（proposed intakes for preventing non-communicable chronic disease，PI-NCD）为 3600 mg/d。蔬菜和水果是钾最好的来源，一般日常膳食不会缺钾。

5. 钠（sodium） 是细胞外液中的主要阳离子，对维持体内水平衡、渗透压与酸碱平衡、神经肌肉的兴奋性具有重要作用。体内钠主要存在于细胞外液，占总量的 44%～50%。

高温、重体力、呕吐、腹泻等都可能造成钠缺乏，导致细胞外液减少，严重时细胞内水分也有丢失，可出现食欲减退、恶心、肌肉无力、倦怠、头痛、心率加快、血压降低、精神淡漠及肌肉痉挛，严重时可致虚脱及呼吸衰竭。经常摄入食盐过多，可能引起高血压。肾功能障碍时易发生钠的堆积引起中毒，当血浆钠＞150mmol/L 时，称高钠血症。

2013 版中国居民 DRIs 推荐 18～50 岁成人钠的 AI 为 1500mg/d，随着年龄增加，钠的 AI 降至 1400mg/d 和 1300mg/d（80 岁以上）。食盐是人体获得钠的主要来源。酱油、味精、腌肉、咸菜等也是钠的膳食来源。

（二）微量元素

1. 铁（iron） 是构成人体的必不可少的元素之一。成人体内有 4～5g 铁，其中以 65%～70% 血红蛋白、3% 肌红蛋白、1% 其他化合物形式存在，剩余 25% 为储备铁，主要以铁蛋白和含铁血黄素的形式储存在肝、脾和骨髓中。红细胞中的血红蛋白是运输氧气的载体，铁作为血红蛋白的组成成分，参与体内氧的运输和组织呼吸过程，缺铁可影响血红蛋白的合成，甚至影响 DNA 的合成与红细胞增殖；铁还参与维持正常的免疫功能，同时也与抗脂质过氧化、药物的肝脏解毒等有关。

影响铁吸收的因素有如下几种。

（1）食物中的铁分为血红素铁（heme iron）和非血红素铁（nonheme iron）两种。血红素铁的生物利用率高，有效吸收率接近 40%。而非血红素铁必须被还原成二价铁才能被吸收，其有效吸收率仅为 5%～10%。

（2）机体的生理、病理改变可影响铁的吸收，如生长发育时期、月经、某些感染造成铁丢失会增加其吸收率。

（3）膳食因素主要影响非血红素铁的吸收。蛋白类刺激胃酸分泌，氨基酸与铁螯合成可溶性单体，可提高铁吸收；某些酸（如乳酸、琥珀酸及酒石酸）和维生素（如维生素 A、维生素 B_2、维生素 B_{12}、叶酸、维生素 C 等）促进铁吸收；矿物质（如铅、铬、锰）、金属络合物（如 EDTA）、非营养素（如植酸、单宁、多酚）等阻碍铁吸收。

机体缺铁有三个阶段：第一阶段为铁减少期，血清蛋白含量降低，尚不会引起有害的生物学后果；第二阶段为缺铁性红细胞生成期，储存铁更进一步减少，铁蛋白减少，血清铁和转铁蛋白饱和度下降，总铁结合力增高，游离原卟啉升高，尚无贫血表现；第三阶段为缺铁性贫血期，血红蛋白和血细胞比容下降，体内铁缺乏导致细胞呼吸障碍，从而影响组织器官功能，出现食欲降低和明显的贫血症状。

缺铁症状主要表现为贫血，孕早期贫血可导致早产、低出生体重儿及胎儿死亡。儿童青少年发育受阻，认知学习障碍。另外缺铁对免疫功能和末梢神经功能也会产生损害。铁中毒最明显的表现为胃肠道出血性坏死，表现为呕吐和血性腹泻。铁过量主要损害肝脏，引起肝纤维化和细胞瘤。另外，铁具有催化自由基（free radical）生成和脂质过氧化的作用，当铁过量时可增加心血管疾病和动脉粥样硬化的风险。膳食中铁的吸收率为 10%～20%。健康的成年女性月经期每日损失约 2mg，故铁供给量应大于男性。

2013 版中国居民 DRIs 推荐 18～50 岁成人男性铁的 RNI 为 12mg/d，女性为 20mg/d。孕妇及乳母均在此基础上有所增加。成人铁的 UL 为 42mg/d。

含铁丰富的食物有动物血、肝脏、鸡胗、牛肾、大豆、木耳等。其次为瘦肉、红糖、蛋黄、猪肾、羊肾、干果等；再次之为鱼、谷物、菠菜、豌豆等。奶制品、蔬果中含铁量低。

2. 锌（zinc） 成人体内含锌 2～3g，分布于人体所有的组织、器官、体液及分泌物。体内锌主要以酶的形式存在，在肝脏、骨骼肌、皮肤、指甲等组织器官中含量高，血液中含量很低。锌参与蛋白质合成、细胞生长、分裂和分化过程，促进人体的生长发育；维持人体正常食欲，缺锌会导致味觉下降，出现厌食、偏食，甚至异食。锌能促进淋巴细胞有丝分裂，增加 T 细胞的数量和活性，增强人体免疫力；此外还具有促进伤口和创伤的愈合、影响维生素 A 的代谢和正常视觉、维持男性正常的生殖功能、调节影响大脑生理功能的各种酶及受体的作用。

锌缺乏可导致食欲减退、异食癖、生长发育停滞等，儿童长期缺锌可导致侏儒症；成人长期缺锌可导致性功能减退、精子数减少、胎儿畸形、皮肤粗糙、免疫力下降等症状。成人摄入 2g 以上的锌即可发生中毒，表现为急性腹痛腹泻、呕吐等。

2013 版中国居民 DRIs 推荐成人男性锌的 RNI 为 12.5mg/d，女性为 7.5mg/d。孕妇及乳母均在此基础上有所增加。成人锌的 UL 为 40mg/d。贝壳类海产品、红肉及内脏是锌的良好来源；蛋类、豆类、谷类胚芽、燕麦、花生等也富含锌。蔬果中含锌量低。

3. 硒（selenium） 人体硒含量为 14～20mg，其遍布所有组织器官，肝肾中浓度最高。肌肉、肾脏和红细胞是硒的组织储存库。硒在人体内以两种形式存在，一种是来自膳食中的硒蛋氨酸，作为非调节性储存形式存在；另一种是硒蛋白中的硒半胱氨酸，是具有生物活性的化合物。硒的生理功能包括：抗氧化、保护心血管和心肌健康、增强免疫、有毒重金属的解毒、预防克山病和大骨节病、抗肿瘤等。

2013 版中国居民 DRIs 推荐成人硒的 RNI 为 60μg/d。孕妇及乳母均在此基础上有所增加。成人硒的 UL 为 400μg/d。海产品和动物内脏富含硒。食物中的含硒量随地域不同而不同，特别是植物性食物的硒含量与地表土壤层硒元素水平有关。

4. 碘（iodine） 是最早被确认人类和动物所必需的营养素之一。人体碘有 80%～90%来自食物，其余来自饮水。碘的生理功能是通过甲状腺激素完成的，其主要表现为：促生物氧化；促进蛋白质合成和神经系统发育；促进糖脂代谢；激活体内许多重要的酶类等。

碘缺乏的典型症状为甲状腺肿大。婴幼儿缺碘可引起生长发育迟缓、智力低下，严重者发生呆小症。而长期高碘摄入可导致高碘性甲状腺肿、甲状腺功能亢进等。

2013版中国居民DRIs推荐成人碘的RNI为120μg/d。孕妇及乳母均在此基础上有所增加。成人碘的UL为600μg/d。海产品如海带、紫菜、虾皮等是碘的良好来源。

六、维 生 素

维生素（vitamin）是一类维持机体正常代谢所必需的低分子有机化合物。维生素的生理需要量虽然极微，但大多数不能在体内合成，也不能大量储存于机体组织中，必须从食物中摄取。维生素分类多依其在水中或油脂中的溶解度分为两大类，即水溶性维生素和脂溶性维生素。属于前者的有维生素B_6，维生素B_{12}，烟酸，维生素C、叶酸等。属于后者的有维生素A、维生素D、维生素E、维生素K等。

（一）脂溶性维生素

脂溶性维生素是指不溶于水，而能溶于脂肪及脂类溶剂的一类维生素，主要有维生素A、维生素D、维生素E与维生素K等。还有一些以维生素原的形式存在于植物组织中，如胡萝卜素、麦角固醇等。脂溶性维生素常与脂类共存，改善脂肪吸收的条件有助于其吸收。脂类吸收不良时（如胆道梗阻或长期腹泻），可引起脂溶性维生素缺乏症。吸收后的脂溶性维生素大部分被储存在体内，主要是储存于肝脏中。脂溶性维生素可通过胆汁排出体外，但排泄缓慢，大剂量摄入时常可引起中毒。

1. 维生素A（vitamin A） 又称视黄醇（retinol），是人类必需的一种脂溶性维生素。它对维持视觉功能、皮肤黏膜完整性、生殖功能、免疫功能以及促进生长发育和骨代谢等方面发挥重要作用。缺乏时，会出现食欲不佳、角膜溃疡、骨骼和牙齿软化、上皮组织角质化和对疾病抵抗力下降等情况。毕脱斑（儿童缺乏）、干眼病和夜盲症为典型缺乏症。过量摄入导致慢性中毒的症状有头痛、食欲降低、脱发、肌肉疼痛等。

2013版中国居民DRIs推荐：18岁以上及50岁以下成人维生素A的RNI为男性800μg RAE/d，女性700μg RAE/d；成人维生素A的UL为3000μg RAE/d。维生素A的主要食物来源包括各种动物性食物中含有的预先形成的维生素A（类视黄醇）和各种红、黄、绿色蔬菜、水果中含有的维生素A原类胡萝卜素。人体内不能合成维生素A，需要通过膳食摄入这两类物质满足机体的维生素A需要。预先形成的维生素A主要来源于各种动物肝脏和其他脏器类肉品、蛋黄、鱼油、奶油和乳制品。近年来，膳食补充剂中的视黄醇也是重要的维生素A来源之一。

由于维生素A的食物来源包括动物性食物的类视黄醇和植物性食物的维生素A原类胡萝卜素，两者具有不同的维生素A活性。过去评估食物中维生素A活性是采用国际单位（U）或视黄醇当量（μgRE），目前我国采用视黄醇活性当量（μgRAE）作为表示单位。

1μg视黄醇活性当量相当于1μg全反式视黄醇或2μg来自补充剂的全反式β-胡萝卜素或12μg膳食全反式β-胡萝卜素或24μg其他膳食维生素A原类胡萝卜素。

2. 维生素D（vitamin D） 是环戊烷多氢菲类化合物，是一组结构上与固醇有关，功能上可防止佝偻病的维生素，最主要的是维生素D_3与维生素D_2（维生素D的活性形式）。

前者由人体皮下 7-脱氢胆固醇经紫外线照射而成。后者由植物或酵母中含有的麦角固醇经紫外线照射而成。维生素 D 化学性质较稳定，故通常的烹调过程不会造成维生素 D 损失，但脂肪酸败可引起维生素 D 破坏。维生素 D 的主要功能是促进小肠黏膜细胞对钙和磷的吸收：肠中钙离子吸收需要一种钙结合蛋白，$1,25-(OH)_2D_3$ 可诱导此蛋白合成，促进 Ca^{2+} 吸收，又可促进钙盐的更新及新骨生成，也促进磷吸收与肾小管细胞对钙、磷的重吸收，故可提高血钙、血磷浓度，有利于新骨生成和钙化；此外维生素 D 还有促进皮肤细胞生长、分化及调节免疫功能作用。

人体维生素 D 的来源主要通过皮肤接触日光或膳食中获得。大多数食物中不含维生素 D，少数天然食物中含有微量维生素 D，但在含脂肪高的海鱼、动物肝脏、蛋黄和奶油中相对较多，而瘦肉和奶中含量较少。强化维生素 D 食品中维生素 D 含量变异较大。通过使用强化维生素 D 食品可有效预防维生素 D 缺乏症。

长期维生素 D 缺乏与儿童佝偻病和成人的骨质软化症有关，而长期过量摄入维生素 D 又会导致中毒。目前维生素 D 缺乏仍然是一个世界性的问题，尤其那些生活在高纬度地区或者那些皮肤接触日光较少的人群。日光照射不足或膳食中缺乏维生素 D 可导致维生素 D 缺乏。温带、寒带日照较少，特别是在冬季或多雨和多雾的地区，容易发生维生素 D 缺乏。维生素 D 缺乏症表现为一种骨骼疾病，在儿童称为佝偻病（rickets），成人则称为骨质软化症（osteomalacia）和骨质疏松（osteoporosis）。维生素 D 摄入过量亦会引起中毒，往往由于长期维生素 D 制剂过量补充或强化维生素 D 食品过量摄入所致。

2013 版中国居民 DRIs 推荐成人维生素 D 的 RNI 为 10μg/d，成人维生素 D 的 UL 为 50μg/d。

3. 维生素 E（vitamin E） 又称生育酚（toco-pherol），所有具有 α-生育酚活性的生育酚和三烯生育酚及其衍生物的总称。维生素 E 包括 α-生育酚、β-生育酚、γ-生育酚和 δ-生育酚及相应的 α-三烯生育酚、β-三烯生育酚、γ-三烯生育酚和 δ-三烯生育酚类共八种。其中以 α-生育酚的活性最强。维生素 E 为黄色油状液体，溶于脂肪，对热及酸稳定，易受碱及氧化破坏。油脂酸败会加速维生素 E 的破坏，一般烹饪时损失不大，油炸时活性明显降低。

维生素 E 是重要的脂溶性抗氧化剂，具有较强的抗氧化作用，可抑制细胞内和细胞膜脂质过氧化，保护细胞免受自由基的损害，与衰老和一些慢性病发生有关。维生素 E 还对维持生育功能和免疫功能发挥作用。此外，维生素 E 也可维持细胞完整性、调节血小板的黏附力和聚集作用。

维生素 E 缺乏症主要发生在婴儿，尤其是早产儿，主要表现为视网膜蜕变、蜡样质色素积聚、溶血性贫血、小脑共济失调等。大剂量服用维生素 E 制剂也可能发生中毒。

2013 版中国居民 DRIs 推荐成人维生素 E 的 AI 为 14mg α-TE/d，成人维生素 E 的 UL 为 700mg α-TE/d。维生素 E 广泛存在于植物中，主要食物来源为植物油如橄榄油、葵花籽油、玉米油和坚果，其次为谷物（大麦、燕麦、米糠）、蛋类和绿叶蔬菜。肉、鱼类动物性食物、水果及其他蔬菜中含量较少。

4. 维生素 K（vitamin K） 亦称凝血维生素。其主要功能为促进肝中凝血酶原的合成，从而促进凝血。绿色植物内含有维生素 K_1，肠道细菌亦可制造产生维生素 K_2。人工合成品为维生素 K_3 和维生素 K_4。医药上常用维生素 K_3 作为促凝血药，用于维生素 K 缺乏引起的出血性疾病。绿叶蔬菜是维生素 K 的最好来源。

2013版中国居民 DRIs 推荐成人维生素 K 的 AI 为 80μg/d。

(二) 水溶性维生素

水溶性维生素包括维生素 B 族（维生素 B_1、维生素 B_2、烟酸、维生素 B_6、叶酸、维生素 B_{12}、泛酸、生物素等）和维生素 C，易溶于水，不溶于脂类及有机溶剂，对酸稳定，易被碱破坏。它们大多是辅酶的结构成分，参与人体内多种代谢过程。这类维生素在体内没有非功能性的单纯储存形式，不易储存，机体达到饱和后，多余的由尿排出，故无蓄积中毒现象。维生素 B_{12} 例外，它比维生素 K 更易储存在体内。若机体组织维生素耗竭，则摄入的维生素将被组织大量利用，因此可根据尿负荷试验了解体内水溶性维生素营养水平。因其溶于水，烹调时如弃汤可造成食物中水溶性维生素的损失。摄入不足时，缺乏症状出现较快，一般毒性很小。

1. 维生素 B_1 又称硫胺素（thiamin）或抗神经炎因子，是最早被发现的 B 族维生素。

维生素 B_1 在空肠和回肠吸收，在肝脏代谢，代谢产物随尿排出。维生素 B_1 以辅酶形式参与糖的分解代谢，维持神经、肌肉特别是心肌的正常功能；维持正常食欲、胃肠蠕动和消化液分泌等。维生素 B_1 缺乏可能由于摄入不足，需求量增加或机体吸收障碍所致。维生素 B_1 缺乏主要导致成人脚气病和婴儿脚气病。成人脚气病表现为疲乏、冷漠、食欲差、恶心、烦躁、心电异常等，分为以多发性神经炎为主的干性脚气病、以下肢水肿和心脏症状为主的湿性脚气病和两种混合型。婴儿脚气病患者以心脏受累为主，表现为食欲不振、呕吐、兴奋和心跳加快，主要是由于母体孕期缺乏维生素 B_1 引起。维生素 B_1 一般不会引起过量中毒，只有短时间服用超过 RNI 100 倍以上才可能出现头痛、惊厥、心律异常等。

2013版中国居民 DRIs 推荐：成人维生素 B_1 的 RNI 为男性 1.4mg/d，女性 1.2 mg/d。

维生素 B_1 的主要食物来源：①谷类的谷皮、胚芽、豆类、坚果和干酵母，糙米和带麸皮的面粉比精白米面中的含量高；②动物内脏、瘦肉和蛋黄。米、面碾加工精细可造成维生素 B_1 大量损失。由于维生素 B_1 具有易溶于水且在碱性条件下易受热分解的特性，因此过分淘米或烹调中加碱也可导致维生素 B_1 大量流失。一般温度下烹调食物时维生素 B_1 损失不多，高温烹调时可损失 10%～20%。

2. 维生素 B_2 又称核黄素（riboflavin）。维生素 B_2 为体内黄酶类辅基的组成部分（黄酶在生物氧化还原中发挥递氢作用），当缺乏时，可影响机体的生物氧化，使代谢发生障碍。另外它还参与烟酸和维生素 B_6 的代谢。缺乏时干扰铁的吸收与储存，影响生长发育，可导致胎儿骨骼畸形。摄入不足、食物储存和加工不当可导致维生素 B_2 缺乏，酗酒、某些药物等也可引发维生素 B_2 缺乏。

核黄素缺乏症几乎总是伴随其他维生素缺乏而出现。体内维生素 B_2 缺乏时，发生皮炎，主要表现为眼、口腔和皮肤的炎症反应。由于核黄素溶解度相对较低，肠道吸收有限，故一般来说，核黄素不会引起过量中毒。

维生素 B_2 的需要量与机体能量代谢及蛋白质的摄入量有关，所以在能量需要量增加、生长加速、身体修复期时，其供应量相对增加。

2013版中国居民 DRIs 推荐成人维生素 B_2 的 RNI 为男性 1.4mg/d，女性 1.2 mg/d。

核黄素的主要食物来源是动物性食物，肝、肾、心、蛋黄、乳类尤为丰富。植物性食物如绿色蔬菜、豆类含量较高，而粮谷类含量较低，尤其是精加工的粮谷。由于维生素

B_2 在碱性溶液中易分解，对光敏感，所以加工过程中加碱、储存和运输过程中暴晒均可致其损失。

3. 烟酸（niacin, nicotinic acid） 又称维生素 B_3、尼克酸、维生素 PP、抗癞皮病因子等。烟酸在人体内转化为烟酰胺，烟酰胺是辅酶Ⅰ和辅酶Ⅱ的组成部分，参与细胞生物氧化与核酸的合成过程。烟酸、烟酰胺均溶于水及乙醇；烟酸和烟酰胺的性质比较稳定，酸、碱、氧、光或加热条件下不易被破坏；在高压下，120℃，20min 也不被破坏，是维生素中最稳定的一种。一般加工烹调损失很小，但会随水流失。烟酸干扰胆固醇或脂蛋白的合成，并促进脂蛋白酶的作用，使它具有降低胆固醇的作用。烟酸构成葡萄糖耐量因子，具有增强胰岛素效能的作用。烟酸对维持神经、消化系统及皮肤的正常功能具有重要作用。

以玉米为主食的地区易发生烟酸缺乏，主要因玉米中的烟酸为结合型，不被吸收利用，且玉米中色氨酸少，不能满足人体合成烟酸的需要。某些胃肠道疾病和长期发热等使烟酸吸收不良或消耗增多，均可诱发烟酸缺乏。结核病患者服用大量异烟肼可干扰吡哆醇作用，影响色氨酸转变为烟酸，也可引起烟酸缺乏。人缺乏烟酸将引起糙皮病，其典型症状是对称性皮炎、腹泻及痴呆（合称"三D症状"）。皮炎为本病最典型症状，常在肢体暴露部位对称出现，以手背、足背、腕、前臂、手指、踝部等最多，其次则为肢体受摩擦处。急性者皮损初期时颜色绯红发痒，甚似晒斑。消化系统以舌炎及腹泻最为显著。神经精神症状表现为抑郁、忧虑、记忆力减退、冷漠、痴呆、幻觉等。其他症状：女性可有阴道炎及月经失调、闭经；男性排尿时有烧灼感，有时性欲减退。本病常与脚气病、维生素 B_2 缺乏症及其他营养缺乏症同时存在。

过量摄入的不良反应表现为皮肤发红、眼部不适、高尿酸血症等，长期大量摄入可对肝脏造成损害。

烟酸的参考摄入量应考虑能量和蛋白质的摄入情况。除了直接从食物中摄取，还可由体内的色氨酸转化而来，平均约 60mg 色氨酸可转化为 1mg 烟酸。

$$烟酸当量（mgNE）= 烟酸（mg）+ 1/60 色氨酸（mg）$$

2013 版中国居民 DRIs 推荐 18~50 岁成人烟酸的 RNI 为男性 15mgNE/d，女性 12mgNE/d，UL 为 35mgNE/d。烟酸及烟酰胺广泛存在于食物中。植物性食物中存在的主要是烟酸，动物性食物中以烟酰胺为主。烟酸和烟酰胺在肝、肾、瘦畜肉、鱼及坚果类中含量丰富；乳、蛋中的含量虽然不高，但色氨酸较多，可转化为烟酸。谷物中烟酸 80%~90%存在于种皮中，故加工对其影响较大。

4. 泛酸（pantothenic acid） 又称维生素 B_5 和遍多酸。通常以钙盐的形式存在，中性水中耐热，高热会使其受到破坏，在酸性和碱性条件下不稳定。泛酸的主要生理功能是构成辅酶 A 和酰基载体蛋白，参与能量代谢与脂肪酸的合成。

泛酸在自然界广泛存在，所以缺乏病很罕见。泛酸缺乏通常与三大宏量营养素和其他维生素摄入不足相伴发生。因此缺乏时会导致机体代谢受损，包括脂肪合成减少和能量产生不足。

泛酸毒性很低，每日摄入 10~20g 时，可偶尔引起腹泻和水潴留。

2013 版中国居民 DRIs 推荐成人泛酸的 AI 为 5mg/d。孕妇乳母在此基础上有些许增加。泛酸最丰富的食物来源是肉类（尤其是心、肝、肾）、蘑菇、鸡蛋和坚果类，其次为大豆粉和小麦粉；精制食物及蔬果中含量较少。

5. 维生素 B_6（vitamin B_6） 又称吡哆素，包括吡哆醇、吡哆醛及吡哆胺，在体内以磷酸酯的形式存在，遇光或碱易破坏，不耐高温。维生素 B_6 的主要功能是促进氨基酸及脂肪的代谢；参与同型半胱氨酸向蛋氨酸的转化，具有降低慢性病的作用，轻度高同型半胱氨酸血症被认为是血管疾病的一种可能危险因素，维生素 B_6 的干预可降低血浆同型半胱氨酸含量。维生素 B_6 可促进体内烟酸合成，促进维生素 B_{12}、铁和锌的吸收。维生素 B_6 还参与体内抗体的合成及造血、参与神经系统酶促反应等。

除膳食摄入不足外，某些药物如异烟肼、环丝氨酸等均能与磷酸吡哆醛（PLP）形成复合物而诱发维生素 B_6 的缺乏。

维生素 B_6 缺乏的症状主要表现在皮肤和神经系统，如眼、鼻和口部皮肤脂溢性样皮肤损害，伴有舌炎和口腔炎。维生素 B_6 缺乏还可导致体液免疫和细胞免疫功能受阻，迟发型过敏反应减弱，出现高半胱氨酸血症和黄尿酸血症。儿童维生素 B_6 缺乏可有烦躁、肌肉抽搐，严重时出现惊厥。长期大量服用维生素 B_6 制剂可导致严重的周围神经炎。孕妇接受大剂量维生素 B_6 后，可导致新生儿维生素 B_6 依赖症。

维生素 B_6 与氨基酸代谢密切相关，膳食蛋白质的摄入量直接影响其需要量。2013 版中国居民 DRIs 推荐 18～50 岁成人维生素 B_6 的 RNI 为 1.4mg/d，成人维生素 B_6 的 UL 为 60 mg/d。

维生素 B_6 广泛存在于食物中，含量最高的食物为坚果、鱼肉和禽肉类，其次为豆类、动物肝脏和蛋黄等。水果和蔬菜中维生素 B_6 含量较低。

6. 叶酸（folic acid） 又称维生素 M，化学名为蝶酰谷氨酸（pteroylglutamic acid，PGA）。天然存在的叶酸大多是还原形式的叶酸，即二氢叶酸和四氢叶酸，但只有四氢叶酸才具有生理功能。叶酸的重要生理功能是作为一碳单位的载体参与代谢，在细胞分裂和增殖中发挥重要作用。其有促进骨髓中幼细胞成熟的作用，人类若缺乏叶酸可引起巨幼红细胞性贫血及白细胞减少症，对孕妇尤其重要。

人类肠道细菌能合成叶酸，故一般不易发生缺乏症。叶酸缺乏会导致巨幼红细胞性贫血；可以使同型半胱氨酸向蛋氨酸转化出现障碍，进而导致高同型半胱氨酸血症，高浓度同型半胱氨酸血症可能是动脉粥样硬化及心血管疾病的重要病因之一；孕早期叶酸缺乏可引起胎儿神经管畸形，表现为脊柱裂和无脑畸形等中枢神经系统发育异常；人类患结肠癌、前列腺癌及宫颈癌与膳食中叶酸的摄入不足有关。

大剂量服用叶酸会影响锌的吸收，使胎儿发育迟缓、低出生体重儿增加等。2013 版中国居民 DRIs 推荐成人叶酸的 RNI 为 400μgDFE /d。孕期在此基础上增加 200μgDFE/d，乳母增加 150μgDFE/d。成人叶酸的 UL 为 1000μgDFE/d。叶酸主要来源于绿叶蔬菜、胡萝卜、动物肝脏、蛋黄、豆类、南瓜、柑橘、香蕉及坚果等。储存和烹调过程中叶酸损失量为 50%～70%。食物中维生素 C 的含量高时，叶酸的损失相对较少。

7. 维生素 B_{12}（vitamin B_{12}） 又称钴胺素，是唯一含金属元素的维生素。其生理功能有促进叶酸和蛋氨酸的合成和利用；参与制造骨髓红细胞，防止恶性贫血；防止大脑神经受到破坏。

维生素 B_{12} 缺乏多因吸收不良引起，膳食维生素 B_{12} 缺乏较少见。膳食缺乏见于素食者，由于不吃肉食而发生维生素 B_{12} 缺乏。老年人和胃切除患者胃酸过少可引起维生素 B_{12} 的吸收不良。维生素 B_{12} 缺乏时主要表现为巨幼红细胞性贫血、神经系统损害、高同型半胱氨酸血症。维生素 B_{12} 毒性较低。

2013 版中国居民 DRIs 推荐成人维生素 B_{12} 的 RNI 为 2.4μg/d。孕期在此基础上增加

0.5μg/d，乳母增加 0.8μg/d。

天然来源的维生素 B_{12} 是由微生物合成的。植物性食物中一般不含维生素 B_{12}。膳食中的维生素 B_{12} 主要来源于动物性食品，如肉类、动物内脏、鱼、禽及蛋类，乳及乳制品中含量较少。

8. 生物素（biotin） 为 B 族维生素之一，又称维生素 H、维生素 B_7、辅酶 R（coenzyme R）等。生物素在体内是许多羧化酶的辅酶，在碳水化合物、脂类、蛋白质和核酸的代谢中发挥重要组成作用。生吃或开水冲吃鸡蛋，长期服用抗生素或苯巴比妥类药物可导致生物素缺乏，其表现为食欲缺乏、舌炎、皮屑性皮炎、脱毛等。

2013 版中国居民 DRIs 推荐成人生物素的 AI 为 40μg/d，乳母在此基础上增加 10μg/d。动物组织、蛋黄、番茄、酵母、花菜等都是生物素的良好来源。

9. 维生素 C 又称 L-抗坏血酸，为酸性己糖衍生物，是烯醇式己糖酸内酯。维生素 C 是高等灵长类动物与其他少数生物的必需营养素。天然存在的抗坏血酸有 L 型和 D 型两种，后者无生物活性。维生素 C 是无色无臭的片状晶体，易溶于水，不溶于有机溶剂。在酸性环境中稳定，遇空气中氧、热、光、碱性物质，特别是有氧化酶及铜、铁等金属离子存在时，可促进其氧化破坏。氧化酶一般在蔬菜中含量较多，故蔬菜储存过程中有不同程度的维生素 C 流失，但某些果实中含有的生物类黄酮能保护其稳定性。

维生素 C 是一种生物活性很强的物质，在体内具有多种生理功能。维生素 C 是一种强抗氧化剂；能够改善铁、钙、叶酸的利用；促进类固醇的代谢，降低血清胆固醇；清除自由基，发挥抗衰老的作用；参与合成神经递质；促进抗体形成；解毒等。

若体内维生素 C 储存量低于 300mg，人体将出现缺乏症状，主要引起坏血病。早期表现为疲劳、倦怠、牙龈肿胀、出血、伤口愈合缓慢等，严重时可出现内脏出血而危及生命。大规模的维生素 C 缺乏病已少见，但在婴幼儿和老年人中仍有发生。成年人中坏血病较少见，但限制饮食或长期不吃果蔬者，常会导致维生素 C 缺乏病。

2013 版中国居民 DRIs 推荐成人维生素 C 的 RNI 为 100mg/d。孕期和哺乳期有所增加。成人维生素 C 的建议摄入量 PI-NCD 为 200 mg/d。成人维生素 C 的 UL 为 2000 mg/d。

维生素 C 的主要食物来源为新鲜的水果和蔬菜，一般叶菜类比根茎类多，酸味水果比甜味蔬果含量多。蔬菜中辣椒、茼蒿、番茄、菠菜、韭菜等维生素 C 含量丰富；水果中山楂、酸枣、鲜枣、猕猴桃、草莓、柑橘、柠檬等维生素 C 含量最多；在动物内脏（肝脏、肾脏）中也含有少量维生素 C。肉类、蛋类、奶类及谷类、豆类中含量少。

七、植物化学物

食物中除了含有多种营养素外，还含有其他许多对人体有益的物质。这些物质过去多被称为非营养素生物活性成分（non-nutrient bioactive substance），由于这些物质大多来源于植物，因此被称为植物化学物（phytochemicals）。它们不是维持机体生长发育的必需营养物质，但是在调节生理功能、维持机体健康和预防慢性病中起到重要作用。越来越多的研究证实其在预防疾病中的重要性，有的已作为保健食品的成分得到广泛应用。

（一）概述

1. 分类 植物化学物可按照它们的化学结构或者功能特点进行分类，几种主要的植物化学物如表 1-9 所示。

表 1-9 常见植物化学物的种类、食物来源及生物活性

植物化学物	食物来源	生物学作用
多酚	各类植物性食物，尤其是深色水果、蔬菜和谷物	抗炎、抗氧化、抗肿瘤、调节毛细血管功能
类胡萝卜素	玉米、绿叶菜、黄色蔬菜和水果	抗氧化、增强免疫、预防眼病
萜类化合物	柑橘类	杀菌、防腐、镇静、抗肿瘤
有机硫化物	大蒜、洋葱等	杀菌、抗炎、抑制肿瘤细胞生长
芥子油苷	十字花科蔬菜	杀菌、抑制肿瘤细胞生长
皂苷	酸枣、枇杷、豆类	抗菌、抗病毒、增强免疫
植物雌激素	大豆、葛根、亚麻籽	雌激素样作用
植酸	各种可食植物种子	抗氧化、抑制淀粉和脂肪的消化吸收
植物固醇	豆类、坚果、植物油	抗炎和退热作用、抑制胆固醇吸收

2. 生物学活性

（1）抗癌作用：蔬菜和水果中所富含的植物化学物多有防止人类癌症发生的潜在作用，多种植物化学物质在降低人群癌症发病率方面可能具有实际意义。癌症的发生是一个多阶段过程，植物化学物几乎可以在每个阶段抑制肿瘤的发生。日常蔬菜和水果摄入量高的人群较摄入量低的人群癌症发生率要低 50% 左右。新鲜蔬菜和水果沙拉可明显降低癌症发生的危险性，对胃肠道、肺、口腔和喉的上皮肿瘤证据最充分，对激素相关肿瘤抑制作用的证据较少，但乳腺癌和前列腺癌的低发病率似乎与食用大量的蔬菜有关。

（2）抗氧化作用：癌症和心血管疾病的发病机制与反应性氧分子及自由基的存在有关。现已发现植物化学物，如类胡萝卜素、多酚、植物雌激素、蛋白酶抑制剂和硫化物等具有明显的抗氧化作用。

某些类胡萝卜素，如番茄红素和斑蝥黄与 β-胡萝卜素相比，对单线态氧和氧自由基损伤具有更有效的保护作用。在植物源性食物的所有抗氧化物中，多酚无论在数量上还是在抗氧化作用上都是最高的。血液中低密度脂蛋白胆固醇浓度升高是动脉硬化症发生的主要原因，但低密度脂蛋白胆固醇只有经过氧化后才会引起动脉粥样硬化。有报道红葡萄酒中的多酚提取物及黄酮醇，在离体实验条件下与等量具有抗氧化作用的维生素相比，可更有效地保护低密度脂蛋白胆固醇不被氧化。

某些种类的蔬菜对 DNA 氧化性损伤具有保护作用，每日食用 300g 布鲁塞尔芽甘蓝共 3 周的人群与同样时间内每日食用 300g 无芥子油苷蔬菜的人群相比 DNA 的氧化性损伤率明显降低，人体每日摄入的具有抗氧化作用的必需营养素只有 100mg，然而每日摄入的具有抗氧化作用的植物化学物却超过了 1g。这说明植物化学物作为抗氧化剂对减少癌症发生危险性存在潜在生理作用，并且多吃蔬菜和水果具有重要意义。

（3）免疫调节作用：免疫系统主要具有抵御病原体的作用，同时也涉及在癌症及心血管疾病病理过程中的保护作用。迄今为止，已进行了很多有关多种类胡萝卜素对免疫系统刺激作用的动物试验和人体干预研究，其结果表明类胡萝卜素对免疫功能有调节作用。对类黄酮的研究几乎全部是在离体条件下进行的，多数研究表明类黄酮具有免疫抑制作用。

（4）抗微生物作用：研究证实球根状植物中的硫化物具有抗菌作用。蒜素是大蒜中的

硫化物，具有很强的抗微生物作用。芥子油苷的代谢物异硫氰酸盐和硫氰酸盐同样具有抗微生物活性。混合食用水芹、金莲花和辣根后，泌尿道中芥子油苷的代谢物能够达到治疗尿路感染的有效浓度。在日常生活中可用一些浆果，如酸梅和黑莓来预防和治疗感染性疾病。

（5）降胆固醇作用：动物实验和临床研究均发现，以皂苷、植物固醇、硫化物和生育三烯酚为代表的植物化学物，具有降低血胆固醇水平的作用。

植物化学物可抑制肝中胆固醇代谢的关键酶，其中最重要的是羟甲基戊二酸单酰辅酶A还原酶（HMG-CoA），其在动物体内可被生育三烯酚和硫化物所抑制。

植物化学物还具有其他促进健康作用，如调节血压、血糖和血凝及抑制炎症等作用。

（二）常见的植物化学物

1. 类胡萝卜素（carotenoid） 是广泛存在于微生物、植物、动物及人体内的一类黄色、橙色或红色的脂溶性色素，具有抗氧化、抗肿瘤、增强免疫和保护视觉等多种生物学作用。类胡萝卜素是一组由8个异戊二烯基本单位构成的碳氢化合物，目前已鉴定出700多种。根据其分子的组成，类胡萝卜素可分为含氧类胡萝卜素及不含氧类胡萝卜素两类。含氧类胡萝卜素被称为叶黄素（xanthophyll），如类胡萝卜素酯和类胡萝卜素酸等；不含氧类胡萝卜素被称为胡萝卜素（carotene）或类胡萝卜素碳氢化合物。类胡萝卜素主要有 α-胡萝卜素、β-胡萝卜素、γ-胡萝卜素、叶黄素、番茄红素和 β-隐黄素等。

类胡萝卜素在植物和微生物体内可自行合成，而动物体内不可自行合成。植物中的类胡萝卜素主要存在于水果和新鲜蔬菜中，α-胡萝卜素和 β-胡萝卜素主要来自黄橙色水果中，叶黄素主要来自深绿色蔬菜，β-隐黄素主要来自橙色水果。人体每日摄入的胡萝卜素约为6mg。

2. 植物固醇（phytosterols） 是以环戊烷全氢菲为主架结构，主要包括 β-谷固醇豆固醇、豆固醇和菜油固醇等。

植物固醇主要存在于植物的种子及其油料、豆类中，也少量存在于其他植物性食物如蔬菜、水果中，具有降低胆固醇、抗癌、调节免疫及抗炎等生物学作用。人体植物固醇的每日摄入量为 150~400mg，与胆固醇摄入量相当。机体对植物固醇的吸收率很低，约为5%。

3. 皂苷（saponin） 又名皂素，是由皂苷元（sapogenin）和糖、糖醛酸及其他有机酸组成，是一类具有苦味的化合物，它们可与蛋白质和脂类形成复合物，在豆科植物中皂苷特别丰富。常见的组成皂苷的糖有葡萄糖、半乳糖、鼠李糖、阿拉伯糖、木糖及其他戊糖类。皂苷是一类广泛存在于植物茎叶和根中的化合物，具有调节脂质代谢、降低胆固醇、抗微生物、抗氧化、抗血栓、免疫调节等生物学作用。根据膳食习惯和特点，平均每日膳食摄入的皂苷约为10mg。食用豆类食物较多的人群，其皂苷摄入量可达200mg以上。

4. 芥子油苷 也称为硫代葡萄糖苷或简称硫苷（glucosinolate，GS），是含有一个R侧链和一个硫原子相连的 D-砒喃葡萄糖，通常情况下可以钠盐或钾盐的形式存在于细胞质中。它是一类存在于所有十字花科植物中的重要次生代谢物，具有抗肿瘤、调节氧化应激、抗菌、调节机体免疫等生物学作用。目前已发现了100多种GS，其含量约占十字花科蔬菜干重的1%以上。人体每日从膳食中摄入 10~50mg GS，素食者可达100mg以上。

5. 多酚（polyphenols） 是所有酚类衍生物的总称，主要为酚酸（包括羟基肉桂酸）

和类黄酮，后者主要存在于水果和蔬菜的外层及整粒的谷物中（木聚素）。新鲜蔬菜中的多酚可高达 0.1%，最常见的类黄酮是槲皮素。黄酮类化合物（flavonoids），又称生物类黄酮（bioflavonoids）或类黄酮，是一类广泛分布于植物界的多酚类化合物，具有抗炎、抗微生物、增强免疫、抗氧化、抗肿瘤、保护心血管、抗衰老及雌激素样作用等生物学功能。

不同国家人群每日黄酮类化合物的膳食摄入量为 20～70mg。主要的食物来源有各色水果、蔬菜、大豆、巧克力、绿茶等。

6. 蛋白酶抑制剂　植物蛋白酶抑制剂（protease inhibitor，PI）是一类普遍存在于植物、动物、微生物体内，通过抑制蛋白酶活性和功能而发挥免疫调节、抗炎、抗氧化、抗肿瘤、保护心血管、抗病虫害等作用的化合物。人平均每日从膳食中摄入的胰蛋白酶抑制剂约为 300mg。

7. 单萜类　单萜（monoterpene）是萜类化合物之一，通常指由两分子异戊二烯聚合而成的萜类化合物。调料类植物中所有的植物化学物主要是典型的食物单萜类质，如薄荷中的薄荷醇、香菜种子中的香芹酮、柑橘油中的柠檬油精。单萜类化合物具有抗癌、抗炎、抗菌、抗氧化、镇痛及保护神经损伤等作用。

8. 植物雌激素（phytoestrogen）　存在于植物中，其分子结构与哺乳动物雌激素结构相似，是一类具有类似动物雌激素生物活性的植物成分，它们对激素相关疾病有广泛作用。虽然被人们称为植物雌激素，其实它们本身不是激素。含植物雌激素的植物主要有大豆（大豆异黄酮）、葛根、亚麻籽等。植物雌激素具有预防骨质疏松、抗氧化、保护心血管、抗肿瘤及保护神经损伤等生物学作用。

9. 有机硫化物（organosulfur compounds，OSCs）　是主要存在于百合科葱属植物中的一大类含硫化合物，常见的食物来源有大蒜、洋葱、葱等。尤其以大蒜含量最丰富。大蒜除含有人体所需的多种必需氨基酸、糖类、脂类、维生素和微量元素外，还含有三十余种含硫化合物，其含量可达大蒜总重的 0.4%。大蒜 90%以上的活性物质都源于有机硫化物，其中主要为蒜氨酸（alliin）和 γ-谷氨酰-S-烯丙基半胱氨酸（γ-glutamyl-S-allyl cysteine，GSAC）。有机硫化物具有抗微生物、抗氧化、调节脂代谢、抗血栓、调节免疫和抗癌等作用。

10. 植酸　又称肌醇六磷酸酯（inositol hexaphosphate，IP_6），是一种广泛存在于植物中、含有六分子磷酸的肌醇酯。植酸主要存在于种子胚层和谷皮中，在谷类和豆类中含量可达 1%～6%。植酸具有螯合、抗氧化、调节免疫、抗肿瘤等多种生物学作用。

除上述各种植物次级代谢产物外，还有一些植物化学物没有归属到上述分类中，如植物凝血素、葡萄糖二胺、苯酞、叶绿素和生育三稀酚类等。

八、水

水是生命之源。它不仅是构成人体细胞的重要成分，还具有调节生理功能的作用。由于水在自然界中广泛分布，相对较易获得，人们往往忽视它的重要性。事实上，人对水的需要仅次于氧气。人如果断食而只饮水尚可生存数周，但人如果断水，却只能生存数日，一般断水 5～10 日即可危及生命。断食至所有体脂和组织蛋白耗尽 50%时，才会死亡；而断水至失去全身水分的 10%就可能死亡。由此可见水对人体的重要性。

（一）水在体内的分布

水是人体中含量最多的成分。总体水含量因年龄、性别、体型等存在明显的个体差异。

新生儿总体水最多，约占体重的80%，随年龄增加，含水量降低。女性比男性含水量低，运动员总体水平高于普通人。水在体内主要分布于细胞、细胞外液和身体固态组织中。在代谢活跃的肌肉和内脏细胞中，水的含量较高。

（二）水的生理功能

1. 构成细胞和体液的重要组成成分 成人体内水分含量占体重的65%左右，血液含水量占80%以上，水广泛分布于组织细胞内外，构成人体的内环境。

2. 参与体内新陈代谢 水是体内一切生理过程中生物化学变化必不可少的介质。水具有很强的溶解能力和电离能力（水分子极性大），可使水溶性物质以溶解状态和电解质离子状态存在。由于水的溶解性好，流动性强，又包含于体内各个组织器官，水充当了体内各种营养物质的载体。在营养物质的运输和吸收、气体的运输和交换、代谢产物的运输与排泄中，水都起着极其重要的作用。例如，运送氧气、维生素、葡萄糖、氨基酸、酶、激素到全身；将尿素、尿酸等代谢废物运往肾脏，随尿液排出体外。

3. 调节体温 水的比热高，对机体有调节体温的作用。高温下，体热可随水分从皮肤蒸发散热，以维持人体体温的恒定。

4. 润滑作用 体内关节、韧带、肌肉、膜等处的活动，都由水作为润滑剂。水的黏度小，可使体内摩擦部位润滑，减少体内脏器的摩擦，防止损伤，并可使器官运动灵活。

（三）水的缺乏与过量

1. 水缺乏 水摄入不足或丢失过多，可引起机体失水。机体缺水可使细胞外液电解质浓度增加，形成高渗；细胞内水分外流，引起脱水；可使血液变黏稠；机体组织中的蛋白质和脂肪分解加强，氮和钠、钾离子排出增加；因黏膜干燥而降低对传染病的抵抗力。

2. 水过量 如果水过量超出肾排出的能力，可引起体内水过量或水中毒。这种情况多见于疾病，如肾、肝、心脏疾病。用甘油作为保水剂时，偶有发生。正常人一般不会出现水中毒。

（四）水的来源与需要量

水的需要量受年龄、体力活动、环境温度、代谢、膳食、疾病等因素的影响。人体所需的水来源于三方面：饮水及饮料、食物水、代谢水。2013版中国居民DRIs推荐成人每日水的适宜摄入量AI为男性3000ml，女性2700ml，其中饮水量分别为男性1700ml，女性1500ml。孕妇和乳母需水量分别在成人基础上有所增加。

九、膳食纤维

膳食纤维（dietary fiber，DF），是碳水化合物中的一类非淀粉多糖。它既不能被胃肠道消化吸收，也不能产生能量。因此曾一度被认为是一种"无营养物质"而长期得不到足够的重视。随着营养学学科的不断发展，人们发现膳食纤维与人体健康密切相关，从而受到越来越多的关注。

（一）膳食纤维的定义及分类

膳食纤维的定义至今尚未定论，1972年Trowell称其为食物中来自植物细胞壁的组成成分，这些成分难以被人体消化。目前较一致的定义为多非淀粉多糖，即膳食纤维的主要成分为非淀粉多糖，对于是否应包括其他成分则尚未取得一致看法。膳食纤维这一名词逐渐被淘汰，但因其在营养界的广泛应用，一直沿用至今。

膳食纤维主要包括纤维素、木质素、抗性低聚糖、果胶、抗性淀粉等，以及其他不可消化的碳水化合物。木质素虽然不是碳水化合物，但因检测时不能排除木质素，故将它包含在膳食纤维中。纤维素（cellulose）是植物细胞壁的主要成分，以数千个β-1,4糖苷键连接的直链聚合物，不能被人类肠道淀粉酶所分解。半纤维素是由五碳糖和六碳糖连接起来的支链淀粉，即多聚糖。在谷类中可溶性的半纤维素称之为"戊聚糖"。可溶性和不可溶性半纤维素在食品中都具有重要作用如增大食物体积。而在酸性溶液中，有些半纤维素可结合阳离子影响其吸收。果胶（pectin）是存在于蔬菜和水果软组织中的无定形物质。它可在热溶液中溶解，而在酸性溶液中遇热形成凝胶，在食品加工中作为增稠剂使用。

（二）膳食纤维的功能

1. 增加饱腹感，降低对其他营养素的吸收　膳食纤维进入消化道内，在胃中吸水膨胀，增加胃的蠕动，延缓胃中内容物进入小肠的速度，从而降低了小肠对营养素的吸收速度。同时使人产生饱胀感，对糖尿病和肥胖症患者减少进食有利。

2. 降低血胆固醇　各种纤维因可吸附胆酸，使脂肪、胆固醇的吸收率下降，也可达到降血脂的作用。

3. 促进排便　结肠细菌发酵产生的短链脂肪酸和气体能够刺激肠道黏膜，从而促进粪便排泄。由于膳食纤维吸水，可增加粪便体积和重量，促进肠道蠕动，减少粪便硬度，增加排便频率，缩短粪便在肠道中停留的时间，减少有害物质在肠道被吸收的机会。谷类纤维比蔬果类纤维更能有效增加粪便体积，预防便秘。防止便秘能够减少结肠癌变的可能性。

4. 降低血糖　可溶性膳食纤维在胃肠内影响了葡萄糖的吸收和利用，降低了餐后血糖升高幅度和血清胰岛素水平，或可提高机体对胰岛素的敏感性。

5. 改变肠道菌群　进入大肠的膳食纤维能部分地、选择性地被肠内细菌分解与发酵，所产生的短链脂肪酸可降低肠道 pH，从而改变肠内微生物菌群的构成与代谢，诱导有益菌群大量繁殖。

（三）膳食纤维建议摄入量

基于膳食纤维可降低肥胖、2 型糖尿病、心血管疾病的可能风险，WHO 报告（2006年）的人群膳食营养目标中推荐：每日至少要在包括水果、蔬菜和全谷物的膳食中摄入 25g 的膳食纤维。除了日本和英国外，多数国家膳食纤维的建议量为每人每日 25～30g 总膳食纤维。我国居民 1982 年、1992 年、2002 年经矫正后的膳食纤维摄入量分别为 34.44、28.05、23.62g。因此，2013 版中国居民 DRIs 建议：我国成人（18～50 岁）膳食纤维的摄入量为 25～30g/d，并鼓励每人全天谷物至少 1/3 为全谷物食物，蔬菜水果摄入至少达到 500g 以上。从膳食的能量密度和营养需求考虑，儿童膳食纤维摄入量应适当减少。按照成人平均 25～30g/2000kcal 计算，即 12.5～15.0g/1000kcal。14 岁以下儿童适量下调，可按照 10g/1000kcal（2.4mg/MJ）能量计算。婴儿和幼儿目前还无法给出膳食纤维推荐值。总膳食纤维最高阈值虽尚未建立，但过多的膳食纤维会引起腹部不适，如增加肠道蠕动和产气量，影响人体对蛋白质、维生素及微量元素的吸收。

第二节 各类食物营养价值

食物是人类从外界获得营养素和生物活性物质的主要来源，不仅可以维持人类生存、促进生长发育，还可提供丰富的色香味以满足人类的心理需求。食物种类繁多，按其来源和性质可分为两类：动物性食物及其制品和植物性食物及其制品。需要明确的是，除母乳能满足4个月以内婴儿全面的营养需求外，没有一种食物能满足人体对所有营养素的需要，因此食物多样，平衡膳食对满足机体营养需要、促进健康十分重要。

食物营养价值（nutritional value）是指食物所含营养素和能量能满足人体营养需要的程度。食物营养价值的高低取决于其所含营养素的种类是否齐全，数量是否足够，比例是否适宜，是否容易被人体消化吸收和利用等。此外，食物中的植物化学物的含量和种类也可作为食物营养价值评价的依据。实际工作中可通过查阅食物成分表、理化和生物的分析方法来测定食物中营养素的种类和含量。

评价食物营养价值具有重要的意义：①了解各种食物天然组成成分可以科学指导人们选择食物和合理配制平衡膳食，以达到促进健康的目的；②了解食物加工过程中营养素的变化和损失有利于改进食物加工工艺和烹饪方法，最大限度地保存食物中的营养素；③通过了解食物的营养特点，可发现食物的缺陷和不足，为科学改造和开发新食品指明方向，以充分利用食物资源。

一、动物性食物营养价值

（一）畜、禽、鱼类

畜肉、禽肉和鱼类属于动物性食物，能为人体提供优质蛋白、脂肪、矿物质和部分维生素，是人们膳食的重要组成部分。

1. 畜禽肉及其制品营养价值 畜肉指猪、牛、羊、马等牲畜的肌肉、内脏及其制品。禽肉指鸡、鸭、鹅等的肌肉、内脏及其制品。畜禽肉及其制品营养价值高，易于消化吸收，为人体提供优质蛋白、脂肪、矿物质和部分维生素。畜禽肉等的营养素分布因种类、年龄、肥瘦程度和部位不同而差异较大。

（1）蛋白质：畜禽肉及其制品中的蛋白质含有人体必需的各种氨基酸，尤其富含一般植物性食品中所缺少的赖氨酸、苏氨酸、蛋氨酸、精氨酸和组氨酸等，且氨基酸构成与人体需要较为接近，因此易于被人体吸收，生物学价值皆为80%左右。畜肉蛋白质大部分存在于肌肉组织中，含量为10%~20%，通常牛、羊肉蛋白质含量高于猪肉。禽肉蛋白质含量为16%~20%，通常鸡蛋白质含量最高，鹅肉次之。就部位而论，蛋白质含量最高的是背脊的瘦肉，如猪背脊肉蛋白质含量为21%，猪奶脯肉蛋白质含量仅为8%。皮肤和筋腱主要为结缔组织，所含蛋白主要为胶原蛋白和弹性蛋白，缺乏色氨酸、蛋氨酸等必需氨基酸，蛋白质利用率低。

此外，畜禽肉中含有能溶于水的含氮浸出物，包括肌凝蛋白原、肌酸、肌酐、嘌呤碱、肌肽、尿素、磷肌酸、胆碱和游离氨基酸等非蛋白含氮浸出物及无氮浸出物。它们能使肉汤具有鲜味，刺激胃液分泌，促进消化，同时对新陈代谢也有重要作用。其中，禽肉质地较畜肉细嫩且含氮浸出物多，故禽肉炖汤味道较畜肉更鲜美。

（2）脂肪：畜禽肉中的脂肪含量为10%～30%，其脂肪含量同样因其品种、年龄、肥瘦程度及部位不同有较大差异。畜肉中以猪肉脂肪含量最高，其次是羊肉，牛肉和兔肉较低。禽肉中，鸭和鹅肉的脂肪含量较高，鸡和鸽子次之。就部位而言，猪肥肉脂肪含量高达90%，猪前肘为31.5%，猪里脊肉为7.9%。畜肉脂肪中饱和脂肪酸含量较高，主要为棕榈酸和硬脂酸。禽肉脂肪含量较畜禽肉少，并含有丰富的亚油酸，其含量约占脂肪总量的1/5。畜禽脂肪中含有少量的卵磷脂，胆固醇含量较高，尤其是内脏及脑组织中胆固醇含量特别高，每100g含量高达2000～3000mg。脂肪的物理化学性质与其可消化性密切相关，熔点越接近体温的食用脂肪，消化率越高，动物脂肪的熔点接近人的体温，因此，消化率较高，如猪脂肪的消化率为97%，牛脂肪为93%。

（3）碳水化合物：畜禽肉中的碳水化合物主要以糖原的形式储存在肌肉和肝脏中，含量较低。禽肉中碳水化合物含量与年龄有关，同一品种老禽的碳水化合物含量比幼禽高。动物被宰杀后，储存过程中由于酶的分解作用，糖原的含量下降，乳糖含量上升，pH逐渐下降。

（4）维生素：畜禽肉中含有多种维生素，其中主要以B族维生素和维生素A为主。肝脏是动物组织中各种维生素含量最丰富的器官，特别富含维生素A和维生素B_2。禽肉中B族维生素含量与畜肉相似，其中烟酸的含量较高，每100g禽肉中含烟酸4～8mg。

（5）矿物质：畜禽肉矿物质含量为0.8%～1.2%，内脏中的含量高于瘦肉，瘦肉高于肥肉。禽肉中钙、磷、铁、锌等含量均高于猪、牛、羊肉，硒含量明显高于畜肉。畜禽肉和动物血中铁含量丰富，且主要以血红素铁的形式存在，其吸收受食物和其他因素的影响较小，食物利用率高。畜禽肉是人体所需锌、铜、锰、铁等多种微量元素的良好来源，人体对畜禽肉中各种矿物质的消化吸收都高于植物性食品，尤其是铁。

2. 鱼类食品营养价值 鱼类有海水鱼和淡水鱼之分，海水鱼又分为浅海鱼和深海鱼。

（1）蛋白质：鱼类中蛋白质含量因鱼的种类、年龄、肥瘦程度及捕获季节等不同而有较大差别，一般为15%～25%。鱼肉含有人体必需的各种氨基酸，尤其是亮氨酸和赖氨酸，属于优质蛋白。鱼肉中蛋白氮含量为15%～20%，氨基酸组成优于畜肉。深色鱼（金枪鱼、鲭鱼）中含有大量组氨酸，所以儿童多食鱼有利于生长发育。

（2）脂肪：鱼类脂肪含量低，一般为1%～10%，主要分布在皮下和内脏周围，肌肉组织中含量很少。鱼类的脂肪含量因品种、部位不同而有较大差异，如鳗鱼脂肪含量高达12.8%，而鳕鱼仅为0.5%。鱼类的脂肪多存在于皮下组织、肠间膜、脏器间结缔组织、肝脏及头盖腔等部位。鱼类脂肪中不饱和脂肪酸含量较高，且富含必需脂肪酸花生四烯酸，熔点低，消化吸收率可达95%，是人体必需脂肪酸的重要来源。海鱼脂肪中不饱和脂肪酸含量可高达70%～80%，其中二十二碳六烯酸（DHA）和二十碳五烯酸（EPA）含量可达10.8%～37.1%。

（3）碳水化合物：鱼体中碳水化合物含量较低，约为1.5%，主要以糖原形式储存于肌肉或肝脏中。鱼被捕获后，由于其糖酵解作用较强，鱼类肌肉中的糖原几乎全部变为乳酸。有些鱼不含碳水化合物，如草鱼、青鱼、鲈鱼等。

（4）矿物质：鱼类的矿物质含量为1%～2%，高于畜禽肉，其中磷的含量占40%，钙、钠、氯、钾、镁等含量也较为丰富。鱼类中钙含量较畜禽肉高，是钙的良好来源。淡水鱼含磷、铁、镁、铜较多，而海水鱼则含碘、氟、钴等较多。

(5) 维生素：鱼类肝脏是维生素 A 和维生素 D 的重要来源，比目鱼、鲭鱼、鲇鱼等脂肪含量较多，含大量维生素 A 和维生素 D。此外，鱼肉中 B 族维生素和维生素 E 含量也较为丰富。

（二）奶及奶制品

奶类包括牛奶、羊奶和马奶等，其中人们最常食用的是牛奶。奶类及其制品营养丰富、容易消化，所含各营养素比例均衡，能满足新生婴儿生长发育的营养需要，也是各年龄人群的理想食品。奶制品（milk products）是以奶类为原料经浓缩、发酵等工艺制成的产品，如奶粉、酸奶、炼乳等。

1. 奶类的营养价值

（1）蛋白质：牛奶中蛋白质含量为 2.8%~3.3%，主要为酪蛋白（79.6%）、乳清蛋白（11.5%）和乳球蛋白（3.3%），此外还有少量的脂肪球膜蛋白。酪蛋白属于结合蛋白，在牛奶中以酪蛋白酸钙-磷酸钙复合物形式存在，对 pH 变化敏感，遇酸或凝乳酶则凝固。乳清蛋白对热不稳定，加热时发生凝固并沉淀。乳球蛋白与机体免疫有关。牛奶蛋白质中含有全部人体必需氨基酸，特别富含赖氨酸，是谷类食物的天然互补品。奶类蛋白的消化吸收率为 87%~89%，属于优质蛋白。

（2）脂类：奶中的脂肪称为乳脂，含量通常为 3.0%~5.0%，主要为甘油三酯，还含有少量磷脂和胆固醇。乳脂肪以微粒状脂肪球的形式分散在乳浆中，呈高度乳化状态，易被消化吸收，吸收率高达 97%。乳脂中脂肪酸种类达 20 种以上，其中，油酸占 30%，亚油酸和亚麻酸分别占 5.3%和 2.1%，短链脂肪酸（如丁酸、己酸、辛酸）含量也较高，因此乳脂风味良好且易于消化吸收。

（3）碳水化合物：奶中碳水化合物含量为 3.4%~7.4%，主要为乳糖，人奶中乳糖含量最高，其次为羊奶，牛奶中较少。乳糖具有调节胃酸、促进胃肠蠕动和消化腺分泌的功能，此外，乳糖还能促进钙和其他矿物质的吸收，促进乳酸菌生长繁殖，对肠道健康具有重要意义。

（4）矿物质：牛奶矿物质含量丰富，占牛奶鲜重的 0.7%~0.75%，主要为钙、磷、钾、镁、钠、硫、锌、锰等。牛奶中钙含量约为 104mg/100ml，吸收率高，是钙的良好来源。牛奶中铁含量少，为 0.1~0.2mg/100g，为人奶的 1/5，但能被完全吸收。用奶类喂养婴儿时应注意铁的补充。

（5）维生素：牛奶中含有人体所需的各种维生素，主要有维生素 A、维生素 E、维生素 B_1、维生素 B_2、维生素 C 等。牛奶中维生素含量与饲养方式和季节有关，放牧期牛乳中维生素 A、维生素 D、胡萝卜素和维生素 C 含量较冬春季棚内饲养明显增多。牛奶中维生素 D 含量较低，在作为婴儿主要食品时可进行强化。牛奶是 B 族维生素的良好来源，特别是维生素 B_2。牛奶中烟酸含量不多，但因蛋白质中色氨酸含量高，烟酸可由色氨酸在人体合成，故牛奶具有抗癞皮病的效果。

（6）其他成分：牛奶中含有多种酶类（如氧化还原酶、转移酶和水解酶等），不仅可以帮助消化营养物质，还具有抗菌作用，有利于牛奶的保存。牛奶中还存在许多生理活性物质，如生物活性肽、乳铁蛋白（lactoferrin）、免疫球蛋白、激素和生长因子等，在促进婴儿胃肠道成熟、加强免疫功能、调节生长发育等方面起到重要作用。

此外，牛奶中还存在有机酸和细胞成分。有机酸主要为柠檬酸（约 0.18%），还有微量的乳酸、丙酮酸等。乳类腐败变质时，乳酸的含量增高。牛奶还含有白细胞、红细胞、上皮细胞等细胞成分。牛奶的体细胞数是用于衡量牛奶卫生品质的指标之一，生鲜奶质量越高，体细胞数越低。

2. 奶制品的营养价值　因加工工艺不同，不同奶制品的营养素含量有很大差异。奶制品包括巴氏消毒奶、灭菌奶、调制奶、奶粉、发酵奶、炼奶等。

（1）巴氏消毒奶、灭菌奶和调制奶：巴氏消毒奶是奶挤出后，经巴氏消毒等工序制得的直接饮用的液体产品。巴氏消毒方法主要有两种，低温巴氏消毒（63℃，30min）和高温巴氏消毒（71.1℃，15s）；灭菌奶可分为超高温灭菌奶（ultra high-temperature milk）和保持灭菌奶（retort sterilized milk），前者是以生牛（羊）奶为原料，添加或不添加复原奶，在连续流动的状态下，加热到至少132℃并保持很短时间的灭菌，再经无菌灌装等工序制成的液体产品。保持灭菌乳是指以生（羊）奶为原料，添加或不添加复原奶，无论是否经过预热处理，在灌装并密封之后经灭菌等工序制成的液体产品；调制奶是以不低于80%的生（羊）奶或复原乳为原料，添加其他原料或食品添加剂或营养强化剂，采用适当的杀菌或灭菌等工艺制成的液体产品。这三种形式的奶在加工过程中除维生素 B_1 和维生素 C 有损失外，营养价值与新鲜生牛（羊）奶差别不大。调制奶因是否进行营养强化而营养差异较大。

（2）奶粉：指以生牛（羊）奶为原料，经加工制成的粉状产品，可分为全脂奶粉、脱脂奶粉、调制奶粉、乳清粉等。调制奶粉（formulated powder milk）是以生牛（羊）奶及其加工制品为主要原料，添加其他原料，添加或不添加食品添加剂和食品强化剂，经过加工制成的乳固体含量不低于70%的粉状产品。调制奶粉根据不同人群营养需要特点，对牛奶的营养素组成加以调制和改善，使其更适合不同人群的营养需要。目前市场上的奶粉多为调制奶粉。奶粉生产一般要经过灭菌、浓缩、干燥处理，在此过程中，对热不稳定的营养素会有不同程度的损失。由于经过浓缩、干燥等过程，一般的全脂奶粉营养素含量约为鲜奶的8倍。脱脂奶粉脂肪含量不超过1.3%，在制作过程中损失较多脂溶性维生素，而其他营养成分变化不大。

（3）发酵奶（fermented milk）：是指以生牛（羊）奶为原料，经杀菌、发酵后制成的pH降低的产品。其中，以生牛（羊）奶或奶粉为原料，经杀菌、接种嗜热链球菌和保加利亚乳杆菌发酵制成的产品称酸奶（yoghurt）。发酵奶经乳酸菌发酵后，蛋白质凝固、游离氨基酸和肽增加、乳糖变为乳酸、脂肪发生不同程度的水解，营养价值增高。乳酸菌进入肠道可以抑制一些腐败菌的生长，调节肠道菌群，促进人体健康。

（4）炼奶（condensed milk）：指鲜牛奶（或脱脂牛奶）加蔗糖（或不加蔗糖）经真空浓缩制成的一种奶制品，炼奶的有效浓度为纯奶的2.5~3.3倍。目前市场上的炼奶有三种类型。加糖炼奶、淡炼奶和调制炼奶。加糖炼奶（sweetened milk）即以生牛（羊）奶和（或）奶制品、食糖为原料，添加或不添加食品添加剂和营养强化剂，经加工制成的黏稠状产品。成品中蔗糖含量为40%~45%，渗透压增大。由于加糖炼奶蔗糖含量过高，在食用前需要加大量水分冲淡，造成蛋白质等其他营养素含量相对较低，故不宜用于喂养婴儿。淡炼奶（evaporated milk）即以生牛（羊）奶和（或）奶制品为原料，添加或不添加食品添加剂和营养强化剂，经加工制成的黏稠状产品。淡炼奶经高温灭菌后，维生素受到一定程度的破坏，因此常用维生素加以强化，按适当比例冲淡后，其营养价值基本同于鲜奶。经高温处理后形成的软凝乳块经均质处理后脂肪球变小，利于消化吸收，可用于喂养婴儿。调制炼奶（formulated condense）是以生牛（羊）奶和（或）奶制品为主要原料，添加或不添加食糖、食品添加剂和营养强化剂，添加辅料，经加工制成的黏稠状产品。

（三）蛋类

蛋类是营养价值很高的一类食物，主要包括鸡蛋、鸭蛋、鹅蛋、鹌鹑蛋等，其中食用最普遍的是鸡蛋。

1. 蛋的结构　各种蛋的结构相同，主要由蛋壳、蛋清和蛋黄三部分构成。以鸡蛋为例，蛋壳占全蛋重量的 11%～13%，主要由碳酸钙构成。蛋清和蛋黄的比例因蛋的大小而有所差异，一般来说，全蛋中蛋黄与蛋清的重量比约为 35：65。蛋清为白色半透明黏性胶状物质。蛋黄表面包着蛋黄膜，并由两条韧带将蛋黄固定在蛋的中央。蛋黄的颜色受饲料成分的影响，饲料中添加 β-胡萝卜素可以使蛋黄呈现黄色至橙色的鲜艳颜色。

2. 蛋类的营养价值

（1）蛋白质：蛋类蛋白质含量一般在 10% 以上，蛋清中较低，蛋黄中较高。蛋中蛋白质主要为卵清蛋白（ovalbumin）、卵黄磷蛋白（ovovitellin）及卵黄球蛋白（livetin）。鸡蛋蛋白的必需氨基酸组成与人体接近，是蛋白质生物学价值最高的食物，常被用作参考蛋白。

（2）脂肪：蛋中含有 11%～15% 的脂肪，其中 98% 的脂肪集中在蛋黄中，呈乳化状，分散成细小颗粒，容易被消化吸收。蛋类脂肪中有 58%～62% 为不饱和脂肪酸，其中油酸约占 50%，亚油酸约占 10%。此外，蛋中还含有磷脂类和固醇类。蛋黄是磷脂的良好食物来源，蛋黄中的磷脂主要为卵磷脂和脑磷脂，此外，还有神经鞘磷脂。蛋中胆固醇含量较高，鸡蛋中胆固醇含量为 585mg/100g，蛋黄中含量为 1510mg/100g。

（3）碳水化合物：蛋中碳水化合物较少，蛋清中主要为甘露糖和半乳糖，蛋黄中主要为葡萄糖，且多以与蛋白质结合的形式存在。

（4）矿物质：蛋中约含有 1.1% 的无机物，其中以钙、磷、铁等含量较高。蛋类所含的矿物质主要存在于蛋黄内，蛋清中含量极低。

（5）维生素：蛋类含有丰富的维生素，主要集中在蛋黄中。蛋类维生素含量受品种、季节和饲料的影响，以维生素 A、维生素 E、维生素 B_2、维生素 B_6 为主。

二、植物性食物营养价值

人们所食用的食物除了动物性食物外还包括维系健康必不可少的植物性食物。植物性食物包括谷薯类、豆类、各种蔬菜和水果等。在中国居民平衡膳食宝塔中谷薯类食物和蔬菜水果分别位于宝塔的第一层和第二层，豆类则位于第四层。这体现了植物性食物在平衡膳食中的重要性。

（一）谷薯类

谷类食物主要包括稻米、小麦、玉米、小米、燕麦、高粱、荞麦、青稞等，薯类包括马铃薯、甘薯、木薯等。其中大米和小麦是我国居民最常食用的谷类，常称其为主食，其他的则称为杂粮。不同国家和地区居民膳食中，谷薯类的摄入种类和数量有所不同。我国居民膳食中谷类食物占膳食的构成比例较大，是膳食能量的主要来源（占膳食总能量的 50%～60%），同时也是多种微量营养素和膳食纤维的良好来源。

1. 谷类食物的营养价值　谷类食物富含碳水化合物，含量一般为 70%～80%，易被人体吸收和利用，并且价格低廉，是人体理想而经济的能量来源。

（1）谷类结构和营养素分布：人们日常食用的谷类多为粮食的种子。尽管各种粮食种子形态大小不一，但结构类似，都由谷皮、糊粉层、胚乳和胚芽四个主要部分组成。谷皮（silverskin）为粮食种子的最外层，主要由纤维素、半纤维素等组成，起保护谷粒的作用。谷皮内为糊粉层（aleurone layer），含有较多的磷和丰富的 B 族维生素及无机盐。胚乳（endosperm）是谷类的主要部分，含有丰富的淀粉和一定量的蛋白质。越靠近胚乳周围部分，蛋白质含量越高，越靠近胚乳中心部分，蛋白质含量越低。胚芽（embryo）位于谷粒的一端，富含脂肪、蛋白质、无机盐、B 族维生素和维生素 E。在谷物加工过程中，由于胚芽质地较软而韧，不易粉碎，易于与胚乳脱离而混入糠麸中，造成精加工的谷物营养价值降低。

（2）谷类食物的营养特点：谷类食物中的营养素种类和含量因谷物的种类、品种、产地、施肥及加工方法的不同而有所差异。

1）碳水化合物：谷类淀粉是人类最理想、最安全、最经济的能量来源。谷类碳水化合物含量最多的是淀粉，占 70%～80%。淀粉有直链和支链淀粉两种。一般的粮食中，直链淀粉占 20%～25%，支链淀粉占 75%～80%。直链淀粉黏性差、遇碘显蓝色，易出现老化现象，并形成难以消化的抗性淀粉。支链淀粉黏性大、遇碘显棕色，易糊化，消化率较高，其血糖生成指数较直链淀粉大，糯米、糯玉米和黏高粱几乎全为支链淀粉。除了淀粉以外，谷类还有约 10% 的其他碳水化合物，如糊精、戊聚糖、葡萄糖、果糖和膳食纤维。其中膳食纤维含量受加工程度影响较大，加工越精细的谷类膳食纤维含量越低，故提倡在日常膳食中多选用全谷物作为主食，以保证膳食纤维摄入充足。

2）蛋白质：谷类蛋白质含量一般为 7.5%～15%，根据溶解度不同，可将种子中的蛋白质分为四类：即清蛋白（albumin）、球蛋白（globulin）、醇溶蛋白（prolamin）、谷蛋白（glutelin），其中醇溶蛋白和谷蛋白是谷类所特有的蛋白质，它们含有大量的谷氨酸，脯氨酸和亮氨酸含量也较多，但缺乏赖氨酸；米胚和麦胚中主要含有球蛋白，也有一定量的清蛋白，无醇溶蛋白和谷蛋白，但赖氨酸含量较为丰富，故胚芽的蛋白质营养价值较高。然而，在加工过程中，大多数胚芽被除去，这使得加工的成品粮中蛋白质的营养价值大大降低。

3）脂肪：谷类脂肪含量不高，只占 1%～4%，燕麦为 7%，主要集中在糊粉层和胚芽，在谷类加工中易转入糠麸中。小麦胚芽中脂肪含量可达 10%，而玉米胚芽中脂肪含量则更高，在 17% 以上，可加工成玉米胚芽油。玉米胚芽油中不饱和脂肪酸含量在 80% 以上，主要为亚油酸和油酸，其中亚油酸占油脂总量的 50% 以上。从米糠中可提取米糠油，不饱和脂肪酸含量高达 80% 以上。

4）矿物质：谷类含有丰富的磷，钙、铁、锌、镁、铜、钼等无机盐的含量也较高，但都主要分布在谷皮与糊粉层，在加工过程中极易丢失。

5）维生素：谷类含有丰富的 B 族维生素，如维生素 B_1（硫胺素）、维生素 B_2（核黄素）、烟酸（尼克酸）、泛酸和吡哆醇等，但集中分布在糊粉层和胚芽中，因此谷类在精加工过程中易丢失。玉米和小麦胚芽中含有较多的维生素 E，是提取维生素 E 的良好来源。

6）植物化学物：谷类含有较多的植物化学物，主要存在于谷皮部分，不同品种的谷类植物化学物的种类和含量差异较大，杂粮中植物化学物含量相对较高。谷类中的植物化学物主要有黄酮类化合物（芦丁、花色苷）、酚酸类物质（苯甲酸、肉桂酸）、玉米黄素（类胡萝卜素的一种）。芦丁在槐米中含量较高，荞麦次之。花色苷在黑米、黑玉米等黑色谷物中含量较高。谷物麸皮中酚酸类物质含量由高到低的顺序为玉米、小麦、荞麦、燕麦。玉米黄素则主要存在于玉米胚乳中。

2. 薯类食物的营养价值　薯类主要包括马铃薯、山药、甘薯、豆薯等，淀粉含量为8%～29%，蛋白质和脂肪含量较低，含有一定的维生素和矿物质。薯类也含有一定的植物化学物。马铃薯中酚类化合物含量较高。山药块茎主要含山药多糖、胆甾醇、麦角固醇、油菜甾醇、多酚氧化酶、植酸、皂苷等多种活性成分。2015年，我国农业部启动并实施了马铃薯主粮化战略，马铃薯成为继稻米、小麦、玉米之后的第四大主粮。相对于常见的主食，马铃薯淀粉多为直链淀粉，消化吸收速率较慢，膳食纤维含量较高，并且含有一般主食没有的维生素C，另外马铃薯中胡萝卜素、维生素B_1、维生素B_2、维生素B_6等含量也较高。

（二）蔬菜水果类

蔬菜（vegetables）和水果（fruit）种类繁多，富含人体所必需的维生素、矿物质和膳食纤维，水分和酶类含量较多，含有一定的碳水化合物，蛋白质、脂肪含量很少。蔬菜水果中含有多种有机酸、芳香物质和色素成分，感官性状良好，具有增进食欲、促进消化、补充多种维生素和矿物质的作用。此外，蔬菜水果中植物化学物含量丰富，对人体具有多种健康效益。

1. 蔬菜及其制品的营养价值　蔬菜按其结构和可食部位分为叶类、根茎类、瓜茄类、鲜豆类、花芽类和菌藻类。种类不同，营养素差异较大。

（1）碳水化合物：蔬菜的碳水化合物含量约为4%。种类主要包括单糖、双糖、淀粉及膳食纤维。单糖、双糖含量较多的蔬菜有胡萝卜、番茄、南瓜等。蔬菜中的纤维素、果胶和半纤维素是膳食纤维的主要来源。另外菌藻类蔬菜（蘑菇、香菇和银耳）含有较多的多糖类物质，具有提高免疫力和抗肿瘤的作用。

（2）蛋白质：蔬菜中的蛋白质含量较低，一般为1%～2%，鲜豆类平均可达4%。菌藻类中发菜、香菇和蘑菇的蛋白质含量可达20%以上，其必需氨基酸含量较高且组成均衡。

（3）维生素：新鲜蔬菜含有丰富的维生素C、胡萝卜素、维生素B_2和叶酸。蔬菜的维生素含量与蔬菜的品种、颜色、部位和鲜嫩程度有关。一般来说，叶部比根茎部含量高，深色菜叶比浅色菜叶含量高，嫩叶蔬菜比老叶蔬菜含量高。维生素B_2和叶酸在深绿色蔬菜中含量高。

（4）矿物质：蔬菜中含有丰富的无机盐，如钙、铁、磷、钠、钾、镁、铜等，以钾含量最多，是膳食中矿物质的重要来源。但蔬菜中存在的草酸会影响钙和铁的吸收。

（5）植物化学物：蔬菜中的植物化学物主要有类胡萝卜素、植物固醇、皂苷、芥子油苷、多酚、蛋白酶抑制剂、单萜类、植物雌激素、有机硫化物、植酸等。这些物质赋予蔬菜特殊的香味和色彩。研究表明，这些物质具有重要的保健功能。

（6）蔬菜中的抗营养成分：蔬菜中也存在影响人体对营养素吸收的抗营养成分，如植物血细胞凝集素、皂苷、蛋白酶抑制剂、草酸等。木薯中的氰苷可抑制人和动物体内细胞色素酶活性；甘蓝、萝卜和芥菜含有的硫苷化物可致甲状腺肿；有些蘑菇中还含有毒素。

2. 水果的营养价值　水果的种类很多，可分为仁果类、核果类、浆果类、柑橘类和瓜果类等。新鲜水果的营养价值和新鲜蔬菜类似，是人体矿物质、膳食纤维和维生素的主要来源之一。新鲜水果水分含量高，营养素含量相对较低，蛋白质和脂肪含量均不超过1%。

（1）碳水化合物：水果中所含的碳水化合物为6%～28%，主要是果糖、葡萄糖和蔗糖，还富含纤维素、半纤维素和果胶。水果含糖比蔬菜高，品种和种类不同，糖含量差异较大。仁果类如苹果和梨含果糖较多，核果类如桃、李、柑橘含蔗糖较多，浆果类如葡萄、草莓则以葡萄糖和果糖含量较多。水果在成熟的过程中，淀粉会逐渐转化为可溶性糖。

（2）维生素：新鲜水果含维生素C和胡萝卜素较多。鲜枣、草莓、橘、猕猴桃中维生素C含量较高，芒果、柑橘、杏等橙色水果胡萝卜素含量较高。

（3）矿物质：水果中含有人体所必需的多种矿物质如钾、钠、钙、镁、磷、铁、锌、铜等。

（4）水果中的特殊营养物质

1）有机酸：水果中的有机酸以柠檬酸、苹果酸、酒石酸相对较多。这些酸性物质有促进消化、调节食欲等作用。

2）植物化学物：水果中富含各类植物化学物。主要包括花青素、多酚类物质和类胡萝卜素、黄酮类化合物、褪黑素、槲皮素等。不同水果所含的植物化学物种类和含量差异较大。

（三）豆类、坚果类

1. 豆类及其制品的营养价值 豆类（legume）一般分为大豆类和其他豆类。大豆主要包括黄豆、黑豆、青豆，它们含有较多的蛋白质（35%～40%）和脂肪（15%～20%），碳水化合物含量相对较少（20%～30%）。而其他豆类，如绿豆、赤豆、蚕豆等，则含有较多的碳水化合物（55%～65%），中等量的蛋白质（20%～30%）和少量的脂肪（低于5%）。通常所说的豆类制品主要是指大豆制品，即以大豆或其他豆类作为原料制作的发酵或非发酵食品，包括豆腐、豆浆、千张、豆腐干、豆皮、豆豉、豆酱等，是膳食中优质蛋白质的重要来源。

（1）大豆的营养价值

1）蛋白质：大豆的蛋白质含量高达35%～40%。大豆蛋白质由球蛋白、清蛋白、谷蛋白和醇溶蛋白组成，其中球蛋白含量最多。大豆蛋白的氨基酸模式较好，属于优质蛋白。其赖氨酸含量较多，与谷类食物搭配食用可以发挥蛋白质互补作用。

2）脂肪：大豆脂肪含量为15%～20%，大豆脂肪多为不饱和脂肪酸，约占总能量的85%，其中油酸含量占32%～36%，亚油酸为52%～57%，亚麻酸2%～10%。此外，大豆油还有1.64%的磷脂。

3）碳水化合物：大豆碳水化合物含量为25%～30%，不可溶膳食纤维约占一半。含有的棉籽糖、水苏糖及阿拉伯糖能被人体结肠内细菌利用并产生气体。

4）维生素和矿物质：大豆含有丰富的钙、铁，但因有抗营养因子存在，钙铁的消化吸收利用率并不高。大豆中含有丰富的维生素B_1、维生素B_2及一定量的维生素E。

5）大豆中的特殊成分：大豆中存在众多的特殊成分，包括植物化学物及抗营养因子。但近年来研究表明一些抗营养因子也有特殊的生理作用。大豆中的植物化学物包括大豆异黄酮、大豆皂苷、大豆甾醇、大豆卵磷脂、大豆低聚糖、植酸、蛋白酶抑制剂及植物红细胞凝血素。近年来大豆的营养价值被广泛关注，研究表明大豆中的植物化学物具有良好的保健功能，因而大豆成为营养领域的研究热点。

（2）其他豆类的营养价值：豌豆、蚕豆、绿豆、赤小豆、芸豆、刀豆等其他豆类的营养素组成与大豆差异较大。其碳水化合物含量比大豆高，为50%～60%；蛋白质的含量低于大豆，高于粮谷类，约为25%；脂类的含量较低，约为1%。我国居民的膳食中其他豆类多以杂粮的形式掺杂在主食中，故称为杂豆类。

（3）豆制品的营养价值：豆制品包括发酵型豆制品和非发酵型豆制品，前者如腐乳、豆豉、臭豆腐，后者则包括豆腐、豆浆、豆腐干、千张等。淀粉含量高的豆类还可以制作粉丝、粉皮等。

1）豆腐：大豆经过浸泡、磨浆、过滤、煮浆等加工工序，其中抗营养因子大多被除去，更易于人体消化利用，其营养价值有所提高。

2）豆浆：大豆用水浸泡、磨碎、过滤、煮沸后形成豆浆，豆浆营养丰富，且易于消化吸收。其营养成分含量视加入的水含量而定。

3）粉条、粉皮、凉皮：以淀粉含量丰富的豆类加工而成，其中的蛋白质被除去，故其碳水化合物含量较高。

4）发酵豆制品：包括豆豉、腐乳、豆瓣酱、酱油等。发酵使得蛋白质被分解成游离的氨基酸，口感更为鲜美，消化率有所提高，并使得维生素 B_2、维生素 B_6、维生素 B_{12} 的含量增加。经过发酵的豆制品不易引起胀气。

2. 坚果的营养价值 坚果类食物多为草本类植物的种子，常见的坚果有核桃、花生、葵花籽、榛子、开心果、巴旦木和松子。坚果以含有较多的不饱和脂肪酸和蛋白质为特征，因而其能量较高。此外，坚果类食物含有丰富的脂溶性维生素，如维生素 E 和 B 族维生素；其矿物质含量也较高，如钾、镁、磷、钙、铁、锌、铜等。坚果营养丰富，但由于其热量较高，故不应过多食用。

三、油脂类食物营养价值

油脂类食物为人类提供大量的能量，包括植物油和动物脂肪两类。人类膳食中的油脂类食物主要来源于动物的脂肪组织、肉类、坚果及植物的种子。所有的油脂类食物（除乳脂），几乎不含蛋白质和碳水化合物，矿物质含量也很少。不同的油脂类食物由于来源不同，其营养价值也不同。天然食物中的脂肪酸多以甘油三酯的形式存在，动物性脂肪的饱和脂肪酸比例高于植物性脂肪。动物性脂肪中饱和脂肪酸的含量占40%～60%，不饱和脂肪酸占30%～50%。而植物性脂肪则含有10%～20%的饱和脂肪酸和80%～90%的不饱和脂肪酸（除椰子油和棕榈油外）。除含较多的饱和脂肪酸外，动物性油脂还含有较多胆固醇。大多数植物油中含有较多的多不饱和脂肪酸，如红花油、葵花籽油、豆油玉米油中亚油酸含量均高于50%。

油脂性食物除可提供大量脂肪外，还含有较多的脂溶性维生素，如 100g 胡麻油含维生素 E 高达 389mg。溶于油脂中的脂溶性维生素更利于人体吸收和利用。

脂肪的过多摄入会增加肥胖及心血管疾病的风险，应减少烹调油和动物脂肪的摄入量，每日烹调油摄入量应控制在 25～30g。成人脂肪提供能量应小于总能量的30%。

四、其他加工制品食物营养价值

其他加工制品包括谷类加工制品、肉类加工制品、罐头食品、冷冻饮品和软饮料、蛋制品、糖与糖果食品、蔬菜水果制品及近年来快速兴起的快餐食品等。随着现代生活节奏的加快，越来越多的加工制品进入食品消费市场。一方面，加工食品为人们在快节奏的生活中提供必不可少的能量和营养素；另一方面，加工制品的营养价值常常不如新鲜食品，其安全性更是食品生产监管部门工作的重中之重。

（一）谷类加工制品

1. 饼干糕点类食物营养价值 这类加工食品常常在加工过程中加入糖、甜味剂、奶和奶制品及蛋类等，因而常常能量密度较高，在必要时可为机体提供所需的能量，其营养物质主要为碳水化合物。加工原料含量不同，脂肪和蛋白质含量也不同。

2. 膨化油炸食品营养价值 包括方便面、炸薯条、薯片等。这类食品也是人们常说的"垃圾食品"，其典型特点是油脂含量高，含有一定的反式脂肪酸，并且钠含量常常较高。其营养密度低，而能量密度较高，这类食物应该少吃，但由于其方便携带，必要时仅作为补充能量的来源。

3. 即食谷类制品营养价值 燕麦片、干薯条、即食玉米片、各种杂粮粉等都属于此类。这类加工食品大多保持了谷物原来的营养成分，并且食用方便，可以临时充当主食的角色。

（二）肉类加工制品

肉类加工制品包括火腿肠、腌制腊肉腊肠、各类肉丸、虾饺等。火腿肠、肉丸、虾饺等在生产过程中常常会加入亚硝酸盐等食品添加剂，各种熏、烤、盐腌腊肉腊肠在加工过程中也会产生一定剂量的致癌物，并且这类加工肉制品盐含量通常较高。所以尽管加工肉制品具有独特的风味，但应该尽量少吃。

（三）罐头食品

常见的罐头食品有水果罐头、八宝粥和肉罐头。罐头食品易于储存和携带，交通、旅行、休闲时食用频率较高。以水果罐头为例，在其加工过程中常常会加入不少糖分，这在增加其风味的同时，也使得其所含能量迅速增加。同时，长时间腌制的水果维生素含量会大大降低。所以如有可能，尽量食用新鲜水果。

（四）冷冻饮品和饮料

冷冻饮品是指以饮用水、甜味剂、乳品、果品、豆品、食用油脂为主要原料，加入适当的香料、着色剂、稳定剂、乳化剂等食品添加剂，经配料、灭菌冷冻凝结而成的固态饮品。软饮料是指乙醇含量少于 5%（m/V）的饮料，包括碳酸饮料、果汁及果汁饮料、蔬菜汁、含奶饮料、植物蛋白饮料、茶饮料、固体饮料及特殊用途饮料等。这两类加工食品都具有消暑、解渴、补充人体水分和营养素的作用，其营养素构成也千差万别，主要视其加工原料而定，但常常都添加有糖分。

（五）蛋制品

鲜蛋用不同方法加工后的产品，称为蛋制品。蛋制品主要分为三大类型，即再制蛋、干蛋类和冰蛋类。再制蛋是鲜蛋经过盐、碱、糟、卤、炸等工艺制作后未改变蛋形的蛋制品，主要包括皮蛋、咸蛋、糟蛋，以及各种熟制蛋。干蛋类和冰蛋类则是鲜蛋经过去壳和加工处理后改变了蛋形的蛋制品，主要有各种蛋粉、冰蛋和蛋松等。经过各种加工工艺制成的再制蛋易于储存，并具有不同的风味，蛋白质和脂肪含量改变较少，但微量营养素有所改变：皮蛋经加碱后，B族维生素会被破坏；咸蛋的水分含量会减少，盐含量会大大增加；糟蛋中的钙含量较普通鸡蛋高出约40倍，而可溶性糖和氨基酸含量会增多，更易于消化吸收，茶叶蛋、卤蛋经反复煮熟后，蛋白质吸收利用率会降低，并且盐含量也会有所增加。其他蛋制品，如蛋粉、湿蛋、冰蛋、蛋壳粉则多为其他加工食品的原料。

（六）糖和糖果制品

糖类包括蔗糖、转化糖、淀粉糖、蜂蜜等。这类加工制品能量较高，但一般情况下食用量较小，多用于佐餐或生产其他含糖食品。糖果是砂糖、淀粉糖浆、乳制品、凝胶剂等原料按一定加工工艺加工制成的固体食品，可可料、可可脂、蔗糖为原料生产的巧克力及其制品也纳入糖果类。糖果能量高，必要时可为机体快速供能。儿童青少年是其主要消费人群，但食糖过多易致儿童龋齿、骨发育不良及超重肥胖，成人食糖过多也会导致超重肥胖，并导致心血管疾病、糖尿病、骨质疏松等慢性疾病发病风险增高。

（七）蔬菜水果制品

蔬菜水果制品包括干菜、干果（蜜饯类）及酱腌菜类。干菜干果是新鲜蔬菜水果经干燥脱水等工艺加工而成的食品。经干燥脱水后的蔬菜易于储存，但营养成分，尤其是维生素、矿物质损失较大，一般作为其他加工食品的配料之一。干果，常见的是蜜饯类，常常加入了较多的糖，因而能量较高。酱腌菜类包括咸菜、酱菜、糟制、醋制、糖制等品种。酱腌菜含盐含糖量较多，尽量少食用。

近20年来，方便米饭、冷藏便当等快餐食品发展迅速，其营养素在加工储存过程中的变化有待进一步研究。

（李　鸣　杨柳青　赵蓉萍）

参 考 文 献

蔡美琴. 2006. 公共营养学. 北京：中国中医药出版社.
陈献文，谭永兴. 2012. 营养工作手册. 南京：江苏科学技术出版社.
葛可佑. 2004. 中国营养科学全书. 北京：人民卫生出版社.
郭卫红. 2005. 营养与食品安全. 上海：复旦大学出版社.
黄承钰. 2010. 医学营养学. 北京：人民卫生出版社.
孙长颢，凌文华，黄国伟. 2012. 营养与食品卫生学. 7版. 北京：人民卫生出版社.
吴坤. 2004. 营养与食品卫生学. 5版. 北京：人民卫生出版社.
杨月欣. 2002. 中国食物成分表2002. 北京：北京大学医学出版社.
翟凤英. 2009. 公共营养. 北京：中国轻工业出版社.
郑建仙. 2001. 低能量食品. 北京：中国轻工业出版社.
中国营养学会. 2013. 中国居民膳食指南. 北京：人民卫生出版社.

第二章　特定人群营养

第一节　婴幼儿营养

婴幼儿时期是指出生后至满 2 周岁这一阶段，包括 0~12 月龄的婴儿期和 1~2 岁的幼儿期，构成了生命早期 1000 天关键窗口期中三分之二的时长，该阶段的良好营养和科学喂养是婴幼儿近期和远期健康最重要的保障。

一、婴幼儿生理特点

（一）生长发育

婴儿期指从出生到 1 周岁，是人类生命生长发育的第一高峰期，此期的体重增长为非等速增加，随着月龄增加体重增长速度逐渐减慢。婴幼儿的生长发育首先表现为体重增加，出生 5~6 个月时体重可增至出生时的 2 倍，而一周岁时将增加至出生时的 3 倍。身长是反映骨骼系统生长的指标，婴儿期内身长平均增长 25cm，1 周岁时将增加至 75cm，为出生时的 1.5 倍。头围的大小反映脑及颅骨的发育状态，出生时头围平均为 34cm，1 岁时增至 46cm。且这一时期脑细胞数目持续增加，至 6 月龄时脑重增加至出生时的 2 倍，至一周岁时脑重达 900~1000g，接近成人脑重的 2/3。胸围反映了胸廓和胸背肌肉的发育，出生时胸围较头围小 1~2cm，到 1 岁时与头围基本相等并开始超过头围。

1 岁后体格增长速度较婴儿期减慢。生后第二年体重增加为 2.5~3kg，2 岁时体重约为 12kg，为出生时的 4 倍。幼儿期身长的增加速度减慢，1~2 岁全年增加约 10cm。幼儿期头围增长较少，生后第二年头围增长 2cm。胸围增长超过头围，与胸廓和胸背肌肉的发育密切相关。

（二）消化和吸收

婴幼儿消化系统尚处于发育阶段，功能不够完善，对食物的消化、吸收和利用较弱。

1. 口腔　婴幼儿口腔狭小，口腔黏膜相当柔嫩，且血管丰富，易受损伤，故应特别注意保持婴儿口腔的清洁，不宜进食过热过硬的食物，避免损伤婴儿的口腔黏膜。婴儿双颊有发育良好的脂肪垫，有助于其吸吮乳汁。新生儿的唾液腺发育尚不完善，唾液分泌量、唾液中淀粉酶含量低，不利于消化淀粉。

2. 牙齿　乳牙 6~8 个月左右开始萌出，至 2 岁才能出齐 20 个乳牙，故婴儿咀嚼食物的能力较差。

3. 食管和胃　婴儿食管和胃壁的黏膜和肌层都较薄，弹性组织发育不完善，易受损伤。婴儿的食管较成人细且短，胃呈水平位，胃容量小，新生婴儿的胃容量仅 25~50ml，6 个月时约为 200ml，1 岁时为 300~500ml。由于胃幽门括约肌发育良好，贲门括约肌发育不良，加之自主神经调节功能差，故易引起幽门痉挛而出现溢乳和呕吐。

4. 肠道　相对较长，且固定性较差，易发生肠套叠。婴儿肠壁黏膜细嫩，血管和淋巴结丰富，透过性强，有利于营养物质的吸收。但肠壁肌肉较薄弱，肠蠕动较成人差，食物在肠腔内时间较长，一方面有利于食物的消化吸收；另一方面如果大肠蠕动功能不能协调，可发生大便滞留或功能性肠梗阻。婴儿肠壁屏蔽功能较差，肠腔中微生物、毒素及过敏物质可渗入肠壁进入血液而致病。婴儿出生时已有乳糖酶和蔗糖酶，有利于乳糖和蔗糖的吸收。肠壁刷状缘已能产生肠激酶和肽酶，有助于蛋白质的消化和吸收。

5. 胰腺 婴儿的胰腺发育尚不成熟，所分泌的消化酶活力低。5~6个月以下婴儿只分泌少量胰淀粉酶，因此3~4个月以前的婴儿不宜添加淀粉类辅食。胰脂酶出生时量少，第1周内增加5倍，1~9个月增加20倍。故小婴儿脂肪消化能力较弱，但胰蛋白酶和胰凝乳酶在出生时已很充足。

6. 肝脏 婴儿肝脏相对较大，新生儿时肝重占体重的4%（成人为体重的2%），10个月时增加1倍，1岁前肝脏常在右肋下1~2cm处扪及。婴儿肝脏血管丰富，但肝细胞分化不全，肝功能较差，胆汁分泌较少，影响脂肪的消化吸收。

（三）脑和神经系统的发育

婴儿出生时的脑重量约为370g，占体重的1/8左右，6个月时脑重600~700g。大脑的发育尤其是大脑皮质细胞的增殖、增大和分化主要发生在孕后期和出生后第一年内，尤其是出生头6个月，是大脑和智力发育的关键时期。

二、婴幼儿营养需要

婴幼儿时期生长发育迅猛，代谢旺盛，需要得到足量优质的营养素供给，以满足正常生理功能和生长发育的需要；然而，婴幼儿的消化吸收功能尚不够完善，对营养素的吸收和利用受到一定限制。因此，如果喂养不当，容易引起消化功能紊乱和营养不良，影响婴幼儿的生长发育。婴幼儿的营养需要特点具体表现在以下几方面。

（一）能量

2013年中国营养学会推荐婴幼儿每日膳食能量需要量为：出生至半岁，不分性别，为0.38MJ/kg（90kcal/kg）；半岁至一岁，不分性别，为0.33MJ/kg（80kcal/kg）。能量摄入长期不足，可使生长迟缓或停止；而能量摄入过多可导致肥胖。通常从婴幼儿健康状况、是否出现饥饿症状及婴幼儿体重增加等方面来判断能量供给量是否适宜。婴幼儿能量消耗主要包括：

1. 基础代谢 婴儿期的基础代谢所需能量约占总能量的60%，每千克体重每日约需要230kJ（55kcal），以后随着年龄增长逐渐减少，幼儿期约为50%~60%。

2. 食物特殊动力作用 婴儿期占能量消耗的7%~8%，而幼儿为5%左右。

3. 身体活动 1岁以内婴儿活动较少，故用于肌肉活动等的能量需要量相对较低，平均每日为62.8~82.7kJ/kg（15~20kcal/kg）。

4. 生长发育 每增加1g新组织需要能量18.4~23.8kJ（4.4~5.7kcal），如能量供给不足，可导致生长发育迟缓。出生头几月，生长所需能量占总能量消耗的25%~30%。

5. 排泄消耗 为部分未经消化吸收的食物排出体外所丢失的能量，约占基础代谢的10%。

（二）蛋白质

婴幼儿正处在生长阶段，应有足量优质的蛋白质，以维持机体蛋白质的合成和更新。膳食蛋白质供给不足时，婴幼儿可表现出生长发育迟缓或停滞、消化吸收障碍、肝功能障碍、抵抗力下降、消瘦、腹泻、水肿、贫血等。此外，因婴幼儿的肾脏及消化器官尚未发育完全，过高的蛋白质摄入也会对机体产生不利影响。

婴儿的蛋白质需要量是以营养状态良好的母亲喂养婴儿的需要量为标准来衡量的。在充足母乳喂养时，婴儿蛋白质摄入量相当于每千克体重 1.6～2.2g，其他食物蛋白质的营养价值低于母乳蛋白质，因此需要量要相应增加。2013 年中国营养学会建议的蛋白质推荐摄入量（RNI）为婴儿 9～20g/d，1～2 岁幼儿 25g/d。

（三）脂类

脂肪是体内能量和必需脂肪酸的重要来源，摄入过多或过少对婴幼儿的生长发育都不利。脂肪摄入过多，会影响蛋白质和碳水化合物的摄入并影响钙的吸收；反之，脂肪摄入过低，会导致必需脂肪酸缺乏及过量的蛋白质或碳水化合物摄入。2013 年中国营养学会推荐的婴幼儿每日膳食中脂肪能量占总能量的百分比（%E）为：6 月龄以内 48%，6 月龄至 2 岁为 5%～40%。

必需脂肪酸对婴幼儿神经髓鞘的形成和大脑及视网膜光感受器的发育和成熟具有非常重要的作用。婴幼儿对必需脂肪酸缺乏较敏感。膳食中缺乏必需脂肪酸易导致婴幼儿皮肤干燥或发生脂溶性维生素缺乏。

二十二碳六烯酸（DHA）是大脑和视网膜中一种具有重要结构功能的长链多不饱和脂肪酸，在婴儿视觉和神经发育中发挥重要作用。婴儿缺乏 DHA 一方面可影响神经纤维和神经突触的发育，导致注意力受损，认知障碍；另一方面可导致视力异常，对明暗辨别能力降低，看东西模糊。早产儿和人工喂养儿均需要补充 DHA，这是因为早产儿脑中的 DHA 含量低，体内促使 α-亚麻酸转变成 DHA 的去饱和酶活力较低，且生长较快需要量相对大；而人工喂养儿的 DHA 食物来源主要是牛乳及其他代乳品，牛乳中的 DHA 含量较低，不能满足婴儿需要。

（四）碳水化合物

碳水化合物是主要的供能营养素，能辅助脂肪氧化，具有节约蛋白质的作用，同时还是大脑的主要供能物质。婴儿的乳糖酶活性比成年人高，有利于对奶类所含乳糖的消化吸收。但 3 个月以内的婴儿缺乏淀粉酶，故淀粉类食物如需要添加，可在 3～4 个月后添加。婴儿碳水化合物供能占总能量的 40%～50%，一岁以后，碳水化合物供能占总能量的比例上升至 50%～65%。

（五）矿物质

婴幼儿较易缺乏的矿物质主要有钙、铁、锌。婴幼儿膳食矿物质推荐摄入量或适宜摄入量见表 2-1。

1. 钙 钙作为骨骼构建最主要成分、作为肌体神经肌肉兴奋调节最主要的离子有重要的生理作用。婴儿出生时体内钙含量占体重的 0.8%，到成年时增加至体重的 1.5%～2.0%，这表明在生长过程中需要储留大量的钙。婴幼儿缺钙常表现为入睡困难、夜间多汗、精神烦躁、出牙迟或牙齿排列参差不齐等。由于人乳中钙吸收率高，未发现 0～6 月龄纯母乳喂养儿明显的缺钙。

2. 铁 铁供应不足可以导致缺铁性贫血,缺铁性贫血患病高峰年龄为 6 月龄至 2 岁。缺铁除了引起血液系统的改变以外,还可影响婴幼儿行为和智能的发育,严重贫血可增加婴幼儿死亡率。婴儿出生后体内有一定量的铁储备,可供 4~6 个月内使用,母乳含铁不高,婴儿在 6 个月后即需要从辅食中补充铁。

3. 锌 对机体免疫功能、激素调节、细胞分化及味觉形成等过程有重要影响。婴幼儿缺锌可表现为食欲减退、生长停滞、认知行为改变、味觉异常或异食癖等。足月新生儿体内有一定锌的储备。母乳喂养的婴儿在前几个月内因可以利用体内储存的锌而不发生缺乏,但在 4~5 月后也需要从辅食中补充,肝泥、蛋黄、婴儿配方食品是较好的锌的来源。

表 2-1 婴幼儿膳食矿物质的推荐摄入量或适宜摄入量

年龄(岁)	钙(mg/d)	铁(mg/d)	锌(mg/d)	碘(μg/d)	硒(μg/d)
0~	200(AI)	0.3(AI)	2.0(AI)	85(AI)	15(AI)
0.5~	250(AI)	10	3.5	115(AI)	20(AI)
1~2	600	9	4.0	90	25

(六)维生素

几乎所有的维生素在缺乏时都会影响婴幼儿的生长发育,其中关系最为密切的有以下几种。

1. 维生素 A 婴幼儿维生素 A 摄入不足可以影响体重的增长,并可出现上皮组织角化、眼干燥症和夜盲症等缺乏症状;但维生素 A 过量摄入可引起中毒,表现为呕吐、昏睡、头痛、皮疹等症状。维生素 A 不易通过胎盘,在新生儿肝内储存较低,出生后所需维生素 A 均需从食物中摄取。母乳喂养的婴儿一般不需要额外补充,7~12 月龄婴儿除母乳外还应添加辅食。

2. 维生素 D 是婴儿钙代谢和骨发育必不可少的维生素,可促进小肠对钙吸收和转运,存进肾小管对钙、磷的重吸收;参与维持血钙水平的相对恒定;促进成骨细胞的增殖和骨的钙化等。婴幼儿维生素 D 缺乏最常见的表现为佝偻病。胎儿体内维生素 D 储备有限,婴儿从出生数天就需要额外补充维生素 D,持续至青少年,并且应多晒太阳。

3. 维生素 E 是一种抗氧化剂,可延迟不饱和脂肪酸的氧化,保护生物膜免遭体内自由基的过氧化损伤,从而维持细胞膜的稳定和正常功能。胎盘运转维生素 E 的效率较低,新生儿,尤其是早产儿血浆中维生素 E 水平很低。同时由于早产儿吸收功能较差,容易出现维生素 E 缺乏,而引起溶血性贫血、血小板增加及硬肿症。出生后的前 1~2 周应注意给予维生素 E 的额外补充。

4. 维生素 K 主要参与凝血因子的合成。成人 50%~60% 的维生素 K 由肠道菌群合成而吸收。新生儿肠道内正常菌群尚未建立,合成维生素 K 缺乏,易发生维生素 K 缺乏性出血。新生儿,特别是早产儿出生初期要补充维生素 K。随着婴儿的成长,在母乳中益生元的作用下,肠道菌群建立,合成维生素 K 的数量增加。通常至 1 月龄后,不再发生维生素 K 缺乏性出血问题。

5. B 族维生素 B 族维生素参与能量代谢及核酸的合成,对生长发育、食欲等有重要作用。B 族维生素是水溶性维生素,在体内储存量较少。0~6 月龄婴儿对其需要依赖母乳,营养均衡乳母的乳汁含有较丰富的 B 族维生素。若乳母缺乏 B 族维生素,也容易引起婴儿的相应维生素缺乏。

6. 维生素 C 维生素 C 参与胶原蛋白的合成,对维持结缔组织的正常功能起重要作用。体内维生素 C 的氧化型和还原型作为一对平衡体系发挥作用。维生素 C 缺乏时,毛细血管脆性增加而引起出血。母乳喂养的婴儿可从乳汁获得足量的维生素 C。

婴幼儿膳食维生素的推荐摄入量或适宜摄入量见表 2-2。

表 2-2 婴幼儿膳食维生素的推荐摄入量或适宜摄入量

年龄(岁)	维生素 A (μg RAE/d)	维生素 D (μg/d)	维生素 E (AI) (mg α-TE/d)	维生素 K (AI) (μg/d)	维生素 C (mg/d)
0~	300(AI)	0.3(AI)	2.0(AI)	85(AI)	15(AI)
0.5~	350(AI)	10	3.5	115(AI)	20(AI)
1~2	310	9	4.0	90	25

三、婴幼儿喂养原则

(一)婴儿喂养方式

1. 母乳喂养 母乳是 6 个月以内婴儿最适宜的天然食物,也是最能满足婴儿生长发育所需的食物。母乳喂养的优点包括:①营养成分最适合婴儿的需要,消化吸收利用率高;②含有大量免疫物质,有助于增强婴儿抗感染的能力;③不容易发生过敏;④经济、方便、卫生;⑤促进产后恢复、增进母婴交流。

2. 人工喂养 因疾病或其他原因不能进行母乳喂养时,则可采用牛乳或其他乳代品喂养婴儿。完全人工喂养的婴儿最好选择婴儿配方奶粉。

对于一些患有先天缺陷而无法耐受母乳喂养的婴儿,需要在医生的指导下选择特殊婴儿配方食品:苯丙酮尿症患儿要选用限制苯丙氨酸的奶粉;乳糖不耐症的患儿要选用去乳糖的配方奶粉;对乳类蛋白质过敏的患儿则可选用以大豆为蛋白质来源的配方奶粉。

3. 混合喂养 母乳不足时,可用婴儿配方奶粉或其他乳品、代乳品补充进行混合喂养,其原则是采用补授法,即先喂母乳,不足时再喂以其他乳品,每日应哺乳 3 次以上。让婴儿按时吸吮乳头,刺激乳汁分泌,防止母乳分泌量的进一步减少。

(二)断奶过渡期喂养

断奶过渡期又称断乳期,是指母乳喂养的婴儿随着月龄的增大,逐渐添加除母乳外其他食物,减少哺乳量及喂哺次数,使婴儿从单纯依靠母乳营养逐步过渡到完全由母乳外的其他食物营养的过程。随婴儿生长至 6 个月时,母乳的量和质都无法满足他们的需要,同时婴儿的消化吸收功能则日趋完善,乳牙萌出,咀嚼能力增强,已可逐渐适应半固体和固体食物,所以自 6 个月起就可添加一些辅助食品,补充他们的营养需要,也为断乳做好准备。

(三)婴幼儿喂养指南

2016 版《中国婴幼儿喂养指南》分别对 0~6 个月龄和 7~24 个月龄婴幼儿提出喂养建议,具体如下:

1. 0~6月龄婴儿喂养指南

（1）产后尽早开奶，坚持新生儿第一口食物是母乳。分娩后尽早开始让婴儿反复吸吮乳头。婴儿出生后的第一口食物应该是母乳。生后体重下降只要不超过出生体重的 7%就应坚持纯母乳喂养。婴儿吸吮前不需过分擦拭或消毒乳头。温馨环境、愉悦心情、精神鼓励、乳腺按摩等辅助因素，有助于顺利成功开奶。

（2）坚持 6 个月龄内纯母乳喂养。纯母乳喂养能满足婴儿 6 个月龄以内所需要的全部液体、能量和营养素，应坚持纯母乳喂养 6 个月。按需喂奶，两侧乳房交替喂养；每日喂奶 6~8 次或更多。坚持让婴儿直接吸吮母乳，尽可能不使用奶瓶间接喂哺人工挤出的母乳。特殊情况需要在满 6 个月龄前添加辅食的，应咨询医生或其他专业人员后谨慎做出决定。

（3）顺应喂养，建立良好的生活规律。母乳喂养应从按需喂养模式到规律喂养模式递进。饥饿引起哭闹时应及时喂哺，不要强求喂奶次数和时间，但一般每日喂奶的次数可能在 8 次以上，生后最初会在 10 次以上。随着婴儿月龄增加，逐渐减少喂奶次数，建立规律哺喂的良好饮食习惯。婴儿异常哭闹时，应考虑非饥饿原因，并积极就医。

（4）生后数日开始补充维生素 D，不需补钙。婴儿生后数日开始每日补充维生素 D_3 10μg（400U）。纯母乳喂养的婴儿不需要补钙。新生儿出生后应肌内注射维生素 K_1 1mg。

（5）婴儿配方奶是不能纯母乳喂养时的无奈选择。任何婴儿配方奶都不能与母乳相媲美，只能作为母乳喂养失败后的无奈选择，或母乳不足时对母乳的补充。以下情况，建议选用适合于 6 个月龄内婴儿的配方奶喂养。①婴儿患有半乳糖血症、苯丙酮尿症、严重母乳性高胆红素血症。②母亲患有 HIV 和人类 T 淋巴细胞病毒感染、结核病、水痘-带状疱疹病毒、单纯疱疹病毒、巨细胞病毒、乙型肝炎和丙型肝炎病毒感染期间，以及滥用药物、大量饮用乙醇饮料、吸烟、使用某些药物、癌症治疗和密切接触放射性物质。③经过专业人员指导和各种努力后，乳汁分泌仍不足。不宜直接用普通液态奶、成人奶粉、蛋白粉、豆奶粉等喂养 6 个月龄内婴儿。

（6）监测体格指标，保持健康生长。身长和体重是反映婴儿喂养和营养状况的直观指标。6 个月龄前婴儿每半月测量一次身长和体重，若为病后恢复期可增加测量次数。选用世界卫生组织的《儿童生长曲线》判断生长状况。出生体重正常婴儿的最佳生长模式是基本维持其出生时在群体中的分布水平。婴儿生长有自身规律，不宜追求参考值上限。

2. 7~24 月龄婴幼儿喂养指南

（1）继续母乳喂养，满 6 个月龄起添加辅食。婴儿满 6 个月龄后仍需继续母乳喂养，并逐渐引入各种食物。辅食是指除母乳和（或）配方奶以外的其他各种性状的食物。有特殊需要时须在医生的指导下调整辅食添加时间。不能母乳喂养或母乳不足的婴幼儿，应选择配方奶作为母乳的补充。

（2）从富含铁的糊状食物开始逐步添加达到食物多样。随母乳量减少，逐渐增加辅食量。首先添加强化铁的婴儿米粉、肉泥等富铁的泥糊状食物。每次只引入一种新的食物，逐步达到食物多样化。辅食应适量添加植物油。

（3）提倡顺应喂养，鼓励但不强迫进食。耐心喂养，鼓励进食，但决不强迫喂养。鼓励并协助婴幼儿自己进食，培养进餐兴趣。进餐时不看电视、玩玩具，每次进餐时间不超过 20min。进餐时喂养者与婴幼儿应有充分的交流，不以食物作为奖励或惩罚。父母应保持自身良好的进食习惯，成为婴幼儿的榜样。

（4）辅食不加调味品，尽量减少糖和盐的摄入。婴幼儿辅食应单独制作。保持食物原味，不需要额外加糖、盐及各种调味品。1岁以后逐渐尝试淡口味的家庭膳食。

（5）注重饮食卫生和进食安全。选择安全、优质、新鲜的食材。制作过程始终保持清洁卫生，生熟分开。不吃剩饭，妥善保存和处理剩余食物。饭前洗手，进食时应有成人看护，并注意进食环境安全。

（6）定期监测体格指标，追求健康生长。体重、身长是反映婴幼儿营养状况的直观指标。每3个月测量一次身长、体重、头围等体格生长指标。平稳生长是最佳的生长模式。

四、婴幼儿常见营养问题

婴儿期营养对后续生命健康有重要的影响。婴幼儿营养缺乏或过多常导致营养问题，在营养紊乱的基础上又易并发其他疾病，两者互为因果，影响婴幼儿的身体健康，婴幼儿常见的营养问题有以下几种。

（一）佝偻病

佝偻病发生在骨骼生长期的幼儿，以3～18个月婴幼儿最为多见。其主要原因是缺乏维生素D而引起钙磷代谢失调和骨骼钙化不全。佝偻病常严重影响儿童的正常生长发育。由于母乳和牛乳中维生素D含量都很低，为了预防佝偻病，新生婴儿自2周起可补充维生素D，每日10μg（400IU），一般可添加鱼肝油，自1滴逐渐增加至6滴。此外，适当晒太阳可增加皮肤合成的维生素D，一般每日晒1h可达到预防效果。

（二）缺铁性贫血

乳类是贫铁食物，无论是母乳或牛乳中铁的含量均不高，仅为1mg/L或更低，故婴儿出生后主要依靠胎儿期体内储存的铁满足需要。一般足月儿至4～6个月，早产和低出生体重儿至2～3个月时，体内储存的铁已基本用完，此后必须从膳食中摄入足够的铁，否则就可能发生缺铁性贫血。婴幼儿贫血多见于出生5个月后，发病高峰在6～18个月。为了预防缺铁性贫血，婴幼儿从6个月起即应补充含铁食物如蛋黄、肝泥、肉末等，同时应增加果汁、水果、蔬菜汁、蔬菜泥等富含维生素C的食物以促进铁的吸收。

（三）营养不良

营养不良是慢性营养缺乏的结果，主要原因为营养缺乏或喂养不当，严重影响生长发育，甚至生长发育停止。机体抵抗力下降，易合并感染性疾病。在2岁以下、断奶前后的婴幼儿中最为常见，常表现为低体重、生长迟缓以及消瘦。营养不良的预防较治疗更为重要，主要是加强城乡儿童保健工作，包括育儿方法、营养指导及疾病预防。大力培养社区或基层医务人员及保育员，提高业务水平。此外，幼儿蛋白质摄入不足时可导致蛋白质-能量营养不良（PEM），但目前在我国很少见。

（四）其他营养缺乏症

幼儿缺锌可导致生长发育迟缓、食欲缺乏、味觉减退及异食癖等。锌缺乏可能与幼儿偏食、挑食而造成富含锌的动物性食物摄入不足有关。乳母维生素B_1摄入不足时，常可使乳汁中维生素B_1含量下降，严重时婴儿可因缺乏维生素B_1而患婴儿脚气病，表现为心力衰竭或抽搐、昏迷等症状，易误诊为脑炎或脑膜炎。若给予静脉注射葡萄糖可加重维生素 B_1 的缺乏，常导致死亡。

第二节　学龄前儿童营养

学龄前儿童指 2～5 岁的儿童，这一时期儿童活动能力和范围增加，除了遵循幼儿膳食原则外，食物的分量要增加并逐渐让孩子进食一些粗杂粮，引导儿童养成良好的饮食习惯。

一、学龄前儿童生理特点

（一）身高、体重稳步增长

与婴幼儿相比，学龄前儿童的体格发育速度相对减慢，但仍保持稳步增长，这一时期儿童每年体重增长约 2kg，每年身高增长 5～7cm。

（二）神经系统发育逐渐完善

3 岁时神经系统的发育已基本完成，但脑细胞体积的增大和神经纤维的髓鞘化仍在继续。神经冲动的传导速度明显快于婴幼儿期。

（三）咀嚼及消化能力仍有限

尽管 3 岁时乳牙已出齐，6 岁时恒牙已萌出，但这一时期的咀嚼及消化能力仍有限，远低于成人，尤其是对固体食物需要较长时间适应。因此这一时期不宜给予成人膳食，以免造成消化功能的紊乱。

（四）心理发育特点

2～5 岁的儿童注意力分散，无法专心进食，在食物选择上有自我做主的倾向，且模仿能力极强，因此这一时期应特别注意培养儿童良好的饮食习惯。

二、学龄前儿童营养需要

（一）能量与宏量营养素

2013 年中国营养学会推荐的学龄前儿童每日膳食能量需要量为 4.18～5.86MJ（1000～1400kcal），男童高于女童。学龄前儿童蛋白质的 RNI 为 25～30g/d，其中动物性蛋白质应占到一半。学龄前儿童脂肪提供的能量由婴幼儿时期的 35%～48% 减少到 20%～35%，但仍高于一般成年人。碳水化合物是学龄前儿童能量的主要来源，其供能比为 50%～65%，且以淀粉类食物为主，应避免糖和甜食的过多摄入。

（二）矿物质和维生素

学龄前儿童的骨骼生长需要充足的钙。为满足学龄前儿童的骨骼生长，日均钙需要量为 450mg 左右，考虑到钙的吸收率在 35% 左右，中国营养学会推荐学龄前儿童钙的 RNI 为 600～800mg/d，铁的 RNI 为 9～10mg/d，碘的 RNI 为 90μg/d，锌的 RNI 为 4.0～5.5mg/d。

尽管维生素 D 缺乏导致的佝偻病常见于 3 岁以下的婴幼儿，但学龄前儿童骨骼的生长仍需要丰富的维生素 D，以促进钙的吸收。2013 年中国营养学会推荐学龄前儿童学龄前儿童维生素 D 的 RNI 为 10μg/d（400IU/d）。此外，中国营养学会推荐学龄前儿童维生素 A

的 RNI 为 310～360μgRAE/d，维生素 B_1、维生素 B_2 和烟酸的 RNI 分别为 0.6～0.8mg/d、0.6～0.7mg/d 和 6～8mg/d。

三、学龄前儿童合理膳食原则

针对学龄前儿童的营养需求和可能出现的营养问题，基于目前已有的科学证据，中国营养学会在 2016 版《中国居民膳食指南》中提出中国学龄前儿童膳食指南。此指南在一般人群膳食指南的基础上，增加了以下几点关键推荐。

（一）规律就餐，自主进食不挑食，培养良好的饮食习惯

学龄前儿童的合理营养应由多种食物构成的平衡膳食来提供，规律就餐是其获得全面、足量的食物摄入和良好消化吸收的保障。

此时期儿童神经心理发育迅速，自我意识和模仿力、好奇心增强，易出现进食不够专注，因此要注意引导儿童自主、有规律地进餐，保证每日不少于三次正餐和两次加餐，不随意改变进餐时间、环境和进食量，培养儿童摄入多样化食物的良好饮食习惯，纠正挑食、偏食等不良饮食行为。

（二）每日饮奶，足量饮水，正确选择零食

建议每日饮奶 300～400ml 或相当量的奶制品。儿童新陈代谢旺盛，活动量大，水分需要量相对较多，每日总水量为 1300～1600ml，除奶类和其他食物中摄入的水外，建议学龄前儿童每日饮水 600～800ml，以白开水为主，少量多次饮用。

零食对学龄前儿童是必要的，对补充所需营养有帮助。零食应尽可能与加餐相结合，以不影响正餐为前提，多选用营养密度高的食物如奶制品、水果、蛋类及坚果类等，不宜选用能量密度高的食品如油炸食品、膨化食品。

（三）食物应合理烹调，易于消化，少调料、少油炸

从小培养儿童清淡口味，有助于形成终生的健康饮食习惯。在烹调方式上，宜采用蒸煮炖煨等烹调方式。

特别注意要完全去除皮、骨、刺、核等，大豆、花生等坚果类食物，应先磨碎，制成泥糊浆等状态进食。口味以清淡为好，不应过咸、油腻和辛辣，尽可能少用或不用味精、鸡精、色素、糖精等调味品。

为儿童烹调食物时，应控制食盐用量，还应少选含盐量高的腌制食品或调味品。可选天然、新鲜香料（如葱、蒜、洋葱、柠檬、醋、香草等）和新鲜蔬果汁（如番茄汁、南瓜菠菜汁等）进行调味。

（四）参与食物选择与制作，增进对食物的认知与喜爱

鼓励儿童体验和认识各种食物的天然味道和质地，了解食物特性，增进对食物的喜爱。同时应鼓励儿童参与家庭食物选择和制作过程，以吸引儿童对各种食物的兴趣，享受烹饪食物过程中的乐趣和成就。

家长或幼儿园老师可带儿童去市场选购食物，辨认应季蔬果，尝试自主选购蔬菜。在节假日，带儿童去农田认识农作物，实践简单的农业生产过程，参与植物的种植，观察植物的生长过程，介绍蔬菜的生长方式、营养成分及对身体的好处，鼓励儿童亲自动手采摘

蔬菜，激发孩子对食物的兴趣，享受劳动成果。让儿童参观家庭膳食制备过程，参与一些力所能及的加工活动如择菜，体会参与的乐趣。

（五）经常户外活动，保障健康生长

鼓励儿童经常参加户外游戏与活动，实现对其体能、智力的锻炼培养，维持能量平衡，促进皮肤中维生素 D 的合成和钙的吸收利用。

学龄前儿童每日应进行至少 60min 的体育活动，最好是户外游戏或运动，除睡觉外尽量避免让儿童有连续超过 1h 的静止状态，每日看电视、玩平板电脑的累计时间不超过 2h。建议每日结合日常生活多做体力锻炼（公园玩耍、散步、爬楼梯、收拾玩具等）。适量做较高强度的运动和户外活动，包括有氧运动（骑小自行车、快跑等）、伸展运动、肌肉强化运动（攀架、健身球等）、团体活动（跳舞、小型球类游戏等）。减少静态活动（看电视、玩手机、电脑或电子游戏）。

四、学龄前儿童常见营养问题

（一）超重和肥胖

按病因不同，肥胖可分为原发性肥胖和继发性肥胖。原发性肥胖又称单纯性肥胖，其发生与遗传、饮食和身体活动水平等有关，肥胖儿童中绝大多数属于单纯性肥胖。肥胖不仅会影响学龄前儿童的身体健康，还会对其心理和行为带来负面影响。据陈春明等报道，我国 1990 年 5 岁以下儿童超重率（WHZ≥2）为 1.7%，2000 年为 3.1%，上升趋势较快。

学龄前儿童正处于生长发育期，肥胖预防的目标是使其建立健康的行为和生活方式，在保证正常生长发育的前提下，控制体重的过度增长，一般情况下不建议减重。对于超重肥胖者的干预及治疗，应以保证其正常生长发育、保持体重湿度增长、增进身心健康为目标；原则是以合理膳食和身体活动为基础、以行为矫正为关键、以日常生活场所为实施场合，创造一个轻松环境，家庭和儿童共同参加，持之以恒。

（二）龋齿

合理营养是牙齿和牙龈健康的物质基础。膳食组成和饮食习惯，如饮食中碳水化合物的种类和数量，钙、氟、蛋白质、膳食纤维含量，摄入频率和时间等，对龋齿的形成有明显的影响。龋齿不仅会使儿童咀嚼功能降低，从而可能会造成营养摄入不足，还可能作为病灶使机体的其他组织发生继发感染。

防龋要从胎儿期做起，孕妇要保证营养充足，钙磷比例适当，以保证胎儿牙齿钙化及齿质良好，增强出生后的抗龋能力。多食富含膳食纤维的食物，杂粮、蔬菜、水果等富含膳食纤维的食物可增强咀嚼功能，使牙齿坚固，对牙齿有摩擦和洁净作用。精制食物容易被口腔微生物发酵致龋，在食用这类食物时，要特别注意口腔卫生。户外活动有助于增加体内维生素 D 的水平，充足的维生素 D 和钙营养是维持骨骼和牙齿健康的有力保证。低氟区人群防龋还应注意采用氟化物防治，如自来水加氟、牙膏内加氟以及口服氟片等。

（三）便秘

儿童饮食不当、活动过少、体质太差、使用某些药物或环境改变时，可引起便秘。便秘时感觉腹胀、食欲减退，消化功能减弱，影响生长发育，还可导致肛裂或痔疮。应鼓励学龄前儿童多饮水，保持体内足够水分，摄入富含膳食纤维和易产气的食物，以促进肠蠕动。此外，应帮助学龄儿童养成定时排便的习惯。

第三节 学龄儿童营养

学龄儿童是指从 6 岁到不满 18 岁的未成年人，经历了青春发育期及少年期，是由儿童发育到成年人的过渡时期。这一时期是体格和智力发育的一个关键时期。

一、学龄儿童生理特点

学龄期儿童各器官处于增长和不断完善中，消化系统尚未发育成熟，咀嚼和消化能力还不及成人，仍易发生营养缺乏和消化紊乱。身高每年可增加 4～7cm。身高在该阶段的后期增长较快。但各系统器官的发育快慢不同，神经系统发育较早，生殖系统发育较晚。

学龄儿童进入青春期后，其生理发育相较之前逐渐发生变化，主要有以下特点。

1. 身高和体重的第二次突增期 通常女生的突增期开始于 10～12 岁，男生略晚，开始于 12～15 岁。体重每年增加 2～5kg，个别可达 8～10kg，所增加的体重占成人时体重的一半；身高每年可增加 2～8cm，个别可达 10～12cm，所增加的身高可占其成人时身高的 15%～20%。

2. 体成分发生改变 在青春期以前男生和女生的脂肪和肌肉占体重的比例是相似的，分别为 15% 和 19%；进入青春期以后，女性脂肪增加到 22%，男性仍为 15%，而此时男生增加的瘦体重约为女生的 2 倍。

3. 性发育成熟 青春期性腺发育逐渐成熟，性激素促使生殖器官发育、出现第二性征。

4. 心理发育成熟 青少年的抽象思维能力加强、思维活跃，记忆力强，心理发育成熟，追求独立愿望强烈。心理改变可导致饮食行为改变，如盲目节食等。

二、学龄儿童营养需要

（一）能量

学龄儿童生长发育迅速，基础代谢率高，占总能量消耗的 60%～70%，加上学习任务重，体力、脑力活动量大，能量需要量随年龄增加，各年龄段能量需要量见表 2-3。

表 2-3 6～18 岁各年龄膳食能量需要量（EER）

年龄（岁）	身体活动水平（轻）（kcal/d）		身体活动水平（中）（kcal/d）		身体活动水平（重）（kcal/d）	
	男	女	男	女	男	女
6～	1400	1250	1600	1450	1800	1650
7～	1500	1350	1700	1550	1900	1750
8～	1650	1450	1850	1700	2100	1900
9～	1750	1550	2000	1800	2250	2000
10～	1800	1650	2050	1900	2300	2150
11～	2050	1800	2350	2050	2600	2300
14～18	2500	2000	2850	2300	3200	2550

（二）蛋白质

学龄儿童体格、组织、器官的生长发育需要合成大量的蛋白质，充足的蛋白质可防止因蛋白质摄入不足引起的低体重和生长发育迟缓。但由于儿童青少年各系统尚未完全发育成熟，蛋白质摄入过量会增加肾脏负担。提供足量、适量的蛋白质，尤其是优质蛋白，是保障儿童青少年正常发育的前提条件。各年龄段儿童青少年蛋白质需要量见表 2-4。

表 2-4　6～18 岁各年龄段膳食蛋白质参考摄入量（RNI）

年龄（岁）	蛋白质 RNI（g/d）	
	男	女
6～	35	35
7～	40	40
8～	40	40
9～	45	45
10～	50	50
11～	60	55
14～18	75	60

（三）脂类

儿童青少年脂类的合理摄入对于促进脂溶性维生素的吸收、预防心血管慢性疾病具有十分重要的意义。膳食脂肪适宜摄入量是指维持膳食中脂肪的供能比为 20%～30%。为保证儿童青少年脑力、智力发育，建议儿童青少年多食鱼类等富含多不饱和脂肪酸食物。此外，建议从儿童青少年时期尽可能减少膳食中的反式脂肪酸摄入，防止增加血液中低密度脂蛋白、胆固醇的含量，增加心血管疾病的发病风险。

（四）碳水化合物

碳水化合物是中枢神经系统、红细胞能量供应的主要物质，充足的碳水化合物摄入是保障儿童正常学习、活动的重要因素。碳水化合物的摄入量与青春期启动有关，从而影响心血管疾病、代谢综合征及某些癌症等疾病的发生。各年龄段碳水化合物需要量通常用总碳水化合物的摄入量用占能量的百分比来计算，各年龄段均为 50%～65%，其中添加糖的能量百分比应小于 10%。

（五）矿物质

某些矿物质如铁、锌、碘等具有独特的生理作用，对维持学龄儿童的正常发育十分重要。铁为构成血红蛋白、肌红蛋白、细胞色素及某些呼吸酶的组成成分，参与体内氧的运输和组织呼吸过程。锌在人体发育、认知行为、创伤愈合、味觉和免疫调节等方面发挥重要作用。碘的生理功能是通过甲状腺激素完成，包括促进生长发育、脑发育、调节新陈代谢及对其他器官系统的影响。研究表明，铁、锌、硒、铬与免疫力有关，钙、铁、锌、碘、硒与智力发育有关，碘、铁、锌及维生素 B_{12} 与儿童认知功能发育有关。各年龄段主要矿物质每日推荐参考摄入量见表 2-5。

表 2-5　各年龄段膳食矿物质推荐摄入量（RNI）

类别		年龄（岁）			
		4~	7~	11~	14~18
钙（mg/d）		800	1000	1200	1000
碘（μg/d）		90	90	110	120
硒（μg/d）		30	40	55	60
铁（mg/d）	男	10	13	15	16
	女			18	18
锌（mg/d）	男	5.5	7.0	10	11.5
	女			9.0	8.5

（六）维生素

维生素对维持学龄儿童视觉、智力及生长发育十分重要。维生素 A 具有维持视觉、维持皮肤黏膜完整性、维持和促进免疫、促进生长发育、维持生殖及参与骨质代谢等功能，并能促进大脑的发育，儿童长期维生素 A 摄入不足可导致智力低下。维生素 D 对钙和骨骼生长具有调节作用。B 族维生素（尤其是维生素 B_1、维生素 B_2、叶酸）是合成神经递质所必需的，烟酸缺乏所导致的糙皮病可引起认知障碍，甚至痴呆。维生素 C 有利于提高智商。维生素 E 又名生育酚，与青少年生殖功能的发育具有紧密的联系，同时可以促进血红素的形成。各年龄段主要维生素参考摄入量见表 2-6。

表 2-6　各年龄段膳食维生素参考摄入量 RNI/AI

种类		年龄（岁）			
		4~	7~	11~	14~18
维生素 A（μgRAE/d）	男	360	500	670	820
	女			630	630
维生素 D（μg/d）		10	10	10	10
维生素 E（mg α-TE/d）		7	9	13	14
维生素 K（μg/d）		40	50	70	75
维生素 C（mg/d）		50	65	90	100
维生素 B_1（mg/d）	男	0.8	1.0	1.3	1.6
	女			1.1	1.3
维生素 B_2（mg/d）	男	0.7	1.0	1.3	1.5
	女			1.1	1.2
维生素 B_6（mg/d）		0.7	1.0	1.3	1.4
维生素 B_{12}（μg/d）		1.2	1.6	2.1	2.4

三、学龄儿童合理膳食原则

学龄期是学习营养健康知识、养成健康生活方式、提高营养健康素养的关键时期。学龄儿童应积极学习营养健康知识，传承我国优秀饮食文化和礼仪，提高营养健康素养，认识食物、参加食物的选择和烹调，养成健康的饮食行为。

（一）认识食物，学习烹饪，提高营养科学素养

学龄儿童时期是学习营养健康知识，养成健康生活方式，提高营养健康素养的关键时期。了解和认识食物，学会选择食物、烹调和合理饮食的生活技能。传承我国优秀饮食文化和礼仪，对于儿童青少年自身健康和我国优良饮食文化传承具有重要意义。

（二）三餐合理，规律进餐，培养健康饮食行为

学龄儿童的消化系统结构和功能还处于发育阶段。一日三餐的合理和规律是培养健康饮食行为的基本。应清淡饮食，少在外就餐，少吃高能量、高脂肪或高糖的快餐。

（三）合理选择零食，足量饮水，不喝含糖饮料

足量饮水可以促进儿童健康成长，还能提高学习能力，而经常大量饮用含糖饮料会增加发生龋齿和超重肥胖的风险。要合理选择零食，每日饮水 800～1400ml，首选白开水，不喝或少喝含糖饮料，禁止饮酒。

（四）不偏食节食，不暴饮暴食，保持适宜体重增长

学龄儿童的营养应均衡，以保持适宜的体重增长。偏食挑食和过度节食会影响儿童青少年健康，容易出现营养不良。暴饮暴食是在短时间内摄入过多的食物，会加重消化系统的负担，增加发生超重肥胖的风险。超重肥胖不仅影响学龄儿童的健康，更容易延续到成年期，增加慢性病的危险。

（五）保证每日至少活动 60 分钟，增加户外活动时间

充足、规律和多样的身体活动可强健骨骼和肌肉、提高心肺功能、降低慢性病的发病风险。要尽可能减少久坐少动和视屏时间，开展多样化的身体活动，保证每日至少活动 60min，其中每周至少 3 次高强度的身体活动、3 次抗阻力运动和骨质增强型运动；增加户外活动时间，有助于维生素 D 的体内合成，还可有效减缓近视的发生和发展。

四、学龄儿童常见营养问题

除学龄前儿童常见的肥胖、龋齿、便秘等问题外，儿童青少年还存在其特有的一些营养问题。

（一）不良饮食行为

1. 不吃或不重视早餐 在学生营养中比较突出的一个问题是不吃早餐或不重视早餐。据北京一项研究表明，有 5.3% 的小学生和 16% 的中学生不吃早餐，且学龄儿童早餐食物品种单调，多以谷类为主，其次是牛奶和鸡蛋等食物。

2. 节食 部分青春期少女因爱美而进行节食减肥。过分节食饥饿会动员体内脂肪分解，虽有减肥作用，但也可造成体内酮体堆积，使体内新陈代谢紊乱，食欲受到抑制，对疾病抵抗力下降，严重者可出现低血钾、低血糖，易患传染病，甚至患神经厌食症导致死亡。防止肥胖的正确方法是合理控制饮食，少吃高能量的食物如肥肉、糖果和油炸食品等，同时应增加体力活动，使能量的摄入和消耗达到平衡，以保持适宜的体重。

3. 不合理添加零食 零食是指在早、午、晚正餐时间以外所吃的食物或饮料。吃零食

是学生中一种普遍的饮食行为。常吃的食物有冰淇淋、膨化小食品、巧克力、糖果、酸奶等。可以让学生适量吃些零食,选择零食时要注意食用的时间、种类和用量。

4. 爱吃快餐 快餐用食物原料以谷薯类、肉类、浅色蔬菜为主,烹调多用烤、炸、煎方式,营养特点为能量高、脂肪高,而矿物质、维生素含量低。长期食用快餐对身体健康不利,容易摄入过多能量引起肥胖;减少维生素和矿物质的摄入,引起多种营养素缺乏;引起偏食、挑食,影响食欲;容易摄入过多的食品添加剂(如色素、香料、防腐剂等)或油脂分解产物等物质,对身体非但无利,反而有害。

(二)迎考和考试期间膳食

考试,尤其是升学考试,是高强度的脑力活动,也是学生生活的非常时期。考试和考前相当长一段时间内,学生用脑、用眼强度大,体力活动减少,抵抗力降低,能量、蛋白质和各种营养素消耗多,如果不合理安排他们的饮食和生活,会使学生们的健康和考试成绩直接受到影响。

迎考和考试期间的膳食应注意合理营养,尤其要充分保证蛋白质、维生素 A 和能量的供给,注意选用鱼类、豆类、核桃、花生、深色蔬菜和水果;吃新鲜、卫生的食物,不吃凉拌菜、冷饮、街道和小摊食品,防止肠道传染病发生;不吃不熟悉的食物,包括营养保健品、茶、咖啡,以免出现异常的反应;如果考试正值夏天,还要注意补足水分。

第四节 孕妇营养

孕妇指处于妊娠特定生理状态下的人群。孕期妇女的营养,不仅要满足自身的营养需求,而且要满足胎儿生长发育和分娩后乳汁分泌的需要,达到预防自身、胎儿及新生儿营养缺乏的目的。与同龄的非孕妇女相比,孕妇需要更多的营养素来满足自身及胎儿生长发育的需要。近年的研究表明,孕期营养对胎儿、婴儿的生长发育,乃至子代成年后的健康状况都有重要影响。

一、孕妇生理特点

(一)内分泌系统

1. 母体卵巢及胎盘激素分泌增加 受精卵在子宫着床后,孕妇的绒毛膜促性腺激素(human chorionic gonadotrophin,HCG)分泌增多,绒毛膜促性腺激素刺激黄体产生黄体酮,同时防止母体对胎体的排斥反应。随着胎盘的生长,胎盘分泌的人绒毛膜生长素(human chorionic somatomammotropin,HCS)也分泌增多,促进胎盘和胎儿的生长及乳腺的发育和分泌;同时还可刺激母体脂肪的分解,增加血中游离脂肪酸和甘油的浓度,使更多葡萄糖通过胎盘转运至胎儿,保证母体营养物质输送到胎儿体内。血清雌二醇在妊娠初期开始升高,雌二醇刺激子宫和乳腺发育,并可调节碳水化合物和脂类代谢,增加母体骨骼更新速率。

2. 甲状腺激素水平升高 孕妇的血浆甲状腺激素 T_3、T_4 水平升高,甲状腺功能增强,体内基础代谢水平升高,需要消耗更多能量和营养素。

3. 胰岛素敏感性下降 绒毛膜生长催乳激素可促进脂肪分解,皮质醇可促进氨基酸合成葡萄糖的生化过程,两者均具有拮抗胰岛素的作用,故孕妇对胰岛素敏感性普遍下降,促使内源性胰岛素分泌增多以维持正常糖代谢，因此血浆胰岛素水平较高。约有 17.5% 孕妇可发展为妊娠期糖尿病（gestational diabetes mellitus，GDM）。研究表明，正常孕妇对胰岛素的敏感性比孕前降低 44%，而 GDM 孕妇降低 56%。尽管大部分 GDM 患者产后葡萄糖代谢功能会逐渐恢复正常，但有 GDM 史的妇女以后发生 2 型糖尿病的危险性增大。

（二）消化系统

1. 口腔 孕 8~12 周期孕妇可出现齿龈充血、变软、肿胀，有时出现疼痛、易出血，即为妊娠期齿龈炎，此时牙齿易松动并出现龋齿，上述变化与妊娠期雌激素水平增加有关。

2. 胃肠道 黄体酮水平的升高可引起消化道平滑肌张力降低，肠蠕动减慢，消化液分泌降低，故孕妇容易发生胃肠胀气和便秘；由于贲门括约肌松弛导致胃内酸性内容物反流至食管下部产生"烧心感"；孕早期还常有恶心、呕吐等妊娠反应。但孕妇对钙、铁、维生素 B_{12}、叶酸等营养物质的吸收率增加，尤其是在妊娠后期。

（三）循环系统

1. 心排血量增加 自孕 10 周开始，心排血量增加，到孕 32 周时达到高峰，增加 30%~50%。心排血量的增加主要是因为每搏量加大，其次是心率加快，心率每分钟平均增快约 10 次。

2. 血压变化 孕早期和孕中期血压偏低，到孕晚期时血压轻度升高，舒张压因外周血管扩张、血液稀释及胎盘形成动静脉短路而轻度降低，收缩压没有明显变化，故脉压增大。同时，外周血管扩张可使外周血流量增加，有利于母体代谢及母体与胎儿在胎盘的物质交换，保证胎儿营养的供给。

3. 血容量增加 孕妇的血容量自孕中期明显增加，至孕晚期，其血容量可比非孕期增加约 40%。其中血浆容量增加 50%，而红细胞只增加 20%，虽然血红蛋白总量增加，但由于血液相对稀释，血液中血红蛋白的含量反而下降，呈现生理性贫血。孕 20~30 周时的生理性贫血现象最为明显。

4. 血液成分变化 孕妇血浆清蛋白含量下降，在孕晚期其清蛋白和球蛋白的比值有时可出现倒置现象。血中葡萄糖、氨基酸、铁、维生素 C、维生素 B_6、维生素 B_{12}、生物素等的含量也降低，而血中甘油三酯和胆固醇含量上升，某些脂溶性维生素，如维生素 E 和类胡萝卜素的含量也较高，维生素 E 的血浆浓度可升高约 50%，而血浆维生素 A 的浓度变化不大。

（四）泌尿系统

孕期肾排泄负荷增加。胎儿的代谢产物需经母体排出，故孕期肾功能出现明显的生理性调节，有效肾血浆流量和肾小球滤过率增高，但肾小管再吸收能力未发生相应的增加，排出尿素、尿酸、肌酐的功能明显增强。同时，与孕前相比，尿中葡萄糖、叶酸及其他水溶性维生素排出量亦增加，氨基酸排出量平均每日约 2g。但尿钙排出量较孕前减少。

（五）呼吸系统

从孕 12 周起，孕妇休息时的肺通气量有所增加，孕 18 周时，孕妇耗氧量增加 10%~20%，而肺通气量可增加 40%，因此，孕妇存在过度通气的现象。原因主要是黄体酮和雌激素直接作用于呼吸中枢所引起的。过度通气时孕妇动脉血的氧分压增高，二氧化碳分压降低，有利于满足孕妇自身和胎儿所需氧气的供给和二氧化碳的排出。

(六)体重及体成分

1. 孕期体成分变化　孕期体重平均增长约 12.5kg,其中胎儿、胎盘、羊水、增加的血容量及增大的子宫和乳腺属必要性体重增加,为 6~7.5kg,孕妇身体脂肪蓄积为 3~4kg,见表 2-7。孕期脂肪储存主要发生在孕 10~30 周,即胎儿快速生长期以前,可能更多是由于黄体酮的作用而不是简单地由膳食摄入量增加所致,其生理意义是为孕晚期及哺乳期储备能量。

表 2-7　孕期体重及其构成变化

体重构成	体重增加至(g)			
	0 周~	11 周~	21 周~	31~40 周
胎儿、胎盘及羊水	55	720	2530	4750
子宫、乳房	170	765	1170	1300
血液	110	600	1300	1250
细胞外液	—	—	—	1200
脂肪及其他	325	1915	3500	4000
合计	660	4000	8500	12 500

资料来源:Hytten and Leich. 1971。

2. 孕期增重

不同孕期孕妇体重增长速度不同,孕早期(1~12 周)体重增加不到 2kg,以后基本呈直线上升趋势,大量的合成代谢主要发生在孕中期(13~27 周)和孕晚期(28~40 周)。

(1) 按孕前体质指数(body mass index,BMI)推荐孕期体重:建立孕妇的适宜增重需考虑多种因素,其中孕前体质指数是一个重要的影响因素。据报道,在孕期体重增加相同的条件下,体型偏瘦母亲所分娩新生儿的体重往往小于体型偏胖母亲。故可根据孕前体质指数来推荐适宜的孕期增重,见表 2-8。

表 2-8　按孕前体质指数(BMI)推荐体重增长的适宜范围

孕前 BMI(kg/m^2)	孕期增加体重(kg)	平均每周增加体重(kg)
低体重(<18.5)	12.5~18.0	0.51(0.44~0.58)
正常体重(18.5~24.9)	11.5~16.0	0.42(0.35~0.50)
超重(25.0~29.9)	7.0~11.5	0.28(0.23~0.33)
肥胖(≥30.0)	5.0~9.0	0.22(0.17~0.27)

资料来源:美国医学研究所(IOM). 2009.孕期增重指南。

(2) 影响孕期适宜增重的其他因素:推荐孕期适宜增重除需要考虑孕前的身高体重因素外,还应考虑妊娠的年龄、是否多胎妊娠及是否哺乳等因素。青春期妊娠孕期体重增加的目标值为 14~15kg,孕 20 周后每周增重 500g;双胎妊娠者孕期体重增加的目标值为 18kg,孕 20 周后每周增重 650g;计划哺乳且孕前体重正常者孕期体重增加的目标值为 12kg,孕 20 周后每周增重 400g,而不计划哺乳且孕前体重正常者孕期体重增加的目标值为 10kg,孕 20 周后每周增重 350g。

二、孕妇营养需要

各孕期妇女膳食应在非孕妇女基础上根据胎儿生长速率及母体生理和代谢变化进行调整。孕早期胎儿生长发育相对缓慢，所需营养与孕前无太大差异。孕中期开始，胎儿生长发育逐渐加速，母体生殖器官发育也相应加快，营养需要量增大，应合理增加食物摄入量。表 2-9 列出了各孕期能量及营养素推荐摄入量（RNI）或适宜摄入量（AI）。

（一）能量

适宜的能量对孕妇机体及正在发育的胎儿都很重要。孕妇除了维持自身所需能量外，还要负担胎儿的生长发育及胎盘和母体组织增长所需要的能量。世界卫生组织（WHO）认为，孕妇若仍保持孕前的体力活动水平，则孕期（280 日）额外的每日能量平均需要量为 335MJ/280=1.20MJ（287kcal）。如果孕妇的体力活动减少，这一建议值应减少到 0.84MJ（200kcal）。孕早期孕妇的基础代谢并无明显变化，因此，孕早期的能量摄入量与非孕妇女相同。到孕中期时逐渐升高，孕晚期基础代谢增高 15%～20%。

2013 年中国营养学会建议孕妇能量推荐摄入量（RNI）为在非孕妇女能量推荐摄入量的基础上孕中、晚期每日分别增加 1.26MJ（300kcal）、1.89MJ（450kcal）。由于不同地区、不同民族及气候、生活习惯、劳动强度等的不同，对能量的供给可主要根据体重增减来调整。

（二）蛋白质

孕妇必须摄入足够数量的蛋白质以满足自身及胎儿生长发育的需要。足月胎儿体内含蛋白质 400g，胎盘约需 100g，子宫和乳房发育约需 230g，孕妇血液量增加约需 140g，加上其他组织蛋白质，共需蛋白质约 930g，这些蛋白质均需孕妇在妊娠期不断从食物中获得。随着妊娠的进展，蛋白质储存速度不断增快，前 10 周的蛋白质储存量不到总量的 5%，而后 20 周蛋白质储存量占总量的 75% 以上。

考虑到中国膳食中蛋白质的消化率和利用率较发达国家低，2013 年中国营养学会建议孕妇蛋白质推荐摄入量（RNI）为在非孕妇女蛋白质推荐摄入量的基础上孕中、晚期分别增加 15、30g；孕妇膳食中优质蛋白质宜占蛋白质总量的 1/2 以上。

（三）脂肪

妊娠过程中孕妇平均需储存 2～4kg 脂肪，胎儿储存的脂肪可为其体重的 5%～15%。脂类是胎儿神经系统的重要组成部分，构成其固体物质的 1/2 以上。在脑细胞增殖、生长过程中需要一定量的必需脂肪酸，脑和视网膜中主要的多不饱和脂肪酸是花生四烯酸和二十二碳六烯酸，他们可由膳食中亚油酸和 α-亚麻酸转化而来。此外，人体脑细胞髓鞘化过程自胎儿期开始，直到出生后 1 年左右完成。在髓鞘化过程中，饱和脂肪酸和多不饱和脂肪酸对髓鞘和细胞膜的形成都有重要作用。

孕妇膳食中应有适量脂肪，包括饱和脂肪酸、*n*-3 系和 *n*-6 系多不饱和脂肪酸，以保证胎儿和自身的需要。但孕妇血脂较平时升高，因此脂肪摄入总量不宜过多。

（四）矿物质

1. 钙　是构成骨骼、牙齿的主要成分，胎儿约需储备 30g 钙，以满足骨骼和牙齿生长发育的需要。当妊娠期钙摄入量轻度或短暂性不足时，母体血清钙浓度降低，继而甲状旁腺激素的合成和分泌增加，加速母体骨骼和牙齿中钙盐的溶出，以维持正常的血钙浓度，满足胎儿对钙的需要量；当缺钙严重或长期缺钙时，血钙浓度下降，母亲可发生小腿抽筋或手足抽搐，严重时导致骨质软化症，胎儿也可发生先天性佝偻病孕早期胎儿储钙较少，平均每日仅为7mg，孕中期开始增加至每日110mg，孕晚期钙储备量大大增加，平均每日可储备350mg。除胎儿需要外，母体尚需储存部分钙以备泌乳需要，故妊娠期钙的需要量增加。尽管孕期发生一系列复杂的内分泌和生理变化使钙的吸收增加，但我国人群膳食中钙摄入量普遍不足，再加上影响钙吸收的因素较多，故我国孕妇易发生钙缺乏。因此，孕妇应增加含钙丰富的食物，膳食中摄入不足时亦可适当补充一些钙制剂。钙的最好食物来源是奶及奶制品，另外虾皮、豆类和豆制品、芝麻、海带等也是钙的良好来源。

2. 铁　孕期对铁需要量大大增加，其原因如下：①妊娠期血红蛋白的增加量远低于血容量的增加，出现妊娠生理性贫血，此时为增加母体自身造血需要，需额外补充铁；②母体需储备相当数量的铁以补偿分娩时由于失血造成的铁损失；③胎儿除制造血液和肌肉组织需一定量的铁外，还必须在肝脏内储存一部分铁，以供婴儿出生后6个月之内对铁的需要量。因此，孕期缺铁除容易导致孕妇缺铁性贫血外，还可影响胎儿铁储备，使婴儿期较早出现缺铁及缺铁性贫血。一些研究认为，孕早期缺铁还与早产及低出生体重有关。2002年的调查表明，我国孕早、中、晚期妇女贫血率分别为15.3%、22.5%、25.1%。

我国膳食中相当一部分铁来源于蔬菜、豆类等植物性食物中生物利用率较低的非血红素铁，因此孕期应注意补充一定量健康动物的肝脏、血液、瘦肉等富含血红素铁的食物，必要时可在医生指导下加服铁剂。

3. 锌　孕妇体内锌一般比成年妇女多400mg，总量达1700mg，其中足月胎儿体内可有60mg。从孕早期起，胎儿锌的需要量就迅速增加，胎盘及胎儿每日平均需要锌量为0.75～1mg。动物试验发现，母鼠缺锌时，仔鼠骨骼发育不良，并发生畸形。孕后期缺锌仔鼠脑体积小，脑细胞数目少。埃及、伊朗等处于缺锌地区的国家，有性腺功能不足、性侏儒症及中枢神经系统畸形发生率高的报道。相关流行病学调查表明，胎儿畸形发生率增加与孕期血清锌浓度降低有关。

动物性食物为锌的可靠来源，植物性食物中的锌不易被吸收利用。

4. 碘　碘是甲状腺激素T_3、T_4的成分，与蛋白质的合成有关，能促进胎儿生长发育。孕期碘需要量增加，如果缺碘，易发生甲状腺肿大，还可导致胎儿甲状腺功能低下，并影响胎儿的生长发育及大脑的正常发育和成熟。婴儿出生后易患克汀病，表现为智力低下，生长迟缓、聋哑等。因此，孕妇应增加膳食中碘的摄入量。含碘丰富的食物有海产品，如海带、紫菜、虾皮、海鱼等。

（五）维生素

1. 维生素A　孕妇维生素A缺乏与胎儿宫内发育迟缓、低出生体重及早产有关。但孕早期增加维生素A摄入应注意不要过量，因为大剂量维生素A可能导致自发性流产和胎儿先天畸形。胡萝卜素主要来源于植物性食物，在人体内可转化成维生素A，且不易产生不良作用，故中国营养学会及WHO均建议孕妇通过摄取富含类胡萝卜素的食物来补充维生素A。

2. 维生素D　可促进钙的吸收和钙在骨骼中的沉积，故孕期对维生素D的需要量增加。这一时期缺乏维生素 D 与孕妇骨质软化症及新生儿低钙血症和手足搐搦有关，但过量也可导致婴儿发生高钙血症。维生素 D 主要来源于紫外光照射下皮肤的合成，而高纬度、缺少日照的北方地区在冬季几乎不能合成维生素 D，导致母体和胎儿血中 25-羟维生素 D_3 浓度降低，因此，维生素 D 的补充尤为重要。天然食物中富含维生素 D 的食物种类较少，故强化维生素 D 的乳制品是维生素 D 的良好来源。

3. 维生素 E 动物研究发现，维生素 E 具有维持生殖的作用。近年来随着对维生素 E 抗氧化作用研究的深入，发现维生素 E 可维持细胞结构和功能的完整性。由于维生素 E 具有维护细胞（尤其是红细胞膜）中长链多不饱和脂肪酸稳定性的作用，因此孕期给予充足的维生素 E 可能对新生儿红细胞膜产生保护作用，从而减少新生儿溶血和溶血性贫血的发生。孕期母体血浆中维生素 E 水平明显升高，且维生素 E 广泛存在于各种食物，尤其是坚果和植物油中。

4. 维生素 K 是与凝血有关的脂溶性维生素，凝血过程中至少有 4 种因子依赖肝脏内维生素 K 的合成，故孕期维生素 K 的营养状况可能对婴儿早期维生素 K 缺乏性出血产生影响。由于维生素 K 的食物来源广泛且可通过肠道内细菌合成，一般人很少出现维生素 K 缺乏性出血症。维生素 K 缺乏的常见原因有：①孕期服用阿司匹林、抗癫痫药等维生素 K 抑制剂；②由于维生素 K 不易通过胎盘，故胎儿肝脏中的储存量少，早产儿尤其如此；③新生儿由于初乳中维生素 K 含量少，且肠道功能未发育成熟，肠道内细菌无法有效合成维生素 K。因此，产前或新生儿期补充维生素 K 均可有效预防维生素 K 缺乏性出血症的发生。

5. 维生素 B_1 是脱酸酶和转酮醇酶的辅酶，与能量代谢有关。孕期缺乏或亚临床缺乏维生素 B_1 时，可能孕妇不出现明显的脚气病症状，而是导致新生儿有脚气病表现。维生素 B_1 缺乏也可影响胃肠道功能，尤其在孕早期由于早孕反应使食物摄入减少，易引起维生素 B_1 缺乏，从而导致胃肠功能下降，进一步加重早孕反应。

6. 维生素 B_2 参与三羧酸循环及呼吸链中氧化还原反应，与能量代谢有关。维生素 B_2 缺乏的典型症状为"口腔-生殖器综合征（oral-genital syndrome）"。孕期维生素 B_2 缺乏还与胎儿生长发育迟缓、缺铁性贫血有关。

7. 维生素 B_6 参与体内氨基酸、脂肪酸和核酸的代谢。维生素 B_6 缺乏时还常伴有多种 B 族维生素缺乏的表现，对皮肤、神经和造血系统等产生影响。临床上常用维生素 B_6 辅助治疗早孕反应，维生素 B_6 还与叶酸、维生素 B_{12} 联用预防妊娠高血压的发生。

8. 叶酸

叶酸不足与新生儿神经管畸形（无脑儿、脊柱裂等）的关系近年来受到广泛关注。妊娠前几周是神经管形成和闭合的关键时期，神经管将最终发育成脑和脊髓。

补充叶酸对神经管畸形的预防作用：已得到多项研究的证实。一项对中国出生缺陷高危人群的应用性研究表明，妇女在孕前 3~6 个月和孕早期每日补充叶酸 400μg 可有效地预防大多数神经管畸形的发生。需要注意的是，高剂量（>1mg/d）的叶酸可掩盖维生素 B_{12} 缺乏的血液学指征，因此并发维生素 B_{12} 缺乏的人不应高剂量补充叶酸。2013 年中国营养学会建议孕妇叶酸的推荐摄入量（RNI）早、中、晚期均为 600μgDFE/d，除常吃含叶酸丰富的食物外，还应补充叶酸 400μgDFE/d。

不同孕期各营养素推荐摄入量（RNI）或适宜摄入量（AI）见表 2-9。

表 2-9　不同孕期各营养素推荐摄入量（RNI）或适宜摄入量（AI）

	营养素	孕早期	孕中期	孕晚期
能量	能量（kcal/d）	1800	2100	2250
宏量营养素	碳水化合物（g/d）	130（EAR）	130（EAR）	130（EAR）
	蛋白质（g/d）	55	70	85
	脂肪	脂肪供能比为 20%～30%，其中饱和脂肪酸、单不饱和脂肪酸和多不饱和脂肪酸分别为<10%、10%和10%；n-6 系和 n-3 系多不饱和脂肪酸的比值为（4～6）:1		
矿物质	钙（mg/d）	800	1000	1000
	铁（mg/d）	20	24	29
	锌（mg/d）	9.5	9.5	9.5
	碘（μg/d）	230	230	230
维生素	维生素 A（μgRAE/d）	700	770	770
	维生素 D（μg/d）	10	10	10
	维生素 E（mgα-TE/d）	14	14	14
	维生素 K（μg/d）	80	80	80
	维生素 B_1（mg/d）	1.2	1.4	1.5
	维生素 B_2（mg/d）	1.2	1.4	1.5
	维生素 B_6（mg/d）	2.2	2.2	2.2
	叶酸（μgDFE/d）	600	600	600

三、孕妇合理膳食原则

妊娠期是生命早期 1000 日机遇窗口的起始阶段，营养作为最重要的环境因素，对母子双方的近期和远期健康都将产生至关重要的影响。

孕育生命是一个奇妙的历程，要以积极的心态去适应孕期变化，愉快享受这一过程。母乳喂养对孩子和母亲都是最好的选择，孕期应了解相关的知识，为产后尽早开奶和成功母乳喂养做好各项准备。孕期妇女指南应在一般人群膳食指南的基础上补充以下 5 条关键推荐。

针对孕妇的营养需求和可能出现的营养问题，基于目前已有的科学证据，中国营养学会在 2016 版《中国居民膳食指南》中提出孕期妇女膳食指南。孕期妇女膳食指南在一般人群膳食指南基础上增加 5 条关键推荐。具体内容如下。

（一）补充叶酸，常吃含铁食物，选用碘盐

叶酸对预防神经管畸形和高同型半胱氨酸血症、促进红细胞成熟和血红蛋白合成极为重要。孕期叶酸的推荐摄入量比非孕时增加了 200μgDFE/d，达到 600μgDFE/d，除常吃含叶酸丰富的食物外，还应补充叶酸 400μgDFE/d。

为预防早产、流产，满足孕期血红蛋白合成增加和胎儿铁储备的需要，孕期应常吃含铁丰富的食物，铁缺乏严重者可在医师指导下适量补铁。

碘是合成甲状腺素的原料，是调节新陈代谢和促进蛋白质合成的必需微量元素。孕期碘的推荐摄入量比非孕时增加了110μg/d，除选用碘盐外，每周还应摄入1~2次含碘丰富的海产品。

（二）孕吐严重者，可少量多餐，保证摄入含必要量碳水化合物的食物

受激素水平改变的影响，孕期消化系统功能发生一系列变化，部分孕妇孕早期会出现胃灼热、反胃或呕吐等早孕反应，这是正常的生理现象。严重孕吐影响进食时，机体需要动员身体脂肪来产生能量维持基本的生理需要。脂肪酸不完全分解会产生酮体，当酮体生成量超过机体氧化能力时，血液中酮体升高，称为酮血症或酮症酸中毒。母体血液中过高的酮体可通过胎盘进入胎儿体内，损伤胎儿的大脑和神经系统的发育，为避免酮症酸中毒对胎儿神经系统发育的不利影响，早孕反应进食困难者，可少食多餐，选择清淡或适口的膳食，保证每日摄入不低于130g的碳水化合物。

可选择富含碳水化合物的粮谷类食物如：米饭、馒头、面包、饼干等。呕吐严重以致完全不能进食者，需寻求医师的帮助。

（三）孕中晚期适量增加奶、鱼、禽、蛋、瘦肉的摄入

孕中期开始，胎儿生长发育和母体生殖器官的发育加速，对能量、蛋白质、钙、铁等营养素的需要量增加。

自孕中期开始，胎儿生长速率加快，应在孕前膳食的基础上，增加奶类200g/d，动物性食物（鱼、禽、蛋、瘦肉）孕中期增加50g/d，孕晚期增加125g/d，以满足对优质蛋白质、维生素A、钙、铁等营养素和能量增加的需要。建议每周食用2~3次鱼类，以提供对胎儿脑发育有重要作用的n-3长链多不饱和脂肪酸。

（四）适量身体活动，维持孕期适宜增重

体重增长是反映孕妇营养状况的最实用的直观指标，与胎儿出生体重、妊娠并发症等妊娠结局密切相关。为保证胎儿正常生长发育，应使孕期体重增长保持在适宜的范围。身体活动有利于愉悦心情和自然分娩，健康孕妇每日应进行不少于30min的中等强度身体活动。

（五）禁烟酒，愉快孕育新生命，积极准备母乳喂养

烟草、乙醇对胚胎发育各个阶段都有明显的毒性作用，容易引起流产、早产和胎儿畸形。有吸烟饮酒习惯的妇女必须戒烟禁酒，远离吸烟环境，避免二手烟。

四、孕妇常见营养问题

（一）妊娠性呕吐

约半数的妊娠期妇女停经6周后出现畏寒、食欲缺乏、胃纳减退、恶心、呕吐等。大部分妇女只限于晨间起床后空腹状态及饭后发生呕吐，但也有部分妇女呕吐反复发作，进食即吐，甚至不能进食，导致体液平衡及新陈代谢紊乱，严重影响营养素的摄入，这种情况称妊娠性呕吐。妊娠性呕吐的原因至今还不清楚，一般认为与妊娠引起的内分泌失调以及自主神经失调有关，如平日就有情绪不稳定及胃部疾病的人，容易发生呕吐且情况严重。

应鼓励孕妇积极预防和治疗妊娠性呕吐，其合理膳食原则如下：

（1）膳食应清淡、易消化，避免油腻食物、甜品，少食多餐。

（2）多吃蔬菜、水果、牛奶等碱性食物。

（3）早餐可进食馒头、面包、饼干等碳水化合物食品，少量多餐，不呕吐时增加食物摄入。

（4）适当补充维生素 B_1、维生素 B_2、维生素 B_6、维生素 C 等以减轻呕吐症状。

（5）忌食不消化的煎炸食品、酒类和刺激性的辛辣食物。

（6）呕吐严重不能进食或饮水者，应及时实施静脉营养。

（7）可在中医师的指导下，试食一些食疗中药方，如生姜红糖茶、姜汁米汤、山药饮等，以减轻呕吐症状。

（二）妊娠高血压综合征

妊娠高血压综合征又称妊高征，通常发生在妊娠 24 周后，孕末期最常见。好发于年轻初产妇及高龄初产妇、体型肥胖者、双胎及有妊高征家族史者，发病率约 10%。主要表现为高血压、蛋白尿、水肿，严重时出现抽搐、昏迷，甚至是母婴死亡。迄今为止，妊高征仍然是孕产妇及围产儿死亡的重要原因。

妊高征与营养密切相关，膳食调查发现，妊高征患者能量、蛋白质、碳水化合物摄入量与正常孕妇相似，但是总脂肪及饱和脂肪酸摄入量较正常孕妇多，钙、铁、维生素 A、维生素 B_2 的摄入量较少，钙摄入量与妊高征危险性呈负相关。此外，妊高征患者血锌水平低，且存在低蛋白血症，这可能与尿中蛋白质排出量有关。调整患者的膳食结构是营养防治的重点，具体措施如下：

（1）控制总能量的摄入：孕期应适当控制食物摄入量，以妊娠期正常体重增加为标准调整进食。

（2）减少脂肪摄入量：脂肪占总能量的比例应为 30%，且饱和脂肪酸要少，相应增加不饱和脂肪酸的摄入。高脂肪含量的肉类如肥肉、烧腊肉及动物的皮要避免。

（3）减少盐的摄入：因钠盐摄入过多导致水钠潴留会使血压升高。一般建议患者每日的食盐摄入量应少于 5g，酱油要少用，少吃盐腌渍食品，严重者避免食用含钠高的食品，如挂面、菠菜、干枣、豆腐干、紫菜等。

（4）增加优质蛋白：因患者尿中排出大量蛋白质导致血清蛋白偏低，从而影响胎儿发育，故应增加优质蛋白的摄入。

（5）补充足够的钙、镁和锌：膳食中钙、镁和锌的摄入能满足孕妇的需要可以降低妊高征的发病率及维持血压稳定。奶及奶制品含钙丰富且易吸收，是钙的良好来源。豆类、绿叶蔬菜含丰富的镁，海产品含丰富的锌，如鱼、牡蛎是锌的良好来源，但贝壳类食物进食要适量。

（三）妊娠期糖尿病

妊娠糖期尿病（gestational diabetes mellitus，GDM）是指妊娠前糖代谢正常，妊娠期才出现的糖尿病，是由妊娠诱发的暂时性糖尿病。孕期母体由于性激素、生长激素、甲状腺激素及肾上腺皮质激素等分泌增加，拮抗胰岛素并导致胰岛素敏感性下降。为维持糖代谢正常，孕妇必须增加胰岛素的分泌量，如孕妇胰岛素的分泌不能相应增加，就可能出现糖尿病症状或糖耐量异常。妊娠期糖尿病可对母体和胎儿造成不同程度的近、远期影响，严重危害母儿健康。

饮食控制是妊娠期糖尿病的治疗基础。妊娠糖尿病合理膳食原则如下：

（1）调整能量摄入至合理需要量：孕早期一般不需增加能量，妊娠中晚期则每日增加1.26MJ（300kcal）、1.88MJ（450kcal）能量，肥胖孕妇不应过分控制饮食，体重不足的孕妇可相应摄入较高的能量，但需以保持必要的体重增长，还需根据血糖的情况随时调整膳食的能量。

（2）饮食均衡，三大产能营养素比例适宜：碳水化合物的摄入占总能量的50%～60%，即每日200～300g；增加蛋白质的量，占总能量的15%～20%，每日为80～100g；减少脂肪的摄入，占总能量的25%～30%，每日为50～70g。

（3）限制单双糖的摄入量，选择血糖生成指数（glycemic index，GI）较低的食物，增加膳食纤维素摄入量：膳食纤维尤其是可溶性膳食纤维可降低食物的GI，具有降血糖的作用。荞麦、黑米、黑麦、大麦、全麦及其制品，樱桃、李子、桃、柚、苹果等都是含可溶性膳食纤维较高的食物，而白大米、糯米、精白面制品、柑、猕猴桃、葡萄、菠萝和香瓜等GI很高，对控制血糖不利。此外，根茎类食物如土豆的GI较高，要小心选用。所以，妊娠期糖尿病孕妇应多选用粗杂粮为主食，多吃新鲜的蔬菜、适量的水果。

（4）选用低脂肪的瘦肉类食品：如鱼类、瘦猪肉、牛肉、鸡肉、兔肉及大豆类、低脂牛奶类作为油脂蛋白质的来源，减少动物性脂肪的摄入量，烹调油选用植物油。饮食清淡少盐，进餐有规律。

（5）供给充足的维生素、矿物质：维生素B_1、维生素B_2和烟酸对糖代谢有重要的作用，微量元素中的锌、铬、镁是体内多种酶的组成部分，锌参与蛋白质的合成，铬参与构成葡萄糖耐量因子，能提高组织对胰岛素的敏感性，促进糖代谢和蛋白质的合成。动物性食物中含维生素和微量元素丰富，特别是牡蛎等海产品含锌高，蛋黄、啤酒酵母中含铬丰富。

（四）营养性贫血

妊娠期母体的生理变化之一是血容量和血红蛋白的增加，由于血红蛋白的增加远低于血容量的增加，出现血红蛋白的相对稀释，发生生理性贫血。轻度贫血对怀孕、分娩没有很大的影响，严重贫血则会使孕妇体质虚弱而引起临产时子宫收缩无力、滞产。由于贫血较重，即使生产过程中失血并不多，也容易引起虚脱甚至休克。如伴有贫血性心脏病，则在增加腹压时，可引起心力衰竭。由于母体贫血，对胎儿及胎盘供氧不足，常引起胎儿宫内发育迟缓，而且贫血孕妇的胎儿也容易发生早产或死产，所以应该重视贫血的早期预防和发生贫血后的营养治疗和纠正。

预防和纠正缺铁性贫血是可能的，只要孕妇能重新调整和改善不合理的膳食结构，即可有效地预防和纠正贫血，合理膳食原则如下：

（1）增加膳食铁特别是血红素铁的摄入量：血红素铁主要存在于动物性食物如瘦肉类、动物内脏及动物血等。因此增加畜禽鱼肉、肝脏、动物血等的摄入可以增加血红素铁的摄入。

（2）增加维生素C的摄入量：维生素C可与铁形成螯合物，促进铁的溶解，利于铁的吸收，所以孕妇要注意多进食富含维生素C的新鲜蔬菜水果，如菜心、西兰花、青椒、西红柿、橙子、草莓、猕猴桃、鲜枣等。

（3）增加维生素B_{12}和叶酸的摄入：维生素B_{12}和叶酸是合成血红蛋白必需的物质，

摄入量充足可保证红细胞的正常生长。维生素 B_{12} 主要存在于肝脏、肉类、海产品等动物性食物中。而叶酸则广泛存在于各种动物性食品中，以肝脏、酵母、蛋类、豆类及绿叶蔬菜中含量丰富。

（4）保证每日摄入适宜数量的动物性食物：肉类可提供优质的蛋白质，以合成血红蛋白；肉类中还存在"肉因子"，能促进铁的吸收。鱼、禽、瘦肉等的摄入量每日宜 200g，每周可适量进食 1~2 次的猪肝（每次 50g）或动物血（每次 100g）。

第五节　乳母营养

自胎盘娩出到产妇全身器官（除乳腺外）恢复或接近正常未孕状态所需要的一段时间称为产褥期（puerperium），通常为 6 周。胎儿娩出后 24h 内称为产后期（postpartum）。

一、乳母生理特点

（一）泌乳生理

泌乳过程是一种复杂的神经反射，受神经内分泌因素的影响。乳腺在孕晚期主要受雌激素和孕酮的影响，前者作用于乳腺的导管系统，后者作用于乳腺囊泡的增生。分娩后孕酮消退，催乳激素升高，导致乳汁的分泌。乳汁的分泌受两个反射的控制，其一是产奶反射，婴儿吸吮乳头可刺激乳母垂体产生催乳素，引起乳腺腺泡分泌乳汁，并存留在乳腺导管内；另一个反射是下奶反射，吸吮乳头可引起乳母神经垂体释放催产素，后者引起乳腺周围肌肉收缩而出现泌乳。

母乳分为三期：产后第 1 周分泌的乳汁为初乳，呈淡黄色，质地黏稠；富含免疫蛋白，尤其是分泌性免疫球蛋白 A 和乳铁蛋白等；但乳糖和脂肪较成熟乳少。产后第 2 周分泌的乳汁称为过渡乳；过渡乳中的乳糖和脂肪含量逐渐增多。第 2 周以后分泌的乳汁为成熟乳，呈乳白色，富含蛋白质、乳糖和脂肪等多种营养素。

乳母营养状况影响泌乳量。乳母对营养的需求主要用于两个方面，一是满足母体恢复健康的需要，二是为泌乳提供物质基础。产后第一天的泌乳量约为 50ml，第二天约分泌 100ml，到第二周增加到 500ml/d 左右，正常乳汁分泌量约为 750~850ml/d。泌乳量少是母亲营养不良的一个表现特征。通常根据婴儿体重增长率作为奶量是否足够的指标。

（二）母乳喂养的优点

母乳喂养是人类最原始的喂养方法，也是最科学、最有效的喂养方法。世界卫生组织和联合国儿童基金会提出鼓励、支持、保护、帮助母乳喂养，母乳喂养不仅是母子之间的相互行为，且是整个社会的行为，母乳喂养需要全社会的支持。我国为了推动和普及母乳喂养，大力推广爱婴医院和母婴同室。

1. 母乳的营养素齐全，能全面满足婴儿生长发育的需要　人乳蛋白质总量虽较少，但质优良，含乳清蛋白多而酪蛋白少，在胃内形成凝块小，易消化吸收；蛋白质的氨基酸比值适宜，且含较多的胱氨酸和牛磺酸，两者是婴儿的条件必需氨基酸；含多不饱和脂肪酸较多，除了亚油酸和亚麻酸外，还含有花生四烯酸和 DHA，因此更有利于脑发育的营养需求；乳糖含量高，且以乙型乳糖为主，利于脂类氧化和糖原在肝脏储存、并可促进肠内乳酸杆菌生长；钙磷比值适宜（2∶1），利于钙的吸收；含各种微量元素，初乳含锌高，对生长发育极为有利；脂肪球较小且有乳脂酶，可促进脂肪消化，尤适宜于胰脂酶活力较低的新生儿及早产儿；含铁量较低，但吸收率极高，不易导致缺铁性贫血。

2. 母乳含丰富的免疫物质，可增进婴儿抗感染能力 人乳含较多的特异性免疫细胞和抗体，如T细胞、B细胞、巨噬细胞、多核粒细胞、浆细胞等，可吞噬、消化、杀伤病原微生物；SIgA可保护肠黏膜不受微生物侵入，并与病原结合促其失活。人乳还含有非特异性免疫物质，如溶菌酶可溶解、杀伤细菌；乳铁蛋白可通过对铁的竞争，抑制细菌的繁殖，发挥对大肠杆菌及念珠菌等的抑菌作用；低聚糖能特异性促进肠道益生菌（如双歧杆菌）的生长和繁殖，进而黏附于肠道上皮细胞表面，抑制致病菌的黏附和侵入。

3. 母乳喂养方便经济，不易引起过敏 与其他哺乳类乳汁中的异种蛋白质不同，人乳不是异种蛋白质，而不致婴儿发生过敏，温度适宜，不需消毒，喂哺简便，喂食的数量与婴儿的饥饱程度相适应即可。母乳喂养的婴儿极少发生过敏，也不存在过度喂养的问题。

4. 母乳喂养可增进母子感情，促进产后母体恢复和避孕 母乳喂养的行为可使母亲与婴儿之间有亲密的接触，如拥抱、抚摸，带给婴儿深刻、微妙的心理暗示和情感交流，使婴儿获得最大的安全感和情感满足感，对儿童良好情绪和心理的发展十分重要。哺乳的行为也可使母亲心情愉悦，婴儿吸吮乳头可反射性地引起催产素分泌，促使子宫收缩，有利于及早复原，减少产后并发症；乳汁的持续分泌可消耗储备的体脂，有利于母亲体形的恢复；母亲哺乳期月经推迟，能起到一定的避孕作用。

5. 与配方粉喂养比较，母乳喂养能显著降低肥胖发生率 从远期效应来说母乳喂养的儿童很少发生肥胖症，糖尿病的发生率也比较低。2005年Owen CG对涉及298 900例儿童、28项研究的Meta分析结果显示，与配方奶相比，母乳喂养可降低远期肥胖风险13%。

（三）如何增加泌乳量

1. 愉悦心情，树立信心 家人应充分关心乳母，经常与乳母沟通，帮助其调整心态，舒缓压力，愉悦心情，树立母乳喂养的自信心。

2. 尽早开奶，频繁吸吮 分娩后开奶应越早越好；坚持让孩子频繁吸吮（24h内至少10次）；吸吮时将乳头和乳晕的大部分同时含入婴儿口中，让婴儿吸吮时能充分挤压乳晕下的乳窦，使乳汁排出，并有效刺激乳头上的感觉神经末梢，促使泌乳反射，使乳汁越吸越多。

3. 合理营养，多喝汤水 营养是泌乳的基础，而食物多样化是充足营养的基础。除营养素外，乳母每日摄水量与乳汁分泌量也密切相关，所以乳母每日应多喝水，还要多吃流质的食物如鸡汤、鲜鱼汤、猪蹄汤、排骨汤、菜汤、豆腐汤等，每餐都应保证有带汤水的食物。有调查显示大豆、花生加上各种肉类，如猪腿、猪排骨或猪尾煮汤、鲫鱼汤、黄花菜鸡汤，醋与猪脚和鸡蛋煮汤等均能促进乳汁分泌。

4. 生活规律，保证睡眠 尽量做到生活有规律，每日保证8h以上睡眠时间，避免过度疲劳。

二、乳母营养需要

哺乳妇女的每日营养素需要量高于其孕期需要量。推荐摄入量基于乳汁分泌量及能量和蛋白质的乳汁合成效率来确定。良好的乳母营养供给是要保证乳汁的正常分泌并维持乳汁质量恒定。表2-10列出了乳母能量及各营养推荐摄入量（RNI）或适宜摄入量（AI）。

（一）能量

授乳期母体对能量的需要量增加，因为乳母除要满足自身的能量需要外，还要供给乳汁所含的能量和分泌乳汁过程本身需要的能量。产后1个月内由于乳汁分泌不多，每日约500ml，故乳母的膳食能量适当供给即可，3个月后每日泌乳量增加到750～850ml，对能量的需求增高。虽然妇女在正常怀孕条件下，其脂肪储备可为泌乳提供约1/3的能量，但是另外的2/3需要由膳食提供。乳母实际需要从膳食中增加的能量需要量可按下式计算：

乳母每日额外的能量需要量（kcal/d）=泌乳量（ml）×乳汁能量含量（kcal/ml）÷转换效率－哺乳期体重丢失能量

2013年中国营养学会建议，乳母能量推荐摄入量（RNI）是在非孕妇女基础上每日增加2.09MJ（500kcal）。

（二）蛋白质

人乳蛋白质含量平均为1.2g/100ml，以每日泌乳750ml计，则泌乳需要蛋白质9g。由于从已经吸收的蛋白质转变为乳汁蛋白质的转换效率为70%，故每日用于泌乳的蛋白质需要13g。由于我国居民以植物性蛋白质来源为主，为满足乳母对蛋白质的需要，需考虑蛋白质的吸收利用情况，额外增加蛋白质的供给量。2013年中国营养学会建议，乳母应在正常妇女基础上每日增加蛋白质25g，达到每日80g，并保证足量摄取优质蛋白质。某些富含蛋白质的食品，如牛肉、鸡蛋、肝和肾等，有促进泌乳的作用。

（三）脂肪

膳食中脂肪的种类可影响乳汁的脂肪成分，摄入植物性脂肪多时，乳汁中亚油酸含量较高，摄入动物性脂肪多时，乳汁中饱和脂肪酸含量增多。婴儿中枢神经系统的发育及脂溶性维生素吸收均需要脂类，因此乳母膳食中必须有适量脂肪，尤其是多不饱和脂肪酸。

（四）碳水化合物

关于乳母膳食碳水化合物适宜摄入量，建议碳水化合物应提供50%～65%的膳食总能量。

（五）矿物质

1. 钙 由于婴儿生长发育的需要，需通过乳汁获得大量的钙。实验研究证实，当乳母膳食钙摄入不足时，不会影响乳汁钙的含量，而会通过动用母体骨骼中的钙来维持。这样必然会影响母体的健康。因此在哺乳期应增加钙的供给量。但补钙量应有一定的限度，因过高钙的摄入会增加肾结石的危险性及引起奶碱综合征。

2. 铁 由于铁难以通过乳腺输送到乳汁，因此乳母中铁含量很低，一般为0.5mg/L。增加乳母膳食铁的摄入量对乳汁中铁含量的影响并不明显，但由于母亲因分娩失血损失了较多的铁,为防止乳母发生缺铁性贫血,应注意铁的补充,膳食中应多供给富含铁的食物。必要时需要补充铁剂以预防或纠正缺铁性贫血。

3. 锌　与婴儿的生长发育及免疫功能有密切关系,有助于增加乳母对蛋白质的吸收和利用,乳锌含量受乳母膳食锌摄入量的影响。

4. 碘　由于乳母的基础代谢率和能量消耗增加,碘的摄入量也应随之增加。乳汁中碘含量高于母体血浆中碘的浓度,乳母摄入的碘可立即出现于母乳中。

(六) 维生素

为满足婴儿生长发育的需要,乳母膳食中各种维生素都应增加。

维生素 A 可部分通过乳腺输送到乳汁。增加母体维生素 A 的摄入量,乳汁中维生素 A 的含量也会有一定程度的增加。母乳中维生素 D 的水平很低,哺乳期间丢失很少,因此乳母无须额外补充维生素 D。

维生素 B_1 可通过乳腺进入乳汁,增加乳母维生素 B_1 的摄入量可增加乳汁中维生素 B_1 含量。乳母每日分泌乳汁含维生素 B_1 0.2mg,加上每日乳母分泌乳汁增加的能量消耗所需的维生素 B_1 0.3mg,乳母每日应增加 0.5mg。维生素 C、维生素 B_2、维生素 B_6 的情况与维生素 B_1 类似,均可通过乳腺进入乳汁,在哺乳期应适当增加摄入量。

(七) 水

乳母摄入的水量与乳汁分泌量有密切关系,如水分摄入不足将直接影响乳汁的分泌量。乳母平均每日泌乳量为 0.8L,故每日应从食物及饮水中比成人多摄入约 1L 水。2016 年中国营养学会在《中国居民膳食指南(2016)》中建议正常成人每日饮水量应达 1.5~1.7L,由此估计乳母每日饮水量应达 2.5~2.7L。由于产妇的基础代谢较高,出汗多;再加上乳汁分泌,需水量高于一般人,因此产妇多喝一些汤汁是有益的。鱼汤、鸡汤、肉汤的营养丰富,含有可溶性氨基酸、维生素和矿物质等营养成分;鱼汤、鸡汤、肉汤不仅味道鲜美,还能刺激消化液分泌,改善食欲,帮助消化,促进乳汁的分泌;用大豆、花生加上各种肉类(如猪腿或猪排骨)煮成汤、鲫鱼汤、蘑菇煨鸡汤、猪腿和鸡蛋一起煮汤均可促进乳汁分泌。如经济条件有限,不能多吃动物性食品,可用豆腐汤或骨头汤配以适量黄豆、豆腐和青菜等来代替。

乳母能量及各营养素推荐摄入量见表 2-10。

表 2-10　乳母能量及各营养素推荐摄入量(RNI)

营养素		RNI
能量[1](kcal/d)		2300
宏量营养素	蛋白质(g/d)	80
	总碳水化合物(g/d)	—[2]
	总脂肪(%E)	
矿物质	钙(mg/d)	1000
	铁(mg/d)	24
	锌(mg/d)	12
	碘(μg/d)	240

续表

营养素		RNI
维生素	维生素 A（μgRAE/d）	1300
	维生素 D（μg/d）	10
	维生素 E（mgα-TE/d）	17（AI）
	维生素 K（μg/d）	85（AI）
	维生素 B_1（mg/d）	1.5
	维生素 B_2（mg/d）	1.5
	维生素 B_6（mg/d）	1.7
	叶酸（μgDFE/d）	550

注：1 能量以轻体力活动水平为例；2 未制定参考值用"—"表示。

三、乳母合理膳食原则

哺乳期妇女（乳母）既要分泌乳汁、哺育婴儿，还需要逐步补偿妊娠、分娩时的营养素损耗并促进各器官、系统功能的恢复，因此比非哺乳妇女需要更多的营养。哺乳期妇女的膳食仍是由多样化食物组成的营养均衡的膳食，除保证哺乳期的营养需要外，还通过乳汁的口感和气味，潜移默化地影响婴儿对辅食的接受和后续多样化膳食结构的建立。

基于母乳喂养对母亲和子代诸多的益处，世界卫生组织建议婴儿 6 个月内应纯母乳喂养，并在添加辅食的基础上持续母乳喂养到 2 岁甚至更长时间，乳母的营养状况是泌乳的基础，如果哺乳期营养不足，将会减少乳汁分泌量，降低乳汁质量，并影响母体健康。此外，产后情绪、心理、睡眠等也会影响乳汁分泌。有鉴于此，哺乳期妇女膳食指南在一般人群膳食指南基础上增加如下 5 条关键推荐。

（一）增加富含优质蛋白质及维生素 A 的动物性食物和海产品，选用碘盐

乳母的营养是泌乳的基础，尤其蛋白质营养状况对泌乳有明显影响。动物性食物如鱼、禽、蛋、瘦肉等可提供丰富的优质蛋白质和一些重要的矿物质和维生素，乳母每日应比孕前增加约 80g 的鱼、禽、蛋、瘦肉。如条件限制，可用富含优质蛋白质的大豆及其制品替代。为保证乳汁中碘、n-3 长链多不饱和脂肪酸（如 DHA）和维生素 A 的含量，乳母应选用碘盐烹调食物，适当摄入海带、紫菜、鱼、贝类等富含碘或 DHA 的海产品，适量增加富含维生素 A 的动物性食物，如动物肝脏、蛋黄等的摄入。奶类是钙的最好食物来源，乳母每日应增饮 200ml 的牛奶，使总量达到 400~500ml，以满足其对钙的需要。

（二）产褥期食物多样不过量，重视整个哺乳期营养

"坐月子"是中国的传统习俗，期间常过量摄入动物性食物，致能量和宏量营养素摄入过剩。重视整个哺乳阶段的营养，食不过量且营养充足，以保证乳汁的质与量，有助于持续地进行母乳喂养。

（三）愉悦心情，充足睡眠，促进乳汁分泌

乳母的心理及精神状态也可影响乳汁分泌，保持愉悦心情，以确保母乳喂养的成功。孕期体重过度增加及产后体重滞留，是女性肥胖发生的重要原因之一。

(四)坚持哺乳,适度运动,逐步恢复适宜体重

坚持哺乳、科学活动和锻炼,有利于产妇机体复原和体重恢复。产褥期锻炼应根据产妇的分娩情况循序渐进地进行,顺产产妇一般在产后第2天就可以开始进行产褥期保健操,6周后可选择新的锻炼方式。剖宫产产妇应根据自身状况和伤口恢复情况,缓慢增加有氧运动和力量训练。

(五)忌烟酒,避免浓茶和咖啡

吸烟、饮酒会影响乳汁分泌,烟草中的尼古丁和乙醇也可通过乳汁进入婴儿体内,影响婴儿睡眠及精神运动发育。此外,茶和咖啡中的咖啡因有可能造成婴儿兴奋,乳母应避免饮用浓茶和大量咖啡。

四、乳母常见营养问题

哺乳期属于特殊时期,由于乳母特殊的生理代谢变化,导致其营养需要具有与非孕妇女或妊娠期妇女相当不同的特殊需求。乳母持续的营养不良影响到乳汁的质和量时,将导致婴儿出现营养缺乏性疾病,同时也会危害母体自身的健康。乳母常见营养问题主要包括膳食失衡、微量营养素缺乏和肥胖等。

(一)膳食失衡

乳母膳食失衡造成的营养不良(包括超重与肥胖)是危害乳母健康的重要原因。研究发现,"坐月子"后大多数乳母的膳食恢复到平常膳食,动物性食物摄入量明显下降,这个现象在我国农村尤为突出,结果影响到母乳乳汁的质量或泌乳量,危害婴幼儿健康,增加低体重和生长迟缓的发生率。研究显示,乳母在产后不同阶段各类食物摄入量有所不同。谷类摄入量各月份变动不大,蔬菜摄入量从哺乳的第2个月开始有所增加,浅色蔬菜摄入量大于深色蔬菜。第2个月后肉禽鱼蛋类摄入量明显低于第1个月,如蛋类摄入量由产后2个月内的153g下降至2个月时的31g,而猪肉摄入量则由82g下降至48g。

根据2002年全国居民营养与健康状况调查结果显示,我国城市乳母平均每人每日摄入谷类358g,农村乳母440g;蔬菜摄入量偏低,城市为272g,农村为299g,深色蔬菜还不到1/3;肉禽鱼蛋摄入量城乡合计为195g,农村为115g;城乡乳母的奶类摄入量均很低,平均仅有11~20g。

(二)微量营养素缺乏

妇女产后能量的摄入较充足,尤其是产后头一两个月,达到推荐摄入量的96.3%~110.8%。在产后两个月内蛋白质达到推荐摄入量的121%,维生素A为88.5%,钙为44.9%,锌为69.7%,维生素C为55.3%。但是从产后第2个月开始膳食质量和多种营养素的摄入量明显下降,蛋白质下降到86.8%,维生素A下降到15.8%,钙为34%,锌为57.7%。说明产后不同阶段营养素摄入不平衡,钙、锌、维生素A、维生素C等微量营养素摄入量不足是乳母当前膳食的主要缺陷,也是应当重点进行改善的地方。产褥期要特别重视蔬菜水果的摄入。

(三)肥胖

国外多项研究表明孕期体重过度增加及产后不能成功减重,是导致女性肥胖发生的重

要因素。在美国进行的一项 10 年追踪调查研究进一步证明了孕产期体重变化和女性以后肥胖的发生密切相关。调查结果提示，我国乳母超重或肥胖率为 28.2%。因此，需要高度重视产后体重滞留和肥胖问题。

第六节 老年营养

衰老（ageing，senescence）又称老化，通常是指在正常状况下生物发育成熟后，随年龄增加，自身功能减退，内环境稳定能力与应激能力下降，结构、组分逐步退行性变，趋向死亡，不可逆转的现象。目前公认的有关衰老学说主要包括遗传学说、自由基学说、生物分子自然交联学说等。衰老过程受到多种因素的影响，如遗传因素、环境改变、饮食习惯、疾病状态及社会发展等。衰老是不可避免的，但是可以通过改变生存环境、生活习惯及饮食行为等来延缓衰老、延长寿命。

世界卫生组织（WHO）对老年人的划分标准是：60~74 岁为年轻老人；大于 75 岁为老人；大于 90 岁为长寿老人。我国将 60 岁以上人群称为老年人。国际上认为一个国家或地区 60 周岁以上老年人占总人口比例达 10%，或者 65 岁以上老年人占总人口比例达 7%，就算进入老龄化社会。在经济高速增长、社会全面转型和中部崛起的宏观背景下，随着人口出生率下降，寿命延长，老龄人口增多是我国乃至全世界面临的一个趋势。按照我国第六次人口普查结果，到 2015 年，我国 65 周岁以上人口达 1.37 亿，占总人口的 10.1%，表明我国已经全面进入老龄化社会。

我国人口老龄化速度快、时间短，老年人口数量多，具有阶段不均衡性、区域不平衡性、老龄程度较经济发展水平超前等特点，加剧了老龄化社会给我国带来的一系列问题。与"十五"时期相比，老年人口增长速度明显加快，高龄化显著，农村老龄问题加剧，社会养老负担加重，养老保障问题突出，社区照料服务需求迅速增加，老龄问题的社会压力日益增大，对我国政治、经济、社会都将产生深刻影响。此外，由于衰老过程引起的健康问题日益显著，我国公共卫生事业将面临巨大的挑战。

一、老年人生理特点

随着年龄增长，老年人日常活动减少，人体基础代谢率下降，分解代谢过程大于合成代谢过程，各个器官及功能出现衰退下降。主要表现在以下几方面。

（一）消化系统

牙龈萎缩、牙齿松动脱落，食物咀嚼功能受到影响。味蕾数量明显减少，神经系统功能下降，味觉和嗅觉功能减退。唾液、消化液分泌减少，胃酸、淀粉酶、胃蛋白酶、脂肪酶及胃壁细胞分泌的内因子减少，消化酶活性降低，食物消化吸收功能减退，蛋白质、维生素和矿物质生物利用率降低。胆汁分泌减少，脂肪消化能力下降。胃肠蠕动减慢，胃排空时间延长，容易出现胃肠胀气和便秘。肝细胞数目减少、纤维组织增多，肝脏功能下降，蛋白质合成及解毒功能下降，血浆白球比降低，血浆胶体渗透压改变，组织液的生成及回流障碍，导致老年人的免疫功能、代谢功能和解毒功能均会有一定程度的减弱，易患各种疾病。

（二）骨骼肌肉系统

35 岁后，人体肌肉组织开始减少导致肌肉萎缩，脂肪组织不断增加（特别是腹部脂肪），增加程度取决于人体饮食习惯及体育锻炼活动量。由于内分泌激素减少、维生素 D 与钙摄入不足、缺少体育锻炼，老年人骨骼中无机盐增加，含钙量减少，骨密度降低，骨质疏松发病率增加，尤其是女性，40～50 岁骨质疏松发生率为 15%～30%，60 岁以上可达 60%。同时骨骼弹性和韧性降低，脆性增加，极易发生骨折。

（三）心血管系统

老年人心肌出现退行性病变，心脏收缩功能下降，血管弹性下降，潜在心脏器质性病变高于其他人群，如心律失常、心绞痛等，容易导致心力衰竭或脑缺血。由于血管壁弹性减退、脆性增加，血管对血压的调节作用下降，血管外周阻力增大，常出现血压升高。老年人脏器组织中毛细血管的有效数量减少及阻力增大，使组织血流量减少，易发生组织器官的营养障碍。血液黏稠度增加、血流速度减慢，心血管疾病发病率明显增加，如脑出血、脑血栓等。

（四）内分泌系统

老年人由于脑垂体功能降低，甲状腺功能萎缩，机体基础代谢、物质代谢过程均受到影响，代谢性疾病的发病率明显增高，如糖尿病、肥胖症、骨质疏松、痛风等。且老年人胰岛素分泌能力减弱，组织对胰岛素敏感性降低，葡萄糖耐量下降，易患糖尿病。

（五）代谢功能

代谢功能随年龄增长而减退，分解代谢大于合成代谢，容易发生负氮平衡。老年人体脂增加、自主体力活动强度和频率减少，导致基础代谢率（basal metabolic rate, BMR）降低和全日总能量消耗（total energy expenditure, TEE）减少。

（六）免疫系统

衰老时机体免疫结构上最突出的表现为胸腺萎缩、重量减轻，皮质变薄，髓质网状结构破裂，功能退化。骨髓干细胞、巨噬细胞、T 淋巴细胞、B 淋巴细胞四种主要免疫细胞数量明显减少、增殖能力降低。同时，T 细胞受体的基因多态性减少、记忆/效应 T 细胞蓄积、胸腺退化、初始 T 细胞耗竭，最终导致免疫功能下降，容易感染各种疾病。

（七）心理特点

老年人感知觉、记忆力、智力、思维能力发生一定程度的减退，导致定向力减退、近事记忆衰退、理解能力下降等变化。生理活动的退变、社会角色的改变、家庭人际关系变化、疾病发生等因素易引起老年人焦虑、固执、孤独、疑病等心理问题。

（八）其他系统改变

呼吸器官功能改变，肺活量下降，呼吸频率增加；支气管纤毛减少，容易引起肺部感染；肾脏及膀胱功能减退，使排尿次数增加，容易发生尿路感染，严重可引起脱水；平衡能力降低，对外界冷、热、疼痛等刺激反应减退；活动减慢，易发生摔倒、烫伤等意外。

二、老年人营养需求

随着年龄增加,人体各个器官及其功能出现衰退或下降,老年人对营养素的需求也发生变化。表2-12列出了老年人各营养素推荐摄入量(RNI)或适宜摄入量(AI)。

(一)能量

有研究显示,随年龄增加,人体基础代谢每10年下降约2%,加上体力活动减少、瘦体组织减少、脂肪组织比例增加,老年人能量需求量减少。保持能量摄入与能量消耗平衡,维持理想体重,对于预防心脑血管疾病意义重大。《中国居民膳食营养素参考摄入量(2013版)》建议50岁以上成年人各PALs组基础能量消耗量(BEE)较18~49岁组下调5%(按千克体重计算),计算其能量需要量(EER);65岁以上老年人计算能量需要量时应适当下调PAL。我国50岁以上人群膳食能量需要量见表2-11。

表2-11 中国居民膳食能量需要量(EER)

人群		身体活动水平		
		轻(kcal/d)	中(kcal/d)	重(kcal/d)
50岁~	男	2100	2450	2800
	女	1750	2050	2350
65岁~	男	2050	2359	—
	女	1700	1950	—
80岁~	男	1900	2200	—
	女	1500	1750	—

注:"—"表示未制定参考值。

(二)蛋白质

维持蛋白质适宜摄入量对老年人身体健康十分重要。一方面,老年人分解代谢大于合成代谢,蛋白质合成率降低,蛋白质摄入量不足,容易出现负氮平衡;另一方面,老年人肝肾功能下降,蛋白质摄入过多容易增加肝肾负担。目前针对老年人是否应增加蛋白质摄入量仍存在争议。男性与女性老年人蛋白质每日推荐摄入量分别为65、55g/d,与正常成年人无差别,但对蛋白质要求更高,建议优质蛋白质摄入量占总蛋白50%以上,如奶类、豆类、鱼虾瘦肉等。大豆中含有大豆异黄酮,对预防心脑血管疾病具有积极作用。

(三)脂类

由于胆汁分泌减少、酯酶活性降低,脂肪消化功能下降,因此脂肪摄入量不宜过多,老年人脂肪摄入量占总能量20%~30%为宜。随年龄增加,老年人体内总脂肪明显增加,主要是胆固醇、甘油三酯和游离脂肪酸增加,故不宜摄入含胆固醇较高的食物,如动物脑、蛋黄、肝肾内脏、鱼卵等。建议多食用富含多不饱和脂肪酸EPA、DHA等食物来摄取脂肪,对降低心脏病死亡率、预防慢性非传染性疾病有积极作用。鱼类脂肪含量较猪肉低,蛋白质含量高,海鱼还能补充老年人所需的微量元素硒。

(四)碳水化合物

老年人碳水化合物代谢率降低,血糖调节能力减弱,糖耐量降低,容易发生血糖增高,因此碳水化合物摄入量应适当降低，为总能量50%～65%。碳水化合物以淀粉为宜，淀粉能促进肠道胆酸及胆固醇的排泄，降低氧化型低密度脂蛋白胆固醇，以减轻其对血管内皮细胞的损伤，减少心脑血管疾病的发生。老年人易发生便秘，适当摄入膳食纤维能够有效改善老年人便秘及肠道功能，建议老年人每日摄入25～30g膳食纤维，粗粮、谷物、绿色蔬菜都膳食纤维的良好来源。此外，食物中的多糖类，如枸杞多糖、香菇多糖、人参多糖等，有提高机体免疫功能和促进双歧杆菌生长的作用，有益于老年人健康长寿。

（五）矿物质和维生素

老年人摄食量减少，从膳食中摄取的营养素数量不充足，达到老年人群营养素参考摄入量存在一定难度，尤以经济不发达地区和偏远山区最为普遍，加上老年人消化系统功能减退，对多种矿物质和维生素的吸收率、利用率及储存能力降低，血清矿物质水平普遍较低，所以摄入充足的维生素及矿物质对保持老年人机体健康具有重要作用。

1. 钙 老年人钙吸收率明显下降（<20%）、利用及储存能力减弱、肝肾功能衰退、户外活动减少，导致血钙水平降低、活性维生素D生成减少，容易诱发钙摄入不足或缺乏而引起骨质疏松症、增加骨折风险。我国50岁以上老年人钙每日推荐摄入量为1000mg/d。

2. 铁 老年人膳食质量下降、铁的吸收率、利用率下降，造血功能减退，血红蛋白含量减少，易出现缺铁性贫血。因此，老年人应选择血红素铁含量高的食物，如动物肝脏、血液、瘦肉等；同时多食用富含维生素C、鱼、肉、海产品等有机酸的食物，协助铁吸收。老年人铁的每日推荐摄入量与成年男性推荐量相同，为12mg/d。

3. 锌 是体内多种酶的组成部分，对于人体认知行为、创伤愈合、味觉和免疫调节功能具有重要作用，摄入及补充足量的锌有利于老年人延缓衰老、保持健康。我国老年人缺锌发生率较高，约为10%，我国老年人锌每日推荐摄入量与成人相同，男女分别为12.5、7.5g/d。

4. 硒 硒能清除羟自由基和脂质过氧化自由基，且与维生素E、β-胡萝卜素等有协同作用，能降低血中低密度脂蛋白胆固醇的氧化，保护了动脉内皮细胞免受损伤，具有预防动脉粥样硬化，提高细胞免疫功能的作用。含硒丰富的食物有内脏和海产品，如海带、紫菜、海鱼等。

5. 铬 铬具有增强胰岛素、调节糖代谢以及促进蛋白质合成的作用，老年人铬适宜摄入量为30μg/d，与18岁以上成人适宜摄入量相同。铬的主要食物来源是谷类、肉类及鱼贝类，坚果类（核桃、榛子、松子、栗子）和豆类也含有较多铬，蔬菜和水果含铬量较少。

（六）维生素

1. 维生素A 维生素A属于脂溶性维生素，胡萝卜素是我国居民膳食维生素A的重要来源，对老年人视觉功能、免疫功能和造血功能具有重要作用，同时还可维持皮肤黏膜完整性。老年人进食量少，再加上牙齿的咀嚼功能下降，摄入的蔬菜量有限，易出现维生素A缺乏。

2. 维生素D 老年人皮肤合成维生素D的量降低、肝肾功能下降，将维生素D转化为活性1,25-$(OH)_2D$的能力也随之下降，易出现维生素D缺乏，影响钙磷代谢及骨骼矿化，导致骨质疏松的发生。老年人维生素D与血清25-$(OH)D$水平之间的对数线性关系与成人一致，故老年人维生素D平均需要量仍为8μg/d。65岁以上老年人维生素D代谢效率降低，受体敏感性降低，其维生素D推荐摄入量为15μg/d。

3. 维生素 E 是脂溶性的抗氧化剂，对延缓衰老、增强免疫功能、预防慢性疾病具有重要作用。它能保护细胞膜中的多不饱和脂肪酸、细胞骨架、其他蛋白质的巯基及细胞内的核酸免受自由基的攻击，维生素 E 的不足会使机体的抗氧化功能降低，引起细胞的损伤，造成疾病。有资料表明，维生素 E 有抗动脉粥样硬化和防癌的作用。维生素 E 的防癌机制可能是阻断致癌的自由基反应。血浆维生素 E 水平低的人群肿瘤发生危险性增加。含维生素 E 高的食物有植物油、豆类、蛋类、谷类胚芽等。

4. B 族维生素 维生素 B_1 对维持神经、肌肉特别是心肌的正常功能，以及维持正常食欲、胃肠蠕动和消化分泌具有重要作用。维生素 B_2 又称核黄素，对维护老年人视力有积极作用。叶酸与体内维生素 B_6 和维生素 B_{12} 共同作用，是同型半胱氨酸代谢的重要因子，参与血红蛋白及甲基化合物如肾上腺素、胆碱、肌酸等的合成，老年人缺乏可引起高同型半胱氨酸血症，对血管内皮细胞产生损害，并激活血小板黏附和聚集，造成动脉粥样硬化，故叶酸缺乏被认为是心血管疾病的危险因素。有研究证明萎缩性胃炎及胃癌癌前病变患者，血清和胃黏膜中的叶酸及维生素 B_{12} 的水平较正常对照组低，给患者补充叶酸有防止胃癌癌前病变向胃癌变化的作用。

5. 维生素 C 维生素 C 可促进胶原蛋白合成，保持毛细血管的弹性，防止血管的硬化，并可降低胆固醇、增强免疫及抗氧化作用。老年人应保证充足的维生素 C 摄入。

（七）水

水是人体组织的主要成分，参与体内新陈代谢、维持体液正常渗透压及电解质平衡，水代谢有助于体内废物代谢。人体需水量受环境、运动、膳食等因素的影响，失水会导致机体水电解质紊乱，增加慢性肾病的风险，还能引起认知和体能下降。老年人机体含水量减少，失水和脱水反应较其他年龄组迟钝，血液黏稠度高，对水分的需求高于其他年龄组，故适当饮水可保持正常的代谢功能，保持良好的肾脏排泄功能，预防血栓及其他心脑血管疾病的发生。老年人应保持良好的饮水习惯，做到主动规律饮水，最好选择白开水或者淡茶，保持机体正常生理功能。老年人每日饮水量不少于 1500ml。

老年人能量及各营养素推荐摄入量（RNI）见表 2-12。

表 2-12 老年人能量及各营养素推荐摄入量（RNI）

能量/营养素	50 岁～	65 岁～	80 岁～
蛋白质（g/d）	男性：65 女性：55	男性：65 女性：55	男性：65 女性：55
总碳水化合物（%E）	50～65	50～65	50～65
总脂肪（%E）	20～30	20～30	20～30
钙（mg/d）	1000	1000	1000
铁（mg/d）	12	12	12
锌（mg/d）	男性：12.5 女性：7.5	男性：12.5 女性：7.5	男性：12.5 女性：7.5
碘（μg/d）	120	120	120
硒（μg/d）	60	60	60
铬（μg/d）	30（AI）	30（AI）	30（AI）

续表

能量/营养素	50岁~	65岁~	80岁~
维生素A (μgRAE/d)	男性：800 女性：700	男性：800 女性：700	男性：800 女性：700
维生素D (μg/d)	10	15	15
维生素E (mg α-TE/d)	14 (AI)	14 (AI)	14 (AI)
维生素K (μg/d)	80 (AI)	80 (AI)	80 (AI)
维生素B_1 (mg/d)	男性：1.4 女性：1.2	男性：1.4 女性：1.2	男性：1.4 女性：1.2
维生素B_2 (mg/d)	男性：1.4 女性：1.2	男性：1.4 女性：1.2	男性：1.4 女性：1.2
维生素B_6 (mg/d)	1.6	1.6	1.6
维生素B_{12} (μg/d)	2.4	2.4	2.4
叶酸 (μgDFE/d)	400	400	400

注：未制定参考值用"—"表示。

三、老年人合理膳食原则

老年人除了身体功能有不同程度的衰退，大多数营养需求与成年人相似，因此，一般人群膳食指南的内容也适合于老年人。2016年《中国老年人膳食指南》补充了适合老年人特点的膳食指导内容，旨在帮助老年人更好地适应身体功能的改变，努力做到合理膳食、均衡营养，减少和延缓疾病的发生和发展，延长健康生命时间，促进在中国实现成功老龄化。

（一）少量多餐细软；预防营养缺乏

老年人牙齿脱落、咀嚼功能受限、消化液分泌减少、胃肠蠕动减弱，容易出现食欲下降和早饱现象，导致食物摄入量不足和营养缺乏，因此老年人膳食更应注意合理设计、精准营养。老年人饮食应细软、易消化、少量多餐、定时进餐，可采用三餐两点制或三餐三点制，每次正餐占全日总能量20%~25%，每次加餐的能量占5%~10%，用餐时间相对固定。对于有吞咽障碍和高龄老人，可选择软饭、稠粥、软面条等软食，必要时选择半流质或者糊状食物，进食过程中应细嚼慢咽，预防呛咳和误吸；对于贫血、钙和维生素D、维生素A等营养缺乏的老年人，建议在营养师和医生的指导下，选择适合自己的营养强化食品。

（二）主动足量饮水；积极户外活动

老年人身体对缺水的耐受性下降，足量饮水有利于维持老年人身体健康。正确的饮水方法是养成定时和主动饮水的习惯，不应在感到口渴时才饮水，做到主动少量多次饮水，每次50~100ml，清晨一杯温开水，睡前1~2h 1杯水，睡前1h内不建议用餐喝水，以免影响睡眠。每日的饮水量应不低于1200ml，以1500~1700ml为宜。饮水首选温热的白开水，根据个人情况，也可选择饮用淡茶水。

户外活动能够更好地接受紫外线照射，有利于体内维生素D合成，延缓骨质疏松和肌肉衰减的发展。因此，老年人应适当开展户外活动。老年人的运动量应根据自己的体能和健康状况随时调整，量力而行，循序渐进。在活动时，应当注意以下几点：①安全第一：要重视自身体力和协调功能下降的生理变化，避免参与剧烈和危险项目，防止运动疲劳和运动损伤，尤其要注意关节损伤。对于体重较大的老年人和关节不好的老年人，应避免爬山、登楼梯、骑自行车、爬坡等运动。②多种运动：选择多种运动项目，重点在能活动全身的项目，使全身各关节、肌肉群和多个部位得到锻炼。③舒缓自然：运动前后要做准备或舒缓运动，顺应自己的身体状况，动作应简单、缓慢，不宜做负重憋气、用力过猛、旋转晃动剧烈的运动。④适度运动：要根据自身状况选择适当的运动时间、频率和强度。一般认为每日户外锻炼2次，每次1h左右，以轻微出汗为宜；或每日至少6000步。注意每次运动要量力而行，强度不要过大，运动持续时间不要过长，可以分多次运动。

（三）延缓肌肉衰减；维持适宜体重

肌肉衰减综合征是与年龄增加相关的骨骼肌量减少并伴有肌肉力量和（或）肌肉功能减退的综合征。吃动结合、保持健康体重是延缓老年肌肉衰减的重要方法。①常吃富含优质蛋白质的动物性食物，尤其是红肉、乳类及大豆制品。②多吃富含 n-3 多不饱和脂肪酸的海产品，如海鱼和海藻等。③增加户外活动时间、多晒太阳并适当增加摄入维生素 D 含量较高的食物，如动物肝脏、蛋黄等。④如条件许可，还可以进行拉弹力绳、举沙袋等抗阻运动 20～30min，每周≥3 次。此外，可增加日常身体活动量，减少静坐或卧床。活动时应注意量力而行，动作舒缓，避免碰伤、跌倒等事件发生。

对于成人来说，BMI≤$18.5kg/m^2$ 是营养不良的判别标准。随着年龄增加，老年人骨质疏松发生率增加，脊柱弯曲变形，身高较年轻时缩短，而体内脂肪组织增加，使得 BMI 相应性升高。国外研究资料表明，BMI 低的老年人死亡率和营养不良风险增加，生活质量下降。因此 65 岁以上老年人对体重的要求应给与个体化评价和指导。有许多研究表明，老年人体重过低，会增加营养不良和死亡率风险。因此原则上建议老年人 BMI 最好不低于 $20.0kg/m^2$，最高不超过 $26.9kg/m^2$。另外尚需结合体脂和本人甲状腺功能亢进情况来综合判断，无论如何，体重过低或过高都对老年人的健康不利。鼓励通过营养师的个性化营养状况评价和指导，判断体重的过低还是过高并制定营养干预措施。

（四）摄入充足食物；鼓励陪伴进餐

老年人每日应至少摄入 12 种以上的食物。采用多种方法增加食欲和进食量，吃好三餐。早餐宜有1～2种主食、1个鸡蛋、1杯奶，另有蔬菜或水果。中餐和晚餐宜有2种以上主食，1～2个荤菜、1～2种素菜、1个豆制品。饭菜应色香味美、温度适宜。对于高龄老年人和身体虚弱及体重出现明显下降的老年人，正餐摄入量可能有限，应特别注意增加餐次，常换花样，保证充足的食物摄入。进餐次数可采用三餐两点制或三餐三点制。每次正餐占全日总能量20%～25%，每次加餐的能量占5%～10%。用餐时间应相对固定。睡前1h内不建议用餐喝水，以免影响睡眠。一些食量小的老年人，应注意在餐前和餐时少喝汤水，少吃汤泡饭。

老年人应该以家为乐，适当参与食物的准备与烹饪，通过变换烹饪方法和食物的花色品种，烹制自己喜爱的食物，提升进食的乐趣，享受家庭喜悦和亲情快乐。对于孤寡、独居老年人，建议多结交朋友，或者去集体用餐地点（社区老年食堂或助餐点、托老所用餐），增进交流，促进食欲，摄入更多更丰富的食物。对于生活自理有困难的老年人，家人应多陪伴，采用辅助用餐、送餐上门等方法，保障食物摄入和良好的营养状况。家人应对老年人更加关心照顾，陪伴交流，注意饮食和体重变化，及时发现和预防疾病的发生和发展。

四、老年人常见营养问题

随着老年人口剧增，如何提高老年人生活质量已成为全球性的问题。老年人营养状况关系到身体健康、免疫功能、生活质量及寿命长短。国外有报道，在疾病保健开支中30%用于治疗营养不合理引起的相关疾病。

（一）能量失衡

1. 能量过剩 基础代谢率降低、能量需要减少、摄入增加，以及体力活动缺乏是造成老年人群能量过剩的重要原因。能量过剩能明显地缩短老年人群的预期寿命。根据美国癌症学会的资料：在体质指数BMI大于30的人群中，不分男女，无论是消化和呼吸系统疾病还是心血管、胆囊疾病和糖尿病的死亡率均随BMI的升高而升高。在另一些研究中还提示脂肪增多可增加妇女发生乳腺癌的危险性。超重肥胖的发生增加了某些慢性疾病发生的危险，如高血压、高脂血症、糖尿病、心脑血管疾病（如冠心病）、肺部疾病（如睡眠呼吸暂停综合征）等，严重影响老年人生活质量及寿命长短。

2. 能量不足 产生能量不足的原因多与胃肠道疾病有关。老年人消化系统功能处于逐渐衰退的阶段，极易受一些内外因素的作用而发生胃溃疡、慢性感染和腹泻等疾病，导致营养素摄取障碍，体重下降。能量不足常导致老年人低体重，常伴随老年痴呆、老年脑卒中、慢性阻塞性肺疾病、抑郁症等慢性疾病，故老年人营养不良问题仍在存在且不容忽视。2010年最新数据显示，我国城市、农村老年人发生低体重营养不良分别为2.1%、4.5%，发生率有所下降。但有调查显示我国城市65岁以上老年人存在营养不良风险者超过50%，70~80岁及以上高龄老人的营养不良比例上升，营养状况堪忧。

（二）微量营养素缺乏

由于生理和心理上的因素，老年人在饮食嗜好和习惯方面发生变化，如容易偏食、喜欢过熟的食品和高加工精制食品，加上老年人对一些微量营养素需求的增加，易造成某些营养素的不足。此外，机体衰老导致对各种营养素吸收及利用率降低，也易引起各种营养素缺乏。

老年人对营养素缺乏不敏感，发现时往往处于严重缺乏状态，故预防微量营养素的缺乏十分必要。最常见的是维生素A、维生素B_2及钙的摄入量不足，其次是维生素C、维生素E、叶酸、锌、硒等微量元素，近年有报道老年人贫血患病率上升30%，适当补充这些微量元素可以防止骨质疏松、贫血、动脉粥样硬化等慢性疾病，还有助于增强抗氧化能力、提高免疫力。抗氧化营养素可以减轻体内的脂质过氧化，提高体内抗氧化酶活性，对增强机体抗氧化能力、延缓衰老有重要作用。抗氧化营养素在冠心病、白内障等慢性疾病中的作用也很显著。

（三）饮水不足

人体内含水量依年龄、性别、胖瘦而异。婴幼儿体内含水量为70%~80%，成年男性约为60%，女性约为55%，老年人一般较中年人少15%。对于失水和脱水的反应，老年人更迟钝,尤其是肥胖者。当老年人体内脱水时,主要发生在细胞内液,细胞外液变化不大,故对口渴的感觉并不明显,容易造成饮水不足。若出现口渴,一般提示有轻度脱水。

(四)慢性非传染性疾病发生增加

慢性非传染性疾病(non-communicable chronic disease,NCD)简称慢性病,指一类起病隐匿,病程长且病情迁延不愈,病因复杂,缺乏确切的传染性生物病因证据的疾病的概括性总称。目前全球主要的慢性病包括心血管疾病、癌症、慢性呼吸系统疾病及糖尿病。近年老年人高血压的患病率明显上升,49.87%老年人存在高血压。高血压的发生受众多外环境因素影响,其中膳食营养因素是主要因素之一,高能量、高脂肪、高盐摄入、超重及肥胖是高血压的危险因素。由于膳食不合理,我国老年人还易发生高脂血症、高胆固醇血症、脑卒中等心脑血管疾病,不仅降低老年人生活质量,同时给社会及家庭造成沉重负担。近10年来,我国糖尿病患病人数急剧增加,其中老年患者(≥60岁)是糖尿病的主流人群,患病率高达22.86%,其中又以2型糖尿病为主。

(五)老年人对营养与健康的知识水平较低、态度认识不足

目前,我国老年人教育程度普遍较低,营养知识相关教育与宣传工作未在人群中普及,老年人对营养知识的了解甚少,某些日常营养知识的了解程度不到10%。同时,老年人关于常见慢性疾病如高血压、糖尿病、心脏等疾病的防治措施及危害缺乏认识,在生活中不能科学的预防疾病发生,从而进一步增加各种疾病发生率。

(曾 果 李 鸣 吴 成 鲍妍宏)

参 考 文 献

鲍曼 B A,拉塞尔 R M. 2004. 现代营养学. 8版. 荫士安,汪志顼,译. 北京:化学工业出版社.
陈春明. 2004. 中国营养状况——十年跟踪. 北京:人民卫生出版社.
葛可佑. 2004. 中国营养科学全书. 北京:人民卫生出版社.
黄承钰. 2003. 医学营养学. 北京:人民卫生出版社.
唐仪,刘冬生. 2001. 实用妇儿营养学. 北京:中国医药科技出版社.
游彩玲,何惠玲,吴怀真. 2008. 传统"坐月子"习俗对产妇健康影响调查结果分析. 中国妇幼保健,23(8):1135-1136.
中国营养学会. 2014. 中国居民膳食营养素参考摄入量(2013版). 北京:科学出版社.
中国营养学会. 2016. 中国居民膳食指南(2016). 北京:人民卫生出版社.
中国营养学会妇幼分会. 2008. 中国孕期、哺乳期妇女和0~6岁儿童膳食指南. 北京:人民卫生出版社.

第三章 饮食行为

第一节 概 述

一、饮食行为的定义

行为是指受思想支配而表现在外面的活动。饮食行为（eating practice）是指受有关食物和健康观念支配的人们的摄食活动，包括食物的选择、购买、进食等，这些行为都会影响到营养素的摄入，从而对健康产生影响。

人们从外界摄取营养物质，以维持生命，促进健康。一般来说，人们需要的营养物质种类是一样的，只是由于种族、年龄、性别和体力活动的差异，使得人们对能量和营养素所需要的量不同。生活在不同环境中的人通过不同的食物来获取营养物质。摄取食物的结果是生物学上的，食物摄入直接并不断地影响个体一生的生物学功能。人们摄取食物时，包括吃什么、如何吃、何时吃、在哪里吃、吃多少，则是一个受经济、政治和文化等因素影响的过程。从这个意义上讲，营养不仅仅是一个简单的生理、生化过程，也是一个生物文化过程，即人类对食物的摄食功能不仅局限于生物学层面，还有增加人们的味觉体验，满足情感交流等社会功能。饮食行为不仅影响人们获取营养物质的来源，而且在日常生活、宗教信仰和社会经济等方面发挥诸多作用。因此，在开展营养改善、营养教育、调整和改变人们有关食物和营养的观念和行为之前，了解不同文化对食物的认识和分类方式非常重要。

二、饮食行为的功能

（一）建立和维持人际关系

食物具有许多象征性的意义，它不仅表达而且还参与建立人与人之间、人与自然环境之间的关系。例如，在基督教仪式中，人们通过吃"圣饼"来建立与上帝之间的关系。在中国社会中，人们往往通过请客吃饭、商务宴会、朋友聚餐等方式来实现相互认识或加强已建立的关系的目的。

（二）确定人际关系的密切程度

不同类型的饮食在就餐者中传播不同的信息，表明关系密切的程度。在北美，只喝鸡尾酒而不提供正餐主要是用于结识人；先喝含乙醇饮料然后吃正餐用于招待亲近的朋友和尊贵的客人；"冷餐会"形式的午餐表示关系比较"密切"；正式邀请吃正规的晚餐，用来表示社会关系的密切；自助餐、野炊、吃烧烤意味着友谊要比早上在一起喝咖啡关系密切，但又弱于一起吃正式晚餐的程度。

在我国的饮食文化中，人们往往通过提供昂贵、稀有的食物来表示对客人的尊重，一般来说，正规的晚餐要包括4～6个凉菜、8～10个热菜，还要有汤、水果等。普通的家宴是招待关系较密切的朋友，经常在一起去大排档就餐饮酒可能是关系较好的朋友或同事，在一起吃工作盒饭常是一般的工作关系，关系密切的情侣往往会在一起共进烛光晚餐。

(三) 表示社会地位

人们还可以通过食物来表示自己的社会地位。稀有、昂贵的食物常常象征着富有、社会地位高，这些食物通常是富含蛋白质的动物性食物，由于稀有、昂贵或需要进口而很难吃到。这种习俗主要与历史上上层阶级的生活方式有关，如中世纪欧洲上层社会吃的鹿肉，美国的 T-bone 牛排，西方社会的鱼子酱，贝督因阿拉伯的驼峰，新几内亚的猪，以及我国的燕窝、鱼翅、熊掌和龙虾等。

(四) 作为群体特征

食物不仅可以表明社会地位，还可以作为某个群体的特征，这个群体可以是以地区、家庭、种族或宗教信仰来划分的。例如，每个国家都有各自的"国宴"。许多国家或地区往往因当地的特色饮食而著名，像法国、意大利、中国等许多国家就是以其美味佳肴和饮食文化而闻名的。

饮食行为一旦形成，就会有其连续性。当某个地区或国家的人移居到其他地区或国家，通常会继续保持他们传统的饮食习惯、口味和烹调方式，除特殊情况外，一般很难改变。例如，非洲裔美国人从南方农村移居到北方大城市后其饮食模式发生了变化。传统的南方饮食模式是一日两餐，早餐包括各种各样的煎肉、米饭、燕麦、饼干、肉汁、炸土豆、咖啡和牛奶；晚餐比较丰盛包括蔬菜、干豆、各种肉类，还有玉米面包、土豆、甜味饮料或牛奶，最后是甜食或水果，晚餐在下午吃。移居北方城市后，受环境和工作时间的影响，其饮食行为发生了改变，从一日两餐变为一日三餐，同时所吃的食物也发生了变化。早餐包括鸡蛋、咸肉或香肠鸡蛋、热饼、白面包和咖啡；午餐包括三明治、汤、饼干、水果和果汁，晚餐以油煎的食物为主。但在周末、节假日他们依旧保持着传统的饮食模式。在我国，南方人多以大米作为主食，北方人则以面食如馒头、包子、饼等作为主食。在国外多以大米作为许多中国人即使移居国外多年，仍然保持着吃中餐的习惯，大多数人的这种饮食行为很难改变。

(五) 特定的重要事件

人们食用特别的食物来庆祝重要的事件或节日，如美国的感恩节吃火鸡；中国的元宵节吃元宵、端午节吃粽子、中秋节吃月饼、春节吃饺子等。

此外，不同的社会、文化环境下的饮食习俗会相互影响。例如，中国人过生日的传统食物是长寿面、寿桃等，受西方饮食文化的影响，现在许多人过生日会吃生日蛋糕，还有人选择中西结合，既吃长寿面又吃生日蛋糕。

三、饮食行为的建立

(一) 饮食行为的建立过程

人的饮食行为是从幼儿期到儿童青少年时期形成和发展起来的。一般而言，从出生开始到生后 6 月龄，母乳是婴儿唯一（或主要）的食物。母乳喂养不仅能为 6 月龄以内的婴儿提供所需要的全部营养素而且能增近母婴感情，使婴儿获得安全感。6 个月后婴儿开始添加辅食，此期重要任务之一是让婴儿尝试各种各样的食物，以培养其将来对新食物的接受能力，此时也是培养儿童良好饮食行为的关键时机。8 个月以后才开始添加辅食会使孩子错过学习咀嚼、吞咽的最佳时期。

幼儿期是饮食行为建立的开始时期，此期应注意引导幼儿形成良好的饮食习惯。3～5岁学龄前期是培养良好饮食行为和生活方式的重要时期。此期的儿童模仿能力强，家长及教师应以身作则，教育和引导儿童正确认识食物的特点，帮助儿童建立有益于健康的饮食行为。6～12岁学龄期儿童在校时间较长，饮食行为受学校环境的影响大，此期学校为学生提供健康的食物及科学的饮食行为教育有利于学龄期儿童健康饮食行为的形成。13～17岁儿童青少年时期处于青春期发育阶段，是体格和智力发育的关键时期，也是饮食行为形成的关键点，此期儿童青少年对食物选择的自主性、独立性强，饮食行为易发生较大改变，应加强健康饮食行为教育，培养青少年良好的生活方式，规律进食，避免盲目节食、暴饮暴食的行为。

（二）食物选择行为形成模式

1. 发展性模式（developmental models of food choice）　食物选择发展性模式强调学习和经验对食物选择的影响，着重于解释孩童时期食物喜好的形成和发展。该模式认为儿童天生具有学习进食某种食物的能力，因此对食物喜好的发展受食物接受频率、社会学习、联想学习等的影响。该模式强调学习的作用，将个体置身于环境中，在一定程度上考虑了学习和生理的关系。然而，该模式也存在一定的局限性，如食物在某种情况下代表权力，与宗教、文化相关，这些广泛意义在发展模式中得不到体现。

2. 认知模式（cognitive models）　着眼于个人的认知及认知程度对行为的影响。按社会认知的观点，我们可以通过衡量个体对食物的认知程度理解和预见个体的食物选择行为，如态度和信念对饮食行为的影响。一方面，当人们认为"吃健康食物是一件令人愉快的事情"时，便会促进其健康饮食行为；另一方面，对"有把握能吃到健康食物"的信念越高，则越易促进健康饮食行为。认知模式帮助我们认识人类食物选择的影响因素，但同样存在局限性，如该模式不能涵盖生理性的一些问题，过于强调行为对理性思维的结果，往往会忽视情绪（如害怕肥胖、生病、因伤心而暴饮暴食等）对事物选择的影响。

3. 心理生理模式（psychophysiological models）　食物选择的心理生理模式着眼于从生物学的角度，探索食物的色、香、味对食物选择的重要作用；研究感觉（饥饿感和满足感）对食物选择的重要作用；研究神经类药物和神经化学品对饥饿感和满足感的作用；研究食物对认知和行为的影响；研究压力和饮食之间的关系。该模式着重于研究饥饿感和满足感对食物选择的影响，使食物选择这一行为的诸多方面得到合理的解释。但是，该模式仍然存在一些局限性。第一，该模式研究结果多从动物实验中获得，研究结论是否能外推到人的饮食行为还有待商榷；第二，该模式仅从生理心理学角度分析食物选择，不能涵盖社会学习和食物选择的社会性；第三，该模式认为个体因饥饿感而进食，有满足感后停止进食。而事实上，很多人根本不是凭生理需求决定进食与否，而是取决于其他因素，如因为追求身材苗条而控制饮食或由于美食的诱惑而无节制进食。

健康的饮食行为可以促进儿童少年的生长发育和智力发育；不健康的饮食行为不仅会对他们的健康产生即时影响，而且还会带来远期的危害。因此，儿童少年时期健康饮食行为的培养，对其一生的健康有着重要的意义。

多项研究发现，父母可以通过口头、行为方面影响孩子饮食观念和行为的形成，因此，从小培养孩子健康的饮食行为需要家长作出典范。具体方法如下所示。

（1）从小让孩子尝试各种各样的食物，避免孩子形成食物偏好。

（2）让孩子参与食物的选择、购买、制作和分配过程，使孩子对这些过程有个感性认识。

（3）利用食物选择、购买、制作和进餐的机会向孩子介绍食物和营养的知识，让他形成健康的饮食观念。

（4）家长以身作则，用健康的饮食行为为孩子做出典范，如每日吃早餐、不过度饮酒等。

> **小贴士**
>
> **学龄前儿童的用餐技能发育过程**
>
> 大块肌肉已发育的 1～2 岁孩子能够：①使用短柄的勺子；②自己吃饭；③自己拿杯子饮水；④擦净、掰开、撕开吸食食物。
>
> 手部中等肌肉发育的 3 岁孩子能够：①用叉子戳上食物；②独立地吃饭；③自己包装、倒、混合、摇晃或者分发食物；④在指导下打开坚果。
>
> 小手指发育的 4 岁孩子能够：①使用所有的餐具和餐巾；②卷起食物、榨汁、捣碎或者剥皮；③自己剥蛋壳。
>
> 手和 5 个指头的协调性发育的 5 岁孩子能够：①量、碾磨、切割食物；②在指导下使用手动打蛋器。
>
> 注：文中年龄是近似的，发育健康正常的儿童
>
> 资料来源：英国营养网 http://www.nutrition.org.uk/home

四、饮食行为与健康

（一）饮食行为与营养缺乏病的关系

营养缺乏病是由于人体摄入营养素不足和（或）吸收不良、利用减少、消耗过多而出现生长发育迟缓、代谢调节异常、抗感染力下降、组织再生和恢复延缓、并发症多发及死亡率增加的一类疾病，如蛋白质-热能营养不良、缺铁性贫血、佝偻病等。目前世界上约有 500 万儿童患营养不良。2015 中国居民营养与健康监测报告显示，我国城市居民仍存在维生素 A、维生素 B_1、维生素 B_2、钙、锌等微量营养素摄入不足情况。营养缺乏病给世界各国，尤其是发展中国家带来巨大的经济损失。据估计，2001 年在孟加拉、印度和巴基斯坦等几个亚洲国家由于营养不良造成劳动生产率的损失为国内生产总值的 2%～3%。

营养缺乏病的发生与饮食行为有着密切关系。首先，不同地区食物来源及膳食模式不同，不同营养素缺乏的风险也不尽相同。在以植物性食物为主的膳食结构的国家中，人群蛋白质及脂肪摄入量普遍偏低，易导致铁、钙、维生素 A 摄入不足。其次，观念影响人们对食物的选择，食物选择不合理易造成营养缺乏病。世界上许多地方的人认为颜色浅的食物，如白面包或白米，比深色食物代表的社会地位高。为了满足人们对白米、白面和其他"精制"食品的需求，对食品的加工越来越细，使这些食品中维生素 B_1 和膳食纤维的量大大降低。引起人们膳食中某些维生素和膳食纤维的摄入减少，从而导致了维生素 B_1 缺乏症以及结肠癌发病风险的增加。近年来"以瘦为美"的观念让"节食减肥"行为在许多人，尤其是青春期少女中广为流行。盲目节食易造成多种营养素摄入不足，导致各种营养缺乏病，甚至死亡。

树立正确的饮食观念，培养健康的饮食行为对营养素缺乏病的预防起着重要作用。

（二）饮食行为与慢性病的关系

慢性病，即慢性非传染性疾病，是指一类起病隐匿，病程长且病情迁延不愈，缺乏确切的传染性生物病因证据，病因复杂，且有些尚未完全被确认的疾病的概括性总称。慢性病的危害主要是造成脑、心、肾等重要脏器的损害，易造成伤残，影响劳动能力和生活质量，且医疗费用极其昂贵，增加了社会和家庭的经济负担。目前，严重威胁人类健康的慢性非传染性疾病，如心血管疾病、高血压、糖尿病、肿瘤等多是由于营养摄入过剩和（或）饮食不均衡造成的，其发生、发展及预后与饮食行为有着密切关系。

首先，饮食行为影响能量的摄入。在外就餐、经常吃西式快餐易造成过量的能量摄入，进而导致超重肥胖。其次，饮食行为影响产能营养素的分布。产能营养素分布是指膳食中脂肪、蛋白质和碳水化合物的比例。饮食行为影响膳食中产能营养素的分布，产能营养素分布不同，对健康的影响不同。欧美等经济发达国家和地区，居民膳食组成以动物性食品为主，脂肪、蛋白质供能比较高，易诱发高脂血症、冠心病、糖尿病等慢性病。再次，饮食行为影响饮食的频率和规律性。随着居民生活水平的提高，零食行为日益普遍。零食的不规律摄入不但会使进餐的频率增加，导致能量摄入增加，还会打乱饮食的规律性，导致一系列疾病。目前较为明确的是含糖零食摄入频率的增加与龋齿及肥胖的发生有关。

第二节 日常饮食行为
一、食物消费行为

（一）日常食物消费行为

食物消费行为包括是否食用、食用频率和食用量。我国居民传统膳食中，谷物消费量占最大比例，其次为蔬菜类和畜肉，水果、豆类和奶类的摄入一直较少。随着社会经济的发展，生活节奏的改变，人们的食物消费行为也在发生改变。近 30 年来，我国居民谷类消费量逐年减少，谷类食物供能比由 1992 年的 66.2%下降到 2012 年的 55.0%。其中，城市居民谷物摄入量较农村居民下降明显，农村居民薯类摄入量下降幅度高于城市居民。与之相反，我国居民动物性食物和纯能量食物摄入比例逐年升高，动物性食物和脂肪的供能比例由 1992 年的 9.3%和 22.0%增加到 2012 年的 15.3%和 31.5%。全国平均膳食脂肪供能比已经超过合理范围 30.0%的高限。2010~2012 年中国营养与健康监测结果显示，我国居民平均每标准人日水果的摄入量为 40.7g，大豆类及其制品摄入量为 10.9g，坚果类摄入量为 3.8 g，奶类为 24.7 g。我国居民水果、豆类及坚果和奶类平均摄入量均远低于中国居民膳食指南推荐量。

（二）零食行为

一般认为，零食是非正餐时间所吃的各种食物和（或）饮料，不包括水。从吃零食的时间上划分，可分为上午零食、下午零食和晚上零食。

我国城市儿童少年普遍吃零食，81%的学龄前儿童、85%的小学生和 90%的中学生吃零食。随着社会的发展、生活方式的改变，吃零食不再只是儿童少年的专利，许多成年人也喜欢吃零食。有人认为，就和追偶像、买品牌服一样，吃零食在某种程度上已成为一种时尚潮流。另外，吃零食也讲品牌，越是包装精美、价钱昂贵和新奇古怪的进口零食，越有人喜欢。

零食可以提供一定的能量和营养素，是全天膳食营养的补充，同时吃零食行为在一定程度上也会带来心理满足感。因此，合理的零食行为（零食种类选择、进食频率、进食时间、进食量）是有积极意义的，不能简单地将"吃零食"视为一种不健康的饮食行为。值得注意的是，零食所提供的能量和营养素相对单一，不如正餐均衡、全面，所以不能用零食代替正餐，应当主要从一日三餐中获得所需要的营养物质。

二、就餐行为

（一）正餐

我国居民的饮食大多数是一日三餐，占约94%，一日两餐的在5%左右，还有少部分人是一日四餐。在较贫困的农村地区，一日两餐的情况较为常见，约占25%。北方的一些农村地区，在农忙季节一般一日三餐，而在农闲季节是一日两餐。

1. 早餐 是一日当中最重要的一餐，早餐所提供的能量和营养素在全天能量和营养素的摄入中占有重要地位，并很难从午餐和晚餐中得到补充。不吃早餐和早餐营养质量较差是引起全天能量和营养素摄入不足的主要原因。

我国居民吃早餐的时间一般为6:00~8:00，周末要晚一些。有少部分人把早餐和午餐合为一餐，称早午餐（brunch）。就就餐地点而言，我国居民早餐的地点多是在家中，部分人选择到餐馆、工作单位或街头吃。早餐的食物种类地区差异很大，广州人比较重视早餐，称早餐为"早茶"，品种多，包括虾饺、包子、凤爪、青菜、油条和豆浆。北方以馒头、面包、粥、面条为主，还有包子、烧饼、油条等，大多数人的早餐中没有蔬菜和水果。此外，为了开辟市场、满足人们消费的需要，西式快餐也推出了一系列的早餐产品及组合，早餐品种包括菠菜鸡肉蛋汉堡、吉士蛋堡、香葱米饼、飞碟包和香米绿茶等。

我国居民在早餐行为上存在的问题主要有两点：一是不吃早餐；二是早餐的营养质量有待提高。

2. 午餐 时间一般在11:30~1:00。在全国的大部分地区，大多数人仍有时间回家吃午饭，这个比例在90%左右。但是在大城市，由于工作单位离家较远，午餐的时间比较短，许多人自带午餐，头一日晚上多做一些，装在饭盒中，第二日带到单位吃；有的在单位食堂就餐；有的在单位附近的餐馆或快餐店里吃午饭。

3. 晚餐 时间一般在6:30~7:30。我国居民吃晚餐的比例为99.4%。

在大中城市，晚餐是一日中一家人在一起吃饭的唯一机会。因此，晚餐一般准备得比较丰富，要有2~4个菜，1个汤。做饭的时间一般在1~2h。

（二）在外就餐

在外就餐（outside eating），是指不在家中进行食物的制作、烹调，而在其他场所进食的就餐方式。

随着经济收入的增加，人们的生活方式不断发生变化，在外就餐的机会也越来越多，在外就餐成为许多家庭饮食生活中的一个重要组成部分。中国疾病预防控制中心营养与食品安全所在我国8省进行的调查发现，1989年、1991年、1993年和1997年我国城乡居民在外就餐（调查时3日中至少在外就餐1次）的比例分别为29.7%、27.6%、27.0%和41.2%。

2002年中国居民营养与健康状况调查中我国居民每日在外就餐的比例为19.6%，男性在外就餐的比例（18.6%）高于女性（11.0%），年轻者高于年长者。

经常在外就餐虽是社交的需要，但也给居民的健康带来一定的威胁。首先，在外就餐机会的增多增加了疾病传播的机会。对健康的即时影响主要是食源性疾病，其潜伏期短、发病凶猛，常以腹泻等形式出现，预后虽大多较好，但其社会影响大。其次，在外就餐引起的饮食模式的变化是造成慢性非传染性疾病增加的因素之一。一般而言，与在家就餐相比，在外就餐所摄入的脂类增加，碳水化合物提供的能量占总能量的比例降低。经常或长期在外就餐会导致体脂含量增加，进而增加心脑血管疾病、非胰岛素依赖型糖尿病、高血压和高血脂等慢性非传染性疾病的发病风险。

三、饮酒行为

地球上最早的酒，应是落地野果自然发酵而成的，所以，酒不是人类的发明，而是天工的造化。伴随着酒的发现，人类也就有了饮酒的行为。在中国文化中，饮酒行为是被社会所接受的，是社交的一部分。在古代的中国社会中，一般在婚礼、乔迁之喜及春节等重要的节日才可饮酒。随着社会的发展，可以饮酒的情况变得很普遍，生日、节假日、升职、朋友相聚等都会成为人们饮酒的理由。

饮酒时，大家坐在一起，按照特定的规则饮酒，来确定和强化彼此的关系。不同的民族、地区饮酒的规矩大同小异，其目的是让客人喝好酒、气氛热闹、关系融洽。在重要的饮酒社交场合中，如果不饮酒，就很难融入这个社交圈子，如果想完全加入别人的生活圈子，就必须饮酒。

正常的饮酒行为首先要有菜肴、有人同饮；其次，饮酒时要遵循规则，尽管这种规则是不成文的，各地的规则是有差异的；再次，醉酒是可以被接受的，有的地区认为，有人醉酒说明主人好客、客人尽兴。

我国的酒文化中，以饮白酒为主，其次是黄酒。受西方文化的影响，啤酒自20世纪80年代以来，葡萄酒从20世纪90年代以来开始在我国流行。2002年中国居民营养与健康状况调查报告显示，我国居民饮酒率为21.0%，15～17岁居民为2.0%，18～44岁居民为23.3%，45～59岁居民为26.4%，60岁及以上居民为20.5%，男性饮酒（39.6%）比例高于女性（4.5%）。

四、营养补充剂消费行为

营养补充剂（nutritional supplementation）是以补充人体所需营养素和预防疾病为目的的一种或多种经化学合成或从天然动植物中提取的营养素为原料制成的产品。虽然营养补充剂不能替代平衡膳食，但对于补充饮食摄入不足者和营养素需要量增加者所需营养素方面起到重要作用。随着经济的发展和生活水平的提高，我国居民的保健意识日益增强，营养补充剂的使用率也逐渐增加。

处于生命不同阶段的人群，代谢状况各不相同，对营养补充剂的需要也不尽相同。中国居民膳食指南推荐育龄妇女应从孕前3个月开始补充叶酸并持续至整个孕期；婴儿应从生后数日开始补充维生素D。对于老年人，适当选用营养补充剂能促进健康，预防疾病。

2002年中国居民营养与健康状况调查报告表明，我国居民营养补充剂使用率总体水平较低，其中城市高于农村。育龄期妇女和孕妇服用叶酸能有效降低神经管畸形的发生率，我国孕妇叶酸补充剂使用率为20.5%，有相当一部分孕妇仍然处于叶酸缺乏状态，而没采取补充叶酸的措施。婴幼儿时期是一生中生长发育最快的时期,然而人乳中维生素D含量低，母乳喂养儿不能通过母乳获得足够的维生素D，因此婴儿生后数日应开始每日补充。2002年，我国2岁内婴幼儿营养补充剂的使用率为31.8%，开始添加营养补充剂的时间平均为5.1个月。

此外，应加强营养补充剂与健康关系的研究，科学的推广和使用营养补充剂以促进人群健康。

第三节 饮食行为的影响因素

一、个 人 因 素

(一) 生物学因素

1. 性别与年龄 男女性饮食行为具有一定差异。例如，男生喝碳酸饮料较女生多，而女生吃甜食比男生多。2002年中国居民营养与健康状况调查结果表明，男性每日在外就餐的比例（18.6%）高于女性（11.0%）。

不同年龄段人群由于生理的差异，对食物的偏好各不相同，如老年人由于消化系统的退化，牙齿松动、味觉不敏感，更偏爱于柔软、易消化和调味重的食物。此外，不同年龄阶段人群存在的主要饮食行为问题各不相同，如学龄前儿童最大的饮食行为问题为偏食和挑食，而中学生最大的饮食行为问题为含糖碳酸饮料摄入较多。此外，不同年龄阶段人群在外就餐的频率也各不相同，其中青年人比例最高，中年人次之，老年人最低。15～17.9岁、18～44.9岁、45～59.9岁和60岁及以上各年龄组每日在外就餐的比例分别为30.8%、19.5%、11.1%和4.2%。

2. 食欲（appetite）**和对食物的喜好**（food preference） 食欲泛指想要摄食的欲望，包含两种情况：一指空腹时想进食的欲望；二指想吃某种特定食物的欲望，受内外环境的双重影响。一方面，食欲与遗传有关，婴儿时期便以具备根据能量需要调节进食量的能力，但后天干预可削弱这种能力。过分要求儿童进食，忽视其自身饥饿感和饱足感的调控，会削弱儿童自身内部调节能量摄入的能力，而这种能力的丧失可能导致肥胖的发生和发展。另一方面，食欲还受外在环境的影响，食物的色、香、味会诱发人进食的欲望，其中以味觉和嗅觉作用最强。

食物喜好是指人们对某种食物喜欢或不喜欢的程度。随着社会的进步，人们购买力增强，食物种类也越来越丰富，人们对食物的喜好在很大程度上决定着人们对食物的选择。人们对食物的喜好，特别是对口味的偏好，自婴幼儿时期就开始，并可延续到成年期，影响人的一生。对儿童而言，食物的味道、食用频率、质地和温度在很大程度上决定了他们对食物的好恶。然而，对食物的喜好并不是一成不变的，随着社会化的过程和对各种食物的体验，个体对食物的喜好进一步形成。在这个过程中，由于受食物的气味、味道、外观和对食物的熟悉程度等因素的影响，人们对食物的喜好还会不断改变。

3. 健康状况 对饮食行为有一定的影响，如发热会降低人的食欲，进而造成摄食量减少,饮食喜好偏向清淡;而甲状腺功能亢进患者基础代谢增高,其摄食量也相应增加。

4. 知识与观念　与食物、营养、健康有关的知识与观念对人们饮食行为有重要的影响,是人们选择和摄取食物的重要依据。我国传统观念将饮食与养身联系在一起,对我国居民健康起到一定的作用,但其中不乏一些误区,影响人们的健康,如产妇产后"多吃少动"的传统观念,往往造成产妇能量过剩,引起肥胖。

(二)心理和情绪

情绪可以影响人们对食物的选择和消费。生气、紧张、孤独、忧郁时人的食欲和饮食行为会发生变化,这些情绪状态对食欲和行为的影响在不同个体间存在差别。忧郁的老人经常会忘记吃饭,而很多肥胖的人经常通过大量进食来宣泄情绪;中小学生在复习备考和考试期间,学习压力大、睡眠不足及缺乏体力活动等均可以通过影响神经内分泌活动而影响其饮食行为,甚至导致不良的饮食行为;有些家长在就餐时批评、指责孩子,结果导致孩子精神紧张,唾液、胃液分泌减少,食欲下降,从而影响食物的摄入、消化和吸收。同样,愉快的心情也会影响食物的选择和饮食行为,如孩子受到表扬和奖励时食欲会大增。

二、家庭因素

(一)家庭购买力

家庭购买力、家庭规模和人员组成是影响家庭消费行为的3个既定因素。人们需要的食物大部分是从市场上购买而来,吃什么食物取决于买了什么食物,而人们购买食物的能力取决于他们的收入。不论收入高低,所有的人都需要决定如何支配他们的收入,是用于购买食物、服装、住宅,还是用于旅游、孩子的教育或者投资。

19世纪德国统计学家恩格尔根据统计资料,对消费结构的变化得出一个规律:一个家庭收入越少,家庭收入(或总支出)中用来购买食物的支出所占的比例就越大,随着家庭收入的增加,家庭收入(或总支出)中用来购买食物的支出比例则会下降。推而广之,一个国家越穷,每个国民的平均收入(或平均支出)中用于购买食物的支出所占比例就越大,随着国家的富裕程度增加,这个比例呈下降趋势,这一定律被称为恩格尔定律,反映这一定律的系数被称为恩格尔系数(Engel index)。其公式表示为

恩格尔系数(%)=食品支出总额/家庭或个人消费支出总额×100%

恩格尔定律主要表述的是食品支出占总消费支出的比例随收入变化而变化的一定趋势。揭示了居民收入和食品支出之间的相关关系,用食品支出占消费总支出的比例来说明经济发展、收入增加对生活消费的影响程度。国际上常用恩格尔系数来衡量一个国家和地区人民生活水平的状况。根据联合国粮农组织提出的标准,恩格尔系数在59%以上为贫困,50%~59%为温饱,40%~50%为小康,30%~40%为富裕,低于30%为最富裕。

在近年来经济和国民收入快速增长的同时,我国居民消费的恩格尔系数正在不断地下降。城镇居民消费的恩格尔系数已从1990年的54.2%下降至2002年的37.7%,农村地区的这一数值也从58.8%下降至46.2%;1997年、1998年、1999年、2000年和2001年我国城市恩格尔系数分别为44.5%、41.9%、39.2%、37.9%和37.7%,农村分别为53.4%、52.6%、49.1%、47.7%和46.2%,这表明从整体水平来看,中国居民在收入水平提高的同时,食品支出的比重正在下降。

(二) 家庭成员的相互影响

父母亲承担着满足儿童青少年营养需要的责任，在儿童青少年饮食行为的发展和形成过程中起着极其重要的作用。父母亲对儿童青少年饮食行为的影响一般有以下几个方面。

1．口头提示和教育 父母亲或照看人对儿童青少年饮食行为的提示和（或）教育大多在就餐时间进行，并且母亲提示的频率多于父亲。父母提示吃的食物和儿童实际吃这种食物的百分数之间有显著的正相关关系。

然而，过分注意儿童青少年的饮食会导致其饮食行为发生变化，从而降低他们对某些食物的喜好。特别是对青春期女生的饮食行为进行干涉和指责时，她们的饮食质量会下降。

2．家长的饮食行为 父母亲的饮食行为会直接影响儿童青少年的饮食行为。首先，父母亲常吃某种食物，孩子也会常吃这种食物。儿童对食物的接受往往模仿父母和家中的其他成年人。与单纯让孩子进食某种食物相比，孩子更愿意接受他们所看见成年人吃的食物。其次，父母的饮食行为可以影响儿童的营养摄入。父母摄入饱和脂肪酸量高，孩子摄入的饱和脂肪酸量也高。

3．非营养目的食物的使用 父母亲或照看人经常使用食物当作奖励、惩罚或安慰，食物也常常被作为一种前提条件。这种非营养目的食物的使用，可以影响儿童青少年对食物的喜恶。当食物被用作完成某件事的奖励时，如"你把自己的房间打扫得很干净，来吃块巧克力吧"，可以增加孩子对这种食物的喜好；但是如果把食物当作获得另外一种食物或做某件事的前提条件时，如"你喝完牛奶后才能出去玩"，则会降低儿童对这种食物的喜好。

三、社 会 因 素

食物的可获得性包括两方面的含义，一方面是指有无食物提供；另一方面，则是文化层面上的，即虽然有食物提供，但要从文化上看是否有害、可以接受、可食等。

(一) 食物供给

食物的可获得性首先取决于食物的生产，食物生产又受地理、气候等环境因素，耕种、收割、运输、保存、加工等技术，还有经济和社会因素的影响。在我国的西部地区，由于土地贫瘠、气候恶劣、生产技术落后，食物的生产存在很大问题，仍有一部分人得不到足够的食物。食物的种植、保存和运输等同样影响到人们的饮食行为。随着新技术的推广，20世纪80年代以后，我国粮食、蔬菜水果等各种食品的产量不断增加；食物保存的新技术，如罐装、真空保鲜、冷冻保鲜、冷冻干燥等的应用，使得原来买不到的食品现在很方便就可以得到了，人们的饮食行为在不断地改变着。

以速冻食品发展为例。自1924年以来，速冻食品成为世界上发展最快的食品工业之一。资料显示，目前发达国家人均年消费冷冻食品一般在20kg以上，世界速冻食品总产量超过6000万吨，品种约3500种，其贸易量以每年10%~30%的速度递增。美国、欧洲及日本等发达国家和地区是世界上速冻食品产量最高、花色品种最多、人均消费最高的国家。在美国，速冻食品多达2700多种，速冻食品从早餐、中餐、晚餐到各式点心、汤料、甜食，还有低盐、低糖、低脂肪食品等，应有尽有。日本的速冻食品据说有3100多种。

我国速冻食品产业起步于19世纪70年代。随着人民生活水平提高，生活节奏加快，电子化、微波化逐渐在城乡居民家庭生活中实现，冰箱、冰柜成了人们生活必需品，这些都为我国速冻食品的迅速发展提供了条件。从 1995 年起，我国速冻食品的年产量每年以 20%的幅度递增，成为 20 世纪 90 年代发展最快的食品加工业，速冻食品年产量接近 1000 万吨。据不完全统计，近年来，我国现有各类速冻食品生产厂家近 2000 家，年销售额达 100 亿元。

一项在北京等 4 城市进行的调查表明，半数以上的城市居民喜爱速冻食品，有近 60%的家庭在最近半年内购买过速冻食品，其中最受欢迎的速冻食品是饺子，选择率超过 80%；其次为汤圆，选择率为 58%；再次为包子、馄饨、馒头、花卷、烧卖、粽子等。选择速冻食品最主要的原因是方便，可以大大节省做饭的时间。

从营养的角度来看，速冻食品除了保留了传统小吃的风味外，也较为充分的保留了食品的营养成分。与其他储藏食品的方式比较，冷冻食品比罐头食品、腌制食品保存的营养素还要多，但长久食用仍然会出现营养不均衡的情况，迫不得已必须食用冷冻食品的人，最好能够注意每日蔬菜及水果的摄入量，以避免 B 族维生素及维生素 C 和膳食纤维摄取不足。

（二）文化因素

种族、风俗习惯等社会文化因素对人们食物选择和消费的影响也不可忽视。由于种族、宗教、信仰和各地风俗习惯的不同，人们对什么是可食的有着不同的定义，选择食物的方式也不同，如大多数中国的汉族人喜欢吃猪肉；美国人喜欢牛排；和尚只吃素食；信仰伊斯兰教的回族从不吃猪肉等。

（三）时间因素

不同的就餐时间决定了人们选择食物的不同，我们通常不会选用大鱼大肉做早餐，也不会选用水果来做晚餐。因此，时间在食物选择方面起着重要作用，尤其在某些特定的节日里更加明显，如春节时北方人通常会包水饺，南方人则会用吃年糕来欢庆节日；端午节吃粽子；中秋节吃月饼等等。另外，乘飞机跨国旅行的乘客，在到达新目的地后，到了他生活所在当地的就餐时间时仍然会感到饥饿。

（四）进餐环境

若进餐环境安静、清洁卫生，心情则会感到愉悦，往往会引起食欲大增；如果进餐环境嘈杂、肮脏，消化系统则会受到影响，如唾液、胃液无法正常分泌，造成食欲全无。

（五）地域因素

我国地域辽阔，南方以大米为主食，而北方以面粉为主食。不同地区形成的不同菜系各有特点，与其地理位置密切相关。以川菜为例，川菜主要由重庆、成都及川北、川南地方风味和名特菜肴组成。素有"天府之国"之称的四川，位于长江上游，气候温和，雨量充足，盛产粮油，蔬果四季不断，家畜家禽品种齐全，盛产淡水鱼佳品，如江团、岩鲤、雅鱼、长江鲟等以四川产为珍。优越的自然环境，丰富的特产资源，为川菜的形成和发展提供了有利条件，故川菜取材广泛，调味多变，菜式品种繁多。历史上，四川地处山区，山高路险，道路崎岖，交通极为不便，缺油少盐，劳动人民生活极为困苦，饭菜缺油少盐，难以下咽，为了解决这一难题，只得用酸与辣来调味，以解决油盐不足的难题，长此以往，经常食用辣椒，能吃辣椒、爱吃辣椒也就成为其一种特殊的饮食习惯。

四、大 众 传 媒

大众传媒尤其是广告对食物的选择和消费的影响很大，看电视时人们经常处于一种被动消极的状态，儿童更是如此，往往在不自觉中便接受了某些食品广告概念，从而决定了对这些食品的态度。孩子们喜欢某种食品，其原因可能就是该食品广告经常在孩子们所喜爱的卡通片前播放，电视广告中对某些食物美味的诱人描写往往会令人垂涎欲滴，而分泌唾液恰恰是消化过程的第一步反应。

传播媒体包括传统上的印刷媒体如报纸、杂志、书籍等，音像，电子媒体如收音机、电视、电影等，以及互联网。传播媒体在产品销售、促进社会改变、影响和改变人们生活中的作用已经得到广泛的认可。在商家发明新产品、营养学家宣传营养知识的过程中，媒体的作用是使人们记住这些产品和信息并使其成为社会的一部分。传播媒体不仅可以用于公共福利和国家发展，而且可以影响人们的习惯和行为，改变他们的生活方式。

以儿童为例，大众传媒对其饮食行为有重要的影响。首先，大众传播媒介，特别是电视节目对儿童青少年关于食物的知识、信念、态度和行为有着重要的影响。儿童看电视时间与要求家长购买、家长实际购买和儿童实际消费广告食品的频率显著相关。儿童在看电视过程中，电视中出现某种食物广告的频率越高，他们想要得到这种食物的欲望就越强烈。看广告的儿童中选择甜食的比例要比没看任何广告的儿童多，观看有营养内容公益性广告的儿童选择甜食的平均数量明显少于看一般广告儿童选择甜食的平均数量。其次，看电视时间的长短也会影响儿童青少年对食物的选择和消费。广告在推销某种商品时也往往推销一种行为模式，如一边看电视、一边喝某种品牌的高糖饮料的广告镜头，可能诱导孩子一坐在电视机前就想起该喝一点含糖饮料。每日看电视超过 3h 的学生，食物的消费频率和品种不同于其他学生，他们选择的食物不如不看或看电视时间少的学生选择的食物有益健康。

鉴于看电视对儿童行为发展和社会化正、负两方面的影响，应制订相应的措施，使其最大限度地发挥正面作用，将其负面影响降低到最低水平，这需要政府部门制定有关政策、法规，媒体制作出适合于儿童少年的电视节目，家长控制好孩子看电视的时间、指导孩子选择合适的电视节目。美国儿科学会为家长提出以下建议：①参与孩子选择电视节目；②与孩子共同观看、讨论电视节目；③教会孩子带着批判的眼光观看电视节目；④将每日看电视时间控制在 2h 以内；⑤要以身作则，为孩子树立良好的榜样，不长时间看电视；⑥强调体力活动的益处；⑦不在孩子卧室放电视；⑧避免用电视作为孩子的"保姆"。

（曾 果　芮 溧　杨柳青）

参 考 文 献

蔡威. 2010. 现代营养学. 上海：复旦大学出版社.
陈长文. 2011. 中国八大菜系. 长春：吉林文史出版社.
杜莉. 2014. 中国烹饪概论. 北京：中国轻工业出版社.
马冠生, 赵丽云. 2014. 中国居民营养与健康状况监测报告（2010—2013）. 中国营养学研究发展报告研讨会.
孙长颢. 2012. 营养与食品卫生学. 7 版. 北京：人民卫生出版社.
中国卫生部疾病预防控制局. 2008. 中国儿童青少年零食消费指南. 北京：科学出版社.
Peggy S S. 2010. Nutrition and diet therapy. Burlington: Jones and Bartlett Publishers.

第四章 食品安全

食品安全（food safety）是一个重大的公共卫生问题，随着社会工业化的发展与全球经济一体化的深入，食品安全与公众健康的重要关系日益突显。本章节从食品安全、食源性疾病、食物中毒等基本概念和范围入手，围绕与人类健康息息相关的各类食源性疾病及食物中毒展开，重点介绍了各类食物中毒及预防控制措施。本章节尚介绍了国内外的食品监管体系现状，探讨了食品安全技术支撑策略、技术、进展等；并简述的营养保障与食品安全的关系及食品安全相关措施，旨在从食品安全角度拓展学生的知识面，为本科生提供科研选题和就业选择的思路，促进食品安全与健康的深入研究。

第一节 食品安全概述

民以食为天，食以安为先。食物是人类生存发展的基本需求之一，其安全性至关重要。食品从种植/养殖到生产、加工、储存、运输、销售、烹调直至进食的整个过程中，都有可能受到有毒有害因素的污染，从而降低食品的营养价值/感官质量和（或）对人体造成不同程度的危害，甚至引起食源性疾病。食源性疾病涉及种类多，发病面广而频繁，对人体健康和社会经济的影响重大。

食品安全已成为一个世界范围的重大公共卫生问题。根据世界卫生组织（World Health Organization，WHO）的定义，是对食品按其原定用途进行制作、食用时不会使消费者健康受到损害的一种保证，是从种植/养殖最初源头到端上餐桌的整个链的安全保证。我国于 2009 年颁布、2015 年修订的《中华人民共和国食品安全法》中，食品安全是指食品无毒、无害，符合应当有的营养要求，对人体健康不造成任何急性、亚急性或者慢性危害。

食品安全的特殊性在于它不像一般的传染病会随着经济发展、生活水平的提高而得到有效的控制，而随着食品生产的机械化、集中化和全球化，新化学物品和新技术的广泛使用，以及人群的保健意识越来越高，新的食品安全问题会不断涌现。近年来全球食品安全问题凸显，国际上发生多起重大食品安全事件，如疯牛病、出血性大肠杆菌 O157 中毒事件、二噁英污染等；我国食品安全事件也频发，如镉大米、苏丹红鸭蛋、三聚氰胺奶粉、瘦肉精等。食品安全已成为当今国际社会普遍关注的重大社会问题，并引起各国的高度重视。

食品安全的相对性是指一种食物或成分在合理食用方式和正常食用量的前提下不会导致对健康的潜在损害。天然食物中的成分种类繁多、食品工业的因素使食品中存在的化学物质更为复杂，实际上要求食品的绝对安全是不可能的，只能尽量减少食品中存在的有害物质或消除有害因素，在现有的技术方法条件下，把可能存在的任何风险降低到最低限度，从而科学的保护消费者健康。食品安全不是绝对的，而是相对的，是在可接受的风险下一般不会对健康造成损害。

第二节 食品污染

食品污染（food contamination）是指在各种条件下，导致外源性有毒有害因素进入食品，或食物成分本身发生反应而产生有毒有害物质，从而造成食品安全质量、营养价值和（或）感官性状发生改变的过程，按有毒有害因素的性质可分为生物性污染、化学性污染和物理性污染。食品污染的原因主要有两类：一是由于人的生产/生活活动使人类赖以生存的环境介质（如水体、大气等）受到不同程度的污染，污染物经动植物吸收、富集而造成的污染；二是食物在生产加工、包装运输、储存销售和加工烹调过程中造成的污染。

一、生物性污染

食品的生物性污染包括微生物、寄生虫和昆虫的污染。微生物污染主要包括细菌及细菌毒素、真菌及真菌毒素，以及病毒等的污染。寄生虫主要包括囊虫、蛔虫、绦虫等。昆虫污染主要为甲虫类、螨类、蛾类、蝇、蛆等。

（一）食品的细菌污染

食品中存在的细菌包括致病菌、条件致病菌和非条件致病菌。致病菌对食品的污染有两种情况，一种是动物生前感染，如奶、肉在禽畜生前即潜存着致病菌如肠炎沙门菌、猪霍乱沙门菌、能引起人畜共患的结核杆菌、布氏病的布鲁杆菌属等；另一种是外界污染，即致病菌来自外环境，如痢疾杆菌、副溶血弧菌、致病性大肠杆菌、肉毒梭菌等。条件致病菌是指一般情况下不致病，但在一定的特殊条件下可对人致病的细菌，如葡萄球菌、链球菌、蜡样芽孢杆菌等。非致病菌在自然界分布极广，在土壤、水体、食物中均较多见。食物中的细菌绝大多数都是非致病菌，常见的包括假单胞菌属、微球菌属等，它们往往与食品出现特异颜色、气味、荧光及相对致病性有关，是评价食品卫生质量的重要指标，也是研究食品腐败变质原因、过程和预防控制措施的主要对象。反映食品卫生质量的细菌污染指标主要包括菌落总数和大肠菌群。

菌落总数是指在被检样品的单位质量（g）、容积（ml）或表面积（cm^2）内，所含能在严格规定的条件下（指定培养基及其 pH、培养温度/时间、计数方法等）培养所生成的细菌菌落总数，以菌落形成单位（colony forming unit，CFU）表示。菌落总数可作为食品清洁状态的标志，也可一定程度预测食品的耐保藏性。大肠菌群包括肠杆菌科的埃希菌属、柠檬酸杆菌属、肠杆菌属和克雷伯菌属。这些菌属中的细菌，均属来自人和温血动物的肠道，需氧和（或）兼性厌氧，不形成芽孢，在 35～37℃下能发酵乳糖产酸产气的革兰阴性杆菌。大肠菌群直接来自人与温血动物粪便，故其可作为食品受到人与温血动物粪便污染的指示菌，也可作为肠道致病菌污染食品的指示菌。食品中大肠菌群的数量是采用相当于每克或每毫升食品的最近似数来表示，简称为大肠菌群最近似数（maximum probable number，MPN）。

（二）食品中真菌与真菌毒素的污染

真菌毒素是真菌在其所污染的食品中产生的有毒代谢产物，通常耐高温、无抗原性（机体对其不产生抗体）且毒作用特异。食品中真菌的大量生长繁殖与其产生的毒素可引起人畜中毒。真菌产毒的特点包括以下几点：产毒菌株只限于少数的产毒真菌，且产毒菌种中仅有一部分菌株产毒；同一产毒菌株的产毒能力可变；产毒菌株产生的真菌毒素不具有严格的专一性；产毒真菌产生毒素需要一定的条件，包括基质（食物）、水分、温湿度等。预防真菌及其毒素污染的措施主要包括食物防霉、去除毒素（挑选霉粒法、碾轧加工法、加水搓洗法、加碱去毒法等）、制定食品中的限量标准等。

20 世纪 60 年代英国发生的十万只火鸡突发性死亡事件，经研究证实为黄曲霉污染饲料产生的毒素引起的急性中毒导致。黄曲霉毒素（aflatoxin，AF）是黄曲霉和寄生曲霉产生的一类代谢产物。AF 是一类含二呋喃环和香豆素的结构类似的化合物，在紫外线下可发生荧光，根据荧光颜色、电泳分离特性及其结构分别命名为 B_1、B_2、G_1、G_2、M_1、M_2 等。AF 主要污染粮油及其制品，其中以玉米、花生、花生油最易受到污染，大米、小麦、面粉污染较轻，豆类一般很少受污染。AFB_1 污染最常见，AFM_1 主要污染乳制品。AF 耐热，在一般烹调加工温度下不被破坏，几乎不溶于水，能溶于氯仿、甲醇、乙醇多种有机溶剂。在我国长江流域及长江以南的地区 AF 污染较严重。

AF 是一种剧毒物质，具有很强的急性毒性，鸭雏和幼龄的鲑鱼对 AFB_1 最敏感。AF 也有明显的慢性毒性，对肝脏有特殊亲和性并有致癌作用。AFB_1 是目前公认的最强的化学致癌物质，动物实验中主要诱发肝癌，此外也可致肾癌、直肠癌及乳腺、卵巢、小肠等部位肿瘤。国际癌症中心（the International Agency for Research on Cancer，IARC）将 AFB_1 列为人类致癌物，主要靶器官为肝脏。

（三）食品的腐败变质

食品腐败变质是指食品在微生物为主的各种因素作用下，其原有物理性质和（或）化学性质发生变化，降低或失去其营养价值的过程。在食品腐败变质过程中起重要作用的微生物是细菌、酵母和真菌，但一般情况下细菌更占优势。食品腐败变质是在环境因素（温度、湿度、氧气、紫外线照射等）影响下，主要由微生物的作用引起，并由食品本身的组成和性质（营养成分、水分、食品中的酶、理化性质）决定腐败变质的特性。食品腐败变质是食品本身、环境因素和微生物三者相互影响、综合作用的结果。

日常生活中肉、鱼、禽、蛋的腐臭，粮食霉变，油脂的酸败等均属于食品的腐败变质。富含蛋白质的食品主要是以蛋白质分解为其腐败变质的特征，食物中的蛋白质在微生物蛋白酶和肽链内切酶等作用下，形成胺类、吲哚类、硫化氢等多种具有恶臭味的产物。食用油及含油脂高的食品易发生脂肪酸败，酸败程度受脂肪酸的饱和程度、紫外线、氧、水分多种因素的影响。在油脂酸败过程中，脂肪酸的分解可使其固有的碘价、凝固点、密度、折光率、皂化价等发生变化。碳水化合物的腐败变质过程是其长链经分解产生双糖、单糖、有机酸、醇、醛等一系列变化，最后分解成二氧化碳和水，感官变化主要是酸度升高，并带有甜味、醇类气味等。

腐败变质的食品一般营养价值严重降低，蛋白质、脂肪、碳水化合物，甚至维生素、无机盐等均有大量破坏和流失。食品腐败后的分解产物可对人体的健康直接产生不良影响，如某些鱼类腐败产物的组胺、酪胺等胺类可引起过敏反应；脂质过氧化分解产物刺激胃肠道而引起胃肠刺激等。蛋白质含量高的食品腐败后产生大量的胺类（如二甲胺）可进一步形成潜在致癌的亚硝胺类物质。腐败变质的食品中菌相复杂且菌量增多，增加了致病菌和产毒霉菌存在的机会，易造成肠源性疾病和食物中毒。

食品腐败变质的鉴定一般采用感官、物理、化学和微生物四个方面的指标。感官鉴定是指通过视觉、嗅觉、触觉、味觉等人的感觉器官对食品的组织状态和外在的卫生质量进行鉴定。食品的物理指标主要是根据蛋白质、脂肪分解时低分子物质增多的变化，可通过测定食品浸出物量、浸出液电导度、折光率、冰点等指标进行评价。化学指标的评价即可通过检测多种腐败性产物，如挥发性盐基总氮、胺类等作为判断食品腐败变质程度的依据。微生物的常用检测指标为菌落总数和大肠菌群。

二、化学性污染

食品的化学性污染主要包括农药、兽药残留；工业三废排放；食品容器及包装材料、生产器械及运输工具等接触食品时溶入食品中的有害物质；食品加工、储存过程中产生的有害物质；掺假、制假过程中加入非法添加物；滥用及违规使用食品添加剂等。

（一）农药和兽药残留

农药为用于防治危害农林作物及其产品的害虫、病菌、杂草、螨类、线虫、鼠类等和调节植物生长的化学物。按用途可分为杀虫剂、杀菌剂、杀螨剂、除草剂等；按化学组成及结构可分为有机氯类、有机磷类、氨基甲酸酯类、有机砷类、有机汞类等。食品表面及食品内残存的农药及其代谢产物、降解物或衍生物，统称为农药残留。食品中农药残留的来源包括以下几类。①施用农药导致的直接污染：污染程度主要与农药的性质、剂型及施用方法、施药浓度、频率、气象条件、农作物的特性等因素有关。②农作物从污染的土壤和（或）灌溉水中吸收农药。③通过食物链的生物富集作用污染食品。

兽药残留主要包括抗生素类（如磺胺类、呋喃类）、抗寄生虫类和激素类等。滥用药物、使用违禁或淘汰的药物、违规使用饲料添加剂等均可导致动物性食品中兽药残留超标。

使用农药和兽药可减少农作物因有害生物造成的损失、提高产量，控制畜禽类的疾病、促进生长，从而增加食物的供应。但农药/兽药残留可引起急性、慢性中毒，并可能有致突变、致畸、致癌作用，故为减少农药/兽药残留对人体健康的影响，须采取综合的管理控制措施，包括严格执行注册、生产许可和经营管理，执行农药/兽药施用/使用相关指南和规定，并制订相应的残留限量标准，及时调整农药/兽药允许使用的品种和限量规定，发展高效、低毒、低残留农药兽药，在加工烹调食物时采取一定的方法消除残留的农药/兽药等。WHO/FAO、国际食品法典委员会（CAC）等国际组织及各国都规定了食品中农药的最大残留限量（maximum residue limits，MRLs）。

（二）有害金属

通过食品污染进入人体的其中一些金属元素是人体必需的，但在过量摄入的情况下对人体可产生危害，有些金属元素在较低摄入量的情况下，亦可干扰人体正常生理功能，并产生明显的毒性作用，如铅、镉、汞等，将其称为有害金属。有害金属污染食品的途径主要包括以下几种：自然环境的高本底含量；农药的使用和工业三废排放通过食物链富集；食品加工、储存、运输和销售过程中的污染。故对食品中有毒金属的预防措施主要包括严格监管工业生产中的三废排放、严格控制有毒金属和有毒金属化合物的使用、控制食品生产加工过程有毒金属的污染、制订食品中有毒金属的允许限量标准并加强监督检验等。

食品中有害金属污染的毒作用特点主要包括以下几点。①存在形式与毒性有关：以有机形式存在的金属及水溶性较大的金属盐类通常毒性较大，如有机汞毒性大于无机汞，溶于水的氯化镉、硝酸镉的毒性较难溶于水的硫化镉、碳酸镉大。②毒作用与机体酶（如巯基酶等）活性有关。③一般蓄积性较强。④食物中某些营养素可影响有害金属的毒性，如蛋白质、含硫氨基酸可降低其毒性，铁可拮抗铅的毒性作用。此外，某些有毒金属元素间（如砷和镉、汞和铅）也可产生协同作用。

1. 汞　汞及其化合物被广泛应用于工农业生产和医药卫生行业，可通过工业三废排放等污染环境，进而污染食物。汞的存在形式不同，毒性亦不同，无机汞化物多引起急性中毒，有机汞多引起慢性中毒。汞是强蓄积性毒物，并可由食物链的生物富集作用而在鱼体内达到很高的含量，鱼贝类食品的甲基汞污染最为重要。甲基汞脂溶性较高，易于扩散并进入组织细胞中，主要蓄积于肾脏和肝脏，并通过血脑屏障进入脑组织，大脑及神经系统对甲基汞有特殊的亲和力。甲基汞可与体内含巯基的酶结合，破坏细胞的代谢和功能。慢性甲基汞中毒主要引起细胞变性、坏死，周围神经髓鞘脱失。中毒表现起初为疲乏、头晕、失眠，而后感觉异常，手指、足趾、口唇和舌等处麻木，严重者可出现共济失调、发抖、失明、听力丧失、精神紊乱。水俣病即是由于长期摄入被甲基汞污染的食物所导致的疾病。

2. 镉　广泛用于电镀、塑料、油漆等工业生产中，工业含镉三废的排放是环境和食物镉污染的重要来源；食品包装材料和容器所含的镉也可迁移至食品中。镉可通过食物链富集后在食物中可达到相当高的浓度。镉对体内巯基酶有较强的抑制作用，主要损害肾脏、骨骼和消化系统，特别是损害肾近曲小管上皮细胞，影响其重吸收功能，使体内呈负钙平衡而导致骨质疏松症。日本神通川流域的"痛痛病"就是由于镉污染造成的一种典型的公害病。摄入过多的镉还可引起高血压、动脉粥样硬化、贫血等，并影响锌的吸收利用。

3. 铅　非职业性接触人群体内的铅主要来自于食物。含铅农药的使用和废水废渣的排放是食品铅污染的重要来源；食品加工中使用含铅的食品添加剂或加工助剂、食品容器和包装材料中铅的迁移也可造成食品的铅污染。铅中毒主要损害造血系统、神经系统和肾脏，儿童对铅较成人更为敏感。慢性铅中毒表现为贫血、神经衰弱、神经炎和消化系统症状，如食欲缺乏、胃肠炎、口腔金属味、面色苍白、头晕、头痛、失眠、烦躁、肌肉关节疼痛、便秘、腹泻等，严重者可导致铅中毒性脑病。儿童铅暴露可影响其生长发育，导致智力低下。

（三）N-亚硝基化合物

　　N-亚硝基化合物包括 N-亚硝胺和 N-亚硝酰胺两大类，其前体物质硝酸盐、亚硝酸盐和胺类在生活环境中广泛存在，可在一定条件下通过化学和生物学途径合成 N-亚硝基化合物。酸性环境（胃液酸度 pH 为 1～3）适于亚硝基化合物的合成。N-亚硝基化合物是对动物有较强致癌作用的一类化学物，具有一定的致突变和致畸作用。目前尚缺乏 N-亚硝基化合物对人类直接致癌的资料，但许多国家和地区的流行病学调查研究表明，人类的某些癌症（如胃癌、食管癌、肝癌等）可能与 N-亚硝基化合物的摄入和体内合成有关。预防 N-亚硝基化合物的措施包括以下几点：①控制食物被微生物污染；②控制食品加工中硝酸盐或亚硝酸盐用量；③土地施用钼肥；④制订食品中亚硝酸盐允许添加量标准，并加强风险监测；⑤目前研究表明维生素 C、维生素 E 及黄酮类化合物有较强的阻断亚硝基化反应的作用。

（四）多环芳烃化合物

　　多环芳烃化合物（polycyclic aromatic hydrocarbons，PAHs）是一类具有较强致癌作用的有机化合物，包括萘、菲、蒽、芘等，其中以苯并(a)芘[benzo(a)pyrene，B(a)P]最为重要，对其研究也较充分。PAHs 主要由各种有机物如煤、柴油、汽油及香烟的不完全燃烧产生。由于食品种类、生产加工、烹调方法的差异及污染源的不同，食品中 B(a)P 的含量相差很大，含量较多者主要是烘烤和熏制食品。B(a)P 对小鼠和大鼠具有胚胎毒性、致畸和生殖毒性。B(a)P 具有致癌性，涉及的部位包括皮肤、肺、胃、乳腺等。流行病学研究表明，食品中 B(a)P 含量与胃癌等多种肿瘤的发生有一定关系。PAHs 的预防控制措施主要包括如下几点。

1. 控制污染 ①加强环境治理；②应改进熏制、烘烤食品及烘干粮食等加工过程，避免使食品直接接触炭火或烟；③避免在柏油路上晾晒粮食和油料种子；④生产加工过程中要防止机械润滑油污染食品。

2. 去毒 用吸附法可去除食品中的一部分 B(a)P。活性炭是从油脂中去除 B(a)P 的优良吸附剂。

3. 制订优先控制品种和食品中限量标准 目前美国和欧盟都均针对一部分化合物进行优先控制，我国 GB 2762—2012 食品中污染物限量没有针对 PAHs 的限量规定，只针对 B(a)P 提出了具体要求：谷物及其制品、肉及肉制品、水产动物及其制品均 BaP≤5.0μg/kg，油脂及其制品 B(a)P≤10.0μg/kg。

三、物理性污染

物理性污染物来源复杂，主要包括放射性污染物和外来杂物两类。食品的放射性污染主要来自放射性物质的开采、冶炼、生产及意外事故造成的污染，可分为天然放射性污染和人工放射性污染，一般天然放射性污染物占主要地位。食物中主要的天然辐射源有 ^{40}K、^{226}Ra、^{210}Po 等。大多数食品中都含有天然放射性本底，但由于各地的放射性本底值不同，动、植物对放射性物质的亲和力各异，故不同地区不同食品中的天然放射性本底值存在一定的差异。自然环境中的人工辐射源来自于医药、国防、能源等领域。环境中存在的人工放射性核素主要包括 ^{131}I、^{90}Sr 和 ^{89}Sr、^{137}Cs 等。食品中放射性核素对人体的生物学效应主要是低剂量长期内照射引起的随机性生物学效应，可表现为对免疫系统、生殖系统的损伤和致癌、致畸、致突变作用。

污染食品的外来杂物按来源分为来自食品生产储运过程中的杂物污染（如粮食收割时混入的泥土、液体食品容器池中的杂物、食品运输过程中的灰尘等）和食品的掺杂掺假污染物。近年来由于食品的掺杂掺假而引发的食品安全事件较多，如生肉注水，牛奶中加入米汤、牛尿、糖等。一般而言，食品中的杂物污染物可能并不直接造成健康危害，但可影响食品应有的感官性状和营养价值，降低食品质量。

第三节 食源性疾病

WHO 对食源性疾病（foodborne disease）的定义为"通过摄入食物进入人体的各种致病因子引起的、通常具有感染或中毒性质的一类疾病"；我国《食品安全法》对其定义为"食品中致病因素进入人体引起的感染性、中毒性等疾病"。食源性疾病包括传统的食物中毒，也包括经摄食而引起的肠道传染病、食源性寄生虫病、人畜共患传染病、食物过敏。广义上还包括由食物营养不平衡所造成的某些慢性非传染性疾病（如心脑血管疾病、糖尿病等）和由食物中有毒、有害物质引起的慢性中毒性疾病。保证食品安全无害是预防食源性疾病的关键。认真贯彻落实《食品安全法》及相关规定,从食品的种植/养殖、生产、销售、储存、运输、加工、烹调各环节进行全面的监管,在食品企业中推广实施危害分析与关键控制环节(HACCP)等管理模式,对消费者进行家庭食品安全制备的宣教,是防止与减少食源性疾病发生的主要措施。

每年上报的食源性疾病事件对于实际发生率来说只是冰山一角。据WHO推断,全球各地区食源性疾病的漏报率都相当高,可高达90%,发展中国家的漏报率在95%以上。我国从2000年起开始建立食源性疾病监测网,食源性疾病监测和报告系统已逐步覆盖全国。

一、食物中毒

食物中毒(food poisoning)是食源性疾病中最常见的一类。《食品安全法》对食物中毒的定义为:食用了被有毒有害物质污染的食品或者食用了含有毒有害物质的食品后出现的急性、亚急性疾病。含有有毒有害物质的食品即为中毒食品。食物中毒不包括因暴饮暴食而引起的急性胃肠炎、寄生虫病及经饮食肠道传染的疾病,也不包括因摄入某些有毒、有害物质而引起的以慢性毒作用为主要特征的疾病。具有以下几点特征方可归为食物中毒。①发病与食物相关,中毒患者在相近的时间内食用过同样的中毒食品,未食用者不发病,停止食用后一段时间发病停止。②潜伏期短,发病集中,常呈暴发性。发病曲线一般呈突然上升趋势,无传染病的发病余波。③临床表现相似,最常见的症状为急性胃肠炎症状,主要表现为恶心、呕吐、腹痛、腹泻等;人与人之间一般无直接传染。

食物中毒按致病因子可分为以下五类。

1. 细菌性食物中毒　食用被细菌和(或)细菌毒素污染的食品而引起的中毒。通常有明显的季节性,多发生于气候炎热的夏秋季,发病率较高但病死率较低。

2. 真菌(毒素)性食物中毒　食入被真菌和(或)真菌毒素污染的食品而引起的中毒。有一定的地区性和季节性。发病率较高,病死率因真菌毒素的种类不同而差异较大。

3. 有毒动物食物中毒　食用动物性中毒食品(将天然含有毒成分的动物或动物的某一部分当作食品或在一定条件下产生大量有毒成分的动物性食品)而引起的中毒。发病可有一定的季节性和地区性。

4. 有毒植物食物中毒　食用天然含有毒成分的植物、或在加工过程中未能破坏/除去有毒成分的植物性食品而引起的中毒。季节性、地区性比较明显,多散在发生。

5. 化学性食物中毒　包括因食入被有毒有害的化学物质污染的食品、加入伪造的或禁止使用的添加剂及超量违规使用食品添加剂的食品、被误认为是食品或食品添加剂而食用的化学物质、腐败变质或营养素发生化学变化的食品而引起的中毒。季节性、地区性不明显,病死率因中毒所导致的物质而异。

(一)细菌性食物中毒

细菌性食物中毒是指因摄入含有致病菌或其毒素的食物后发生的急性或亚急性疾病,是食物中毒中最常见的一类。在各类食物中毒中,细菌性食物中毒无论在发病例数还是发病人数上均居首位。我国发生的细菌性食物中毒以副溶血弧菌、沙门菌、变形杆菌和致病性大肠埃希菌食物中毒最为常见,其次为葡萄球菌、肉毒梭菌、志贺菌等食物中毒。大多数细菌性食物中毒病程短、恢复快、预后好、病死率低。细菌性食物中毒全年皆可发生,但绝大多数发生在炎热的5~10月。肉、鱼、蛋奶等动物性食品是引起细菌性食物中毒的主要食品。细菌型食物中毒发生的三个关键环节为：食物在生产、运输、储藏、销售、烹调等过程受到致病菌的污染；被污染的食物存放不当，致病菌大量繁殖或产生毒素；食品食用前未加热煮透或生熟交叉污染。

根据细菌性食物中毒的发病机制可分为感染型、毒素型和混合型三种。感染型是指致病菌污染食物后，在食物中大量繁殖，由摄入含有大量活菌的食物后而造成的中毒。某些革兰阴性致病菌进入机体后可被巨噬细胞吞噬，从而释放出内毒素，引起体温升高，如沙门菌食物中毒。毒素型食物中毒是因致病菌污染食品后，在食物中繁殖并产生肠毒素，因食用含肠毒素食物而引起急性胃肠炎为表现的中毒，如葡萄球菌（肠毒素）食物中毒。混合型食物中毒由毒素型和感染型综合作用所致，如副溶血弧菌食物中毒。

细菌性食物中毒的诊断包括临床诊断和病因诊断。根据膳食史、流行病学特点及中毒潜伏期和临床表现可做出临床诊断，病因诊断需要进行细菌学检验、血清学分型和毒素测定等。细胞性食物中毒的预防主要是以下三个关键环节：防止细菌污染食品；控制细菌在食品中的繁殖及产生毒素；食用前彻底加热以杀灭致病菌和破坏毒素。

1. 沙门菌食物中毒 沙门菌为革兰阴性菌，其食物中毒多见于夏秋两季。引起食物中毒的食品主要是动物性食品，尤其是畜肉类及其制品，其次为禽肉、蛋类、乳类及其制品等。

沙门菌食物中毒潜伏期一般为12~36h（最短4h、最长72h），主要症状为发热、恶心、呕吐、腹痛、腹泻等。按其临床特点可分为胃肠炎型、类霍乱型、类伤寒型、类感冒型、败血症型5种类型，以胃肠炎型最为常见。

病因诊断需要进行细菌学检验和血清学分型。治疗以支持对症处理为主，对重症者可考虑使用抗菌药物，并针对其症状分别采用镇静、升压或抗休克治疗等。

2. 葡萄球菌食物中毒 是因摄入被葡萄球菌产生的肠毒素污染的食物而引起。可产生肠毒素的葡萄球菌主要是金黄色葡萄球菌和表皮葡萄球菌。食物中葡萄球菌主要来源于带菌者对食物的污染、患化脓性乳腺炎的奶牛乳汁的污染、畜禽化脓性感染部位的葡萄球菌对其来源的食品的污染。中毒食品主要为乳类及其制品、蛋及蛋制品、各类熟肉制品，其次为含有乳制品的冷冻食品，含淀粉类食品也有个别报道。国内报道以乳类及其制品如奶油糕点、冰淇淋等最为常见。

葡萄球菌食物中毒潜伏期短，一般为2~4h（最短1h、最长6h）。主要症状为恶心和剧烈而频繁的呕吐，呕吐物中常有胆汁、黏液和血液，同时伴有上腹部剧烈疼痛，腹泻为水样便。体温一般正常，偶有低热。病程通常较短，1~2日即可恢复，预后一般良好。

病因诊断需要进行细菌培养、分离鉴定和肠毒素检验。治疗以补水和电解质等对症支持治疗为主，一般不用抗生素。

3. 副溶血性弧菌食物中毒 副溶血性弧菌是一种嗜盐性细菌，呈弧状或杆状，有鞭毛，为革兰阴性菌。副溶血性弧菌可使人或家兔的红细胞发生溶血，使血琼脂培养基上出现β溶血带，称为神奈川试验阳性。副溶血性弧菌食物中毒多发于沿海地区，引起中毒的食物主要是海产食品和盐渍食品，如海鱼、虾、蟹、咸肉及咸菜、凉拌菜等。潜伏期一般为6~10h（最短1h、长者可达24~48h）。主要临床症状为上腹部阵发性绞痛，继而腹泻（每日5~10次，多者可达20次），粪便为水样或糊状，约15%的患者可出现洗肉水样便，但少有里急后重感。中毒者多在腹泻后出现恶心、呕吐。体温略升高，病程一般为2~4日，恢复较快，预后良好。病因诊断需要进行细菌学检验和血清学鉴定。

4. 肉毒梭菌食物中毒　肉毒梭菌为革兰阳性厌氧芽孢杆菌，该菌可产生具有神经毒性的肉毒毒素而引发食物中毒。肉毒梭菌芽孢耐高温，干热180℃、5~15min方能杀死芽孢。肉毒梭菌食物中毒大多发生在3~5月，引起中毒的食品绝大多数为家庭自制的食盐浓度较低并经厌氧处理的加工食品或发酵食品，如臭豆腐、豆酱、豆豉等。食物中肉毒梭菌主要来源于带菌土壤、尘埃及粪便。肉毒梭菌食物中毒以对称性脑神经受损的运动神经麻痹为其特征，主要表现为眼部功能障碍和延髓麻痹，而胃肠症状少见，死亡率较高。治疗应尽早使用多价抗肉毒毒素血清，经及时治疗恢复后一般无后遗症。根据流行病学特点及特有的对称性脑神经受损的症状可做出临床诊断；病因诊断包括细菌学检验和肉毒毒素鉴定。肉毒毒素不耐热，故对可疑食物进行彻底加热是预防中毒发生的可靠措施。应注意预防婴儿肉毒毒素中毒：彻底清洗婴幼儿接触的物品、玩具等，避免各种异物（如泥土等）入口。

（二）真菌毒素食物中毒

真菌毒素是真菌产生的有毒代谢产物。人和动物一次性摄入含大量真菌毒素的食物会造成急性中毒，长期摄入含少量真菌毒素的食物可能导致慢性中毒（包括致癌、致畸和致突变等作用）。

1. 赤霉病麦中毒　镰刀菌主要侵染玉米、小麦类等谷物，可引起赤霉病，除造成严重的粮食作物减产外，可导致人畜中毒。镰刀菌包括禾谷镰刀菌、燕麦镰刀菌、木贼镰刀菌、串珠镰刀菌等，产生的毒素包括雪腐镰刀菌烯醇（nivalenol，NIV）、脱氧雪腐镰刀菌烯醇（deoxynivalenol，DON）和玉米赤霉烯酮（zearalenone）、伏马菌素（fumonisin）等。DON可引起呕吐，也称为呕吐毒素。镰刀菌毒素一般对热稳定，一般的烹调方法不能将其破坏。赤霉病多发生在多雨、气候潮湿的地区；世界范围均有发生，在我国以淮河和长江中下游一带最为严重。

赤霉病麦潜伏期一般为10~30min，也可长至2~4h，主要症状有恶心、呕吐、腹痛、腹泻、头晕、头痛、嗜睡、乏力，少数患者有畏寒、发热等。症状一般较轻，一日左右即好转，少数可持续一周左右，预后一般良好。个别重病例可表现为呼吸、脉搏、体温及血压波动，四肢酸软，步态不稳，呈醉酒样，故赤霉病麦中毒亦被称为"醉谷病"。一般患者无需治疗，对严重者除及时进行洗胃、导泻外，还应采用对症支持治疗。

2. 霉变甘蔗中毒　是因食用了保存不当而变质的甘蔗所引起的急性中毒。在我国主要发生于北方地区的初春季节，病情常较严重甚至危及生命。变质甘蔗闻之有霉味，瓤部外观色泽较正常深，质地较软。从霉变甘蔗中分离出的产毒真菌为甘蔗节菱孢霉。甘蔗节菱孢霉产生的毒素为3-硝基丙酸，其是一种神经毒素，主要损害中枢神经系统。

变质甘蔗中毒潜伏期短，最短仅十几分钟。中毒症状最初表现为一过性消化道功能紊乱、恶心、呕吐、腹痛、腹泻、黑便等，随后出现神经系统症状，如头晕、头痛和复视。重者可出现阵发性抽搐、四肢强直、屈曲内旋、手呈鸡爪状、眼球向上偏向凝视、瞳孔散大，继而进入昏迷。中毒者可死于呼吸衰竭，幸存者则多留下严重的神经系统后遗症。目前尚无特效治疗，在发生中毒后尽快洗胃、灌肠以排出毒物，并对症治疗。

（三）化学性食物中毒

化学性食物中毒一般发病急、潜伏期短，发病的季节性与地区性均不明显。常见的化学性食物中毒包括亚硝酸盐、有毒金属及其化合物、农药中毒等。

1. 亚硝酸盐中毒 亚硝酸盐进入血液后，可将血红蛋白中 Fe^{2+} 氧化为 Fe^{3+}，血红蛋白转变为高铁血红蛋白而失去携氧能力，引起组织缺氧。通常摄入 0.3～0.5g 即可引起中毒症状，1～3g 可致人死亡。食物中亚硝酸盐的来源主要包括以下几类：在加工咸肉、腊肠等食品时，为了使肉类具有良好的色泽及防腐的目的而加入亚硝酸盐；食用含大量硝酸盐、亚硝酸盐的蔬菜（如储存过久的蔬菜、腐烂的蔬菜、煮熟后放置过久的蔬菜及腌制不充分的咸菜等）；亚硝酸盐外观与食盐相似，易误食用；当胃肠道功能紊乱、肠道寄生虫病及胃酸浓度降低时，如同时食用大量含硝酸盐较高的食物，则肠道内的硝酸盐还原菌可迅速并大量地将硝酸盐还原为亚硝酸盐。

亚硝酸盐中毒发病急、潜伏期短，一般为 1～3h，中毒症状主要为口唇、指甲及全身皮肤出现青紫等组织缺氧表现（故也称为"肠源性青紫"），并出现头晕、头痛、心率加快、嗜睡、烦躁不安、呼吸急促等症状，严重者可出现昏迷、惊厥、大小便失禁，并可因呼吸衰竭而死亡。轻者一般不需治疗，重者首先要催吐、洗胃和导泻，并及时口服或注射特效解毒剂美兰（又称亚甲蓝），同时补充大剂量维生素 C 也可起到辅助治疗作用。

预防亚硝酸盐中毒应加强对亚硝酸盐的管理；肉类食品加工过程中亚硝酸盐添加量要严格执行国家标准；保持蔬菜新鲜；不饮用硝酸盐和亚硝酸盐含量高的井水。

2. 有机磷农药中毒 原因主要是农药未按规定施用（如在蔬果中违规喷洒剧高毒类农药或喷洒农药后未经安全间隔期即摘食）而导致食物中农药残留超标；通过食品容器、包装材料等而污染食品；误食或自杀等。

有机磷农药进入人体后能迅速与体内胆碱酯酶结合，形成磷酰化胆碱酯酶，使胆碱酯酶失活而失去水解乙酰胆碱的能力，导致乙酰胆碱蓄积，使胆碱能神经处于过度兴奋状态而出现中毒症状。中毒潜伏期一般在 2h 内，轻度中毒表现为头痛、头晕、恶心、呕吐、多汗、视物不清、瞳孔缩小，全血胆碱酯酶活性 50%～70%；中度中毒者还可出现肌肉震颤、轻度呼吸困难、血压升高、瞳孔明显缩小，全血胆碱酯酶活性 30%～50%；重度中毒者瞳孔缩小如针尖、呼吸极度困难、可出现惊厥、昏迷、肺水肿，全血胆碱酯酶活性<30%。某些有机磷农药还具有迟发型神经毒性，在急性中毒后 2～3 周产生神经系统损伤症状。

急救应使用催吐和反复洗胃等方法迅速排出毒物，并使用特效解毒药，轻度中毒者可单独使用抗胆碱药（阿托品），中度和重度中毒者需同时使用胆碱酯酶复能剂（如解磷定、氯解磷定等），同时对症治疗。加强农药管理，农药使用时必须遵守相关标准及规范。农药存放与食物分开，并防止保存及运输等环节农药对食品的污染。

（四）有毒动植物食物中毒

有毒动植物中毒指由于某些动植物本身含有天然有毒有害成分，或由于储存条件不当形成有毒有害物质，被食用后所引起的中毒，病死率常较高。

1. 河鲀中毒 河鲀味道鲜美，但含有剧毒。引起河鲀中毒的物质为河鲀毒素（tetrodotoxin，TTX）。TTX 是一种神经毒素，存在于除鱼肌肉外的所有组织中。TTX 微溶于水，易溶于稀乙酸，对热稳定，煮沸、日晒、盐腌均不能将其破坏。河豚中毒常发生在沿海地区，春季多发。发病急，潜伏期一般仅 10min 至 3h。发病初手指、口唇和舌有刺痛感，然后出现恶心、呕吐、腹泻等症状，同时伴有四肢无力、口唇、指尖和肢端知觉麻痹，并有眩晕感，重者瞳孔及角膜反射消失、四肢肌肉麻痹，以致共济失调，甚至全身麻痹、瘫痪，血压和体温下降，常因呼吸麻痹、循环衰竭而死亡。死亡通常发生在发病后 4~6h 以内。由于 TTX 在体内排泄较快，中毒后若超过 8h 未死亡者，一般可恢复。河鲀毒素中毒尚无特效解毒药，治疗以排出毒素和对症处理为主。应对消费者加强宣传教育，不擅自食用沿海地区捕捞或捡拾的不知名或未吃过的鱼；水产部门必须严格执行规定，严禁出售鲜河鲀；加工干制品必须严格按规定操作程序操作。

2. 毒蕈中毒 蕈类常称为蘑菇，属于真菌类植物。毒蕈与可食用蕈不易区别，常因误食而中毒。不同类型的毒蕈含有不同的毒素，也有部分毒蕈同时含有多种毒素。毒蕈中毒常发生于春夏两季，因雷雨后蕈类迅速生长，常由于不认识毒蕈而采摘食用，引起中毒，我国西南地区发生较多。

毒蕈中毒可分为以下五型，可根据其症状和毒素情况采取不同的治疗方案。

（1）胃肠型：主要由黑伞蕈属和乳菇属的某些毒蕈引起。主要表现为急性胃肠炎症状，潜伏期较短（0.5~6h）。适当对症处理可迅速恢复，一般病程 2~3 日。

（2）神经/精神型：常见者如毒蝇伞、豹斑毒伞、丝盖伞、裸盖菇、花褶伞、橘黄裸伞等可引起此型中毒。潜伏期 1~6h，临床症状除有轻度胃肠反应外，主要表现为明显的副交感神经兴奋症状，如流泪、大量出汗等，还可出现幻觉、紧张、焦虑、狂躁等精神症状。阿托品类药物及时治疗可缓解症状，一般病程短，无后遗症。

（3）溶血型：主要由鹿花蕈所含的鹿花蕈素引起。潜伏期 6~12h，主要表现为恶心、呕吐、腹痛、腹泻，伴有溶血性黄疸，出现贫血、肝脾肿大等。可用肾上腺皮质激素治疗，大多患者可恢复，重症患者可能死亡。

（4）肝肾损害型：此型中毒最严重，病死率较高。主要由毒伞、白毒伞、鳞柄白毒伞、秋生盔孢伞蕈和褐鳞小伞中的毒肽类和毒伞肽类毒素引起。临床表现可分为六期：潜伏期、胃肠炎期、假愈期、内脏损害期、精神症状期、恢复期。可用二巯基丙磺酸钠治疗。

（5）类光过敏型：误食后可出现类似日光性皮炎的症状。

预防毒蕈中毒应对民众加强宣传教育，不要采摘和食用不认识的蘑菇。关于毒蕈与食用蕈的鉴别，目前尚缺乏简单可靠的方法，一般认为毒蕈有如下一些特征（仅作参考）：形态特殊，颜色奇异鲜艳，蕈盖有斑点、疣点，损伤后流浆、发黏，蕈柄上有蕈环、蕈托，气味恶劣，不长蛆，不生虫，破碎后易变色。

（五）食物中毒调查处理

食物中毒的调查处理，应按《中华人民共和国食品安全法》《中华人民共和国突发事件应对法》《国家食品安全事故应急预案》等的要求进行。

各级卫生行政部门应根据卫生监督、疾病预防控制、食品药品监督管理部门和医疗机构等各自的工作领域，建立协调机制，充分发挥其职能，做好食物中毒调查处理的经常性准备。

发生食物中毒或疑似食物中毒事故时，医疗机构发现其接收的患者属于食物中毒患者或疑似食物中毒患者时，应当及时按照有关规定进行食物中毒病例的报告。卫生行政部门和技术支撑部门应依法进行逐级上报，并及时组织和开展对患者的紧急抢救、卫生学/流行病学调查和对可疑食品及中毒现场的控制、处理等工作，同时注意收集与食物中毒事故有关证据。

二、食物过敏

食物过敏又称食物变态反应,一般是指个体在摄入某一种食物后,由机体免疫调节所引发的不良反应。过敏原是食物中所含有的抗原类物质,食物过敏特异性很强,同一抗原对不同个体所产生的不同后果。食物过敏在所有年龄组的人群中都会出现,但儿童期初次接触某种食物发病率较成人高。在过敏反应中,过敏原或变应原多为分子质量在 18 000~36 000Da 之间的糖蛋白,如鸡蛋清中的类卵黏蛋白是致敏成分。转基因食品中来自食品的基因和新的基因结合体(多为新的蛋白质)可能会在一些人体引发过敏反应,故需要进行致敏性评价。

不同食物的致敏性不同,同类食物往往具有类似的过敏反应,尤以植物性食物更为明显,如对花生过敏的人常对其他豆科食物有不同程度的过敏。各国家、各地区的人群致敏的食物也不尽相同,如欧美人群对巧克力、麦麸、芹菜等过敏的较多,在我国则极少见到。

食物过敏所诱发的症状有多种,其中消化系统症状是最常见的,其次是皮肤和呼吸道系统的症状,而呼吸道症状多是伴随其他症状一同出现的。食物过敏也可能诱发系统性过敏反应,其症状表现为恶心、腹痛、腹泻、发绀、血压降低、血管性水肿、不及时抢救引起休克甚至死亡。

食物过敏根据发病距进食时间长短,可分为速发型和缓发型两类。速发型过敏反应一般在进食后半小时内即发病,症状明显剧烈。由于进食后迅速发病,过敏原较易明确,患者自己也常能识别。缓发型则于进食后数小时至数日才发病,引起的症状常不典型,如腹泻、食欲缺乏、慢性头痛、皮疹、紫癜、关节痛等。在日常的食物过敏中缓发型较速发型为多,但因发病距进食时间较长,过敏原难于明确。食物过敏按过敏机制共分为 4 型,Ⅰ型是指 IgE 引发的直接过敏反应,Ⅱ型是补体引发的细胞损伤,Ⅲ型是抗原-抗体复合反应,Ⅳ型为细胞依赖型迟缓性过敏反应。

食物过敏通常通过以下几点来确诊:①病史:询问病史,根据饮食及生活习惯,寻找可疑的致敏食物,同时询问家族过敏史。②划痕或皮试:将可疑致过敏食物浸液稀释做划痕或皮内试验,即由食物提取液进行的皮肤试验以检测皮肤柱状细胞是否产生抗原特异性 IgE 抗体;阴性的皮肤划痕试验对排除 IgE 介导的食物过敏较有意义。③膳食记录:令患者记录每日每餐饮食,观察过敏症状的发生和表现。④排除膳食或激发试验:用加入怀疑过敏的膳食或使用非致敏膳食,观察是否激发同样的过敏症状。

食物过敏的处理:食物过敏发作时应采用抗组胺药物或激素进行对症处理,目前推荐的饮食防治方法主要包括以下几点。

(1)避免疗法:完全不食用致敏食物是最为有效的方法。如营养上确无需要,当明确过敏原之后,可完全停止食用该种食物。停止食用一段时间后(3~4 年)可进行试食,如不再出现过敏症状,可继续食用该种食品。因此避免疗法也可看作一种脱敏疗法。

(2)食物加工处理:一些生鲜瓜果引起的过敏,如生食桃、番茄等过敏,可以将瓜果煮熟,试用熟食。如对某些动物性食品过敏者,可先用相应的酶如糜蛋白酶、胰蛋白酶、胃蛋白酶等对食物进行处理后再食用。

(3)口服脱敏疗法:对于营养价值较高的而又需常食用的食品,可采用口服脱敏疗法。微量食用,如无症状发生,则逐步增加食用量,频率以不引起过敏症状为原则。

食物不耐受是由机体酶缺乏、疾病状态、代谢异常、食物中的不耐受因子所引发的机体的不良反应,与食物过敏不同,发病与免疫机制无关,其发生比食物过敏更常见,如乳糖酶缺乏引起乳糖(牛奶)不耐受,葡萄糖-6-磷酸水解酶缺乏引起蚕豆不耐受,胆囊纤维化、胆道疾病等患者对高脂肪食物不耐受,苯丙酮尿症患者不耐受含苯丙氨酸的食物等。

第四节 食品安全监管及保障
一、国外食品安全监管体系简介

(一)美国

美国自1938年即开始实施联邦食品药品化妆品法(federal food, drug, and cosmetic act, FFDCA),以此法为基础对食品安全开展监管,经过多次修订已成为美国关于食品安全监管的基本法。随后颁布的涉及食品安全的相关法律包括联邦肉品检查法、禽类产品检查法、食品质量保护法、公共卫生服务法等。

美国的食品安全监管分为联邦监管和各州监管。联邦负责食品安全管理的具体部门采取品种监管的原则,从上至下垂直管理,不同的部门监管不同种类的食品,分工明确。卫生与人类服务部下属的食品药品监督管理局(Food and Drug Administration, FDA)负责除肉、禽、蛋以外所有食品的管理。农业部下属的食品安全监督检疫局(Food Safety and Inspection Service, FSIS)负责肉、禽、蛋类的管理;环境保护局(Environmental Protection Agency, EPA)负责饮用水、新农药及垃圾等的安全管理,并负责制订农药、环境中化学污染物的残留限量和相关法规;商业部下属的国家海洋渔业署负责水产品检查等。

除以上监管和技术机构外,尚有其他技术支撑机构协助食品安全相关工作,如国家疾病控制中心(CDC)负责食源性疾病的监测与调查控制,国家卫生研究所(NIH)从事食品安全相关研究,美国农业部研究、教育和服务所负责对农民和消费者实施食品安全教育计划等。

(二)欧盟

欧盟对食品安全的监管实行集中管理模式,即由独立的机构对食品安全问题进行统一监管。食品安全的决策部门与管理部门、风险评估部门相分离:立法决策机构是欧洲理事会及欧盟委员会,负责食品安全有关法规及政策的制定;管理主要由欧盟健康与消费者保护总署及其下属的食品与兽医办公室(Food and Veterinary Office, FVO)负责;食品安全风险评估则主要由欧洲食品安全局(European Food Safety Authority, EFSA)负责。

2000年发布的"食品安全白皮书"是欧盟目前食品政策的基础,它提出食品安全管理应当是从农田到餐桌的综合管理,2002年欧盟成立了EFSA,其主要任务是独立进行食品安全风险评估并提供给欧盟委员会及各成员国相关科学建议。欧盟的法律体系分为法规(regulation)和法令(directive)两类,法令被各成员国采纳后在采纳国内有效,而法规则直接有效。2002年颁布的178号法规[Regulation(EC)No. 178/2002]明确了食品和食品安全的通用定义,以及欧盟食品安全总的指导原则和方针。178号法规制订食品法规的原则和要求,如应以保护消费者健康为目标、有利于食品的自由贸易、充分引入风险评估原则、保证法律的透明度等。

除了欧盟层面的监管机构外,各成员国也设有本国的食品安全监管机构,如德国设有消费者保护、食品和农业部对全国的食品安全统一监管,并下设联邦风险评估研究所和联邦消费者保护与食品安全局两个机构分别负责风险评估和风险管理；英国成立了独立的食品标准局行使食品安全监管职能；丹麦设有食品和农业渔业部负责全国的食品安全监管等。

食品与饲料的快速预警系统（rapid alert system of food and feed，RASFF）是一个连接欧盟委员会、欧洲食品安全管理局及各成员国食品与饲料安全主管机构的网络。该系统要求各成员国将本国可能对人体健康产生直接或间接危害的食品与饲料的信息通报给欧盟快速预警系统。通过 RASFF 平台，欧洲食品安全当局及时发布食品和饲料中发现的风险信息，以便迅速有效协调地发现的健康风险。

（三）日本

日本与食品安全有关的法律包括《食品安全基本法》《食品卫生法》《禽类屠宰监督管理法》《健康促进法》《农林物质标准化及质量规格管理法》《食品与农业-农村基本法》等。2003 年颁布的《食品安全基本法》确定了食品安全监管的基本理念与原则，指出保护国民健康是首要任务，应从食品生产、供给到消费的全部过程都要进行监控，并强调食品安全管理应当建立在科学和充分风险交流的基础上。具体负责日本食品安全的监管部门主要有食品安全监管委员会、厚生劳动省、农林水产省。日本厚生劳动省、农林水产省分别依据《食品卫生法》和《农林物质标准化及质量规格管理法》《食品与农业-农村基本法》开展食品安全管理。在整个管理体系中，厚生劳动省负责食品安全风险管理，农林水产省负责农林水产品的管理，食品安全委员会作为独立的技术机构负责开展风险评估并向管理部门提供风险管理建议，与社会各界开展风险交流。

二、中国食品安全监管体系现状

我国的食品安全监督管理体系是依据《食品安全法》（2009、2015）构建的，是目前我国进行食品安全监督管理必要的基本体制和框架。

在国家层面，国务院设立食品安全委员会，其工作职责由国务院规定。依照《食品安全法》和国务院规定的职责，国务院食品药品监督管理部门承担食品安全综合协调职责，负责对食品生产经营活动实施监督管理，食品安全委员会办公室设立在国家食品药品监管总局；国务院卫生行政部门负责食品安全风险评估、食品安全标准制订；国务院质量监督检验检疫部门负责对食品相关产品生产和食品进出口活动实施监督管理；国务院公安部门负责组织食品安全犯罪案件侦查工作；国务院其他与食品安全工作相关的部门依法履行相应职责。《食品安全法》规定了国家建立食品安全风险分类分级监督管理制度；食品安全监督管理部门根据食品安全风险程度确定监督管理的重点、方式和频次等。

在地方层面，县级以上地方人民政府统一负责、领导、组织、协调本行政区域的食品安全监督管理工作，按规定确定本级食品药品监督管理、质量监督检验检疫、农业行政、卫生行政部门的食品安全监督管理职责。有关部门在各自职责范围内负责本行政区域的食品安全监督管理工作。

铁路、航空运营中食品安全的管理办法由国务院食品药品监督管理部门与国务院有关部门依照《食品安全法》制定。粮食收购、储存和政策性粮食加工、销售等环节的食品安全监督管理由国家粮食行政管理部门参照《食品安全法》执行。军队专用食品和自供食品的食品安全管理办法由中央军事委员会依照《食品安全法》制定。

三、食品安全保障措施

（一）食品安全法律法规体系

食品安全法律法规体系是指以法律或政令形式颁布的、对社会各界均具有约束力和执行力的权威性规定体系，是由中央和地方政府相关机构颁布的现行法律规范有机联系而构成的统一整体，即食品安全法律、食品安全法规、食品安全规章、食品安全标准及其他规范性文件。

1. 食品安全法律 目前我国的食品安全相关法律主要包括《中华人民共和国食品安全法》(2015)、《中华人民共和国农产品质量安全法》(2006)等。

《中华人民共和国食品安全法》在我国食品安全法律法规体系中最为重要，1995年正式颁布了《中华人民共和国食品卫生法》，2009年6月1日起实施的《中华人民共和国食品安全法》，标志着已从传统的"食品卫生"发展到全面的"食品安全"，我国的食品安全监督管理工作进入了一个新的发展时期。2015年10月1日，我国实施了修订版的《食品安全法》，其包括总则、食品安全风险监测和评估、食品安全标准、食品生产经营、食品检验、食品进出口、食品安全事故处置、监督管理、法律责任、附则共十章154条。

2. 食品安全法规 法律效力低于食品安全法律，高于食品安全规章。食品安全法规包括由国务院制定的行政法规及由地方人民代表大会及其常务委员会制订的地方法规，前者如《中华人民共和国食品安全法实施条例》(2009)、《乳品质量安全监督管理条例》(2008)、《突发公共卫生事件应急条例》(2003年颁布、2011年修订)、《农业转基因生物安全管理条例》(2001)等；后者如《上海市清真食品管理条例》(2000)等。

3. 食品安全规章 包括由国务院各部门制定的规定、办法、实施细则、规则等规范文件，如国家卫生与计划生育委员会制定的《新食品原料安全性审查管理办法》(2013)、《食品安全地方标准管理办法》(2011)，农业部的《饲料添加剂安全使用规范》(2009)等，以及指省、自治区、直辖市、省会城市等人民政府根据法律和行政法规，制订的适用于本地区行政管理工作的规定、办法、实施细则、规则等规范性文件，如《上海市集体用餐配送监督管理办法》(2005)、《江苏省食品安全信息公开暂行办法》(2011)等。

食品安全规章的法律效力低于食品安全法律和食品安全法规，是食品安全法律体系的重要组成部分。人民法院在审理食品安全行政诉讼案件过程中，规章可起到参照作用。

4. 食品安全标准 不同于食品安全法律、法规和规章，其性质属于技术规范，是食品法律体系中不可缺少的部分。《食品安全法》规定"食品安全标准是强制执行的标准"。食品安全标准是指对食品中具有与人类健康相关的质量要素和技术要求及其检验方法、评价程序等所做的规定而形成的特殊形式的文件，经与有关各部门及行业协会进行协商和严格的技术审查后，由国务院卫生行政部门或省级卫生行政部门发布，作为共同遵守的准则和依据。食品安全标准的主要技术指标可能包括严重危害人类健康的指标、反映食品可能被污染及污染程度的指标、间接反映食品安全质量发生变化的指标、与食品安全相关的营养指标及商品质量指标。

国家卫生行政部门已发布《食品安全地方标准制定及备案指南》，规范食品安全地方标准备案工作，明确食品安全地方标准工作相关环节的具体操作程序和工作内容，提出食品安全地方标准应当在贯彻食品安全国家标准的基础上，补充和完善具有地方特色的食品产品和工艺要求、国家标准未覆盖的检验方法与规程及促进地方食品安全监管的生产加工过程要求。

在我国的标准体系中，《食品安全企业标准备案办法》规定，以下两种情况需要备案：没有食品安全国家标准或者地方标准的企业标准；严于食品安全国家标准或者地方标准的企业标准。

5. 其他规范性文件 是既不属食品安全法律、法规和规章，也不属于食品安全标准的规范性文件，如省、自治区、直辖市人民政府卫生行政部门制订的食品安全相关管理办法、规定等。

（二）食品安全技术支撑体系

1. 食品安全风险评估 《食品安全法》规定，国家建立食品安全风险评估制度，对食品、食品添加剂、食品相关产品中生物性、化学性和物理性危害进行风险评估。国务院卫生行政部门负责组织食品安全风险评估工作，成立由医学、农业、粮食、食品、营养等方面的专家组成的食品安全风险评估专家委员会进行食品安全风险评估。

食品安全风险分析（food safety risk analysis）是目前国际上处理食品安全事件的重要原则，其主要包括风险管理（risk management）、风险评估（risk assessment）、和风险交流（risk communication）三个相互交叉融合的环节。其中风险评估环节包括危害识别（hazard identification）、危害特征描述（hazard characterization）、暴露评估（exposure assessment）、风险特征描述（risk characterization）等步骤和内容。食品安全风险评估应当运用科学方法，根据食品安全风险监测信息、科学数据及其他有关信息进行，其评估结果是制定、修订食品安全标准和对食品安全实施监督管理的科学依据，是科学解读食品安全事件、风险交流工作的重要信息来源。同时在风险评估的过程和结果解读中还可提示风险预警。我国食品安全监督管理部门可根据食品安全风险程度确定监督管理的重点、方式和频次等。系统的开展食品安全风险评估可为在WTO框架协议下开展国际食品贸易、解决贸易争端提供科学支撑。

2. 食品安全分析检测 食品中有害因素的分析检测是食品安全技术支撑的关键问题。食品中农药、兽药、抗生素及重金属残留的检测一直备受关注，近年的食品安全事件大多与这些化学品的滥用引起其在食品中的残留超标有关。非法加入化学品或非食用添加剂，包括普通食品中添加非食用色素、三聚氰胺、瘦肉精，以及在功能食品中添加化学药品等现象在我国特别突出。新型农药、兽药和抗生素等化学品不断更新换代，而有关检测方法的研究始终相对滞后。故食品安全理化检测顺应时代的发展尤为重要，针对不同基质食品中农药、兽药、抗生素的多残留分析检测方法，新型样品处理技术，结合最新的仪器分析方法提高分析灵敏度、准确度和特异性，研究重金属及其形态分析方法，食品鉴伪技术和食品违禁成分检测方法研发等，将为食品安全和质量的评价提供有力的技术支撑。就生物性污染而言，传统的菌落培养计数等监测方法费时、低效，不能满足日常监测的需要，目前针对食源性疾病生物因子的快速监测技术开展了大量的研究，快速培养技术、显色培养基、生物芯片技术等被逐渐应用于食源性疾病生物因子的监测。通过对新技术的开发应用与现有技术的联合使用等，发展高效的检测标准，将进一步降低食源性疾病的漏报率，增强食源性疾病生物因子的监测力度。

3. 食品安全毒理学评价 毒理学评价是风险评估的重要组成部分。随着食品工业的发展，食品种类和制作工艺技术日益丰富，食品添加剂、保健食品、新资源食品、食品包装材料和容器等的不断涌现所可能带来新的食品安全性问题，对这些食品及食品污染物进行科学的安全性评价一直是各国政府及科学界努力的目标。食品安全性毒理学评价主要提供危害识别与危害特征描述的数据，是通过动物试验和对人群的观察，阐明待评估物质的毒性及潜在的健康危害。安全性毒理学评价需按一定的程序进行，且需要在此在动物毒性试验和体外毒性试验等的基础上，根据该物质的毒作用模式、剂量-反应关系及人群实际接触情况，进行综合分析，并进行不确定性分析。在食品安全性毒理学评价中，应当考虑到的问题包括试验指标的统计学意义、生物学意义和毒理学意义；人的推荐摄入量较大的受试物；特殊人群和易感人群；人群资料等。随着新的毒理检测方法和手段不断出现及新的食品安全性问题，均要求安全性评价范围的相应的拓展。

4. 食品生产加工中的管理体系 企业的自身管理体系包括危害分析关键控制点（hazard analysis and critical control point，HACCP）体系、良好生产规范（good manufacture practice，GMP）和卫生标准操作程序（sanitation standard operating procedure，SSOP）体系及（国际标准化组织产品质量认证 ISO 9000）体系等。HACCP 体系是一个预防性的注重过程的食品安全监控系统，是对可能发生在食品生产加工过程中的食品安全潜在危害进行识别和评估，进而采取调控措施的一种预防性控制体系；HACCP 体系可最大程度的减轻食品安全潜在风险的发生，并避免了仅依靠最终产品监管进行质控所产生的问题。GMP 体系属于一般性的食品质量保证体系，它规定了食品生产加工过程的各个环节实行全面质量控制的具体技术要求及为保证产品质量所必须采取的监控措施。GMP 体系强调食品生产过程（包括生产环境）和储运过程的品质控制。SSOP 是为实现 GMP 目标必须遵守的基本卫生条件。原则上有效实施 HACCP 的前提是完善的 GMP 体系的建立。ISO 9000 体系是国际标准化组织（ISO）提出的质量管理与保证体系，它规定了质量体系中各个环节的标准化实施规程和合格评定实施规程；ISO 9000 提出的基本原则与方法具有普遍的指导性，适用于各种行业的质量管理和品质保证。

（三）食品安全风险监测和安全预警系统

1. 食品安全风险监测 即对食源性疾病、食品污染及食品中的有害因素进行监测。《食品安全法》规定，国家建立食品安全风险监测制度，对食源性疾病、食品污染及食品中的有害因素进行监测。国务院卫生行政部门会同国务院食品药品监督管理等部门制订、实施国家食品安全风险监测计划。

食品安全风险监测的目的是掌握食品中已知主要污染物及有害因素的分布、污染水平和趋势，确定其可能来源，及时发现系统性食品安全风险，有效降低食源性疾病的发生，为开展食品安全风险评估、食品安全标准制定/修订和采取相关的监管措施提供基础数据；其结果对于及时掌握食品安全动态，及时进行风险预警，开展针对性的食品安全监管有重要意义。

我国在 20 世纪 80 年代就加入了由世界卫生组织（WHO）、联合国粮农组织（FAO）与联合国环境规划署（UNEP）共同成立的全球污染物监测规划/食品项目（Global Environmental Monitoring System/Food，GEMS/Food），并于 2000 年正式启动全国食品污染物监测网工作。2009 年以来，在原有食品化学污染物监测网的基础上进一步发展为全国食品安全风险监测——化学污染物和有害因素监测网，监测所覆盖的区域扩大为全国 32 个省、直辖市和自治区，监测的食品类别和污染物项目也不断增加，并建立异常病例/异常健康事件报告机制，加强对聚集性食源性疾病识别和报告的研究，整合技术资源已形成具备全面的监测体系，集中毒个案网络报告、逐级审核、食品中重要病原菌主动监测、微生物病原溯源、预警等为一体；食品中化学污染物监测、应急监测、高风险物质定期抽检监等，为提高我国食源性疾病监控整体水平搭建了技术平台。

2. 食品安全预警与应急处置　《食品安全法》规定，国家建立食品安全事故应急处置制度。按照分类管理、分级负责、条块结合、属地为主的原则，建立食品安全应急管理体系和运行机制。县级以上地方人民政府应当制订本行政区域的食品安全事故应急预案，并加强食品安全应急能力建设，建立应急处置队伍，配备设施设备，组织开展食品安全事故应急演练。食品生产经营企业应当制订食品安全事故处置方案，定期检查本企业各项食品安全防范措施的落实情况，及时消除食品安全事故隐患。并鼓励食品生产经营企业开展食品安全事故应急演练。基于食品安全风险监测的结果，我国正逐步建立基于食品安全风险的先期介入、早期干预和快速响应机制，从监测、评估、预警与处置方面全面完善我国食品安全应对体系。

标签识别制度、召回制度可从不同方面对食品安全的监督管理起到积极作用。国家食品药品监督管理局于 2015 年发布了《食品召回管理办法》，在《食品安全法》的指导下进行问题食品的召回等。《农产品质量安全法》与《食品安全法》均强调了食品追溯的重要性，国家质检总局出台《出境水产品溯源规程（试行）》，中国物品编码中心相继编制了《牛肉质量跟踪与溯源系统实用方案》、《水果、蔬菜跟踪与追溯指南》等规范化应用指南。我国食品尤其是农产品追溯链尚处于建立和完善的过程中；一些出口农产品已实现农田到餐桌的全程信息可追溯。

第五节　食品保存、制作与营养保障

营养保障，WHO 对其的定义是确保数量充足又有营养价值的食品供应，既强调所有年龄的人群的食品营养质量的重要性。营养质量与食品安全息息相关，"食品安全是底线，食品营养是根本"。WHO 将 2015 年世界卫生日的主题定为"食品安全"，旨在敦促各国政府和全社会共同行动，采取措施，提高从农田到餐桌的食品安全。食物必须营养且安全，食品安全和食物营养联系紧密，特别是在食品供应无保障的地方，人们往往会忽略卫生、安全和营养问题，而转向营养不太高的饮食，消费更"不安全"的食品。不安全的食物，可能本身来源不佳或未经过充分的食物加工或处理，也可能是在加工和处理的过程中引入了不安全因素，可能会增加腹泻等食源性疾病发生的风险，这些疾病状况一方面导致食物的营养价值无法被吸收；另一方面在本身营养状况不良的人群中还可能导致更严重的疾病发生。即营养不良可能导致免疫系统耐受能力下降更易受病原体感染，而食源性疾病的相关症状会进一步降低营养状况，食源性疾病常与营养不良形成恶性循环。营养改善/保障的相关政策和干预手段必须系统的纳入食品安全相关措施。

WHO 食品安全五要点（WHO's five keys to safer food）基本适用于全球各种文化和群体，但各国和地方政府需要根据本国/本地的具体情况，对信息进行再加工后对公众进行宣教及传播。

（1）保持清洁：接触食品前，准备食品期间及便后要洗手；清洗和消毒用于准备食品的所有场所和设备；避免虫、鼠等其他动物进入厨房和接近食物。

（2）生熟分开：生的肉、禽和海产食品要与其他食物分开；处理生的食物要有专用的设备和用具，如刀具和切肉板；使用器皿储存食物以避免生熟食物互相接触。

（3）做熟：食物要彻底做熟，尤其是肉、禽、蛋和海产食品；汤、煲等食物要煮开以确保达到 70℃；肉类和禽类的汁水要变清，而不能是淡红色的，最好使用温度计；熟食再次加热要彻底。

（4）保持食物的安全温度：熟食在室温下不得存放 2h 以上；所有熟食和易腐烂的食物应及时冷藏（最好在 5℃以下）；熟食在食用前应保持温度（60℃以上）；即使在冰箱中也不能过久储存食物；冷冻食物不要在室温下化冻。

（5）使用安全的水和原材料：使用安全的水或进行处理以保安全；挑选新鲜和有益健康的食物；选择经过安全加工的食品，如经过低热消毒的牛奶；水果和蔬菜要洗干净，尤其如果要生食；不吃超过保存期的食物。

一、食品保存

1. 常温保存对食物中营养素的影响　大多数食品在常温下保藏，营养素会逐渐损失。粮谷类应在通风干燥的环境下储存，营养素损失、霉菌生长等不利影响随粮食含水量增加而加剧。蔬菜、水果在常温下储存，维生素C较迅速地被氧化损失。牲畜屠宰后发生一系列变化，畜肉会经过僵直、后熟、自溶和腐败四个阶段。成熟后的肉感官风味、生物利用率等都得到提高，但如继续在常温下储存，肉会进一步腐败变质、营养价值降低、并生成有毒有害的小分子物质。

2. 蔬菜、水果的低温保存　植物组织受到机械损伤（压、碰、擦伤）和虫咬及受微生物感染后都可刺激其呼吸强度增高，损伤处糖、蛋白质、维生素营养物质会加速流失，且会刺激微生物的生长，故受伤严重的蔬菜和水果易发热和腐烂。故在储藏时应注意保持蔬菜和水果的结构完整性。保存温度对蔬菜的营养价值影响较大，尤其是维生素C的含量，温度和湿度也对其损失有影响。热带和亚热带水果对低温的耐受性较差，近年来速冻蔬菜市场占有额较大，实际上大多数蔬菜在冷冻前进行漂烫预处理，此过程中维生素和矿物质会丢失，且在预冻、冷冻及解冻过程中水溶性维生素将进一步丢失。

3. 肉类的冷冻保存　肉类和鱼类食品的储藏应在-18℃以下，且时间不宜过长，时间过长或温度过高都可能导致蛋白质的分解、脂肪的氧化及B族维生素的损失。越是细切的肉类，储藏期越短。动物性食品冷冻速度越快，形成的水结晶越小，挤压作用越小，蛋白质变性也越小。在化冻时会流失较多维生素和矿物质。故一般提倡快冻缓融。

4. 奶类的保存　酸奶和牛奶均是维生素B_2的良好来源，但维生素B_2对光敏感，如把透明瓶装的牛奶在日光下放置数小时，维生素B_2损失可达90%，故乳制品应当于不透明的窗口盛装，且存放在低温避光处，最好保存在冰箱冷藏室中。

二、食品加工

1. 谷类加工对其营养价值的影响　谷类加工精度越高，糊粉层和胚芽损失越多，维生素和矿物质损失就越大，B族维生素损失尤为严重。加工较粗糙时，感官性状较差，消化吸收率也相应地有所降低。面粉在碾磨后可能采用抗氧化剂，如过氧化苯甲酰、二氧化氯等，也可导致 B 族维生素的损失。

谷类在发酵过程中经酵母发酵，增加了多种 B 族维生素的含量，且使谷类中的植酸被酶解，从而钙、铁、锌等微量元素的生物利用率得以提高。发酵后由于谷类的物理结构更加松软更有利于人体消化吸收。粉丝、凉粉、酿皮等是由谷薯类提取淀粉制成的，在加工过程中蛋白质、维生素和矿物质基本上全部流失掉，主要成分仅剩淀粉。

2. 豆类加工对其营养价值的影响　干大豆蛋白质消化率较低，且含有抗胰蛋白酶等抗营养因子。在豆腐加工中，一般经浸泡、加热或磨浆、凝固等工序后，可破坏大豆中的抗营养因子（抗胰蛋白酶因子等），并除去大豆中大部分纤维素和低聚糖，降低植酸的含量，提高矿物质的吸收利用率，并提高蛋白质的消化利用率（可从 40% 提高到 90%），但部分 B 族维生素可溶水而流失。

大豆经发酵后可制成腐乳、豆豉等，发酵过程中微生物酶的作用可提高蛋白质等营养素的消化吸收率，并增加一些维生素的含量，尤其是 B 族维生素，如豆豉中维生素 B_2 的含量增加，并产生维生素 B_{12}；微生物还可分解大部分植酸，使矿物质的吸收利用率提高；且由于微生物蛋白酶的作用，蛋白质的生物利用率也相应提高；微生物中糖苷酶的作用还可使大豆异黄酮的利用率提高。大豆经浸泡和发芽后形成豆芽，维生素 C 含量增加，且矿物质的吸收利用率也有所提高。

3. 蔬菜水果加工对其营养价值的影响　部分蔬菜可经过腌制、干制。蔬菜腌制前往往要经过反复的洗、晒或热烫，水溶性和热敏感的维生素损失严重，矿物质也有部分损失。腌制蔬菜不是维生素 C 的良好来源，且腌制蔬菜中钠含量较高，且会产生亚硝酸盐进一步降低维生素 C 的含量。蔬菜在脱水的过程中，维生素 C 会有部分损失，损失程度因干制方法不同而异。真空冷冻干燥法营养素损失最小，且由于浓缩，干制后营养素的相对含量增加。通过晾晒或烤制脱水导致营养素的损失则较大，光和热敏感的维生素 C 可能全部损失，类胡萝卜素也会大部分被氧化。

蔬菜汁是混浊汁，通常由多种蔬菜调配而成，除去了蔬菜中大部分的不可溶性的膳食纤维，蔬菜汁是钾的良好来源，也含有较丰富的维生素 C 等，由于未经油脂处理，其中类胡萝卜素吸收率可能较低。

果酱、果脯、果汁等维生素 C 保存率与原料特点、加工工艺与储藏条件相关，在适当的加工条件下，橙汁等酸性果汁中的维生素 C 可保存良好。一般带果肉的混浊纯果汁含有水果中的大部分营养成分，而澄清果汁饮料一般经过滤除去了水果中的膳食纤维及其他大分子物质，只含有糖分、矿物质和部分水溶性维生素。果酱和果脯加工需要加入大量糖分长时间浸渍，故含糖量较高，大量摄入可带来精制糖摄入过量的问题。水果制成果干可导致 10%~50% 的维生素 C 损失，由于往往采用盐类进行处理，矿物质含量可能有所提高，近年来水果还可制成果酒，较蒸馏酒酒精度较低，并含有较丰富的糖类、氨基酸和维生素，以及一些植物活性成分，如有机酸类、多酚类等。

4. 畜、禽、鱼类加工对其营养价值的影响　畜、禽、鱼类可加工制成罐头食品、肉干、熏制食品等。在加工过程中蛋白质和脂肪的损失程度较轻，高温对 B 族维生素的破坏较为显著。畜、禽、鱼类进行腌制时通常会加入亚硝酸盐，亚硝酸盐具有氧化性，可使维生素 C 和维生素 E 被破坏，腌制还会增加肉制品中的钠含量。罐藏肉类时，各种 B 族维生素均有明显的损失，由于靠近罐头表面的部分受热时间较长，维生素 B_1 的损失比中心部分大。

5. 奶类加工 乳制品加工中最重要的是灭菌。牛乳的杀菌有巴氏杀菌（低温长时杀菌，60～70℃）、超高温瞬时杀菌（90～120℃）、高压灭菌等。高温瞬时的方法对保存营养素最为有利，高压灭菌由于加热时间长、温度高，维生素损失相对较大。但牛奶并非维生素C和叶酸的重要膳食来源，加热损失的维生素对膳食平衡影响轻微。家庭烹调牛奶时长时间煮沸或加热可能在容器壁上留下奶垢，其主要成分是蛋白质和钙及少量脂肪等，故加热牛奶时应避免长时间沸腾。发酵对于奶类的营养价值无不良影响。发酵处理可一定程度的抑制腐败菌的生长，延长保存期；发酵可增加某些B族维生素的含量，尤其是维生素B_{12}含量；在发酵过程中还可提高蛋白质及矿物质的吸收利用率，并降解乳糖，预防乳糖不耐受。

三、食品烹调

烹调过程是指将合理利用食物原料，将其加工烹制成具有一定色、香、味、形、质的即食食物，使之易于人体消化吸收、达到促进食欲、合理营养，保障身体健康，并满足人们在饮食精神层面享受的过程。不同的烹调方式也可能导致营养素的损失，食物的烹调方式是否合理将直接影响食物的营养质量。

（一）烹调对谷类营养价值的影响

谷类在淘洗过程中可导致水溶性维生素的损失，尤其是B族维生素，淘洗时维生素B_1的损失率可达30%～60%。烹调时谷物中的矿物质（如钾、钠等）损失主要来自于水溶流失，吃捞饭弃米汤会损失大部分B族维生素，故不提倡。B族维生素可由加热、氧化、加碱损失，在炸油条的过程中，维生素B_1几乎全被破坏。焙烤可导致蛋白质的生物利用率轻度下降，因为赖氨酸在高温下与羰基化合物发生美拉德反应，可能会加剧谷物食品中赖氨酸的不足。

（二）烹调对蔬菜营养价值的影响

蔬菜是维生素、矿物质和多种植物化学物的主要来源，但其中的叶酸、维生素C、酚类等植物活性物质在加工过程中极易流失。营养素在不同的烹调方法下会发生一系列的生物化学变化，故采用合理的加工处理方法对保持蔬菜的营养价值十分重要。洗涤方式、蔬菜的切碎程度、用水量、pH及加热温度和加热时间均与营养素的损失有关。水溶性维生素流失的一个重要途径是通过切口或受损表面流失，故不建议把蔬菜切得过碎过细，同时应注意先洗后切。在快炒或一般煮熟的情况下，其损失率通常在20%～50%。加油脂烹调可促进蔬菜中类胡萝卜素、维生素K等成分的吸收利用。

（三）烹调对肉类营养价值的影响

畜、禽、鱼等肉类的烹调方法较多，常用的包括煮、蒸、炖、炒、煎炸等。在烹调过程中，蛋白质的含量变化一般不大，且经烹调后，蛋白质变性更有利于消化吸收。高温制作过程中，B族维生素的损失较多，上浆挂糊、急火快炒可使肉类外部蛋白质迅速凝固，从而减少内部营养素的流失。

（四）烹调对蛋类营养价值的影响

由于生蛋可能被沙门菌等细菌污染，不建议吃生蛋。蛋类烹调一般采用油炸、炒、蒸或带壳水煮等。在一般的烹调过程中，维生素 B_1、维生素 B_2 损失 8%～15%，其他营养素损失不大。蛋类烹调后蛋白质受热变性提高了蛋白质消化率，加热促使抗胰蛋白酶和抗生物素蛋白等抗营养因子失去活性，提高了蛋类中蛋白质的生物利用率。

（陈锦瑶　张立实）

参 考 文 献

高永清. 2008. 营养与食品卫生学. 北京：科学出版社.
黄承钰. 2006. 医学营养学. 北京：人民卫生出版社.
孙贵范. 2010. 预防医学. 北京：人民卫生出版社.
孙远明，何志谦. 2010. 食品营养学. 2 版. 北京：中国农业大学出版社.
孙长颢. 2007. 营养与食品卫生学. 7 版. 北京：人民卫生出版社.
Lawley R，Curtis L，Davis J. 2012. The food safety hazard guidebook. the 2nd edition. UK：The Royal Society of Chemistry，Thomas Graham House.
Liangli（Lucy）Y，Shuo W，Bao-guo S. 2015. Food Safety Chemistry. US：CRC Press，Taylor & Francis Group.

第二篇 公共营养疾病

第五章 营养不良

第一节 概述

一、营养不良定义

营养不良（malnutrition）的定义不断在发展和丰富。早期的营养不良定义完全等同于营养不足（under-nutrition or undernourishment），定义为：食物或某种营养素摄入不足或营养素吸收和利用障碍导致的一种机体状态。随着营养过剩的出现，学术界提出营养不良定义的两个方面，即相对于身高，体重低于或超出正常标准就为营养不良。2006年ESPEN明确地将营养不良分为营养低下（under-nutrition）和营养过剩（over-nutrition）两种。即营养不良是指能量、蛋白质和其他营养素缺乏或过剩（或失衡）的营养状况，可对组织机体的形态（体型、体格大小和人体组成）、机体功能和临床结局产生可观察到的不良反应。随着营养科学的发展，人类对营养不良的认识又有新进展。2015年ESPEN发表了专家共识，提出了营养紊乱（nutrition disorder）的概念及其诊断体系，将营养紊乱分为3类：营养不良、微量营养素异常（micronutrients abnormalities）及营养过剩。实际上是将微量营养素异常、营养过剩从以前的营养不良含义中剥离出来，将营养不良重新回归最初的定义。因此，本章采用营养不良的狭义定义，即食物或某种营养素摄入不足、营养素吸收或利用障碍导致的一种机体状态。机体长期缺乏一种或多种营养素可造成营养低下，严重营养低下并出现各种临床症状则称为营养缺乏病。

营养不良传统的评估方法包括临床检查、人体测量、生化检查和膳食调查等。营养不良的诊断标准尚在不断发展完善中，针对不同年龄、性别、生理状况的个体，诊断指标和方法不一。如反映儿童营养不良或发育状况的人体测量学指标：包括反映儿童时期营养不良累积效应的年龄别身高；反映近期营养状况（每周或每月）的身高别体重；反映近期和长期营养状况综合效应的年龄别体重。营养不良的患病率与所采用的不同临界值（确定正常或异常/低危险性或高危险性）有关。比如，世界卫生组织（World Health Organization，WHO）将$BMI<18.5kg/m^2$定义为消瘦，但作为营养不良风险筛检工具的BMI切点与之不同。因此，在进行营养不良的流行病学研究前，首先应确定营养不良的诊断标准。

二、营养不良流行趋势

世界范围内，营养缺乏状况有所改善，但是在近撒哈拉一带的非洲地区、其他地区的贫困国家及较发达的拉丁美洲和亚洲的最贫穷国家，营养缺乏仍是最主要的公共卫生问题。世界粮农组织（Food and Agriculture Organization，FAO）报告，2007年全世界有9.23

亿人营养不良，比 1990~1992 年期间增加了 8000 万。世界卫生组织 2013 年报告，营养不良是全世界儿童死亡的最主要原因，全世界死于营养不良的儿童占全因死亡儿童的 45%。2002 年第四次全国营养调查中发现我国 5 岁以下儿童生长迟缓率仍高达 14.3%，其中农村儿童生长迟缓现象更高，达 20.9%。根据陈春明等研究报告结果，西部贫困乡村地区是我国儿童营养不良患病率最高的群体，国家级贫困县乡村地区群体的长期营养不良（生长迟滞）现象很严重；西南地区检出率最高，5~12 岁男童和女童营养不良患病率分别为 38.0%和 38.2%。近年来我国农村居民经济状况不断好转，但贫困地区儿童仍存在较为严重的营养不良。上海交通大学医学院 2011 年对广西和云南贫困山区的调查结果显示，6~14 岁小学生的生长迟缓检出率为 34.3%，消瘦检出率为 6.5%。在欧美等经济发达国家，年长儿童和成人中发生的营养不良以继发于疾病为多见。在住院患者中营养不良发病率高，可达 28%~80%。上海儿童医学中心在 2000 年对 218 例小儿先天性心脏病患儿的营养调查中发现营养不良的发生率为 61%。2006 年在上海 3 家医院收治的 349 例先天性幽门肥厚患儿中发现营养不良患病率为 49.6%。

三、饥饿与营养不良

机体摄取食物是一个间断的过程，但是能量的消耗却是一个持续的过程。因此，人们需要利用体内储存的碳水化合物、脂肪和蛋白质，通过减少能量消耗和蛋白质储存对短期或长期饥饿做出良好的适应。在摄入食物之后，这些被消耗掉的能量被重新储存补充（增加糖原储存和脂肪酸再酯化）。机体对禁食的反应受能量储存、饥饿的持续时间，以及其他应激性因素的影响。长期部分或完全停止能量摄入会导致消耗性消瘦。尽管曾有报道，一些非常肥胖的个体禁食 249 日和 382 日仍然能够存活，但是对于那些开始时机体成分正常的个体，持续饥饿超过 3 个月，体重将丢失 40%，当女性 BMI 低于 $10kg/m^2$ 或男性低于 $11kg/m^2$ 时，则很少能够存活。

短期和长期饥饿对蛋白质合成和分解的影响：当停止摄取食物时，机体开始消耗内源性底物（碳水化合物、脂肪、蛋白质）。24h 内，碳水化合物主要来源于肝脏和肌肉组织中糖原的分解。接下来，肝脏组织甘油三酯降解生成前体物质被用来合成葡萄糖。在肾脏组织中，葡萄糖作为前体来合成谷氨酰胺。能量产生通过直接或间接的途径，绝大部分（>90%）来源于脂肪氧化。长期饥饿状况下葡萄糖代谢被调整，氨基酸异生为葡萄糖的途径受到限制，这可能是机体在进化压力下的生存策略。对于那些先前营养状况良好的人群，在饥饿状态下脂肪储存量并不是其存活的关键因素，如果>40%的可利用蛋白丢失，机体就会死亡。

第二节 蛋白质-能量营养不良
一、概 述

（一）定义及流行特点

蛋白质-能量营养不良（protein-energy malnutrition，PEM）是因食物中蛋白质和（或）能量不足或疾病等因素引起的营养不良。其表现为消瘦、水肿、各器官功能紊乱及免疫功能低下，严重蛋白质-能量营养不良可以直接导致死亡。除了能量和蛋白质缺乏以外，往往也缺乏维生素和矿物质，患者常伴有感染。该病在成人和儿童均可发生，但以婴幼儿最为敏感。

流行病学蛋白质-热量营养不良在世界各地都有发生，是全球性公共卫生问题之一。在不发达国家发病比较普遍，特别是在自然灾害与战争时期，食品和粮食供应不足时发病率更高，是影响婴幼儿健康和导致死亡的严重疾病之一。2000 年 FAO 报道，蛋白质-能量营养不良导致了 600 万儿童死亡。很少有文献专门报道蛋白质-热量营养不良的患病率，常见的报道是 5 岁以下、老年人和住院患者的营养不良患病率。

（二）病因

蛋白质-能量营养不良可因严重蛋白质缺乏和(或)严重能量摄入绝对或相对不足引起。原因有以下几种：①食物短缺：饥荒、战争或经济落后造成食品匮乏或不平衡。②低蛋白低能量膳食：如婴幼儿喂养不当，摄入蛋白质过少；长期流质、软食的患者未及时添加高蛋白高能量食物；医院静脉输注葡萄糖作为维持能量来源等。③疾病导致不能进食：如精神失常、神经性厌食和上消化道梗阻等疾病患者不能如常人正常摄食。④消化吸收利用不良：伴发于其他疾病的顽固而长期的呕吐、腹泻及消化吸收障碍。⑤机体需要增加而供给不足：多见于婴幼儿、妊娠及哺乳期妇女。此外，甲状腺功能亢进症、肿瘤、结核、糖尿病等消耗性疾病均增加体内各种营养物质消耗，若补充不足可发生蛋白质-热量营养不良。

（三）对机体健康的影响

蛋白质缺乏对所有的机体器官都有不利影响。在对死于营养不良患者的尸检中发现，心脏和肝脏的重量大约减少了 30%，脾脏、肾脏及胰腺的重量也受到影响。营养不良导致肌肉力量和持久力下降；长期和严重的营养不良导致心肌损伤，包括心排血量的减少、心动过缓和低血压。营养不良会引起肾血流速和肾小球滤过率降低，浓缩尿和酸排泄能力下降，同时排泄多余盐和水的能力降低，细胞外液在身体成分中的比例增高，这些因素及其他营养不良相关改变可导致"饥饿性水肿"。机体蛋白质消耗超过 20%就会影响到呼吸肌肉的结构和功能。这与膈肌的重量降低，呼吸肌最大通气和力量同时下降有关。食物存在于肠腔是肠细胞更新的主要刺激因素，急性和慢性食物缺乏对小肠最明显的影响是吸收面积减少。重度衰竭患者对脂肪、双糖和葡萄糖的吸收发生障碍，同时胃液、胰液和胆汁的分泌减少，这些也与吸收不良有关。严重营养不良患者往往出现腹泻，又会加重营养不良的程度。所有这些与营养不良有关的胃肠道变化会损害肠道屏障功能。慢性期改变可能导致肝脏脂肪变性，甚至发展为脂肪肝。饥饿和体重减轻都容易导致体温过低。体温只要降低 1~2℃就会引起认知功能障碍、共济失调、精神错乱及肌肉无力等症状。营养不良本身几乎影响免疫防御系统的所有方面，特别是损害机体细胞免疫和对感染的抵抗力。营养不良尤其是近期营养摄入不足，导致外科手术患者创伤愈合过程延长。

（四）临床表现

1. 消瘦型 以能量摄入不足为主，脂肪储备丢失，消瘦为主要特点。表现为体重明显下降，骨瘦如柴，皮下脂肪减少，皮肤干燥松弛，皱纹多，失去弹性和光泽，头发松稀，失去固有光泽，面若猴腮，体弱无力，缓脉，低血压，低体温，易哭闹。

2. 水肿型 蛋白质严重缺乏而能量摄入基本满足，外周组织水肿及腹水是主要特征。轻者见于下肢、足背，重者见于腰背部，外生殖器及面部也见水肿。儿童身高可正常，体内脂肪未见减少，肌肉松弛，似满月脸，眼睑水肿，易剥落的漆皮状皮肤病，指甲脆弱有横沟，表情淡漠，易激惹和任性，常伴发脂肪肝。我国某地曾发生劣质奶粉（蛋白质不足）喂养造成的大头婴儿即为典型的蛋白质缺乏型蛋白质-能量营养不良。

3. 混合型 单纯性蛋白质或能量营养不良较少见，多数病例为蛋白质和能量同时缺乏，表现为混合型蛋白质-能量营养不良，是医院患者中最常见的营养不良。

（五）诊断

除病史和临床表现外，体格测量指标是最重要的诊断依据。

1. 儿童 生长评价是评价儿童健康与营养状态的一种常用方法。

（1）体重：体重不增或减轻是最早出现的症状。

（2）年龄别身高：代表线性生长，本质上是测量长期生长不良的指标。

（3）身高别体重：可反映身体比例或生长协调性，尤其对急性生长障碍特别敏感。

（4）年龄别体重：既代表线性生长又代表身体比例。

我国参照 WHO 关于儿童营养不良体格测量的评估标准，诊断如下所示：①体重低下（underweight）：根据年龄别体重，与同年龄、同性别正常参照值相比，低于中位数减 2 个标准差，但高于或等于中位数减 3 个标准差者为中度体重低下；低于中位数减 3 个标准差者为重度体重低下。此指标反映儿童过去和（或）现在有慢性和（或）急性营养不良，但单凭此项不能区别急性还是慢性营养不良。②生长迟缓（stunting）：按年龄别身高，与同年龄、同性别正常参照值相比，低于中位数减 2 个标准差，但高于或等于中位数减 3 个标准差者为中度生长迟缓；低于中位数减 3 个标准差者为重度生长迟缓。此指标主要反映过去或长期慢性营养不良。③消瘦（marasmus）：按身高别体重，与同年龄、同性别正常参照值相比，低于中位数减 2 个标准差，但高于或等于中位数减 3 个标准差者为中度消瘦；低于中位数减 3 个标准差者为重度消瘦。此指标反映儿童近期、急性营养不良。

2. 成人

（1）体质指数：青少年和成人可用体质指数 BMI 来评价。BMI<18.5kg/m^2 为营养不良，BMI<17.5kg/m^2 为中度营养不良，BMI<16.5kg/m^2 为重度营养不良。

（2）体重改变：由于我国目前尚无统一的标准体重值，故采用体重改变做指标更合理，并将体重变化的幅度与速度结合起来考虑。计算公式为：体重改变（%）=[平时体重（kg）-现时体重（kg）]/平时体重（kg）×100%，其评价标准见表 5-1。

表 5-1 体重变化的评定标准

时间	中度体重减轻（%）	重度体重减轻（%）
1 周	1~2	>2
1 个月	5	>5
3 个月	7.5	>7.5
6 个月	10	>10

蛋白质缺乏患者的血清白蛋白和总蛋白值明显下降，当血浆总蛋白在 45g/L 以下，白蛋白<28g/L 时会出现水肿。临床上采用血清前白蛋白、血清转铁蛋白和结合蛋白如视黄醇结合蛋白、免疫指标等指标综合判断蛋白质-能量营养不良。

二、防治指南

防治蛋白质-能量营养不良要从多方面抓起，包括营养教育、食物生产和分配、政策措施等。

（一）营养教育

经济贫穷和营养无知是蛋白质-能量营养不良的两个主要原因。某研究组在某西部贫困地区小学的调查发现，受调查的学校无一例外地将提供猪肉作为改善伙食的最常用方法，而在现场却发现许多学生并不爱吃肥肉常常吐掉，而价格便宜又好吃的鸡蛋的食用频率大大低于猪肉，虽然当地不缺少鸡蛋，但"从来不吃鸡蛋"和"很少吃鸡蛋"的学生占81.8%。在有限的经济条件下，指导人们合理选择食物是营养教育工作者的一大挑战，教育的对象不仅是易患人群，还包括医生、护士在内的健康工作者。教育的重点是中国居民膳食指南和平衡膳食宝塔，以及特定人群膳食指南；提高母乳喂养率，辅食的及时添加和合理选择，不应该单独供给淀粉类或炼乳、麦乳精等喂养。

（二）社会政策措施

多数患者是2岁以下的低社会经济阶层儿童，蛋白质-能量营养不良的发生有复杂的社会因素，这些问题需要国家和社会的政策措施来解决。我国政府很重视贫困地区学生营养改善工作。中央政府通过实施多项教育工程，努力改善学校食堂等生活设施，为解决学生在校用餐提供基础条件，如教育部、财政部和国家发展与改革委员会在实施农村寄宿制学校建设工程时，明确将食堂建设作为工程建设重要内容，寄宿制工程共新增食堂159.2万m^2，占工程建设面积总数的10.6%。2007年启动的中西部农村初中校舍改造工程同样把食堂作为工程建设的重要内容。目前，即使在最贫困地区的学校，校舍、宿舍、厕所等基本设施良好，而且均有食堂，学校的硬件已基本改善。为进一步改善农村学生营养状况，提高农村学生健康水平，我国政府从2011年秋季学期起，在特困地区启动农村义务教育学生营养改善计划试点工作（国务院办公厅关于实施农村义务教育学生营养改善计划的意见〔2011〕54号）。中央财政为试点地区农村义务教育阶段学生提供营养膳食补助，标准为每生每日3元，所需资金全部由中央财政承担。2014年国家进一步将对试点地区的学生提供的营养膳食补助从每日3元提高到了每日4元。这些措施将大大改善我国儿童青少年的营养状况，减少蛋白质-营养不良的发生。

三、营养治疗

纠治营养不良需采取综合措施，治疗原则为去除病因，调整饮食，补充营养物质，防治并发症，增进食欲，提高消化能力。

（一）去除病因

积极查清病因，治疗消化道疾病、慢性消耗性疾病、感染性疾病等，以去除病因。

（二）合理饮食调整和营养支持

针对患者营养不良程度、消化道能力的强弱及对食物耐受的情况进行饮食调整，选择合适的营养补充途径，补充足够的营养物质。胃肠道功能良好时，应尽量经口摄入，如不能正常进食而胃肠道功能尚可，可管饲喂养；当肠内喂养明显不足或胃肠道功能严重障碍时，则可提供静脉营养支持。

当轻度营养不良患者的消化功能和食物耐受能力均接近正常时，在维持原有膳食的基础上，添加含高蛋白质和高热能的食物。小儿能量供给可从 100~120kcal/（kg·d）开始，以后逐渐递增，当供给达到 140~150kcal/（kg·d）时，体重常获得满意的追赶增长，然后再恢复到正常需要量。

当中度和重度营养不良患者的食物耐受能力和全身情况均较差时，食欲非常低下甚至丧失。热能供给要逐渐递增，对重度营养不良患者更要缓慢递增，必要时可提供适量的管饲喂养或静脉营养。通常开始时提供正常需要量的 30%~50%，逐渐增加，待食欲和消化功能恢复可超过平时生理需要量。食物补充以高蛋白质饮食为主，同时脂肪和碳水化合物的补充也应逐渐保证，以及补充足够的各种维生素和微量元素。在增加过程中，应观察患者胃肠道耐受性和全身症状，勿操之过急。对于严重营养不良的小婴儿，经口喂养的能量供给可自 40~60kcal/（kg·d）开始，根据胃肠道耐受情况可逐渐增加至 100~140kcal/（kg·d），必要时可再提高至 150~170kcal/（kg·d），以促进体重增长。如体重增长良好，体重与身高的比例接近正常，能量的供给应再恢复到每日正常生理需要量。

（三）增进食欲

提高抵抗力可口服胃蛋白酶、胰酶或多酶制剂，以提高食欲和消化能力。口服肠道微生态制剂，有助于促进机体对营养物质的分解和吸收。补充锌元素具有提高味觉阈值，增加食欲的作用。补充某些激素如生长激素、小剂量胰岛素或蛋白同化类固醇如苯丙酸诺龙等，有促进蛋白质合成，增进食欲的作用。

（四）并发症治疗

蛋白质-能量营养不良患者常并发贫血、水和电解质紊乱等，需采取相应措施积极治疗。

第三节 缺铁性贫血
一、概 述

（一）定义及流行趋势

缺铁性贫血（iron deficiency anemia，IDA）是铁缺乏症的最终阶段，铁缺乏导致血红蛋白合成减少，临床上以小细胞低色素性贫血、血清铁蛋白减少和铁剂治疗有效为特点。铁作为构成血红蛋白、肌红蛋白、细胞色素及某些呼吸酶的组成成分，参与体内氧的运送和组织呼吸的过程，并与红细胞的形成和成熟有关，红细胞中约含机体总铁的2/3。

缺铁性贫血是世界范围内最常见的营养缺乏症，以出生后 6 个月至 3 岁的小儿发生率最高。2002 年全国营养与健康调查数据表明，我国 0~2 岁儿童贫血患病率为 31.1%，城市为 29.3%，农村为 31.6%。1992 年我国第三次全国营养调查显示，我国成年女性缺铁性贫血患病率城市和乡村分别为 23.5%和 26.2%；2002 年我国第四次营养调查显示，我国居民贫血发生率为 20.1%，男性 15.8%，女性 23.3%（城市和乡村分别为 21.5%和 24.0%），60 岁以上的老年人分别为 31.1%和 29.1%。西部贫困地区儿童的贫血率不容乐观，某研究组 2011 年对西部贫困地区 6~14 岁小学生的调查结果发现其贫血患病率为 20.5%，远高于 2005 年报道的上海市 7~14 岁学生的贫血患病率（5.5%）。

（二）病因

铁缺乏的主要原因如下所示。

1. 食物铁摄入不足 婴幼儿喂养不当，没有及时添加含铁丰富的辅食；经济状况低下使含铁丰富的肉类食品摄入较低；不良的饮食习惯如偏食、挑食，富铁食物摄入不足等。

2. 膳食铁的生物利用率较低 食物中铁可分为血红素铁（二价铁）和非血红素铁（三价铁），血红素铁存在于富含血红蛋白及肌红蛋白的肉类食物中，吸收率较高，为20%~25%，非血红素铁主要存在于植物性食物中，需要在胃酸的作用下还原为二价铁后才被吸收，吸收率较低，一般为3%~5%，不超过10%，吸收过程还受多种膳食因素的影响，如植酸、草酸、膳食纤维。

3. 机体对铁的需要量增加 婴儿期、青春发育期生长速度快，铁的需要量也增加；育龄妇女月经失血过多、妊娠期和哺乳期对铁的需要量增加而摄入量未相应增加等。

4. 疾病因素 各种疾病导致的消化吸收不良如慢性胃炎、慢性肠炎、胃大部切除等；钩虫感染、胃肠道出血导致铁的丢失等。各类疾病导致的营养不良、蛋白质和能量营养不良常常伴发缺铁性贫血。

（三）缺铁的分期

理论上，机体缺铁状态可以根据铁耗竭的不同阶段分为三期。

1. 储存铁减少期（iron depletion，ID） 此期仅有储存铁减少，除骨髓细胞外铁减少、血清铁蛋白低于正常外，其他如骨髓铁粒幼细胞、血清铁、转铁蛋白饱和度、血红蛋白等均正常。

2. 红细胞生成缺铁期（iron deficiency erythropoiesis，IDE） 此期特点为储存铁减少或消失，血清铁蛋白低于正常，骨髓铁粒幼细胞减少（一般<10%），红细胞原卟啉高于正常，血清铁及转铁蛋白饱和度可降低，总铁结合力可增高，但血红蛋白及红细胞比积正常，红细胞为正色素。

3. 缺铁性贫血期（iron deficiency anemia，IDA） 除上述指标异常外，血红蛋白或红细胞比积也下降，出现不同程度的低色素性贫血。

前两期机体虽然已经缺铁，但血红蛋白值仍在正常范围内，被称为隐形贫血或亚临床贫血。研究表明，人在隐形贫血期就会出现疲劳、工作能力与智能行为下降。据报道，隐性贫血要比缺铁性贫血患病率高一倍以上。

（四）缺铁对机体的影响和临床表现

铁缺乏对机体影响广泛，但缺少特异的临床表现。很多贫血患者是因其他原发疾病就诊，检查时发现有贫血。也有不少患者是因出现贫血症状就诊。早期缺铁性贫血常无症状或有一些非特异性症状如容易疲劳乏力，这些症状不一定和贫血程度平行。

1. 一般表现 临床表现有疲乏无力、心慌、气短、头晕、眼花等；皮肤黏膜逐渐苍白，以唇、口腔黏膜、睑结膜及甲床较明显；由于髓外造血，肝脾可轻度肿大，年龄越小，病程越久，贫血越重，肝脾肿大越明显；明显贫血时心率加快，继发贫血性心脏病时易发生左心衰竭。毛发干枯脱落，指（趾）甲缺乏光泽、变薄、脆而易折，出现直的条纹状隆起，重者指（趾）甲变平，甚至凹下呈勺状即反甲，是严重缺铁性贫血的特殊表现之一，目前这种体征已很少见。

2. 对精神运动系统和生长发育的影响 大量研究已证明，缺铁最主要的影响是不利于儿童的行为和生长的发育。缺铁可能是行为异常，如易怒、注意力不集中等的原因。患有缺铁性贫血的婴儿和儿童存在着明显的精神运动测试障碍，在某种程度上能通过铁剂治疗被纠正，而相当一部分患儿已不能用铁剂来逆转，婴幼儿期如果患了较严重的缺铁性贫血，虽经积极补铁纠正，到儿童期的智商测定结果仍低于正常儿童，所以强调预防铁营养缺乏而致的不可逆性精神运动是至关重要的。小儿在缺铁时还可出现屏气发作，待纠正后屏气发作即会消失。有些铁缺乏患者有嗜食泥土、煤炭、石灰、墙泥、生米等异食癖，用铁剂治疗后这些异食行为可以消失。

另外，铁缺乏将促使铅中毒，动物和人的研究证明严重铁缺乏常伴有胃肠道铅的吸收上升，而且吸收入体内的铅又抑制铁络合酶，阻止铁与原卟啉的络合过程，使原卟啉在体内堆积，使血红蛋白的合成更加减少。临床和流行性病学调查结果也显示了血铅水平和缺铁的相关性。由于铅中毒是神经系统和儿童发育障碍的主要原因，故铁缺乏有直接或间接地通过增加铅的吸收而促成这一病变。

3. 对免疫系统功能的影响 免疫功能降低，常合并感染。

（五）诊断

根据病史，特别是饮食或喂养史、临床表现和血常规特点，一般可以做出初步诊断。进一步进行有关铁代谢的生化检查有确诊意义。必要时可以进行骨髓检查。用铁剂治疗有效可以证实诊断。

为提高对铁缺乏和缺铁性贫血诊断的准确性，国内外都制定了相应的诊断标准。1982年全国小儿血液病学学术会议（洛阳）提出小儿铁缺乏的诊断标准，而国内成人尚缺乏统一的诊断标准。

1. 缺铁性贫血（IDA）的诊断标准

（1）男性血红蛋白（Hb）<130g/L，女性 Hb<120g/L，孕妇 Hb<110g/L；平均红细胞容积（MCV）<80fl，平均红细胞血红蛋白量（MCH）<26pg，平均血红蛋白的浓度（MCHC）<310g/L；红细胞形态有明显低色素表现。

（2）有明显的缺铁病因和临床表现。

（3）血清铁（SI）<10.7μmol/L，总铁结合力（TIBC）> 64.4μmol/L。

（4）血清运铁蛋白饱和度（TS）<15%。

（5）骨髓铁染色显示骨髓小粒可染铁消失，铁粒幼红细胞<15%。

（6）红细胞游离原卟啉（FEP）>0.9μmol/L（全血），或血液锌原卟啉（ZPP）>0.96μmol/L（全血），或 FEP/Hb>4.5μg/g Hb。

（7）血清铁蛋白（SF）<14μg/L。

（8）铁剂治疗有效。

符合第（1）条和第（2）～（8）条中任何两条以上者可诊断为缺铁性贫血。

2. 铁缺少期（ID）的诊断标准

（1）血清铁蛋白（SF）<14μg/L。

（2）骨髓铁染色显示骨髓小粒可染铁消失。

符合以上任何一条即可诊断为储存铁缺乏期。

3. 红细胞生成缺铁期（IDE）的诊断标准

（1）血清运铁蛋白饱和度（TS）<15%。

（2）红细胞游离原卟啉（FEP）>0.9μmol/L（全血），或血液锌原卟啉（ZPP）>0.96μmol/L（全血），或 FEP/Hb>4.5μg/gHb。

（3）骨髓铁染色显示骨髓小粒可染铁消失，铁粒幼红细胞<15%。

符合储存铁缺乏期的诊断标准，同时又有以上任何一条即可诊断为红细胞生成缺铁期。

4. WHO 制订的铁缺乏诊断标准

血清铁（SF）<8.95μmol/L，血清运铁蛋白饱和度（TS）<15%，血清铁蛋白（SF）<12μg/L，红细胞游离卟啉（FEP）>1.26μmol/L。

二、防治指南

由于铁缺乏对儿童大脑的发育，特别是学习和行为能力的影响已经得到公认，而且这种影响不能通过以后补充铁来逆转，所以铁缺乏的预防非常重要。健康教育是最有效最经济的预防措施。做好卫生宣教工作，使全社会，尤其是家长认识到缺铁对小儿的危害性及做好预防工作的重要性。对防治儿童缺铁性贫血而言，提倡母乳喂养，母乳中的铁吸收利用率高；做好喂养指导，无论是母乳或人工喂养的婴儿，均应及时添加含铁丰富且铁吸收利用率高的辅助食品，如动物肝脏、瘦肉、动物血等；婴幼儿食品中谷类食品或牛奶等应加入适量铁剂加以强化。对成年人应加强饮食指导，保证足够食物铁摄入，增加富含维生素 C 的食物摄入促进铁吸收，减少抑制铁吸收的植酸等摄入。

有不少国家和地区在高危人群的食品（主要是谷类食品）中加入一定量铁制剂，采用铁强化食品预防铁缺乏的发生。我国有铁强化酱油，国外有采用铁强化面粉等，都有一定的防治效果。

（一）WHO 婴幼儿、育龄期妇女及少女补铁指南（2016）

该指南给出了婴幼儿及育龄期妇女贫血率大于或等于 40%地区的婴幼儿及育龄期妇女的预防性补铁标准（表 5-2）。

表 5-2 WHO 婴幼儿及育龄期妇女预防性补铁推荐标准（2016）

目标人群	剂量（mg）	频率	剂型	持续时间
6~23 月龄婴幼儿	10~12.5	每日	滴状或糖浆铁元素	3 个月/年
24~59 月龄婴幼儿	30	每日	滴状或糖浆或片状铁元素	3 个月/年
5~12 岁儿童	30~60	每日	片状或胶囊铁元素	3 个月/年
育龄期妇女	30~60	每日	片状铁元素	3 个月/年

（二）中华医学会儿科学分会儿童保健学组儿童缺铁和缺铁性贫血防治建议（2008）

预防儿童缺铁和缺铁性贫血应从指导合理喂养和饮食搭配开始。应从孕期开始加强营养，摄入富铁食物。从妊娠第 3 个月开始，按元素铁 60mg/d 口服补铁，必要时可延续至产后，同时补充小剂量叶酸（400μg/d）及其他维生素和矿物质。

对于早产儿和低出生体重儿应提倡母乳喂养。纯母乳喂养者应从 2~4 周龄开始补铁，剂量 1~2mg/（kg·d）元素铁，直至 1 周岁。人工喂养的婴儿应采用铁强化配方乳，一般无需额外补铁。牛乳含铁量和吸收率低，1 岁以内不宜采用单纯牛乳喂养。

对于足月儿来说，由于母乳铁生物利用度高，应尽量母乳喂养 6 个月。此后如继续母乳喂养，应及时添加富含铁的食物，必要时可按每日剂量 1mg/kg 元素铁补铁。

未采用母乳喂养、母乳喂养后改为混合部分母乳喂养或不能母乳喂养的人工喂养婴儿，应采用铁强化配方乳，并及时添加富含铁的食物。1岁以内应尽量避免单纯牛乳喂养。

对于幼儿喂养应注意食物的均衡和营养，纠正厌食和偏食等不良习惯；鼓励进食蔬菜和水果，促进肠道铁吸收；尽量采用铁强化配方乳，不建议单纯牛乳喂养。

青春期儿童，尤其是女孩往往由于偏食厌食和月经增多等原因易于发生缺铁甚至缺铁性贫血。因此应注重青春期心理健康和咨询，加强营养，合理搭配饮食，鼓励进食蔬菜水果等，以促进铁的吸收。一般无需额外补充铁剂，对拟诊为缺铁或缺铁性贫血的青春期女孩，可口服补充铁剂，剂量30～60mg/d元素铁。

根据我国现阶段的社会经济现状，建议仅对缺铁的高危儿童进行筛查，包括：早产儿、低出生体重儿、出生后4～6个月仍纯母乳喂养婴儿（未添加富含铁的食物、未采用铁强化配方乳补喂）、不能母乳喂养的人工喂养婴儿及单纯牛乳喂养婴儿。早产儿和低出生体重儿建议在出生后3～6个月进行Hb检测，其他儿童可在9～12个月时检查Hb。具有缺铁高危因素的幼儿，建议每年检查Hb 1次。青春期儿童，尤其是女孩应常规定期进行Hb检测。

（三）中华医学会围产医学分会妊娠期铁缺乏和缺铁性贫血诊治指南（2014）

对于所有孕妇应在首次产前检查时检查外周血血常规，每8～12周重复检查血常规，并给予饮食指导，以最大限度地提高铁摄入和吸收。一旦储存铁耗尽，仅仅通过食物难以补充足够的铁，通常需要补充铁剂建议血清铁蛋白<30μg/L的孕妇口服补铁。诊断明确的缺铁性贫血孕妇应补充元素铁100～200mg/d，治疗2周后复查Hb评估疗效，治疗至Hb恢复正常后，应继续口服铁剂3～6个月或至产后3个月。患血红蛋白病的孕妇如果血清铁蛋白<30μg/L，可予口服铁剂。非贫血孕妇如果血清铁蛋白<30μg/L，应摄入元素铁60mg/d，治疗8周后评估疗效。不能耐受口服铁剂，依从性不确定或口服铁剂无效者，妊娠中期以后可选择注射铁剂，注射铁剂的剂量取决于孕妇体重和Hb水平，目标是使Hb达到110g/L。不能检测血清铁蛋白的医疗机构，根据孕妇所在地区缺铁性贫血的患病率高低，确定妊娠期和产后补铁剂的剂量和时间。

此外，建议进食前1h口服铁剂，与维生素C共同服用增加吸收率，避免与其他药物同时服用。

三、营 养 治 疗

缺铁性贫血的营养治疗主要原则为去除病因和补充铁剂。

（一）去除病因

查明缺铁原因，对饮食不当者应纠正不合理的饮食习惯和食物组成，有偏食习惯者应予纠正。如有慢性失血性疾病，如钩虫病、消化道隐性出血性疾病等应及时治疗。

（二）饮食疗法

增加膳食含铁量并注意合理配合，补充含血红素丰富的红色肉类、动物肝脏和血液等。母乳中含铁量虽不高（0.3～0.5mg/L），但吸收率高达50%；血红素含铁高（3.4mg/g），其吸收率也较高（10%～26%）；黄豆比其他植物类食物的含铁量高（11mg/100g），吸收率也有 7%，上述食品和铁强化食品（1L 奶中含铁 12mg，1kg 面粉中含铁 13～15mg）是较理想的防治铁缺乏的食品。

（三）铁剂治疗

1. 口服铁剂 铁剂是治疗缺铁性贫血的特效药，若无特殊原因，应采用口服法给药。二价铁容易吸收，故临床均选用二价铁盐制剂。常用制剂有硫酸亚铁（含元素铁 20%）、富马酸亚铁（含元素铁 33%）、葡萄糖酸亚铁（含元素铁 35%）、琥珀酸亚铁（含元素铁 35%）等。剂量为元素铁 4～6mg/（kg·d），分三次口服，以两餐之间口服为宜；为减少胃肠道不良反应，可从小剂量开始，如无不良反应，可在 1～2 日内加至足量。不良反应有食欲下降，恶心、呕吐，腹痛、腹泻等。一般治疗后 3～4 周有效，可维持巩固 4～8 周。同时服用维生素 C 可使铁吸收率增加 3 倍。牛奶、茶、咖啡及抗酸药等与铁剂同服可影响铁的吸收。

2. 注射铁剂 较容易发生不良反应，甚至可发生过敏反应致死，故应慎用。应用指征：①诊断肯定，但口服铁剂后无治疗反应者；②口服严重不能耐受者；③长期腹泻、呕吐或大部分小肠切除后不能应用口服铁剂或口服铁剂吸收不良者。常用注射铁剂有山梨醇柠檬酸铁复合物，专供肌内注射用；右旋糖酐铁复合物，为氢氧化铁与右旋糖酐铁复合物，可供肌内注射或静脉注射；葡萄糖氧化铁，供静脉注射用。

（四）输红细胞

一般不必输红细胞。特殊情形下考虑采用此法，如贫血严重，发生心力衰竭者；合并感染者；急需外科手术者。

第四节 维生素 A 缺乏病

一、概 述

（一）定义及流行趋势

维生素 A（vitamin A）又称为视黄醇（retinol），是人类必需的一种脂溶性维生素。维生素 A 在人体具有广泛而重要的生理功能，是构成视觉细胞内感光物质的成分，维生素 A 缺乏时，对弱光敏感度降低，暗适应障碍，重症者产生夜盲；维生素 A 是维持一切上皮组织健全所必需的物质，其中以眼、呼吸道、消化道、尿道及生殖系统等上皮影响最显著，维生素 A 对免疫功能、生殖系统、生长发育等均有重要作用。

维生素 A 缺乏病好发于 6 岁以下婴幼儿，1～4 岁为发病高峰。原发性维生素 A 缺乏一般是因膳食长期匮乏所引起，它是以大米为主食、缺少胡萝卜素食物来源的南亚和东亚地区的地方性流行病。2004 年 WHO 调查结果显示，维生素 A 缺乏的学龄前儿童为 2.5 亿，孕妇为 2000 万。据 WHO 报道，因维生素 A 缺乏，全世界每年有 50 万名学龄前儿童患有活动性角膜溃疡，600 万人患干眼症，孕妇患夜盲症高达 500 万人。中国的数据表明，亚临床 VAD（血清视黄醇水平≤0.70μmol 或≤20μg/dl）在 1988～2009 年期间逐步从约 40% 下降到 10% 左右，但边缘性 VAD（血清视黄醇水平＞0.70～1.05μmol 或 20～30μg/dl）的变化不大，1989～2009 年期间一直居于 20%～45%。我国农村地区儿童发生 VAD 的危险性大于城市，以西部省市更甚。无论城市还是农村，社会经济状态良好的家庭中的儿童，血清视黄醇水平明显高于社会经济状态差的儿童。疾病或特殊情况导致的维生素 A 缺乏受关注较多的包括治疗肥胖的手术、胰腺十二指肠切除术、腹膜透析、吸烟等。

（二）发病因素

1. 摄入相对或绝对不足 母乳中的维生素 A 含量丰富，一般母乳喂养的小儿不会发生维生素 A 缺乏病，故提倡母乳喂养。但是，乳母维生素 A 摄入不足也是婴儿 VAD 的危险因素。长期以糕、面糊等谷物或脱脂乳炼乳喂哺小儿而未及时添加辅食，或病后"忌嘴"及长期素食皆容易发生维生素 A 缺乏症。早产儿肝脏内维生素 A 的储存量更少，且脂肪吸收能力也有限，生长发育的速度又较快，故更容易发生维生素 A 缺乏病。某些疾病，如急性或慢性肾炎时，大量蛋白从尿排出，亦易造成维生素 A 的丢失，体内维生素 A 的储存量减少，造成维生素 A 的缺乏；各种急慢性传染病长期发热和肿瘤等均可使机体对维生素 A 的需要增多，如此时未予及时补充，则造成维生素 A 的血浆浓度降低。长期静脉输液未补充维生素 A，也将导致维生素 A 缺乏。

2. 吸收和利用障碍 多见于某些疾病状态，如吸收障碍综合征、慢性腹泻等消化系统疾病可影响维生素 A 的吸收。长期服用某些通便或某些减肥药（脂肪酶抑制剂如奥利司他）也可影响维生素 A 的吸收。患有肝脏、肾脏、甲状腺疾病，胰腺囊性纤维变性及蛋白-能量营养不良时将导致血浆中视黄醇结合蛋白（RBP）代谢异常，导致维生素 A 缺乏。

（三）临床表现

维生素 A 持续缺乏数周或数月后出现临床症状，主要有以下几种。

1. 眼部症状

（1）暗适应能力下降和夜盲症：维生素 A 缺乏病首先表现为暗适应能力下降，最初为暗适应时间延长，以后在暗光下视力减退，黄昏时视物不清继而发展为夜盲症。

（2）眼部损害：眼干燥不适，经常眨眼，系因泪腺管被脱落的上皮细胞堵塞使眼泪减少所致眼干燥症；继而眼结膜和角膜失去光泽和弹性，眼球向两侧转动时可见球结膜摺叠形成与角膜同心的皱纹圈，在球结膜暴露部位，在眼球巩膜近角膜缘外侧，由脱落的角膜上皮、上皮碎屑和分泌物形成浅表的泡沫状小白斑，不易擦去，即为毕脱斑（Bitot）；角膜干燥、混浊而软化，继则形成溃疡，易继发感染，愈合后可留下白斑，影响视力；重者可发生角膜穿孔，虹膜脱出以致失明。通常为双侧性的，单侧发病少见。

2. 皮肤病变 维生素 A 缺乏也可引起皮肤的改变，开始时皮肤较正常干燥，以后由于毛囊上皮角化，发生角化过度的毛囊性丘疹，主要分布在大腿前外侧，上臂后侧，后逐渐扩展到上下肢伸侧，肩和下腹部，很少累及胸、背和臀。丘疹坚实而干燥，色暗棕，多为毛囊性，针头大至米粒大，圆锥形。丘疹的中央有棘刺状角质栓，触之坚硬，去除后留下坑状凹陷，无炎症，无主观症状，丘疹密集犹似蟾蜍皮，称蟾蜍皮病（phrynoderma）。皮疹发生在面部，可有许多黑头。患者毛发干燥，缺少光泽，易脱落，呈弥漫稀疏，指甲变脆，表面有纵横沟纹或点状凹陷。

3. 骨骼生长障碍 维生素 A 缺乏对骨骼生长，特别是对长骨的生长有明显影响，使骨变得又短又厚。亚临床维生素 A 缺乏可致骨骼发育停止，颅骨和脊柱骨生长受到影响，而且可使骨骼失去正常结构。

4. 免疫功能受损，感染性疾病的患病率和死亡率升高 维生素 A 缺乏可导致机体细胞和体液免疫功能降低，因呼吸道、胃肠道、泌尿生殖道黏膜上皮增生、角化、脱屑，防御功能减弱，容易引起感染，导致感染性疾病的患病率和死亡率升高，尤其是发展中国家。

（四）诊断

仔细询问病史，如患者存在维生素 A 摄入不足，或者存在维生素 A 的吸收、利用障碍，或存在引起维生素 A 消耗过多的疾病，同时合并暗适应障碍、夜盲、结膜干燥、角膜软化，或四肢伸侧有毛囊性角化丘疹，通过暗适应检查和血浆维生素 A 浓度的测定可基本做出诊断。若血清维生素 A 水平在正常低值，此时肝内维生素 A 的储存也可能已耗竭。在这种可疑的情况下，可采用敏感而可靠的相对剂量反应试验来进一步确定亚临床维生素 A 的缺乏。表 5-3 为人体维生素 A 营养状况常用评价指标和判定界值。表中，RBP 指视黄醇结合蛋白测定，近来有人认为 RBP 与人体维生素 A 水平呈正相关，RBP 含量可反映人体维生素 A 的营养水平。当血清中维生素 A 浓度在正常范围时，肝脏维生素 A 已有耗尽的可能，因此采用相对剂量反应（RDR）法间接评价个体体内维生素 A 的储存量。测定方法为先测定空腹血清维生素 A 浓度（A_0），随早餐服维生素 A 450μg，5h 后于午餐前测定血清维生素 A（A_5）浓度。RDA=（A_5-A_0）/A_5×100%。若服后 5h 的血清维生素 A 浓度增高幅度，即 RDR（relative dose reation，RDR）率≥20%，表示肝脏内维生素 A 的储存已处于临界状态。用此方法可以进一步确定亚临床状态维生素 A 缺乏。

表 5-3　人体维生素 A 营养状况常用评价指标和判定界值

项目	正常	边缘缺乏	缺乏
	无维生素 A 缺乏体征，有直接间接的依据表明生理功能完好	生理盲点扩大，暗适应时间延长，视网膜电图异常，可能有点毕脱氏斑及维生素 A 缺乏的其他特征	视觉功能降低，暗适应时间延长，有明显的维生素 A 缺乏临床特征
血浆/血清视黄醇浓度			
成年人	≥200μg/L（≥0.70μmol/L）	100～200μg/L（0.35～0.70μmol/L）	<100μg/L（<0.35μmol/L）
儿童	≥300μg/L（≥1.05μmol/L）	200～299μg/L（0.70～1.05μmol/L）	<200μg/L（<0.70μmol/L）
血浆 RBP			
成年人	40～90mg/L（1.9～4.28μmol/L）		
学龄前儿童	25～35mg/L（1.19～1.6μmol/L）		
脱氢视黄醇/视黄醇	<0.03	≥0.03	
相对剂量反应试验（RDR）	<20%	≥20%	
肝脏维生素 A 含量	>20mg（70μmol）/kg	5～20mg（17.5～70μmol）/kg	<5mg（17.5μmol）/kg

二、防治指南

无论何种类型的维生素 A 缺乏，只要早期发现及时治疗，其预后都良好。具体防治措施包括如下几种。

1. 保证足量维生素 A 摄入　维生素 A 最好的来源是动物性食品，如动物肝脏、蛋黄、鱼油、奶油和乳制品等，富含维生素 A 原（类胡萝卜素）的食物主要有胡萝卜、红心甜薯、菠菜、水芹、羽衣甘蓝、绿芥菜、南瓜、莴苣叶、莴苣、西兰花等，维生素 A 原在人体内能够转变为视黄醇,发挥维生素 A 的生理功能。因此,建议养成不偏食、不挑食的习惯。

2. 易感人群的维生素 A 营养监测及干预 对婴幼儿、儿童、孕妇、乳母等易感人群进行暗适应能力、眼部症状、血清视黄醇含量等方面的检测,及时发现亚临床缺乏者。对婴幼儿等易感人群,可以服用维生素 A 进行预防。WHO 在维生素 A 缺乏病高发的发展中国家,推广一次口服维生素 A 20 万 IU,6~8 月再重复一次,结果证实服药组小儿眼干燥症、呼吸道、胃肠道疾病的发病率及死亡率较不服药组均明显降低。定期补充维生素 A 制剂是快速改善维生素 A 缺乏状况的方法。对于维生素 A 严重缺乏地区,WHO(2011)和 UNCEF 推荐:小于 6 月婴儿一次性补充维生素 A 5 万 IU,6~12 月婴儿每 4~6 月口服维生素 A 10 万 IU,大于 12 月婴幼儿每 4~6 月口服维生素 A 20 万 IU,分娩后 8 周内的孕妇口服维生素 A 20 万 IU。

3. 选用维生素 A 强化食品 是一种防治维生素 A 缺乏症最直接有效的方法。作为维生素 A 载体的食物有很多,如糖、味精、大米、面粉、饼干、食用油等。

4. 维生素 A 补充干预方案(2005) 世界卫生组织(WHO)、联合国儿童基金会(UNICEF)和国际维生素 A 顾问组(IVACG)关于维生素 A 的补充剂量,国际上采取的是定期大剂量补充法(表 5-4),即每 4~6 个月补充一次,针对不同年龄,给予不同的剂量。报告同时强调,在有条件的地区,建议采取小剂量口服法(即每日或每周补充),安全性和依从性更高,是更值得推荐的维生素 A 补充方法。

表 5-4 国际维生素 A 补充剂量建议

年龄	补充剂量
<6 月龄	50 000IU 口服
6~12 月龄	100 000IU 口服,每 4~6 个月
>12 月龄儿童	200 000IU 口服,每 4~6 个月
产妇及哺乳期妇女	200 000IU 口服,产后 8 周内

5. WHO 孕妇补充维生素 A 指南(2011) 在《孕妇补充维生素 A》中提出维生素 A 补充剂不作为降低母体和婴儿发病率和死亡率的常规推荐。但在维生素 A 严重缺乏的地区,维生素 A 补充剂应作为孕期的常规推荐,以避免发生夜盲症。其推荐补充计划见表 5-5。

表 5-5 孕妇维生素 A 补充剂量建议

目标人群	剂量	频率	剂型	持续时间
孕期妇女	每日最高不超过 10 000IU 或每周最高不超过 25 000IU	每日或每周	口服液、棕榈酸视黄酯及视黄醇乙酸酯类	孕 12 周直到分娩

三、营 养 治 疗

(一)祛除病因

如因为疾病引起维生素 A 缺乏,应首先去除病因,治疗原发病。

(二)补充维生素 A

除了饮食补充富含维生素 A 的食物外,有条件的地方可以采用维生素 A 强化的食品,如婴儿的配方奶粉和辅食。用维生素 A 制剂治疗维生素 A 缺乏症,疗效迅速而有效。儿童按体重口服 5000IU/(kg·d),或每日补充维生素 A 2.5 万 IU(1IU 维生素 A=0.3μg 视黄醇),口服 2 日,然后于 7~10 日后再服 1 次,通常即可见效。或肌内注射也可,共 1~2 周(或大剂量 1 次 20 万 IU),同时给予高蛋白饮食,以后再给予预防量。

对于育龄妇女，可使用每日10 000IU（3030RAE）或者每周25 000IU（7575RAE）的剂量治疗夜盲症和毕脱斑。角膜损伤的治疗同其他成人。

在营养恢复期的患者，该补充剂量之后，应该每日给予RDA水平的维生素A。如果患者在上个月已经接受了常规预防性补充剂量，则禁止再次大剂量补充。而且，对于被再度关注的HIV阴性儿童，只有与上次补充间隔4个月以上，才能再次使用大剂量补充。

（三）眼局部治疗

严重的维生素A缺乏患者常需要眼的局部治疗。为预防结膜和角膜发生继发感染，可以采用抗生素眼药水或眼膏治疗。如有角膜软化和溃疡时，可采用抗生素眼药水与消毒鱼肝油交替滴眼。

第五节 维生素D缺乏病
一、概　述

（一）定义及流行趋势

维生素D是人体必需的营养素，是体内钙代谢最重要的生物调节因子之一。近年来，维生素D对健康的影响受到广泛关注。多种证据表明，维生素D缺乏不仅会导致骨骼疾病，还与多种骨骼外疾病密切相关，包括心血管疾病代谢综合征（肥胖、糖耐量减低/糖尿病、脂代谢紊乱、高血压）、恶性肿瘤、感染、过敏性疾病、精神及神经疾病、自身免疫性疾病、慢性肾病等。本章节重点介绍最典型的维生素D缺乏病——佝偻病。

佝偻病（rickets）是维生素D缺乏病（vitamin D deficiency）的临床表现之一，主要见于3岁以下婴幼儿。成人阶段的维生素D缺乏则主要表现为骨软化症（osteomalacia）。与骨软化症相比，佝偻病发病率高，是最常见的维生素D缺乏表现。

20世纪，北欧和美国佝偻病发病率较高，后来通过常规给婴幼儿补充维生素D将其发病率降低，但在发展中国家佝偻病仍是重要的公共卫生问题。在我国，婴幼儿是佝偻病的高危人群，北方佝偻病患病率高于南方。2001年北京地区12～14岁青少年中严重维生素D缺乏[25-(OH)D＜12.5nmol/L]患病率冬季为45.2%，夏季为6.7%。近年来随着社会经济文化水平的提高，我国营养性维生素D缺乏性佝偻病发病率逐年降低，病情也趋向轻度。2011年报道南京城区0～10岁的健康儿童中冬季维生素D严重缺乏患病率为1.3%。通过对两地学生的体格检查发现幼时患佝偻病后遗留的不同程度的骨骼畸形比较高，如鸡胸、漏斗胸、串肋珠、肋膈沟、"O"形腿、"X"形腿等，两地佝偻病后遗症检出率高达35.9%。

（二）维生素D体内来源及代谢特征

人体的维生素D根据其来源可分为内源性维生素D与外源性维生素D。内源性维生素D是人体皮肤内的7-脱氢胆固醇经日光中的紫外线照射后产生没有活性的维生素D_3；外源性维生素D主要来自食物，如鱼、肝、蛋、乳类等。膳食中的维生素D_3在胆汁的协助下，在小肠内形成乳糜微粒被吸收入血浆，与内源性维生素D_3一起经维生素D_3结合蛋白（血浆内的一种α-球蛋白）转运至肝脏。在肝内经25-羟化酶的催化作用下氧化成为25-$(OH)_2D_3$，此时，虽已具有抗佝偻病活性，但作用不强，再被转运至肾脏后，经1-羟化酶的催化下，进一步被氧化成具有较强抗佝偻病活性的 1,25-(OH)$_2$D$_3$，最后经血循环输送到相关靶器官而发挥其生理作用。

转运至小肠组织的 1,25-(OH)$_2$D$_3$ 先进入肠黏膜上皮细胞内，与胞质中的特异性受体形成复合体，作用于核内染色质，诱发合成特异的钙结合蛋白，后者的作用是把肠腔表面的钙离子转运带入黏膜细胞，从而进入血循环使血钙升高，促进骨中钙的沉积。除此以外，1,25-(OH)$_2$D$_3$ 对肾脏也具有直接作用，促进肾小管对钙和磷的重吸收，以减少钙和磷的丢失。

（三）佝偻病发病机制和病理改变

维生素 D 缺乏时，钙、磷经肠道吸收减少，使血钙降低刺激甲状旁腺激素（parathyroid hormon，PTH）分泌增多。PTH 能诱导破骨细胞生成，从而对骨质进行溶解和吸收，临床上出现骨样组织钙化障碍的表现；同时成骨细胞代偿性增生，局部骨样组织堆积，碱性磷酸酶分泌增多，临床上同样产生一系列相应的骨骼改变和生化改变。另外 PTH 又反馈促进肾脏形成 1,25-(OH)$_2$D$_3$，从而增加小肠和肾小管对钙的吸收，而 PTH 抑制肾小管对磷的重吸收，此时尿磷大量排出，尿钙则趋于正常或稍偏低。故当维生素 D 缺乏时临床常发生低磷血症。

佝偻病的主要病理改变是骨样组织增生，骨基质钙化不良。维生素 D 缺乏时，钙、磷沉积于骨受阻，成骨作用发生障碍，长骨干骺端的骨骺软骨中成熟软骨细胞及成骨细胞不能钙化而继续增殖，形成骨骺端骨样组织堆积，临时钙化带增厚，骨骺膨大，形成临床上常见的肋骨串珠、手镯、脚镯征等，使骨的生长发育停滞不前。长骨骨干因骨质脱钙，骨皮质为不坚硬的骨样组织代替，故骨干容易弯曲畸形，甚至发生病理性骨折。颅骨骨化障碍表现为颅骨软化，颅骨骨样组织堆积造成方颅和骨骼畸形。

（四）佝偻病病因

引起佝偻病的原因归纳如下。

1. 日光照射不足　天然食物中维生素 D 的含量普遍较少，日光照射下皮肤内维生素 D 的合成是体内维生素 D 的主要来源。日光紫外线照射不足是世界各地发生维生素 D 缺乏的主要原因。日光照射与地理条件、季节和大气环境关系密切，热带、亚热带光照充足，一般不易发生佝偻病；温带、寒带日照时间短，特别在多雨、多雾和大气污染严重的地区更容易发生。人们日常所穿的衣服、所使用的防晒措施都会阻碍皮肤接收紫外线，普通玻璃也能将大部分日光紫外线吸收，这些因素均能影响皮肤生物合成足够量的维生素 D。

2. 维生素 D 和钙、磷摄入不足　天然食物含维生素 D 较少。动物性食物是天然维生素 D 的主要来源，海水鱼（如鲱鱼、沙丁鱼）、动物肝脏，鱼肝油等都是维生素 D$_3$ 的良好来源。尽管从普通的食物如鸡蛋、牛肉、黄油和植物油中也可获得少量的维生素 D$_3$，但日常一般膳食中所含的维生素 D 并不能满足机体需要的。因此，对于日光暴露不理想的人群，尤其在冬季，维生素 D 的补充特别尤为重要。2 岁以内的婴幼儿，由于暴露阳光不充足，乳类含维生素 D 不足，且处于快速生长阶段，容易造成体内维生素 D 的缺乏。因此建议多晒太阳，同时补充鱼肝油或其他维生素 D 强化食品。

另外，食物中钙、磷的含量及比例均可影响钙、磷吸收。人乳中钙、磷含量虽低，但比例（2：1）适宜，容易被吸收；而牛乳钙、磷含量较高，但钙磷比例（1.2：1）不是最佳比例，故牛乳中的钙吸收率低于人乳。

3. 钙和维生素 D 需要量增多　早产儿因生长速度快和体内储钙不足而易患佝偻病；婴儿生长发育快，对维生素 D 和钙的需要量增多，故易引起佝偻病；2 岁后因生长速度减慢，且户外活动增多，佝偻病的发病率逐渐减少。重度营养不良婴儿生长迟缓，发生佝偻病者不多。

4. 疾病和药物影响　胃肠道或肝胆疾病影响维生素 D 的吸收，婴幼儿胆汁淤积、胆总管扩张、先天性胆道狭窄或闭锁、脂肪泻、胰腺炎、难治性腹泻等疾病均可导致维生素 D、钙、磷吸收降低而增加佝偻病患病风险。肝、肾严重损害可导致维生素 D 羟化障碍，$1,25\text{-}(OH)_2D_3$ 生成不足而引起佝偻病。长期使用苯妥英钠、苯巴比妥等药物，可加速维生素 D 的分解与代谢而引起佝偻病。

（五）佝偻病临床表现

维生素 D 缺乏性佝偻病主要临床表现为骨骼的改变及非特异性的精神神经症状。严重佝偻病患者可影响消化系统、呼吸系统、循环系统及免疫系统，同时对婴幼儿的智力发育也有影响。

维生素 D 缺乏性佝偻病在临床上分为初期、激期、恢复期和后遗症期。初期和激期统称为活动期。

1. 初期　多数从 3 个月左右开始发病，此期以精神神经症状为主，患儿有睡眠不安、好哭、易出汗等现象，出汗后头皮痒而在枕头上摇头摩擦，出现枕部秃发。

2. 激期　除初期症状外，患儿以骨骼改变和运动功能发育迟缓为主。用手指按在 3~6 个月患儿的枕骨及顶骨部位，感觉颅骨内陷，随手放松而弹回，称乒乓球征。8~9 个月以上的患儿头颅常呈方形，前囟大及闭合延迟，严重者 18 个月时前囟尚未闭合。两侧肋骨与肋软骨交界处膨大如珠子，称肋串珠。胸骨中部向前突出形似"鸡胸"，或下陷成"漏斗胸"，胸廓下缘向外翻起为"肋缘外翻"。会站、走的小儿由于体重压在不稳固的二下肢长骨上，两腿会形成向内或向外弯曲畸形，即"O"形或"X"形腿。

患儿的肌肉韧带松弛无力，因腹部肌肉软弱而使腹部膨大，平卧时呈"蛙状腹"，因四肢肌肉无力，学会坐、站、走的年龄都较晚，因两腿无力容易跌跤。出牙较迟，牙齿不整齐，容易发生龋齿。大脑皮质功能异常，条件反射形成缓慢，患儿表情淡漠，语言发育迟缓，免疫力低下，易并发感染、贫血。

3. 恢复期　经过一定的治疗后，各种临床表现均消失，肌张力恢复，血液生化改变和 X 线表现也恢复正常。

4. 后遗症期　多见于 3 岁以后小儿，经治疗或自然恢复后临床症状消失，仅重度佝偻病遗留下不同部位、不同程度的骨骼畸形。

（六）佝偻病诊断

根据病史、症状、体征、血液生化学检查及骨 X 线检查的改变可做出诊断。各期的血液生化学检查及 X 线检查见表 5-6。对可疑病例应测定血钙、磷、碱性磷酸酶，同时行骨龄 X 线摄片检查，血清 $25\text{-}(OH)D_3$ 和 $1,25\text{-}(OH)_2D_3$ 在佝偻病活动早期就明显降低，血浆中 cAMP 浓度和尿的排泄量均增高，尿钙的测定也有助于佝偻病的诊断。

表 5-6 维生素 D 缺乏性佝偻病各期的血液生化学检查及 X 线检查

分期	血清				X 线改变
	钙	磷	钙磷乘积	碱性磷酸酶	
初期	正常或低	降低	30~40（mg/dl）	增高或正常	无明显变化
激期	稍低	明显降低	<30（mg/dl）	增高明显	长骨干骺端临时钙化带模糊或消失，边缘不整呈云絮状、毛刷样及杯口状改变，骨骺软骨明显增宽；骨干骨质稀疏，密度下降
恢复期	正常	正常	正常	4~6 周恢复正常	2~3 周后即有改变并逐渐恢复
后遗症期	正常	正常	正常	正常	正常

二、防治指南

维生素 D 缺乏病最好的预防措施是晒太阳。人体所需维生素 D 约 80% 靠自身合成，经测定，阳光直晒后，每平方厘米皮肤在 3h 内能合成维生素 D 18IU。据报道，婴儿预防佝偻病所需日光浴的时间为每周 30min，穿衣不戴帽为每周 120min。春夏季出生的孩子满月后就可抱出户外，秋冬季出生的孩子 3 个月也可抱出户外，开始每次外出逗留 10~15min，以后可适当延长时间，如在室内应开窗。

预防佝偻病应从怀孕后期开始。此时胎儿对维生素 D 和钙磷的需要量增加，应鼓励孕妇晒太阳，食用富含维生素 D 与钙磷的食物。

正确的喂养方式也有助于预防佝偻病发生，新生儿应提倡母乳喂养，尽早开始晒太阳。母乳喂养的婴儿自出生后 1 周开始每日补充维生素 D 400IU，早产儿每日补充 800IU。及时添加辅食，断奶后要培养良好的饮食习惯，不挑食、偏食，保证小儿各种营养素的需要。对早产儿、双胎儿、人工喂养儿，补充维生素 D 是预防佝偻病的重要方法。

2011 年美国内分泌协会制订维生素 D 临床实践指南，指出针对高危人群的维生素 D 补充建议（表 5-7）。

表 5-7 高危人群维生素 D 建议补充摄入量

维生素 D 缺乏的风险人群		生理需要量（IU/d）维持最佳骨骼和肌肉功能	维生素 D 补充上限（IU/d）	维持 25（OH）D>30ng/ml 的补充量	纠正维生素 D 缺乏补充上限（IU/d）
0~1 岁	0~6 个月	400	1000	1000	2000
	6~12 个月	400	1500	1000	2000
1~18 岁	1~3 岁	600	2500	1000	4000
	4~6 岁	600	3000	1000	4000
	9~18 岁	600	4000	1000	4000
19~50 岁		600	4000	1500~2000	10 000
51~70 岁		600	4000	1500~2000	10 000
>70 岁		800	4000	1500~2000	10 000
妊娠哺乳妇女		600	4000	1500~2000	10 000

三、营养治疗

治疗目的在于控制活动期，防止骨骼畸形。主要措施是使用维生素 D 制剂。

（一）补充维生素 D

不主张采用大剂量维生素 D 治疗，治疗应以口服为主，一般剂量为每日 50~125μg（2000~5000IU），持续 4~6 周；之后小于 1 岁婴儿改为 400IU/d，大于 1 岁婴儿改为 600IU/d，同时给予多种维生素。治疗 1 个月后应复查效果，如临床表现、血生化与骨骼 X 线改变无恢复征象，应与抗维生素 D 佝偻病鉴别。

（二）补充钙剂

维生素 D 治疗期间应保证充足的钙摄入。主张从膳食牛奶、配方奶和豆制品补充钙和磷，婴儿只要有足够牛奶不需要补充钙剂，但在有低血钙表现、严重佝偻病和营养不足时需要补充钙剂。

（三）其他

激期阶段勿使患儿久坐、久站，防止骨骼畸形。轻度骨骼畸形在治疗后或在生长过程中自行矫正。应加强体格锻炼，可采取某些主动或被动运动方法进行矫正，如俯卧撑或扩胸动作使胸部扩张，纠正轻度鸡胸及肋外翻。严重者，4 岁后可考虑手术矫行。

第六节　碘缺乏病
一、概　述

（一）定义及流行趋势

碘是人体不可缺少的一种营养素，是甲状腺素的重要组成成分之一。机体因缺碘所导致的一系列障碍统称为碘缺乏病（iodine deficiency disorders，IDD）。机体缺碘与所生存的自然环境的碘缺乏有关，该病的分布呈现明显的地方性，曾被称为地方病。地方性甲状腺肿因缺碘而起，可以通过补充碘来预防。瑞士和美国于 20 世纪 20 年代首先采用了食盐加碘的方式预防民众的甲状腺肿大，我国从 1995 年开始实施食盐加碘来预防和控制碘缺乏病。

1990 年以后，随着碘盐的广泛使用，碘缺乏现象迅速得到改观。我国在 20 世纪 90 年代估计全国有 7.2 个亿人仍生活在缺碘地区，亚克汀病患者估计有数百万之多，从 1995 年起全民实施食用碘化盐后取得了历史性的成就，2000 年我国宣布已基本实现消除碘缺乏病的阶段目标。发表于 2009 年的数据表明，2005 年甘肃省的地方性甲状腺肿大为 13.5%，大大低于 1995 年的 38.7%。

（二）碘的消化吸收和排泄

人体碘 80%~90% 来自食物，10%~20% 来自饮水；消化道、皮肤、呼吸道和黏膜均可吸收碘。食物中的碘很容易被吸收。进入体液的碘主要被甲状腺摄取和浓集，以甲状腺激素和其他碘化物的形式储存于甲状腺组织中，储存至一定量后，多余的碘主要从尿排出，但过量碘摄入对甲状腺有抑制作用。乳腺能从血浆中浓集碘通过乳汁分泌，故乳母每日可因哺乳至少损失 30μg 碘，这可能是乳母易发生甲状腺肿的原因之一。

（三）碘的生理作用

碘的生理功能主要通过甲状腺激素完成。甲状腺激素的主要功能如下。

1. 促进生长发育 甲状腺激素和生长激素具有协同作用,其促进生长发育作用最明显是在婴儿时期,在出生后头 5 个月内影响最大。它主要促进骨骼、脑和生殖器官的生长发育。先天性或幼年时缺乏甲状腺激素,引起呆小病。呆小病患者的骨生长停滞而身材矮小,上、下半身的长度比例失常,上半身所占比例超过正常人。又因神经细胞树突、轴突、髓鞘及胶质细胞生长障碍,脑发育不全而智力低下,他们性器官也不能发育成熟,没有正常的生殖功能。新生儿甲状腺功能低下时,应在一岁之内适量补充甲状腺激素,这有助于中枢神经系统的发育和脑功能的恢复。错过此时期,即使补充大量 T_3 或 T_4,也不能恢复大脑的正常功能。

2. 调节新陈代谢 通过促进物质分解代谢,增加耗氧量,产生能量,增加产热效应,影响基础代谢率。甲状腺功能亢进患者的基础代谢率可增高 35%左右;而功能低下患者的基础代谢率则降低 15%左右。这对三大营养物质代谢的影响十分复杂。总的来说,在正常情况下甲状腺激素主要是促进蛋白质合成,特别是使骨骼肌、肝脏等蛋白质合成明显增加,这对幼年时的生长、发育具有重要意义。然而甲状腺激素分泌过多,反而使蛋白质,特别是骨骼肌的蛋白质大量分解,因而消瘦无力。在糖代谢方面,甲状腺激素有促进小肠黏膜对糖的吸收和促进肝糖原分解的作用。同时它还能促进外周组织对糖的利用,甲状腺功能亢进时血糖升高,有时出现尿糖。总之,它加速了糖和脂肪代谢,特别是促进许多组织的糖、脂肪及蛋白质的分解氧化过程,从而增加机体的耗氧量和产热量。

3. 对其他器官功能的影响 甲状腺激素对机体几乎所有系统都有不同程度的影响,如心血管系统、神经系统、消化系统及肌肉等,但多数影响是继发于甲状腺激素的产热效应与对代谢的影响。

(四)碘缺乏导致甲状腺肿大的病理生理机制

当机体较长时期缺碘,甲状腺组织将会失代偿并出现病理损害。碘不足,甲状腺激素水平降低,引起垂体分泌促甲状腺素(TSH)增加,刺激甲状腺滤泡上皮增生。甲状腺组织中可见增生的滤泡,滤泡上皮增多,滤泡腔小,胶质储存减少,甲状腺体积增大,功能增强,如随着持续时间的延长,反复这样进行,则出现弥漫性甲状腺肿大。弥漫性甲状腺肿在补碘后可在数月或数年内复原,但结节一旦形成则不可逆,结节性甲状腺肿形成是持续性缺碘进一步发展的结果。

(五)病因

环境缺碘导致饮食与饮水缺碘是碘缺乏病的主要原因。世界大部分地区的土壤中缺碘,尤其是冰川冲刷地带和洪水泛滥的平原。人类活动对土壤的破坏,滥砍滥伐,水土流失,加重了环境缺碘。山区缺碘的文献报道众多。我国地方性甲状腺肿也多分布在山区,主要因为山区坡度大,雨水冲刷,碘从土壤中丢失所致。我国东北地区缺碘可能是因为频繁的洪水泛滥以及地下水的运动活跃。人体碘的供给约有 60%来源于植物性食品,土壤中碘缺乏可导致植物性食物中碘含量不足。居住在缺碘环境中的居民饮水、饮食均缺碘,很容易导致碘缺乏病。

(六)临床表现

碘缺乏病的临床表现取决于缺碘的程度,持续时间和患病年龄。胎儿期缺碘可致死胎、早产及先天性畸形;新生儿期则表现为甲状腺功能减退;儿童和青春期主要引起地方性甲状腺肿、地方性甲状腺功能减退症，表现为儿童智力损害，身体发育及性发育障碍。成人期则可发生甲状腺肿。

碘缺乏病的典型表现主要为地方性甲状腺肿、地方性克汀病。

1. 地方性甲状腺肿 正常甲状腺呈"H"型，分左右两叶，附着于喉及气管起始部的两侧，于皮肤外较难触到。地方性甲状腺肿主要表现为甲状腺肿大，甲状腺常呈轻度或中度弥漫性肿大，质地较软，无压痛。随着病情进展，甲状腺可逐渐增大，甚至引起压迫症状，如压迫气管引起咳嗽和呼吸困难，压迫食管引起咽下困难，压迫喉返神经引起声音嘶哑，胸骨后甲状腺肿可使头部、颈部、上肢静脉回流受阻，表现为面部青紫、水肿。

2. 地方性克汀病 1754年，克汀病（cretinism）首次出现，主要指聋哑并伴有巨大甲状腺肿的低能者。克汀病神经型表现为智力呈中度及重度减退，甲状腺轻度肿大，身高可正常，表情淡漠，聋哑，多有精神缺陷，眼多斜视，痉挛或瘫痪，膝关节屈曲，膝反射亢进，可出现病理反射，甲状腺功能正常或轻度低下。克汀病黏液性水肿型表现为轻度智力低下，侏儒状态明显，生长发育和性发育落后，有甲状腺肿大和严重的甲状腺功能低下表现，有典型的面容，便秘及黏液性水肿较突出，某些患者呈家族性发病。克汀病混合型则上述两者均有。大多数患儿表现为混合型。

除了明显的甲状腺功能减退和甲状腺肿外，还存在着许多亚临床患者。De Quarrain与Wegelin首先用类甲状腺功能减退症来描述亚临床患者，并做如下规定：如有可疑甲状腺功能低下、可疑智力低下或两者均有，只要有其中一项，则考虑为类甲状腺功能减退症。亚临床体格发育落后综合征：主要是身高和体重低于正常儿童，某些生理检查指标如握力、肺活量和血压等也偏低，少数人还有轻度骨骼发育落后，性发育落后一般不明显。

（七）诊断

对人群碘营养状况的评估，推荐使用尿碘、甲状腺肿大率和激素TSH水平。碘缺乏病患者的诊断标准如下。

1. 地方性甲状腺肿 我国制订的诊断标准有三条。

（1）居住在碘缺乏地区。

（2）甲状腺肿大超过受检者拇指末节，或小于拇指末节而有结节者。

（3）排除其他甲状腺疾病，如甲状腺功能亢进、甲状腺炎和甲状腺癌等。

此外，实验室检查表现为尿碘偏低，血浆中TSH可有不同程度增高，血浆中T_4、T_3浓度多属于正常，但严重患者T_4低于正常，T_3稍高，甲状腺扫描也可见弥漫型或结节性甲状腺肿大。

2. 地方性克汀病的诊断标准

（1）出生、居住于低碘地方性甲状腺肿病地区。

（2）有精神/神经发育不全，表现为不同程度的智力障碍、语言障碍和运动神经障碍。

（3）不同程度的体格和性发育障碍，特殊的典型面容。

（4）辅助检查：包括T_3、T_4、TSH的水平异常。X线表现为骨龄落后，以成骨中心及骨骺不能按时出现为多见，颅骨脑回压迹增多，颅底短小，蝶鞍偶见增大。

如具有上述任何一项症状或体征,再加上一项辅助检查指标者,而又可排除分娩损伤、脑炎、脑膜炎及药物中毒等病史者,即可诊断为地方性克汀病。

二、防治指南

(一) 食盐加碘

食盐加碘是全世界防治碘缺乏的简单易行、行之有效的措施,从 1995 年起,我国开始实施食盐加碘来预防和控制碘缺乏病,目前我国已经全面推行食盐加碘。

碘缺乏或碘过量均可以对机体造成不同程度的影响。随着食盐加碘措施的不断实施,碘过量问题越来越受到重视。总体而言,碘缺乏的危害远远高于碘过量,因此,碘缺乏和碘过量的预防中,碘缺乏的预防要放在首位。我国自实施食盐加碘以来,进行了 7 次全国大规模监测和 4 次碘浓度的调整,2012 年国家出台的最新碘盐标准已由全国一个碘盐浓度,改为推荐 30、25、20mg/kg 三种碘盐强化水平,并由各省依据当地碘营养状况进行选择。

(二) 重点人群(孕妇和哺乳期妇女)的碘营养水平

孕妇和哺乳期妇女是补碘的重点人群,碘摄入量不足会影响下一代的脑发育等,因此需特别关注孕妇和哺乳妇女碘营养,并采取综合措施提高其碘营养水平。美国甲状腺协会 2015 年针对孕妇和哺乳期妇女进行了碘的推荐,建议每日补充碘含量为 150μg 且存在形式为碘化钾的碘复合物。中国碘缺乏病防治策略研讨会工作组也于 2015 年制订《中国碘缺乏病防治策略研讨会专家共识》,建议:①为了保证我国居民碘摄入量处于适宜水平(避免碘缺乏和碘过量),应继续保持合格碘盐食用率在 90%以上;②保障人群碘足量供应;③用国际标准和指标评价中国碘缺乏病防治情况是必要和有效的;④在水源性高碘地区,有碘过量风险,应该通过改水减少水中碘含量。

三、营养治疗

(一) 去除病因

首先去除病因,如膳食因素导致,应先调整饮食;如为药物引起,则需停药或换药。

(二) 饮食疗法

大多数食物和饮料中碘含量较低,海产品碘含量较高,因为海产动植物可富集海洋中的碘,包括海带、紫菜、海蜇、海鱼、海虾、干贝等。不同年龄段人群碘的推荐量不同:其中 1~10 岁为 90μg/d,11~13 岁为 110μg/d,14 岁以上为 120μg/d;孕妇在非孕基础上增加 110μg/d,乳母则在成年女性基础上增加 120μg/d。

(三) 药物治疗

可通过口服或注射碘化油来满足机体对碘的需要。

(沈秀华 曾 果 李媛媛)

参 考 文 献

蔡威, 邵玉芬. 2010. 现代营养学. 上海: 复旦大学出版社.

陈春明, 季成叶, 王玉英. 2009. 我国贫困乡村儿童青少年营养不良状况分析报告. 北京: 中国发展出版社.

葛可佑. 2004. 中国营养科学全书. 北京: 人民卫生出版社.

沈秀华, 唐文静, 毛绚霞, 等. 2013. 广西云南贫困县小学生饮食相关影响因素分析. 中国学校卫生, 34 (007): 788-790.

石汉平, 许红霞, 林宁, 等. 2015. 营养不良再认识. 肿瘤代谢与营养电子杂志, 4: 1-5.

唐文静, 沈秀华, 毛绚霞, 等. 2013. 广西及云南贫困地区小学生的营养现状及学校膳食情况. 卫生研究, 42 (4): 571-575.

王梦奎. 2009. 为了国家的未来-改善贫困地区儿童营养状况试点报告. 北京: 中国发展出版社.

王卫平. 2013. 儿科学. 8版. 北京: 人民卫生出版社.

中国营养学会. 2014. 中国居民膳食营养素参考摄入量 (2013版). 北京: 科学出版社.

中华人民共和国卫生部. 2005. 中国居民营养与健康状况 (调查报告). 北京: 人民卫生出版社.

Bowman B A, Ressell R M. 2008. 现代营养学. 9版. 荫士安, 汪之琐, 王茵译. 北京: 人民卫生出版社.

Cederholm T, Bosaeus I, Barazzoni R, et al. 2015. Diagnostic criteria for malnutrition - An ESPEN Consensus Statement. Clin Nutr. 34 (3): 335-340.

Ma G, Jin Y, Li Y, et al. 2008. Iron and zinc deficiencies in China: what is a feasible and cost-effective strategy?. Public Health Nutrition, 11 (6): 632-638.

Sobotka L. 2013. 临床营养基础. 4版. 蔡威译. 上海: 复旦大学出版社.

Wang Y L, Zhang Z L, Ge P F, et al. 2009. Iodine deficiency disorders after a decade of universal salt iodization in a severe iodine deficiency region in China. Indian J Med Res, 130, 413-417.

Wong A Y S, Chan E W, Chui C S L, et al. 2014. The phenomenon of micronutrient deficiency among children in China: a systematic review of the literature. Public Health Nutrition, 17 (11): 2605-18.

Zimmermann M B, Boelaert K. 2015. Iodine deficiency and thyroid disorders. Lancet Diabetes & Endocrinology, 3 (4): 286-295.

第六章 营养相关慢性病

世界卫生组织将慢性非传染性疾病（non-communicable diseases，NCD）（简称慢性病）定义为一类病程长且病情迁延不愈、缺乏确切的传染性生物病因证据，病因复杂且尚未被完全证实的疾病总称。其主要包括肥胖病、心脑血管疾病、糖尿病和肿瘤等，它不仅影响患者本人的劳动能力和生活质量，威胁公众的生命与健康，而且严重阻碍社会经济的发展。随着城市化、工业化、老龄化进程的加速，以及人们行为生活方式的改变，慢性病已成为全球公共卫生问题。据世界卫生组织报道，2011年全球死亡5459万人，其中3623万人死于慢性病，占总死亡的66%，而我国慢性病死亡约占总死亡的85%。有证据显示，慢性病的共同危险因素是不合理膳食、身体活动不足和吸烟等，尤其是随着社会经济的发展、疾病模式和膳食模式转变，膳食营养因素对慢性病的影响更加显著。因此，从营养学和疾病防治的角度将这些与膳食营养因素密切相关的慢性病称为营养相关慢性病。本章涉及的营养相关慢性病包括肥胖病、心脑血管疾病、糖尿病、血脂代谢异常、肿瘤、痛风、骨质疏松、肌肉衰减综合征和阿尔茨海默病。

第一节　肥　胖　病
一、概　　述

随着现代社会文明的发展和物质生活条件的不断改善，肥胖发病率在世界范围内呈逐年上升趋势，目前肥胖已经成为全球性的严重健康问题和社会问题。肥胖不仅是一种独立的疾病，而且还是一种能导致多种慢性疾病发生的危险因素，不仅对患者的身心有较大的损害，而且还给个人、家庭和社会带来了沉重的经济负担。

（一）定义与分类

1. 定义　肥胖病主要表现为体内脂肪堆积过多和（或）分布异常，通常伴有体重增加。作为一种由多因素引起的慢性代谢性疾病，早在1948年世界卫生组织（WHO）就已将肥胖列入疾病分类名单，并认为是2型糖尿病、心血管疾病、高血压、脑卒中和多种癌症的危险因素。

2. 分类　肥胖按病因可分为单纯性肥胖和继发性肥胖。绝大多数肥胖者无内分泌疾病或其他明显的特殊病因。单纯由于营养过剩造成的脂肪过量积累称为"单纯性肥胖"，单纯性肥胖者占肥胖症总人数的95%以上；"继发性肥胖"是指因其他疾病如内分泌疾病或遗传疾病引起的肥胖。

（1）单纯性肥胖：患者一般体态均称，皮下脂肪分布均匀，多数患者喜食油腻及甜味食品，且不爱活动，有胸闷、汗多、气短等症状。肥胖儿童中约99%以上属于单纯性肥胖。目前普遍认为能量摄入和消耗之间的不平衡是肥胖发生发展的主要原因，父母肥胖等遗传因素也是单纯性肥胖发生的一个重要方面，还有学者认为情绪紧张、忧郁等心理因素可能也与肥胖发生密切相关。单纯性肥胖可发生于个体发育的不同阶段，婴幼儿时期的肥胖已被认为是成年期肥胖的危险因素,由于成年期肥胖可带来糖尿病、高血压、脑血管意外等多种并发症,从而加强成年期疾病在儿童的预防成为共识。某些特殊情况下由于人体自身的需要,也可使个体处于脂肪蓄积过多的状态,如妊娠期及哺乳期的肥胖。另外,个别特殊职业也需要机体有较多的脂肪蓄积,如相扑运动员、举重运动员等,但仍属于单纯性肥胖之列。

(2)继发性肥胖:是指因某种疾病而引起的肥胖,一般均有明显的疾病因素可寻。其包括的范围较广,临床上继发于神经-内分泌-代谢紊乱基础上的肥胖病或遗传性疾病所致的肥胖主要有以下几种:①下丘脑病变:各种原因引起的下丘脑综合征包括遗传性代谢缺陷、炎症、创伤、出血、肿瘤等均有可能引起肥胖病。②垂体病变:垂体前叶功能减退症、垂体瘤等。③甲状腺功能减退症:原发或继发于下丘脑-垂体病变者均可引起肥胖,主要是由于代谢率低下,脂肪动员相对较少,且常伴有黏液性水肿。④皮质醇增多症:多种原因引起体内皮质醇过多所致。由于体内各部位脂肪组织对皮质激素的敏感性不同,故出现面部、颈背、躯干部脂肪沉积增多,而四肢脂肪组织分布相对减少,形成典型的向心性肥胖。⑤胰岛素病变:胰岛素瘤、功能性自发性低血糖症,反复发作的低血糖,迫使患者通过增加进食来缓解症状。食欲亢进加之高胰岛素血症使合成代谢增加,导致患者肥胖,脂肪分布呈普遍性,皮下脂肪丰满。胰岛素瘤患者约40%伴有肥胖。⑥性腺功能减退症及其他:女性更年期综合征及少数多囊卵巢综合征,男性无睾或类无睾综合征,以及一些与遗传相关的综合征均可引起肥胖。⑦某些遗传性疾病:如Laurence-Moon-Bardet-Biedl综合征、Alstrom综合征、Prader-Willi综合征及Down综合征等。

(二)诊断标准

1. 体质指数(body mass index,BMI) BMI是目前临床上最常用的初步判断肥胖的快速、简便指标。具体的BMI计算公式及评价标准参见第十章第一节营养调查。

2014年,美国临床内分泌医师学会(AACE)和美国内分泌学会(ACE)联合发布肥胖诊断和管理的新框架,提出基于BMI的肥胖诊断定义需要更新,肥胖诊断模式应由"以BMI为中心"转为"以肥胖相关并发症为中心",按照BMI及有无肥胖相关并发症将肥胖分为5个阶段,以此制订肥胖的治疗方案。肥胖相关并发症几乎涉及全身各个系统,包括代谢综合征、糖尿病或者糖尿病前期、脂质代谢异常、高血压、非酒精性脂肪性肝病、睡眠呼吸暂停、多囊卵巢综合征、骨关节炎、胃食管反流、压力性尿失禁等。依据其对身体的影响,肥胖可分为0级(无并发症)、1级(轻至中度并发症)、2级(严重并发症)。肥胖的诊断及分级见表6-1。

表6-1 AACE新框架中的肥胖诊断和分级

诊断	人体测量指标	临床指标
正常体重	BMI<25kg/m² (某些人种BMI<23)	
超重	25kg/m²≤BMI<29.9 kg/m² (某些人种BMI:23~25伴腰围升高达代谢综合征)	无肥胖相关并发症
0级肥胖	BMI≥30 kg/m²	无肥胖相关并发症
1级肥胖	BMI≥25kg/m² (某些人种BMI:23~25伴腰围升高达代谢综合征)	存在1种或多种轻度至中度肥胖相关并发症
2级肥胖	BMI≥25kg/m² (某些人种BMI:23~25伴腰围升高达代谢综合征)	至少存在1种重度肥胖相关并发症

资料来源:美国临床内分泌医师学会(AACE)/美国内分泌学会(ACE).2014.肥胖诊断和管理新框架.

通常情况下，BMI 能反映身体的肥胖程度，但在有些特殊群体中应用 BMI 时却有一定的局限性。例如，肌肉很发达的运动员用 BMI 标准衡量可能属于肥胖，但实际上并不肥胖；而对于处在衰老期的老年人来说，由于他们的肌肉组织不断减少，取而代之的是脂肪组织不断增加，即使 BMI 在正常范围内，也可能属于肥胖。此外，BMI 不能反映局部脂肪的分布，不适用于儿童、孕妇、老人和肌肉发达者。因此，对这样的特殊群体不能单纯依靠 BMI 来确定他们的肥胖程度。

2. 腰围（waist circumference，WC）　腰围是一种简便实用的指标，能反映腹部脂肪积累的程度，但不适用于儿童、孕妇及腹水患者。

由于体脂分布存在性别差异，男性和女性的腰围界值有所差别。WHO 建议将男性 WC＞94cm、女性 WC＞80cm 作为中心性（腹型）肥胖的标准，但这一标准适宜于欧洲人群。对于亚太地区个体，建议将男性 WC＞90cm、女性 WC＞80cm 作为肥胖的标准。但国内研究显示，对于中国女性腰围＞85cm 可能是更为合适的标准。

腰围超标可以作为独立诊断肥胖的指标，只要腰围超过正常标准，即使体重正常也一样被视为肥胖。很多流行病学调查结果显示，腰围增大会增加心脑血管疾病、2 型糖尿病的患病及死亡风险。我国研究提示腰围是预测 2 型糖尿病的最佳指标，国际糖尿病联盟也将腰围作为是代谢综合征判断指标之一。

3. 腰臀比（waist-to-hip ratio，WHR）　腰臀比是腰围（cm）和臀围（cm）的比值，是 WHO 最早推荐用于中心性肥胖的指标，一般认为腰臀比超过 0.9（男）或 0.8（女）可视为中心性肥胖。但其分界值随年龄、性别、人种不同而不同，而且腰臀比是一个比值，所以并不能反映腰围和臀围的绝对值，腰臀比相同的人其腰围可能有很大差异。腰臀比与肥胖相关疾病的关联程度并不优于腰围，臀围在现场调查中测量较为复杂并难以保证质量，因此在公共卫生实践和相关研究中，腰臀比逐渐被腰围取代。

4. 腰围身高比（WHtR）　是腰围（cm）与身高（cm）的比值，由 Hsieh 等于 1995 年提出，2007 年 Parikh 等将其命名为中心性肥胖指数（index of central obesity，ICO）。腰围身高比与腰围高度相关，且无 BMI 标准的种族、性别、年龄差异，是评价中心型肥胖的理想指标，同时腰围身高比可作为预测单纯肥胖人群发生代谢综合征发病风险的指标。近年来，越来越多的研究表明，WHtR 在预测 2 型糖尿病、冠心病等疾病方面优于腰围、腰臀比和 BMI 等人体测量指标，特别是在评价按照 BMI 和腰围标准都正常的"健康人"时，以及在身材过高或过矮人群中，用腰围身高比评价中心性肥胖的效果要优于用腰围的评价效果。目前国际上比较趋于公认的腰围身高比诊断切点为 0.5，我国多个研究也支持腰围身高比＞0.5 可作为我国中年人群中心性肥胖评价的适宜切点。在健康教育中，以"腰围不超过身高一半"作为预防和控制肥胖的理念，简单、实用。

5. 体脂含量　评价肥胖最准确的方法是测定身体内的实际脂肪含量，如采用双能 X 线吸收法、生物电阻抗法、磁共振成像术等方法检测体成分。体脂肪含量测定结果与 BMI、腰围等指标相比能更准确地评价肥胖程度和体脂肪分布状况。目前一些有条件的医院营养科都配有人体成分检测仪，测定人体四肢、躯干不同部位的体成分状况。体成分仪是利用生物电阻抗原理，根据电流通过的难易程度了解肌肉的重量，由此计算出体内脂肪含量。体脂肪率的判定可参考日本肥胖学会的判断标准（表 6-2）。

表 6-2 体脂肪率的判断标准

性别	年龄	轻度肥胖	中度肥胖	重度肥胖
男性	不分年龄	≥20%	≥25%	≥30%
女性	6～14 岁	≥25%	≥30%	≥35%
	≥15 岁	≥30%	≥35%	≥40%

资料来源：日本肥胖学会.2004. 肥胖体脂肪率判断标准。

（三）流行趋势

1. 全球肥胖广泛流行　近 30 年来，超重肥胖在世界范围内快速增长，已成为当前最大的流行病和全球共同面临的重大公共卫生挑战之一。1980～2013 年全球肥胖调查研究表明：全球有近 30% 的人口超重或肥胖，人数高达 21 亿；肥胖及超重女性由 29.8% 增至 38.0%，男性由 28.8% 增至 36.9%；无论发达国家还是发展中国家，单纯肥胖患者的发病率都在逐年上升。据估计，由于肥胖及其相关疾病的医疗支出已达到医疗卫生总支出的 2%～7%。

2. 我国肥胖增长迅速　中国慢性病及其危险因素监测项目 2004 年、2007 年和 2010 年的三次调查数据显示，我国 18～69 岁成年人 3 个时点的超重率和肥胖率（中国标准）分别为 23.1%、27.3%、30.6% 和 7.1%、8.0%、12.0%，增长趋势明显。该项目组利用 2010 年的监测数据，分析发现我国成年人中心性肥胖率为 40.7%，城市（44.6%）明显高于农村（38.4%），东部城市最高，西部农村最低，对其中 49 320 名体重正常者（BMI 18.5～23.9kg/m^2）进行分析显示我国成年体重正常人群中心性肥胖率为 14.8%（男性 12.5%、女性 17.2%），且有随年龄增长的趋势，其中 18～29 岁组最低（9.4%），≥70 岁组高达 25.7%。《中国居民营养与慢性病状况报告（2015 年）》显示，全国 18 岁及以上成年男性和女性的平均体重分别为 66.2kg 和 57.3kg。全国 18 岁及以上成人超重率为 30.1%，肥胖率为 11.9%，比 2002 年上升了 7.3 个百分点和 4.8 个百分点，6～17 岁儿童青少年超重率为 9.6%，肥胖率为 6.4%，比 2002 年上升了 5.1 个百分点和 4.3 个百分点。不论成人还是儿童青少年，中国居民超重肥胖增长幅度都高于发达国家，超重肥胖问题十分严峻。

我国人群超重/肥胖的流行现状和趋势具有以下特点：①近 20 年来全人群的患病及发病水平呈快速增长，且存在较大的地区、城乡、性别和年龄组差异；②就总体患病水平而言，尚低于欧美发达国家，在世界范围内居中等水平；③在青少年人群中的增速和增幅明显，并已形成未来成年人肥胖大军的巨大潜在人群，其防治形势和任务异常艰巨；④由于我国人口构成的特点和老龄化的加快，≥60 岁老年人群中超重/肥胖率的增长趋势仍将持续一段时间；⑤城市地区的增幅已趋缓，而农村地区却快速增长，加之其巨大的人口基数和医疗保健资源的不均衡性，使农村人群将成为未来 10～20 年超重/肥胖导致健康危害的重点人群；⑥在体重正常人群中有近 1/5 的中心性肥胖者伴有心脑血管疾病危险因素的聚集，提示在进行肥胖监测与干预时，不应片面强调体重或 BMI，应结合腰围、腰臀比、腰高比、体脂含量等指标评价人群中心性肥胖的流行状况及趋势。

（四）危害

1. 超重、肥胖与相关疾病　肥胖可以导致一系列并发症或者相关疾病（表 6-3），进而影响预期寿命，导致生活质量下降。对于严重的肥胖患者，其心血管疾病、糖尿病和某些肿瘤的发生率及死亡率明显上升。BMI 在 25～30kg/m^2 的人群，上述风险增加的程度较轻，此时脂肪的分布可能起着更为重要的作用，中心性肥胖症患者要比全身性肥胖者具有更高的疾病危险，当 BMI 只有轻度升高而腰围较大者，冠心病的患病率和死亡率就增加。中国肥胖问题工作组根据我国人群大规模的测量数据，汇总分析了 BMI 与相关疾病患病率的关系，结果表明：BMI≥24kg/m² 者患高血压的风险是体重正常（BMI 18.5～23.9kg/m²）者的 3～4 倍，患糖尿病的风险是体重正常者的 2～3 倍，具有两项及以上危险因素（即危险因素聚集，主要的 5 个危险因素包括血压高、血糖高、血清总胆固醇高、血清甘油三酯高和血清高密度脂蛋白胆固醇降低）的风险是体重正常者的 3～4 倍。BMI≥28kg/m² 的肥胖者中 90%以上患有上述疾病或有危险因素聚集。男性腰围≥85 cm，女性腰围≥80cm 者患高血压的风险约为腰围低于此界限者的 3.5 倍，其患糖尿病的风险约为 2.5 倍；其中有两项及以上危险因素聚集者的风险约为正常体重者的 4 倍以上。因此防治肥胖症的目的不仅在于控制体重本身，更重要的是肥胖与许多慢性病有关，控制肥胖是减少慢性病发病率和病死率的一个关键因素。

表 6-3 肥胖相关健康问题

代谢并发症
  糖尿病、胰岛素抵抗、脂代谢紊乱、代谢综合征、痛风、高尿酸血症
心血管疾病
  高血压、冠心病、充血性心力衰竭、卒中、静脉血栓形成
呼吸系统疾病
  哮喘、低氧血症、睡眠呼吸暂停综合征、肥胖通气不足综合征
肿瘤
  食管癌、结肠癌、直肠癌、肝癌、胆囊癌、胰腺癌、肾癌、白血病、多发性骨髓瘤、淋巴瘤
  女性：子宫内膜癌、宫颈癌、卵巢癌、绝经后乳腺癌
  男性：前列腺癌
骨关节炎（膝关节等负重关节）
消化系统
  胆囊疾病、非酒精性脂肪性肝病（炎）、胃食管反流病、疝
尿失禁
生殖系统疾病
  月经失调、不育症、女性多毛征、多囊卵巢综合征、流产、妊娠期糖尿病、子痫和先兆子痫、巨大儿、新生儿窘迫综合征、畸胎、难产
其他疾病
  特发性颅内压增高、蛋白尿、皮肤感染、淋巴水肿、麻醉并发症、牙周病

资料来源：中华医学会内分泌分会肥胖学组. 2011. 中国成人肥胖症防治专家共识。

2. 超重、肥胖导致的社会和心理问题 由于文化背景、种族等的差异，人们对肥胖的态度不同。例如，在经济不发达时期，我国曾把肥胖称为"发福"并作为富裕的象征。在发达国家和迅速发展的国家中，肥胖者必须与来自社会和环境的偏见和歧视做斗争。肥胖者也往往受社会观点、新闻媒介宣传的影响，对自身的体形不满，总认为在社交中会受到排斥，尤其在受到中、高等教育的年轻女性中易受这种心理驱使，把"减肥"作为时尚；往往出现体重处于正常范围的人还在奋力减重的现象，有人甚至因此导致厌食症。从小就发胖的儿童容易产生自卑感，对各种社交活动产生畏惧而不愿积极参与，造成心理问题。

  暴饮暴食是肥胖患者中常见的一种心理病态行为。其主要特点是常常出现无法控制的食欲亢进，大多发生于傍晚或夜间，在夜里醒来后想吃东西。越来越多的观察发现，饮食

习惯不良有时与肥胖患者的节食行为有关，如在上顿少吃或不吃后下顿大量进食的现象，严重影响治疗效果。还有人怕发胖，在大量进食美餐后自行引吐，这些与肥胖相伴的心理变化都有害于身心健康。

3. 超重、肥胖与经济发展　肥胖不但有害于患者健康，而且对社会经济的发展也有着较大的阻碍作用。单从食物消费到减肥及并发症的治疗费用预算就非常巨大。美国一项医疗保险结构的调查表明，肥胖者每年用于肥胖及其并发症的治疗费用均在700亿美元以上，而美国肥胖研究人员则认为这些高额花费并没使减肥者出现奇效。若形象比喻，1976~1980年间美国有肥胖患者3400万，如果要把他们体重的超重部分降到正常，其费用节约下来则能够足以提供养活2000万印度饥民的粮食和资金。据估计，在芬兰、荷兰、法国、美国、澳大利亚、瑞典等国家，因肥胖造成的经济损失保守估计为卫生保健总支出的3%~8%，其数量至少可以与全部癌症或艾滋病的治疗费用相当。西方发达工业化国家所面临的肥胖问题，在许多发展中国家中也相继出现，贫困地区经济改善后接踵而至的肥胖人群迅速增加，使人群的健康水平下降、医药费用大幅度增加，将导致经济水平再度下降。

肥胖造成的经济负担包括直接经济负担和间接经济负担。直接经济负担主要是指肥胖相关疾病所造成的经济负担（含门诊费用、住院费用及为获得卫生服务机会所产生的交通费、食宿费等）中归因于肥胖的部分，这些疾病包括高血压、高胆固醇血症、非胰岛素依赖型糖尿病、脑卒中、抑郁症、血栓、多囊卵巢综合征、睡眠呼吸暂停、冠心病、肌肉骨骼系统疾病及某些癌症等数十种疾病。此外还包括用于治疗重度肥胖的医疗费用。研究显示，5种主要的肥胖相关疾病（高血压、高脂血症、2型糖尿病、冠心病、脑卒中）占据了肥胖直接经济负担的85%。以1990年数据为例，88亿美元的2型糖尿病费用中的57%归因于肥胖。心血管疾病费用中的290亿美元与肥胖相关。间接经济负担主要是指由于肥胖而引起的劳动能力降低、误工、失业甚至早死等所造成的经济损失。通常肥胖间接经济负担均显著低于直接经济负担。

2000~2010年10年间我国卫生总费用增长速度超过GDP，快速增长的慢性病是卫生总费用增长的一个重要原因。尽管我国的肥胖率低于发达国家，但肥胖的发病率增长迅速，而由此造成的直接经济负担占2010年国家卫生总费用的4.5%，高达907.68亿元人民币。主要慢性病直接经济负担的42.9%可归于超重和肥胖，因此超重和肥胖是造成主要慢性病经济负担的重要原因。

鉴于此，从发达国家到发展中国家都投入大量的人力、物力对肥胖病进行研究，以期制订出控制肥胖病的对策，而且把对肥胖病一级预防的重点放到儿童期，作为保护社会生产力的战略措施。然而，虽然各国肥胖研究机构均在致力研究肥胖的病因与防治，但全球肥胖发生率一直居高不下，甚至呈现持续上升趋势，肥胖已经成为一项严重威胁健康的全球性问题。

（五）影响因素

1. 遗传因素　多项研究表明单纯性肥胖具有遗传倾向，肥胖者的基因可能存在多种变化或缺陷。一些对双胞胎、领养子女家庭和家系的调查发现，肥胖有一定的家族聚集性。双亲均为肥胖者，子女中有70%~80%的人表现为肥胖，双亲之一（特别是母亲）为肥胖者，子女中有40%的人较胖。人群的种族、性别不同和年龄差别对致肥胖因子的易感性不同。研究表明遗传因素对肥胖形成的作用占20%~40%。众所周知，遗传变异是非常缓慢的过程，但是在 20 世纪后期，肥胖却已成为全球最受关注的疾病之一，从另一个角度说明肥胖症发生率的快速增长主要不是遗传基因发生显著变化的结果，而主要是生活环境转变所致。因此，改变环境和生活方式应该是预防肥胖的关键。

2. 生活方式因素

（1）膳食：随着我国的经济发展和食物供应丰富，人们对食物能量的基本需求满足以后，膳食模式发生了很大变化，高蛋白质、高脂肪食物的消费量大增，能量的总摄入往往超过能量消耗。与我国传统的膳食模式相比，很多城市，尤其在大城市的人们摄入富含高能量的动物性脂肪和蛋白质增多，而谷类食物减少，富含膳食纤维和微量营养素的新鲜蔬菜和水果的摄入量也偏低。已有研究证明含脂肪多而其他营养素密度低的膳食，引起肥胖的可能性最大。因此限制总能量和脂肪摄入量是控制体重的基本措施。

（2）身体活动：随着现代交通工具的日渐完善，职业性体力劳动和家务劳动量减轻，人们处于静态生活的时间增加。大多数肥胖者相对不爱活动；坐着看电视是许多人在业余时间的主要休闲消遣方式，成为发生肥胖的主要原因之一。经常性身体活动或运动不仅可增加能量消耗，而且可使身体的代谢率增加，有利于维持机体的能量平衡，还可以增强心血管系统和呼吸系统功能。因高强度剧烈运动不易坚持长时间，而且在此高强度运动的短期内，主要以消耗体内碳水化合物（肌糖原、肝糖原等）提供的能量为主，而不是首先消耗脂肪。在进行中、低强度身体活动时，更多动员体内脂肪分解以提供能量。由于中、低强度的身体活动可坚持的时间长，被氧化的脂肪总量比高强度剧烈运动多。因此，应强调多进行有氧的中、低强度身体活动，如走路、慢跑、扫雪、打羽毛球等。另外，经常参加锻炼者比不经常锻炼者的静息代谢率高；在进行同等能量消耗的运动时，经常锻炼能更多地动员和利用体内储存的脂肪，更有利于预防超重和肥胖。

（3）睡眠：越来越多的研究显示，睡眠不足或睡眠质量差是引起肥胖的重要原因。睡眠不足通过影响瘦素、胃饥饿素等激素在体内的动态平衡，使个体食欲增加、能量消耗减少，而且由于睡眠不足可引起疲劳感，使身体活动减少，静态活动增多，并增加了食用零食的机会，也可导致超重/肥胖的发生。美国睡眠基金会推荐成人每日最佳睡眠时间 7～9h。因此，为避免肥胖最好保证每天至少 7h 睡眠。

3. 社会环境因素 全球肥胖症患病率的普遍上升与社会环境因素的改变有关。经济发展和现代化生活方式对进食模式有很大影响。在中国，随着家庭成员减少、经济收入增加和购买力提高，食品生产、加工、运输及储藏技术有改善，可选择的食物品种更为丰富。随着妇女更广泛地进入各行各业，在家为家人备餐的机会日益减少；加上家庭收入增加，在外就餐和购买现成的加工食品及快餐食品的情况增多，其中不少食品的脂肪含量过多。特别是经常在外就餐和参加"宴会"和"聚餐"者，常常进食过量。在遇到烦恼、愤怒等不顺心事时，有人往往以进食消愁。此外，经常吃肉过多者，容易导致消化器官（肠道、肝脏）和肾脏负担过重和脂肪在体内蓄积，也不利于健康。

公共政策、新闻媒体、文化传统及科教宣传等对膳食选择和身体活动都会产生很大影响。新闻媒体（包括网络、电视、广播和印刷的宣传材料）在现代消费群体中有举足轻重的作用，电视广告对儿童饮食模式的影响甚至起着第一位作用。然而目前广告中所宣传的食品，许多是高脂肪、高能量和高盐的方便食品和快餐食品。有些广告对消费者，尤其是对儿童饮食行为的误导不容忽视。

二、营养与肥胖

肥胖是一种多因素作用导致的慢性代谢性疾病,在诸多因素中,营养与超重肥胖的关系最为密切。

(一) 高能量密度食物

食物的能量密度 (energy density of food) 是近年来提出的、用于评价食物供能多少的一个新概念,是指平均每克食物摄入后可供能的热卡数。食物的能量密度与食物中各种产能营养素的关系十分密切,脂肪是重要的产能营养素之一,每克脂肪可产能 37.62kJ (9kcal),因此脂肪含量较高的食物往往具有较高的能量密度。油炸食品(如炸土豆片)、软饮料、糖等食品也属能量密度较高的食物,其主要成分虽是碳水化合物,但能量密度可高达 12.55~16.74kJ(3~4kcal/g)以上。另外,乙醇能量密度较高,每克乙醇可以产生 7kcal 能量,容易通过肝脏吸收并转化为脂肪储存在体内。白酒、啤酒、红酒等各种酒类,除了提供能量以外,其他营养素含量极少,对肥胖发生起到促进作用。

(二) 营养素

在各种营养素致肥胖的因素中,高脂肪、高碳水化合物特别是高蔗糖膳食是肥胖的主要致病因素。越来越多的研究已经相当肯定其对肥胖形成的作用。

1. 脂肪 大量的流行病学研究提示,随着居民膳食中脂肪占总能量的百分比增加,其肥胖患病率明显升高。实验研究还提示,脂肪与碳水化合物比率高的膳食饱腹感作用差;高脂肪膳食的色、香、味往往诱发人的食欲,这意味着高脂肪膳食容易导致进食过量。而体内的能量消耗首先取自储存的碳水化合物,脂肪的氧化分解要比碳水化合物慢得多。就动物实验而言,低脂饮食摄入很难造就出肥胖模型,即使动物被圈养在一个很小的空间而无法通过活动增加能量消耗也是如此。在高脂饲养(35%以上的能量来源于脂肪)的动物体内,脂肪的储积量几乎与进食的脂肪量呈正相关,肥胖模型极易制备。这种现象在人类肥胖研究中也得到证实,即当过多的能量摄入主要来源于脂肪时,机体内脂肪储积速度就明显加快。

脂肪摄入过多在肥胖发生中的特殊意义,不仅仅是因为脂肪的能量密度远远高于其他营养素,而且还存在脂肪摄入量似乎难以控制的问题,即可能通过某些行为或心理因素加速肥胖进程。国外学者研究报告,6 个月的自愿试验结果显示,喜食高脂食物者体重增加明显,而喜食低脂食物的试验者因无过多的能量摄入而体重不增。因此对高脂食物摄入进行有意识的自我控制显然也能明显控制肥胖的发生。

2. 碳水化合物 近年来,美国等发达国家人群伴随碳水化合物摄入增加,肥胖的发生率加速上升,使碳水化合物与肥胖的关系成为研究的新热点。然而膳食中碳水化合物的含量及种类对肥胖者减轻体重的确切影响,目前还存在争议。有关碳水化合物和肥胖的系统评价表明肥胖者的体重减轻与低糖饮食并无明显关系。另外,在碳水化合物的选择上,究竟是低血糖生成指数 (glycemic index, GI) 还是高 GI 更有利于控制体重,意见也不统一。多数学者认为低 GI 碳水化合物能延缓饥饿感,并减少额外的能量摄入。也有学者认为尽管高 GI 食物可能增加 2 型糖尿病、心血管疾病的发生风险,但长期研究并未显示低 GI 食物能更有效控制体重,虽然存在以上争议,较为一致的意见是在含糖类食物的选择上应尽量多摄入复合碳水化合物(如谷类、水果等)。精制碳水化合物由于 GI 高、能量密度大、营养成分少，应限制摄入。特别是高蔗糖膳食，引起胰岛素水平升高可促进肝脏合成甘油三酯，引起血浆甘油三酯水平增高。高胰岛素血症导致脂蛋白脂肪酶活性增加，使脂肪细胞内的甘油三酯存积增多。

3. 其他营养素　由于谷类、水果、新鲜蔬菜等食用偏少而致膳食纤维不足与肥胖发生也有一定关系。在谷类、蔬菜和水果中，含有大量不被人体消化吸收的膳食纤维，膳食纤维被人体摄入后，极易吸收水分迅速膨胀，不仅增加饱腹感，而且释放出来的能量少，起着防止能量摄入过多、预防肥胖的作用。有研究发现，在饮食中增加14g/d的膳食纤维能使每日能量下降10%，3.8个月后体重下降1~9kg。

最近研究发现微量营养素中钙的缺乏也与肥胖发生相关。当膳食中缺钙时，机体在钙营养性激素（如甲状旁腺素和活性维生素D）作用下，提升细胞（尤其是脂肪细胞）内的钙浓度，而脂肪细胞内的钙积聚能抑制脂肪分解和促进脂肪合成，导致肥胖发生。

（三）膳食模式

随着我国经济的快速发展，食物供应的不断丰富，人们的膳食结构也发生了很大变化，偏离"平衡膳食"的食物消费行为，造成动物性食物和油脂消费过度增加，膳食脂肪供能比急剧上升。我国城市居民的脂肪供能比为35%，城市高达38.4%，大大超过了我国膳食指南的上限30%，脂肪摄入过高。谷类和蔬菜消费在不断减少，城市居民膳食中的谷类供能比为48.5%，大城市仅为41.4%，大大低于平衡膳食的合理比例60%~65%。多项研究证明高能量、高脂肪膳食引起肥胖的可能性最大。膳食脂肪供能比与空腹血糖、血清总胆固醇和甘油三酯水平呈正相关，超重及肥胖、糖尿病、高胆固醇血症的患病风险也随脂肪供能比增加而增加。

（四）饮食行为

饮食行为也是影响肥胖发生的重要因素。不吃早餐常常导致其午餐和晚餐时摄入的食物较多，使一日的食物总量增加。我国的膳食指南提出，三餐的食物能量分配及间隔时间要合理，一般早、晚餐各占30%，午餐占40%。晚上吃得过多而运动相对较少，会使多余的能量在体内转化为脂肪而储存起来。现在很多快餐食品因其方便、快捷而受人们青睐，但快餐食品往往富含高脂肪和高能量，而其构成却比较单调，经常食用会导致肥胖，并有引起某些营养素缺乏的可能。超重肥胖者的进食速度一般较快；而进食速度较慢时，传入大脑摄食中枢的信号可使大脑做出相应调节，较早出现饱足感而减少进食。此外，经常在外就餐、暴饮暴食、夜间加餐、喜欢高能量零食，尤其是在看电视时，进食过多零食，也是引起许多人肥胖的原因。

三、肥胖防治指南

（一）防治原则

1. WHO预防肥胖症的总体策略　应首先考虑预防婴幼儿和儿童肥胖症。

对婴幼儿和儿童来说，主要预防策略为：①提倡单独用母乳喂养；②喂液体食品时避免使用添加糖和淀粉的食品；③指导母亲接受其孩子调节能量吸收的能力，而不是把盘子里的东西吃光为止；④确保所需的微量元素的摄入量，以促进最佳的身高增长。

对儿童和青少年来说，预防肥胖症意味着需要：①提倡活跃的生活方式；②限制看电视；③提高水果和蔬菜摄入量；④限制高能量、低微量营养素食品（如快餐）的摄入量；⑤限制含添加糖的饮料摄入。

其他措施包括：改变环境，加强在学校和社区的身体活动，为家庭干预措施（如吃家里做的饭）创造更多的机会，限制儿童接触大量销售高能量、低微量元素食品的营销活动，以及为其选择健康食品提供必要的信息和技能。在发展中国家，应特别注意避免让矮小人群吃得过多。在经济转型期国家，由于人们比较习惯于久坐，并且易于获得高能量食品，则需要保持传统膳食的健康成分（如蔬菜、水果和非淀粉多糖的高摄入量）。向母亲及社会经济地位低、食品无保障的群体提供的教育应强调超重和肥胖并不代表身体好。

2. 中国成人超重和肥胖症预防控制指南

该指南提出成人超重肥胖干预原则如下：

（1）必须坚持预防为主，从儿童青少年开始，从预防超重入手并须终生坚持。

（2）采取综合措施预防和控制肥胖症，积极改变人们的生活方式。包括改变膳食、增加身体活动、矫正引起过度进食或活动不足的行为和习惯。

（3）鼓励摄入低能量、低脂肪、适量蛋白质和碳水化合物，富含微量元素和维生素的膳食。

（4）控制膳食和增加运动相结合以克服因单纯减少膳食能量所产生的不利作用。两者相结合可使基础代谢率不致因能量摄入过少而降低，达到更好的减重效果。

（5）积极运动可防止体重反弹，还可改善心肺功能，产生更多、更全面的健康效益。

（6）应长期坚持减重计划，速度不宜过快，不可急于求成。

（7）必须同时防治与肥胖相关的疾病，将防治肥胖作为防治相关慢性病的重要环节。

（8）树立健康体重的概念，防止为美容而减肥的误区。

（二）预防策略

1. 一般人群 首先是群体预防，把监测和控制超重与预防肥胖发展以降低肥胖症患病率作为预防慢性病的重要措施之一，定期监测抽样人群的体重变化，了解其变化趋势。积极做好宣传教育，使人们更加注意膳食平衡，防止能量摄入超过能量消耗。膳食中蛋白质、脂肪和碳水化合物摄入的比例合理，特别要减少脂肪摄入量，增加蔬菜和水果在食物中的比例。在工作和休闲时间，有意识地多进行中、低强度的身体活动。广为传播健康的生活方式，戒烟、限酒和限盐。其次，个人预防应做到经常注意自己的体重，预防体重增长过多、过快。成年后的体重增长最好控制在 5kg 以内，超过 10kg 则相关疾病危险将增加。要提醒有肥胖倾向的个体（特别是腰围超标者），定期检查与肥胖有关疾病危险的指标，尽早发现高血压、血脂异常、冠心病和糖尿病等隐患，并及时治疗。

2. 高危人群 有肥胖症高危险因素的个体和人群，应重点预防其肥胖程度进一步加重和预防出现与肥胖相关的并发症。高危险因素包括存在肥胖家族史、有肥胖相关性疾病、膳食不平衡、身体活动少等。预防控制高危个体和人群超重肥胖的目标，是增加该群体的知识和技能，以减少或消除发生并发症的危险因素。其措施包括：改变高危人群的知识、观念、态度和行为；应让他/她们了解，在大多数情况下，不良环境或生活方式对肥胖症的发生可起促进作用并激活这一趋势，而改变膳食、加强身体活动对预防肥胖是有效的。可以通过对学校、社团、工作场所人群的筛查发现高危个体。要强调对高危个体监测体重和对肥胖症患者进行管理的重要性和必要性。

(三) 治疗策略

肥胖治疗主要包括减轻和维持体重的措施和对伴发疾病及并发症的治疗。改善体重的具体治疗措施包括：膳食、身体活动、行为、药物及手术干预等。膳食、身体活动和行为治疗是肥胖管理的基础，也是贯穿始终的治疗措施，相当一部分患者通过这些措施可以达到治疗目标，只有当综合生活方式干预无法达到或维持减重目标时，才可以使用减肥药物或减重手术进行治疗。2015 年美国内分泌学会（TES）发布首部《肥胖药物治疗临床指南》，建议对 BMI≥30kg/m^2 或 BMI≥27kg/m^2 伴有并发症的患者可尝试使用一种减肥药物治疗。药物治疗 12 周后，如果体重没有变化，应停止继续使用减肥药物。2013 年美国心脏病学会（ACC）、美国心脏协会（AHA）和肥胖学会（TOS）发布的《成人超重和肥胖管理指南》指出，建议 BMI≥40kg/m^2 或 BMI≥35kg/m^2 并伴有一种并发症的患者进行减重手术治疗。值得注意的是，即使在采用药物或手术治疗肥胖的同时，也离不开膳食、身体活动和行为调整，综合生活方式干预是肥胖管理不可或缺的部分。

1. 营养治疗　总体原则为：减少食品和饮料中能量的摄入；减少总摄食量；避免餐间零食；避免睡前进餐；避免暴饮暴食；能量限制应考虑个体化原则，兼顾营养需求、身体活动强度、伴发疾病及原有饮食习惯。

限制饮食中能量摄入是减重的基础，应当给予患者明确的饮食指导，包括详细的饮食处方建议。应当注意的是，尽管目前有多种饮食模式，但并没有一种饮食模式可以推荐作为理想的减重方案，应根据个体活动强度、年龄、标准体重及身体健康状况计算每日所需要的能量，制订个体化饮食方案，摄入量持续低于机体的消耗量，以达到减轻体重的目的。2013 年 ACC/AHA《成人超重及肥胖管理指南》建议：对能从减重治疗中获益的超重及肥胖患者，女性及男性每日的能量摄入分别控制在 1200~1500kcal 和 1500~1800kcal，并根据其具体体重适当调整能量摄入水平；每日使其能量摄入减少 500kcal 或 750kcal。

特别要注意，不要轻易选择极低热卡饮食（very low calories diets，VLCD），VLCD 指每日总能量低于 800kcal 的饮食。尽管这种方法减重速度快，但因其限制饮食过于严格，难以保证机体营养需要，长时间容易造成营养不良。而且极低能量饮食会给体内能量代谢调节系统带来错觉，保护性地将能量代谢的平衡点调低，减少能量消耗。况且每日面对贫乏的饮食，很难持续，恢复原有饮食后体重易急速反弹。此外，长期 VLCD 使脂肪过度提供热卡，对以葡萄糖供能为主的大脑和心肌代谢会带来不利影响，甚至发生心肌损伤致心源性猝死，同时肝肾代谢负荷过重，因肥胖常伴脂肪性肝病，也常伴高血压甚至肥胖性肾病，因此长期 VLCD 可能加重肝肾损害。VLCD 通常只适用于重度肥胖或采用低能量平衡饮食治疗 6 个月无效的肥胖者，在医院里有专业医务人员指导和监护下才可考虑，其治疗时间不宜超过 1 个月，VLCD 不适用于儿童青少年、老年人及妊娠或哺乳妇女。

2. 身体活动　增加身体活动与适当控制膳食总能量摄入，促进能量负平衡，是世界公认的减重良方。每日安排进行身体活动的量和时间应按减体重目标计算。对于需要亏空的能量，一般多考虑采用增加身体活动量和控制饮食相结合的方法，其中 50%（40%~60%）应该由增加身体活动的能量消耗来解决，其他 50%可由减少饮食总能量来达到需要亏空的总能量。

与一般健身运动相比，以减肥为目的的运动时间应延长些。但是运动量可循序渐进，由小运动开始，每日安排 30min，待适应后再逐步增加至所应达到的目标。每日 30~60min 甚至更多时间的活动不要求一定是连续的，每次活动的总时间可以累加，但每次活动时间最好不少于10min。实施运动计划过程中,应注意逐渐增加运动量和强度,避免过量,以预防急性和慢性肌肉关节损伤,过量的运动负荷会使免疫功能下降。对有心、肺疾病或近亲中有严重心血管病史者,在决定进行剧烈活动前,最好按照医生的建议逐步增加活动量。在剧烈活动前应有充分的热身和伸展运动,逐渐增加肌肉收缩和放松的速度,可改善心肌氧供应,增加心脏的适应性;运动后要有放松活动,让体温慢慢下降,使肌张力逐渐降低,以减少肌肉损伤和酸痛的概率。肥胖者运动中产热多,更容易发生脱水和中暑。在大量出汗的情况下,应合理安排补液。

由于运动消耗能量有限,单纯靠运动减低体重很难达到预期目标。因此必须结合饮食控制才能实现成功减肥。减肥速度不宜过快,多数情况下,每周减少 0.5~1kg 比较适宜。

3. 认知行为治疗(cognitive behavioural therapies,CBT) 目的在于改变患者对于肥胖和体重控制的观点和知识,建立信念;同时鼓励患者采取有效减轻并维持体重的行为措施。

一种方法是建立节食意识,每餐食不过饱;尽量减少暴饮暴食的频度和程度;同时注意挑选脂肪含量低的食物,细嚼慢咽以延长进食时间,使在进餐尚未完毕以前即对大脑发出饱足信号,有助于减少进食量。另一种方法就是进食时使用较小的餐具,使得中等量的食物看起来也不显得单薄;也可按计划用餐,即在进餐前将一餐的食物按计划分装,自我限制进食量,使每餐达到七分饱;也能使漏餐者不致在下一餐过量进食。餐后加点水果可以满足进食欲望。改变进食行为常常有助于减少进食量而没有未吃饱的感觉。

医疗保健人员应协助肥胖患者制订规划并支持和指导减肥措施的执行。医务人员需要了解肥胖者的肥胖史,曾做过哪些处理、减肥措施受到过哪些挫折、存在的问题,以及肥胖症对其生活有何影响,以示对患者的关心;应向肥胖症患者说明肥胖对健康带来的可能危险,建立共同战胜肥胖症的伙伴关系。应让患者采取主动、积极参与制订改变行为的计划和目标,不能由医疗保健人员单方面决定。

教会需要减肥者进行自我监测:观察并记录某些行为,如每日记录摄入食物的种类、量和摄入时间,进行了哪些运动,使用哪些药物,改变行为后所得到的结果等,经常称量体重对长期保持适当体重是非常重要的。对行为的自我监测通常可以使患者向所希望的目标方向改变。

(曾 果　芮 溧　李 润)

第二节　心脑血管疾病

心脑血管疾病是心脏血管和脑血管疾病的统称,泛指由于高脂血症、血液黏稠、动脉粥样硬化、高血压等所导致的心脏、大脑及全身组织发生的缺血性或出血性疾病。心脑血管疾病是一种严重威胁人类,特别是 50 岁以上中老年人健康的常见病,具有高患病率、高致残率和高死亡率的特点,全世界每年死于心脑血管疾病的人数高达 1500 万人,是全球头号死因。目前,越来越多的研究证实营养与心脑血管疾病密切相关,本节主要介绍高血压、冠心病、血脂代谢异常等疾病。

一、高血压

(一)概述

1. 定义　高血压(hypertension)是一种以体循环动脉收缩期和(或)舒张期血压持

续升高为主要特点的心血管疾病其主要并发症是脑卒中、心肌梗死、心力衰竭及慢性肾脏病等。按照《中国高血压防治指南（2010）》，成人高血压的定义为在未使用抗高血压药物的情况下，非同日 3 次测量，收缩压≥140mmHg（18.612kPa）和（或）舒张压≥90mmHg（12kPa）；患者既往有高血压史，现正在服抗高血压药，虽血压＜140/90mmHg，仍诊断为高血压。

2. 分类 根据《中国高血压防治指南（2010）》，18 岁及以上成人的血压按不同水平定义和分级见表 6-4。

表 6-4 血压水平的定义和分级

级别	收缩压（mmHg）		舒张压（mmHg）
正常血压	＜120	和	80
正常高值血压	120～139	和（或）	80～89
高血压	≥140	和（或）	≥90
1 级高血压（轻度）	140～159	和（或）	90～99
2 级高血压（中度）	160～179	和（或）	100～109
3 级高血压（重度）	≥180	和（或）	≥110
单纯收缩期高血压	≥140	和	＜90

注：①若患者的收缩压与舒张压分属不同级别时，则以较高的级别为准；②单纯收缩期高血压也可按照收缩压水平分为 1、2、3 级。

高血压患者除根据血压水平分为正常、正常高值血压和 1、2、3 级高血压之外，还应根据危险因素、靶器官损害和临床疾患综合评估，划分为低危、中危、高危。一般需要血压来判断血压升高及其分级。

低危：1 级高血压，且无其他危险因素。

中危：2 级高血压；1 级高血压并伴 1～2 个危险因素。

高危：3 级高血压；高血压 1 级或 2 级伴≥3 个危险因素；高血压（任何级别）伴任何一项靶器官损害（左心室肥厚、颈动脉内膜增厚、血肌酐轻度升高）；高血压（任何级别）并存任何一项临床疾患（心脏病、脑血管病、肾脏病、周围血管病、糖尿病等）。

临床上高血压可分为两类：一种是绝大多数患者发病原因不明，以血压升高为主要临床表现的独立疾病被称为原发性高血压，占所有高血压患者的 90%以上。另外一种继发于肾脏、内分泌和神经系统疾病，这类疾病病因明确，高血压仅是该种疾病的临床表现之一，血压可暂时性或持久性升高，被称为继发性高血压。常见继发性高血压有：慢性肾脏病、睡眠呼吸暂停综合征、原发性醛固酮增多症、肾动脉狭窄、嗜铬细胞瘤、皮质醇增多症、大动脉疾病、药物引起的高血压等。

3. 诊断 血压测量是评估血压水平、诊断高血压及观察降压疗效的主要手段。主要采用诊室血压、动态血压及家庭血压 3 种方法。诊室血压由医护人员在诊室按统一规范进行测量，是评估血压水平和临床诊断高血压并进行分级的标准方法和主要依据。动态血压监测采用自动的血压测量仪器，测量次数较多，可测量夜间睡眠期间的血压，无测量者误差，可避免白大衣效应，也可评价昼夜节律。家庭血压监测，因熟悉的家庭环境中进行，有助于增强患者的参与意识，改善患者的治疗依从性。家庭血压≥135/85 mmHg；动态血压白天平均值≥130/80mmHg 为高血压诊断的阈值。

（二）营养与高血压

高血压发病的主要危险因素包括年龄、高血压家族史、膳食营养因素、缺乏体力活动、精神紧张等。膳食营养因素在高血压的发病中有重要的作用。

1. 高盐 人群中，钠盐摄入量与血压水平和高血压患病率呈正相关，而钾盐摄入量与血压水平呈负相关。高盐（钠）能够增加高血压的发病风险，降低盐（钠）能够降低血压水平，证据等级为 A。中国高血压防治指南修订委员会（2013 年）总结我国 14 组人群研究发现，膳食钠盐摄入量平均每日增加 2g，收缩压（SBP）和舒张压（DBP）分别增高 2.0mmHg 和 1.2mmHg。Mente 等对 35～70 岁来自亚洲、非洲、欧洲等 18 个国家的 102 216 例人群进行的队列研究发现，高钠摄入增加高血压发病风险，估计钠排除每增加 1g，收缩压和舒张压分别增加 2.11（95%CI: 2.00～2.22）mmHg 和 0.78（95%CI: 0.71～0.85）mmHg。进一步分析发现，对高血压患者和老年人的发病风险增加更为显著。高盐摄入引起高血压的主要机制为：钠盐摄入过多，引起水钠潴留，可使血容量增加而引起血压升高；高钠摄入可通过提高交感神经兴奋性而提高心排血量和外周血管阻力；细胞内钠离子增加后，抑制血管平滑肌钠-钙交换，使细胞钙排出减少，增加细胞内钙，引起血管平滑肌收缩；增加血管对儿茶酚胺类缩血管因子的敏感性；干扰血管内皮细胞一氧化氮的合成而使血管收缩性增强，增加外周阻力。

2. 低钾 钾摄入量与血压水平呈负相关。膳食补充钾对高钠引起的高血压降压效果明显，可能机制为钾促进尿钠排泄、抑制肾素释放、舒张血管、减少血栓素的产生。

高钠、低钾膳食是我国大多数高血压发病的主要危险因素之一。2010 年中国慢性病及其危险因素监测报告指出，27.5%的家庭人均每日食盐超过 12g。膳食钠/钾值与血压相关性更强，在盐与血压的国际协作研究中，反映膳食钠、钾量的 24h 尿钠/钾值，我国人群在 6 以上，而西方人群仅为 2～3。

3. 钙 膳食钙摄入不足可使血压升高，低钙摄入使得钠盐升高血压的作用加强，每日钙摄入低于 600mg 与高血压的发生有很强的相关性。

4. 能量过剩 随着我国社会经济发展和生活水平提高，人群中超重和肥胖的比例与人数均明显增加。在城市中年人群中，超重者的比例已达到 25%～30%。超重和肥胖将成为我国高血压患病率增长的又一重要危险因素。BMI 增高是高血压升高的独立危险因素，人群中 BMI 与血压水平呈正相关。我国 24 万成人随访资料的汇总分析显示，BMI≥24 kg/m^2 者发生高血压的风险是体重正常者的 3～4 倍。肥胖者易患高血压的原因包括血容量增加，心排血量增加而外周阻力没有相应下降，胰岛素抵抗，交感神经系统兴奋性增加。

5. 饮酒过量 过量饮酒是高血压发病的危险因素，人群高血压患病率随饮酒量增加而升高。中度以上饮酒量与血压呈显著正相关，并且饮酒可拮抗药物的降压作用，且过量饮酒可诱发脑出血或心肌梗死。目前认为饮酒所致的高血压是可逆的，只需戒酒或减少饮酒量可使血压降低或恢复正常。乙醇导致高血压的可能原因包括刺激交感神经系统；抑制血管舒张物质；使钙镁消耗，血管平滑肌中细胞内钙增加。如果每日平均饮酒>3 个标准杯（1 个标准杯相当于 12 g 乙醇），收缩压与舒张压分别平均升高 3.5mmHg 与 2.1mmHg，且血压上升幅度随着饮酒量增加而增大。

（三）防治策略

坚持预防为主、防治结合的方针，提出符合我国人群特点的防治策略，从控制危险因素、早诊早治和患者规范化管理入手，加强对公众的健康教育和高血压的社区防治，努力提高人群高血压的知晓率、治疗率和控制率。

应对高血压患者进行全面检测评估，根据患者心血管总危险度决定治疗措施，并告知高血压患者改变不良生活方式的必要性，长期平稳控制血压的重要性，降低高血压患者血压水平是减少心脑血管疾病发生率的关键。对于一般高血压患者降压目标是140/90mmHg 以下，对于合并糖尿病或肾病等高危患者，血压应在患者能耐受的情况下酌情降至更低一些。

1. 高血压的管理

（1）管理目标

1）面对公众，发展政策、创建支持性环境、改变不良行为和生活习惯，针对高血压的危险因素开展健康教育，防止高血压发生，倡导人人知晓自己的血压。

2）针对高血压易患人群，实施高血压危险因素控制，定期监测血压，做到高血压的早期发现、早期诊断和早期治疗。对血压（130～139）/（85～89）mmHg、超重/肥胖、长期高盐膳食、过量饮酒者进行重点干预，积极控制相关危险因素，预防高血压的发生。

3）针对高血压患者，定期随访并测血压。长期甚至终生治疗高血压（药物治疗与非药物治疗并举），努力使血压达标，控制并存的其他心血管疾病的危险因素，如吸烟、高胆固醇血症、糖尿病等，减缓靶器官损害，预防心、脑、肾并发症的发生，降低致残率及死亡率。

（2）中国高血压基层管理：《中国高血压基层管理指南》修订委员会于 2014 年组织修订了国家心血管病中心和中国高血压联盟组织有关临床、预防、社区防治专家编制的基层版《中国高血压防治指南（2009）》，再次强调了定期测量血压、血压患者全面评估、长期坚持生活方式改善是高血压治疗的基石、血压治疗的目标及药物、血压达标措施、高血压自我管理、健康教育等 12 个要点。

基层高血压防治工作效果评估基本指标如下所示。

1）管理率：是指某年龄段已管理的高血压患者人数占辖区该年龄段高血压患者总人数的比例。

计算公式：管理率＝已管理高血压人数／辖区高血压总人数×100%。

辖区高血压总人数的估算：辖区某年龄段常住（户籍）人口总数×该年龄段人群高血压患病率（通过当地居民普查或抽样调查获得，也可选用本省（全国）近期该年龄段人群高血压患病率指标）。

2）规范管理率：是指按规范要求（进行药物及非药物治疗并定期随访）实施规范管理的高血压人数占登记管理的高血压总人数的比例。

计算公式：规范管理率＝规范管理的高血压人数/登记管理高血压总人数×100%。

3）管理人群血压控制率：是指接受管理的高血压患者中血压控制达标的人数占登记管理高血压总人数的比例。

计算公式：管理人群血压控制率＝血压达标人数/登记管理高血压总人数×100%。

血压控制达标是指收缩压＜140 mmHg 和舒张压＜90mmHg，即收缩压和舒张压同时达标。

血压达标可分为时点达标和时期达标两种评估方法：时点达标，指高血压患者最近一次血压控制在＜140/90mmHg 者；时期达标，指选定时期（一般选用 1 年）不同时段测量的血压值,同一患者70%以上血压值控制在<140/90mmHg者。

(3) 高血压分级管理:分级管理可有效地利用基层卫生服务机构的现有资源,重点管理未达标的高血压患者,提高血压控制率。基本目标是血压达标,根据不同管理级别,定期进行随访和监测。对心血管高危患者,应积极进行综合干预,必需时增加随访次数。随访的主要内容是观察血压水平、治疗措施、不良反应;指导生活方式;同时应关注心率、血脂、血糖等其他危险因素、靶器官损害和临床疾患处理等。分级随访管理内容见表6-5。

表6-5 高血压分级随访管理内容

项目	一级管理	二级管理
管理对象	血压已达标患者（<140/90mmHg）	血压未达标患者（≥140/90mmHg）
非药物治疗	长期坚持	强化生活方式干预并长期坚持;加强教育,改善治疗依从性
随访频率	3个月1次	2~4周1次
药物治疗	维持药物治疗,保持血压达标	①在一种药小剂量基础上,增加剂量至常规治疗目标量;②在一种药的基础上,增加另外一种降压药;③开始两种药联合治疗,或开始用复方制剂

2. 高血压营养防治 高血压是一种以动脉血压持续升高为特征的进行性"心血管综合征",常伴有其他危险因素、靶器官损害或临床疾患,需要进行综合干预。抗高血压治疗包括药物和非药物两种方法,大多数患者需要长期、甚至终生坚持治疗。患者需定期测量血压;规范治疗,改善治疗依从性,尽可能实现降压达标;坚持长期平稳有效地控制血压。高血压确诊后,所有患者均应长期坚持生活方式干预,大多数患者需要长期坚持降压药治疗,生活方式干预是高血压预防和治疗的基石。

(1) 减少食盐摄入,每人食盐摄入量逐步降至<6g/d。日常生活中食盐主要来源为烹饪用盐及腌制、卤制、泡制的食品,应尽量少食用上述食品;建议在烹调时尽可能用有计量单位的容器,如盐勺;改变烹饪方法,减少用盐量。利用酸、甜、辣、麻等其他佐料;宣传高盐膳食的危害。

(2) 合理膳食,减少膳食脂肪,营养均衡,控制总能量。总脂肪供能比<30%,饱和脂肪酸占总能量的比例<10%,食用油<25g/d;瘦肉类50~100g/d;奶类300g/d;蛋类每周3~4个,鱼类每周3次左右,少吃糖类和甜食;新鲜蔬菜400~500g/d,水果100g/d;适当增加膳食纤维素摄入。

(3) 规律运动。中等强度,每周5~7次,每次持续约30min/次或累计30min。运动是预防心血管病的重要手段,包括高血压。高血压患者适宜进行有氧运动。有氧运动是指中低强度、有节奏、可持续时间较长的运动形式,是降血压更有效、更安全的措施。运动的形式可以根据自己的爱好灵活选择;步行、快走、慢跑、游泳、太极拳等项目均可;运动的强度可通过心率来反映,运动时上限心率(次/分)=170–年龄;运动对象为没有严重心血管病的患者;应注意量力而行,循序渐进;一次运动时间不足30min时,可以累计。

(4) 控制体质指数:BMI<24kg/m^2,腰围<85cm(男),<80cm(女)。减少脂类食物摄入;减少总的食物摄入量;增加新鲜蔬菜和水果的摄入;增加足够的运动量,至少保证每日摄入能量与消耗能量的平衡;肥胖者若非药物治疗效果不理想,可考虑辅助用减肥药物,宣传肥胖的危害。

(5) 限制饮酒:不饮酒;如饮酒,则少量:白酒<50ml/d(1两/日)、葡萄酒<100ml/d

（2两/日）、啤酒<250ml/d（5两/日）。宣传过量饮酒的危害；不提倡高血压患者饮酒，鼓励限酒或戒酒；酗酒者逐渐减量；酒瘾严重者，可借助药物戒酒；家庭成员应帮助患者解除心理症结，使之感受到家庭的温暖；成立各种戒酒协会，进行自我教育及互相约束。

（6）高血压防治饮食模式（DASH）膳食：强调蔬菜、低脂奶制品的摄入。宜多吃全谷类、鱼类、坚果和家禽，限制脂肪、红肉、糖果和含糖饮料。用植物蛋白替代一些碳水化合物，如黄豆。但是，对于有肾衰竭的老年人不推荐DASH膳食，无肾衰竭的老年人能从该膳食中获益很多。

二、冠状动脉性心脏病

（一）概述

1. 定义 冠状动脉性心脏病（coronary artery heart disease，CHD）简称冠心病，是一种由冠状动脉器质性（动脉粥样硬化或动力性血管痉挛）狭窄或阻塞，发生冠状循环障碍，引起心肌氧供需之间失衡而导致的心肌缺血缺氧（心绞痛）或心肌坏死（心肌梗死）的心脏病，亦称缺血性心脏病。

2. 分类及诊断 冠心病的发生发展是一个缓慢渐进的过程，主要的病理基础是冠状动脉粥样硬化，使冠状动脉血流减慢、狭窄或阻塞导致心肌缺血缺氧而引起的心脏病。动脉粥样硬化的基本病理包括泡沫细胞、脂肪纹、纤维状斑块和进展性斑块的形成，使动脉壁的弹性降低等过程。其中脂肪纹是动脉粥样硬化最早期的特征，由充满胆固醇、胆固醇酯的巨噬细胞和平滑肌细胞构成。进展性动脉粥样硬化的特征性病变是纤维斑块形成，导致管腔狭窄、变形、血流缓慢。进展性斑块形成，大量的脂质聚集、逐渐坏死、崩解，并引起结缔组织的增生和炎症，发生钙化，使冠脉管腔严重狭窄或完全性闭塞，并可能发生出血、溃疡、血栓等改变，导致相应的临床症状，如心绞痛、心肌梗死、冠脉猝死等。

冠心病包括：急性冠状动脉综合征（包括不稳定性心绞痛和急性心肌梗死）、稳定型心绞痛、陈旧性心肌梗死、有客观证据的心肌缺血、冠状动脉介入治疗及冠状动脉旁路移植术后患者。

（1）隐匿性冠心病：患者无症状，静息时或负荷后有心肌缺血的心电图改变，病理检查无改变。

（2）心绞痛型冠心病：有发作性胸骨后疼痛，为一时性心肌供血不足，病理检查无改变。

（3）心肌梗死型冠心病：持久的胸骨后剧烈疼痛、发热、白细胞计数和血清心肌酶增高及心电图进行性改变，可发生心律失常、休克或心力衰竭，属冠心病的严重类型。

（4）心力衰竭和心律失常型冠心病：表现为心脏增大、心力衰竭和心律失常，为长期心肌缺血导致心肌纤维化引起。

（5）猝死型冠心病：原发性心搏骤停而猝然死亡，多为缺血心肌局部发生电生理紊乱引起严重心律失常所致。

（二）营养与冠心病

冠心病的主要的危险因素为年龄、家庭史、男性、高血压、吸烟、血清总胆固醇（total cholesterol，TC）升高、血清低密度脂蛋白胆固醇（low density lipoprotein cholesterol，LDL-C）升高、血清高密度脂蛋白胆固醇（high density lipoprotein cholesterol，LDL-C）降低、糖尿病、肾功能受损。潜在危险因素有超重和肥胖、血清甘油三酯（total triglyceride，TG）升高、胰岛素抵抗和糖代谢异常、血清载脂蛋白a[apolipoprotein a，Lp（a）]升高、血管内皮功能受损、凝血因子升高、慢性炎症（高敏C反应蛋白升高）、氧化应激、血浆同型半胱氨酸（homocysteine，HCY）升高、缺乏身体活动、睡眠呼吸障碍等。冠心病的发生与膳食营养因素也十分相关。

1. 合理膳食模式 可降低心血管疾病的发病风险。有观察中国、欧洲、美国、日本和韩国共769 723人的Meta分析提示合理膳食模式是心血管疾病的保护因素，特别是地中海膳食模式，能显著降低心血管疾病发病风险（38%）。地中海膳食模式是由蔬菜、水果、海产品、五谷杂粮、坚果和橄榄油及少量的牛肉和乳制品、酒类等组成，是以高膳食纤维、高维生素、低饱和脂肪为特点的饮食结构。以富含MUFA的油脂如橄榄油和茶油代替富含饱和脂肪酸的油脂，可显著降低血浆LDL-C和TG，且并不降低HDL-C。

2. 碳水化合物 摄入量和种类与冠心病发生的关系更为密切。进食大量碳水化合物，特别是缺乏膳食纤维素，能量密度高的单糖类或双糖，可使糖代谢增强，脂肪合成增加。研究发现蔗糖消耗量与冠心病发病率和死亡率相关。膳食纤维的摄入量与心血管疾病的危险性呈负相关，可溶性膳食纤维比不溶性膳食纤维更能降低心血管疾病的危险性。同时，全谷物摄入可降低心血管疾病的发病风险，根据国内外相关文献，观察包括美国、英国、荷兰等大于400万人的Meta分析显示，增加全谷物摄入量可降低心血管疾病发病风险，证据等级为B。

3. 鱼类 膳食中海洋鱼类的摄入量与心血管疾病的发病率和死亡率呈负相关。鱼类不仅含有较多的优质蛋白质、矿物质和维生素，还含有n-3系列的多不饱和脂肪酸二十碳五烯酸（eicosapentaenoic acid，EPA）和二十二碳六烯酸（docosahexaenoic acid，DHA）。鱼类对心血管的保护作用主要是由n-3不饱和脂肪酸（EPA，DHA）介导，能抑制肝内脂质及脂蛋白合成，能降低血胆固醇、TG、LDL、VLDL，增加HDL，参与花生四烯酸代谢。EPA和DHA具有舒张血管、抗血小板聚集和抗血栓作用。2013年纳入5项队列研究的系统评价提示每日每增加20g鱼类，心脏衰竭发病的危险度可降低约6%。

4. 脂肪 反式脂肪酸会增加心血管疾病的发生风险。研究表明，反式脂肪酸摄入量增加可升高低密度脂蛋白，降低高密度脂蛋白，增加患动脉粥样硬化和冠心病的危险性。摄入来源于氢化植物油的反式脂肪酸可能使冠心病的发病风险增加16%。研究发现女性若将反式脂肪酸摄入量降至占总能量的2%，可使冠心病的危险性下降53%。反式脂肪酸致动脉粥样硬化的作用比饱和脂肪酸更强。膳食中反式脂肪酸大多数来自于氢化的植物油，建议反式脂肪酸摄入量应低于总能量的1%。

饱和脂肪酸可以显著升高血清TC的水平，但是不同长度碳链的饱和脂肪酸对血脂的作用不同。碳原子少于12、大于或等于18的饱和脂肪酸对血清TC无影响，而含12~16个碳原子的饱和脂肪酸，如月桂酸（C12：0）、肉豆蔻酸（C14：0）、棕榈酸（C16：0）可明显升高血清TC、LDL-C水平。饱和脂肪酸可以通过抑制低密度脂蛋白受体活性，升高LDL-C水平而导致动脉粥样硬化。我国营养学会推荐SFA的摄入量低于总能量的8%。

总油脂和动物脂肪摄入量的增加可增加肥胖的发病风险。超重、肥胖是冠心病发生确定的危险因素，一篇纳入14项以中国人群为研究对象的研究的荟萃分析发现中国人群超重、肥胖人群冠心病的发生风险是正常体重的2.49倍。一般认为总脂肪的摄入量不应超过总能量的30%。但是，膳食中脂肪的种类比总脂肪摄入量对冠心病发病风险的影响更大。

5. 坚果类 所有的坚果可降低心血管疾病的发病风险,纳入研究对象包括美国、巴西、英国和希腊人群,接近3万人的4个系统综述评价均显示坚果摄入可以降低心血管疾病的发病风险。Luo等纳入的6个队列研究显示与几乎不摄入人群比较,每日摄入坚果28g可使心血管疾病的发病风险降低28%。

6. 蛋类 适量摄入与心血管疾病(冠心病和卒中等)的发病风险无关。蛋类的各种营养成分比较齐全,营养价值高,虽然胆固醇含量高,但适量摄入也不会显著影响血清胆固醇水平而成为心血管等疾病的危险因素。2013年对16项研究中的22个独立的队列进行系统评价,与从不吃鸡蛋或者每周吃少于一个鸡蛋的人群相比,每日吃一个鸡蛋及以上者,其心血管疾病的发病风险无增加。

7. 蔬菜和水果 摄入量增加可降低心血管疾病的发病风险。蔬菜水果中富含丰富的抗氧化营养素如维生素C,而在胆固醇代谢过程中,均需要维生素C参与,如缺乏维生素C则胆固醇在血中堆积,而引起动脉粥样硬化。维生素C可增加血管韧性,使血管弹性增强、脆性减少,可预防出血。蔬菜与心血管疾病发病风险分析结果显示每日每增加摄入1份(约80g)蔬菜,心血管疾病的死亡风险下降4%,观察人群包括美国、欧洲和亚洲人群,共68.7万人。2项前瞻性队列,随访8.4年,研究发现与每日摄入水果少于120g的人群相比,每日摄入量在200~317g和>320g的人群缺血性心脏病的发生风险分别降低22%和21%,进一步的研究发现,水果和蔬菜同时摄入对心血管疾病具有保护作用。

8. 饮酒 适度饮酒对心脏具有保护作用,可降低冠心病和缺血性脑卒中的危险,但是长期大量饮酒(>60g/d乙醇)使总死亡率和各种类型脑卒中的危险性增加。根据15篇文献(7篇系统综述和8篇队列研究)进行的综合评价研究显示饮酒与心血管疾病危险性呈J型曲线关系,乙醇摄入5~25g/d可对心血管疾病有保护作用,过量饮酒可增加心血管疾病的风险。乙醇对心脏的保护作用可能与以下的机制有关:①增加血清HDL-C水平;②降低血小板凝集或凝血;③促进纤溶;④有些乙醇性饮料中含有多酚类物质(如葡萄酒),具有抗氧化剂或血小板抑制剂的特性。

(三)防治策略

1. 膳食原则 在合理膳食的基础上控制总能量的摄入,重点限制饮食中的饱和脂肪酸和反式脂肪酸的摄入,增加身体活动,保持能量平衡,维持理想体重;增加全谷类摄入,减少钠盐和乙醇摄入,以降低冠心病发生的风险。

合理膳食模式指具有食物多样化、以谷类食物为主、高膳食纤维摄入、低盐低糖低脂肪摄入的特点。摄入较高水平的水果、蔬菜、豆类及其制品、鱼类和海产品等,红肉类及饱和脂肪酸的摄入较少。

2. 膳食预防措施

(1)平衡能量摄入和体力活动,保持正常体重:限制总能量摄入,保持健康体重BMI控制在18.5~24.9kg/m^2 鼓励超重或肥胖者减重,建议每周的大多数时间每日至少进行30min,且是中等强度的体力活动,如快走。

(2)食物多样化,谷物为主:选择全谷物、高纤维的食物,全谷物和杂豆可提供更多的B族维生素、矿物质、膳食纤维等营养成分,增加全谷物摄入,可减少体重增加的风险,有利于降低冠心病的发病风险。中国居民膳食指南建议一般成年人每日摄入谷薯类250~400g,其中全谷物和杂豆类50~150g,薯类50~100g。粗细搭配,少食单糖、蔗糖和甜食。限制含单糖和双糖高的食品。尽量少食用添加糖的饮料和食物,建议每日摄入糖不超过50g,最好控制在25g以下。

(3)多吃蔬菜、水果:增加蔬菜、水果的摄入,可降低心血管疾病的发病及死亡风险。新鲜蔬菜水果能量低,微量营养素含量丰富,富含植物化合物,提倡餐餐有蔬菜,推荐每日摄入300~500g,深色蔬菜应占1/2,深色蔬菜中富含胡萝卜素和维生素C,且蔬菜体积大,可增加饱腹感,含膳食纤维多。天天吃水果,推荐每日摄入200~350g的新鲜水果,果汁不能代替鲜果。

(4)多吃鱼类:根据调查,高危人群摄入海鱼40~60 g/d(或200~300g/w)可提供200mg EPA和DHA,冠心病死亡率下降约50%。建议多吃鱼(每周1~2次),有助于预防冠心病的发生风险。以谷类、根茎类和乳类为主的素食者应保证摄入适量植物来源的α-亚麻酸,如植物油、大豆、绿叶蔬菜和坚果等食品。

(5)选择瘦肉,少吃肥肉和荤油与煎炸食品:膳食中总脂肪的摄入一般不超过总能量的30%;饱和脂肪酸的摄入(主要为动物脂肪)的摄入少于总能量的8%,减少动物油的使用,如猪油、黄油等;反式脂肪酸(主要来源于用于煎炸和烘烤的商业用氢化油)的摄入量小于总能量的1%;多不饱和脂肪酸(polyunsaturated fatty acids,PUFA)的摄入占总能量的6%~10%,n-6与n-3多不饱和脂肪酸比例为(4~6):1,使用含多不饱和脂肪酸较高的植物油,如花生油、菜籽油等。PUFA丰富的食物有橄榄油、茶油及花生、核桃、榛子等坚果。

(6)常吃奶类、豆类及其制品:奶类含丰富的钙,缺钙可加重高钠引起的血压升高,故宜常摄入脱脂奶类。大豆蛋白富含异黄酮,多吃大豆有利于调节血脂和抗动脉粥样硬化的作用。有资料显示每日25g或以上含大豆异黄酮的大豆蛋白,可降低心血管疾病的发生风险。

(7)饮食清淡,少盐限酒:培养清淡饮食习惯,成人减少每日盐(氯化钠)摄入尽可能<6g/d。适量摄入葡萄酒对冠心病有保护作用,每日少饮酒,是指每日摄入乙醇20~30g,或白酒≤50g。一日乙醇的量男性不超过25g,女性不超过15g。

三、血脂代谢异常

(一)概述

1. 定义 血脂是血浆中的胆固醇、甘油三酯(triglyceride,TG)和类脂如磷脂等的总称。循环血液中的胆固醇和TG必须与载脂蛋白结合形成脂蛋白,才能被运输至组织进行代谢。胆固醇和TG在血浆中都是以脂蛋白的形式存在。血脂异常通常指血浆中胆固醇和(或)TG升高,俗称高脂血症。高脂血症(hyperlipidemia)是指机体血浆中胆固醇和(或)甘油三酯水平升高,可表现为高胆固醇血症(hypercholesterolemia)、高甘油三酯血症(hypertriglyceridemia),或两者兼有(混合型高脂血症)。严格地说,高脂血症应称为高脂蛋白血症(hyperlipoproteinemia)。另外,血浆中HDL降低也是一种血脂代谢紊乱,并多与胆固醇和甘油三酯水平升高同时存在,故称为血脂异常(dyslipidemia)。

应用超速离心方法,将血浆脂蛋白分为:乳糜微粒(chylomicron,CM)、极低密度脂蛋白(very low density lipoprotein,VLDL)、中间密度脂蛋白(intermediate density lipoprotein,IDL)、低密度脂蛋白(low density lipoprotein,LDL)和高密度脂蛋白(high density lipoprotein,HDL)。CM的主要功能是将食物中的TG和胆固醇从小肠转运至其他组织;

VLDL 转运 TG 至外周组织，经脂酶水解后释放游离脂肪酸。LDL 是胆固醇的主要载体，经 LDL 受体介导摄取而被外周组织利用，与冠心病直接相关；HDL 促进胆固醇从外周组织移去，转运胆固醇至肝脏或其他组织再分布，HDL-C 与冠心病负相关。

2. 分类

（1）原发性或继发性高脂血症

1）继发性高脂血症：指由于全身系统性疾病所引起的血脂异常，如糖尿病、肾病综合征、甲状腺功能减退症，其他疾病有肾衰竭、肝脏疾病、系统性红斑狼疮、糖原累积症、骨髓瘤、脂肪萎缩症、急性卟啉病、多囊卵巢综合征等。此外，一些药物如利尿剂、β 受体阻滞剂、糖皮质激素等也可能引起继发性血脂升高。

2）原发性高脂血症：在排除了继发性高脂血症后，即可诊断为原发性高脂血症。已知部分原发性高脂血症是由于先天性基因缺陷所致，而另一部分原发性高脂血症的病因目前还不清楚。

（2）高脂蛋白血症的表型分型法：根据《中国成人血脂异常防治指南（2007）》的判断标准血脂异常的临床分型见表 6-6，临床上将血脂异常分为高胆固醇血症、高甘油三酯血症、混合型高脂血症和低高密度脂蛋白血症。

表 6-6 血脂异常的临床分型

临床分型	TC	TG	HDL-C
高胆固醇血症	↑↑		
高甘油三酯血症		↑↑	
混合型高脂血症	↑↑	↑↑	
低高密度脂蛋白血症			↓

（3）高脂血症的基因分型法：一部分高脂血症患者存在单一或多个遗传基因的缺陷。基因缺陷所致的高脂血症多具有家族聚积性，有明显的遗传倾向，故临床上通常称为家族性高脂血症，如家族性 apo B 缺陷症。

3. 诊断 大量临床和流行病研究证明血脂代谢异常是缺血性心血管病的重要危险因素。人群血清 TC 水平与缺血性心血管病呈正相关，HDL-C 水平与缺血性心血管病呈负相关。TC 水平与缺血性心血管病发病危险的关系是连续的，并无明显的转折点。我国居民血脂代谢状况主要依据血清中 TG、TC、LDL-C、HDL-C 的水平进行评价，血脂代谢异常的参考标准如表 6-7 所示。

表 6-7 中国血脂水平判断标准

指标（mmol/L）	降低	合适范围	边缘升高	升高
TC		<5.18	5.18~6.19	≥6.22
TG		1.70	1.70~2.25	≥2.26
LDL-C		<3.37	3.37~4.12	≥4.14
HDL-C	<1.04	≥1.04		≥1.55

资料来源：《中国成人血脂异常防治指南（2007）》。

4. 临床表现 高脂血症患者，由于血浆中脂蛋白水平升高，血液黏稠度增加，血流速度缓慢，血氧饱和度降低。表现为倦怠、易困，肢体末端麻木、感觉障碍，记忆力减退，反应迟钝等。出现动脉硬化或原有动脉硬化加重，小动脉阻塞时，出现相应靶器官功能障碍。

(二) 营养与血脂代谢异常

血脂异常是一类较常见的疾病，其发病原因除了人类自身遗传基因缺陷外，主要与饮食因素有关，肥胖、年龄、性别等也是重要因素。

1. 对胆固醇和 LDL-C 的影响

(1) 饱和脂肪酸：构成膳食脂肪的脂肪酸种类不同，其对血脂代谢的影响也不同。膳食饱和脂肪酸对血清 LDL-C 的影响最强。大规模的流行病学调查已证实，人群血清 TC 含量与膳食总脂肪及饱和脂肪酸供能比呈显著正相关。Meta 分析显示，饱和脂肪酸供能比在 10% 以下时，LDL-C 会降低 12%，供能比在 7% 以下时，LDL-C 减低幅度达到 16%。饱和脂肪酸的摄入额外每增加 1% 供能比，LDL-C 增加 0.02~0.04mmol/L 或 0.8~1.6mg/dl。与其他饱和脂肪酸（如月桂酸，肉豆蔻，软脂酸）不同，硬脂酸并不升高血清 TC。如果 1% 供能比的饱和脂肪酸用 MUFA 替代，LDL-C 降低 0.041mmol/L（1.6mg/dl）；如果用 n-6 PUFA 替代，LDL-C 降低 0.051mmol/L（2.0mg/dl）；用碳水化合物替代，LDL-C 降低 0.032mmol/L（1.2mg/dl）。饱和脂肪酸可通过抑制 LDL-C 受体活性，抑制胆固醇在肝脏中的代谢。

(2) 多不饱和脂肪酸：多不饱和脂肪酸中 n-3 系列的 PUFA 对血清胆固醇的降低作用存在争议。有研究提示，摄入鱼类对心血管疾病的风险降低不依赖于对血脂的作用。坚果可改善血脂代谢：2 篇系统评价和 13 篇随机对照研究结果显示适量摄入坚果可改善血脂异常，主要降低 TC 和 LDL-C 的水平。Sabate 等的系统评价纳入 25 个随机临床对照试验，研究对象 583 人，每日给予 67g 坚果，与对照组比较 TC 降低 10.9mg/dl，LDL-C 降低 10.2mg/dl。

(3) 反式脂肪酸：有升高 LDL-C 的作用。含 43% 反式脂肪酸的氢化玉米油可升高 TG、TC、LDL 和 VLDL-C，主要机制是抑制肝脏 LDL 受体活性，导致肝脏中 TG 堆积，刺激 VLDL 中 TC 和 TG 分泌。

(4) 胆固醇：人体内的胆固醇主要有两个来源：一是内源性的，人体内每日合成的胆固醇 1~1.2g，是人体内胆固醇的主要来源；二是外源性的，通过膳食摄入的胆固醇仅占体内合成胆固醇的 1/7~1/3。膳食胆固醇的吸收及其对血脂的影响因遗传和代谢状态而存在较大的个体差异，部分个体的胆固醇摄入量高时可反馈抑制自身胆固醇的合成。脂肪酸的性质对胆固醇合成速率和血中脂质水平的影响更明显，特别是饱和脂肪酸。2011 年一项包含膳食胆固醇与冠心病关系的 4 项前瞻性队列研究的系统综述显示，即使胆固醇摄入量达到 768mg/d，也未发现膳食胆固醇的摄入量与冠心病发病和死亡风险有关。

(5) 碳水化合物：碳水化合物对血清 LDL-C 的作用是中立的，可用于替代饱和脂肪酸的膳食。膳食纤维（特别是可溶性膳食纤维），存在于豆类、水果、蔬菜和全谷物中，有直接的降低血清胆固醇作用。用复合碳水化合物替代饱和脂肪酸可降低 LDL-C 水平。全谷类食物，如全麦、燕麦、糙米，富含膳食纤维，膳食纤维可缩短食物通过小肠的时间，减少胆固醇的吸收；在肠与胆酸形成络合物，减少胆酸重吸收。高纤维饮食可使血浆胆固醇降低，因高纤维可使胆固醇绝大部分转变成胆酸，少量进入血循环；而低纤维素时仅少量胆固醇变成胆酸，绝大部分进入血液，使血清胆固醇增高。

(6) 体重：体重下降对 TC 和 LDL-C 也有一定的影响。过度肥胖者体重每降低 10kg，LDL-C 浓度下降 0.2mmol/L（8mg/dl）。

2. 对甘油三酯水平的影响

（1）碳水化合物：我国膳食中碳水化合物的含量较高，人群中高脂血症较为常见。进食大量碳水化合物，特别是能量密度高、缺乏纤维素的双糖或单糖类，使糖代谢增强，细胞内 ATP 增加，脂肪合成增加。摄入高血糖生成指数/低膳食纤维的碳水化合物可升高 TG。膳食果糖却可升高 TG，每日摄入量在 15%～20%之间，血清 TG 增加 30%～40%。蔗糖（含有葡萄糖和果糖的双糖）代表了重要的果糖来源。

（2）不饱和脂肪酸：MUFA 可以降低 TG 的水平。高剂量的 n-3 系列的 PUFA 对 TG 的作用，通过膳食摄入的方法很难达到临床的效果。

（3）体重：降低体重可提高胰岛素敏感性，降低 TG 水平。

（4）饮酒：对 TG 水平的作用如下所示。对于高 TG 者，即使很少量的乙醇摄入也可引起 TG 水平的进一步升高。通常当饮酒超过了适量时，乙醇会表现出有害的升高 TG 水平的作用。适量饮酒指 10～30g/d。

3. 对 HDL-C 的影响

（1）脂肪酸：饱和脂肪酸可升高血清 HDL-C 的同时升高血清 LDL-C 水平，相反，反式脂肪酸降低血清 HDL-C 且升高血清 LDL-C。MUFA 替代饱和脂肪酸对 HDL-C 仅有很小或没有作用。n-6 系列的 PUFA 引起轻度 HDL-C 水平下降。n-3 PUFA 对 HDL-C 水平的影响仅有（＜5%）有限作用。

（2）碳水化合物：用等能量的碳水化合物替代脂肪，与 HDL-C 的降低显著相关（每替代 10%能量比，下降 0.1mmol/L 或~4mg/dl）。当碳水化合物为低血糖生成指数和高膳食纤维食物时，对 HDL-C 没有或者很少有降低作用。通常高果糖/蔗糖的摄入与降低 HDL-C 相关。

（3）饮酒和戒烟：适量的乙醇摄入（男性 20～30g/d；女性 10～20g/d）与 HDL-C 水平升高相关。戒烟后血清 HDL-C 水平升高。

（4）体重：降低有利于升高 HDL-C 水平；当体重持续下降时，体重每降低 1kg，HDL-C 水平升高 0.01mmol/L（0.4mg/dl）。

（5）运动：有氧运动，相当于总能量消耗 1500～2200kcal/周，如每周 25～30km 的快步走（或相当的活动）可增加 HDL-C 水平 0.08～0.15mmol/L（3.1～6mg/dl）。

4. 膳食补充剂或功能性食品对血脂的影响

（1）植物甾醇：主要包括谷甾醇，菜油甾醇，豆甾醇。天然存在于菜籽油、少量存在于蔬菜、新鲜水果、坚果、谷类和大豆类。北欧人膳食摄入量约为 250mg/d，地中海地区居民摄入约为 500mg/d。在小肠植物甾醇与胆固醇竞争吸收，因此具有调节胆固醇水平的作用。每日摄入 2g 植物甾醇能有效降低 TC 和 LDL-C 达 7%～10%，对 HDL-C 和 TG 几乎没有作用。长期的安全性仍需要进一步研究。

（2）大豆蛋白：对 LDL-C 有轻度的降低作用。

（3）膳食纤维：可溶性膳食纤维的具有有效地降低 TC 和 LDL-C 作用，主要是燕麦麸，β-葡聚糖，车前草。推荐可溶性膳食纤维 5～15g/d 具有降低 LDL-C 的作用。燕麦籽粒中可溶性膳食纤维β-葡聚糖含量约为 5%。通过 10 篇文献，包括 2 篇系统评价（48 篇随机对照研究）和 8 篇人群研究（4 篇随机对照研究，3 篇交叉对照研究，1 项自身前后对照研究）进行综合评价结果显示增加燕麦摄入量可降低人体 LDL-C 和 TC，对血脂异常有显著改善作用。

（4）n-3 系列多不饱和脂肪酸：在正常血脂和高血脂患者中，摄入膳食补充剂 2～3g/d 鱼油（富含长链 n-3 脂肪酸），可降低 25%～30% 的 TG。α-亚麻酸（中链脂肪酸，存在于坚果、植物油中）对 TG 水平作用很小。

（三）防治策略

血脂异常与饮食和生活方式有密切关系，所以饮食治疗和改善生活方式是血脂异常治疗的基础措施。无论是否进行药物调脂治疗都必须坚持控制饮食和改善生活方式。

血脂代谢异常的营养防治原则主要为去除病因，控制能量、饱和脂肪酸、胆固醇的摄取，增加 PUFA 的摄取，以降低血脂水平。应根据机体血脂代谢的异常情况采取不同的营养防治方法。

1. 血脂异常的营养防治 营养措施：饱和脂肪酸摄入＜7%总能量，至少＜10%总能量。反式脂肪酸的摄入＜1%总能量，碳水化合物的供能比为 45%～55%，多食全谷类及富含膳食纤维的食品。蔬菜 400～500g/d，水果 200g/d。

（1）维持体重和身体活动：维持正常 BMI、腰围。超重、肥胖和向心性肥胖常伴有血脂异常，需要减少能量摄入，增加能量消耗。体重的下降，即使是 5%～10%基础体重的下降，也可改善血脂异常，降低心血管疾病的发生风险。可通过摄入能量密度低的食物，每日减少 300～500kcal/d。身体活动推荐每日至少 30min，每日 30min 中等强度身体活动，有氧运动，有氧能力（aerobic capacity）的 45%～75%，每周 5～7 日，每日 30～60min。对于准备降低体重者，需要更高的运动量，每周 250～300min，或＞2000kcal/周休闲时的身体活动。

（2）膳食脂肪的选择：成人总脂肪占能量的供能比为 25%～35%。鼓励摄入 n-6 和 n-3 系列的 PUFA。饱和脂肪酸占能量的供能比为＜7%。PUFA 占能量的供能比为＜10%，以避免血浆中脂蛋白的脂质过氧化和避免 HDL-C 水平的下降。减少加工来源的反式脂肪酸的摄入，以降低反式脂肪酸的供能比小于 1%。

（3）膳食碳水化合物和膳食纤维：碳水化合物占能量的供能比为 45%～55%。鼓励摄入蔬菜、豆类、水果、坚果和全谷物，以及其他高膳食纤维低血糖生成指数的食物。我国传统饮食习惯中作为主食的稻米、小麦、玉米、大麦、燕麦、黑麦、黑米、高粱、青稞、小米、燕麦、薏米等，如果加工合理则是全谷物的良好来源。美国心脏协会（American Heart Association，AHA）建议一种有益于心脏健康的饮食习惯，强调水果、蔬菜、全谷物和其他有营养的食物，特别是至少一半的粮食消费应该来自全谷物。全谷物可提供许多营养物质，如膳食纤维、B 族维生素和矿物质，而在精制加工过程中，这些物质会被去除。所以，应用全谷物替换精制谷物。25～40g 膳食纤维的食物中至少要包括 7～13g 可溶性膳食纤维。添加糖的摄入不超过总能量的 10%（除在自然食品中如水果和乳制品外），这对维持体重者或降低 TG 者非常有益。普通人群合理选择软饮料，而高 TG 者应限制饮用。

（4）戒烟限酒：对于 TG 水平正常者，可适量饮酒（男性 20～30g/d，女性 10～20 g/d），但不鼓励不饮酒者饮酒。戒烟对 HDL-C 的升高有益。

（5）倡导健康的膳食：食物多样化，富含不同类型的水果和蔬菜，以获得足量和多种抗氧化营养素。

（6）三级预防如下所示：

一级预防：每周至少2~3次鱼类，同时常吃富 n-3 系列的 PUFA 食物，如坚果、大豆、和亚麻油。

二级预防：建议 n-3 系列的 PUFA 为 1g/d。这从自然食物中很难获得足够量，建议通过膳食补充剂中获取。盐摄入量<5g/d，不仅需要减少盐的摄入，还需要减少腌制加工品的食用。

2. 治疗性生活方式改变（therapeutic life-style change，TLC） TLC 是针对已明确的可改变的危险因素如饮食、缺乏身体活动和肥胖，采取积极的生活方式改善措施。

（1）基本原则：TLC 是个体策略中控制血脂异常的基本和首要措施。TLC 包括戒烟、减轻体重、减少饱和脂肪酸和胆固醇摄入和增加不饱和脂摄入、增加有规律的身体活动，选择能够降低 LDL-C 的食物。

（2）TLC 的基本要素：应减少摄入影响 LDL-C 水平的营养素：饱和脂肪控制在<7%的总能量；增加能降低 LDL-C 的膳食成分，如植物甾醇 2g/d，可溶性纤维素 10~25g/d；调节总能量到能够保持理想的体重或能够预防体重增加的水平；体力活动，足够时间的中等强度锻炼，每日至少消耗 200kcal 能量。

（3）TLC 的措施：临床干预试验表明多种手段相结合的改变膳食的 TLC 措施可获得降低 LDL-C 的效果，有助于升高 HDL-C。主要措施：饱和脂肪控制在<7%的总能量，LDL-C 下降 8%~10%；体重减轻 4.5kg，LDC-C 可下降 5%~8%。可选用措施：摄入可溶性纤维 5~10g/d，LDL-C 下降 3%~5%，摄入植物甾醇 2g/d，LDL-C 下降 6%~15%。

3. 人群血脂异常管理措施 《世界卫生组织 2013—2020 年预防和控制非传染性疾病全球行动计划》，该计划旨在通过 9 项全球自愿目标，到 2025 年将由非传染性疾病造成的过早死亡数降低 25%。这 9 项目标的部分重点是解决烟草使用、有害使用乙醇、不健康饮食和缺乏身体活动等可加大罹患这些疾病危险的因素。具体目标包括 15 岁以上人群目前烟草使用流行率相对减少 30%；根据本国国情，有害使用乙醇现象相对减少至少 10%；人群平均食盐摄入量/钠摄入量相对减少 30%；遏制糖尿病和肥胖的上升趋势；身体活动不足流行率相对减少 10%。

控制烟草的使用，减少有害使用乙醇，用 PUFA 代替反式脂肪酸，减少盐的摄入，增加身体活动被世界卫生组织列入"最划算的减轻负担措施"。

（何更生 曾 果 刘 丹）

第三节 糖 尿 病
一、概 述

（一）定义及分类

糖尿病（diabetes mellitus，DM）是一组由于机体胰岛素分泌缺陷和（或）其生物学障碍引起的以高血糖为特征的代谢性疾病。慢性高血糖易导致各种脏器，尤其是眼、肾、神经及心血管的长期损害、功能不全和衰竭。1985 年，WHO 将糖尿病分为胰岛素依赖型（1型）和非胰岛素依赖性（2 型）。随着对糖尿病发病机制和原因的深入了解，1997 年美国糖尿病协会（American Diabetes Association，ADA）根据糖尿病的不同病因将糖尿病的分类进行了调整，1999 年 WHO 也认可了此定义，目前普遍采用下列四种分类方式。

1. 1 型糖尿病（type 1 diabetes mellitus，T1DM）　由胰腺 β 细胞破坏导致胰岛素分泌绝对不足所致，其特点主要为：①起病较急；②典型病例见于小儿和青少年，但任何年龄均可发病；③必须依赖胰岛素治疗，一旦骤停胰岛素则易发生酮症酸中毒，甚而威胁生命；④血浆胰岛素和 C 肽水平低，服糖刺激后仍呈低平曲线。

2. 2 型糖尿病（type 2 diabetes mellitus，T2DM）　由胰岛素抵抗和（或）胰岛素分泌障碍所致，是最常见的糖尿病类型。主要表现为：①起病较慢；②典型病例见于中老年人，偶见于幼儿；③血浆胰岛素水平仅相对性不足，且在糖刺激后呈延迟释放，有时肥胖患者空腹血浆胰岛素基值可偏高，糖刺激后胰岛素亦高于正常人，但较相同体重的非糖尿病肥胖者低；④胰岛素效应往往较差；⑤早期时单用口服抗糖尿病药物，一般可以控制血糖。

3. 妊娠期糖尿病（gestational diabetes mellitus，GDM）　指妊娠期首次发生或发现的不同程度葡萄糖耐量异常，不包括妊娠前已存在的糖尿病。大部分患者分娩后血糖可恢复正常，近 30% 患者于 5～10 年随访中发展为糖尿病。

4. 特殊类型糖尿病　指由某些内分泌疾病（如肢端肥大症、库欣综合征、胰高糖素瘤）、胰腺疾病（胰岛素基因突变、胰岛素受体缺陷 A 型胰岛素抵抗、脂肪萎缩性糖尿病）、感染（如风疹、巨细胞病毒）、药物及化学制剂（如杀鼠药、烟草酸、糖皮质激素、甲状腺激素及噻嗪类药物）等引起的糖尿病，国内一般较为少见。

（二）糖尿病诊断

2017 年 ADA 制定了最新的糖尿病诊断标准与分型（见表 6-8），专家委员会将空腹静脉血浆葡萄糖（FPG）范围在 5.6～6.9mmol/L（100～125mg/dl）称为空腹血糖受损（impaired fasting glucose，IFG），将口服葡萄糖耐量试验（OGTT）中 2h 静脉血浆葡萄糖（2hPG）在 7.8～11.0mmol/L（140～199mg/dl）称为糖耐量异常（impaired glucose tolerance，IGT）。

表 6-8　2017 年 ADA 糖尿病诊断标准

1. 空腹静脉血浆葡萄糖（FPG）≥7.0mmol/L（126mg/dl）

   空腹：禁食至少 8 小时*

2. OGTT 时，2 小时静脉血浆葡萄糖（2hPG）≥11.1mmol/L（200mg/dl）。OGTT 采用 WHO 建议，成人口服相当于 75g 无水葡萄糖的水溶液（或是含结晶水葡萄糖 82.5g 溶于 250～300ml），饮第一口时开始计时，于 5 分钟内服完。*

3. 糖化血红蛋白（HbA1c）≥6.5%（48mmol/mol）。此项测试应在美国国家糖化血红蛋白标准化计划（NGSP）认证的实验室，通过标准的检测方法进行。*

4. 对于有明显高血糖症状或高血糖危象加随意静脉血浆葡萄糖≥11.1mmol/L（200mg/dl）

注：*在没有明确高血糖症的情况下，应再次进行试验。儿童葡萄糖服用量按 1.75g/kg 体重计算，计算总量超过 75g 时以 75g 为准。

糖化血红蛋白（HbA1c）较 OGTT 简便易行，结果稳定，变异性小，且不受进食时间及短期生活方式改变的影响，患者依从性好，部分国家将 HbA1c 作为筛查糖尿病高危人群和诊断糖尿病的一种方法。2010 年 ADA 指南将 HbA1c≥6.5% 作为糖尿病诊断标准之一。2011 年 WHO 也建议在条件具备的国家和地区采用这一切点诊断糖尿病。鉴于 HbA1c 检测在我国尚不普遍，检测方法的标准化程度不够，测定 HbA1c 的仪器和质量控制尚不能满足目前糖尿病诊断标准的要求,《中国 2 型糖尿病防治指南（2013 年版）》中不推荐在我国采用 HbA1c 诊断糖尿病。

（三）危害

糖尿病患者早期不易察觉，通常为偶然间发现，不利于患者早期发现和治疗。随着病程发展，糖尿病患者可出现糖尿病的典型症状——多饮、多尿、多食、体重减轻和易疲劳。糖尿病患者不能充分利用葡萄糖，身体就需要用蛋白质和脂肪来补充能量，导致体内蛋白质及脂肪消耗增多，加上因多尿丢失大量的水分和葡萄糖，患者容易出现体重减轻、消瘦乏力等不适症状。此外，糖尿病患者容易出现多种并发症或伴随症状，从而对患者健康造成严重危害。

1. 急性并发症

（1）糖尿病酮症酸中毒（diabetic ketoacidosis，DKA）：由于胰岛素相对或绝对缺乏导致的高血糖、脂肪分解增加、脂肪酸氧化增加，从而产生大量酮体（乙酰乙酸、β-羟丁酸和丙酮）并在血中聚集，造成的酮症酸中毒。患者出现典型的酸中毒性大呼吸，呼吸加速、加深，呼气带有烂苹果味，严重者可出现昏迷，甚至危及生命。

（2）糖尿病高血糖高渗状态（hyperglycemic hyperosmolar status，HHS）：最常见于未经诊断的老年 2 型糖尿病患者。发病多有诱因，如感染（以肺部感染最常见）、用药不当、暴饮暴食等。患者原有糖尿病症状加重，出现脱水和神经系统症状，后期神志不清、嗜睡甚至昏迷、病死率较高。

（3）乳酸性酸中毒：正常情况下，机体代谢产生的乳酸主要在肝中氧化利用，或被转变成糖原储存，少量经肾排出。而在肝肾疾病的情况下，乳酸利用和排出减少也可诱发和加重乳酸性酸中毒。其主要可分为先天性和获得性两大类。先天性乳酸性酸中毒是由遗传性酶的缺陷，造成乳酸、丙酮酸代谢障碍引起。而获得性乳酸酸中毒则主要分为 A 型和 B 型两类。

2. 慢性并发症 糖尿病慢性并发症（chronic complications of diabetes mellitus）已成为糖尿病致残、致死的主要原因。普遍认为其发病机制涉及多元醇旁路、蛋白激酶 C、己糖胺激活及晚期糖基化产物（AGEs）的多寡，近年来发现高血糖诱导线粒体产生的反应性氧化产物（ROS）生成增加可能是糖尿病慢性并发症的共同基础。

（1）心血管病变：心血管并发症包括心脏和大血管上的微血管病变、心肌病变、心脏自主神经病变和冠心病。心血管病变是 T2DM 患者的主要死亡原因，也是糖尿病直接和间接费用增加的主要原因。研究显示糖尿病患者冠心病的死亡风险比非糖尿病人群高 3~5 倍，与非糖尿病的心肌梗死者相似。冠心病常见危险因素有高血糖、高收缩压、高胆固醇、低密度脂蛋白增高、高密度脂蛋白下降、年龄、性别、吸烟及家族史等。

（2）糖尿病肾病（diabetic nephropathy，DN）：约 30% 的 T1DM 和 20%~50% 的 T2DM 患者发生糖尿病肾病。DN 包括了慢性肾病（chronic kidney disease，CKD）和糖尿病肾脏病变（diabetic kidney disease，DKD）两部分。DN 发生有较大的种族差异：美国土著人、西班牙裔人及非洲裔美国人 T2DM 终末期肾病的危险性显著高于非西班牙裔白种人，亚洲糖尿病肾脏病变发生率最高。

（3）糖尿病神经病变（diabetic neuropathy）：是糖尿病的主要慢性并发症之一，其最常见的类型为慢性远端对称性神经病变和自主神经病变，部分糖尿病患者因在诊断时已存在糖尿病周围神经病变而常被漏诊。

(4) 糖尿病足 (diabetic foot): 指糖尿病患者由于合并神经病变及不同程度的血管病变而导致下肢感染、溃疡形成和（或）深部组织的损伤。全球约15%糖尿病患者在其生活的某一时间发生过足溃疡或坏疽，糖尿病足造成的截肢是非糖尿病患者的15倍。

(5) 糖尿病视网膜病变 (diabetic retinopathy; DR): 主要病变包括视网膜微血管瘤、出血斑、渗出、新生血管、视网膜前提和玻璃体出血、视网膜剥离等。致盲概率显著高于正常人。

3. 感染 糖尿病常引起皮肤化脓性感染，如疖、痈等；皮肤真菌感染，如足癣；尿路感染，如肾盂肾炎、膀胱炎、肾乳头坏死等；女性糖尿病患者常并发真菌性阴道炎、巴氏腺炎等。

（四）糖尿病流行特点

糖尿病的患病率呈现逐渐上升趋势。2015年国际糖尿病联盟报告全球糖尿病的流行趋势：全球范围内14岁以下的青少年超过50万人患有1型糖尿病；20~79岁成年人中4.15亿人患有T2DM，3.18亿成年人被诊断为糖耐量受损。2015年内，糖尿病已造成500万人死亡，并耗费了67.3~119.7亿美元的卫生保健费用。如果糖尿病的流行趋势不能得到有效控制，预计2040年全球糖尿病患者将达到6.42亿。在我国，糖尿病患病率呈明显上升趋势，2010年我国开展的全国性横断面调查显示，成人糖尿病的患病率为11.6%，糖尿病前期患者比例达50.1%，高于2007~2008年中华医学会糖尿病学分会（Chinese Diabetes Society，CDS）在我国部分地区开展的糖尿病流行病学调查中显示的20岁以上人群糖尿病患病率（9.7%）及2002年全国营养调查显示的18岁以上人群糖尿病患病率（2.6%）。但需指出的是，这几次调查的方法和诊断标准并不一致，如1997年后糖尿病诊断的空腹血糖切点从≥7.8mmol/L改为≥7.0mmol/L。因此，如果采用最近的诊断标准，前几次的调查结果患病率是被低估的。

我国糖尿病的发病特点主要表现为如下几点。①在我国患病人群中，以T2DM为主，占90%以上，T1DM约占5%，其他类型糖尿病仅占0.7%；城市GDM的患病率接近5.0%。②经济发达程度与糖尿病患病率有关：在1994年的调查中，高收入组的糖尿病患病率是低收入组的2~3倍。最新的研究发现，发达地区的糖尿病患病率仍明显高于不发达地区，城市仍高于农村。③未诊断的糖尿病比例高于发达国家：2007~2008年全国调查20岁以上成人糖尿病患者中，新诊断的糖尿病患者占总数的60%，尽管较过去调查有所下降，但远高于发达国家（美国约48%）。④男性、低教育水平是糖尿病的易患因素：在2007~2008年的调查中，在调整其他危险因素后，男性患病风险比女性增加26%，而文化程度在大学以下的人群糖尿病发病风险增加57%。⑤表型特点：我国T2DM患者的平均体质指数（BMI）约为25 kg/m^2，而高加索人糖尿病患者的平均BMI多超过30 kg/m^2；餐后高血糖比例高，在新诊断的糖尿病患者中，单纯餐后血糖升高者占近50%。⑥国内缺乏儿童糖尿病的流行病学资料，临床上发现，近年来20岁以下的人群中T2DM患病率显著增加。⑦糖尿病合并心脑血管疾病常见。由于我国糖尿病患者平均病程短，特异性并发症，如DR和CKD是未来巨大的挑战。

（五）糖尿病危险因素

糖尿病的发生受遗传和环境等多种因素的共同作用，其具体机制尚未明确。可能的因素有如下几种。

1. 遗传因素 糖尿病具有家族遗传性。有糖尿病家族史的群体糖尿病发生率明显高于无糖尿病家族史的群体。

2. 环境因素 ①饮食因素：不合理"西方化"膳食的摄入，能量摄入过高，造成身体脂肪过度堆积，出现胰岛素抵抗，导致糖尿病发生风险增高。②生理因素：糖尿病发病率随年龄的增长呈明显上升趋势，大多数糖尿病患者的发病年龄为 50~70 岁。③病理因素：高血脂、高血压、肥胖、感染、应激、化学毒物等。④生活方式改变：体力活动能减轻胰岛素抵抗；研究表明体力活动与糖尿病的发生呈现明显的负相关；不良生活方式如吸烟也可影响糖尿病的发生，研究显示，即使从未吸烟者，经常被动吸烟也会增加糖尿病发生风险。⑤社会因素：轻体力劳动、生活富裕、享受增多等使能量消耗减少，社会竞争激烈、思想负担加重等。

二、营养与糖尿病

（一）膳食模式

不同膳食模式与糖尿病的发生密切相关，通过改善不良的膳食模式，可以预防糖尿病的发生。以饱和脂肪酸摄入量低、不饱和脂肪酸摄入量高，膳食含大量复合碳水化合物，蔬菜、水果摄入量较高为突出特点的地中海膳食模式不仅可预防糖尿病的发生，同时对心血管疾病的发生也有预防作用。美国 2010 年膳食指南提及的高血压防治饮食模式（dietary approaches to stop hypertension，DASH），可通过提高机体对胰岛素的敏感性来预防糖尿病的发生。其他研究表明，坚果类的摄入可以改善糖耐量受损情况，因此建议将其作为健康饮食模式的一部分。

（二）营养素

营养素代谢过程中会影响胰岛素的分泌，尤其是碳水化合物和脂肪的代谢。

1. 碳水化合物 糖尿病患者碳水化合物代谢异常主要表现为肝脏中葡萄糖激酶和糖原合成酶下降，肝糖原合成减少，糖原分解增加，进而引起高血糖。高血糖作为糖尿病代谢紊乱的主要标志，可引起全身性的代谢紊乱，造成一系列急性并发症，并在糖尿病慢性并发症的形成中起重要作用。因此，糖尿病患者应将摄入碳水化合物的量控制在适宜范围内。

餐后高血糖是糖尿病控制中的主要问题。食物中碳水化合物的相对分子质量及结构不同，致餐后血糖升高的快慢和幅度不同，其影响程度可用血糖生成指数（glycemic index，GI）来衡量。GI 指食入含 50g 碳水化合物的食物后在一定时间（一般为 2h）体内血糖反应水平，与食入相当量的葡萄糖后血糖反应水平的百分比值，反映食物与葡萄糖相比升高血糖的速度和能力。通常将葡萄糖的 GI 定为 100。一般 GI≤55 为低 GI 食物，55~70 为中 GI 食物，≥70 为高 GI 食物。常见食物的 GI 值见表 1-7。低 GI 食物可有效控制餐后血糖，有利于血糖浓度保持稳定。但 GI 仅反映出碳水化合物的质，并没有反映出碳水化合物的实际摄入量，因此引入血糖负荷（glycemic load，GL）的概念，GL 等于食物 GI 值与其碳水化合物含量乘积的百分比，可更好地反映餐后血糖的变化情况。GL 值<10 为低 GL 值，11~19 为中 GL 值，GL>20 为高 GL 值。

膳食纤维可延缓葡萄糖的消化和吸收，降低餐后血糖及改善糖耐量，是降低 T2DM 发病风险的重要膳食成分。因此糖尿病患者的膳食纤维摄入量应达到并超过健康人群的推荐摄入量。

2. 脂肪 人体摄入高脂膳食时,脂肪的氧化分解消耗大量葡萄糖分解的中间产物,阻断葡萄糖彻底氧化分解,血糖浓度上升,胰岛素分泌增加;同时游离脂肪酸的浓度较高,使得葡萄糖氧化供能的比例减少。长期暴露于高浓度的游离脂肪酸下,胰岛 B 细胞的功能可能受损,使糖尿病发生风险增加。正常人脂类代谢处于动态平衡状态,糖尿病患者由于糖代谢异常,大量葡萄糖从尿中丢失,出现能量供应不足,脂肪动员增加,导致过多酮体积聚而产生酮血症和酮尿,严重者表现为酮症酸中毒和高渗性昏迷。

3. 蛋白质 蛋白质代谢与碳水化合物和脂肪代谢密切相关。为了补充糖代谢异常导致的能量来源不足,部分蛋白质发生氧化分解,蛋白质分解代谢增加,可能进一步导致负氮平衡,影响身体健康。

三、糖尿病管理与营养防治

(一)糖尿病预防

为预防糖尿病发生,应做好糖尿病的风险评估筛查工作。其中最重要的是做好高危人群的筛查工作。糖尿病高危人群包括血糖正常性高危人群和糖尿病前期人群。

1. 血糖正常性高危人群

(1)成年人高危人群:在成年人(>18岁)中,具有下列任何一个及以上的糖尿病危险因素者:①年龄≥40岁;②有糖调节受损史;③超重(BMI≥$24kg/m^2$)或肥胖(BMI≥$28kg/m^2$)和/或中心型肥胖(腰围男≥90cm,女≥85cm);④静坐生活方式;⑤一级亲属中有 2 型糖尿病家族史;⑥有巨大儿(出生重≥4kg)生产史或妊娠期糖尿病病史的妇女;⑦高血压[收缩压(SBP)≥140mmHg 和/或舒张压(DBP)≥90mmHg(1mmHg=0.133kPa)],或正在接受降压治疗;⑧血脂异常[高密度脂蛋白胆固醇(HDL-C)≤0.91 mmol/L(≤35mg/dl)、甘油三酯≥2.22 mmol/L(≥200mg/dl)],或正在接受调脂治疗;⑨动脉粥样硬化性心脑血管疾病患者;⑩有一过性类固醇糖尿病病史者;⑪PCOS 患者;⑫长期接受抗精神病药物和/或抗抑郁药物治疗的患者。在以上各项中,糖调节异常是最重要的 T2DM 高危人群,每年有 1.5%~10.0%的糖耐量减低患者进展为 T2DM。

(2)儿童和青少年高危人群:在儿童和青少年(≤18岁)中,超重(BMI>相应年龄值、性别的第 85 百分位)或肥胖(BMI>相应年龄、性别的第 95 百分位)且合并下列任何一个危险因素者:①一级或二级亲属中有 T2DM 家族史;②存在与胰岛素抵抗(IR)相关的临床状态,如黑棘皮病、高血压、血脂异常、PCOS;③母亲怀孕时有糖尿病史或被诊断为 GDM。

2. 糖尿病前期人群 糖尿病前期指空腹血浆葡萄糖和(或)口服葡萄糖耐量试验(OGTT)2h 血浆葡萄糖(2hPG)升高但未达到糖尿病的诊断标准,即存在空腹血糖受损或糖耐量减低或两者兼具。

无糖尿病病史者,首先根据高危因素进行初筛,对于具有一项危险因素者进一步进行空腹血糖或任意点血糖筛查。建议以空腹血糖≥5.6mmol/L 作为行 OGTT 的切点。2013 年台湾出版的《2013 年糖尿病整合指引纲要》中也明确提出成人糖尿病筛查准则,主要为以下几点。

(1)40 岁以上居民,每 3 年筛检 1 次;65 岁以上居民,每年筛检 1 次。

（2）"台湾糖尿病风险评估公式"显示为极高风险者，每年筛检；中或高风险者，每三年一次。

（3）下列两个或以上风险因子者，也建议筛检。

身体质量指数≥24kg/m^{2}或腰围男/女＞90/80cm；直系亲属患有糖尿病；分娩巨大儿，或曾诊断为妊娠期糖尿病；曾检查为葡萄糖耐量异常或空腹血糖偏高，或HbA1c≥5.7%者；临床表现胰岛素抵抗（如重度肥胖、黑色棘皮症）；高血压（≥140/90mmHg）或正接受高血压治疗；高密度脂蛋白胆固醇＜35mg/dl或甘油三酯≥250mg/dl；多发性囊泡卵巢综合征的妇女；曾患心血管疾病；缺乏运动。

（二）综合治疗

糖尿病作为一种与多因素发展相关的慢性代谢性疾病，其治疗是一个长期的过程，治疗效果取决于患者对疾病性质的了解和对治疗的配合程度。近年来，根据实践经验的总结，公认的糖尿病综合治疗原则包括：①医学营养治疗；②健康教育；③运动治疗；④药物治疗；⑤自我监测；⑥手术治疗。糖尿病患者多并发高血压、高血脂，故糖尿病患者也需降压、调脂。因此，糖尿病的治疗是一个系统工程，其达标要求见表6-9。

表6-9 糖尿病控制目标*

指标	控制目标
1.血浆葡萄糖（mmol/L）	空腹4.4～6.1（良好），≤7.0（一般） 非空腹4.4～8.0（良好），≤10.0（一般）
2.HbA1c（%）	＜7.0（需个别化考虑）
3.血压（mmHg）	＜130/80
4.血脂（次要目标）	总胆固醇（mmol/L）＜4.5 HDL-C（mmol/L）＞1.0 LDL-C（mmol/L）＜2.5 甘油三酯（mmol/L）＜1.5
5. 尿白蛋白 尿白蛋白/肌酐值（mg/mmol） 尿白蛋白排泄率	男性＜2.5（22mg/d）女性＜3.5（31mg/d） ＜20μg/min（30mg/d）
6.主动有氧活动（分钟/周）	150

注：*血糖控制目标必须个体化，对生活自理能力差的以及老年患者，尤其是常易发生低血糖症者，不必勉强追求理想控制目标，以不发生危害性更大的低血糖症为宜.

1. 医学营养治疗

（1）医学营养治疗定义及目标：营养治疗是糖尿病治疗的基础，是糖尿病自然病程中任何阶段预防和控制必不可少的措施。1971年ADA首次颁布了《糖尿病患者营养与饮食推荐原则》，并提出医学营养治疗（medical nutrition therapy，MNT）的概念。我国于2010年制订了首个糖尿病医学营养治疗指南，2013年中华医学会糖尿病学分会和中国医师协会营养医师专业委员会对其进行修订，并于2015年发布了《中国糖尿病医学营养治疗指南（2013）》（以下简称《指南》）。此外，中华医学会糖尿病学分会也于2013年出版了《糖尿病医学营养治疗专家共识》（以下简称《共识》）。

MNT指临床条件下对糖尿病的营养问题采取的特殊干预措施的总称。包括对患者进行个体化营养评估、营养诊断，制订相应的营养干预计划并在一定时期内实施及监测。通过调整营养素结构，控制能量摄入，有利于控制及改善血糖水平、促进胰岛素分泌、维持理想体重并预防营养不良发生。MNT治疗目标是在保证患者正常生活和儿童青少年正常生长发育的前提下，纠正已发生的代谢紊乱，减轻胰岛 B 细胞负荷，从而延缓并减轻糖尿病及并发症的发生发展，进一步提高其生活质量。

（2）医学营养治疗策略：医学营养治疗主要是在评估患者营养状况的情况下，设定合理治疗目标，使患者在医生和营养师的指导下接受个性化营养治疗。

《指南》建议糖尿病患者遵循平衡膳食原则，膳食总能量摄入应符合体重管理目标。在保证宏量营养素的供能比适当的前提下，可结合患者的代谢目标和个人喜好制订个体化的膳食结构。《共识》建议，低能量饮食（减肥餐）可每日少摄取 250～1000kcal 能量。目标为超重/肥胖患者减重 5%～10%，3 级肥胖（BMI≥40kg/m^2）患者减重 15%。

（3）合理选择食物

1）每日能量需要量估算。《指南》建议：糖尿病前期或糖尿病患者应接受个体化能量平衡计划，目标是既达到或维持理想体重，又满足不同情况下的营养需求；对于所有患糖尿病或有糖尿病患病风险的肥胖或超重个体，应建议减重；在超重或肥胖的胰岛素抵抗个体中，适当减轻体重可改善胰岛素抵抗；就减重效果而言，限制能量摄入较单纯调节营养素比例更关键；不推荐 T2DM 患者长期接受极低能量（<800kcal/d）的营养治疗。

选择食物时应注意能量平衡，既要调整能量摄入以控制体重在合理范围并改善不同疾病阶段的代谢状况，也要符合中国居民膳食推荐摄入量以获得在成人、儿童青少年及妊娠期等不同情况下各种营养素合理摄入，预防营养不良。可按照每人 25～30kcal/kg IBW/d 计算推荐能量摄入，根据患者身高、体重、性别、年龄、不同体力劳动强度、运动量、应激状况调整为个体化能量标准。参考表 6-10，表 6-11。

表 6-10 不同劳动强度评价

劳动强度	劳动种类
轻体力活动	身体主要处于坐位或站立为主的工作：办公室职员、教师讲课、售货员、钟表修理工、装配、酒店服务员、实验室工作、洗衣、做饭、缓慢行走等
中体力活动	司机、电工、外科医生、搬运轻东西、持续长距离行走、环卫工作、管道工、电焊工、采油工等
重体力活动	农民、建筑工、搬运工、伐木工、舞蹈演员、铸造、收割、挖掘、钻井、采矿、木工等

表 6-11 不同体力劳动强度能量需要量

劳动强度	体重不足/消瘦[kcal/（kg·d）]	正常体重[kcal/（kg·d）]	超重/肥胖[kcal/（kg·d）]
休息状态	20～25	15～20	15
轻体力活动	35	30	20～25
中体力活动	40	35	30
重体力活动	45～50	40	35

2）各营养物质的分配和摄入量。碳水化合物：是人体获取能量的主要来源，亦是体内多个器官系统的主要能源物质；但碳水化合物摄入过多易影响血糖控制，并增加胰岛负担。因此，对糖尿病患者，推荐每日碳水化合物供能比 45%～60%，其来源若为低 GI 食物，其供能比可达 60%。有研究提示糖尿病患者每日膳食中碳水化合物供能比不应低于 45%，可避免高脂肪的摄入并对降低慢性病发病风险有积极意义。同时谷物膳食纤维可增强胰岛素敏感性从而改善体内胰岛素抵抗。建议糖尿病患者的膳食纤维摄入量应达到并超过健康人群的推荐摄入量，具体推荐量为 25～30g/d 或 10～14g/1000kcal。

蛋白质：占 15%～20%。推荐每日摄入 0.8～1.2g/kg 标准体重，处于生长发育阶段的儿童或糖尿病患者合并感染、妊娠、哺乳、营养不良及慢性消耗性疾病者，这一比例应适当增加。可每日 1.2～1.5g/kg 体重计算，儿童每日 2g/kg 体重。研究提示高蛋白膳食能在短期内（平均 3 个月）使体重及腰围减少，但长期作用并不理想。因此，不建议超重或肥胖人群使用高蛋白膳食作为长期的减重方式。

脂类：参考膳食指南，推荐每日摄入量占总能量的 25%～35%，超重或肥胖患者应控制在 30% 内。增加植物脂肪的比例，同时限制饱和脂肪酸与反式脂肪酸的摄入量。饱和脂肪酸<10%。单不饱和脂肪酸宜>12%。多不饱和脂肪酸<10%。目前，针对 n-3 与 n-6 脂肪酸的适宜比例，目前尚无确切证据，专家推荐比例为 1：（4～10）。

（4）糖尿病食谱制作

1）确定能量需要量：结合患者年龄、性别、身高、体重、体力活动等资料，计算出理想体重，参考表 6-12 计算一日能量需要量。

2）确定碳水化合物、蛋白质、脂肪的需要量：每克碳水化合物或蛋白质均产热 16.7kJ（4kcal），每克脂肪产热 37.7kJ（9kcal）。按照每日所需总能量和各营养素比例，确定每日三大宏量营养素的需要量。

3）膳食内容与食物用量计算：将确定的三大营养素需要量换算成食物重量后进行食谱制作。常用的食谱制作方法有：①食物成分表计算法；②碳水化合物计数法；③食物交换份法。食物成分表计算法一般需要借助于营养计算软件；碳水化合物计数法更适于 1 型糖尿病患者使用，但未考虑膳食总能量；食物交换份法虽然没有食物成分表法准确，但不需要使用营养软件，方便快捷，易推广。食谱设计时应注意个体化、多样化的原则。食谱应符合患者的饮食习惯、经济条件及市场供应情况。烹调方法多采用蒸、煮、烩、烧、烤和凉拌等方法，避免食用油炸食物。

4）餐次能量分配：确定三餐能量分配，并考虑是否需要加餐，若需加餐，则将总能量合理分配至三餐和加餐中。三餐能量分配可按 3：4：3 或 1：2：2 或 1：1：1 等不同方式进行分配。可根据个人饮食习惯、运动情况、病情和配合药物治疗的需要适当调整。

5）食谱举例：患者，男，55 岁，身高 175cm，体重 80kg，公务员（轻体力活动）。参考表 6-12，按照食物交换份法计算食谱，应注意表中所有重量均为去皮、骨等后的可食部生重。

表 6-12 简易食物交换份表

类别	每份重量（g）	能量（kcal）	蛋白质（g）	脂肪（g）	碳水化合物（g）
谷薯类	25	90	2.0	—	20.0
蔬菜类	500	90	5.0	—	17.0
水果类	200	90	1.0	—	21.0
大豆类	25	90	9.0	4.0	4.0
奶类	160	90	5.0	5.0	6.0
蛋类	50	90	9.0	6.0	—
瘦肉类	50	90	9.0	6.0	—
油脂类	10	90	—	10.0	—
坚果	15	90	4.0	7.0	2.0

首先，计算每日能量需要量：患者体质指数（BMI）=体重（kg）/身高（m）^{2}=26.1kg/m^2，属于超重。结合其轻体力活动类型，参考表 6-12 得出每日能量需要量为 20~25kcal/kg，计算结果为 1400~1750kcal/d。建议一日能量供给量为 1500kcal。

其次，确定宏量营养素供给量：按照每日 1500kcal，碳水化合物、蛋白质和脂肪供能比依次为 50%、20%和 30%。碳水化合物供给量：（1500×50%）/4=187.5g；蛋白质供给量：（1500×20%）/4=75g；脂肪供给量：（1500×30%）/9=50g。

具体计算步骤：先计算碳水化合物，其次计算蛋白质量，然后计算脂肪量，最后用烹调用油补足脂肪的需要量。首先确定牛奶 1.5 份，鸡蛋 1 份，蔬菜 1 份，水果 1 份，根据表 6-12，以上食物可提供碳水化合物 9+17+21=47（g），每份谷薯类为 25g，含碳水化合物 20g，因此主食量（谷薯类）=（187.5-47）/20≈7 份。蛋、奶、菜、水果及主食可提供蛋白质=9+8+5+1+14=37（g），因此肉类=（75-37）/9≈4 份。烹调用油=50-8-6-24=12（g）。最后，根据患者日程进食量及生活习惯，安排一日参考食谱举例见表 6-13。

表 6-13 一日参考食谱举例

早餐	牛奶 250ml，粗粮馒头 1 个（面粉 55g），鸡蛋 1 个，蒜蓉海带（湿海带 100g）
中餐	杂粮米饭（大米 30g，糙米 30g），苦瓜肉片（瘦猪肉 100g，苦瓜 100g），拌木耳（水发木耳 100g）
加餐	水果（苹果 100g）
晚餐	杂粮米饭（大米 30g，玉米糁 30g）、清蒸鱼（鲈鱼 150g）、拌黄瓜（100g），素炒生菜（100g）
加餐	水果（橙子 100g）
全天用烹调油 12g，盐 6g	

也可以大豆类代替部分肉类或奶类，计算步骤及方法同上。此外，应注意检测患者血体重及血糖等指标的变化，并据此调整食谱。

2. 健康教育 糖尿病教育对于血糖异常的长期良好控制是至关重要的。糖尿病教育的队伍应包括多种不同专业人员，如专科医生、护士、营养师及社会学家等。糖尿病教育应使患者清楚了解糖尿病的性质和可能危害，鼓励其主动参与疾病控制，在生活中控制饮食、适当体育锻炼、按需口服药物或注射胰岛素等。同时掌握相关知识技能，如测定血糖、注射胰岛素、配制糖尿病饮食等。

3. 运动治疗 运动可以通过改善环境因素和行为因素起到降低糖尿病发病的作用。研究表明，进行规律运动的糖尿病患者低于 5%，而在身体积极活动的人群中 T2DM 发生率则显著下降。研究表明运动对有效控制糖尿病患者的血糖和代谢紊乱，以及预防和延缓并发症的发生有积极作用。同时随着科学的发展，生活质量评估作为评价糖尿病病情的重要指标之一，已广泛应用于糖尿病领域。随机抽取 T2DM 患者进行运动干预后，前后对照观察发现运动干预可提高 T2DM 患者的生活质量。并且运动治疗成本低，节约了社会医疗资源，无形中增加了其经济和社会效益。由此可见，运动在糖尿病治疗中的重要地位。

但因个体差异的存在，糖尿病患者在开始运动治疗前，应由专业人员进行评估，避免出现低血糖、酮症酸中毒等并发症，给患者带来更大的身体和经济负担。参考《中国糖尿病运动治疗指南》，糖尿病运动治疗的原则主要包括：①安全性；②科学性及有效性；③个体化；④专业人员指导；⑤全方位管理；⑥运动治疗的监测及治疗计划调整。

糖尿病患者运动治疗的目的，是通过运动增强骨骼肌对葡萄糖的利用，增加机体组织对胰岛素的敏感性，使机体糖代谢得到改善，以缓解糖尿病症状。为了达到治疗目的，患者应从项目运动、强度、时机、持续时间和频率等方面进行综合选择。糖尿病运动治疗的形式主要有：步行、慢跑、游泳和太极拳等。患者可根据自身情况进行选择，其中步行是国内外最常用的，应作为首选。运动强度一般用运动时摄氧量占最大摄氧量的百分数来表示，有氧运动通常维持为40%～70%，身体状况欠佳的患者应从40%～50%开始。合理的运动频率为每周3～5次，若次数过多，出现运动损伤的概率会显著增加。糖尿病患者同时应注意运动时机，避免在胰岛素或降糖药物发挥最大效应时做运动训练，避免低血糖发生。

4. 药物治疗 糖尿病的药物治疗主要包括口服降糖药物治疗和胰岛素治疗两类。其中常见的口服降糖

药物主要有双胍类、促胰岛素分泌剂、胰岛素增敏剂、α-葡萄糖苷酶抑制剂、二肽激酶-4抑制剂等，一般首选双胍类药物。但使用药物使应明确每类药物的建议使用和不建议使用条件。使用胰岛素治疗糖尿病时，建议仍可使用口服降糖药，睡前注射中效或长效胰岛素。

5. 自我监测 血糖监测是糖尿病管理中的重要组成部分，其结果有助于评估糖尿病患者糖代谢紊乱的程度，制订合理的降糖方案，同时反映降糖治疗的效果并指导治疗方案的调整。随着科技的进步，血糖监测技术也有了飞速的发展，血糖监测越来越准确、全面、方便、痛苦少。目前临床上血糖监测方法包括利用血糖仪进行的毛细血管血糖监测、连续监测3日血糖的动态血糖监测（CGM）、反映2～3周平均血糖水平的糖化白蛋白（GA）和2～3个月平均血糖水平的糖化血红蛋白（HbA1c）的检测等。其中毛细血管血糖监测包括患者自我血糖监测（SMBG）及在医院内进行的床边快速血糖检测（POCT），是血糖监测的基本形式，HbA1c是反映长期血糖控制水平的金标准，而CGM和GA反映近期血糖控制水平，是上述监测方法的有效补充。近年反映1～2周内血糖情况的1,5-脱水葡萄糖醇（1,5-AG）也逐渐应用于临床。为了规范糖尿病诊疗行为、加强糖尿病的有效管理，2011年中华医学会糖尿病学分会血糖监测学组发布了符合中国国情的《中国血糖监测临床应用指南（2011）》，但现况调查显目前我国临床医护人员对血糖监测的重视和关注程度仍然不够，糖尿病患者仍缺乏针对血糖监测的系统的指导和教育，而部分临床医师也缺乏根据血糖监测结果规范治疗行为的指导和训练。

6. 糖尿病手术治疗 糖尿病传统的治疗方法主要是内科治疗，包括控制饮食、加强运动、口服降糖药物及注射胰岛素等，已有研究结果显示，外科减重手术可有效治疗2型糖尿病，当前常用的减重手术包括胃切除术、胃绕道术或胃旁路术、胆胰分流术、胃束带术等。其中腹腔镜可调控性胃束带术（laparoscopic adjustable gastric banding, LAGB）对于轻度至中度肥胖者有着良好的近期疗效。美国食品和药品管理局（FDA）已批准LAGB适用于BMI在$30～35kg/m^2$合并2型糖尿病或其他与肥胖相关的并发症患者。这同时也得到了国际糖尿病联盟（IDF）认同。目前，代谢手术已成为治疗T2DM的选择之一，但代谢手术也存在一定的风险，客观看待手术治疗的适应证及潜在临床风险尤为重要。

（1）适应证

1）BMI≥$35 kg/m^2$的有或无并发症的T2DM亚裔人群中，可考虑行减重/胃肠代谢手术。

2）BMI $30～35kg/m^2$且有T2DM的亚裔人群中，生活方式和药物治疗难以控制血糖或并发症时，尤其具有心血管风险因素时，减重/胃肠代谢手术应是治疗选择之一。

3）BMI $28.0～29.9kg/m^2$的亚裔人群中，如果其合并T2DM，并有向心性肥胖（女性腰围＞85cm，男性＞90cm）且至少额外的符合2条代谢综合征标准：高甘油三酯、低高密度脂蛋白胆固醇水平、高血压。对上述患者行减重/胃肠代谢手术也可考虑为治疗选择之一。

4）对于 BMI≥40kg/m² 或≥35 kg/m² 伴有严重并发症；且年龄≥15 岁、骨骼发育成熟，按 Tanner 发育分级处于 4 级或 5 级的青少年，在患者知情同意情况下 LAGB 或胃肠 Roux-en-Y 分流术（Roux-en-Y gastric bypass，RYGB）也可考虑为治疗选择之一。

5）对于 BMI 25.0～27.9kg/m² 的 T2DM 患者，应在患者知情同意情况下进行手术，严格按研究方案进行。但是这些手术的性质应该被视为纯粹只作为伦理委员会事先批准的试验研究的一部分，而不应广泛推广。

6）年龄＜60 岁或身体状况较好，手术风险较低的糖尿病患者。

（2）手术管理：代谢手术的临场风险主要表现为手术死亡风险及术后的近远期并发症两方面，近期并发症主要有肠梗阻、吻合口漏、肺栓塞、深静脉血栓、门静脉损伤呼吸系统并发症；远期并发症主要有消化系统疾病、营养不良等。为有效减少代谢手术的死亡风险及术后并发症发生率，严格进行代谢手术管理尤为重要，代谢手术的管理应主要从术前筛选及评估、手术治疗和术后随访等三个方面进行。术后需要由熟悉本领域的减重手术医生和内科医生及营养师团队对患者进行终身随访。饮食指导是保证手术治疗效果、避免术后远期并发症、改善患者术后各种不适的至关重要的一环，其目的是促进患者形成新的饮食习惯来促进并维持糖代谢的改善，同时又能补充必需的营养，避免患者不适。主要措施措施为饮用足量的液体、进食足够的蛋白质、补充必需的维生素和矿物质。

（曾　果　程改平　周凤鸣）

第四节　肿　瘤

一、概　述

（一）定义

肿瘤（tumor）是指机体在各种致癌因素作用下，局部组织的某一个细胞在基因水平上失去对其生长的正常调控，导致其克隆性异常增生而形成的新生物。其病因非常复杂，截至目前，大多数肿瘤的病因还没有被完全了解。

（二）流行趋势

2014 年《全球癌症报告》指出，全球癌症病例将呈现迅猛增长态势，由 2012 年的 1400 万人，逐年递增至 2025 年的 1900 万人，到 2035 年将达到 2400 万人。报告还显示，非洲、亚洲和中南美洲的发展中国家癌症发病形势最为严峻。2012 年全世界共新增 1400 万癌症病例并有 820 万人死亡。其中，中国新增 307 万癌症患者并造成约 220 万人死亡，分别占全球总量的 21.9%和 26.8%。肺癌仍是最普遍和最致命的癌症，2012 年约新增 180 万患者并导致 159 万人死亡，其中中国约占此类病例的 1/3 以上。《中国居民营养与慢性病状况报告（2015）》指出，2013 年全国癌症发病率为 235/10 万，死亡率为 144.3/10 万，肺癌和乳腺癌分别为男女发病首位。现在普遍认为，绝大多数肿瘤是环境因素与宿主机体因素相互作用引起的。

（三）影响因素

1. 环境因素

（1）化学致癌因素：目前已经公认的化学致癌物有 200 多种，包括苯并芘、黄曲霉毒素等。据估计，在环境因素引起的人类癌症中，化学致癌因素占主要地位。对人类总的癌症风险而言，最重要的化学致癌物是香烟中的许多致癌成分。世界上每年大约有 120 万人得肺癌，其中 90%是由吸烟引起的；其次是建筑装修材料中的许多致癌成分，如甲醛；此外自然环境中化学污染物的增加也成为人类肿瘤发病率升高的一个重要原因。例如，在农业生产的中广泛使用的杀虫剂和农药，当人们经常接触这一类污染物后，其后代患白血病和中枢神经系统肿瘤风险增加。

（2）物理致癌因素：主要包括电离辐射和紫外线两种。电离辐射可以引起包括白血病、淋巴癌、乳腺癌和甲状腺癌等。例如，医疗过程中用于诊断和治疗的 X 线，其致癌性与照射的年龄相关。青春期少女多次接受 X 线照射，其患乳腺癌风险增加。太阳光是紫外线的主要来源。长期的紫外线照射可以引起皮肤癌，尤其是高度暴露的白色人种人群。此外，紫外线还与低纬度地区的恶性黑色素瘤发病增加相关。目前，学者们还在研究极低频或超低频电磁波的致癌作用，这类电磁波主要由电线、手机等电器产生。目前已经证实，长期大量的接触电磁波容易导致儿童白血病发生。

（3）微生物致癌因素：2004 年一项统计表明，全世界发生的肿瘤大约有 16%与病毒感染相关。病毒主要分为 DNA 病毒和 RNA 病毒。在西方发达国家，人乳头状瘤病毒和乙型肝炎病毒是最常见的致瘤病毒，人乳头状瘤病毒主要与宫颈癌相关，乙型肝炎病毒主要与肝癌发生相关。RNA 病毒中，丙型肝炎病毒也可以通过诱导产生慢性炎症，间接造成肝细胞病变。细菌和寄生虫感染也与某些肿瘤的发生相关，现在已知的是幽门螺杆菌可导致胃癌的发生，而血吸虫则是导致中东和非洲某些国家原发性肝癌发生的常见病因。

2. 机体因素

（1）遗传与肿瘤：肿瘤流行病学、肿瘤临床统计学资料提示，肿瘤的发生与宿主遗传因素有一定关系。例如，广东的鼻咽癌发生率高；日本的松果体癌比其他民族高 11～12 倍。其他肿瘤，如胃癌、乳腺癌、肝癌等也有家族聚集现象，法国报告一家系中连续五代 24 名女性成员中有 10 名患乳腺癌。尽管遗传易感性有着不少客观资料，但符合孟德尔遗传规律的单基因肿瘤（视网膜母细胞瘤、Wilm 瘤等）或者肿瘤综合征毕竟是少见的。90%以上的肿瘤估计是环境与遗传两种因素相互作用的结果。

（2）免疫与肿瘤：在癌细胞出现早期，机体免疫系统可发挥一定的免疫监视作用，可以特异性识别并杀伤肿瘤细胞。但是，当机体免疫低下或受限制时，肿瘤发生率增高。总之，免疫和肿瘤形成之间的关系十分复杂，肿瘤细胞在各种免疫因素的相互作用不断平衡与失衡最终得以生长或被消灭。

（3）内分泌与肿瘤：体内激素水平与癌症发生相关，如雌激素可能促进乳腺癌、宫颈癌等的发生，甲状腺激素减少可促进甲状腺癌的发生等。

二、肿瘤患者的代谢特点

肿瘤患者营养代谢与正常人相比发生很大的变化，表现在肿瘤细胞及宿主代谢改变两方面。

首先，肿瘤细胞一些基因结构与功能改变，导致肿瘤细胞发生以 Warburg 效果为主要特征的一系列代谢改变。Warburg 效应即肿瘤细胞在有氧条件下通过糖酵解过程获取 ATP，是肿瘤细胞区别于正常细胞的主要代谢特点。其他代谢改变包括：有氧糖酵解增强、葡萄糖摄取和消耗增加、脂类和蛋白质合成加强，以及谷氨酰胺摄取和分解代谢增加等，从而有利于肿瘤恶性增殖、侵袭转移和适应不利生存环境。Warburg 效应发生的机制包括：线粒体损伤、糖酵解异常、癌基因激活及抑癌基因失活、信号转导通路异常及肿瘤微环境改变等。

肿瘤宿主方面的变化包括：糖异生增加、糖原合成减少；胰岛素抵抗或分泌减少，血糖升高；脂肪动员和脂肪酸分解增加，外源性脂肪利用障碍，血脂升高；蛋白质周转加强、肝脏急性期 C-反应蛋白合成增加而白蛋白合成较少、骨骼肌分解增加、血清氨基酸谱改变、低蛋白血症。

三、营养与肿瘤

饮食和生活习惯与肿瘤的发生密切相关，据估计 35% 的癌症可能与饮食有关，几乎所有癌症（80%～90%）是由环境因素造成的，这其中 30%～40% 的癌症与饮食有直接关系。

（一）营养素与肿瘤

1. 脂肪与肿瘤 脂肪主要由脂肪酸和甘油及其他醇类酯化组成，其与肿瘤的关系目前研究比较多的主要是乳腺肿瘤、结肠直肠瘤、子宫内膜癌及前列腺癌等，有研究显示总脂肪量高和含饱和脂肪酸多的膳食可能增加这几种肿瘤发生的风险，n-3 多不饱和脂肪酸可能会抑制肿瘤的发生，而 n-6 多不饱和脂肪酸可能会促进乳腺癌等的发生，饱和脂肪酸、反式脂肪酸和胆固醇对肿瘤的影响尚存争议。但是就目前来说，减少膳食总脂肪包括动物性和植物性脂肪、动物性胆固醇和总能量的摄入，增加鱼及鱼油的摄入比例，并维持血清胆固醇于一般人群水平，有利于肿瘤的预防。

2. 蛋白质与肿瘤 蛋白质是一切生命的物质基础，广泛存在于动、植物性食物中，除与碳水化合物和脂肪共同为机体提供能量外，还参与机体其他重要生理过程。近几十年来，对蛋白质在肿瘤发生和防治中所起的作用及机制的研究逐渐增多。一些研究结果提示不同膳食来源的蛋白质可能与肿瘤的发生、发展有一定关联性。有研究显示，奶类蛋白质的摄入增加是前列腺癌及乳腺癌发生的危险因素，而豆类蛋白质对其却具有保护作用，但其作用机制还有待于进一步研究。

3. 碳水化合物与肿瘤 碳水化合物是日常饮食中首要的能量来源，主要功能是提供能量，并维持体内能量代谢的平衡。随着我国社会经济的快速发展，近年来居民的膳食状况得到了明显改善，但基础供能构成中碳水化合物的比例明显下降，尤其是膳食纤维和果胶摄入不足，而精制糖、精米、精面而相对摄入过多。这些食物摄入过量易造成肥胖、胰岛素抵抗及代谢紊乱等状况，进而可能会引起某些肿瘤疾病的发生。迄今为止，许多流行病学研究证实，高 GI、GL 碳水化合物饮食可能会增加多种肿瘤的发生率，如乳腺癌、结肠直肠癌、子宫内膜癌，肺癌等。大量研究显示，碳水化合物中的膳食纤维由于其独特的生物特性，对预防肿瘤的发生、发展起到了较好的保护作用。目前的研究有较为充足的证据表明高膳食纤维摄入可降低乳腺癌的发病风险，而膳食纤维摄入与其他肿瘤的关系尚不明确。同时，功能性寡糖、活性多糖也是肿瘤的保护性因子，能够预防并在一定程度止遏止肿瘤的发生发展。

4. 维生素与肿瘤 维生素是维持人体生命活动必需的一类微量的低分子有机化合物。

多项流行病学研究发现人群中膳食维生素 A、维生素 D、维生素 E、维生素 C 及叶酸摄入不足，或其血清中浓度过低可能增加多种肿瘤的发病风险。维生素 B_6、B_{12} 及维生素 K 亦被证实与肿瘤间存在一定的关联。

5. 矿物质与肿瘤　微量元素与肿瘤的关系十分复杂，既有致肿瘤作用也有对肿瘤的抑制保护作用。同种元素在体内的数量不同，对肿瘤的发生与发展产生着不同的影响。目前，流行病学、临床及基础研究表明，每日钙摄入量与结肠/直肠癌的发病有关；镁与胃癌的发生相关；体内铁储存过多，多种器官肿瘤的发生率增加。此外，锌暴露与乳腺癌的关系，硒的防癌、抗癌作用等也陆续被证实。

（二）食物与肿瘤

1. 蔬菜水果　近一个世纪以来，探索蔬菜水果和癌症关系的流行病学研究数量大幅度增加，而且研究范围也进一步拓展到不同的蔬菜水果种类和癌症类型。虽然研究结果仍存在一定的异质性，目前仍缺乏确切的证据（如实验流行病学证据）证实蔬菜水果的抗癌作用，但大量的病例对照研究和队列研究提示，富含蔬菜水果的膳食可使许多类型癌症的发病风险降低，主要包括食管癌、肺癌、结肠/直肠癌等。蔬菜水果与其他癌症的研究尚无相关证据证明。

2. 肉类与肿瘤　目前，大量队列研究证据表明，加工类肉制品的大量摄入增加结肠/直肠癌发生风险。而肉类和其他肿瘤的研究尚无统一结论，尚需更多研究证实。

3. 全谷类食物和肿瘤　全谷类食物一般是未经精细加工，或是加工后"其主要结构上仍保留着与其未加工时基本一致的比例"的谷类食物。随着社会城镇化的进程不断推进，大多数人食用的谷类都是经过精细加工的，这一过程使谷类丢失了大量的膳食纤维、木酚素、B 族维生素和矿物质等营养成分，并且有较高的能量密度和血糖生成指数，较多摄入此类精制谷类可潜在影响威胁着人们的健康。流行病学证据提示，谷类（尤其是未加工的）可预防慢性病的发生，富含膳食纤维的谷类，更可降低癌症，尤其是结肠/直肠癌的发生率。总的说来，全谷类食物较可能预防上呼吸道、消化道癌症和结肠/直肠癌的发生，但是对其他癌症的影响情况仍需进一步探索。

4. 豆类与肿瘤　在我们日常的饮食中有很多经常食用且富有营养的食品，豆制品便是其中之一。豆制品的营养主要体现在它含有丰富的蛋白质、植物固醇，不含胆固醇。除此之外，它还含有人体必需的氨基酸、维生素 B_1、维生素 B_2、纤维素及铁、钙、磷等矿物质。

大豆中的大豆皂苷和大豆异黄酮及大豆蛋白中的大豆多肽均有抗癌、抑癌作用。体外试验均证实大豆皂苷可以抑制多种肿瘤细胞（结肠癌、肝癌、乳腺癌、肺癌等）的生长。

5. 奶及奶制品与肿瘤　奶类主要包括牛奶、羊奶和马奶，其中牛奶的食用量最大，进一步可加工成奶制品。奶及奶制品与肿瘤的研究主要集中在国外，主要包括乳腺癌、大肠癌、前列腺癌、卵巢癌等几种。目前，研究结果比较肯定的是牛奶及其制品对结肠癌有保护作用，且适量饮用牛奶及其制品并不会导致乳腺癌、大肠癌、卵巢癌及前列腺癌的发生。

6. 调料和肿瘤　调料通常指天然植物香辛料，是八角、花椒、桂皮、陈皮等植物香辛料的统称，日常生活中的葱姜蒜也属于调料。其中大蒜富含硫化物，具有抗突变、抗癌和提高免疫力的作用。大蒜中的二丙烯基-硫化物能够抑制致突变剂对食管、胃和肠黏膜上皮细胞的损伤，还可以抑制甲基亚硝胺和苯基亚硝胺所诱发的胃癌、食管癌的进展，对二甲基肼诱发的大鼠肝肿瘤和结肠癌也有明显的抑制作用。富含姜黄素的生姜根茎和咖喱具有较强的抗氧化和抗肿瘤作用。

(三) 膳食模式与肿瘤

膳食模式是指膳食中各类食物的数量及其在膳食中所占的比重。评价膳食模式的意义在于可以根据各类食物提供的能量及各种营养素的数量和比例来衡量膳食模式组成是否合理。本书主要介绍当前世界各国比较常见的膳食模式，包括西方、东方、地中海及素食膳食模式。

1. 西方膳食模式 以西方发达国家为代表的膳食模式中，谷类摄入过少，动物性食品和食用糖占较大比例，因而膳食营养具有高能量、高脂肪、高蛋白质的特点。在该膳食模式下，乳腺癌、前列腺癌、结肠癌发生率高，而胃癌、食管癌发生率低。

2. 地中海式膳食模式 以希腊为代表的地中海沿岸国家心脑血管疾病和癌症的发病率、死亡率最低，该地区居民平均寿命比西方国家高17%。其膳食模式特点主要是：①食用油以橄榄油为主，这种油脂有降低人体LDL、升高HDL的功能，同时还具有增强心血管功能及抗氧化、抗衰老的作用。②动物蛋白以鱼类来源为主，鱼类蛋白质是最优质的蛋白质。植物蛋白中的豆类也对人体有多种益处，该膳食模式中豆类的摄入高于东方膳食模式近两倍。③地中海模式中水果、薯类加上蔬菜的总量远高于东方膳食模式。④地中海模式中饮酒量高于东、西方，但以红葡萄酒为主。

3. 东方膳食模式 以我国为代表的东方膳食模式是以植物性食物为主，食品多不作精细加工。优点：膳食模式以谷类为主。谷类食品中碳水化合物含量高，而碳水化合物又是能量最经济、最主要的来源；在摄入丰富的蔬菜及粗粮时，也摄入了大量的膳食纤维，因此，消化系统疾病及肠癌的发病率极低；豆类及豆制品的摄入，补充了一部分优质蛋白和钙；糖的摄入减少；丰富的调料，如葱、姜、蒜、辣椒、醋等，具有杀菌、降脂、增加食欲、帮助消化等诸多功能。缺点：牛奶及奶制品摄入不足；缺乏牛肉、羊肉、鱼类等动物性食品，导致优质蛋白质摄入不足；食盐摄入过高，每人每日食盐摄入量平均为13.5g，远高于世界卫生组织建议的6g以下的标准；白酒的消耗量过多，无节制地饮酒，会使食欲下降，以致多种营养素缺乏。该种膳食模式使得消化道的肿瘤发生率高，而乳腺癌、前列腺癌等发生率低。但随着经济的发展和居民生活水平的提高，我国的膳食结构正逐步向西方化转变，动物性食物和油脂消费过多，谷类食物消费过低，豆类制品摄入过低，使得乳腺癌、前列腺癌发病率快速上升。

4. 素食 从概念上，素食分三种：一是"全素素食"，二是"奶素食"，三是"奶蛋素食"。全素素食也称为"严格素食"或"纯粹素食"，是指饮食中只有植物性食物，没有任何动物性食物；奶素食则是指饮食中可以有奶的素食；奶蛋素食也称为不严格素食，是指饮食中可以有奶和蛋的素食。从营养均衡的角度看，不严格素食比严格素食要好。因很难保证获得足够营养，严格素食对老年人、儿童、孕妇、体质特别虚弱者及患者等不利。然而不可否认，一些流行病学研究发现，素食者往往肿瘤发病率较低。这可能与植物性食物中含有丰富的抗癌营养素及植物化学物有关，而素食者这些物质的摄入较正常膳食者要更高。此外，亦可能与素食者避免了动物性食物高能量摄入及动物性食物尤其是红肉及加工肉中潜在致癌物的摄入有关。

英国癌症研究中心指出，与肉食者相比，素食主义者癌症发病风险降低45%～50%，包括几乎所有恶性肿瘤，特别是淋巴及造血组织的肿瘤。大量流行病学研究认为：全谷类、豆类、薯类、菌藻类、坚果类及蔬菜水果类可降低肿瘤发病风险，然而红肉和加工肉类是否增加肿瘤的发病风险尚有争议。日本一项含 122 261 人的研究指出，吸烟人群中肉类摄入的增加可导致肺癌发病率的增加。前列腺癌是美国男性中的第二大恶性肿瘤，而研究发现素食对其有保护作用。女性中的严格素食者乳腺癌、卵巢癌发生率均低于肉食者。与其他癌症相比，结肠癌与饮食关系最为密切，素食者很少患结肠癌。

尽管现有流行病学资料表明素食在一定程度上可能会降低肿瘤发病率，但是不均衡膳食可能会增加个别营养素缺乏引起的相关亚健康及疾病的发生风险。从长远的健康方面考虑，还是提倡建立一种以植物性食物为主的健康、均衡的饮食，包括含有较多膳食纤维、植物化学物等抗癌成分的水果蔬菜、全谷类、豆类及菌藻类等，较低饱和脂肪酸、盐、红肉及制品。

（四）其他生活方式与肿瘤

1. 超重或肥胖与肿瘤 在美国，肥胖和超重导致 14%～20% 的肿瘤相关性死亡。过多的体脂肪致癌的机制包括：有额外体脂肪的人雌激素、胰岛素等激素和促炎因子水平较高，从而诱发肿瘤，尤其是激素相关性肿瘤，此外，过多的体脂肪也可能促进肿瘤细胞生长。研究发现，体脂肪与食管癌、胰腺癌、结肠癌、乳腺癌（绝经后女性）、子宫内膜癌和胆囊癌相关。

2. 体育锻炼与肿瘤 体育锻炼的作用可以代替药物，但所有药物都不能代替运动。肿瘤专家通过大量的证据得出结论：身体活动对结肠癌具有预防作用，很可能对绝经后乳腺癌和子宫内膜癌有预防作用，对绝经前乳腺癌的预防作用证据有限。WHO 指出每年 21%～25% 的乳腺癌和直肠癌、27% 的糖尿病及 50% 的缺血性心脏病可归因于缺乏体育锻炼。日常生活中，并不是每日去健身房才会受益，简单的体育锻炼如散步、慢跑，也有预防肿瘤发生的作用。

3. 吸烟与肿瘤 吸烟是最主要的肿瘤环境危险因素，长期吸烟或接触"二手烟"是导致肺癌的重要危险因素之一，此外，吸烟还会显著增加口腔癌、喉癌、胰腺癌和膀胱癌、乳腺癌等发生的风险。香烟致癌的原因主要与其燃烧分解后产生的有害物质有关，这些有害物质种类高达 4000 余种，其中有 40 多种是致癌物质，如烟碱、苯并芘、胺、腈、多环芳烃等，其中危害性较大的有焦油、一氧化碳和尼古丁三种物质。若吸烟伴随饮酒，将极大地增加口腔癌、喉癌的患病风险。据专家估计，烟草导致全球 22% 的肿瘤死亡，以及全球 71% 的肺癌患者死亡。全世界每年与吸烟有关的疾病会导致约 490 万人死亡，其中我国约占 20%。因此，防癌首先应从戒烟开始。

4. 睡眠与肿瘤 人的一生大约有 1/3 的时间在睡眠中度过。睡眠帮助人体恢复精力和体力，消除疲劳，有助于组织修复、提高免疫力。睡眠不足可以引起机体免疫力的明显降低，动物实验表明，彻底剥夺小动物一周睡眠，小动物即可因免疫功能受损而导致感染死亡。长期睡眠不足导致免疫功能受损，使癌细胞容易逃脱免疫细胞的杀伤而癌变。美国国家肿瘤研究会在调查了马里兰州的 5968 位女性后发现，每晚睡眠时间少于 7h 的女性的肿瘤发病率比积极锻炼身体、睡眠更为充足的女性高出 47%。美国斯坦福大学医学研究中心的科学家们研究证明，如果破坏了昼夜节律的会促使肿瘤的发生。

5. 其他 有研究显示，女性卫生习惯不好、性生活年龄过早等，其发生宫颈癌的危险性也相应增加；经产妇与未生育女性相比，卵巢癌发生风险下降；哺乳时间与乳腺癌及子宫内膜癌均呈显著负相关关系。同时，不注意清洁口腔、嚼槟榔等会导致口腔癌的发生风险提高。

四、肿瘤防治策略

（一）肿瘤预防

大量的研究结果表明，多数肿瘤是可以预防的，膳食营养和运动因素在肿瘤预防方面起非常重要的作用。WHO 指出，至少 1/3 的肿瘤是可以预防，而预防肿瘤是控制肿瘤最经济、最长远的策略。美国、英国等从事 20 种不同类型癌症研究的 9 个学术机构，在对一系列文献进行综述的基础上，于 2007 年完成了《食物、营养、身体活动和癌症预防》的第二份报告，该报告由世界癌症基金会（World Cancer Research Fund International，WCRF）及美国癌症研究所联合出版。美国癌症学会（American Cancer Society，ACS）在前面研究基础上，考虑到最近科学证据，于 2012 年提出《营养与运动预防癌症指南》。这两个指南都是从控制体重、饮食及运动两方面提出建议，具体如下所示。

1. 体重与肿瘤预防 世界癌症基金会建议，在正常体重范围内尽可能瘦。确保从童年期到青春期的体重增长趋势，到 21 岁时使体重能处于正常 BMI 的低端，从 21 岁时起保持体重在正常范围，在整个成年期避免体重增长和腰围增加。ACS 还建议，对于目前超重/肥胖的人，应适量减重。在美国，据估计，超重和肥胖导致所有癌症相关死亡的 14%～20%。超重和肥胖与许多癌症增长的风险相关，包括绝经后女性的乳腺癌、结直肠癌、子宫内膜癌、肾癌、食管腺癌和胰腺癌。另外，腹型肥胖已经明确与直肠癌相关，并且可能与患胰腺、子宫内膜、绝经后乳腺的肿瘤高风险相关。腰围每增加 1 英寸（1 英寸=2.54cm），患癌症风险将增加 8 倍。因此，在一生中保持健康体重是预防癌症的最重要方法之一。

2. 营养与肿瘤预防

（1）限制高能量密度食物摄入：能量超过（225～275）kcal/100g 的食物即为高能量密度食物，快餐是指容易获得的方便食品，通常是高能量密度的，应少吃。该建议主要是为了预防和控制体重增加。

（2）避免摄入含糖饮料：含糖饮料主要是指添加了糖的饮料，含糖饮料提供了能量但是难以使机体产生饱腹感或能补偿性地减少随后的能量摄入，因此导致能量摄入过多，而使体重增加。

（3）以植物性食物为主

1）每日至少吃 5 份（至少 400g）不同种类的非淀粉蔬菜和水果，ACS 建议每日摄入足量的多样化的蔬菜水果，同时保证蔬菜和水果的完整性，如果喝蔬菜汁和水果汁要选择 100%的纯蔬菜汁或果汁。

2）每餐都吃相对未加工的谷类和（或）豆类，限制精加工的淀粉食物摄入，将淀粉类根或块茎食物作为主食的人要保证摄入足够的非淀粉蔬菜、水果和豆类。非淀粉类蔬菜包括绿色叶菜、西兰花、秋葵、茄子及油菜等。

（4）限制红肉的摄入，避免加工的肉制品：红肉是指牛肉、猪肉、羊肉，红肉每人每周摄入量应少于 500g，尽可能少吃加工肉制品。红肉和加工肉制品是某些癌症的"充分的"或"很可能的"原因。红肉含大量动物脂肪，其能量通常也相对高，从而体重增加的危险性大。

（5）限制含乙醇饮料：如果饮酒，男性每日不超过 2 份（一份酒定义为含 10~15g 乙醇），女性不超过 1 份。儿童和孕妇不能饮用含乙醇饮料。事实上，支持戒酒的建议是基于仅对癌症风险的考虑，从其他健康好处方面考虑，中度饮酒可以带来与癌症无关的一些好处。

（6）限盐，不吃发霉的谷类或豆类：每人每日盐的摄入量不超过 6g，不吃或尽量少吃盐腌或过咸的食物，避免用盐腌保存食物。有力证据表明，盐和腌制食物很可能是胃癌的原因。

（7）强调通过膳食本身满足营养需要，不推荐使用膳食补充剂预防癌症：有证据表明高剂量营养素补充剂可能有保护作用也可能诱发癌症。一般而言，对健康人，最好通过高营养素膳食来解决营养素摄入的不足，而不是通过补充剂，只在某些特定的情况下可以使用补充剂。

（8）纯母乳喂养 6 个月，而后添加辅食：母乳喂养对母亲和孩子均有保护作用，可以预防母亲的乳腺癌，也能防止婴儿期的感染、保护不成熟免疫系统的发育，预防其他儿童疾病。

3. 运动与肿瘤预防 在生命的任何一个阶段的适宜体力活动是对健康都是有益的，可能会减少某些癌症的风险，且时间更长、强度更大的体力活动更有益于身体健康。WCRF 建议每日至少 30min 中等强度体力活动（如快走），随着身体适应能力的增加，每日 60min 或以上的中等强度体力活动，或者 30min 或以上的中度体力活动，避免看电视等久坐习惯。ACS 在 WCRF 的基础上还提出儿童和青少年应保证每日至少 1h 中强度或者高强度的运动，并保证每周至少 3 日高强度的体育锻炼。一些中等强度和高强度运动项目见表 6-14。

表 6-14　中等强度和高强度运动项目

项目	中等强度的运动	高强度运动
运动和休闲	步行，跳舞，悠闲地骑车，滑冰和滑旱冰，骑马，划船，瑜伽	慢跑或跑步，快速骑自行车，循环式负重训练，游泳，跳绳，有氧舞蹈，武术
体育运动	滑雪，高尔夫，排球，垒球，棒球，羽毛球，网球双打	越野滑雪，足球，曲棍球，长曲棍球，网球单打，壁球，篮球
家务	除草，维护院子和花园	挖沟，搬运，石工行业，木工行业
职业活动	步行和举重是工作的一部分（物品保管工作，农活，汽车或机器维修）	重体力活（林业，建筑，消防）

资料来源：美国癌症协会 2012 年《营养和运动对癌症的预防》。

4. 肿瘤患者体力活动建议 体力活动对肿瘤患者的益处几乎包括所有方面，主要表现为改善生理及心理状况、提高肿瘤治疗耐受力、提高生活质量、防治恶病质及肌肉减少症、延长生存时间等。2010 年美国运动医学学院推荐肿瘤患者每周至少 5 次中强度至高强度体力活动，每次 30~60min。但是要根据患者的体力状态及肿瘤分期情况进行，每周至少 1 次 30min 以上的中强度体力活动是最低要求。对于不同年龄段肿瘤患者，其要求有所差别，具体如下所示。

对成年肿瘤患者，推荐在日常生活体力活动以外，每周至少 5 次，每次 30~60min 的中/高等强度体力活动。每次 45~60min 的中等强度体力活动更好。Halle M 等报告每周 7h 体力活动（如快步走）可以将健康人群的结肠癌风险降低 40%，Ⅱ、Ⅲ期结肠癌患者每周 4h 体力活动（如快步走）以上可以显著延长生存时间，少于 4 小时/周，无明显获益，提示体力活动应该有一定的时间及 METs 保证,健康人群与肿瘤患者有不同的运动时间要求。

对儿童及青少年肿瘤患者,推荐在日常工作及生活体力活动以外,每周至少 5 次,每次 60min 的中/高等强度体力活动。同时减少在屏幕（如电脑,游戏机,电视）时间,每日不超过 2h。

美国国立综合癌症网络（National Comprehensive Cancer Network,NCCN）指南推荐患者从低强度、短时间的运动开始,逐步过渡到推荐的运动强度及运动时间,并根据患者的情况随时调整运动计划。开始运动最少要求 20～30min,每周 3～5 次。

（二）营养治疗

1. 肿瘤患者的营养筛查、评估及诊断

（1）营养风险筛查：是为了早期发现存在营养问题的患者,可由办理入院手续的护士或门诊分诊台护士实施。现阶段应用最广泛的恶性肿瘤营养风险筛查及评估工具为营养风险筛查（NRS2002）及营养不良风险筛查（MST）。其中 NRS2002 由欧洲肠内营养学会（European Society for Enteral Nutrition,ESPEN）及中华医学会肠内肠外营养学会（Society of Parenteral and Enteral Nutrition,CSPEN）推荐,适用对象为一般成年住院患者,包括癌症患者、围手术期患者和老年患者。NRS2002 总分 ≥ 3 提示营养风险存在,需要制订营养支持计划,是否需要营养支持应该进行进一步的营养评估。NRS 评分＜3 分者虽然没有营养风险,但应在其住院期间每周筛查 1 次。其他营养不良风险筛查表有营养不良通用筛查工具（malnutrition universal screening tool,MUST）等,由英国肠外肠内营养协会研发并经多个学会推荐,在欧洲、澳洲及港台使用较多。

（2）营养评估：患者主观全面评价法（patient-generated subjective global assessment,PG-SGA）是 1994 年 Ottery 在多伦多小组设计的主观全面评价的基础上,专门为肿瘤患者制订的营养评估工具。美国膳食协会认定 PG-SGA 可作为肿瘤患者营养评价的标准,澳大利亚营养师协会也推荐将 PG-SGA 用于肿瘤放疗后患者的营养评价。PG-SGA 大部分内容由患者填写,包括体重变化、症状、过去和目前的饮食摄入情况、活动能力。根据总得分可将营养状况分为 3 个等级,得分越高说明营养不良程度越重,0～1 分表明无需营养干预,2～3 分表明可疑营养不良,4～8 分为中度营养不良,≥9 分为重度营养不良,表明需要实施营养干预或改善症状的治疗。PG-SGA 的特点是内容简单、易于理解。因包含患者的主观评定,护士可通过 PG-SGA 全面掌握患者的疼痛、食欲减退、呕吐、腹泻、便秘等肿瘤症状,便于综合分析。目前 PG-SGA 已广泛用于头颈部肿瘤、肺癌、妇科肿瘤、胃肠道及晚期恶性肿瘤患者的营养筛查与评估。临床研究提示,PG-SGA 是一种有效的肿瘤患者特异性营养评估工具,因而得到美国营养师协会（American Dietetic Association,ADA）等的大力推荐,中国抗癌协会肿瘤营养支持与支持治疗专业委员会也推荐将其作为肿瘤患者营养评估的首选工具。中国抗癌协会肿瘤营养与支持治疗专业委员会推荐的肿瘤患者营养疗法临床路径如下：肿瘤患者入院后应该常规进行营养筛查/评估,根据积分多少将患者分为无营养不良、可疑营养不良、中度营养不良及重度营养不良四类。无营养不良者,无需营养干预,直接进行抗肿瘤治疗；可疑营养不良者,在营养教育的同时,实施抗肿瘤治疗；中度营养不良者,在营养治疗的同时,实施抗肿瘤治疗；重度营养不良者,应该先进行营养治疗 1～2 周,然后在继续营养治疗的同时,进行抗肿瘤治疗。无论有无营养不良,所有患者在完成一个疗程的抗肿瘤治疗后,应该重新进行营养筛查/评估（图 6-1）。

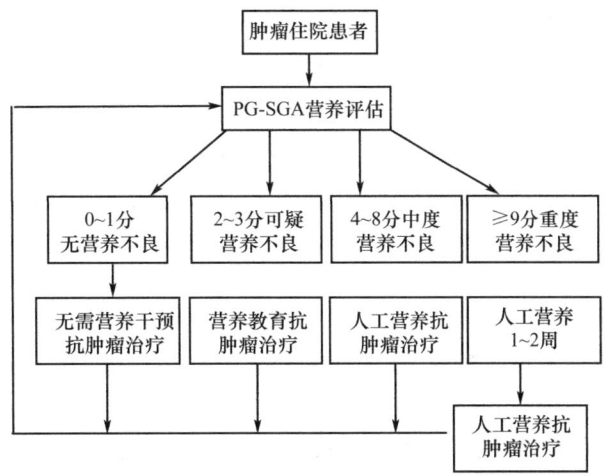

图 6-1 中国抗癌协会肿瘤营养与支持治疗专业委员会推荐的肿瘤患者营养治疗临床路径

（3）营养诊断：目前国内的诊断包括能量营养不良、蛋白质营养不良、蛋白质-能量营养不良等。美国营养师协会对于营养诊断有不同的定义：营养诊断并非一个医学诊断，主要是描述营养问题的类型及其相关因素，是介于营养评估及营养治疗之间的重要步骤。营养诊断的描述包括三个方面：营养问题及其定义、营养问题的病因及相关评估依据。营养诊断的范畴包括：摄取量方面、临床方面、行为环境方面。具体诊断项目达几十种，如下所示。

1）摄取量方面：如能量消耗增加、蛋白质摄入不足、预期能量摄取不足、经口进食不足、肠内营养过多、肠内营养组成或配方不理想、蛋白质-能量摄取不足、水分摄取不足等、生物活性物质摄取过多、碳水化合物种类不理想。

2）临床方面：如吞咽困难、胃肠功能异常、营养素利用差、消瘦、肥胖、生长速度迟缓。

3）行为-环境方面：如食物营养相关知识不足、食物选择不理想、身体活动不足/过多、摄取不安全的食物等。

2. 肿瘤患者营养支持治疗 鉴于营养不良在肿瘤人群中的普遍性，以及营养不良的后果。因此，营养疗法是肿瘤治疗的基础措施和常规手段，应用于肿瘤患者的全程治疗。营养治疗的最高目标是调节代谢、控制肿瘤、提高生活质量、延长生存时间，基本要求是满足肿瘤患者目标需要量 70%以上的能量需求及 100%的蛋白质需求。营养不良的规范治疗应该遵循五阶梯治疗原则（图 6-2）：首先选择营养教育，然后依次向上晋级选择口服营养补充（oral nutritional supplement, ONS）、完全肠内营养（total enteral nutrition, TEN）、部分肠内营养（partial enteral nutrition, PEN）加部分肠外营养（partial parenteral nutrition, PPN）、完全肠外营养（total parenteral nutrition, TPN）。参照 ESPEN 指南建议，当下一阶段不能满足 60%目标能量需求 3～5 日时，应该选择上一阶梯。

（1）肠内营养（enteral nutrition, EN）：是指经胃肠道用口服或管饲来提供代谢需要的营养素机

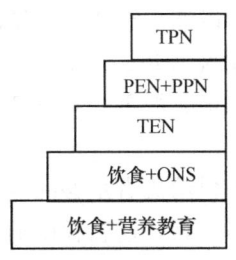

图 6-2 营养不良患者营养干预五阶段模式
注：营养教育包括营养咨询、饮食指导与饮食调整。

制及其他各种营养素的营养支持方式。目前认为，自然营养摄入不足，但胃肠道有消化吸收功能的患者应首选肠内营养支持。肠内营养具有以下优点：①营养物质经门静脉系统吸收输送至肝脏，有利于内脏的蛋白质合成和代谢调节；②长期持续应用胃肠道外的营养输入途径会使小肠黏膜细胞和营养酶系的活性退化，而 EN 可以改善和维持肠道黏膜细胞结构与功能的完整性，从而有防止肠道细菌异位的作用；③肠外营养时，内脏血流和心排血量增加，因而使代谢营养物质所需消耗的能量增加；④在同样热量和氮水平的治疗下，应用 EN 患者体重的增长和氮储留均优于完全肠外营养；⑤EN 对技术和设备的要求较低，使用简单，易于临床管理，费用低。

适应证：经口摄食不足或禁忌，胃肠道疾病，其他（术前或术后营养补充、心血管疾病、先天性氨基酸代谢缺陷病等）

禁忌证：麻痹性和机械性肠梗阻、消化道活动性出血及休克；严重腹泻或极度吸收不良时也应慎用。

肠内营养制剂：根据肠内营养制剂的组成，可将其分为要素型肠内营养制剂、非要素型肠内营养制剂、组件型肠内营养制剂和疾病导向型制剂。要素型肠内营养制剂是指所含各种营养素齐全，包括自然食物中各种营养要素，含有氨基酸、葡萄糖、脂肪、多种维生素和矿物质的治疗饮食；此类制剂不含残渣或残渣很少，易吸收，并可使粪便数量显著减少，主要适合为肠道消化和吸收功能部分受损的患者，其渗透压一般为 400~700mosm/（kg·H_2O）。非要素型肠内营养制剂是以整蛋白或蛋白质游离物为氮源，渗透压接近等渗，能量密度为 0.5~2kcal/ml，口感较好，刺激肠功能代偿作用较强，可用于有一定胃肠道功能或胃肠功能较好，但不能自主进食或意识不清的患者，口服或管饲均可，主要包括平衡型和疾病型两种。组件型肠内营养制剂又称不完全制剂，仅含一种或以一种营养素为主的肠内营养制剂，它可作为平衡型肠内营养制剂的补充剂或强化剂，以弥补疾病状态下使用平衡肠内营养制剂的不平衡性，以及个体间的差异，该类制剂主要包括蛋白质组件、脂肪组件、糖类组件、维生素组件和矿物质组件。

肠内营养输入途径：肠内营养的输入途径很多，包括口服、经鼻/胃管途径及经皮内镜下胃/肠造瘘途径。中国抗癌协会建议口服是胃肠功能正常肿瘤患者接受肠内营养的首选途径，其对存在营养不良和处于营养不良风险的患者是有益的；患者胃肠功能正常，但存在无法经口摄食或摄食不足情形的患者接受肠内营养的首选途径是管饲途径，需短期经管饲（<4 周）接受 EN 治疗的患者，推荐使用鼻胃管进行管饲，管饲时患者头部抬高 30~45°，可减少误吸和吸入性肺炎的发生；当患者胃肠道有功能、非短期存活、肠内营养超过 30 日且食管无梗阻时，首选经皮内镜下胃/肠造瘘途径。

（2）肠外营养：自 1968 年起，肠外营养（parenteral nutrition，PN）在全世界广泛实施。PN 指人体所需要的营养素不经胃肠道而直接进入循环，以满足维持和修复机体组织的需要。当患者可能存在长期（>10 日）EN 摄入不足（<60%需要量）及胃肠道功能障碍或衰竭（胃肠道梗阻、胃肠道吸收功能障碍、重症急性胰腺炎、严重营养不良伴胃肠功能障碍、严重分解代谢状态等）需考虑采用 PN。

肠外营养制剂：是将七大营养物质按一定比例配置，它能供给患者足够的能量，合成和修复组织所必需的氨基酸、脂肪酸、维生素、电解质和微量元素，使患者在不能充分从胃肠道摄取营养的情况下，仍可维持良好营养状况，促进伤口愈合，增强免疫功能，帮助机体度过危重病程，加速康复。目前，肠外营养制剂的供能物质主要是碳水化合物和脂肪，主要是葡萄糖和脂肪乳剂，两者合用可提供更多的能量并改善氮平衡，糖脂供能比为（1～2）：1。肠外营养液中最常用的氮源是结晶氨基酸，它是由 8 种必需氨基酸和 6～10 种非必需氨基酸按鸡蛋白、人乳模式人工配制而成，热氮比一般为（100～150）：1。严重营养不良或严重应激患者实施营养治疗时，考虑到机体的耐受情况，或预防再喂养综合征，起始可采用暂时低能量供给，以减轻应激期机体负担，一般按照 15～20kcal/（kg·d）起始 3～5 日内增加至目标供给量。肠外营养推荐以全合一的方式输注，途径主要包括外周静脉和中央静脉途径两种，外周静脉营养主要针对短期营养支持。

完全肠外营养并发症的预防及处理：营养不良条件下或长期肠外营养支持时，需要预防：①再喂养综合征；②淤胆综合征；③脂肪超载综合征。定期观察血液生物化学指标及电解质水平是早期发现的基本措施，TPN 能量供给从低水平开始逐渐增加是预防的关键原则。

（3）营养支持监测与评估如下所示。

监测内容：生命体征、液体出入量、食物及营养摄入量、人体测量指标（体重、体成分等）、实验室指标（血浆蛋白、肝肾功能、电解质、血糖、血脂、血常规等）、功能指标（食欲、吞咽功能、胃肠功能）、营养查体、肠道耐受及其他并发症。

效果评价：营养指标（摄入量、人体测量指标、实验室指标）、功能指标（食欲、吞咽功能）、临床结局指标（并发症、住院时间、住院费用）、安全性指标（耐受性、并发症）。

3. 肿瘤患者的家庭膳食指导

（1）膳食原则

1）品种多样化：运用科学的烹调方法，做到色、香、味、形俱全，以增进食欲并促进消化。

2）能量及营养素

a. 能量：根据基础能量消耗、食物特殊动力学作用、体力活动与肿瘤应激状态下的疾病消耗等计算每日所需能量。

b. 蛋白质：癌症患者通常比平时需要更多的蛋白质。在手术治疗、化疗或放疗之后，他们的身体通常需要额外的蛋白质，来修复组织和抵御感染。其中动物蛋白应达到蛋白质总量的 30%。优质蛋白质应占蛋白质总量的 40% 以上。

c. 碳水化合物：是人体能量的重要来源。最好的碳水化合物来源是水果、蔬菜和全谷物，它们除了提供碳水化合物外，还供应人体细胞所需的维生素、矿物质、纤维和植物营养素。

d. 脂肪：鉴于脂肪对心脏和胆固醇水平的影响，宜选择单不饱和脂肪和多不饱和脂肪，限制饱和脂肪和反式脂肪。来自于饱和脂肪的热量应低于 10%。

e. 水：对健康至关重要。身体上的所有细胞都需要水来维持其功能。一个人每日应该喝 8 杯水（每杯 237ml），以确保身体所有的细胞得到所需要的水。如果患者存在呕吐或腹泻，还需补充额外的水。所有液体（汤、牛奶、甚至冰激凌等）都被计入一日的需水量中。

f. 维生素及矿物质：人体需要少量的维生素和矿物质，以确保机体的正常运作。大多数维生素和矿物质存在于天然食品中。若在治疗期间，饮食难以做到均衡，可以和医生商量服用补充剂。

（2）肿瘤患者的家庭营养治疗：对于在家生活的肿瘤患者，如果经过筛查和评估，具有营养风险和营养治疗的指征可考虑给予营养治疗，包括家庭肠内营养（home enteral butrition，HEN）和家庭肠外营养（home parenteral nutrition，HPN），目前由于 HEN 操作相对简单，严重并发症较少，使用较多。

1）家庭肠内营养：指在专业营养小组人员的指导下，在家庭中对病情较平稳的患者进行肠内营养的营养支持方式，主要包括经口和管饲两种方式，其适应证包括无法经口摄取满足营养需求的患者。目前，家庭肠内营养在欧洲已经广泛使用，但是国内发展不够完善，家庭肠内肠外营养仍处于摸索阶段，缺乏对 HEN 患者系统的监测、随访及指导。如有需要，应与主治医师协商，联合制定 HEN 计划。针对管饲患者，在实施 HEN 时，应注意以下几个问题，以减少并发症的发生，即：①角度，喂养患者采取半卧位，呈 30°~45°；②温度，保持室温 35~40℃微温的状态；③浓度，早期喂养时可适当减少浓度，避免胃肠道不耐受；④速度，早期避免过快输注。

2）家庭肠外营养：HPN 是指将肠外营养的实施地点由医院转入家中，具有明显的社会效益与安全性。据统计，1992 年美国已经有 40 000 例 HPN 患者，增长比例约为 25%/年；ESPEN 调查发现，1997 年欧洲每 100 万人中仅有 3~4 例 HPN，到 2009 年时，HPN 实施率已达（2~40）/100 万。我国 HPN 起步较晚，1986 年上海报道了我国首例 HPN 患者。目前认为，HPN 主要应用于那些不能通过进食/管饲来维持营养的，有严重消化功能减退的患者。HPN 的实施是靠营养支持小组完成的，完整的 NST 应包括医师、护士、营养师、药剂师和心理医师等，主要工作如下：判定患者客观条件是否可行 HPN；决定营养支持方案及输注途径；对患者家属进行培训；定期随访、监测患者的营养状况，并根据结果及时调整营养支持方案；及时发现并处理并发症。但是，国内这一系统并不完善，还需逐步完善。

（曾 果 刘 丹 程改平）

第五节 痛 风
一、概 述

痛风（gout）是由于嘌呤代谢紊乱，导致尿酸生成过多和（或）排泄减少而引起尿酸盐沉积在组织的代谢性疾病。临床表现为无症状高尿酸血症、急性痛风性关节炎、间歇期痛风、慢性痛风石病变（病变部位主要在关节和肾脏）。

（一）尿酸的来源

尿酸是嘌呤核苷酸的分解代谢产物，人体尿酸的来源可分为内源性和外源性两大类。①内源性：体内嘌呤可通过从头合成及补救合成途径而来，从头合成时第一步 5-磷酸核糖合成 1-焦磷酸-5-磷酸核糖（PRPP）由 PRPP 合成酶催化，是合成关键步骤，再经若干步骤合成次黄嘌呤核苷酸。另一途径在腺嘌呤磷酸核糖转移酶（APRT）和次黄嘌呤-鸟嘌呤磷酸核糖转移酶（HGPRT）的催化作用下进行的，通过这条补救合成途径合成核苷酸。内源性的嘌呤核苷酸多用于合成 DNA、RNA。少部分则经分解代谢在黄嘌呤氧化酶催化作用下生成尿酸，尿酸的 80%来源于这种内源途径（图 6-3）。②外源性：食物中的核蛋白在肠道内经蛋白水解酶分解为核酸和蛋白质，核酸在胰核酸酶、多核苷酸酶、磷酸酶作用下分解为单核苷酸，进一步碱性磷酸酶、核苷酸酶水解为核苷。90%以上的核苷被吸收入肠黏膜细胞，另有 10%被核苷酶分解为嘌呤、嘧啶碱基而吸收。进入肠黏膜细胞再转运入血的过程中也存在核苷的合成与分解。实验证明，摄入富含嘌呤的食物，可使血尿酸水平增加 60~120μmol/L，而摄入低嘌呤食物 5~7 日即可使血尿酸水平下降 60~120μmol/L，说明食物中嘌呤水平能影响血尿酸水平。在一些低等动物（鼠、猫、犬等），尿酸氧化酶可催化尿酸经氧化反应生成尿囊素，尿囊素水溶性强，容易从尿中排除。而人和猿类缺少尿酸氧化酶，过剩的尿酸易形成尿酸盐结晶沉积在关节、软组织和肾脏，造成这些组织器官的损伤。

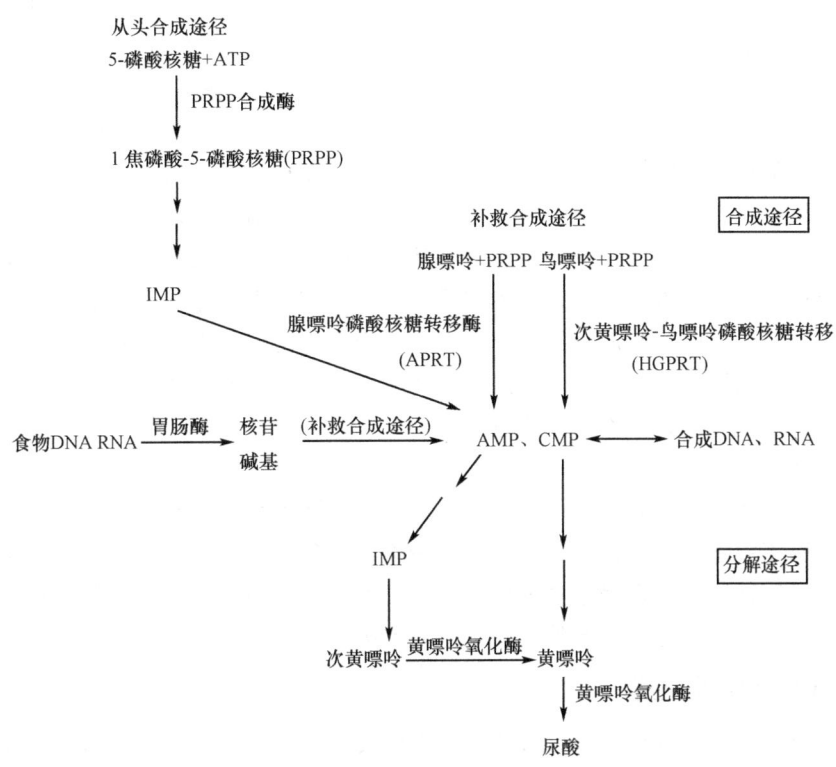

图6-3 嘌呤代谢与尿酸生成

在嘌呤合成和分解代谢过程中PRPP合成酶、HGPRT、黄嘌呤氧化酶的活性对尿酸生成有很大影响，如PRPP合成酶活性增加，促进体内嘌呤合成增加，导致尿酸生成增加。HGPRT活性降低，鸟嘌呤不能进入补救合成途径，导致尿酸生成增加。

（二）尿酸的排泄

用同位素标记过核酸的食物喂饲动物，结果显示食物中的DNA、RNA在4h内全部吸收，8h后40% RNA经呼吸道排除，剩下的50%在胃肠道，40%在骨骼肌；DNA 70%被呼出，剩下的分布在胃肠道、骨骼、肝脏、肾脏、心、肺和睾丸中。尿酸在体内70%～75%以上从尿排出，还有20%～25%从肠道随粪便排出，其余2%左右在自身细胞内分解。正常情况下，体内的尿酸大约有1200mg，每日新生成约600mg，同时排泄掉600mg，处于动态平衡的状态。如果尿酸生成过多或排泄减少时，尿酸代谢紊乱，形成高尿酸血症（high urate acid，HUA），高尿酸血症时间长了则会增加痛风发作的危险性。

（三）痛风的危害

痛风按病因可分为原发性痛风和继发性痛风，两者临床症状基本相同，其自然病程可分为无症状高尿酸血症、急性痛风性关节炎、间歇期痛风、慢性痛风石病变期4个阶段，严重时会发展成痛风性肾病。无症状高尿酸血症患者没有自觉症状，往往是体检或其他原因检查时发现的。长期尿酸过高，尿酸盐结晶析出，在关节囊中趋化白细胞，并被白细胞吞噬，释放一系列炎性因子，导致炎症发生。一旦出现发作症状即进入急性痛风性关节炎，发作常在夜间，以急性单关节或多关节疼痛为首发症状。疼痛进行性加重，为剧痛。体征如急性感染，局部发热，红肿及明显触痛等。以大趾的跖趾关节累及最为常见（痛风足），足弓、踝关节、膝关节、腕关节和肘关节等也是常见发病部位。全身表现包括发热、心悸、寒战、因为关节肿痛而行走活动困难。开始几次发作通常只累及一个关节，一般只持续数日，但后来则可同时或相继侵犯多个关节。若未经治疗可持续数周。最后局部症状和体征消退，关节功能恢复进入无症状间歇期。无症状间歇期长短差异很大，随着病情的进展愈来愈短。如果不进行预防，每年会发作多次，出现慢性关节症状、骨边缘增生、关节周围纤维化，发生永久性骨关节畸形，手足关节活动受限。在少数病例，骶髂、胸锁或颈椎等部位关节亦可受累。黏液囊壁与腱鞘内常见尿酸盐沉积。手、足可出现增大的痛风石。尿酸盐沉积在肾脏，造成肾脏病变或肾结石，临床表现为腰痛、水肿、高血压、轻度蛋白尿或血尿，形成肾结石时，可有尿中排出白垩样尿酸盐结晶碎块，结石可导致患者出现肾绞痛，同时伴有面色苍白、出冷汗。除以上典型表现外，患者多有肥胖、高血压、高脂血症和心血管疾病。

近年来随着我国人口老龄化的加速、生活方式和饮食结构的改变，痛风的发生率也逐年升高，发病年龄趋于年轻化。此外，血尿酸增高还会并发或加重心、脑、肾等多脏器疾病，已有许多流行病学调查提示高尿酸血症与高血压、冠心病、糖尿病密切相关。而这些慢性病是严重损害人群健康并导致死亡的主要原因。

（四）痛风与高尿酸血症

高尿酸血症（hyperuricemia，HUA）是痛风发生的最重要的生化基础和最直接病因。痛风特指急性痛风性关节炎和慢性痛风石疾病，可并发肾脏病变，重者可出现关节破坏、肾功能受损。随着血尿酸水平的增高，痛风的患病率也逐渐升高，但是大多数 HUA 并不发展为痛风，只有尿酸盐结晶在机体组织中沉积下来造成损害才出现痛风；少部分急性期患者，血尿酸水平也可在正常范围，因此，HUA 不能等同于痛风。仅依据血尿酸水平既不能确定诊断，也不能排除诊断。

高尿酸血症与慢性痛风的诊断标准如下所示。

（1）高尿酸的国际诊断定义为正常嘌呤饮食状态下，非同日 2 次空腹血尿酸水平：男性＞420μmol/L，女性＞360μmol/L。分型诊断：HUA 患者低嘌呤饮食 5 日后，留取 24h 尿检测尿尿酸水平。根据血尿酸水平和尿尿酸排泄情况分为以下三型。①尿酸排泄不良型：尿酸排泄＜0.48mg/（kg·h），尿酸清除率＜6.2ml/min。②尿酸生成过多型：尿酸排泄＞0.51mg/（kg·h），尿酸清除率≥6.2ml/min。③混合型：尿酸排泄＞0.51mg/（kg·h），尿酸清除率＜6.2ml/min。临床研究结果显示，90%的原发性 HUA 属于尿酸排泄不良型。

（2）慢性痛风诊断依据是典型的疼痛病史和痛风石，诊断标准：血尿酸水平女性≥357μmol/L，男性≥417μmol/L；有痛风石；在关节腔液镜检可见尿酸盐针状结晶或组织内有尿酸钠沉积；有两次以上典型发作。用秋水仙碱试验治疗，对急性发作有特效。以上标准中有两项符合即可诊断痛风。

高尿酸血症是多种心血管危险因素及相关疾病的独立危险因素，如代谢综合征、2 型糖尿病、高血压、心血管事件及死亡、慢性肾病等。生活方式指导、避免引起 HUA 的因素是预防 HUA 的核心策略。HUA 的高危人群包括：高龄、男性、肥胖、静坐的生活方式、一级亲属中有痛风史等，对于高危人群，建议定期进行筛查，通过检测血尿酸及早发现 HUA。HUA 治疗前建议进行分型诊断，以利于治疗药物的选择。痛风作为与 HUA 直接因果相关的疾病，应严格控制血尿酸在 360μmol/L 以下，最好达 300μmol/L，并长期维持。对于无症状的 HUA，也应予以积极地分层治疗。

血尿酸的控制目标：血尿酸＜360μmol/L（对于有痛风发作的患者，血尿酸宜＜300μmol/L）。溶解尿酸盐结晶必须降低血尿酸水平。干预治疗切点：血尿酸＞420μmol/L（男性），＞360μmol/L（女性）。

（五）流行趋势

近年来流行病学研究报道痛风的患病率不断增加，在美国 Lawrence 1969 年报道痛风的患病率为 4.8/1000，1992 年是 8.4/1000，2007～2010 年为 37.6/1000。在英国 Currie 1975 年报道痛风的患病率为 2.6/1000，Annemans 及其同事 2005 年报道患病率为 14/1000。在新西兰 Lennane 及其同事 1958 年报道痛风的患病率欧洲人为 3.0/1000，毛利人为 27.0/1000，2009 年 Winnard 等报道为 32/1000。中国 1999 年姜宝法等报道山东痛风患病率为 0.35/1000，在 2004 年苗志敏等对山东的调查报道痛风的患病率为 11.4/1000。

血尿酸水平增高是引起痛风的重要原因，其发生率也随着人们生活水平的提高，有不断增多的趋势，且被认为与很多慢性疾病的发生相关联，受到很多研究者的广泛关注。在全球范围内，高尿酸血症患病率在不同种族和地区存在着一定差异。过去认为 HUA 在欧美地区高发，20 世纪 90 年代欧美人群中高尿酸血症的患病率为 2%～24%。1995 年，日本厚生省的调查结果显示，HUA 在成年男性中的患病率已占 25.0%。近 20 年来随着经济的快速发展及人民生活方式和饮食习惯的不断变化，目前中国高尿酸血症（HUA）呈现高流行、年轻化、男性高于女性、沿海高于内地的趋势。2009 年，上海地区高尿酸血症患病率为 10.0%，其中男性为 11.1%，女性为 9.4%；2012 年，成都地区成年居民高尿酸血症的总患病率上升为 20.14%，其中男性患病率为 28.53%，女性为 8.44%；2013 年 Ling Qiu 等报道中国北方城市高尿酸血症的患病率为 13.7%。资料显示高尿酸血症的检出率日益增高，应引起人们的高度重视。

（六）影响因素

1. 遗传因素　父母双方或是家族存在痛风病史，发生痛风的危险性增加，具有一定的遗传倾向。目前已知次黄鸟嘌呤磷酸核糖转移酶（HGPRT）缺陷和磷酸核糖焦磷酸合成酶（PRPPS）的活性过高都会导致痛风发生。这两种酶的先天异常是通过性连锁遗传的，女性为携带者，男性发病。但是因这两种酶的异常在原发性高尿酸血症和痛风的病因中仅占 20%，而 80% 系多基因遗传缺陷。

2. 性别年龄　数据统计显示痛风好发于男性，痛风患病率男性与女性之比约为 20∶1，高尿酸血症男性与女性之比约为 10∶1。其主要原因与女性体内激素有关，雌性激素可帮助体内尿酸进行排泄，故减低了该症的发生率。随着年龄增加，一方面肾功能降低，尿酸盐排除减少；另一方面，女性雌激素水平降低，增加血尿酸水平，因此男女在 50 岁之后痛风与高尿酸血症发病均有增加。

3. 生活饮食不规律　生活不规律、过度劳累、在外进餐频率过高都会因代谢紊乱而导致血尿酸增加和痛风发作。长期大量摄取畜禽肉类、海鲜、饮酒、果糖及含果糖饮料而引起血尿酸水平增加，是导致痛风发作的促进因素。

4. 肥胖与代谢综合征 痛风与代谢综合征有密切的关联性，美国第三次国家健康与营养调查比较了 1988~1994 年结果，在痛风人群中代谢综合征的患病率为 62.8%，在非痛风人群中为 25.4%。其他研究报道了痛风与代谢综合征各组分的关系，结果发现随着 BMI 增加，发生痛风的危险性增加，在英国健康改善（the Health Improvement Network，THIN）项目中，BMI 在 25~29 和 ≥30 两组人群与正常组（BMI 20~24）比较发生痛风的危险性 OR 值分别是 1.62，2.34。多项研究也表明痛风与高血脂、高血压相关联。痛风、高尿酸血症与高血糖之间的关系一直有很多争议，很多流行病学调查结果提示血尿酸与血糖之间呈现负相关关系，有的研究却得出相反的结论。

5. 药物 利尿剂、阿司匹林、抗高血压药 β 阻滞剂增加血尿酸水平；血管紧张素转化酶抑制剂、非氯沙坦、血管紧张素 II 受体阻滞剂增加血尿酸水平。

6. 肾脏疾病 痛风与肾脏疾病的关系较复杂，并可能互为因果。多项流行病学调查表明肾脏疾病是痛风的危险因素，美国有登记的肾脏病患者在第一年痛风发生率为 5.4%，第五年 15.4%，明显高于非肾脏疾病人群。痛风和血尿酸水平增高，尿酸盐结晶也会沉积在肾脏引起肾损伤。

二、营养与痛风

血尿酸增高是痛风发生的生化基础，影响血尿酸水平的营养因素与食物种类密切相关。

（一）高嘌呤和高蛋白食物

富含蛋白质的肉类、海产品同样富含嘌呤，前瞻性流行病学调查（the health professionals follow-up study，HPFS）表明，肉类、海产品的消费量与发生痛风风险相关，在调整年龄、体质指数、高血压、肾功能障碍、饮酒和其他膳食因素后，肉类、海产品摄入高四分位人群发生痛风的相对危险性 RR（relative risk）分别是低四分位人群的 1.41 和 1.51。而富含嘌呤的蔬菜与痛风的发生无关。奶产品消费是保护性因素，原因可能是奶类本身嘌呤含量低，它所含的酪蛋白、乳清蛋白、乳清酸有促进尿酸盐排泄的作用。

（二）高脂、高能量食物

长期高脂高能量食物导致人体肥胖，前瞻性队列研究表明肥胖与高尿酸血症和痛风密切相关。降低体重可明显降低血尿酸水平。肥胖时常伴有代谢紊乱，胰岛素抵抗，最终可能通过降低肾排除尿酸盐及增加尿酸盐的产生而导致高尿酸血症。多不饱和脂肪酸 γ-亚麻酸通过代谢产生前列腺素 E1，EPA 产生前列腺素 E3 和白介素 B5 而抑制尿酸盐结晶所诱导的炎症反应。

（三）咖啡

HPFS 项目报道每日摄入 6 杯及以上咖啡是痛风的保护因素。咖啡降低血尿酸水平的机制可能是：①咖啡因是甲基化黄嘌呤，能竞争性地抑制黄嘌呤氧化酶，减少尿酸的合成；②咖啡中含有抗氧化成分绿原酸可增加胰岛素敏感性，促进肾脏排出尿酸盐。该项目报道每日饮用 4 杯及以上茶水对痛风没有作用。

（四）果糖

近年来以高果糖玉米糖浆为原料生产的饮料消费逐年上升，这种高果糖饮料的消费与高尿酸血症、肥胖、代谢综合征、糖尿病等的关系越来越受到关注。多项调查表明富含果糖饮料摄入增加与血尿酸水平增加一致。HPFS 研究中报道每日 2 份及以上甜饮料和果糖摄入增加痛风的危险性。果糖促进 ATP 分解为 AMP，AMP 是产生黄嘌呤，最终形成尿酸的中间产物。

（五）饮酒

HPFS 研究中还报道在调整了 HUA 的其他危险因素后，啤酒及乙醇的摄入与增加血尿酸水平有显著的相关性。乙醇致 HUA 的机制包括：①过量乙醇代谢能使血液中乳酸浓度增高，乳酸抑制了肾小管分泌尿酸，降低了尿酸的排泄；②乙醇饮料中啤酒含有大量的嘌呤，为尿酸的合成提供了大量原料，同时饮酒多伴有摄入高嘌呤食物，这些因素都增加了尿酸的合成；③长期饮酒，乙醇在体内转变成乙酸，再转变为乙酰辅酶 A，此过程使三磷酸腺苷降解为单磷酸腺苷，嘌呤合成增加，进一步使尿酸合成增加；④酒中的微量铅可导致肾尿酸盐排除降低，并最终导致 HUA 的发生。

（六）维生素

有研究显示，高维生素 C 摄入量是痛风的保护性因素，每日摄入维生素 C 500mg 2 个月，血尿酸水平降低 0.5mg/dl。维生素 C 通过促进尿酸盐排除，降低血尿酸水平。由此可见，合理的饮食方式对痛风及其并发症的防治工作具有十分重要的意义。

（七）植物化学物

近年来有关植物化学物对预防慢性病的作用已经受到广泛关注，很多植物化学物共同的特点是具有很好的抗氧化作用，此对预防慢性病的发生发展起到有利的影响。有关血尿酸水平或痛风与植物化学物方面的研究如下。樱桃和樱桃提取物中含樱桃黄酮素和大樱桃素，能抑制尿酸合成，有助尿酸排泄，降低血尿酸水平。百里香叶粉含有很高的百里酚，能止痛消炎，利尿，可排泄体内过多尿酸。芹菜种子粉含有丰富异黄酮，能抗氧化，减少自由基对关节组织的损伤，促进关节及组织健康，抑制尿酸合成。薄荷叶提取物，有很强的利尿作用，促进尿酸排除，还含有黄嘌呤氧化酶抑制剂，减少尿酸合成，降低血尿酸水平。泽泻提取物能增加肾血流量，促进尿酸排泄，同时抑制肾小管重吸收，加快尿中成分排泄，降低血尿酸水平。

三、营养防治

积极控制外源性嘌呤的摄入，减少嘌呤的来源，并采取一切措施促进尿酸从体内排泄。痛风急性发作时要尽快消除其急性发作症状，防止痛风急性关节炎复发。对于继发性痛风症，要查清病因，积极对症对因治疗。最后通过饮食控制，逐步改善体内嘌呤代谢，降低血中尿酸的浓度，减少尿酸盐沉积在关节、肾脏及其他部位，防止并发症的发生。目前痛风尚无根治手段，急性发作时给予秋水仙碱可迅速缓解病情，同时给予促进尿酸排泄和减少尿酸生成的药物对发作期和慢性期痛风也有帮助。可用清热利湿，通络止痛的中药，如滑石、薏苡仁、蚕砂、赤小豆、连翘、半夏、防己、山栀、泽泻、杏仁等。治疗的同时饮食调整是基础，原则上采用"三低一高"的饮食，即低嘌呤、低能量、低脂饮食和高摄水量。措施包括如下几种。

（一）选择低嘌呤食物

膳食中若嘌呤摄入过多，会使体内尿酸生成增加，正常人每日嘌呤摄入量为600～1000mg。痛风患者应长期限制膳食中嘌呤的摄入量，痛风急性期患者应选用低嘌呤膳食，每日嘌呤摄入量应严格控制在150mg以内，选择低嘌呤食物。间歇期可适当放松，选择低至中等嘌呤含量的食物，但高嘌呤食物（动物内脏、海鲜、浓肉汤等）仍应禁忌。以下是不同嘌呤含量的食物分类。

1. 低嘌呤食物 每100g食物中嘌呤含量小于50mg。

（1）谷类、薯类：大米、米粉、小米、小麦、荞麦、面粉、面条、馒头、麦片、马铃薯等。

（2）蔬菜类：白菜、卷心菜、芹菜、青菜叶、空心菜、黄瓜、苦瓜、冬瓜、南瓜、丝瓜、西葫芦、茄子、豆芽菜、青椒、萝卜、胡萝卜、洋葱、番茄、莴苣等。

（3）水果类：橙、橘、苹果、梨、桃、西瓜、哈密瓜、香蕉等。

（4）乳类有各种鲜奶、乳酪、酸奶、炼乳等及各种蛋类。

（5）其他：海参、海蜇皮、海藻、猪血、木耳、蜂蜜、枸杞、大枣、茶、咖啡、碳酸氢钠、可可、瓜子、杏仁、莲子、花生、核桃仁。

2. 中等嘌呤含量食物 每100g食物中嘌呤含量为50～150mg。

（1）植物类：米糠、麦麸、麦胚、绿豆、红豆、花豆、豌豆、菜豆、豆腐干、豆腐、青豆、豌豆、黑豆、菠菜等。

（2）畜禽肉类：猪肉、牛肉、羊肉、鸡肉、兔肉、鸭、鹅、鸽、火鸡、火腿、牛舌等。

（3）水产类：鳝鱼、鳗鱼、鲤鱼、草鱼、鳕鱼、鲈鱼、大比目鱼、鱼丸、龙虾、螃蟹等。

3. 高嘌呤食物 每100g食物中嘌呤含量为150～1000mg。猪肝、牛肝、牛肾、猪小肠、脑、胰脏、沙丁鱼、凤尾鱼、鲢鱼、鲱鱼、小鱼干、牡蛎、蛤蜊、浓鸡汤及肉汤、火锅汤、酵母粉等。

（二）低能量饮食

痛风症与肥胖、高血压、糖尿病及高脂血症等密切相关，因此痛风患者应限制总能量的摄入。对于肥胖者每日总能量摄入应较正常人减少10%～15%，碳水化合物供能应占总能量的50%～60%，每月减少体重0.5～1.0kg，使体重逐渐降至理想范围。切忌体重减轻过快，否则容易引起痛风的急性发作。

（三）低蛋白饮食

蛋白质类食物中含有大量的嘌呤，因此痛风患者除需控制嘌呤含量高的食物外，还应适当减少膳食中蛋白质的摄入量，以每日每千克体重0.8～1.0g为宜；蛋白质供给应以植物蛋白为主，动物蛋白可选用牛奶、鸡蛋，因为它们既是富含必需氨基酸的优质蛋白，又含嘌呤较少。检测表明豆腐中的嘌呤含量低于畜禽肉类，对间歇期的痛风患者是很好的蛋白质来源。

（四）低盐低脂饮食

由于痛风者易患高血压、高脂血症和肾病等，应限制钠盐摄入，每日用盐量以2～5g

为宜。有研究表明，脂肪有阻碍肾脏排泄尿酸的作用，在痛风急性发作期应加以限制，一般脂肪摄入量建议控制在每日 40~50g。多选择富含 γ-亚麻酸的植物油和 EPA 的鱼油。

（五）供给充足的维生素

维生素可促进血液循环，使组织中沉积的尿酸溶解，有利于尿酸的排出，故膳食中维生素一定要充足。维生素 B_1、维生素 B_{12} 和烟酸有降低尿酸排泄的作用，因此在满足 DRIs 的基础上不主张额外补充。

（六）多食碱性食物

因尿酸在碱性环境中容易溶解，故多摄入在体内最后代谢产物呈碱性的食物，可以促进尿酸溶解，增加尿酸排出，如白菜、马铃薯、胡萝卜等新鲜蔬菜。冬瓜、西瓜、薏苡仁还有很好的利尿作用，有利尿酸盐排出。

（七）供给大量水分

多饮水有利于尿酸排出，预防尿酸性肾结石，延缓肾脏进行性损害。因此，一般痛风患者提倡每日饮水 2000ml 以上。为防止夜间尿液浓缩，还可在睡前适量饮水，但肾功能不全时摄入水分宜适量。虽然研究没有发现饮茶对通风的作用，但茶中富含茶多酚，有很好的抗氧化作用，且茶水有较强的利尿作用，能促进尿酸盐从尿中排除。

（八）禁止饮酒

乙醇代谢可使血中乳酸浓度升高，乳酸可竞争性抑制尿酸排泄，尤其是啤酒本身即含有大量的嘌呤，也可使血中尿酸浓度增高，故临床上常可见到一次性过量饮酒伴进食高嘌呤、高脂肪食物后诱使痛风的急性发作的案例。

（九）选择合理的烹调方法

合理的烹调方法可以减少食物中嘌呤含量，如将肉类食物煮后弃汤再行烹调。辣椒、胡椒、花椒、芥末、生姜等调料均能兴奋自主神经，诱使痛风急性发作，应尽量避免食用。

（十）规律饮食，坚持运动

一日三餐要定时定量，避免暴饮暴食。鼓励痛风患者每日坚持适量的运动，以微出汗为度，防止剧烈运动。保持理想体重，超重或肥胖者应该减轻体重。需注意的是，减轻体重应循序渐进，否则容易导致酮症或痛风急性发作。

（孙晓红　程改平）

第六节　骨质疏松

一、概　述

（一）定义

骨质疏松症（osteoporosis，OP）是一种以骨量低下，骨微结构损坏，导致骨脆性增加，易发生骨折为特征的全身性骨病。

（二）分类

1. 原发型　Ⅰ型，即绝经后骨质疏松症，一般发生在妇女绝经后 5~10 年，为高转换型骨质疏松症,即骨吸收和骨转换均很活跃,但以骨吸收为主,发生部位多见于脊柱和桡骨远端。

Ⅱ型,老年性骨质疏松症,一般指老年人70岁后发生的骨质疏松,为低转换型骨质疏松症,即骨吸收和骨转换均很活跃,但仍以骨吸收为主,主要发病部位为椎体和髋骨。

2. 继发性 指由任何影响骨代谢的疾病和(或)药物导致的骨质疏松,如内分泌代谢性疾病(甲状旁腺功能亢进症、库欣综合征、慢性肾病、糖尿病)、血液病(骨髓瘤、白血病、淋巴瘤)、消化系统疾病、长期卧床、失重、制动等;药物如固醇类激素、肝素等。

3. 特发型 包括:①青少年骨质疏松症(主要发生在8～14岁青少年,多受遗传因素影响,女性多于男性);②青壮年成人骨质疏松症;③妊娠妇女、哺乳期女性的骨质疏松症。

(三)诊断

临床上用于诊断骨质疏松症的通用指标是发生脆性骨折及/或骨密度低下。

1. 脆性骨折 即非外伤或轻微外伤发生的骨折,这是骨强度下降的明确体现,也是骨质疏松症的最终结果及并发症,无论骨密度值高低,发生脆性骨折即可诊断为骨质疏松。

2. 骨密度(bone mineral density)骨密度检测通常采用双能X线吸收测定法(DXA)。

绝经后妇女及50岁及以上男性依据测定的T值进行诊断。T值是将受试者的骨密度值与一个正常参考人群的平均峰值骨密度和标准差比较,计算公式:T值=(测定值−骨峰值)/正常成人骨密度标准差。

儿童、未绝经妇女及50岁以下男性依据Z值表示其骨密度水平,计算公式:Z值=(测定值−同龄人骨密度均值)/同龄人骨密度标准差。

参照世界卫生组织(WHO)在1998年和2004年发布的骨质疏松症的诊断标准,基于DXA测定,骨密度值低于同性别、同种族正常成人的骨峰值不足1个标准差为正常;降低1～2.5个标准差为骨量低下(骨量减少);降低程度≥2.5个标准差为骨质疏松;骨密度降低程度符合骨质疏松诊断标准同时伴有一处或多处骨折时为严重骨质疏松。

必要时,应进行椎体影像学检查以诊断无症状椎体骨折,由于大多数患者首次腰椎骨折时往往无症状,因此诊断常常被延误。发生椎体骨折可以直接诊断为OP并启动抗骨质疏松药物治疗。

(四)临床表现

1. 疼痛 是原发性骨质疏松症最常见、最主要的症状,当骨量丢失12%以上时即可出现骨痛,以腰背痛多见,占疼痛患者的70%～80%,疼痛沿脊柱向两侧扩散,晨起时最明显,弯腰、肌肉运动、咳嗽等时加重,以后腰背痛可转为持续性。其他依次为膝关节、肩背部、手指、前臂、上臂,主要是由于骨转换过快,骨吸收增加,骨小梁破坏、消失及骨膜下皮质骨的破坏引起。

2. 身长缩短或驼背 脊椎椎体前部几乎多为骨松质组成,而且此部位是身体的支柱,负重量大,尤其第11、12胸椎及第3腰椎,骨质疏松时椎体骨量丢失明显,骨小梁变细,数量减少,强度减弱,易致椎体变形,使脊椎前倾,背曲加剧,形成驼背。随着年龄增长,骨质疏松加重,驼背曲度加大,使关节挛拘显著。正常人每一椎体的高度约2cm,老年人骨质疏松时椎体压缩,每一椎体缩短约2mm,身长平均缩短3～6cm。

3. 骨质疏松性骨折 是退行性骨质疏松最常见和最严重的并发症,有时可因轻微活动,如咳嗽、打喷嚏、下楼梯等发生骨折。骨折不仅增加患者痛苦,加重经济负担,且严重限制患者活动,甚至缩短寿命。据我国统计,老年人骨折发生率为6.3%~34.4%,尤以高龄(>80岁)女性老人为甚。骨质疏松性骨折多由轻度外伤引起,一般骨量丢失20%以上时易发生骨折。骨折好发部位为胸椎体、桡骨远端和股骨颈部位。髋部骨折危害最大,据报道50%会致残,病死率可达10%~20%,椎体骨折可引起驼背和身材变矮。

4. 内脏功能障碍 主要为呼吸功能障碍,胸、腰椎压缩性骨折,脊柱后弯、胸廓畸形,可使肺活量和最大换气量显著减少,患者往往可出现胸闷、气短和呼吸困难等症状;另外,胸廓的变形还可影响消化系统和血液循环系统的正常活动,出现腹胀、便秘等。

(五)流行趋势

1. 国外 据2010年《欧盟骨质疏松医疗管理、流行病学与疾病负担报告》,共有2200万女性和500万男性患有骨质疏松;50岁以上人群女性患病率为22.1%,男性为6.6%,总人群患病率为5.5%;60~64岁女性患病率为10.2%,男性为5.8%;70~74岁女性患病率为18.9%;男性为7.8%,≥80岁女性患病率为36.8%,男性为16.6%。美国共有1200万骨质疏松患者,50岁以上人群中女性患病率54%,男性为30%。

2. 国内 2009年国际骨质疏松症基金会首次针对亚洲14个国家人群的骨骼健康状况和骨质疏松症进行的综合性研究报告显示,中国骨质疏松症或低骨密度患者2020年将达到2.866亿,2050年上升至5.333亿。我国一项2015年文献回顾性研究分析数据显示40~50岁年龄段,女性骨质疏松发病率为6.37%,男性为4.11%;50~60岁年龄段,女性发病率为21.75%,男性为12.90%;60~70岁年龄段,女性发病率为46.38%,男性为19.90%;70~80岁年龄段,女性发病率为64.32%,男性为28.97%;80~90岁年龄段:女性发病率为76.74%,男性39.78%。

二、营养与骨质疏松

骨质疏松的危险因素,包括遗传、年龄、性别、营养、吸烟、饮酒、药物、免疫等,本节主要介绍营养对骨质疏松的影响,分别从营养素、食物和膳食模式的角度阐述其与骨质疏松的关系。

(一)营养素与骨质疏松

1. 钙 是体内最丰富的矿物质,其中99%的钙储存在骨骼中,是形成骨骼的主要矿物质,对于预防和治疗骨质疏松至关重要。钙主要在小肠部位吸收,特别是十二指肠和空肠近端。通常4h内完成钙的吸收,骨骼快速生长期的儿童,钙吸收率可达75%,成年人降低到30%。骨骼成熟时所达到的骨峰值,是防止骨质疏松危险性的主要因素。峰值骨量增加10%,可使骨质疏松导致的骨折发病率降低50%。成年人钙的推荐量为800mg/d,青春期的女孩、孕妇和哺乳期妇女、未服用雌激素的绝经后女性,以及50岁以上的男性和女性的钙需求量较一般成年人高。由于我国居民钙摄入量普遍偏低,仅达推荐摄入量的50%左右,在儿童青少年时期,应加强高钙食品(如牛奶)或钙强化剂的摄入,以尽量提高峰值骨量,预防和延缓成年后骨质疏松症的发生;在成年和老年时期,应多摄入钙质,延缓骨钙的丢失;对于已经患有骨质疏松的患者,单纯补钙不能起到治疗或治愈的效果。钙的作用主要是增强抑制骨吸收和(或)促进骨形成的治疗效果。

2. 蛋白质 动物蛋白摄入量对骨密度的影响具有双重性,适量的蛋白质有利于钙的吸收，摄入蛋白质量过高或过低均对骨健康不利。研究提示，高蛋白摄入与髋骨骨折有关，蛋白质消耗量大，特别是肉类和乳制品来源蛋白质的消耗量大的国家，其髋骨骨折更为常见。原因可能是，高蛋白饮食使肾小管对钙的重吸收率降低，增加尿钙的排泄，从而影响骨小梁相对面积和骨小梁数量，使得骨密度下降，长期下去会导致骨质疏松。随着我国居民生活水平的日益提高及饮食结构的改变，高蛋白膳食对骨骼健康的危害更值得关注。目前我国2013版DRIs针对健康老年人蛋白质推荐量按1g/(kg·d)计算，女性RNI为55g/d，男性RNI为65g/d，从预防肌衰症，改善骨健康的角度，蛋白质的推荐量应维持在1.0~1.5g/(kg·d)。植物蛋白，特别是大豆蛋白对骨健康有益，Horiuchi等评价了大豆蛋白质摄入对绝经后妇女骨密度及骨生化指标的影响，大豆蛋白质摄入量与腰椎骨密度呈显著的正相关，大豆中含有异黄酮类物质，该物质具有雌激素样化学结构，能发挥弱的雌激素活性，具有预防骨质疏松作用。动物蛋白和植物蛋白摄入比例应保持在适宜范围内，Sellmeyer等对1035名年龄大于65岁的白色人种妇女进行的队列研究发现，动物蛋白与植物蛋白摄入量比值高者较比值低者股骨颈骨量丢失加速，且有更高的髋部骨折率。

3. 维生素 D 可与肠黏膜细胞中特异受体结合，促进肠黏膜上皮细胞合成钙结合蛋白，从而有利于钙在肠道的吸收；可促进肾近曲小管对钙的重吸收；可促进成骨作用，使骨钙沉积。摄入充足的维生素D是保证有效预防和治疗骨质疏松的基础。维生素D属于脂溶性维生素，过量摄入有中毒的风险，但准确的中毒剂量还不清楚，其适宜的摄入量目前也存在争议。最近一项调查强调维生素D缺乏症是一种广泛分布的流行病，不论地区、年龄或性别。国内维生素D推荐摄入量（RNIs）为：65岁以下人群10μg/d（400U/d），65岁以上人群15μg/d，可耐受最高摄入量（UL）50μg/d。美国推荐每日400~800U维生素D可保证骨健康，也可通过每日15min的日晒，保证个体通过皮肤合成同样数量的维生素D。但就目前的居住条件来看，通过日晒获得充足的维生素D是不实际的。另外，老年人通过日光合成维生素D的能力是年轻人的一半，过度日晒可能增加其患皮肤癌的风险。

4. 脂肪 钙在被吸收入血前，首先会溶于酸性的消化液并与脂类结合。只有通过这种形式钙才能被胃黏膜吸收并进入循环系统。但过多的脂肪摄入将会出现相反的效果即钙和磷的流失，随之带来骨减少。目前，我国居民的食用油脂主要为大豆油、花生油、玉米油，这些油脂富含ω-6多不饱和脂肪酸而几乎不含有ω-3多不饱和脂肪酸，ω-3多不饱和脂肪酸主要包括α-亚麻酸、二十碳五烯酸（EPA）、二十二碳六烯酸（DHA）等。这种食用油的习惯导致现膳食结构中，ω-3多不饱和脂肪酸的消费量太少。因此，推荐每周至少进食富含ω-3多不饱和脂肪酸的鱼类2次，或服用鱼油类膳食补充剂，既有益于心脏健康，同样也对骨骼健康有益。

5. 维生素 C 作为一种重要的还原剂，在骨盐代谢及骨质生成中具有重要作用，是胶原质成熟必需的物质，胶原蛋白结构及数量改变与骨质疏松症的发生、发展、严重程度密切相关。一方面，维生素C还可以刺激成骨细胞和提高钙吸收，促进钙盐沉积。维生素C缺乏会引起胶原合成障碍，可致骨有机质形成不良而导致骨质疏松。流行病学研究表明维生素C和骨质量之间有正向相关。另一方面，维生素C作为预防和治疗儿童铅中毒的药物之一，在肠道内能与铅结合形成溶解度较低的抗坏血酸铅，可降低铅的吸收，减轻或消除铅对成骨细胞功能的抑制，从而避免重金属铅引起的骨骼代谢异常。维生素C最好的来源是柑橘类水果，每日60mg维生素C是预防维生素C缺乏症的最小需要量，但不足以获得维生素C可能带来的其他方面的益处，理想情况下，每日应摄入100mg维生素C。

6. 维生素 K　尽管对于维生素 K，人们更多的了解是关于凝血方面的研究，但它在骨钙素的合成过程中同样起到重要作用，是构建骨的重要组成部分。维生素 K 可以介导钙与蛋白质在骨形成基质上合成羟基磷灰石结晶，对于骨折愈合也是必需的。观察性研究表明女性血清维生素 K 水平较高者骨密度也较高，经常骨折的患者血清维生素 K 水平较低。成人每日膳食维生素 K 的需要量为 80μg。维生素 K 由肠道细菌产生。深绿色蔬菜富含维生素 K，由于维生素 K 为脂溶性维生素，与少量脂肪和植物油一起食用会促进其吸收。

（二）食物与骨质疏松

1. 奶及奶制品　指牛奶、羊奶等鲜奶及以其为主要原料经过加工制成的各种食品。目前，普遍认为奶及奶制品是钙的最好来源，牛奶酪蛋白水解会产生在中性或者碱性环境下阻止磷酸钙沉淀的磷酸肽，从而保持溶解钙在一个较高水平，促进钙的吸收利用，此外，乳糖也会起到帮助肠道吸收钙的作用。研究发现在排除其他钙补充剂等干扰下，摄入一定量的奶制品能增加骨强度，尤其是女性人群，高摄入者的骨强度显著高于低摄入者，奶制品的摄入量与骨强度呈正相关。因此，充足的奶制品摄入十分重要，尤其是低脂奶、高钙奶和硬奶酪，奶酪越硬所含的钙就越多，而软奶酪往往强化了钙元素。对于乳糖不耐受的人，可以选用硬奶酪、酸奶和一些特殊加工的低乳糖奶制品。

2. 大豆及豆制品　常见的大豆包括黄豆、黑豆、青豆等，富含钙、铁、维生素 B_1、维生素 B_2、维生素 E 等，其中特殊的营养成分——大豆异黄酮具有弱雌激素作用，能够与雌激素受体结合，表现出两种重要的生物学活性：雌激素活性和抗雌激素活性。对于雌激素水平低者，大豆异黄酮表现为弱雌激素作用，与成骨细胞内的雌激素受体结合，加强成骨细胞的活性，促进骨基质的产生、分泌和骨矿化过程，可预防骨质疏松症的发生，同时减轻一些与雌激素水平降低有关的疾病，如更年期综合征、动脉粥样硬化及细胞衰老等；对于雌激素水平较高者，它表现为抗雌激素作用，当异黄酮与雌激素受体结合后，更具活性的体内雌激素不能再与之结合产生激素效应，避免了过多的雌激素对细胞的破坏，对与雌激素有关的乳腺癌、子宫出血等疾病有一定的抑制作用。大豆异黄酮是纯天然食品成分，对人体没有任何不良反应，对于那些不适于用雌激素治疗或不愿接受雌激素疗法的骨质疏松患者来说，服用异黄酮是一个较好的方法。亚洲国家食用大豆有近五千年的历史，同美国及欧洲国家相比，亚洲妇女患骨质疏松的比例较低，也说明大豆中含有抑制骨质丢失的成分。临床已采用人工合成的异丙黄酮治疗骨质疏松，效果明显，对于广大妇女，异黄酮还起到预防和保健作用。

3. 新鲜蔬菜、水果　新鲜蔬菜和水果富含多种矿物质、微量元素、维生素、植物化学物及膳食纤维，其与骨质疏松也有密切的联系。Zalloua 等报道，每周摄入 250g 水果就可以明显地增加男性和女性的骨密度。水果中矿物质含量丰富，其中尤以钾含量较多，钾可以降低骨的脱钙作用，也可以减少尿钙的排出，从而有效防止骨质疏松的发生。此外，水果中含有丰富的维生素，研究证实，维生素 C 可以促进钙的吸收；深色蔬菜富含 β-胡萝卜素、B 族维生素、叶酸及矿物质，它们与机体骨代谢密切相关。国内也有研究发现，绝经后妇女骨质疏松症（PMOP）人群水果和蔬菜的日均摄入量低于对照人群，表明多吃蔬菜和水果可能有益于预防骨质疏松的发生。但这种相关性的结论并不一致，有研究认为对于绝经期女性，蔬菜水果在预防骨质疏松性骨折、改善骨密度、减缓骨量丢失的方面的作用并不明确，因目前的研究数量有限，仍存在设计或统计学方面的缺陷，还有待进一步的研究。

（三）膳食模式与骨质疏松

在膳食与疾病关系的研究中，传统的方法主要是探讨单一营养素或者食物与人体健康的关系，没有考虑到营养素或食物之间的相互作用，具有一定的局限性。为了克服传统研究方法的不足，近年来使用膳食模式研究方法，对整体膳食进行分析，从而更全面实际地反映食物和营养素的综合效应，更有效地研究膳食与人体健康的关系。

膳食模式指膳食中摄入各类食物的种类及数量的相对构成，膳食模式的分类目前尚无统一标准，由于膳食分析方法不同而有所差异。近年来，膳食模式与骨骼健康之间的关系越来越受到关注。一项针对北爱尔兰 20~25 岁青年人的研究显示，在 5 种膳食模式（健康型、传统型、精制型、社会型、富含坚果和肉制品型）中，保持坚果和肉制品型模式的女性较其他模式者有更高的骨密度和骨矿物质含量，而精制型饮食模式不利于男性的骨骼健康。一项来自韩国的研究发现富含奶及奶制品的膳食相较于其他膳食模式（传统型、西餐型、零食型）更有利于促进骨骼健康。我国研究也显示，采用健康的膳食模式可以防止髋部骨折，而高脂膳食模式则会增加髋部骨折的危险性。但值得注意的是，有研究通过多因素回归分析以后发现，总的来说体重与骨密度的关系最为密切，能解释其中的 23.3%；不同膳食模式只能解释 0.2%~0.3%，其解释能力同吸烟、体力活动水平相似。

膳食模式的研究在食物营养与健康中已被广泛认同，但不同研究采用的方法各异，饮食习惯、人群、膳食调查方法的差异及分析过程的主观性都会对膳食模式的结果产生影响，因此得到的结论差异较大。目前，针对膳食模式的统计学构建还没有一种公认的最好的研究方法，所以很难面向公众提出关于膳食模式与健康的相关建议。

膳食模式研究方法还处在发展中。今后，应重点研究评价不同膳食模式研究方法的有效性和稳定性，从而进一步改善这些方法的使用性。随着研究的深入和统计方法的进步，更全面合适的膳食模式研究方法会运用于营养流行病学中，这将有助于理解和探索膳食在疾病发展过程中的重要性。

三、骨质疏松防治策略

根据《原发性骨质疏松症诊治指南（2011）》，骨质疏松防治策略包括基础措施、药物干预和康复治疗。

（一）基础措施

基础措施，属于初级预防和二级预防，需要贯穿骨质疏松症预防和治疗的始终，即在骨质疏松症药物治疗和康复治疗期间依旧需要保持和继续。

1. 调整生活方式

（1）高钙、低盐和适量蛋白质的均衡膳食。
（2）适当户外活动和日照，有助于骨健康的体育锻炼和康复治疗。
（3）避免嗜烟、酗酒，慎用影响骨代谢的药物。
（4）采取防止跌倒的各种措施，注意增加跌倒危险的疾病和药物。
（5）加强自身和环境的保护措施（包括各种关节保护器）等。
（6）评估患骨质疏松症及相关骨折的风险。

（7）推荐规律的负重及肌肉强化运动以改善身体的灵活性、力量、姿势及平衡。

2. 骨健康基本补充剂

（1）钙剂：我国营养学会制订成人每日钙摄入推荐量800mg（元素钙）是获得理想骨峰值，维护骨骼健康的适宜剂量，如果饮食中钙供给不足可选用钙剂补充，绝经后妇女和老年人每日钙摄入推荐量为1000mg。目前的膳食营养调查显示我国老年人平均每日从饮食中获钙约400mg，故平均每日应补充的元素钙量为500～600mg。钙摄入可减缓骨的丢失，改善骨矿化。用于治疗骨质疏松症时，应与其他药物联合使用。目前尚无充分证据表明单纯补钙可以替代其他抗骨质疏松药物治疗。钙剂选择要考虑其安全性和有效性，高钙血症时应该避免使用钙剂。此外，应注意避免超大剂量补充钙剂潜在增加肾结石和心血管疾病的风险。

（2）维生素D：能够增加骨吸收，成年人推荐剂量为400U（10μg）/d，老年人因缺乏日照以及摄入和吸收障碍常有维生素D缺乏，故推荐剂量为400～800IU（10～20μg）/d。维生素D用于治疗骨质疏松症时，剂量可为800～1200U，还可与其他药物联合使用。建议有条件的医院酌情检测患者血清25-(OH)D浓度，以了解患者维生素D的营养状态，适当补充维生素D。国际骨质疏松基金会建议老年人血清25-(OH)D水平等于或高于30ng/ml（75nmol/L）以降低跌倒和骨折风险。此外，临床应用维生素D制剂时应注意个体差异。

（二）营养防治

国际骨质疏松基金会（International Osteoporosis Foundation，IOF）《2015年世界骨质疏松日报告》主题为"健康营养，健康骨骼"，阐述了生命各个阶段的营养因素对肌肉与骨骼健康的影响。在生命各个阶段，骨骼的大小和骨质含量会有显著的变化，所以，在骨质疏松症的治疗和预防中特别强调年龄段，在生命最初10～12年中，骨量会不断增加，青春期骨量累计的速度加快，28岁左右则达到骨量峰值。此后骨量逐年下降，女性绝经后也会经历几年的骨质流失加速期，直到老年后下降速度逐渐趋于平缓。骨骼在我们的一生中始终处于更新的状态，这个过程被称为骨再造循环，整个骨架每10年就会彻底更换一次。在生命各个阶段，依据不同的生理特点，我们要建立不同的骨健康相关目标以达到或保持最佳骨量。良好的营养，包括充足的钙、维生素D和蛋白质是在所有生命阶段建立和保持骨骼健康必不可少的营养素。值得一提的是，70岁以后的老年人要想通过综合治疗来延缓骨量丢失是可以办到的。

1. 孕妇乳母

（1）孕期与哺乳期骨健康目标：孕期营养的目的在于"抢得生命先机"。孕期营养摄取不足引起的早起发育不良与日后成年后骨峰值和骨矿物质含量减少及髋部骨折风险增加之间有直接的关系。

（2）重要营养素生理代谢特点及推荐量：大部分胎儿的骨骼发育发生在孕晚期，共需要30g钙质。孕期和哺乳期会发生一系列的适应性改变以保证胎儿生长、产奶、乳母骨重建过程中钙的供应。在孕期，血清1,25-(OH)$_2$D浓度的增加会使小肠对钙的吸收增加，西班牙研究人员探索了孕晚期钙摄取量与血清钙水平与过渡乳（哺乳期13～14d）和成熟乳（哺乳期40d）中钙质含量的关系。在怀孕或哺乳期间钙摄取量低的母亲（<1100mg/d），血清钙和过渡乳中钙含量未发现下降，但成熟乳中钙含量相对较低。然而，其他研究表明，即便在钙摄取量很低的女性中，母乳的钙含量是独立于母体钙的摄取量的。哺乳期出现的

生理机制，包括钙代谢的变化、肠钙吸收率和肾钙处理，会保证母乳中钙质含量适合婴儿的生长。但出于对母亲和婴儿两者的健康考虑，孕期保证适宜的钙摄入是必要的，2013年WHO针对孕妇钙补充剂的指南中提出，孕妇在怀孕第20周至分娩，应每日摄入1500~2000mg钙，我国DIRs推荐孕中期开始每日钙的适宜摄入量为1000mg。

相对于钙，维生素D则更易出现缺乏，所以，妊娠期与子女骨骼发育最密切的微量营养素是维生素D。研究报告显示哺乳期母亲维生素D吸收与母乳维生素D浓度有关，但母乳中维生素D对婴儿来说仍然是不够的。母亲孕期维生素D缺乏会影响新生儿钙稳态和胎儿骨骼发育，但这些影响在母亲膳食摄入钙和维生素D水平远低于推荐量时才会显现，2012年WHO针对孕妇钙补充维生素D的指南中指出，由于关于孕期单独补充维生素D对新生儿骨骼的生长发育影响的研究证据有限，目前，并不推荐孕妇补充维生素D。

2. 儿童青少年

（1）儿童青少年期骨健康目标：儿童和青少年时期骨健康相关的主要目标是为未来蓄积骨量，实现骨峰值的最大潜力，塑造强壮的骨骼。在很大程度上，我们一生的骨骼健康在20岁以前就决定了。在儿童和青少年时期是否采取健康的生活方式决定了一个人是否能达到其峰值骨量的最大潜力，峰值骨密度每增加10%可以使骨质疏松症的发生推后13年。人群中骨密度的差异高达80%因素来自遗传影响，不过，一些可变因素对孩子的骨骼生长轨迹也会有影响。美国儿科学会（American Academy of Pediatrics）在2014年发表的一份"临床报告"中指出了影响儿童和青少年骨量累积的可改变因素有：营养、运动与生活习惯、体重与组成、激素状态等。与骨健康密切相关的营养素主要有钙、维生素D和蛋白质。

（2）重要营养素生理代谢特点及推荐量：钙缺乏与儿童软骨病，青春期生长突增时骨质疏松性骨折、青年期骨峰值不足有关。青春期生长突增时期微量元素和蛋白质的需求量最高以保证长期的骨生长和骨膜延伸（periosteal bone expansion）。儿童和青少年80%的膳食钙摄取量主要来自奶及奶制品。法国、德国及美国儿童和青少年奶及奶制品消费都呈现下行趋势，同时伴随着含糖饮料消费的增加，随着现在生活条件的改善，这一点需要引起家长的注意。钙是一种存在阈值的营养素，满足各个时期生长发育的膳食钙摄入的推荐量可参照《中国居民膳食营养素参考摄入量（2013版）》，其中青春期的钙适宜摄入量为1000~1200mg/d。

来自亚洲、欧洲、北美和大洋洲的研究显示，儿童中维生素D水平低是非常普遍的现象，即使是健康的儿童也普遍存在维生素D的轻度缺乏。儿童是维生素D缺乏的潜在高危人群，维生素D缺乏可使儿童易患佝偻病，引起生长迟缓和骨骼变形，并可能增加成人后骨质疏松及老年髋部骨折的危险性。儿童维生素D缺乏，首先因为所获得的有效日照不足，人体皮肤可在日光中紫外线照射下合成维生素D，但即使在阳光充沛的地区，如果大部分皮肤被衣服遮盖，不直接暴露在阳光下，合成维生素D的量也不足。另外防晒剂的使用也会影响对紫外线的吸收。其次，食物中维生素D水平严重不足，即使婴儿的最好食品——母乳，其维生素D水平也远远不能满足生理需要。母乳中维生素D水平约为20U/L，维生素D缺乏的母亲给婴儿提供的维生素D水平更少。目前在国际上得到较广泛公认的婴幼儿维生素D生理需要量为400~800U/d，我国推荐量为10μg/d（400U/d），按此计算，每日单纯靠摄入母乳满足对维生素D的需求是不可能的。而且，天然的食物中极少含有维生素 D。因此，仅仅通过膳食补充维生素 D 的生理需要量很难达到。研究表明，肥胖、甲状腺功能亢进的儿童，维生素 D 代谢也发生某些变化，也造成维生素 D 缺乏。

2012 年，由英格兰、北爱尔兰、威尔士及苏格兰学者联合推荐，所有 6 个月～5 岁大的幼儿每日应补充含维生素 D 的滴剂；对于母乳喂养的婴儿，若母亲没有在孕期补充维生素 D，就需要从一个月开始补充含有维生素 D 的滴剂；对于人工喂养的婴儿，若每日食用婴幼儿配方奶粉的量少于 500ml，则需要补充维生素 D 滴剂，否则不需要，因为这些产品都添加了维生素 D。

儿童和青少年处于生长发育期，新陈代谢旺盛，除了保证自身细胞的正常更新外，还需要不断形成新的细胞组织以达成体格的增长变化。膳食蛋白质是骨基质的形成所需的必需氨基酸来源。牛奶含有丰富的优质蛋白，如酪蛋白和促进生长的乳清蛋白。有研究表明，与对照组相比，健康的孩子们在饮食中食用更多的牛奶，即摄入了额外分量的蛋白质。营养良好的儿童和青少年蛋白质摄入量会影响骨骼的生长，从而影响孩子实现峰值骨量和峰值骨量的遗传潜力。

3. 成年人

（1）成年人骨健康目标：成年时期需维持骨量，遏制骨质流失趋势。成人的主要目标是避免过早骨质流失，同时保持健康的骨骼。要想在成人期保持健康的骨骼，均衡饮食是必不可少的，仍需要继续保持丰富的钙、维生素 D 和蛋白质及其他重要微量元素的摄入量。经常负重性运动对于确保成人骨骼健康非常重要，将骨质疏松症及其引起的脆性骨折的可能性降到最低，以免影响生活质量和自理能力。

（2）重要营养素生理代谢特点及推荐量：基于钙平衡的研究证据，美国医学研究所 IOM 推荐 50 岁以上的男性和女性每日应摄入 1000～1200mg 钙以保证骨质量，在特殊情况下可以额外增加 500mg 的钙摄入，我国正常 50 岁以上人群钙的推荐量为 1000mg/d。钙的摄入首先要尽可能从食物中获取，在必要的时候通过补充剂来达到钙的推荐量，因为通过补充剂摄入过多的钙可能增加肾结石和心脏病的风险。

维生素 D 对骨骼、肌肉功能、平衡能力及降低跌倒风险都有关。一些对照试验证明了补充维生素 D 能够降低 20% 的跌倒风险，日照不足的人需要补充维生素 D 制剂。2009 年，国际骨质疏松基金会公布了全球维生素 D 现状，维生素 D 水平较低的问题普遍存在于世界各地。对于普通人群，推荐每日摄入 600～800U 维生素 D 可以降低骨折风险；日照较少和有肥胖问题的人可以适当提高摄入量；大多数补充剂是以维生素 D_3 的形式组成，相对于维生素 D_2 它可以保证更好的 25-(OH)D 浓度。维生素 D 同样也要防止摄入过多，可能存在安全问题。维生素 D 补充剂需要每日、每周或者每月服用，应避免不连续的服用，因为这样同样会增加跌倒和骨折的风险。

营养不足和营养过剩：BMI（身体质量指数）是衡量人体胖瘦程度的一个标准，可用于评估骨质疏松症风险。通常认为 18.5～23.5kg/m² 的 BMI 是最理想的。BMI 过低或过高都是骨质疏松症的危险因素。最近的数据还表明，肥胖可预防骨质疏松症的说法是不可信的。2010 年，英国的 Addenbrookes 医院发表报告称，在出现脆性骨折的绝经后女性中，肥胖率令人惊讶。此外，全球女性骨质疏松症纵向研究（GLOW）报告显示，与非肥胖女性相比，骨折的肥胖女性住院治疗期更长，身体功能状态较差，且与健康相关的生活质量较差。

4. 老年人

（1）成年人骨健康目标：老龄化日益严峻，老年人口增多，骨折发生数量也在增加，因此保证良好的健康状态以最大程度减低骨折非常重要。老年人骨健康相关的主要目标是预防和治疗骨质疏松症，该时期充足的营养摄入有助于老年人对抗虚弱，减少跌倒和骨折。

（2）重要营养素生理代谢特点及推荐量：钙、维生素D和蛋白质相关的营养不良在老年人当中非常普遍，直接影响骨骼健康，主要原因有：老年人机体功能退化，胃肠道消化吸收能力减弱，导致其总体膳食能量摄入偏低，相应的含钙丰富的食物摄入量减少，加之肠道对钙的吸收不足，最终导致钙摄入不足；另外，老年人活动能力减弱，或为了避免跌倒而长期在室内活动，较少接触阳光，皮肤合成维生素D量和能力均下降，加之老年人肾脏代谢能力降低，将维生素D转化为活性形式的数量减少，更易造成维生素D的缺乏。

仅靠日照是不足以改善老年人维生素D水平的，而单独服用钙或者维生素D补充剂对于降低老年人骨折风险效果有限，但两者结合使用效果较好，这点已在护理机构居住的老人中被观察到，可能因为维生素D缺乏较为普遍，钙的摄入量也通常低于推荐量。65岁以上男性钙推荐量为1000mg/d，为预防和改善骨质疏松症，可适量增加；2011年内分泌学会专职小组发表了关于维生素D缺乏症的评估、治疗以及预防的《临床实务指南》（clinical practice guideline）。本指南对老年人的主要建议是：年龄为50~70岁或者70岁以上的成年人每日需要的维生素D分别至少是600U和800U。然而，为了把血液中25-(OH)D的浓度提高到30ng/ml（75nmol/L）以上，可能需要每日补充至少1500~2000U；另外，通过口服营养补充剂补充蛋白质对于住院患者和康复期患者短期改善健康结局是最有效的，但是长期服用对健康的影响因证据有限，尚未达成共识。目前我国DRIs针对老年人蛋白质推荐量按1g/(kg·d)计算，女性RNI为55g/d，男性RNI为65g/d，从预防肌衰症，改善骨健康的角度，蛋白质的推荐量应维持在1.0~1.5g/(kg·d)。加强老年人营养状况的其他途径有待进一步研究。

（三）运动（康复）防治

许多基础研究和临床研究证明，康复期运动是保证骨骼健康的成功措施之一，针对骨质疏松症制订的以运动疗法为主的康复治疗方案已被大力推广。运动可以从两个方面预防脆性骨折，即提高骨密度和预防跌倒。

运动治疗方案的制订同样遵循以下原则：个体原则、评定原则、产生骨效应的原则、运动强度和频率原则。众多的基础研究和临床研究建议高强度低重复的运动可以提高效应骨的骨量，因此建议：负重运动每周4~5次，抗阻运动每周2~3次。强度以每次运动后肌肉有酸胀和疲乏感，休息后次日这种感觉消失为宜。四肢瘫、截瘫和偏瘫的患者，由于神经的损伤和肌肉的失用容易发生继发性骨质疏松，这些患者应增加未瘫痪肢体的抗阻运动及负重站立和功能性电刺激。《原发性骨质疏松症诊治指南（2011）》中关于康复治疗仅给出了原则性的指导，详细预防和治疗方案可参考《运动防治骨质疏松专家共识（2015）》，此处略。

（四）药物干预

骨质疏松症治疗药物按其不同的作用机制分成三大类，即促进骨矿化类药物、促进骨形成类药物和抑制骨吸收类的药物。抗骨质疏松药物有多种，目前国内已批准的治疗骨质疏松症的药物有双膦酸盐类药物（阿伦膦酸钠、依替膦酸钠、依班膦酸钠、利塞膦酸钠及唑来膦酸)、降钙素、雌激素、选择性雌激素复合物(雷洛昔芬)。

一般来说,只有当骨密度丢失达到骨质疏松症的诊断区域时,才应该开始治疗。作为特殊的情况,即由更年期等骨代谢以外的原因引起的骨质疏松,施行激素补充疗法,就能改善其预后。在启动药物治疗前需要排除继发性骨质疏松症的可能性,并完成骨折风险评估、病史采集及体格检查、BMD 及椎体影像学检查、骨转换标志物测定等。具备以下情况之一者,需考虑药物治疗。①确诊骨质疏松症患者(骨密度:T≤-2.5),无论是否有过骨折。②骨量低下患者(骨密度:-2.5＜T 值≤-1.0)并存在一项以上骨质疏松危险因素,无论是否有过骨折。③无骨密度测定条件时,具备以下情况之一者,也需考虑药物治疗:已发生过脆性骨折;OSTA 筛查为"高风险"、FRAX 工具计算出髋部骨折概率≥3%或任何重要的骨质疏松性骨折发生概率≥20%。

(五) 特殊疾病者骨质疏松的预防策略

1. 炎症性肠病(inflammatory bowel disease, IBD) 是指一系列以肠道炎症为特点的疾病,最常见的此类病症是克罗恩病和溃疡性结肠炎,前者可引起整个小肠和大肠的溃疡;后者通常会导致在大肠的下部溃疡。多项因素可能会导致 IBD 患者骨损失和脆性骨折的风险增加:饮食及营养状况不良,受损肠道的营养吸收不良(包括钙、维生素 D、蛋白质),手术切除部位小肠,为缓解炎症的糖皮质激素药物治疗,胃肠道疾病诱发的激素修饰,炎症过程中的细胞因子释放,增加了钙从骨骼中流失等。骨质疏松症患者的总体护理策略中应当涵盖骨质疏松症的预防措施,包括通过膳食或保健品确保摄取充足的钙和维生素 D。其他防止骨质流失的措施包括避免过量饮酒和吸烟,并进行定期的负重运动。对某些患者,如长期进行糖皮质激素治疗的老年患者及曾经历脆性骨折的患者,可以遵照医嘱,服用治疗骨质疏松症的药物。

2. 乳糖消化不良和不耐受 乳糖消化不良指无法消化吃进去的全部乳糖,原因是乳糖分解酶不足,这种酶在小肠中产生,负责将乳糖(牛奶中发现的主要糖类)分解成更简单的糖,然后被人体吸收。而乳糖不耐症则是指因为无法消化乳糖而导致的腹部症状(如绞痛、腹胀)

美国国家卫生研究院(NIH)称,乳糖不耐症并不必从饮食中排除所有乳制品;一些有这种疾病的人还是可以喝少量牛奶而不会出现任何症状,或可选择低乳糖牛奶。带有活性益生菌的酸奶通常是可耐受的,因为益生菌可以产生乳糖酶,一些硬质奶酪含有的乳糖量几乎可以忽略,也是很好的选择。另一种选择是在食用乳制品时,加入乳糖酶滴剂,或者服用乳糖酶片剂。其他食品和饮料也可以提供钙的良好来源,如绿叶蔬菜、坚果。乳糖不耐症的人应该向营养医生咨询,讨论保证摄取充足的钙质的最佳途径,最好可以通过饮食,如有必要,可食用营养补充剂。

3. 乳糜泻(celiac disease, CD) 是一种通过基因遗传的自身免疫性疾病,病理表现为小肠内壁绒毛细胞损伤,其特征是对小麦、黑麦和大麦等谷物中的麸质(蛋白质组)不耐受。有时也被称为口炎性腹泻、麸质敏感性肠病或麸质不耐受,是一种影响 0.5%～1%人口的常见病症。症状包括腹泻、体重减轻、贫血、疲劳、肌肉痉挛和营养不良,该病症可通过严格遵守无麸质饮食来控制。患有乳糜泻的人如果未得到确诊或控制不良,由于从食物中吸收的营养(包括钙和维生素 D)不足,可能导致患骨质疏松症的风险增加,有时还会引起营养不良。通常情况下,乳糜泻在骨质疏松症患者中的发病率高于其他人群。2014

年,英国胃肠病学会(BSG)发表了关于成人乳糜泻诊断和治疗的指导方针,与骨骼健康相关的建议包括:骨质疏松症高危人群或者年龄 55 岁以上的患者,应在规定饮食一年后测定骨密度;患有乳糜泻的成年患者每日应摄取至少 1000mg 的钙;无麸质饮食是预防骨质疏松症的核心管理策略。

(曾 果 张慧娟 李 润)

第七节 肌 衰 症
一、概 述

肌肉衰减综合征(sarcopenia)是与增龄相关的进行性骨骼肌量减少,伴有肌肉力量和(或)肌肉功能减退的综合征。随着我国人口快速老龄化和生活方式转变,老年人肌衰症的发病率预计会有较快增长。老年人肌衰症会影响其生活自理能力和多种疾病的预后,致使老年人发生骨折、跌倒的风险增加,严重影响其生活质量。营养和运动治疗是防治肌衰症的有效手段。充分认识肌肉衰减综合征并开展积极防治,对改善老年人生活质量、降低并发症具有重要意义。

(一)定义、病因及诊断

1. 定义、分类及分期 肌衰症,该词起源于希腊语,原意是"poverty of flesh"(肌肉缺乏)。1989 年,Rosenberg 首次提出肌衰症一词,其后 Evans 和 Campbell 描述它为与年龄相关的身体成分和功能异常的老年综合征。2010 年,肌衰症欧洲工作组(European Working Group on Sarcopenia in Older People,EWGSOP)正式将其定义为"老年人骨骼肌质量和(或)骨骼肌力量、功能下降的一种综合征,并伴有躯体残疾、生活质量差及死亡等不良结局的风险"。

肌衰症是随年龄增加而逐渐出现的一种生理性改变。人体在 40 岁左右开始出现肌肉量的减少,在 70 岁以前每 10 年大概会丢失 8%,此后肌肉丢失的速度明显增快,可达每 10 年 15%。有文献报道:在 60~70 岁的人群中肌衰症的发生率为 5%~13%,而在 80 岁以上的人群中则为 11%~50%。研究表明,老年人肌衰症患者发生代谢综合征的风险明显升高,发生肢体残疾的风险较普通人群高 3~4 倍;肌衰症还可导致骨质疏松的风险增加,并是老年人跌倒和死亡的独立危险因素。

2. 病因 肌衰症是一种老年综合征(geriatric syndrome),其致病原因错综复杂。根据病因,一般将肌衰症分成两类,即原发性和继发性。由于增龄而非其他原因所致的老年性肌衰症,通常是原发性的;此外,若有一个或多个确切病因所导致的,则为继发性。继发性肌衰症又可进一步分成活动相关肌衰症(由卧床、静坐生活方式、失重环境引起)、疾病相关肌衰症(与器官功能衰竭、炎症性疾病、恶性肿瘤或内分泌疾病相关)、营养相关肌衰症(由能量蛋白质摄入不足引起,如吸收不良胃肠道疾病、服用导致厌食的药物等)(图 6-4)。其中营养不足是肌衰症发生的主要环境因素。

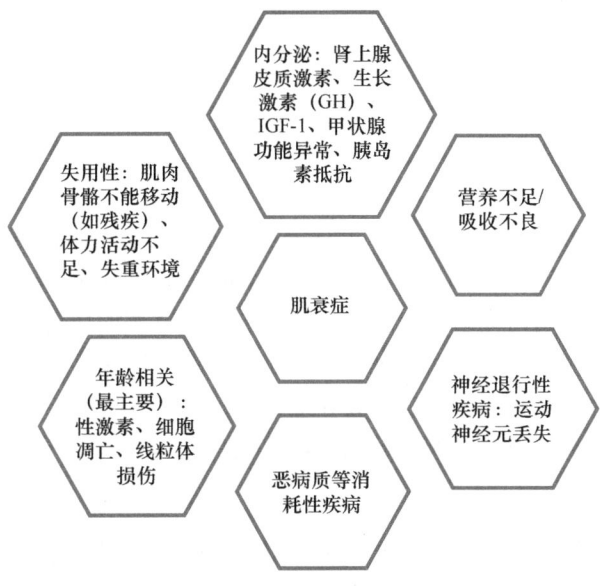

图 6-4 肌衰症病理生理学

3. 诊断标准 不同种族肌衰症的诊断标准有所差异，目前我国尚无统一的诊断标准。2010 年，欧洲老年人肌衰症工作组（EWGSOP）提出了目前广泛使用的肌衰症诊断标准。诊断肌衰症要测定肌肉质量、肌肉力量和躯体功能（表 6-16），其中肌肉质量较同种族同性别的年轻人下降 2 个标准差（SD）为截点；肌肉力量鉴于握力方便易测量，且与全身其他部位的肌肉力量有很好的相关性，推荐以握力为测定的肌肉力量指标；躯体功能以寻常步速为测量指标。亚洲肌衰症工作组（AWGS）也采用了类似的诊断标准。目前，AWGS 推荐各指标的诊断截点如下：握力截值男性为 26kg，女性为 18kg；步速截值为 0.8m/s；肌肉质量以 ASMI［四肢肌肉质量（kg）/身高^2（m^2）］为指标，应用双能 X 线吸收测量法（DXA）测定时男性和女性的截值分别为 7.0kg/m^2 和 5.4kg/m^2，应用生物电阻测量法（BIA）测定时男性和女性的截值分别为 7.0kg/m^2 和 5.7kg/m^2。尽管 DXA 是肌肉质量测定的金标准，但为了便于在社区进行肌少症筛查和研究，AWGS 也给出了使用 BIA 测定时的诊断标准，但要强调的是，BIA 测定时要使用被证明测定结果准确和可靠的 BIA 设备。目前 AWGS 推荐的握力是以同性别同年龄组的高加索人的 75%～80% 为截值，步速同高加索人为诊断截值，这只是经验推荐，尚需进一步研究，提供与种族和预后相关的诊断数据。

表 6-16 肌衰症诊断标准

（1）肌肉质量低于同种族同性别年轻人 2 个标准差
（2）肌肉力量低于正常值
（3）躯体功能减退
若个体同时出现以上标准 1+（标准 2/标准 3），即可诊断为肌衰症

（二）危害

1. 直接危害 骨骼肌是人体最大的蛋白储存库、运动和代谢器官，肌衰症可影响机体的抗病能力、运动功能和日常生活能力，与老年人的功能状态和生活质量密切相关。肌衰症对老年人健康影响是多方面的，取决于肌肉减少的数量和程度。当肌肉组织减少 10% 时，可引起免疫功能降低而增加感染的风险；当肌肉组织减少20%时，可出现肌肉无力而日常生活能力下降，老年人骨质疏松、骨折风险上升，伤口愈合延迟；当肌肉组织减少30%时，可出现肌肉功能进一步严重下降而致残，生活需要照顾，患者会虚弱得不能独立坐起，伤口不能愈合，很容易发生压疮和肺炎；当肌肉组织减少40%时，机体死亡风险明显增加，如死于肺炎。

2. 间接危害 与肌肉流失相伴的常常还有机体脂肪含量的逐渐增加，即肌衰症性肥胖（sarcopenic obesity）。随着年龄增长，老年人体重可能不会下降，甚至会有所上升，但肌肉量却逐渐减少。目前国内尚缺乏对肌衰症性肥胖相关危害的研究。

肌衰症不但会影响老年人生活自理能力，还会诱发其他疾病。肌衰症会导致2型糖尿病、肥胖等代谢综合征发病率上升；也会导致骨质疏松、骨折风险上升。同时在已有疾病卧床期间发生的肌衰症，还会影响疾病预后，使住院期延长。

（三）流行趋势

由于缺乏肌衰症的统一定义及诊断共识，国内外研究采用的测量方法不同，研究人群的年龄结构、性别、种族及生活环境有所差异，已发表的数据显示，各地区肌衰症发病率差异较大。总体来说，肌衰症在老年人群中发病率为10%~20%。随年龄增长，发病率增高，并且男性发病率高于女性。亚洲研究数据显示不同国家差异较大，一般为10%~50%。

国内的流行病学调查资料较少，一项依据亚洲肌衰症工作组的诊断标准的最新研究表明，我国老年人肌衰症的发病率存在城乡差异，城市老年人发病率约为7%，农村地区老年人约为13%。随着我国人口老龄化加剧及城市化、工业化带来的生活方式改变，肌衰症的发病率预计会快速增长。

（四）影响因素

影响肌衰症发生的因素包括年龄、营养状况、身体活动水平、疾病、不良生活习惯及遗传因素。

1. 年龄 随着年龄增加，老年人各个系统和器官功能都会逐渐减退。骨骼肌肉系统的表现尤为突出。受机体激素水平的变化影响，蛋白质合成速度会下降，而蛋白质分解速度却在随年龄增长而加快。与此同时，由于线粒体染色体损伤、钙损稳态失衡、自由基氧化损伤等一系列损伤累积，导致骨骼肌的修复受损、神经-肌肉功能衰退和运动单位重组，使肌肉细胞凋亡增加。再者，随年龄增加，人体肌肉蛋白质合成能力下降，摄入的蛋白质不能高效地用于肌肉合成，这些功能的减退随着年龄增加会越来越明显，加之疾病等影响，最终导致肌肉量的流失。

2. 营养状况 充足的能量、蛋白质，尤其是优质蛋白质，是肌肉蛋白质合成的物质基础。机体从食物中吸收的蛋白质可促进其自身肌肉蛋白质的合成。然而，随年龄增加，老年人牙齿逐渐脱落，对食物的咀嚼吞咽效率降低；味觉、嗅觉及对食物刺激产生生理反应的敏感性下降；加之老年人胃肠道消化吸收功能减退，致使老年人食欲下降，饭量减少；机体对蛋白质等营养物质消化吸收能力下降，致使许多老年人由于蛋白质摄入不足，导致肌肉质量和力量明显下降。除了蛋白质和氨基酸，脂肪酸，尤其是omega-3（n-3）系列脂肪酸，维生素D，抗氧化营养素，如维生素E、维生素C、类胡萝卜素和硒，都与肌衰症的发生密切相关。

3. 身体活动水平 随着城市化和工业化进程，人们身体活动的总水平呈下降趋势，日常生活中静态行为时间却逐年上升。身体活动减少本身会引起肌肉蛋白合成刺激减少，并且会使肌肉细胞对胰岛素、睾酮、肾上腺皮质激素和生长激素等合成激素反应的敏感性降低。老年人由于常常受多种疾病影响，身体活动是各年龄组最少的，而静态行为（久坐）时间却是各年龄组最多的，这是导致老年人肌衰症发生的重要因素。

4. 疾病状态　消耗性疾病，如大面积创伤，会增加肌肉的分解代谢，从而引起肌衰症的发生。另外，骨折、残疾等引起机体活动减少的疾病也会导致肌肉流失和肌力减退。

一些慢性疾病，如 2 型糖尿病、慢性心力衰竭、慢性阻塞性肺疾病、慢性肾脏疾病、关节炎及恶性肿瘤，也会引起肌衰症发生。此外，一些激素失调疾病，如甲状旁腺激素水平过高，也会引起肌肉分解加快。

5. 其他　前瞻性队列研究表明吸烟、饮酒、缺乏身体活动等不良生活习惯是肌衰症发生的重要因素。一些药物因素也会影响老年人肌肉力量。此外，肌衰症的发生还与遗传因素有关。

二、营养与肌衰症

充足的蛋白质和能量摄入结合适宜的运动是预防和治疗肌衰症的核心组成部分。参照《肌肉衰减综合征中国专家共识》，营养对肌衰症的作用主要体现在以下几个方面。

（一）蛋白质摄入

1. 蛋白质摄入量　与肌肉的质量和力量呈正相关。机体从食物中吸收的蛋白质可促进其自身肌肉蛋白质合成。老年人膳食中蛋白质的摄入量与肌衰症的发生呈负相关。相较于一般成年人，老年人蛋白质需要量更高。欧洲肠外肠内营养学会推荐：健康老人每日蛋白质适宜摄入量为 1.0～1.2g/kg；急慢性病老年患者 1.2～1.5g/kg，其中优质蛋白质比例最好占一半。

2. 蛋白质来源及种类　动物蛋白如牛肉和乳清蛋白增加机体肌肉蛋白质合成及瘦体重的作用比酪蛋白或优质植物蛋白（大豆分离蛋白）更强。必需氨基酸是促进肌肉合成的主要诱导物，而亮氨酸则是这些氨基酸中最有效的。乳清蛋白富含亮氨酸和谷氨酰胺，亮氨酸促进骨骼肌蛋白合成的效果最强；而谷氨酰胺可增加肌肉细胞体积，抑制蛋白分解。因此，乳清蛋白是所有蛋白质种类中促肌肉合成效果最好的。

3. 蛋白质三餐分配　研究显示，将蛋白质均衡分配到一日三餐比集中在晚餐能获得更大的肌肉蛋白质合成率。当每餐蛋白质含量少于 20g 时，老年人肌肉蛋白质的合成速度会比成年人慢。

4. 蛋白质消化利用率　体内蛋白质消化利用率会影响肌肉蛋白质合成。如进行抗阻锻炼后给予含有乳清蛋白和酪蛋白的牛奶，其消化利用率对机体蛋白质合成的作用强于含有大豆蛋白的豆浆。为预防肌衰症，建议给老年人提供充足的、易于消化吸收的优质蛋白质。

（二）其他营养素对肌衰症的影响

其他营养素如碳水化合物、n-3 系列脂肪酸、维生素 D、微量元素（钙、硒等）及一些抗氧化营养素（如维生素 E、维生素 C、硒等）摄入不足也会直接或间接导致肌衰症的发生。

长链多不饱和脂肪酸通过增加抗阻运动及与其他营养物质联合使用可延缓肌衰症的

发生。研究表明在力量训练中补充鱼油能使老年人肌力和肌肉蛋白的合成能力显著提高，但单纯补充鱼油没有效果。

队列研究显示，65 岁的老年人血清基线维生素 D 水平低，与其活动能力降低、握力和腿部力量下降、平衡能力降低等密切相关。血清 25-（OH）D＜50ng/ml 与低瘦体重、低腿部力量存在明显正相关。

维生素 C 与某些氨基酸的合成有关，缺乏可能影响身体活动能力，包括非特异性的疲劳症状、肌无力，严重的可发展成贫血。

血清维生素 E 浓度低与老年人虚弱、身体活动能力与肌肉力量的下降有关，血清维生素 E 浓度低于 25μmol/L 的老年人 3 年内身体活动能力下降的风险增加 62%。

血浆中硒浓度降低是老年人骨骼肌质量和强度下降的独立危险因素，膳食硒摄入量与老年人握力呈正相关。老年女性中虚弱者较非虚弱者的血浆硒浓度更低。

三、防治指南

根据《肌肉衰减综合征中国专家共识》（2015），肌肉衰减综合征防治措施主要有以下几个方面。

（一）营养

营养对肌衰征的治疗影响至关重要，尤其是老年人有活动受限、残疾、虚弱或疾病的情况时。参照肌肉衰减综合征中国专家共识的推荐意见，肌衰症的营养干预如下。

1. 蛋白质

（1）食物蛋白质能促进肌肉蛋白质的合成，有助于预防肌肉衰减综合征。

（2）老年人蛋白质的推荐摄入量应维持在 1.0～1.5 g/（kg·d），优质蛋白质比例最好能达到 50%，并均衡分配到一日三餐中。

（3）富含亮氨酸等支链氨基酸的优质蛋白质，如乳清蛋白及其他动物蛋白，更有益于预防肌肉衰减综合征。

2. 脂肪酸

（1）对于肌肉量丢失和肌肉功能减弱的老年人，在控制总脂肪摄入量的前提下，应增加深海鱼油、海产品等富含 n-3 多不饱和脂肪酸的食物摄入。

（2）推荐 EPA+DHA 的 AMDR 为 0.25～2.00 g/d。

3. 维生素 D

（1）有必要检测所有肌肉衰减综合征老年人体内维生素 D 的水平，当老年人血清 25-（OH）D 低于正常值范围时，应予补充。

（2）建议维生素 D 的补充剂量为 15～20μg/d（600～800U/d）；维生素 D_2 与维生素 D_3 可以替换使用。

（3）增加户外活动有助于提高老年人血清维生素 D 水平，预防肌肉衰减综合征。

（4）适当增加海鱼、动物肝脏和蛋黄等维生素 D 含量较高食物的摄入。

4. 抗氧化营养素

（1）鼓励增加深色蔬菜和水果及豆类等富含抗氧化营养素食物的摄入，以减少肌肉有关的氧化应激损伤。

（2）适当补充含多种抗氧化营养素（维生素 C、维生素 E、类胡萝卜素、硒）的膳食补充剂。

5. 口服营养补充（ONS）

（1）口服营养补充有助预防虚弱老年人的肌肉衰减和改善肌衰症患者的肌肉量、强度和身体组分。

（2）每日在餐间/时或锻炼后额外补充 2 次营养制剂，每次摄入 15～20g 富含必需氨基酸或亮氨酸的蛋白质及 200kcal（836.8kJ）左右能量，有助于克服增龄相关的肌肉蛋白质合成抗性。

（二）运动

身体活动减少会导致老年人肌衰症的发生。在平衡营养的基础上进行运动则可预防和（或）控制肌衰症的发生。系统综述显示，中-高强度抗阻运动 3～18 个月可增加 60～95 岁老年人肌肉质量和力量，改善身体功能。随机对照研究结果显示，中等强度的综合运动同时补充必需氨基酸或优质蛋白质可显著增加肌衰症患者腿部肌肉量和力量，改善身体功能，效果优于单纯运动或单纯营养干预。足量的身体活动可降低肌衰症发生风险，而且能使部分肌衰症状况恢复正常，尤其是近期诊断为肌衰症的患者。

肌衰症中国专家共识对运动的推荐如下。

（1）以抗阻运动为基础的运动（如坐位抬腿、静力靠墙蹲、举哑铃、拉弹力带等）能有效改善肌肉力量和身体功能；同时补充必需氨基酸或优质蛋白效果更好。

（2）每日进行累计 40～60min 中-高强度运动（如快走、慢跑），其中抗阻运动 20～30min，每周≥3 日，对于肌肉衰减综合征患者需要更多的运动量。

（3）减少静坐/卧，增加日常身体活动量。

（三）药物治疗

流行病学研究显示，随年龄增加，老年人肌肉量和肌肉功能状况的减退与体内促进肌肉合成的激素水平下降有关。合成类激素的使用可以增加老年人的肌肉量，甚至还可以增加一部分老年人的肌力。老年住院患者能量蛋白质补充结合睾酮的使用可以缩短老年住院患者的住院时间。

生长激素（GH）替代疗法被证明是不成功的，因为它只增加肌量，而身体活动能力并未得到改善。另一些研究着力于用雄性激素和脱氢表雄酮（DHEA）治疗肌衰症，但是结果尚无定论。

新型的药物治疗措施还包括拮抗肌肉生长抑制因子（myostatin）作用的一些药物。这类药物通过作用于促进肌肉生长和分化的肌源性调控因子发挥作用。但其安全性及有效性尚不明确。其他的治疗方法还包括电刺激法、血管紧张素转化酶抑制剂等，但其有效性证据不足。

肌衰症的治疗方案首先是饮食和运动指导，药物治疗因尚且缺少大样本临床试验以论证其安全性和有效性，故不作为常规推荐。

（曾　果　赵蓉萍　李　润）

第八节 阿尔茨海默病

一、概 述

(一) 定义

阿尔茨海默病又称老年痴呆，是一种以认知功能缺损为核心症状的获得性智能损害综合征，认知损害可涉及记忆、学习、定向、理解、判断、计算、语言、视空间等功能，其智能损害的程度足以干扰日常生活能力或社会职业功能。在秉承某一阶段常伴有精神、行为和人格异常。通常具有慢性或进行性的特点。

(二) 流行趋势

流行病学是研究人群中疾病与健康状况的分布及其影响因素，并研究如何防治疾病及促进健康的策略和措施的科学。痴呆是一种由大脑病变引起的获得性和持续性智能障碍综合征，分为阿尔茨海默病（Alzheimer's disease，AD）、血管性痴呆（vascular dementia，VD）和其他原发性或继发性影响脑功能的各种疾病所致的痴呆。以下将对痴呆的流行病学研究现状做一介绍。

1. 国外阿尔茨海默病的流行病学特征 世界各国报告阿尔茨海默病的患病率有所不同。早期患病率研究中 Berr 等对 1993～2002 年间的 13 项报道欧洲痴呆患者病率文献进行系统荟萃分析，结果显示 60～74 岁，痴呆发病率为 1.2%～4.7%；75～84 岁痴呆发病率为 4.5%～18.3%。近年来，研究显示，葡萄牙地区 60 岁以上人群痴呆的患病率达到 5.91%。Myriam Alexander 等人对欧洲地区 1995 年以来的有关痴呆的 26 篇文献和轻度认知障碍的 10 篇文献做了年龄分层的综述研究，发现 AD 的患病率基本上每隔 5 年会增加一倍，在年龄段 60～65 岁、65～70 岁、70～75 岁、75～80 岁、80～85 岁、85～90 岁、90～95 岁及 95 岁以上，对应的患病率分别为 0.15%、1.22%、3.62%、7.58%、13.38%、21.31%、31.65% 和 44.70%。

根据 Ki Woong Kim 等人对韩国 AD 的调查，其患病率大约为 8.1%，轻度认知障碍的患病率高达 24.1%。而 Majid Kiaei 关于日本痴呆患病率的研究表明，痴呆的患病率为 12.4%，疑似痴呆状态的总体估计患病率为 23.6%，并且随年龄增长痴呆的患病率也大幅增加。

2. 我国阿尔茨海默病的流行病学特征 中国作为世界上人口最多的国家，受社会、经济和人口政策等因素的影响，其老龄化的速度比西方发达国家更快。2010 年第六次人口普查结果表明，我国 60 岁以上人口已达 13.3%（1.8 亿）。伴随着快速老年化，疾病模式的变迁将导致我国面临慢性非传染病和新发、再发传染病的双重挑战。毫无疑问，痴呆作为老年人常见的神经精神障碍性疾病，其发病率和患病率将随着快速的人口老龄化而逐渐增加。

总的来看，我国 60 岁及以上人口的痴呆患病率平均为 3.5%，且患病率随年龄而增长。以 5 岁为一组，从 60～64 岁、65～69 岁、70～74 岁、75～79 岁、80～84 岁、85～89 岁、90～94 岁及以上，AD 患病率分别为 1.4%、1.89%、3.12%、5.95%、9.82%、16.62%和 37.9%。

近年来，AD 的发病率有增加的趋势。从地区上看，Mingxian Guo 等人调查西安地区，AD 的发病率是 13.3%。在 Yong Ji 等人关于中国北方地区的痴呆患病率研究中，发现 60 岁以上人群的 AD 患病率达到 7.7%，其中 AD 患病率为 5.4%，血管性痴呆为 1.7%。Jianping

Jia 等人的研究显示 65 岁及以上的痴呆患病率是 5.14%，AD 患病率是 3.21%，血管性痴呆为 1.50%。

Hongwei Nie 等人收集了 22 篇关于轻度认知障碍的文献，进行了系统综述。结果显示老年人轻度认知障碍的患病率是 12.7%，东部地区的患病率是 9.6%，西部地区的患病率是 14.7%。

（三）影响因素

随着社会日益老龄化，AD 的发病率或患病率日益增加。了解其中的影响因素对公众健康有重要作用。总结可能造成的痴呆的危险因素，有以下方面。

1. 人口统计学因素

（1）年龄：年龄是 AD 的重要危险因素。AD 的患病率随年龄增长几乎是成倍增加，认知功能也随着年龄的增加而下降。流行病学研究，AD 发病率在 85 岁之前随年龄的增长而增加，约每 6.1 年增加 1 倍，85 岁之后保持稳定。

（2）性别：女性的 AD 患病率高于男性。

（3）文化程度：多数研究结果显示，受教育程度与 AD 成反比关系，受教育程度低是 AD 的危险因素。文化程度越低，患病率越高，文盲、小学及初中组 AD 标化患病率分别为 1.91%、0.92% 和 1.00%。但也有学者认为，受教育水平低本身并非 AD 的主要危险因素，而更可能是儿童期不良社会经济状况和环境因素（如居住于农村）的伴随现象，两种因素同时存在与 AD 的患病风险增高有关。

（4）家庭因素：独居、丧偶且不再婚也是导致痴呆的重要原因。良好、稳定的婚姻生活能有效降低痴呆患病率，配偶健在是 AD 的保护因子。例如，王道和卜时明在上海采用分层整群抽样法抽取了 1515 名 ≥55 岁的老年人，结果发现：丧偶者痴呆患病率高于已婚且配偶健在组（分别为 2.89% 和 0.98%），而未婚者患病率最高（33.33%）。另有研究还表明：居住情况良好是痴呆的保护因素，居住条件好、与配偶同住的老年人患痴呆的可能性较低。

2. 生物遗传和疾病因素

（1）家族及遗传因素：AD 家族史是 AD 的一个重要危险因素。据统计，老年性痴呆者近亲的发病率为一般人群的 4 倍多。家族中若有 AD 患者，其一级亲属的发病率较普通人高 3.5 倍，大约 60% 直系亲属在进入 80 岁时可发展为 AD。

（2）头部外伤：是 AD 的致病因素。头部外伤并不直接引起痴呆，但是有些统计发现年轻时有些中或重度头部外伤可能增加老年患痴呆的风险，患病的危险性随着严重程度增加。

（3）血管性因素：不仅与认知损害和 VD 有关，而且也参与 AD 的发生发展，一次血管性事件可促使 AD 从临床前期进入临床期或加重其临床表现。近年来，AD 发病中的血管性危险因素越来越受到研究者重视。各种血管性因素，包括高血压、低血压、糖尿病、动脉粥样硬化、高脂血症、高胰岛素血症、冠心病、心房颤动、短暂性脑缺血发作等，均可促进脑组织的变性改变、认知损害和痴呆发生。研究显示，30.3% 的 AD 患者伴有动脉性高血压，23.6% 伴有低血压，64.8% 伴有冠状动脉疾病，21.6% 伴有 2 型糖尿病。AD 变性病变出现前脑组织局部可见与 VD 相似的微血管病变，而与 AD 有关的因素均可降低脑血流灌注。防治血管性危险因素可通过增加 AD 患者的脑血流量，从而降低 AD 的发病危险并改善预后。因此，减少血管危险因素的治疗可有效防治 AD、改善或增加患者的脑灌注可有暂时的疗效。

(4) 其他疾病因素：内分泌疾病，如甲状腺功能低下可引起痴呆；营养及代谢障碍造成脑组织及其功能受损而导致痴呆；糖尿病患者的并发症引起脑梗死及脑出血，导致血管性痴呆。

3. 心理因素

外向型性格是痴呆的保护因素，而心理健康感差，遭受精神创伤则是痴呆的危险因素。例如，排除文化程度本身的差异性影响，采用 Logistic 多元逐步分析 87 例患者的相关因素，结果发现：性格（内向、外向）对患病率有较大影响，内向的老人易患病；而陈彬等则发现心理健康状态差、抑郁等是痴呆的危险因素之一。

4. 社会环境和工作因素 农村痴呆患病率高于城市痴呆患病率。

南方地区痴呆患病率高于北方地区，西部内陆地区患病率高于东部沿海地区。

职业暴露（如工业溶剂、铅、杀虫剂、除草剂、油漆、电磁场等）与 AD 关联性的研究结果多不一致。

（四）危害

阿尔茨海默病的危害是极为严重的，了解了 AD 的危害才能使一部分人意识到 AD 早期治疗的重要性。

随着年龄增长，AD 的患病率明显增加。到 85 岁约 1/4 的老人患有 AD，到 90 岁约 1/3 的老人患有 AD。AD 导致生活活动能力及生活质量下降，病死率升高，其预期寿命和健康预期寿命都会缩短。AD 的危害主要有以下几方面：

(1) 记忆障碍。最初的 AD 的症状是记忆障碍，主要表现为近期记忆的健忘，同一内容无论向他述说几遍也会立即忘记。

(2) 生活质量下降。导致老年人生活依赖即生活不能自理的慢性病里，AD 排在第一位，即 AD 患者中 72.7%都是生活不能自理需要他人照料的，日常生活能力下降。

(3) 理解力和判断力下降。表现为对周围的事物不能正确理解，直接影响对事物的推理和判断，因此不能正确地处理问题。

(4) 对时间和地点的定向力逐渐丧失。严重时连简单的加减计算也无法进行，甚至完全丧失数的概念。

(5) 精神方面的并发症包括抑郁、焦虑与偏执狂反应等。

(6) 行为方面的并发症包括不友善、激动、迷路与不合作。

(7) 容易继发肺部感染、尿路感染等。

AD 不仅给患者本人带来诸多危害，也给家庭和社会造成了沉重负担。据估计，一个 AD 患者 10 年的花费高达 40 万元。

二、营养与阿尔茨海默病

阿尔茨海默病的发病机制复杂，病因尚不十分清楚，但饮食作为一种干预措施，影响 AD 的病情发生和发展，影响痴呆患者的生存质量。人群研究发现均衡适量的营养摄入能够预防认知功能衰退，而过度营养或营养不足则可能引起认知功能的衰退。营养物质与认知功能的关系尚处于人群观察、动物实验与理论构建阶段,其机制尚不十分清楚,但是饮食干预作为相对安全和容易实现的方法来对抗AD,是值得探究的一个方向。

(一)饮食方式与痴呆

大样本的人群研究显示,患有认知功能障碍的老年人群饮食结构中会偏向于进食大量高脂、高蛋白及精制糖食品;而健康老年人群中各类食物均衡摄入,营养均衡供给。这提示良好的饮食方式可预防认知功能衰退,而过度营养或营养不足则可能引起认知功能的衰退。

(二)营养素与阿尔茨海默病

人体日常进食过程中摄入的某些营养素及抗氧化剂可达到预防痴呆及认知功能减退的作用,如蔬菜、水果、茶中含有的维生素、抗氧化剂、不饱和脂肪酸;鱼油、海产品中含有的某些微量元素;葡萄酒、橄榄油中含有的类黄酮等。因此有学者提出,补充单一或复合的脂肪酸、矿物质、维生素可能有利于维持老年人群的认知状态。

研究显示,提高二十二碳六烯酸(DHA)、大豆异黄酮等的摄入量对认知功能的保护作用;大量摄入金属离子如铁离子等、胆固醇等能够引起认知功能紊乱等。Trent D Lund等人通过在鼠身上做实验发现了膳食中添加大豆异黄酮的母鼠在视觉空间记忆上有明显的提高,然而喂食相同量的大豆异黄酮的雄鼠的视觉空间记忆却被抑制了,结果提示喂食鼠大豆异黄酮能够影响其学习和记忆,改变蛋白质的表达,包括了神经中枢的保护和炎症作用等。Gabrieal A. Salvador等人认为铁这种具有氧化还原活性的过渡金属元素是促成阿尔兹海默症(AD)的重要因子之一,认为铁离子参与了脑神经的氧化作用和蛋白质的聚合作用。方传勤等人通过研究高胆固醇饮食对AD大鼠空间学习和记忆的影响发现高胆固醇饮食加重AD大鼠模型海马齿状回神经元损伤,进而加剧AD大鼠认知功能的损害。

部分营养物质在机体中作用如下所示:①B族维生素是神经元膜磷脂、神经递质、DNA合成的甲基供体,若体内缺乏B族维生素将增加高同型半胱氨酸血症发生率,进而增加神经元及血管结构损伤概率。②维生素C、维生素E、锌元素等物质是典型的抗氧化营养素,可起到显著的神经保护作用,有效拮抗自由基氧化损伤。③脂肪酸在机体中可直接或间接参与突触发育、神经元生长及增殖的基因表达等过程,且具有显著的调节神经细胞分化作用。④多不饱和脂肪酸是大脑中枢神经系统的必须结构成分,摄入足够的多不饱和脂肪酸可改变大脑中若干基因表达状态,反之若人体缺乏多不饱和脂肪酸则可造成认知功能损伤。近期有研究对中老年志愿者(年龄≥55周岁)进行调查可知,每日摄入20g鱼肉可显著降低痴呆发生率,而鱼肉中就含有丰富的多不饱和脂肪酸(二十二碳六烯酸和二十碳五烯酸),这些物质是脑细胞和细胞网络的主要组成部分,能调节体内脂肪代谢,抗血小板,改善大脑功能,提高记忆力和思维能力,清除自由基,有助于脑脂质保持年轻状态,延缓和减轻动脉硬化,有效防止脑卒中等心脑血管疾病,因此提示提供充足的多不饱和脂肪酸有利于获得满意的AD预防目的。⑤叶酸来源于高等植物及微生物合成,属于水溶性B族维生素,主要由对氨基苯甲酸、蝶呤啶、谷氨酸组成,人体常通过食物摄取或肠道内菌群合成获得,Hu等研究发现,对轻中度AD患者每日补充≥50 mg的叶酸后,其短时记忆状态获得明显提高,提示高剂量叶酸有助于改善早期认知损伤的AD患者短时记忆,此项研究对AD患者临床治疗及预后具有重大积极意义。

（三）饮食干预提高痴呆患者的生存质量

AD 患者由于认知功能缺损和自理能力缺陷，在饮食方面无法自我调节，加上老年人器官功能逐渐衰退，容易发生代谢紊乱，导致营养缺乏病和慢性非传染性疾病的危险性增加。有些 AD 患者无节制地进食，导致营养失衡，不利于糖尿病等病情的控制；而有些 AD 患者没有饥饿感，不主动进食或拒食，有的还伴有不同程度的吞咽障碍，需要他人协助进食，进食量少，进而导致消瘦、营养不良等。对 AD 患者开展基本的饮食照顾干预措施有助于提高其生存质量。

AD 患者需要照顾者细心照顾其饮食营养，做到老年人的营养均衡供给，在日常营养供给时以老年人膳食指南为基础：少量多餐细软、预防营养缺乏；主动足量饮水、积极户外活动；延缓肌肉衰减、维持适宜体重；摄入充足食物；鼓励陪伴进餐。同时，有 AD 合并其他营养及代谢疾病的 AD 痴呆患者需要进行更加细致的饮食照顾，对提高其生存质量、减少一些并发症等方面能够取得很好的效果。例如，杨丽英等人对 AD 合并糖尿病患者的饮食护理做到了制订并严格执行个体饮食计划，对食物热量、营养成分及三餐比例做好安排，忌食简单糖和动物脂肪，限制胆固醇摄入等并采取一定的护理措施，在入院 1 周后患者的空腹及餐后 2h 血糖得到了显著的改善。王爱华通过对 35 例营养不良的 AD 患者进行全方位的饮食干预，同样发现实施饮食干预后能够改善患者的营养状况，降低感染并发症的发生。

三、防治指南

我国目前 AD 的患病人数约占全世界痴呆患者的 1/4，但与我国痴呆患病率较高形成鲜明对比的是，这些患者的就诊率非常低。据初步研究，患者即使去医院就诊，近半数（46%）的痴呆患者不在神经和精神科就诊，医师的神经心理检查的应用率低（15%），诊断符合率低（26.9%），反映我国医师对痴呆的认识不足。照料者带痴呆患者就诊的比例低，与痴呆知晓度或严重度相关。因此，唤起全社会对这一群体的重视，给予早期诊断、早期干预，已经是不容忽视的任务。

（一）阿尔茨海默病预防的概念

由于目前尚无治疗痴呆的理想方法，一旦患病，不但将给患者带来极大的痛苦，也将给其家庭和社会造成沉重的负担。因此，预防痴呆的发生具有十分重要的意义。

预防的目的不仅仅在于帮助人们建立和健全防病意识，提高对预防痴呆发病意义的认识，增强人们主动防范痴呆的能力，更主要的在于动员全社会力量，通过科学、合理、有效的途径，来防止和减少痴呆的发生。预防可以通过三个层次来实现：①通过各种途径提高人们对痴呆的认识，减少危险因素，保护易感人群，防治痴呆的发生；②指导、帮助患有或可能患有痴呆的老年人及时就诊，及时得到医疗帮助；③建立切实可行的社会支持系统，帮助并指导患者的生活照料者对痴呆患者进行科学的料理和看护，防止并发症的发生，延长生命，提高患者的生命质量。

（二）阿尔茨海默病预防策略

1. 建立防治网络 痴呆的预防工作是各级政府的责任，政府重视是此项工作能够广泛、持久开展的保证。各级政府职能建立要根据本地区的实际制订区域内痴呆的防治规划。

利用政府职能建立痴呆的防治网络，该网络可依附于各地的精神疾病防治网和初级卫生保健网络。防治网络负责本地区防治规划和方案的实施、组织协调、检查评估、总结推广等工作。规划和兴建多元化的社会化养老机构，落实防治工作经费。

2. 全社会参与和社会保障 痴呆的防治工作是一项巨大的系统工程，全社会参与和社会保障体系是痴呆防治工作的基础。因此，要在各级政府的重视下，形成政府领导、多部门合作、社会团体参与和人人重视的良好氛围，并制定相关政策，使老年人在社会、工作、家庭、经济、安全等方面的权利得到保障，使痴呆患者能够得到基本的医疗帮助、良好的生活照料、足够的保护和尊严。尤其应重视对贫困的老年人及痴呆患者的政策支持。支持家庭和社区通过各种努力照料老年人和痴呆患者，支持志愿者和社会团体为老年人和痴呆患者提供的各种服务，减轻照料负担。

3. 专业人员指导 建立技术指导网络，由既有专业知识又有实践经验的专业人员参与规划和实施方案的制订、业务技术指导、管理工作指导和家庭照料指导，是开展好痴呆防治工作的关键。

4. 健康教育 是传播痴呆防治知识的重要途径，是实施痴呆防治工作的重要环节。健康教育的对象是广大群众，重点是中老年人群，通过各种途径（声像、网络、语言、文字、书画、图片、文艺等）的健康教育提高人群对痴呆防治知识的知晓率和对痴呆的识别率，提高人们的自我保健能力，在必要时能够给予他人或得到他人的适当帮助，从而达到主动预防、早期发现、及时就医、积极治疗和提高生活质键的目的。

开展健康教育要结合本地区的实际情况制订符合实际的目标、规划（计划）和切实可行的实施方案。同时注重方法上的全员性和双向性，即依靠全社会的力量开展全民性的健康教育，在对人群全面了解的基础上制订工作计划和实施方案，在实施的过程中反馈群众的意见并及时修改实施方案；内容上的服务性和实用性，即建立为民服务的意识，考虑群众的接受能力，重实用，讲实效，满足群众的需求；形式上的灵活性和趣味性，即采用灵活多样的形式，让群众喜闻乐见，从而达到提高教育质量的目的。

（三）阿尔茨海默病预防措施

老年性痴呆或多发性脑梗死性痴呆，都伴有不同程度的脑部慢性退化性病变，因发病者较多，目前的医院数量尚不能完全收治。因此大多数患者就必须有家庭照顾护理。护理过程中必须注意以下几点。

1. 加强患者营养 对年老体弱伴有躯体并发症患者，应给予营养丰富、易于消化吸收的食物，进食时要慢，防止噎食。

2. 鼓励患者参加锻炼 在家属陪同下增加户外活动，督促其进行力所能及的体育锻炼，如体操、太极拳、气功、散步，以增强体质、促进食欲，并可改善睡眠。

3. 加强观察 一般老年性痴呆患者，感觉迟钝，同时缺乏主述能力，要善于发现躯体并发症，若不仔细观察会造成严重后果。要经常观察患者的体温、脉搏，呼吸和血压，随时做好记录。对患者的细小病情变化都要引起重视，如合并肝、肺疾患时，常有食欲减退、乏力等症状，这要与懒散的精神症状和药物反应相区别。

老年人肠蠕动减弱，易出现便秘，痴呆患者又需服药者，会引起麻痹性肠梗阻，如发现呕吐、腹胀和食欲不佳者，应起警惕，平常要保持大便通畅。

4. 加强基础生活护理

（1）创造一个舒适的环境，保持室内空气新鲜，湿温度合适，根据季节变化为患者更换衣、被，冬天应经常晒被子。

（2）注意个人卫生的护理，督促患者每日洗脸刷牙，经常洗头洗澡，患者不能自理时应予帮助，保持床褥平整、清洁、干燥。

（3）长期卧床患者应加床单，每2h翻身一次，预防褥疮，定时按摩肢体、活动关节，预防肢体肌肉痉挛，影响功能。

（4）注意安全，防止意外发生。

（5）适当劳动，加强思维，训练计算能力。劳动本身是技能训练，也是辅助治疗，项目要适合患者的年龄和职业特点，使其努力可以完成，时间由少到多，逐渐培养患者兴趣，增强克服困难的意志，增强信心。

四、营 养 治 疗

阿尔茨海默病患者的营养与其年龄、性别、体重、活动量及气候有关。AD患者活动量一般都减少，因此对热能需要也降低，甚至接近基础代谢。

正常成年人基础代谢为每千克体重每日约需125.5kJ（30kcal），那么在55岁以前正常人的每日热能需要10 460~12 552kJ（2500~3000kcal）。国外有人测定146名老人的热能消耗，女性基础代谢约为5020.8kJ（1200kcal），男性约为5857.6kJ（1400kcal）。

AD患者需要热能为每日每千克体重1~1.5g蛋白质；脂肪的供给量按每日每千克体重1g安排（某些心血管疾病患者可适当减少）；碳水化合物，按我国膳食中约有70%热量来自于碳水化合物。因老人需热量减少，碳水化合物的摄入量需相应减少。

根据科学统计，老年性痴呆患者饮食中蛋白质、脂肪、碳水化合物三者在热量中所占比例以蛋白质15%~25%，脂肪20%~25%，碳水化合物50%~55%为好。

AD患者的饮食中应有维生素A及维生素C，维生素D与维生素E对老人健康亦较重要，应保证充分供给。

老年钙的供给量每日需要600mg，铁12mg，钾3~5g，以及少量食盐（氯化钠）。

水是人体代谢过程中不可缺少的，一般最好能使一日尿量保持在1500ml以上。热天出汗多，排尿少，每日可供水2000ml。

AD患者除了给予合理营养外，在膳食设计及饮食护理中还需注意如下几点：

（1）提供合理均衡的膳食，包括较多的优质蛋白，充足的维生素，新鲜蔬菜，豆制品；饮食应低脂肪，低碳水化合物，低盐；选择应多样化，粗细搭配，使不同食物所含的营养成分在体内互相补充，发挥更大的生物效应。

（2）烹调上应适应老年人痴呆患者特点，切碎煮软，注意色、香、味，避免油炸食品、糯米黏性食物，保证易咀嚼，易吞咽，易消化。忌用强刺激性调味品，如辣椒、胡椒等。

（3）了解患者不同的个性、心理特点、饮食习惯和精神症状，因人而异，有的放矢的做好心理护理和饮食安排。

（4）进餐环境应空气清新、通风，餐桌、餐具应清洁无污并进行消毒，患者在餐前洗手。

（5）对严重痴呆患者，在进餐时应有人照顾，定时定量，督促进餐或必要时协助喂饲，并防止食物梗阻致窒息。

（6）对咀嚼功能不全的患者可给流汁饮食。调整食物性质，避免进食黏稠食物，正常食物应加入稀液、碎状食物加浓液、糜状食物加糊状液体；进食体位以 90°坐姿为宜，避免头部后仰或低下，进食完成后保持该体位 30min，有利于降低误咽、胃内容物反流等发生率。

（7）进食量应控制为 2～20ml/次，待前次进食完全吞咽后实施下次喂食，每次喂食应给予充足间隔时间（约 30s），有利于使口腔中食物充分下咽。

（8）鼻饲者应严格控制鼻饲速度，严密监测鼻饲管情况，防治堵塞、移位、溢出等异常情况；提供肠内营养粉口服或鼻饲，每 100g 中含有脂肪 15.9g/L、蛋白质 15.9g/L、碳水化合物 60.7g/L，含有多种维生素及矿物质，鼻饲初始速度为 20ml/h，之后可根据患者实际情况增加流速，最大速度不应超过 125ml/h。

（9）每日实施必要的功能训练，如摄食-吞咽功能训练防止误咽、交互吞咽及侧方吞咽增强控制协调能力等；进食完成后应及时清理口腔降低炎症发生率。每日对患者进食情况进行详细记录，分析可能发生的营养素缺乏情况，若由食物中摄取量无法达标则应告知医生并遵医嘱。

饮食上要给予合理营养膳食，增加蛋白质和维生素的供给，特别是维生素 B_1、维生素 B_2 和维生素 B_6。维生素 C 和维生素 E 对老年人也很重要，减少脂肪和碳水化合物的供给，避免摄入过多的盐分及动物性脂肪。

（李　鸣　李　润）

参 考 文 献

蔡威. 2011. 临床营养学. 上海：复旦大学出版社.
查锡良. 2009. 生物化学. 7 版. 北京：人民卫生出版社.
陈灏珠，林果为，王吉耀. 2013. 实用内科学. 14 版. 北京：人民卫生出版社.
陈竺. 2008. 全国第三次死因回顾抽样调查报告. 北京：中国协和医科大学出版社.
葛可佑. 2004. 中国营养科学全书. 北京：人民卫生出版社.
金菊香，孙丽娟，张丽玲，等. 2015. 肌少症的流行病学和诊断评估研究进展. 中华老年医学杂志，34（010）：1154-1157.
李慧婷，张秋菊，陈霞，等. 2014. 绝经期妇女膳食模式与骨质疏松症关系. 中国公共卫生，30（11）：1418-1420.
李利平，姜宏卫，陈治珉，等. 2015. 国际糖尿病妊娠研究组新诊断标准调查妊娠期糖尿病患病率及其危险因素分析. 中国糖尿病杂志，4：002.
林俊，李萍，陈靠山. 2013. 近 5 年多糖抗肿瘤活性研究进展. 中国中药杂志，38（8）：1116-1125.
林晓斐. 2015. 中国居民营养与慢性病状况报告（2015）. 中医药管理杂志，23（013）：89-89.
马宁，边甌. 2015. 阿尔茨海默病营养干预的研究现状. 中国老年学杂志，16：4711-4712.
石汉平，许红霞，李苏宜，等. 2015. 营养不良的五阶梯治疗. 肿瘤代谢与营养电子杂志，2015（1）：29-33.
石汉平. 2012. 肿瘤营养学. 北京：人民卫生出版社.
宋蔚. 2014. 食物和营养素与骨质疏松的预防. 中国全科医学，17（9）：971-979.
孙长颢. 2007. 营养与食品卫生学. 北京：人民卫生出版社.
孙建琴，张坚，常翠青，等. 2015. 肌肉衰减综合征营养与运动干预中国专家共识（节录）. 营养学报，4：007.
孙建琴. 2015. 营养与膳食. 上海：复旦大学出版社.
孙子林，刘莉莉. 2013. 中国糖尿病运动治疗指南. 国际内分泌代谢杂志，33（006）：373-375.

王超. 2014. 中国成人超重和肥胖及主要危险因素对糖尿病发病的影响. 北京：北京协和医学院.

王东臣, 邢涛, 祝子鹏. 2012. 脑痴呆的临床治疗. 北京：人民军医出版社.

王陇德, 马冠生. 2015. 营养与疾病预防. 北京：人民卫生出版社.

王秋梅, 陈亮恭. 2015. 肌少症的亚洲诊断共识：未来的发展与挑战. 中华老年医学杂志, 34(005)：461-462.

徐铭, 张彩霞. 2015. 膳食纤维摄入与恶性肿瘤的关系. 肿瘤代谢与营养电子杂志, (3)：42-48.

姚旻, 赵爱源, 李红涛. 2015. 肠道菌群与1型糖尿病. 中华糖尿病杂志, 2：120-122.

张宝红, 徐岩英, 董尔丹. 2014. 2006—2013年国家自然科学基金资助骨质疏松研究的回顾性分析. 中国骨质疏松杂志, (9)：1129-1132.

张萌萌. 2014. 中国老年学学会骨质疏松委员会骨代谢生化指标临床应用专家共识. 中国骨质疏松杂志, 2014（11）.

张燕坤. 2012. 饮食与阿尔茨海默病关系研究进展. 中国民康医学, 5：587-588，609.

张智海, 刘忠厚, 石少辉, 等. 2015. 中国大陆地区以-2.5SD为诊断的骨质疏松症发病率文献回顾性研究. 中国骨质疏松杂志, (1)：1-7.

中国高血压基层管理指南修订委员会. 2015. 中国高血压基层管理指南（2014年修订版）中华高血压杂志, 23（1）：24-43.

中国抗癌协会等. 2015. 中国肿瘤营养治疗指南. 北京：人民卫生出版社.

中国营养学会. 2014. 中国居民膳食营养素参考摄入量（2013版）.北京：中国轻工业出版社.

中国营养学会. 2016. 中国居民膳食指南（2016）. 北京：人民卫生出版社.

朱路, 李华荣. 2015. 益生菌对糖尿病作用的相关研究进展. 实用药物与临床, 18（7）：860-864.

邹军, 章岚, 任弘, 等. 2015. 运动防治骨质疏松专家共识. 中国骨质疏松杂志, 21（11）：1291-1302.

Alfonso J. 2012. Cruz-Jentoft And John E. Morley. Sarcopenia. The United States：Wiley-Blackwell.

American Diabetes Association. 2013. Standards of medical care in diabetes-2013. Diabetes Care，36（Suppl 1）：S11-66

Askari G，Iraj B，Salehi-Abargouei A，et al. 2015. The association between serum selenium and gestational diabetes mellitus：A systematic review and meta-analysis. Journal of Trace Elements in Medicine and Biology，29：195-201.

Aune D，Norat T，Leitzmann M，et al. 2015. Physical activity and the risk of type 2 diabetes: a systematic review and dose–response meta-analysis. European Journal of Epidemiology，30（7）：529-542.

Bai J，Ding X，Du X，et al. 2015. Diabetes is associated with increased risk of venous thromboembolism：A systematic review and meta-analysis. Thrombosis Research，135（1）：90-95.

Balti E V，Echouffo-Tcheugui J B，Yako Y Y，et al. 2014. Air pollution and risk of type 2 diabetes mellitus：A systematic review and meta-analysis. Diabetes Research and Clinical Practice，106（2）：161-172.

Batis C，Mendez M A，Gordon-Larsen P，et al. 2015. Using both principal component analysis and reduced rank regression to study dietary patterns and diabetes in Chinese adults. Public Health Nutrition：1-9.

Chen L K I. Liu L K，WOO J，et al. 2014. Sarcopenia in Asia：consensus report of the Asian working group for sarcopenia. J Am Med Dir ASSOC，15：95 101.

Chen X，Rong S S，Xu Q，et al. 2014. Diabetes mellitus and risk of age-related macular degeneration：a systematic review and meta-analysis. Plos One. 9（9）：e108196.

Chen Y L，Yang K C，Chang H H，et al. 2011. Low serum selenium levels is associated with low muscle mass in the community-dwelling elderly. Age Aging，40：181-186.

Cho I，Blaser M J. 2012. The human microbiome：at the interface of health and disease. Nature Reviews Genetics，13（4）：260-270.

Ejtahed H S，Mohtadi-Nia J，Homayouni-Rad A，et al. 2012. Probiotic yogurt improves antioxidant status in type 2 diabetic patients. Nutrition，28（5）：539-543.

Esposito K，Maiorino M I，Bellastella G，et al. 2015. A journey into a Mediterranean diet and type 2 diabetes：a systematic review with meta-analyses. BMJ Open，5（8）：e008222.

Fielding R A, et al. 2011. "Sarcopenia: an undiagnosed condition in older adults. Current consensus definition: prevalence, etiology, and consequences. International working group on sarcopenia." J Am Med Dir Assoc 12 (4): 249-256.

Gao L, Jiang J, Yang M, et al. 2015. Prevalence of Sarcopenia and Associated Factors in Chinese Community-Dwelling Elderly: Comparison Between Rural and Urban Areas. Journal of the American Medical Directors Association, 16 (11): 1003. e1-1003. e6.

Gómez M L, Beltrán R L M, García P J. 2013. Sugar and cardiovascular disease. Nutricion Hospitalaria, 28: 88-94.

Gong Y, Wei B, Yu L, et al. 2015. Type 2 diabetes mellitus and risk of oral cancer and precancerous lesions: A meta-analysis of observational studies. Oral Oncology, 51 (4): 332-340.

Hernlund E, Svedbom A, Ivergård M, et al. 2013. Osteoporosis in the European Union: medical management, epidemiology and economic burden. Archives of Osteoporosis, 8 (1-2): 251-258.

Hirshkowitz M, Whiton K, Albert S M, et al. 2015. National Sleep Foundation's sleep time duration recommendations: methodology and results summary. Sleep Health, 1 (1): 40-43.

Hsieh F C, Lee C L, Chai C Y, et al. 2013. Oral administration of Lactobacillus reuteri GMNL-263 improves insulin resistance and ameliorates hepatic steatosis in high fructose-fed rats. Nutrition & Metabolism, 10 (1): 1.

Institute for Clinical Systems Improvement. 2013. Health care guideline: prevention and management of obesity for children and adolescents.

Jensen M D, Ryan D H, Apovian C M, et al. 2014. 2013 AHA/ACC/TOS guideline for the management of overweight and obesity in adults. Journal of the American College of Cardiology, 63 (25): 2985-3023.

Juraschek S P, Miller E R, Gelber A C. 2011. Effect of oral vitamin C supplementation on serum uric acid: a meta-analysis of randomized controlled trials. Arthritis Care Res (Hoboken), 63: 1295-1306.

Juraschek S P, Miller E R, Gelber A C. 2013. Body mass index, obesity, and prevalent gout in the United States in 1988—1994 and 2007—2010. Arthritis Care Res (Hoboken) 65: 127-132.

Koloverou E, Esposito K, Giugliano D, et al. 2014. The effect of Mediterranean diet on the development of type 2 diabetes mellitus: a meta-analysis of 10 prospective studies and 136, 846 participants. Metabolism, 63 (7): 903-911.

Krebs J D, Elley C R, Parry-Strong A, et al. 2012. The Diabetes Excess Weight Loss (DEWL) Trial: a randomised controlled trial of high-protein versus high-carbohydrate diets over 2 years in type 2 diabetes. Diabetologia, 55 (4): 905-914.

Kushi L H, Doyle C, McCullough M, et al. 2012. American Cancer Society guidelines on nutrition and physical activity for cancer prevention. CA: A Cancer Journal for Clinicians, 62 (1): 30-67.

Lang T, Streeper T, Cawthon P, et al. 2010. Sarcopenia: etiology, clinical consequences, intervention, and assessment. Osteoporosis International, 21 (4): 543-559.

Li C, Fang D, Xu D, et al. 2014. Mechanisms in endocrinology: main air pollutants and diabetes-associated mortality: a systematic review and meta-analysis. European Journal of Endocrinology, 171 (5): R183-R190.

Lippman S M, Klein E A, Goodman P J, et al. 2009. Effect of selenium and vitamin E on risk of prostate cancer and other cancers: the Selenium and Vitamin E Cancer Prevention Trial (SELECT). Jama, 301 (1): 39-51.

Listed N. 1997. Report of the expert committee on the diagnosis and classification of diabetes mellitus. Diabetes Care, 20 (7): 1183-1197.

Luo C, Zhang Y, Ding Y, et al. 2014. Nut consumption and risk of type 2 diabetes, cardiovascular disease, and all-cause mortality: a systematic review and meta-analysis. The American Journal of Clinical Nutrition, 100 (1): 256-269.

Mathusvliegen L, Toouli J, Fried M, et al. 2013. World Gastroenterology Organisation Global Guidelines on obesity. J Clin Gastroenterol, 46 (7).

Moreno-Indias I, Cardona F, Tinahones F J, et al. 2015. Impact of the gut microbiota on the development of obesity and type 2 diabetes mellitus. Recent Discoveries in Evolutionary and Genomic Microbiology: 57.

Morley J E, Argiles J M, Evans W J, et al. 2010. Nutritional recommendations for the management of sarcopenia. Journal of the American Medical Directors Association, 11 (6): 391-396.

O'Donovan G, Blazevich A J, Boreham C, et al. 2010. The ABC of Physical Activity for Health: a consensus statement from the British Association of Sport and Exercise Sciences. Journal of Sports Sciences, 28 (6): 573-591.

Raphael J, Ahmedzai S, Hester J, et al. 2010. Cancer pain: part 1: pathophysiology; oncological, pharmacological, and psychological treatments: a perspective from the British Pain Society endorsed by the UK Association of Palliative Medicine and the Royal College of General Practitioners. Pain Medicine, 11(5): 742-764.

Rodaki C L, Rodaki A L, Pereira G, et al. 2012. Fish oil supplementation enhances the effects of strength training in elderly women. Am J Clin Nutr, 95: 428-436.

Saito K, yokoyama T, Yshida H, et al. 2012. A significant relationship between plasma vitamin C concentration and physical performance among Japanese elderly women. J Gerontol A Biol Sci Med Sci, 67: 295-301.

Sales, Kurt J. 2004. Human Papillomavirus and Cervical Cancer. Lancet, 10 (11): 2031-2.

Santesso N, Akl E A, Bianchi M, et al. 2012. Effects of higher- versus lower-protein diets on health outcomes: a systematic review and meta-analysis.Eur J Clin Nutr, 66 (7): 780-788.

Schmidt B L, Hamamoto D T, Simone D A, et al. 2010. Mechanism of cancer pain. Molecular interventions, 10 (3): 164.

Schwarz P E, Lindström J, Kissimova-Scarbeck K, et al. 2008. The European perspective of type 2 diabetes prevention: diabetes in Europe—prevention using lifestyle, physical activity and nutritional intervention (DE-PLAN) project. Experimental & Clinical Endocrinology & Diabetes, 116 (3): 167-172.

Schwingshackl L, Missbach B, König J, et al. 2014. Adherence to a Mediterranean diet and risk of diabetes: a systematic review and meta-analysis. Public Health Nutr, 18: 1292-1299.

Shama L, Connor N P, Ciucci M R, et al. 2008. Surgical treatment of dysphagia. Physical medicine and rehabilitation clinics of North America, 19 (4): 817-835.

Shirani F, Salehi-Abargouei A, Azadbakht L. 2013. Effects of Dietary Approaches to Stop Hypertension (DASH)diet on some risk for developing type 2 diabetes: a systematic review and meta-analysis on controlled clinical trials. Nutrition, 29 (7): 939-947.

Sleiman D, Al-Badri M R, Azar S T. 2015. Effect of Mediterranean diet in diabetes control and cardiovascular risk modification: a systematic review. Frontiers in public health, 3.

Srinivas-Shankar U, Roberts S A, Connolly M J, et al. 2010. Effects of testosterone on muscle strength, physical function, body composition, and quality of life in intermediate-frail and frail elderly men: a randomized, double-blind, placebo-controlled study. Journal of Clinical Endocrinology & Metabolism, 95 (2): 639-650.

Sun X M, Tan J C, Zhu Y, et al. 2015. Association between diabetes mellitus and gastroesophageal reflux disease: A meta-analysis. World Journal of Gastroenterology: WJG, 21 (10): 3085.

Tsilidis K K, Kasimis J C, Lopez D S, et al. 2015. Type 2 diabetes and cancer: umbrella review of meta-analyses of observational studies. BMJ, 350: g7607.

Wang B, Xu D, Jing Z, et al. 2014. Effect of long-term exposure to air pollution on type 2 diabetes mellitus risk: a systemic review and meta-analysis of cohort studies. European Journal of Endocrinalogy, 171 (5): R173-R182.

Wang J B, Erickson J W, Fuji R, et al. 2010. Targeting mitochondrial glutaminase activity inhibits oncogenic transformation. Cancer cell, 18 (3): 207-219.

Wei X, Meng E, Yu S. 2015. A meta-analysis of passive smoking and risk of developing Type 2 Diabetes Mellitus. Diabetes Research and Clinical Practice, 107 (1): 9-14.

WHO. 2011. Global status report on non-communicable diseases 2010. Geneva: World Health Organization Press.

Winnard D, Wright C, Jackson G, et al. 2012. Gout, diabetes and cardiovascular disease in the Aotearoa New

Zealand adult population: co-prevalence and implications for clinical practice. NZ Med J, 126: 53-64.

Yang B, Chen Y, Xu T, et al. 2011. Systematic review and meta-analysis of soy products consumption in patients with type 2 diabetes mellitus. Asia Pacific journal of clinical nutrition, 20 (4): 593.

Yumuk V, Fiüheeck G, Oppert J M, et al. 2014. An EASO Position Statement on multidisciplinary Obesity Management in Adults. Obesity Facts, 7 (2): 29-40.

Zaccardi F, Khan H, Laukkanen J A. 2014. Diabetes mellitus and risk of sudden cardiac death: A systematic review and meta-analysis. International Journal of Cardiology, 177 (2): 535-537.

Zak-Golab A, Olszanecka-Glinianowicz M, Kocelak P, et al. 2014. The role of gut microbiota in the pathogenesis of obesity. Postepy Hig Med Dosw, 68: 84-90.

Zhang Y, Neogi T, Chen C, et al. 2012. Cherry consumption and decreased risk of recurrent gout attacks. Arthritis Rheum, 64: 4004-4011.

Zhou M, Wang W, Huang W, et al. 2014. Diabetes mellitus as a risk factor for open-angle glaucoma: a systematic review and meta-analysis. Plos One. 9 (8): e102972.

Zhu Y, Pandya B J, Choi H K. 2011. Prevalence of gout and hyperuricemia in the US general population: the National Health and Nutrition Examination Survey 2007—2008. Arthritis Rheum, 63: 3136-3141.

Zuo H, Shi Z, Hussain A. 2014. Prevalence, trends and risk factors for the diabetes epidemic in China: a systematic review and meta-analysis. Diabetes Research and Clinical Practice, 104 (1): 63-72.

第三篇 公共营养技术

第七章 膳食营养素参考摄入量

为了保持人类健康和正常生活，必须每日从膳食中获取各种各样的营养物质。人体对某种营养素的需要量因年龄、性别和生理状况而异。成年人需要营养素来维持体重及保障机体功能；儿童、青少年除了维持机体功能外，还需要更多营养素以满足生长发育的需要；妊娠和哺乳的妇女需要额外的营养素，以保证胎儿及母体相关组织增长和泌乳的需要。正常人体需要的各种营养素都需从饮食中获得，因此，必须科学地安排每日膳食以提供数量及质量适宜的营养素。如果某种营养素长期供给不足或过多就可能产生相应的营养不足或营养过多的危害。为了帮助个体和人群安全地摄入各种营养素，避免可能产生的营养缺乏或营养过多的危害，营养学家根据有关营养素需要量的知识，提出了适用于各类人群的膳食营养素参考摄入量（dietary reference intakes，DRIs）。

早期的膳食推荐摄入量和膳食指南合在一起，直到20世纪30年代才逐渐分开。1935年制订的"欧美人的饮食标准"被视为发展这一科学领域的标志。能量及各种营养素需要量的研究进展是制订膳食营养素参考摄入量的主要科学依据，不同的国家、不同的时期、不同的社会需求也丰富和推动了这一领域的发展。随着营养科学的快速发展和对疾病健康认识的不断深入，人类膳食营养标准经历了漫长的发展历程，20世纪40～80年代，许多国家都根据各自的具体情况和需要制订了各自的推荐膳食营养素供给量（recommended dietary allowances，RDAs），对指导发展食物生产，保障人类健康起到了不可低估的作用。

第一节 膳食营养素参考摄入量国内外发展历程

一、国际膳食营养素参考摄入量的发展历程

（一）美国

1. 美国RDAs 第二次世界大战期间，政府为保障士兵不得营养缺乏病而要求科学界提出的食物供应标准。美国国家研究院（NRC）于1941年制订了第一个推荐膳食营养素供给量（RDAs）。它反映了当时的科学知识水平和社会现实的需要。此后，RDAs被更广泛地应用，作为判断膳食质量科学依据和计划膳食供应的一种标准。接下来的几十年中，在国家研究院食物与营养委员会（FNB）的组织领导下，对RDAs进行了多次修订，直到1989年发表第10版，这时的RDAs已考虑到预防慢性病的营养。RDAs已成为不同时期美国人营养素供给领域中的权威性指导文件；同时对许多国家制订RDAs产生了重要的影响。

2. 美国和加拿大合作发展DRIs 美国第10版RDAs发表后，FNB陆续收到多方面

的质疑，认为第10版RDAs已经不能适应当前的需要，应当进行修改。主要的理由包括：①应用RDAs需对各个推荐值进行更具体的说明，并对怎样使用给予详细指导；②近年来对某些营养素促进健康的作用有了新认识，传统RDA概念能否涵盖这些观点；③对某些营养素和人群组的研究已积累了足够的新知识，提示RDAs需要更新和扩展。

FNB于1993年组织了"RDAs是否应进行修改"的专题讨论会，将讨论会的意见形成关于DRIs的概念性文章，并于1996年确定了分步制订DRIs的计划和组织安排。FNB与加拿大卫生和福利部合作，组成了DRIs科学评价常设委员会，下设7个专题组及两个分委员会，有关专家对相关主题作了系统研究。

（二）欧洲

尽管欧洲共同体食物科学委员会（EC-SCF）于1992年提出了欧洲共同体能量和营养素摄入的建议，但所属各国并没有遵循这一建议，多又制订了自己国家的建议值。欧洲各国不但有各自的能量和营养素推荐摄入量，而且各国间推荐量存在差异，所采用的表达方法和使用术语也都各不相同。

1. 英国的膳食参考值 英国的膳食参考值（dietary reference values，DRVs）工作组首先于1979年建议了英国人的营养素摄入量，称为推荐每日量（recommended daily amounts，RDAs）。20世纪80年代后期，Drives工作组认识到原来的RDAs定义不清，并于1991年决定采用三个新的术语来表达不同水平的参考值：①平均需要量（estimated average requirement，EAR）表示一个人群平均的需要量；②营养素参考摄入量（reference nutrient intake，RNI）表示摄入量在此水平以上几乎可以肯定是适宜的；③低营养素参考摄入量（low reference nutrient intake，LRNI）表示摄入量低于此水平几乎可以肯定对大多数个体是不适宜的。这一新的发展在欧洲引起了广泛兴趣，北欧各国纷纷参考，可以说欧洲的发展是美国和加拿大共同发展DRIs系列的前奏。

2. 欧洲共同体的膳食营养素参考值 欧洲共同体食物科学委员会（EC-SCF）于1992年提出了欧共体能量和营养素摄入的建议，采用类似于英国膳食参考值工作组的途径，从单一的RDA转向三个水平来表达不同的需要：①平均需要量（average requirement，AR）相当于英国的EAR；②人群参考摄入量（population reference intake，PRI）相当于英国的RNI，即传统的RDA；③最低域摄入量（lowest threshold intake，LTI）相当英国的LRNI。欧共的推荐量有其自身的要求：适用于所有成员国不管它们的国家营养政策和人群饮食习惯如何；能使食物自由流通；可应用于食品标签。食物科学委员会积极讨论"安全水平上限"的定义，并于1998年建立了"健康危害性评估组"以协调欧共体在危害性评估方面的工作。但是，欧共体有的成员国不采用EC-SCF的建议，自1993年起，意大利、西班牙等发布了各自的每日能量和营养素需要量建议；德国、奥地利、法国和荷兰也陆续制定修订本国的建议。

3. 北欧诸国的营养推荐量 北欧诸国于1996年发表了北欧人营养推荐量（nordic nutrition recommendations，NNR），它以满足人体生长和生理功能的需要为前提，同时考虑了如何降低膳食相关慢性病的危险。NNR包括4个水平的推荐量：①推荐营养素摄入量；②推荐营养素密度（recommended nutrient density）；③每日营养素摄入量低限；④成人每日营养素摄入量上限。

4. 各国膳食营养素参考值的差异 欧美各国的人群虽然在生物学、社会文化、饮食习惯及科学技术等许多方面都比较接近，但从以上的资料可以看出他们的能量和营养素推荐摄入量有很大的差别。造成这些差别的原因有二：①不同国家所采用的"推荐摄入量"的概念及其框架不同；②目标设置、指标选择和资料处理等方面存在差异。

（三）亚洲其他国家的推荐营养素供给量

亚洲各国制订本国 RDA 的时间、人群年龄分组及建议营养素摄入量等方面都有很多差别。菲律宾是较早制订 RDA 的国家，1947 年由菲律宾营养协会发表第一版，并于 1953～1989 年间由食物与营养研究所修订了 6 次。日本国卫生福利部于 1969 年首次发布 RDA，以后每 5 年修订一次。泰国于 1970 年制订 RDA。若干亚洲国家的 RDAs 得到政府有关部门的高度重视，马来西亚的 RDA 是 1975 由卫生部长亲自签发；印度尼西亚 1994 年版 RDA 作为卫生部的公告发布；越南虽然迟至 1996 年才制订自己的 RDAs，但作为越南营养改善行动计划的组成部分，由卫生部长正式签署。基于社会经济、饮食文化及科学研究等多方面的差异，亚洲各国在人群年龄分组、包含的营养素及推荐的摄入量有所不同。但从总体看，各国 RDAs 所包含的主要营养素多半是相同的。

二、中国膳食营养等参考摄入量的发展历程

（一）中国 RDAs

中国于 1937 年开始制订膳食营养需要量标准，侯祥川教授是制订我国第一个营养素供给量《中国民众最低限度之营养需要》的主要负责人。1938 年，中华医学会公共卫生委员会公布这一标准，提出了在温带居住的成年人，不作体力劳动者，每人每日最低能量需要 2400kcal，蛋白质需要为成年人每日每千克体重 1.5g，对矿物质及维生素需要量未作规定，只是提出膳食中的能量至少应有 25% 取自富含矿物质及维生素的食物，儿童的膳食中这类食物所占比例应更高。当时蛋白质的需要量定得比较高是因为中国人的膳食以植物性食物为主，蛋白质的消化率比较低，生物价也较差；而对矿物质和维生素的需要因为研究还不够，还没有足够的材料来支持定量建议。1952 年，中央卫生研究院营养学系编著出版的《食物成分表》中附录的"营养素需要量表（每日膳食中营养素供给标准）"纳入钙、铁 和 5 种维生素（维生素 A、维生素 B_1、维生素 B_2、烟酸和维生素 C）的需要量。中国医学科学院营养系修改了 1952 年的建议，定名为"每日膳食中营养素供给量（RDA）"，附录于 1955 年修订再版的《食物成分表》中。之后在有关文献中均使用这一术语来表达"适宜"营养素摄入水平。

1962 年中国生理科学会的生物化学、营养学学术讨论会对 1955 年制订的 RDA 作了进一步讨论，并参照国内外有关资料重新作了修订，并附于第三版《食物成分表》。这次修订对劳动强度分级做了说明，并提出了根据年龄和气候变化校正能量需要量的方法；建议蛋白质的供给量应当占总能量的 10%～12%（成人）和 12%～14%（儿童、青少年）；增加了"氨基酸需要量的估计值"及"每日膳食中微量元素的供给量"。1976 年，中国医学科学院卫生研究所再次修订 RDA，但变动不大；1981 年 5 月，在中国生理科学会全国营养学术会议暨成立大会上，再次修订了我国的 RDA，建议蛋白质供给量为 1.2g/kg，碳水化合物供能占 65%～75%，脂肪能量应小于 30%；决定以视黄醇当量表示维生素 A 和胡萝卜素，并增加了维生素 D 的供给量。

1988 年 10 月中国营养学会对 RDAs 作了最近一次修订。中国营养学会常务理事会并于次年通过了"推荐的每日膳食中营养素供给量的说明"。这次修订根据新的科学知识和

我国的具体情况，对年龄分组、宏量营养素的供能比及某些微量营养素的建议值作了一些调整或说明，但尚未考虑到预防与营养有关的慢性病问题。

(二) 中国 DRIs

1998 年中国营养学会于成立了"中国居民膳食营养素参考摄入量专家委员会"及秘书组，"专家委员会"由 15 名营养学家组成，下设 5 个工作组：①能量及宏量营养素工作组；②常量元素工作组；③微量元素工作组；④维生素工作组；⑤其他膳食成分工作组。中国营养学会专家组依据欧美国家的营养素膳食推荐量及中国相关研究证据，同时考虑了预防营养不良和预防慢性病的健康需要，于 2000 年 10 月制订了《中国居民膳食营养素参考摄入量》。2013 年中国营养学会参考各国 DRIs 和 WHO 的 DRIs，并利用中国各年龄人群的科研数据，开始修订中国的 DRIs，并于 2014 年 6 月正式发布了 2013 版《中国居民膳食营养素参考摄入量》即 Chinese DRIs（2013），作为研究营养和健康状况不可缺少的参数，新营养标准的出台对于科学指导我国居民的膳食营养评价、合理饮食计划及健康相关工作中的应用均具有重要意义。

第二节 膳食营养素参考摄入量的概念和科学体系

膳食营养素参考摄入量（dietary reference intakes，DRIs）是一组每日平均膳食营养素摄入量的参考值，它是在推荐营养素供给量（RDAs）基础上发展起来的，与 RDAs 相比，DRIs 更具有实际意义，它同时从预防营养素缺乏和预防慢性疾病两方面来考虑人类的营养需求，提出了膳食对于良好健康状态的作用的新观念。在中国 DRIs（2013 版）中，包括 4 项基本指标：平均需要量（EAR）、推荐摄入量（RNI）、适宜摄入量（AI）和可耐受最高摄入量（UL），并在此基础上，为了预防非传染性慢性病还新增设了三项指标：宏量营养素可接受范围（AMDR）、建议摄入量（PI-NCD）和特定建议量（SPI）。

一、膳食营养素参考摄入量的主要指标

1. 平均需要量（estimated average requirement，EAR） 是群体中各个体需要量的平均值，是根据个体需要量的研究资料计算得到的。EAR 是依据某些指标进行判断，可以满足某一特定性别、年龄及生理状况群体中半数个体的需要量的摄入水平；这一摄入水平能够满足该群体中 50% 的成员的需要，不能满足另外 50% 的个体对该营养素的需要。EAR 是制定 RNI 的基础。

2. 推荐摄入量（recommended nutrient intake，RNI） 相当于传统使用的 RDA，是可以满足某一特定性别、年龄及生理状况群体中绝大多数（97%～98%）个体需要量的摄入水平。长期摄入达到 RNI 水平可以满足身体对该营养素的需要，保持健康和维持组织中有适当的储备。RNI 的主要用途是作为个体每日摄入该营养素的目标值。

RNI 是以 EAR 为基础制订的，如果已知 EAR 的标准差，则 RNI 定为 EAR 加两个标准差，即 RNI=EAR+2SD。如果关于需要量变异的资料不够充分，不能计算 SD 时，一般设 EAR 的变异系数为 10%，这样 RNI = 1.2×EAR。

3. 适宜摄入量（adequate intake，AI） 当某种营养素的个体需要量研究资料不足，没有办法计算出 EAR，因而不能求得 RNI 时，可设定 AI 来代替 RNI。AI 是通过观察或实

验获得的健康人群某种营养素的摄入量。例如，纯母乳喂养的足月产健康婴儿，从出生到 4~6 个月，他们的营养素全部来自母乳。母乳中供给的各种营养素量就是他们的 AI 值。AI 的主要用途是作为个体营养素摄入量的目标。

AI 与 RNI 相似之处是两者都用作个体摄入量的目标，能够满足目标人群中几乎所有个体的需要。AI 和 RNI 的区别在于 AI 的准确性远不如 RNI，可能明显高于 RNI，因此使用 AI 时要比使用 RNI 更加小心。

4. 可耐受最高摄入量（tolerable upper intake level，UL） 是平均每日可以摄入该营养素的最高量。它指的是这一摄入水平在生物学上一般是可以耐受的，对一般人群中的几乎所有个体似乎都不至于损害健康，但并不表示达到这一水平可能是有益的。当摄入量进一步超过 UL 时，损害健康的危险性随之增大。对大多数营养素而言，健康个体摄入量超过 RNI 或 AI 水平不会有更多益处。UL 并不是一个建议的摄入水平。

鉴于我国近年来营养素强化食品和膳食补充剂的日渐发展，有必要制订营养素的 ULs 来指导安全消费。如果某营养素的毒副作用与摄入总量相关，则该营养素的 UL 值需要依据食物、饮水及补充剂提供的该营养素的总量来制订。如果它的毒副作用仅与强化食物和补充剂相关，则它的 UL 要依据这些来源而不是总摄入量来制定。对许多营养素来说，当前还没有足够的资料来制订它们的 UL，所以没有 UL 值并不意味着过多摄入这些营养素没有潜在的危险。

5. 宏量营养素可接受范围（acceptable macronutrient distribution range，AMDR） 是指碳水化合物、脂肪及蛋白质理想的摄入量范围，该范围可满足人体对这些必需营养素的需要，并且有利于降低慢性病的发生危险，其下限为预防营养缺乏，其上限为降低慢性非传染性疾病风险，如果一个个体的摄入量高于或低于推荐的范围，可能引起罹患慢性病的风险增加，或使这种营养素缺乏的可能性增加。常用占能量摄入量的百分比表示。

6. 预防非传染性慢性病的建议摄入量（proposed intakes for preventing non-communicable chronic diseases，PI-NCD） 膳食营养素过高或过低导致的慢性病一般涉及肥胖、糖尿病、高血压、血脂异常、脑卒中、心肌梗死及某些癌症。PI-NCD 是以非传染性慢性病的一级预防为目标，提出的必需营养素的每日摄入量。当 NCD 易感人群的某些营养素的摄入量接近或达到 PI 时，可以降低其发生 NCD 的风险。某些营养素的 PI 可能高于 RNI 或 AI，如维生素 C、钾等；而另一些营养素可能低于 AI，例如钠。

7. 特定建议量（specific proposed levels，SPL） 研究证明，营养素以外的某些食物成分具有改善人体生理功能、预防营养相关慢性病的生物学作用，其中多数属于植物化学物。SPI 是指某些疾病易感人群膳食中这些成分的摄入量达到或接近这个建议水平时，有利于维护人体健康。

二、营养素需要量

能量和营养素需要量是机体为了维持健康和活跃的生活，平均每日需要获得的能量和各种营养素的最低量。需要量的知识是制订膳食营养素参考摄入量的科学基础。20 世纪 50 年代以前关于营养素需要量的知识很少，主要是实验室的研究结果；早期关于需要量的建议很多是一种估计。70 年代后期的研究较多关注需要量适用范围及在具体应用中出现的问题。80 年代初期，联合国粮农组织（FAO）/世界卫生组织（WHO）/联合国大学（UNU）

能量和蛋白质需要量联合专家顾问组对有关需要量的概念进行了深入探讨,强调群体需要量是一种分布状态,提出了摄入量和需要量关系的概率表达方法及营养素"安全摄入范围"的概念,并用概率曲线图表达了随机个体摄入蛋白质不足或过多的可能。与此同时,对微量营养素需要量的研究已积累了相当的资料,这为 90 年代建立营养素参考摄入量体系(DRIS)和为各种营养素制订"最高可耐受摄入量"提供了理论准备。近半个世纪以来,FAO、WHO 和 UNU 讨论制订的能量和其他营养素的推荐摄入量已被所有国家参考、采用。确定需要量本身的工作与需要量应用的实际问题同样复杂。

中国的营养素需要量研究工作不多,许多参考值是依据外国的研究资料或是直接引用外国的建议值,只有硒的需要量研究在世界上处于领先地位。以中国预防医学科学院杨光圻为首的研究组在克山病流行地区和"硒中毒"流行地区对志愿者进行了系统的观察,提出了膳食硒的"最低需要量"、"生理需要量"和"安全摄入量"。其结果成为中国营养学会和美国食物营养委员会制定硒的 RDA 的主要依据,也为 1996 年 WHO/FAO/IAEA 专家委员会采用。

(一)营养素需要量的定义

营养素需要量是指个体对某种营养素的需要量,是机体为了维持适宜的营养状况在一段时间内平均每日必须"获得的"该营养素的最低量。

对此定义的解释有如下几条:①适宜的营养状况就是指机体处于良好的健康状态并且能够维持这种状态。②获得的营养素量可能是指由食物中摄入的营养素量也可能是指机体实际吸收的营养素量。有些营养素吸收率很高,膳食中供给的该营养素量与机体吸收的量相当接近,实际工作中没有必要区别膳食的供给量和机体的吸收量,即可以用摄入量代表吸收量;而有的营养素吸收率很低,就必须把需要量和摄入量分别进行讨论。不同营养素的"需要量"含义可以不同,在具体营养素的讨论中应予以说明。③群体的需要量是通过个体的需要量研究得到的,在任何一个人群内个体需要量都是处于一种分布状态。

(二)营养素摄入不足或摄入过多的危险性

人体每日都需要从膳食中获得一定量的各种营养成分,如果人体长期摄入某种营养素不足就有发生该营养素缺乏症的危险;长期摄入某种营养素过多时就可能发生一定的毒副作用。安全摄入量(safe level of intake)与推荐摄入量为同义语,它表述一个营养素摄入水平,维持这种摄入水平将使几乎所有的个体得以保持健康和维持组织中适当的营养素储存。它会满足机体的储备需要量,当机体的摄入量达到或超过安全摄入量时表明发生营养素缺乏的危险性很小,或者说营养不足的概率很低,随机取样的个体在这种条件下极少有营养素耗空的危险。

当膳食中某种营养素的日常摄入量高于"安全摄入量"时并不表明应当降低下来,但是营养素的日常摄入量也不可无限增大。每种营养素都应当有一个日常摄入量的上限,摄入量超过这一界限则确有潜在的或现实的毒副作用风险。如果摄入量处于推荐摄入量和这个上限之间,则摄入不足和摄入过量的风险都极少,FAO/WHO 专家委员会把这个区间称为安全摄入范围(safe range of intake)。

图 7-1 为营养素安全摄入范围的示意图。随着摄入量的增加,摄入不足的概率相应降低,发生缺乏的危险性逐渐减少。当一个随机个体摄入量达到 EAR 水平时,他缺乏该营养素的概率为 0.5,即有 50%的机会缺乏该营养素;一个群体的平均摄入量达到 EAR 水平

时人群中有半数个体的需要量可以得到满足。

当随机个体的摄入量增加到 RNI 水平时，摄入不足的概率变得很小，发生缺乏的机会在 3% 以下；一个群体的平均摄入量达到 RNI 水平时，人群中有缺乏可能的个体仅占 2%～3%，也就是绝大多数个体都没有发生缺乏症的危险。因此把 RNI 也称为"安全摄入量"。

摄入量超过安全摄入量并不表示有什么风险，但若继续增加直到某一点，可能就会摄入过多，这一点可能就是该营养素的可耐受最高摄入量（UL）。RNI 和 UL 之间是一个安全摄入范围，日常摄入量保持在这一范围内，发生缺乏和中毒的危险性都很小。摄入量超过安全摄入范围继续增加则产生毒副作用的概率随之增加，理论上可以达到某一水平，机体出现毒副反应的概率等于 1.0，即一定会或全体都发生中毒。在自然膳食条件下这种情况是不可能发生的，但为了避免摄入不足和摄入过多的风险，应当努力把营养素的摄入量控制在安全摄入范围之内。

当然，机体摄入的食物和营养素量每日都不尽相同，这里使用的摄入量是指在一段时间如几周或几个月内的平均摄入水平。作为常规，需要量用一种摄入率单位表示，如 mg/d 或 mg/（kg·d），但是这并不表示每日都必须摄入。

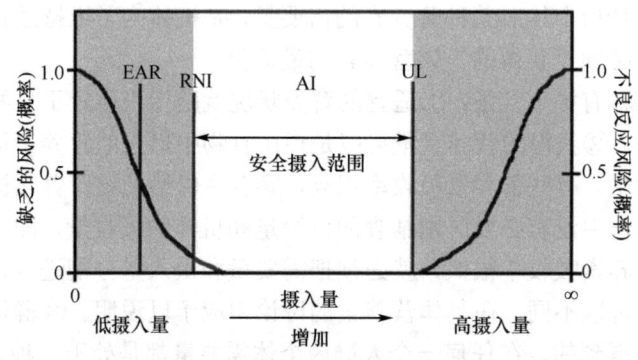

图 7-1　营养素安全摄入范围示意图

（三）不同水平的营养素需要量

维持"良好的健康状态"可以有不同的标准，因而机体维持健康对某种营养素的需要量也可以有不同的水平，为此联合国粮农组织和世界卫生组织联合专家委员会在 80 年代后期定义了不同水平的需要量。

1. 基础需要量（basal requirement）　为预防临床可察知的功能损害所需要的营养素量，满足了这种需要，机体能够正常生长和繁育，但他们的组织内很少或没有此种营养素储存，所以短期的膳食供给不足就可能造成缺乏。

2. 储备需要量（normative requirement）　维持组织中储存一定水平该营养素的需要量，这种储存可以在必要时用来满足机体的基础需要以免造成可察知的功能损害。虽然一般认为保持适当的储存可以满足身体在某些特殊情况下的需要，但个体究竟应当储备多少营养素为宜还是个未解决的问题。

3. 预防出现临床缺乏症的需要　出于实用的目的，对于某些营养素还可使用"预防出现临床缺乏症的需要"的概念，但这是一个比基础需要量更低水平的需要。"预防明显的临床缺乏症的需要"、"满足某些与临床疾病现象有关或无关的代谢过程的需要"，以及"维持组织中有一定储存的需要"是三个不同水平的需要，所以在讨论需要量时应当明确是何种水平的需要。

(四) 人群营养素需要量的分布

某一人群对某种营养素的需要量是通过测定人群内每个个体的需要量而获得的,由于生物学方面的差异,即便是一组年龄、性别、体重和膳食构成都相似的个体,他们的需要量也是不同的,所以人群的需要量是个体需要量分布状态的表达,不可能提出一个适用于人群中所有个体的需要量,只能用人群内个体需要量的分布状态的概率曲线来表达摄入量不能满足随机个体需要的概率变化。

为了确定一个人群的营养素需要量,首先必须了解该群体中个体需要量的分布状态。如果资料充足,应尽可能以"平均需要量±标准差"来表示;但实际上对营养素需要量的分布状态还不够了解,不可能对各种营养素的需要量都这样表示。研究工作需要从有利于阐述和应用的角度继续探讨各种营养素需要量的变异,即各种营养素需要量的分布状态。

(五) 能量推荐摄入量的特点

能量不同于蛋白质和其他营养素,没有安全摄入量,也没有安全摄入范围。某人群的能量推荐摄入量等于该人群的能量平均需要量,而不是像其他营养素那样等于平均需要量加两倍标准差。假定个体的摄入量与需要量之间并无联系,当某一群体的平均能量摄入量达到其推荐摄入量时,随机个体摄入不足和摄入过多的概率各占50%。而当某一群体的平均蛋白质摄入量达到推荐摄入量时,随机个体摄入不足的概率仅为2%~3%。因为个体间需要量的差异相当大,推荐的摄入量只能建立在某种概率的基础上。1985 年 FAO/WHO/UNU 联合专家会议建议能量推荐摄入量等于该人群的平均需要量;而蛋白质(及其他营养素)推荐摄入量是能满足第95百分位数的需要,或97%~98%的个体需要的水平。

第三节 膳食营养素参考摄入量的制订原则和建立方法

一、制订和修订膳食营养素参考摄入量的基本原则

膳食营养素参考摄入量(DRIs)是依据营养科学的大量研究成果制订的,是指导一个国家的居民营养素摄入量目标的重要文件对于维护广大居民的营养健康水平具有非常重要的意义。因此,DRIs 的制订和修订,包括提出人体的营养素需要量、推荐的营养素摄入量安全范围,以及为预防生活方式相关疾病而建议的营养素摄入量目标等,都必须收集充分的、系统的营养科学研究资料,并对资料进行比较、筛选和分析,以期为 DRIs 制订和修订提供可靠的科学基础。

随着生物医学科研成果越来越多的应用于指导人们的健康实践,如何对日益增加的科学证据进行合理选择,就成了科学界特别是决策者共同面临的问题。国际组织和各国专家在制订相应的指导文件或政府法规时,均强调了合理选择证据和遵循一定的原则。例如,WHO 于 2012 年专门制订了《指南制定手册》(*Hand book for Guideline Development*),规定了对健康相关指南的申请、制订和批准程序,以及科学证据的检索、评价和选择过程。国际食品法典委员会营养与特殊膳食食品法典委员会(Codex Committee on Nutrition and Food for Special Dietary Uses,CCNFSDU)在制订国际标准或指南如营养素参考值(nutrient reference values,NRV)的过程中,始终强调循证营养学的基本原则,要求使用"公认的

或充分的、有说服力的科学证据"，并优先考虑那些经系统评估证实已有充分证据的数据资源。

美国的专家们在制订不同类别营养素 DRIs 的近十年过程中，专题讨论了各种研究、不同资料的利用价值，强调动物实验资料一般不能用于 DRIs 制订，只有在缺乏人体资料的情况下才可以选择性地使用动物实验资料。同时对人体观察性研究和实验性研究这两大类文献的证据强度进行了分析，强调主要应用"同行综述"（peer-reviewed）杂志发表的研究。

日本学者在 2010 年推出的最新版《DRIs》中，应用循证营养学的系统检索方法，最大限度地收集了国内外有关研究资料，并对其进行荟萃分析，以便选择使用最可靠的信息。

在本次中国居民膳食营养素参考摄入量（DRIs）修订过程中，经过专家委员会的充分讨论，首先确定了修订工作的几个原则，即应用循证营养学与风险评估的原则和方法，体现科学性；增补近十年的国内外营养学研究成果，体现先进性；系统检索资料并纳入其他膳食成分的研究资料，体现全面性。本节重点介绍循证营养学原则和风险评估的原则及其在 DRIs 修订中的应用。

1. 循证营养学原则　循证营养学（evidence based nutrition，EBN）是在循证医学（evidence based medicine，EBM）的基础上发展起来、用于营养学研究和评价的一种原则和方法。其核心内容是要求有效利用现有的资料、系统收集最佳证据，以便进行营养政策的制订和指导营养干预行动的实施。DRIs 是制订营养政策和实施营养干预的主要科学依据，因此在其制订和修订过程中必须重视应用循证营养学的原则和方法。

循证营养学的主要观点之一是强调证据具有不同的论证强度。因此循证实践的首要任务是按照证据的论证强度将各种来源的研究证据分成不同等级，以便选择利用最佳的研究证据或相对优良的证据进行决策。

与循证医学一样，循证营养学对研究资料按照从强到弱的论证强度进行分类，依次排列为：①系统评述和荟萃分析；②随机对照研究；③队列研究；④病例-对照研究；⑤病例系列研究；⑥病例报告；⑦专家个人的想法、评论、观点；⑧动物实验；⑨体外实验（Blumberg-kason，2006）。

（1）常用的科学证据

1）系统评述和荟萃分析（systematic review，SR and Meta analysis）：在生物医学不同领域的循证实践中，对证据的论证强度进行分类时总是把系统评述列为最高等级。系统综述是对某一具体的营养问题，进行系统的文献检索和严格评价，筛选出符合要求的以随机对照试验为主的研究报告，对同一类型但样本大小不等、结论不尽一致的研究报告进行综合归纳和相应统计学处理，以便形成统一的科学结论。

在系统评述中需要应用荟萃分析，是建立在流行病学和循证医学基础上的一种新的研究方法。Meta 的原意是指较晚出现的更为综合的事物，该方法主要利用已有文献上报告的统计分析结果，如假设检验的 P 值、两变量的相关系数、试验组和对照组两个率之差或两个均数之差、病例组和对照组暴露于危险因素的比值比（OR）等数据，以便对具有相同研究目的多个独立研究结果进行系统、定量的统计学分析与综合评价，从而完成系统评述。这种方法不同于原始研究，常被称为文献统计结果的"再分析"。由于这种方法不是根据一个实验室的研究结果，而是综合了一段时期内同类的多个研究报告而得到的结论，所以常被认为具有更高的论证强度。

2）随机对照试验（randomized controlled trial，RCT）：是在生物医学领域对某种防治手段或药物的效果进行评价的一种研究方法。RCT 的设计要遵循三个基本原则，即设置对照组（control）、研究对象的随机化分组（randomization）和盲法试验（blind）。按照这些原则，将研究对象随机分组，用单盲法或双盲法对不同组实施不同的干预措施（如不同的营养素摄入量），以便比较对照组和各组效果的不同。在研究对象数量足够的情况下，这种方法可以保证已知和未知的混杂因素对各组的影响尽可能相同。一个或多个高质量、特别是双盲设计的大样本 RCT，在循证营养学中也被公认为仅次于系统评述的高论证强度的资料。在营养学领域的人体代谢和临床研究中按照随机方法进行分组，并设立对照组，不仅可以控制已知的混杂因素，而且还可以控制未知的可能有关的因素，从而发现某些难以发现的较小影响。

3）队列研究（cohort study）：也称为前瞻性研究、随访研究（follow-up study），是营养分析流行病学研究的重要方法之一。它与病例-对照研究及病例研究报告等都属于关于疾病预后、诊断试验评价的观察性研究。队列研究通过观察人群对某种营养素摄入不同水平的结局，以探讨该营养素与所观察指标的关系。它与病例-对照研究一样，主要用于检验病因假设（如营养素缺乏或过量，或营养素与慢性病的关系），但其检验病因假设的效能优于病例对照研究。通常，在应用病例-对照研究对病因做出初步检验后，再应用队列研究做进一步验证。

4）病例-对照研究（case-control study）：又称为回顾性研究（retrospective study），也是一种经常用于营养学的分析流行病学研究方法。该方法是选择一组患某病的患者（病例组），再选择一组不患该病的对象（对照组），比较两组人群之间在疾病发生之前某种营养素的摄入情况，如果两组的营养素摄入量确有差别，则可认为所研究疾病与营养素之间存在着关联。病例-对照研究方法主要应用于探索疾病的危险因素和病因，或是对临床医疗及各种基础研究中形成的病因假设进行初步验证。营养流行病学中的病例-对照研究通常运用食物频率法或记录膳食史的方法了解过去的膳食构成和患病情况，以探索某些疾病与膳食的关系。

5）专家的观点：专家的想法、评论和观点，都是在专家个人学识和经验的基础上产生的科学资料。作为科学证据，其论证强度在很大程度上依赖于专家本人的学术修养、知识水平和从事的专业领域，经常出现不同专家学术观点之间的争论，因此具有较大的不确定性。

6）基础性研究包括动物实验和体外实验等。虽然研究者可以很好地控制营养素的摄入水平、环境条件，甚至遗传特性等因素，获得准确的数据，但是在营养需要量研究中对动物和人体需要的相关性不很明确，而且在动物可行的干预剂量水平和给予途径经常不能用于人体。所以这类研究的论证强度经常排在末位，一般不宜直接用于 DRIs 的制订。出于伦理学的考虑，制定 UL 所需要的某些毒理学资料不可能在人体上进行实验和验证，因此在缺乏人体资料的情况下，也可使用动物实验的资料推算。

应该说明的是，尽管循证营养学为研究者提供了寻找最佳科学证据的观念和方法，但是并不能认为按照循证研究就能肯定得到完美无缺的结论。例如，原始研究的数量有限或立题存在偏倚，文献检索方法和纳入标准设计不当，或者由于对荟萃分析方法的使用不当，都可能导致不合理甚至错误的结论。此外，在营养学研究设计中还需要考虑研究对象的合理选择、不同营养素的适宜剂量及其观察指标、适当的检测技术，以及试验条件的控制等因素。

(2) 证据的等级：世界癌症研究基金会（World Cancer Research Fund）曾根据文献资料的质量将营养和癌症预防的关系强度进行了等级划分，在 WHO/FAO 联合专家委员会 2003 年的报告中修改采用了这个标准，将膳食、营养和慢性病关系的科学证据划分为四个不同的等级。

1）确信的证据（convincing evidence）：此类证据基于流行病学研究，研究的样本量足够大，而且具有大量的研究结果，其中包括了高质量的随机对照研究、前瞻性观察研究等，多数研究显示了一致性的结果，很少或没有相反的结果。研究资料充分显示了膳食营养素摄入量（暴露）和疾病之间密切的相关性，这样的相关性在生物学上应当是真实的。

2）很可能的证据（probable evidence）：流行病学研究证据清楚地显示了膳食营养素摄入量（暴露）和疾病之间的关系，但尚存在部分缺陷或相反的证据，导致不能得出一个明确的结论。证据中的不足之处可能包括：研究期限不够长、样本量不够大、获得的研究资料不够多、跟踪调查不完善等。研究所得的相关性在生物学上很可能是真实的。

3）可能的证据（possible evidence）：这类证据主要以病例-对照研究和跨部门的研究为主，而随机对照试验、观察性研究等资料不足。证据主要基于非流行病学研究，如临床和实验室调查等。研究得到的结果是正面的，但需要更多的研究来证实其相关性，所以只能认为这种关系在生物学上可能是真实的。

4）证据不足（insufficient evidence）：此类证据只是基于少数研究结果的提示，但不足以建立营养素摄入量（暴露水平）和疾病之间的相关性。随机对照试验很少或没有，需要更多精心设计的研究来证实这种假设的相关性。

上述划分的四个等级，不但适用于膳食营养与癌症关系的研究资料，而且在 DRIs 制订和修订，在营养与其他疾病的关系等方面也得到了广泛的应用。

在《中国居民膳食营养素参考摄入量》（Chinese DRIs）修订过程中，工作人员按照循证营养学的原则，尽可能检索和使用系统评述和荟萃分析、RCT 研究等高质量的研究资料，一般不用动物实验或体外实验等论证强度较小的资料；在各种类型的论证会上，大家也充分注意了减少专家个人意见对修订结果的影响，以便尽可能地保证 2013 版的科学性。

2. 风险评估的原则 传统的风险评估主要是评估那些可能有潜在危害的物质，如食品添加剂、化学物质、农药残留、兽药残留、微生物、污染物和抗原等。大多情况下，现有资料不足以进行定量的风险评估，通常在考虑不确定因素后，以可接受的或可耐受的摄入水平作为安全性评价的终点，以尽可能降低这些物质在食品中的含量作为控制目标。

营养和健康领域涉及的风险问题，不仅包含了营养素摄入过量引起的健康危害，而且还涉及另一类风险，即营养素摄入不足引起的营养缺乏病。而预防营养素缺乏和过量这两个方面都是 DRIs 的基本内容，因此应用风险评估的原理和方法也是制订和修订 DRIs 需要遵循的主要原则之一。

国际食品法典委员会营养与特殊膳食食品法典委员会（CCNFSDU）在制订相关标准和指南时，明确提出了营养素风险评估的原则。美国 2011 年出版的《钙与维生素 D 的 DRIs》中也提出了风险评估的原则，指出必须增强决策制定的透明度，明确参考值中的不确定性，并运用风险评估框架进行 DRI 的科学评估，并在上述营养素 DRIs 的制订中进行了成功运用。以下在介绍国际风险分析概念的基础上，简要阐述营养素风险评估的重要步骤和方法。

（1）风险分析的概念和主要内容：风险分析是较多用于食品安全领域的一种用来估计人体健康和安全风险的方法。风险分析不仅能解决突发事件或因食品管理体系的缺陷导致的危害，还能支撑和改进标准的发展完善，为食品安全监管者做出有效决策提供所需的信息和依据，有助于提高食品安全水平，改善公众健康状况。风险分析由风险评估、风险管理和风险交流三部分组成。风险评估是一种系统的评估方法，用来评估由于人体暴露于某些危险性因素后出现的不良健康作用或反应的可能性和严重程度，包括了危害识别、危害特征描述、暴露评估及风险特征描述四个步骤。

（2）营养素风险评估：运用风险评估方法不仅可以评价营养素及相关物质的过量摄入，而且营养素的风险评估还须考虑到营养素摄入不足导致的健康危害，给传统的风险评估增加了一个新的层面。因此在确定某种营养素的适宜摄入水平时需要考虑摄入不足和（或）摄入过量两方面的健康风险，进行营养素的风险评估（图7-2）

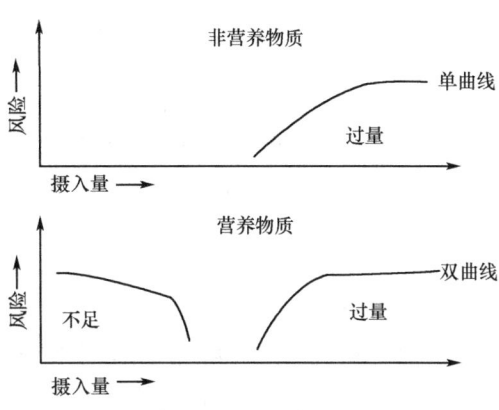

图 7-2 营养物质与非营养物质的风险曲线

1）与营养素需求相关的参考值：营养学工作者为了减少与营养素低水平摄入相关的风险，研究制订了一系列与营养需求相关的参考值，如平均需要量（EAR）、推荐摄入量（RNI）、适宜摄入量（AI）等。这些数值都是在风险评估的基础上，结合各国人群的摄入情况而制订的，主要用于评估和管理营养素摄入不足的风险，即当个体摄入量长期低于上述参考值时，发生摄入不足引起相应缺乏症状的风险较大。

2）与营养素摄入过量相关的参考值：可耐受最高摄入量（UL）是用于评估和管理营养素过量摄入的风险，当个体摄入量超过 UL 时，发生过量危害的风险性增加。

3）评价指标：无论设定 EAR 还是 UL，均须明确人体营养缺乏或者过量的评价标准。随着研究的深入，不可逆器官损伤的临床指征将逐渐被发病早期出现的一些生物标记物代替，如营养素体内储存状况指标、酶活力指标等，因此选择不同的评价标准将得到不同的EAR 和 UL，这也是导致各国营养素推荐量不同的原因之一。

（3）营养素风险评估的主要内容和步骤：传统的营养学研究较多关注营养素缺乏，从而制订一系列营养政策以保证充足的营养素摄入。近年来随着强化食品、营养素补充剂等摄入的增加，科学界开始关注营养素过量摄入的风险，UL 的研究工作得到各国食品安全管理当局及有关组织机构的重视，国际上研究 UL 的科学方法也处于不断发展和协调中。欧盟食品安全局、英国维生素和矿物质专家组（Expert Group on Vitamins and Minerals, EVM）、美国国立科学院医学研究所运用调整改良后的风险评估方法研究制订了多种维生素和矿物质的 UL。

WHO/FAO 的营养素风险评估特别专家组在 2005 年 5 月起草了《制订营养素和相关物质摄入上限水平的模型》报告，详细阐述了如何制订营养素的 UL。

EFSA、EVM、IOM 在进行营养素评估时同样遵循风险评估的四个步骤，即危害识别、危害特征描述、暴露评估（膳食摄入评估）及风险特征描述，但是在评估侧重点、营养素安全性数据利用及权重处理、膳食暴露调查方式和数据统计等方面与传统有害物质的评估存在差别，因此，在风险特征描述的内容和表示方式上也有所不同。

1）危害识别和危害特征描述：WHO/FAO 专家组认为在营养素的风险评估中，这两者互相联系，没有必要分成两个独立步骤。这一阶段的主要任务是：识别与营养素摄入相关的所有危害；确定重要的健康不良作用；考虑不确定因素后制订 UL；描述危害特征及确定敏感人群。在资料收集处理时专家组认为对各种研究报道等数据资料的质量分级,应用表格进行总结分析十分有用。确定重要不良健康作用是评估的关键,对于某一营养素来说,针对不同性别、年龄或生理状况可能选择不同的不良健康作用。在危害识别和危害特征描述这一步骤中,UL 的制订是研究重点。

UL 主要通过营养素的摄入-反应关系评估获得,首先确定未观察到有害作用的剂量(no observed adverse effect level, NOAEL),在该水平不能观察到不良效应。如果没有足够的数据,也可以使用观察到有害作用的最低剂量（lowest observed adverse effect level, LOAEL）。

计算出 NOAEL 后,通常由于现有资料数据质量等原因还需要进行不确定性系数(UF)调整（UL=NOAEL/UF）。WHO/FAO 专家组建议对每种营养素进行个案分析,考虑来自种族、个体、研究期限与数据质量等多方面的不确定因素,应用综合 UF 进行调整。当数据资料质量而且可逆时,UF 可适当小些。例如,在应用镁渗透性腹泻的 NOAEL 时,由于此效应相对温和且可逆,而且大量资料显示人体中的这种不良健康作用足以涵盖不同个体敏感性的差异,因此 UF 定为 1。当数据资料不足以制订不同性别、年龄、生理状况人群的 UL 时,可以按照生理特点进行调整。

2）膳食摄入评估：该步骤的主要任务是利用所关注人群的食物消费资料（包括日常膳食、营养素补充剂、强化食品、饮水等所有来源）及食物营养成分含量资料估算出的营养素总摄入量。使用人群摄入分布数据能给风险管理者提供更全面的摄入状况,比摄入均值或某些百分位数的利用价值更高。WHO/FAO 专家组报告中提出了一些处理膳食摄入数据的方法和工具,以提高数据处理的质量和可靠性。由于制订 UL 时没有采用比较保守的 UF,因此在膳食摄入评估时要充分考虑来自食物消费资料、食物成分数据、统计处理方法中的各种不确定因素。

3）风险特征描述：在营养素风险评估的最后阶段,首先应对摄入-反应曲线中不良健康作用的性质和严重程度做出充分说明,继而与膳食摄入评估数据结合起来对风险的性质和严重程度进行全面表述。这样,风险管理者就能对不良健康作用发生率的可接受水平进行权衡。例如,管理者可能允许人群中 5%的个体出现某些敏感酶活性改变,而对肝衰竭、癌症的发生率则可能要求低于 1/100 000。描述风险特征的内容要针对评估之初所要解决的问题,其结论应能满足风险管理者的需要,有助于其做出决策。

（4）营养素风险评估的展望：欧洲国家,尤其是英国、荷兰、丹麦等国的研究机构开展了一系列营养素定量风险评估的方法学研究。国际生命科学学会（ILSI）的报告中认为风险评估者给管理者提供的不应该只是一组营养素摄入的适宜范围,而应该是一系列不同管理措施下的建议值,这样风险管理者就能在考虑各方面因素后,从中挑选一个最合适的范围值。我国开展的营养素风险评估工作尚处于起步阶段,2000 年中国营养学会制订中国居民膳食营养素参考摄入量的工作中初步运用了营养素风险评估的方法,近年已将营养素风险评估的概念和方法越来越多的运用到国家标准的制订和修订中。中国居民膳食营养素参考摄入量的这次修订也充分考虑和应用了营养素风险评估的原则。随着国际营养素风险评估研究的进展,我国在这方面的研究也将继续深入和更广泛的开展。

二、膳食营养素参考摄入量的建立方法

（一）资料来源和评价

1. 动物实验研究 优点：用动物模型进行营养素需要量的研究，可以很好地控制营养素摄入水平、环境条件，甚至遗传特性等因素，获得准确的数据。动物实验研究的缺点：动物和人体需要的相关性可能不清楚，而且对动物可行的剂量水平和给予途径在人体可能是不实用的。动物实验所获得的数据一般不能直接用于制订DRIs，只有人群数据缺失的情况下才会考虑选择动物实验研究。然而，由于动物实验有严格的实验设计作保证，其研究获得的关于营养素生理功能的数据对于制订DRIs乃有一定的参考意义。

2. 人体代谢研究 在代谢室中进行人体研究可以产生有价值的资料。预防营养素缺乏病的需要量多来自此类研究。它可以严格掌握营养素的摄入和排出，并能重复取血样等来测定营养素摄入量和有关生物标志物间的关系。营养素平衡实验可测得该营养素处于适宜营养状况的摄入量，而耗竭、补充、饱和实验则测定受试对象在膳食营养素缺乏或边缘缺乏的表现，及补充已知量的营养素纠正缺乏症的效果。

代谢实验所得资料也有它的缺陷，如下所述：①实验期限只能从数日至数周，长时期的结果难以确定；②受试对象的生活受限制，所得结果不能完全反应平时生活不受限制的状况；③此种研究费时费钱，受试者人数、营养素摄入水平及时间只能是有限的。

3. 人群观测研究 对人群进行流行病学观测研究能比较直接反映正常活动时的情况，可有力的证明营养素摄入量和疾病风险的相关性。但因缺少对条件的控制难以说明因果关系。如果在不同群体中重复观察到同样的相关性也可以判断其因果关系，并可用实验室方法测定暴露影响及控制混杂因素后的效应来加以证实。近年来，实验技术迅速发展，使用暴露特异性、敏感性和疾病有关生物标志物的研究增多，这一发展在膳食和健康关系研究中有广阔的前景，预期可以更准确地评估不同水平膳食营养素及其他功能成分对健康的影响。

这种研究方法的限制有以下几个方面。

1）观测人群中营养素摄入水平的差别不大，即使该营养素对群体发病的影响有重要作用也往往不能显示重大差别。

2）膳食的组分复杂，包含多种密切相关的因素，分析混杂因素的影响相当困难。

3）许多群体或个体对照研究是依靠受试者本人提供膳食资料。重复调查发现，同一个体在不同时间报告的食物摄入量差别很大。另外由于种族、年龄及体型等方面的差异，报告者在食物种类和数量的描述中也可能有系统性偏差，如肥胖者倾向于低估自己的能量摄入。因此，依赖自我报告膳食资料的分析流行病学方法有一定的限制。使用客观指标（生物标志物）进行群体研究可以避免主观的系统误差，但还不能解决混杂因素的影响。

理想的膳食营养评估研究就是随机对照双盲干预试验。随机-对照干预试验重要的优势即可以把潜在的混杂因素随机分配到实验组和对照组，从而把这些研究范围之外因素的影响降到最低。尽管随机对照试验被视为营养素摄入量与人类健康关系的标准方法，但依然存在一些缺陷。例如，观察时间相对较短，而在此之前更长时间的营养素摄入情况可能对观察指标的影响更强，尤其在研究慢性疾病时；膳食补充实验比较费钱，难以保证较好的依从性，容易失访，容易涉及伦理道德问题。总之，每一种研究资料都有其优势和缺陷。在探讨暴露因素与健康的因果关系时要综合考虑各种证据，并对资料的质量及形成的基础

进行适当的审核。

（二）制定 EAR 的方法

1. 营养素需要量的研究方法

（1）能量需要量研究方法：确定群体或个体的能量需要量实际上是测定人体能量消耗量，其方法包括能量消耗直接测量法和能量消耗间接测量法（详细内容参见第二篇第四章能量）。

（2）营养素平衡研究方法：通过测量营养素摄入与排出量的平衡关系来确定营养素的需要量。例如，氮平衡法通过测定摄入氮量及排出氮量的平衡方法来确定蛋白质需要量的方法。氮的摄入量和排出量的关系可用下式表示：$B=I-(U+F+S)$

式中，B——氮平衡；I——摄入氮；U——排出尿氮；F——排出粪氮；S——皮肤中丢失的氮。

当应用氮平衡法来测定蛋白质需要量时，按照预期的需要量范围，令受试者摄入一系列不同蛋白质水平的膳食，每种水平为一期，每期持续数周（短期）或数月（长期）。在特定时间内测定从膳食摄入的氮及从粪、尿、皮肤等途径排出的氮量。将结果代入直线回归方程中，求得处于零平衡时的截距，此数值即是特定蛋白质氮平衡的结果。成人达到氮平衡时所需要的最低蛋白质摄入量即为蛋白质需要量。近年多用稳定性同位素方法研究制订蛋白质需要量。

（3）营养素耗竭、补充、饱和平台法：在测定营养素缺乏表现的基础上，通过补充不同剂量的营养素纠正缺乏，进而确定营养素的需要量。以下是研究营养素需要时的三个密切相关的方法。

1）耗竭：当机体摄入某营养素的量长期低于需要量，也即体内长期处于该营养素代谢负平衡状态，体内蓄积状态逐渐耗空，最终导致该营养素含量降低，以及与其相关的生理生化功能损伤，甚至于死亡。不同低剂量摄入时，耗竭速度不同。给予极低剂量时，耗竭速度最快；较低剂量时，耗竭速度减缓；稍低剂量时，耗竭速度更慢。

2）补充/平台饱和：当机体处于某营养素的缺乏或不足状态时，补充该营养素使机体呈代谢正平衡状态，经过一定时间后该营养素含量或其相关功能指标可达到平衡平台。补充低、中、高不同剂量，经过一段时间后，它们均可先后达到各自的平衡平台；若补充的量达到需要量或适宜摄入量范围内，则达到的平衡是饱和状态的平台。

3）营养素需要量测定：建立某种营养素耗竭动物模型或寻找该营养素自然缺乏人群，将待测营养素分成若干剂量，给予该营养素耗竭动物模型或自然缺乏人群补充，在不同时间点取样并测定相关功能指标，观察指标上升直至出现平台。当几个剂量组达到平台重叠在同一水平时（即为饱和平台），说明这几个剂量均达到或超过了需要量，选择最低剂量值为需要量值。

2. 确定营养素需要量的途径 制订营养素需要量可以考虑三种可行的途径。

（1）具有一系列有说服力的随机人体试验资料，表明该营养素能防止缺乏或降低某种营养相关慢性疾病的风险。证据的核心部分是找出灵敏、准确的生物标志物能证明适宜的营养素需要量能达到这一目标。

（2）具有一系列有说服力的随机人体试验资料，表明该营养素对选定的功能标志物起到有益作用。选用此途径应小心，因有许多例子说明营养素对功能性代谢中间产物产生有益作用，但并不一定对相关疾病的干预有效果。

（3）证明临床上出现缺乏病或重要营养病征与该营养素摄入量之间有特定的关系。采用这一途径应考虑身体需适当储存该营养素。

3. 制订不同人群 EAR 的方法

1）制订成年人 EAR 的方法：制订成年人 EAR 采用平均值计算法。根据某目标群体测定的需要量的分布，估计其总体需要量的平均值。研究显示，即使相同年龄和性别的个体对营养素的需要量也是不同的，当样本量足够大时，机体对这个营养素的需要量为正态分布，其平均值就是 EAR。

2）由成人资料外推至儿童青少年的方法。对于1岁以上儿童及青少年部分营养素资料不足以制订 EAR，可以根据他们的参考体重并考虑到其生长的需要，由成人资料推算。这种方法建立在四个假设的基础上。

a. 儿童和成人维持生理功能所需的营养素按每千克直接体重计算是不同的，而按每千克代谢体重计算是相同的。代谢体重是直接体重的 0.75 次方，采用体重的 0.75 次方是为了调整儿童和成人每千克体重直接体重代谢上的差异。使用这一尺度，体重 22kg 的儿童营养需要量相当于体重 70kg 的成人的 42%，高于其直接体重比。

b. 成年人的 EAR 是维持有关生理功能所需的营养素量。

c. 儿童生长所需额外的营养素量和生长所需额外的蛋白质量的比例一致。

d. 在 14 岁以前男性和女性对这些营养素的需要量没有重大差别。

在此基础上，由成人的 EAR 推算儿童 EAR 公式，如下所示。

a. 成人 EAR 资料以每日需要量（重量/日）表达时，推算公式为

$$EAR_{儿童}=EAR_{成人}\times（体重_{成人}/体重_{儿童}）^{0.75}\times（1+生长系数）$$

b. 成人 EAR 资料以平均每千克体重需要量[重量/（kg·d）]表达时，先根据成人体重换算为每日需要量（重量/日），再按照上述公式推算。

c. 成人 EAR 资料以平均每千卡能量的需要量[重量/（kcal）]（1kcal=4.184）表达时，推算公式为

$$EAR_{儿童}=EAR_{成人}\times（能量_{儿童}/能量_{成人}）$$

按体重或能量推算儿童、青少年 EAR 时，如果成年男性和女性的 EAR 不同，在推算时分别使用男性和女性的体重代表值推算其 EAR。如果成年男性和女性的 EAR 相同，或者男女之间的差别在数值修约的范围之内，则使用男女体重代表值的均数推算，其中能量按成人中等体力劳动的男女能量的平均值推算。各年龄组的生长系数是采用 FAO/WHO/UNU1985 年提出的生长所需蛋白质的大体比例（表 7-1）。

表 7-1　各年龄组的生长系数

年龄（岁）	生长系数	年龄（岁）		生长系数
0.5～	0.30	14～18	男	0.15
4～	0.15		女	0.00
9～	0.15	18～		0.00

注：在不分男女的情况下，14～18 岁的生长系数按平均值 0.075 计算。

（三）制订 RNI 的方法

1. 由 EAR 推导 RNI 的方法

（1）营养素需要量的分布为近似正态分布时，该营养素需要量的标准差（SD）可以被计算，利用 EAR 的值加 2 个标准差可以计算出 RNI，即 RNI=EAR+2SD。

（2）我们在推导 RNI 时使用未修约的 EAR 数值计算，以便得到更为准确的推荐值。如果资料不充分，不能计算标准差，但数据符合正态分布或对称分布时，变异系数（coefficient of variation，CV）10%将被使用来计算 SD，即 SD=10%EAR，因此 RNI=EAR+（0.1×EAR）=1.2×EAR。

选择变异系数 10%来替代标准差是基于大量基础代谢率的数据决定的，但一般用 12.5%变异系数估算成人蛋白质需要量。如果有证据显示变异程度更大也可以选择更大比例的变异系数进行计算。根据不同营养素 EAR 推算 RNI 使用的变异系数见表 7-2。

表 7-2 由 EAR 推算 RNI 时使用的变异系数

营养素	CV（%）	计算系数
维生素 D、维生素 B_1、维生素 B_2、维生素 B_6、维生素 B_{12}、叶酸、烟酸、维生素 C、钙、磷、镁、锌、硒、钼	10	10
蛋白质	12.5	12.5
铁、铜	15	15
维生素 A、碘、铁（7月龄~6岁）	20	20
维生素 D（65 岁~）	40	40

（3）营养素需要量不符合正态分布时，不能利用 EAR 和 RNI 之间的差异来估算营养素在需要量上的变异（SD 或变异系数），可以将数据转换成正态分布，利用转换后的数据计算，用百分位数 P_{50} 来估算 EAR，用百分位数 $P_{97.5}$ 来估算 RNI，然后再将这 2 个百分位数换算回原始单位，即得到营养素 EAR 和 RNI。

（4）对于儿童而言，有关营养素需要量的资料比较缺乏。其 RNI 的数据可通过成人的相关数据外推获得。

2. 能量的推荐摄入量 与其他营养素不同，能量的推荐摄入量等于该群体的能量平均需要量，不需要增加安全量。由于无法准确测定每一个体所需要的能量，所以我们只能用估计值，将其称为估计能量需要量（EER，简称能量需要量）。

EER 的制订需考虑性别、年龄、体重、身高和体力活动的不同。对于体重正常的健康成人来说，其能量的摄入量应与其能量消耗量相等，即应处于能量平衡状态，因此测定其总的能量消耗量（total energy expenditure，TEE）即为其能量的需要量。目前直接测定成人自由活动条件下的总能量消耗量的金标准方法是双标水法（double labled water，DLW）。2005 年美国和加拿大在修订能量 DRIs 时，以体重在正常范围的成人 DLW 实测的 TEE 数据为基础，推算出的成人 EER 的公式。而 WHO/FAO、澳大利亚、新西兰、日本、东南亚及欧洲等修订的 DRIs 仍采用要因加算法，即以基础代谢率 BMR 为基础，乘以身体活动水平（PAL）算出总的 TEE。各国修订的 DRIs 数据大多经过 DLW 实测数据加以验证。

（四）制订 AI 的方法

1. 制订成年人 AI 的方法　成年人 AI 是以健康人群为观察对象（无明显营养缺乏表现），通过营养素摄入量的调查来得出；或通过实验研究或人群观察来确定的估算值。多采用膳食调查中营养素摄入量的中位数。

2. 制订儿童和青少年 AI 的方法　儿童和青少年的 AI 可以通过成年人的相应数据推算，方法与 EAR 推算相同。

3. 制订婴儿 AI 的方法

（1）0~6 月龄婴儿：一般是采用营养状况良好的健康母亲足月产、全母乳喂养的健康婴儿的平均摄入量，即母乳提供的营养素量。

由于不清楚由母乳获得的营养素究竟达到什么范围就超过婴儿的实际需要量，伦理上禁止对婴儿进行营养素摄入不足的试验。WHO、加拿大儿科学会、美国儿科学科学院、美国医学研究所及世界上许多专家组都多次强调纯母乳喂养是正常足月产婴儿 6 个月之内最完美的喂养方法。根据纯母乳喂养确定婴儿营养素摄入量的 AI 符合上述建议的精神。

中国居民膳食营养素参考摄入量按照母乳摄入量 750ml/d（780g/d）计算 0~6 月龄婴儿的 AI：

$$AI=母乳营养素浓度\times 0.75L/d$$

（2）7~12 月龄婴儿：由纯母乳逐渐向固体食物过渡，并开始接受母乳以外的辅助食品或断奶食品。这一时期的营养素 AI 由两部分组成：①0.6L 母乳中所含的营养素，因为此年龄阶段的婴儿平均每日摄入 0.6L 母乳；②辅食或断奶食品中所提供的营养素。

在没有辅食资料的情况下，其 AI 按代谢体重法分别从小婴儿推算和成人推算，再取 2 个结果的平均值，推算方法如下所示。

1）由 0~6 月龄婴儿的 AI 推算到 7~12 月龄婴儿的 AI 的方法。因为都是生长迅速的婴儿，所以计算时不再考虑生长系数。

2）由成年人的 AI 推算到 7~12 个月婴儿的 AI 的方法：

$$AI_{7\sim 12\text{个月}}=AI_{0\sim 6\text{个月}}\times (体重_{7\sim 12\text{个月}}/体重_{0\sim 6\text{个月}})^{0.75}$$

3）将从小婴儿推算和成人推算的 2 个结果求得平均值，即为 7~12 月龄婴儿的 AI。

（五）制订 UL 的方法

1. 制订 UL 的主要依据

（1）与制订 UL 有关的概念

1）未观察到有害作用剂量（NOAEL）：是指每日口服此剂量并维持一个相当长的时间，而未观察到危害作用发生，即不产生不良作用的最高摄入量。NOAEL 是毒理学试验能够确定的一个重要参数，在制订化学物质的安全限值时起着重要的作用。

2）观察到有害作用的最低剂量（LOAEL）：是指在相当长一段时间的摄入情况下，发现产生危害反应的最低摄入剂量。

对于同一化学物质，在使用不同种属动物、染毒方法、接触时间和观察指标时，往往会得到不同的 LOAEL 或 NOAEL。因此，在表示这两个危害参数时应注明具体试验条件。另外，LOAEL 或 NOAEL 不是一成不变的，随着检测技术的进步和更为敏感的观察指标的发现，危害参数也须更新。

3）每日容许摄入量（ADI）：是指人类每日摄入某物质直至终生，而不产生可检测到的对健康产生危害的量。以每千克体重可摄入的量表示，即 mg/（kg·bw·d）。

（2）依据资料：如果资料允许，UL 要根据 NOAEL，即在人体研究中未发现有害作用的最高摄入量来制订。如无适宜资料来认定无毒副反应水平，可以根据 LOAEL，即在人体研究中观察到有害作用的最低摄入量来制订。有害作用的定义是指引起人体器官功能或组织结构发生任何明显变化，或是引起任何重要生理、生化功能损伤的作用。

在危险性评估的所有步骤中都存在着资料不充分和推论不确定的问题。所以利用 NOAEL 或 LOAEL 来制订 UL 时，需要进行一系列的判断来处理不确定性，以弥补资料和推论根据的不完整。

2. 制订 UL 的步骤

（1）危险确认：基于全面参考人体、动物及体外实验的研究证据，说明某营养素或食物成分可能对人体产生危害作用。决定危险的资料来源包括：人体出现危害作用的证据；因果关系；相关的实验数据；药动学和代谢学相关的数据；危害反应机制；数据的质量和完整性；确定高敏感度个体。

进行危害识别的主要方法是证据权重法，此方法需要对来源于适当的数据库、经同行专家评审的文献及未发表的研究报告的科学资料进行充分的评议。此方法对不同研究的权重顺序如下：人群流行病学研究、动物毒理学研究、体外实验及定量结构-反应关系。

1）人体研究：质量可靠和数量充足的人体毒理学临床观察资料是最直接的、具有决定性的危险确认依据。但由于伦理的关系，这种资料数量往往非常有限，而且仅适用于确定轻度的、一般是可恢复性的危害作用。对于已知营养素摄入量范围的人群进行观察研究，适用于建立暴露和作用的关系。案例报告的研究可用以提出因果关系假说，如有一系列个案都明确显示某种模式的作用，则有理由认为是一种因果关系。

2）动物实验：绝大多数用于危险性评估的资料来源于有对照的动物实验研究。可控性很好，建立因果关系一般不困难。但种属间差异往往使得由动物资料建立人体 UL 发生困难，因为没有办法决定怎样把动物资料用于人体才是正确的。

动物实验与人群研究相比具有几个优点。动物实验设计容易控制，能更好解释因果关系；可以设计较宽的剂量范围获得剂量-效应关系；对于慢性暴露的研究，动物实验比流行病学研究更省时。尽管动物实验有这些优势，但仍不能忽视将动物和人类间存在的种属差异性。

3）特敏感亚人群：UL 的目标是保护一般人群中绝大多数成员，包括摄入过量而不引起危害作用的特殊人群。有时某些特敏感亚人群的反应明显超出一般人群的敏感反应范围，他们是否也适用一般人群制订的 UL，需在个例研究的基础上进行判定。

（2）剂量反应评估：是推导 UL 过程的主要步骤，这一过程包括：资料选择；确定临界点；评估不确定性；制订 UL。

1）资料选择：选择最适用于人体的、说明摄入量和毒性表现量效反应关系的材料，它应当记述暴露途径、摄入剂量和持续时间，而且注明 NOAEL 和 LOAEL 水平。

在没有合适的人群研究资料时，可以使用相关的动物实验资料。在将动物实验数据外推到人时可能会出现一些问题，药动学、代谢学和机制学相关资料可以帮助解决这些问题。

如果不能获得合适的数据资料，且不能确定适合进行实验的动物，那么最敏感物种的相关数据资料可以提供一些重要信息。

根据人体接触该营养素的实际情况选择给药途径,应考虑实验动物的消化过程(如进食或禁食)。如果不能按人体接触营养素的实际情况给药,其他给药方式可能产生一定的不确定因素。

在选择摄入量与毒性反应关系的剂量-效应相关资料时,该实验研究的物种应与人类有相关性。当该物种的毒理反应与人类明显不同时,应通过生物利用度相关数据寻求合理的解释。

选择的动物实验数据应包括给药途径、给药剂量和持续时间,还应包括 NOAEL 或 LOAEL。

2)确定临界点:临界点是确定营养素或食物成分危害作用的指示点。一种营养素可产生多种危害作用,不同作用的临界点可能是不同的。制订 UL 应当根据反映该营养素或食物成分最敏感危害反应的 NOAEL 或 LOAEL,以保证对其他危害作用的防范效果。对于不同年龄、性别人群需要计算出不同的临界点,并制订出不同的 UL。

对于某些营养素,因为过量摄入造成危害反应的研究报告很少,不足以确定其临界点,可能没有充足的资料来制订 UL。但是,任何营养素摄入达到某一水平时,危害作用几乎一定会出现。故对于目前还不能制订出 UL 的营养素或膳食成分,摄入量超过 RNI 或 AI 时需要谨慎对待。

3)评估不确定性:不确定性的大小一般可用定量表达。营养素和食物成分的 UF 一般在 10 以下,当资料质量高和危害作用极弱时 UF 就低。由观察资料外推至一般人群,由动物实验外推至人体都会产生一定的不确定性,其 UF 必须通过科学判断来确定。不确定性越大,UF 越大,UL 越小。影响 UF 大小的因素有:个体间敏感性变异的大小,实验动物的反应与人体是否接近,在最低危害反应水平观察到的反应强度、频度及剂量反应坡度等。

根据人群实验数据获得的 NOAEL 或 LOAEL 推导出的 UL 中包含的不确定因素会小于由动物实验数据获得的 NOAEL 或 LOAEL 推导出的 UL 中包含的不确定因素。由于不确定因素是限制风险评估模型应用的主要因素,所以最终下结论时必须寻找到有力的科学证据作依托。一般来说,想要确定不确定因素的大小,必须要考虑以下几个方面。

a. 个体间敏感性的差异:如果人群中每个个体的敏感性差异不大,则不确定因素相对较小(接近于 1);如果每个个体的敏感性变异较高,则不确定因素相对较高(接近于 10)。

b. 由动物实验数据外推到人:如果实验动物的种属与人类较接近则不确定因素较小,如果种属间差异性较大则不确定因素也较大。

c. 用 LOAEL 代替 NOAEL:如果不能直接获得 NOAEL,那么在用 LOAEL 代替 NOAEL 的过程中也存在一定的不确定因素。不确定因素的大小取决于出现危害作用的严重程度,即危害作用的发生率和剂量-效应关系曲线的斜率。

d. 利用亚慢性反应的 NOAEL 推导慢性反应的 NOAEL:当慢性反应的数据缺失时,可以采用一个较低的剂量浓度观察亚慢性反应(暴露时间也相应缩短)并结合科学依据来推断慢性反应可能的情况。UF 取决于现有人群资料的质量和规模及潜在不良反应的严重程度,一般为 1~10(每种营养素各不相同)(表 7-3)。

表 7-3 计算 ULs 时使用的不确定系数（UF）

根据 NOAEL 计算的营养素	UF	根据 LOAEL 计算的营养素	UF
铁（11~17岁）、氟、锰、钙	1	铁、锌、维生素 C、烟酸	1.5
铁（7~10岁）、硒（婴儿）、铜、钼、磷	1.2	胆碱	2
磷（老年人）	1.4	维生素 A、叶酸	5
铁（4~6岁）、维生素 A（孕妇）、硒	1.5	维生素 A（婴儿）	10
维生素 D、铁（1~3岁）	2	—	
维生素 B_6、烟酰胺	5	—	

4) UL 计算方式：制订 UL 需要不同年龄组 NOAEL、LOAEL 和不确定因素的相关数据。如果某年龄组的数据缺失，可以通过其他年龄组数据或动物实验数据进行合理推断，但是应充分考虑体重、生理功能、新陈代谢、吸收利用率和排泄能力的不同。

a. 成年人的 UL。计算公式为：UL=NOAEL/UF

如不能确定 NOAEL，则：UL=LOAEL/UF

UF 为不确定系数；营养素 UFs 在 1~10。如使用 LOAEL 计算，则应使用较大的 UF。

b. 儿童、青少年的 UL。UL 根据有关营养素的 NOAEL 或 LOAEL 数据而制订。

当缺乏儿童、青少年的 NOAEL 或 LOAEL 及 UF 等相关数据时，其 UL 可以根据体重的差别从成年人的 UL 外推而来。计算公式为：$UL_{儿童}=UL_{成人}×$（体重$_{儿童}$/体重$_{成人}$）

根据美国研究资料，烟酸、维生素 B_6、叶酸、胆碱则用代谢体重比从成年人的 UL 外推而来。计算公式为：$UL_{儿童}=UL×$（体重$_{儿童}$/体重$_{成人}$）$^{0.75}$

c. 婴儿的 UL。因为缺少关于婴儿危害作用的资料，并考虑到他们的身体可能没有处理过量化学物质的能力，所以我们只确定了少数营养素的 UL。

3. 影响营养素危害作用的因素

（1）敏感性的变异：随着生命进程中的生理改变，如婴儿、儿童、老年、妊娠、哺乳等，个体对摄入营养素产生危害作用的敏感性也会发生变化。新生婴儿敏感性增高，因为他们的脑组织迅速增长，而且机体排泄、生物转化和排泄化学物质的能力有限。老年人随着体重、肝、肾功能下降，对营养素危害作用的敏感性也增高。当妊娠时由于体液量及肾小球滤过量的增加，将导致血液中水溶性维生素的水平下降，从而对其潜在危害的敏感性下降。

（2）生物利用率：影响生物利用率的因素包括营养素的浓度和化学形式、个体的营养健康状况和排泄丢失。有的营养素如叶酸，作为膳食成分随着食物摄入时的吸收可能不如单独摄入时吸收好。在膳食外补充某些营养素，如磷、镁和某些 B 族维生素，其吸收率较高，可能比从膳食中摄入等量的自然形式时发生危害作用的危险性更大。所以在制订 UL 时需要明确营养素的化学形式。

（3）营养素间的相互作用：可以对危害作用产生多种形式的影响。当不平衡地摄入两种以上营养素时，其潜在危害作用增加。过量摄入一种营养素可能干扰另一种营养素的吸收、排泄、转运、储存、功能或代谢。草酸盐、磷酸盐和单宁类物质会抑制某些矿物质和微量元素的生物利用，而有机酸如柠檬酸、维生素 C 等则可促进它们的生物利用率。膳食成分可以通过相互作用影响吸收部分与非吸收部分的分配，造成营养素生物利用率的巨大差异，也可以通过对排泄的影响改变营养素的生物利用率。例如，膳食蛋白质、磷、钠和氯的摄入量均影响尿钙的排出，从而影响钙的生物利用率。

（六）确定预防慢性病营养素摄入量的方法

AMDR 是指脂肪、蛋白质和碳水化合物理想的摄入量范围。AMDR 的特点在于设有上限和下限。设定其下限是为了预防这些宏量营养素及相关微量营养素的缺乏，相当于 RNI 或 AI。而其上限是指为了预防某些慢性病而建议的营养素摄入量。SPL 则主要涉及能够达到预防某些慢性病的目标而建议的植物化学物的日常摄入量。这几个术语虽然不同，但在提出建议摄入量时使用的方法基本相同，因此将它们放在一起论述。在提出这些数值之前，首先需要研究确认两个问题：①在营养素（或植物化学物）的摄入量和预防 NCD 之间是否有可能建立因果关系；②根据现有的研究资料是否能够提出建议的摄入量。

一般来说，建立营养素（或植物化学物）与 NCD 的因果关系经常依赖于三类科学证据：其一是营养流行病学调查结果。例如，通过前瞻性队列研究或巢式病例对照研究，了解居民中对某种营养素的最高位数摄入量和最低位数摄入量，再评估摄入量与某种疾病发生率之间是否存在因果关系。这种研究涉及人数多，持续时间长，但需要小心地控制混杂因素。其二是营养干预研究，为受试者补充不同剂量的营养素或植物化合物，观察疾病发生或发展的结局。此类方法干扰因素较少，特别是在使用随机对照（RCT）设计方法时，可以得到可靠的结果，但是多数研究的样本量较小，而且干预时间也不可能很长。其三，也是论证强度最高的一类，即采用 Meta 分析进行系统综述得到的资料。这类研究运用统计学方法对已经发表的多个同类研究报告进行归纳分析，易于获得比较全面、科学证据充分的结论。

通过对上述三类研究资料的检索和分析，可以判别某种营养素或植物化学物是否具有降低疾病风险的生物学作用。在此基础上，对于营养流行病学或干预研究中涉及的"有效的"摄入量进行比较和筛选，作为提出 AMDR（上限）、PI-NCD 或 SPL 的基本依据。

如果国内外研究报告涉及摄入量的资料较少，缺乏摄入量与疾病风险降低的剂量-反应关系，我们只介绍近年的研究情况，不提出 AMDR、P-NCD 或 SPL。有时不同实验室在设计干预研究时给予受试者的剂量相差很大，我们优先选用与营养调查所得正常摄入量接近的数值作为依据，因为此类资料更接近正常人群的膳食摄入情况。

另外，考虑到对于婴幼儿和儿童少年阶段的非传染性慢性病的研究资料很少，因此我们提出的 AMDR、PI-NCD 或 SPL 主要针对成人慢性病的一级预防。

（七）营养素分类和各年龄组人群体重代表值

1. 营养素和膳食成分的分类

（1）能量。

（2）宏量营养素：蛋白质、脂类、碳水化合物（糖类）。

（3）微量营养素：矿物质（包括常量元素和微量元素）、维生素（包括脂溶性维生素和水溶性维生素）。

（4）水和其他膳食成分：水、膳食纤维、酚类、萜类、含硫化合物及其他。在这次 DRIs 修订过程中对于水在营养素和膳食成分中的分类位置经过了几次讨论，基本认为水在人体内的代谢及其生理功能符合公认的营养素定义。但是如果按照摄入量多少把水列入宏量营养素中，将对传统理解的宏量营养素"产生能量"的观念造成混淆。因此，在 2013

版《中国居民膳食营养素参考摄入量》中将水与其他膳食成分置于同一篇中名为"水和其他膳食成分"。

2. 年龄分组和体重代表值　性别、年龄和体重不同的个体或群体对营养素的需要量一般是不同的。由一个群体的 DRIs 推导另一群体的 DRIs 时，往往主要依据体重的差别。各个国家各年龄组的代表体重大体上都是当地实际调查资料的约数。

制订中国居民 DRIs 的年龄、性别分组及各年龄段的体重代表值（表 7-4 和表 7-5）是根据全国代表性的测定值经人口加权平均计算得出"计算值"，再简化为 0.5kg 为单位的代表值，并根据发展趋势进行适当调整。

表 7-4　中国居民体重代表值（一）

年龄（岁）	男性（kg）	女性（kg）	年龄（岁）	男性（kg）	女性（kg）
0~	6.0	5.5	11~	39.5	38.0
0.5~	9.0	8.5	12~	44.0	42.5
1~	11.5	10.5	13~	49.5	46.0
2~	13.5	13.0	14~	54.0	48.5
3~	15.5	15.0	15~	57.0	50.0
4~	17.5	17.0	16~	59.0	51.0
5~	19.5	19.0	17~	61.0	52.0
6~	22.0	21.0	18~	66.0	56.0
7~	25.5	24.0	50~	65.0	58.0
8~	28.5	26.5	65~	63.0	55.5
9~	32.0	29.5	80~	60.0	51.0
10~	35.5	34.0			

表 7-5　中国居民体重代表值（二）

年龄（岁）	男性（kg）	女性（kg）	年龄（岁）	男性（kg）	女性（kg）
0~	6.0	5.5	14~	58.0	50.5
0.5~	9.0	8.5	18~	66.0	56.0
1~	13.5	13.0	50~	65.0	58.0
4~	19.5	19.0	65~	63.0	55.5
7~	30.0	28.0	80~	60.0	51.0
11~	44.5	42.5			

第四节　膳食营养素参考摄入量的应用

膳食营养素参考摄入量（DRIs）常被用来进行膳食评价和膳食计划。膳食评价是要根据参考标准确定被观察的膳食是大体上适宜的还是不适宜的；膳食计划是要根据参考标准建议如何合理的摄取食物，这两个应用范畴相互联系。此外，DRIs 还应用于其他许多领域，如制订营养政策、制订膳食指南、制订食品营养标准（婴幼儿食品标准，营养强化剂使用标准，营养食品标签通则）、临床营养、研发和评审营养食品等方面（营养补充剂，保健食品）。

一、膳食营养参考摄入量在膳食评价中的应用

DRIs 包含多项参考值,使用时需要根据目的正确选择适宜指标(表 7-6)。

表 7-6 应用 DRIs 评价膳食

个体	群体
AR:用以检查日常摄入量不足的概率	EAR:用以估测群体中摄入不足个体所占的比例
RNI:日常摄入量达到或超过此水平则摄入不足的概率很低	RNI:不用于评价群体的摄入量
AI:日摄入量达到或超过此水平则摄入不足的概率很低	AI:平均摄入量达到或超过此水平表明该人群摄入不足的概率很低
UL:日常摄入量超过此水平可能面临健康风险	UL:用以估测人群中面临过量摄入健康风险的人所占的比例

需要注意的是能量与蛋白质等营养素不同,它的 EAR 等于它的 RNI。为了避免混淆,近期文献使用了平均能量需要量(EER)来表述能量的参考摄入量,不再使用 EAR 或 RNI 来表述能量参考值。

(一)评价个体膳食

膳食评价是营养状况评价的组成部分,虽然根据膳食这一项内容不足以确定一个人的营养状况,但把一个人的营养素摄入量与其相应的 DRIs 进行比较还是合理的。为了获得可靠的结果,需要准确收集膳食摄入资料,正确选择评价参考值,并且合理解释所得的结果。评价一个人的营养状况的理想方法是把膳食评价结果和临床、生化及体格测量资料结合起来进行分析。

1. 用平均摄入量(EAR)评价个体摄入量 对一个人的膳食进行评价是为了说明该个体的日常营养素摄入量是否充足。要直接比较一个人的摄入量和需要量是很困难的,因为不知道特定个体的需要量;同时也不可能得到个人准确的日常摄入量。理论上一个人摄入某营养素不足的概率可以用日常摄入量及该营养素的平均需要量和标准差进行计算。由于日常摄入量几乎无法获得,只好运用统计学方法评估在一段时间内观察到的摄入量是高于还是低于其需要量。这种方法基于下述假定:EAR 是个体需要量的最佳参考值;观察到的平均摄入量是一个人日常摄入量的最佳估计值;需要量的标准差是反映个体之间需要量差异的指标,表明人群中个体对该营养素的需要量与平均需要量的差异有多大;营养素摄入量的个体内(intra-individual)差异的标准差是个体每日摄入量差异的指标,表明观测到的摄入量与日常摄入量的差异有多大。

比较观测到的个体摄入量和相应人群需要量中值可判断一个人的膳食是否适宜。例如,摄入量远高于需要量中值,则此人的摄入量大概是充足的;反之则提示摄入量大概不充足。在这两者之间,要确定摄入量是否适宜相当困难。在实际应用中,观测到的摄入量低于 EAR 时可以认为摄入不足的概率高达 50%,营养必须予以改善;摄入量在 EAR 和 RNI 之间者提示摄入不足的概率有 2% 到 3%,也可能需要改善。只有通过很多日的观测,摄入量达到或超过 RNI 时,或虽系少数几日的观测但结果远高于 RNI 时才可以有把握地认为摄入量是充足的。

2. 用适宜摄入量(AI)评价个体摄入量 某些营养素因为现有资料不足以制订 EAR 和 RNI 而只能制订一个 AI 值,上述方法就不适用于此类营养素。可以使用一种基于统计学假说的方法,把观测到的摄入量和 AI 进行比较,这是一种依据该营养素摄入量的个体

内差异标准差建立起来的简单的 Z-检验。如果一个人的日常摄入量等于或大于 AI，几乎可以肯定其膳食是适宜的；但如果摄入量低于 AI，就不能对其是否适宜进行定量或定性估测。要对这种情况进行评估必须由专业人员根据该个体其他方面的情况加以判断。

3. 用最高可耐受摄入量（UL）评价个体摄入量 用 UL 衡量个体摄入量是将观测到的短时间内的摄入量和 UL 进行比较，推断该个体的日常摄入量是否过高，或者是否可能危及健康。为了决定其日常摄入量是否高于 UL，可用一种类似用 AI 评价摄入量是否适宜的假说来测验。对于某些营养素，摄入量可以只计算通过补充、强化和药物途径的摄入，而另外一些营养素则应把食物来源也包括在内。有些营养素过量摄入的后果较严重，甚至不可逆，若摄入量超过了 UL，一定要认真对待。我们知道，个体真正需要量和日常摄入量只能是一个估算结果，对个体膳食适宜性评价结果都是不够精确的，因此应当结合该个体其他方面的材料对结果进行谨慎的解释。

（二）评价群体膳食

群体营养素摄入量评价涉及两个方面的问题：一是人群中某种营养素的摄入量低于其需要量的人占多大比例？二是有多大比例的人日常摄入量很高，可能面临健康危害风险？要正确评价人群的营养素摄入量，需要获得准确的膳食资料、选择适当的参考值、调整个体摄入量变异的分布及影响因素、并对结果进行合理的解释。

人群中个体对某营养素的摄入量和需要量都不同，如果知道所有个体的日常摄入量和需要量，就可以直接算出摄入量低于其需要量的人数百分数，看到有多少个体摄入不足，但实际上我们不可能获得此种资料，只能用适当的方法来估测摄入不足的概率。

1. 用平均需要量（EAR）评价群体营养素摄入量 在实际工作中，评价群体摄入量是否适宜有两种方法可供选择，如下所示。

（1）概率法（probability method）：是一种把群体内需要量的分布和摄入量的分布结合起来的统计学方法。在群体内摄入量和需要量不相关或极少相关的条件下，这种方法的效果良好，它产生一个估测值，表明有多大比例的个体面临摄入不足的风险。概率法由人群需要量的分布获得每一摄入水平的摄入不足危险度；由日常摄入量的分布获得群体内不同的摄入水平及其频数。为了计算每一摄入水平的摄入不足危险度，需要知道需要量分布的平均值（EAR）或中位需要量，变异度及其分布形态。实际上，有了人群需要量的分布资料后，对每一摄入水平都可以计算出一个摄入不足危险度；再加权平均求得人群的摄入不足的概率。没有 EAR 就不能用概率法来计算摄入不足的流行。

（2）平均需要量切点法（EAR cut-off method）：EAR 切点法比概率法简单，如果条件合适，效果也不亚于概率法。本法要求观察营养素的摄入量和需要量之间没有相关；需要量可以认为呈正态分布；摄入量的变异要大于需要量的变异。根据现有的知识，我们可以假定凡已制订了 EAR 和 RNI 的营养素都符合上述条件，都可以用本法进行评价。

EAR 切点法不要求计算每一摄入水平的摄入不足危险度，只需简单计数在观测人群中有多少个体的日常摄入量低于 EAR。这些个体在人群中的比例就等于该人群摄入不足个体的比例。

（3）对摄入量分布资料的调整：不管采用何种方法来评估群体中营养素摄入不足的概率，日常摄入量的分布资料是必不可少的，这种资料被称为"日常摄入量分布"或"调整的摄入量分布"因为人群日常摄入量的分布可以用统计学方法调整每一个体的观测到的摄入量来求得。为获得此资料需对观测到的摄入量进行调整以排除个体摄入量的日间差异

（个体内差异）。经过调整后的日常摄入量分布应当能够更好地反映个体间的差异。

要对摄入量的分布进行调整至少要观测一个有代表性的亚人群，其中每一个体至少有连续 3 日的膳食资料或者至少有两个独立的日膳食资料。如果样本人群每人只有 1 日的膳食资料，也仍然有可能对观察摄入量的分布进行调整，这就需要借助根据别的资料系列估测的摄入量个体内差异。如果摄入量的分布没有得到适当的调整则不论用哪种方法都难以正确估测摄入不足的比例。

2. 用适宜摄入量（AI）评估群体摄入量　AI 值可能是根据实验研究推演来的，也可能是依据实验资料和人群流行病学资料结合制订的。当人群的平均摄入量等于或大于适用于该人群的营养素 AI 时，可以认为人群中发生摄入不足的概率很低（以制订 AI 所用营养指标为依据进行判断）。当平均摄入量在 AI 以下时不可能判断群体摄入不足的程度。营养素的 AI 和 EAR 之间没有肯定的关系，所以不要试图从 AI 来推测 EAR。

3. 用可耐受最高摄入量（UL）评估群体摄入量　UL 适用于评估摄入营养素过量而危害健康的风险，当摄入量超过 UL 以后，发生中毒的潜在危险增加。可以根据日常摄入量的分布来确定摄入量超过 UL 者所占的比例；日常摄入量超过 UL 的这一部分人可能面临健康风险。进行可耐受最高摄入量的评估时，有的营养素需要准确获得各种来源的摄入总量，有的营养素只需考虑通过强化，作为补充剂和药物的摄入量。

在一般人群中要根据日常摄入量大于 UL 的资料来定量评估健康风险是很困难的，因为在推导 UL 时使用了不确定系数。不确定系数反映在推导过程的多个环节上都可能存在一定程度的不准确。当前只能把 UL 作为安全摄入量的切点来使用。

4. 减少应用 DRIs 进行膳食评估的潜在误差　应用 DRIs 进行膳食评价时，有若干环节可以影响其准确性。

（1）不宜用平均摄入量来评估人群摄入水平：平均摄入量或中位摄入量一般不能用于评估人群摄入量是否适宜。因为摄入不足的概率决定于日常摄入量的分布形态和变异程度，而不决定于平均摄入量。

（2）不宜用 RNI 来评估人群摄入不足：根据定义，RNI 是一个超过人群中 97%～98% 的个体需要的摄入水平。如果用 RNI 作为切点来估测摄入不足结果必然严重的高估了摄入不足的比例。

（3）不宜用食物频数问卷资料评价人群摄入量：评估人群的膳食营养素摄入必须有人群日常摄入量的分布资料，因而需要每一个体的定量的膳食资料。半定量的食物频数问卷资料一般不宜用于评价人群摄入量是否适宜。

总之，对群体膳食资料进行评价需要调整营养素摄入量的分布和营养素需要量分布，选择适当的参考值来评估摄入不足或摄入过多的危险。对于有 EAR 的营养素，摄入量低于 EAR 者在群体中占的百分数即为摄入不足的比例数。不宜直接比较平均摄入量和 RNI 来评估营养素摄入水平。对于有 AI 的营养素，最多就是比较群体平均摄入量或中位摄入量和 AI 的关系；但当平均摄入量低于 AI 时，没有办法判断摄入不足的比例。日常摄入量超过 UL 者所占的百分数就是人群中有过量摄入风险的比例。

二、膳食营养素参考摄入量在膳食计划中的应用

膳食计划的目的是为了让广大的消费者有更多的机会获得营养充足而又不过量的饮

食（表7-7）。计划膳食可以在不同的水平上进行，它可以是为个体计划食物采购和餐饮的安排；可以是为消费群体计划食物购买和食谱安排；可以是更大规模的计划如政府部门制订地区性营养改善计划或食物援助项目等。用 DRIs 进行某些计划性活动的项目包括多个方面，这里重点说明如何使用 DRIs 为个体或群体计划食物和营养素摄入量。

表7-7 应用 DRIs 计划膳食

个体	群体
EAR*：不应作为计划个体的摄入量的目标	EAR：作为摄入不足的切点，计划群体膳食，使摄入不足者占的比例数很低
RNI：计划达到这一摄入水平；如果日常摄入量达到或超过此水平则摄入不足的概率很低	RNI：不应当用来计划群体摄入量
AI：计划达到这一摄入水平；日常摄入量达到或超过此水平则摄入不足的概率很低	AI：用以计划平均摄入量水平，平均摄入量达到或超过此水平则摄入不足者的比例很低
UL：计划日常摄入量低于此水平以避免摄入过量可能造成的危害	UL：用作计划指标，使人群中有摄入过量风险的比例很小

注：* 描述能量摄入量使用 EER。

对于个体来说，计划的膳食应当使他/她的营养素摄入量接近其推荐摄入量或者是适宜摄入量；对于群体来说，计划的目的是确定一种日常摄入量的分布，在这种分布状态下摄入不足或摄入过量的概率都很低。

（一）计划个体膳食

为个体计划膳食的步骤包括：①设定适宜的营养素摄入目标；②制订食物消费计划。

1. 设定适宜的营养素摄入目标 要最大限度减少营养不足和营养过剩的风险。膳食计划要考虑到已经建立了 DRIs 的所有营养素，也就是说要为个体计划一种膳食使蛋白质、维生素、矿物质等的摄入量能够达到各自的 RNI 或 AI，而又不超过它们的 UL。计划的膳食应是个体的"日常摄入量"，就是个体的长期的膳食摄入量。在特定情况下也可以不用 RNI 作为计划个体膳食的目标，若另定指标必须理由充分。

EAR 不是计划个体膳食的目标。在计划膳食中能量摄入量时，建议用平均能量需要量（EER）作为唯一参考值。要随时检测体重，根据体重的情况适时调整能量目标。还要考虑膳食构成的情况，使能量的来源分布合理。

2. 制订膳食计划 常用以食物为基础的膳食指南作为依据。以往营养学界都用 RDA 指导人们的食物消费，发达国家食物的营养成分标注较规范，计划者常利用食物标签来计划膳食。食品标签上的资料可用来估算宏量营养素的情况，但一般不会很好地反映微量营养素含量及其与当前的推荐摄入量的符合程度。而且当膳食参考标准进行修改以后，食品标签上的标注必然和新标准脱节。在这种情况下个体进行膳食计划就必须依靠更加详细的食物营养成分资料如食物成分表。

我国的食物营养标签系统还未成熟，不可能作为计划膳食的工具。计划人员在实际工作中可以使用《中国居民膳食指南》和《平衡膳食宝塔》制订食物消费计划，然后再根据食物营养成分数据复查计划的膳食是否满足了 RNI、AI 而又不超过 UL 水平。就全国来讲，还需要根据各地食物生产和供应的实际情况调整《平衡膳食宝塔》所列举的各类食物中各种具体食物品种的搭配。如果有本地的食物成分表,最好根据当地的食物营养成分来验证计划的膳食能否提供充足的营养素。在特定的情况下,也可能需要用强化食品甚至用一些营养素补充剂来保证特定营养素的供给。

(二)计划群体膳食

计划群体膳食需要分几个步骤进行,涉及确定营养目标,计划怎样达到这些目标,以及评估是否达到这些目标。计划群体膳食的目标是确定一个营养素日常摄入量的分布,这一分布状态要能保证摄入不足的概率和摄入过多的风险都很低。计划工作的重点就是要确定一个群体日常营养素摄入量的期望分布(desirable distribution)。为人群计划膳食的方法随人群的特征不同而不同,主要看该人群是一个相对均匀的群体(如年龄、性别、劳动状况等较一致),还是由若干营养素需要量可能是不同的亚人群组成的群体。

为均匀人群计划膳食的步骤如下:

1. 确定计划目标 对于每一种有 EAR 和 UL 的营养素要确定可以允许人群中有多大的比例有摄入不足的危险和有多大的比例有摄入过量的潜在危险。通常是允许有 2%~3%的人有摄入不足的危险,另有 2%~3%的人有摄入过量产生不良后果的危险;但对不同的营养素或针对特定的人群,这个百分数可由计划者根据需要和可能进行调整。对于只有一个 AI 值的营养素,应设置人群摄入量的中值等于 AI 值。能量摄入量的目标应该设定为这个人群的平均能量需要量(EER)。另外,计划者一般都需要考虑宏量营养素的分布目标。

2. 设置"靶日常营养素摄入量分布"(target usual nutrient intake distribution) 即能保证这一个群体中在绝大多数情况下摄入不足的概率和摄入过多的概率都很低。对于有 EAR 和 UL 的营养素,绝大多数都可以用群体中摄入量低于平均需要量的个体所占的比例表示摄入不足的概率,摄入量超过 UL 的个体所占的比例表示摄入量过多的概率。对于有 EAR 的营养素,应用 EAR 作为切点来计算摄入不足的概率,除了铁以外都是合适的。

3. 编制"靶日常营养素摄入量分布"食谱 在每一种我们关心的营养素都已经设置出一个"靶日常营养素摄入量分布"以后,就需要把这个"靶"通过食谱来实现。编制食谱涉及三个步骤:①在"靶日常营养素摄入量分布"的基础上为食谱设置营养素含量目标;②确定提供什么样的食物能够最大可能的实现"靶日常营养素摄入量分布"目标;③确定需要购买和需要供应的各种食物数量。

4. 评估计划膳食的结果 这一过程需要根据评价群体膳食的方法进行。从人群的摄入量密度目标中值找出最高的营养素密度中值,设定为整个人群的计划目标。这种方法理论上可能为不均匀人群计划膳食得到一个更为准确的、适宜的摄入目标均值,但在计划工作中还没有得到实践的检验。

DRIs 在健康个体及群体中的应用见表 7-8。

表 7-8 DRIs 在健康个体及群体中的应用

用途	个体	群体
评价[a]	EAR:用以估计日常摄入不足的概率	EAR:用以估计一个群体中摄入不足个体所占的比例
	RNI:日常摄入量达到或超过此水平则摄入不足的概率很低	AI:平均摄入量达到或超过此水平表明该人群摄入不足的概率很低

续表

用途	个体	群体
评价[a]	AI：日常摄入量达到或超过此水平则摄入不足的概率很低	AMDR：宏量营养素的日常摄入量保持在上限和下限范围之内，则摄入不足的人数比例很小，而且易感人群发生 NCD 的概率降低
	AMDR：宏量营养素的日常摄入量保持在上限和下限范围之内，则摄入不足的可能性很小，而且因过量引起 NCD 的风险减小	UL：用以估计人群中由于摄入过量而存在健康风险的个体所占的比例
	UL：日常摄入量超过此水平可能面临健康风险	
计划	RNI：达到这一水平；如果日常摄入量达到或超过此水平则摄入不足的概率很低	EAR：作为摄入不足的切点，计划群体膳食，使摄入不足者占的比例数很低
	AI：达到这一水平；如果日常摄入量达到或超过此水平则摄入不足的概率很低	AI：用以计划平均摄入量水平，平均摄入量达到或超过此水平则摄入不足者的比例很低
	PI：NCD 易感个体的摄入量接近或达到这一水平，NCD 的发生风险降低	PI：用以计划摄入量，使 NCD 易感人群接近或达到 PI 水平
	AMDR：进入上限和下限范围之内，预防宏量营养素的缺乏，或减少因其过量引起 NCD 的风险	AMDR：用以计划摄入量，增加进入 AMDR 范围的人群比例
	UL：日常摄入量低于此水平以避免摄入过量可能造成的危害	UL：用做计划指标，使人群中有摄入过量风险的比例很小

注：a. 需要统计学上可靠的日常摄入量估算值。

三、膳食营养素参考摄入量在其他方面的应用

（一）在制订营养政策中的应用

任何营养政策制订的目的都是为了保证人群的营养需求，使人群尽可能达到营养素参考摄入量并有足够的储备量，保持人体健康状态。因此，营养政策制订时都会直接或间接地应用 DRIs，作为发展方向或预期达到的目标。

（二）在制订《中国居民膳食指南》中的应用

《中国居民膳食指南》是基于营养学原理、紧密结合我国居民膳食消费情况和营养实际状况、指导大众合理饮食的通俗读物。"膳食指南"是以食物为基础制订的文件，而如何合理摄取食物，则需要按照"膳食营养素参考摄入量"来确定。《中国居民膳食指南》中包括了具有中国特色的"平衡膳食宝塔"。该宝塔将五类食物分别置于其中的五层内，而且为每类食物列出了推荐的摄入量。这些食物的摄入量，是根据 DRIs 推荐的营养素摄入量换算而来。因此可以说《中国居民膳食指南》和平衡膳食宝塔就是 DRIs 在食物消费领域的体现。

（三）在制订食品营养标准中的应用

国家食品标准特别是食品安全国家标准，如营养强化剂的标准，有关营养配方食品，以及营养素补充剂等标准，都涉及人体每日需要摄入的营养素，因此在制订中均以 DRIs 作为基本依据。

（四）在临床营养中的应用

DRIs 的适用对象主要是健康的个体及以健康人为主构成的人群。另外，也适用于那些患有轻度高血压、脂质异常、高血糖等疾病，但还能正常生活，没有必要实施特定的膳食限制或膳食治疗的患者。其中 AMDR、PI 和 SPL 对于某些疾病危险人群的膳食指导尤为重要。

（五）在研发和评审营养食品中的应用

随着我国经济水平的发展，居民的膳食需求已经从食品的数量向质量转变，因此食品企业在新产品的研发时也对营养赋予充分的关注。满足不同人群的各种营养素需要量已经成为食品企业在研发、生产、销售过程中的重要目标，DRIs 也成为其产品研发的重要指南。

（汪之顼　曾　果）

参 考 文 献

中国营养学会. 2014. 中国居民膳食营养素参考摄入量（2013 版）. 北京：科学出版社.
中国营养学会. 2000. 中国居民营养素参考摄入量（2000 版）. 北京：中国轻工业出版社.

第八章 膳食指南与食物指导

第一节 概 述

一、膳食指南的概念和意义

膳食指南（dietary guidelines）是营养工作者根据营养学原理提出的一组以食物为基础的建议，以指导大众合理选择与搭配食物。它是倡导平衡膳食、合理营养，以减少与膳食有关的疾病，促进健康的通俗易懂的宣传材料。膳食指南的意义在于它能帮助个体更好地运用营养知识指导合理用餐，预防膳食相关疾病和防止营养缺乏病，促进健康，以营养指导消费，以消费指导工农业生产，从而保证充足的食物供应。膳食指南具有针对性——结合国情、科学性——理论依据、通俗性——普及教育及预见性——发展趋势的特点。

二、膳食指南的发展历程

膳食指南是由早期的食物目标，历经膳食供给量、膳食目标演变而来的，是在工业化后体力劳动减少、脂肪摄入增多及其他营养素摄入量的改变导致心血管疾病增加的背景下对膳食模式提出的建议。在过去几十年中，多个专家委员会确定了必需营养素的膳食营养素参考摄入量（dietary reference intakes，DRIs）。这种以营养素为基础的方法可促进学科发展，但它对引导全国和世界范围内的广大公众培养有益于健康的营养和膳食习惯并无太大帮助。实际上，按照过去事实分析来判断，以营养素为基础的推荐量可能在解决一些关键性营养问题方面会产生误导作用。例如，在过去强调单一食物来源的蛋白质质量时，只重视动物性食物的开发而未考虑氨基酸的互补作用，而后者可以提高混合植物性蛋白质来源的质量。我们现在知道，人类对蛋白质的需要可以通过以植物性蛋白为主的混合蛋白质来满足。与 DRIs 不同，在一些国家或地区，作为一项政策措施，以食物为基础的膳食指南（food-based dietary guideline，FBDG）更加关注健康与膳食之间的关系。膳食指南可通过教育工作者、卫生工作者、政策制定者传播给公众，其基础更多依赖于临床和流行病学研究，主要是研究膳食组成（营养素、食物成分或食物种类）与在公共卫生方面重要的营养相关疾病危险性的关系。

第一部膳食标准是由瑞典于 1968 年提出的，美国 1977 年也提出了膳食标准，1980 年改为膳食指南，并由政府颁布，以后每 5 年修订一次，目前最新一版修订于 2015 年。其他发达国家也纷纷于 20 世纪 70 年代、80 年代提出了各自的膳食指南，主要以预防慢性病为目标。随后发展中国家也提出自己的膳食指南，其内容包含了预防缺乏病和食品卫生问题。有的国家对于某些食品进一步量化。以后又陆续增加了各类特定人群的膳食指南及患者的膳食指南。中国营养学会于 1989 年制订了我国第一个膳食指南。由于科学进步、我国经济发展和居民膳食结构的不断变化，中国营养学会对原有的膳食指南进行修改，先后修订公布了 1997 版、2007 版和 2016 版中国居民膳食指南。

三、膳食指南的制订

（一）制订膳食指南过程中的总体考虑

1. 营养问题 制订膳食指南，首先需确定与膳食有关的、重大的公共健康问题，然后进行膳食构成评价。第一步是将所获得的膳食摄入量资料与 DRIs 进行比较，以评价膳食的充盈程度。对于生活在特定环境的特定人群，营养素摄入量的目标也应是特异的。制订膳食指南的目的是促进整体健康水平，控制由营养素摄入过量或缺乏而引起的特殊营养性疾病，降低与膳食有关的疾病的危险性。膳食指南是使特定人群实现营养目标的具体途径。

2. 混合膳食的营养充足性 考虑到食物搭配，健康的膳食可通过多种方式获得。实际上，对于生活在特定环境的人群而言，能够满足营养需要的多种混合食物的供应受食物生产水平的制约。此外，家庭经济能力也将限制其食物供应水平。因而正在制订中的膳食指南必须认识到这些限制，并将重点放在能够最大限度地满足营养素需要的食物组合上，而不是去关注如何足量地提供每一种特定营养素。

3. 食物成分 大部分发展中国家的发展政策中都包括了营养目标。为了改善营养状况，必须制订膳食指南，监测食物摄入量和营养状况，预防和控制微量营养素缺乏。通过营养标签确保消费者获得准确的营养信息，以及促进健康生活方式等，都需要适当的食物成分资料。对这一观点给予支持是获得更全面、更新食物成分资料的关键。使政府部门、食品行业及消费者群体产生对食物成分的关注是至关重要的。

4. 生物利用率 在食物提供充足营养素的情况下，个体仍会发生营养素缺乏，因此机体对膳食营养素的利用率逐渐受到重视。评价微量营养素生物利用率的方法已在本书其他章节介绍。在制订膳食指南时，应考虑食物的合理搭配。例如，为了保证铁的吸收利用，膳食中应适当减少会抑制铁吸收的其他食物摄入量，增加促进铁吸收的食物摄入量。人们应该增加发芽种子、发酵或热加工的谷物、肉类及富含维生素 C 的蔬菜和水果的摄入量；同时还应该减少高纤维和高多酚类食物（如茶、咖啡、巧克力及草药）的摄入量，并将其与富铁的膳食分开进食。同样，肉类食物可以促进锌吸收，而含高植酸盐的食物，特别是以粗加工谷类为主的膳食，则抑制其吸收。

5. 食物供应与获得 经济因素决定着人类可得到的食物，许多发展中地区的人们仅能消费一些由单一主食组成的膳食。因此，要通过膳食多样化途径预防高危人群的营养素缺乏，就必须要克服食物选择上的经济制约问题。当以食物为基础的方法无法达到时，就需另选其他的方法，包括主食强化。食物强化可看作是以食物为基础的营养改善策略的一个补充，而不是替代。如果以食物为基础的方法得以实施，那么，这将是解决微量营养素缺乏的较为经济的方法。由于以食物为基础的方法需要足够的经济收入来为家庭提供量足质优的高营养密度食物，因此该方法的实施通常比其他方法需要更长的时间，但该方法一旦建立，其效果可以长期维持。

确定以食物为基础的膳食推荐量的过程见图 8-1。

（二）制订膳食指南的步骤

膳食指南的制订过程通常易于理解，以确保其推荐内容能被大众所理解并适用于大众，得到不同政府机构、专业社团、食品工业与消费者协会的广泛支持。膳食指南的产生遵循一系列步骤，每一步都要求有不同类型的实践和专家意见。膳食指南的制订过程需要

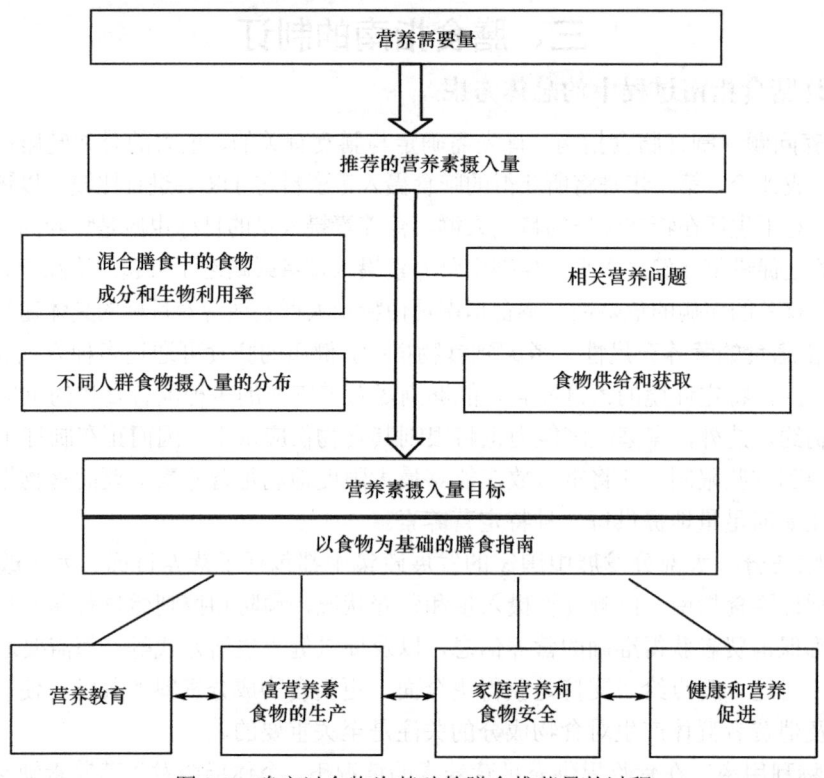

图 8-1 确定以食物为基础的膳食推荐量的过程

花费数年时间,包括以下活动内容:①与多部门委员会一起计划;②描述目标人群的特征;③设立营养和健康目标;④准备技术指南;⑤检测推荐内容的可行性;⑥准备膳食指南;⑦确认推荐内容和食物图片;⑧执行;⑨评价。

1. 多部门筹划委员会 为了确保对膳食指南的支持,应该建立一个多部门的、多重学科交叉的委员会,委员会的代表应来自农业、卫生和教育各个部门,也应有通信、食品和营养科学的专家,如政府机构(如卫生部门、农业部门和社会福利机构)、专业社团(如营养学会、医学协会)、大学和营养研究院、国际机构和由食品工业自发形成的私立组织。食品工业和消费者协会的代表也可以被邀请参加。不管最初发起膳食指南的源头是什么组织,所有的相关单位都应该被邀请参加早期的过程。如果没有把重要的有关单位包括进去,可能会导致指南正式批准被推迟、执行效果差。

2. 详细说明膳食指南的科学和健康基础 膳食指南的产生应基于可得到的最佳科学证据以保证可靠性。需要数据来证实对公共卫生有显著影响的营养问题,评估这些问题的量级和严重程度,辨别人群中面临较高危险的亚人群,制订卫生、农业和教育部门干预的优先工作。

应成立一个技术委员会来确定需要的数据并编辑分析数据,向大众及其中的亚人群阐明推荐的内容。数据来源可被考虑作为建立膳食指南的科学基础,如卫生统计数据,营养调查、国家人口普查、家庭开支调查和食物消费调查结果、体力活动评估、营养素推荐摄入量、食物成分表,以及与膳食健康有关的科学文献。

证据收集过程中经常会发现可利用的数据不足,或者不同数据来源的数据很难整合到一起。但是,数据中的缺陷不应该成为发展膳食指南的障碍,也不能成为推延制订过程的理由。如当地的数据不可用时,可以参考同一个区域的相似国家的观察结果,也可以利用国际科学文献中的信息来启动这个过程。

3. 膳食指南的适用性 被提议的膳食指南应经过检验以确保普通民众能够遵循该建议。推荐内容可以通过焦点小组访谈法和向不同受众调查就其效用来进行评价,以确保它们是易理解的、清楚而实用的。如果推荐内容简短、简洁、不复杂、易记,那么这个膳食指南通常就很有用。很明显,每一条推荐都必须考虑人口、社会和经济状况等因素。多种族、多语言和多宗教的国家应该确保推荐内容适合于所有人群。如果鼓励摄入比较昂贵的、易腐烂的或季节性食物,人群不可能遵循,因为很多家庭无法得到这些食物。因此,膳食指南应该提供选择以使有不同需求和生活方式的个体得到相应的建议。便利度和食物制备的时间通常决定了食物选择,特别是生活在城市中的人群。

4. 膳食指南的宣传 在宣传指南时,最普遍的方法是通过卫生和教育系统提供材料和培训。例如,学校教师可以把膳食指南结合到学校课程中,护士和家庭经济学家可以在被咨询时利用膳食指南。膳食指南也可以以小册子、海报或电台电视信息的形式广泛地散布给目标人群。最好可以提供相关的教育材料和节目来详细阐明和解释指南,以便支持膳食指南。此外,信息应该通过大量的沟通渠道来不断加强。地方的和国家的大众媒体应该确保在传递信息时的协调一致。

5. 膳食指南的评估 为确保膳食指南的推行和采用,实施的宣传活动和教育项目应该被监控和评价,以便评估它们的覆盖率、频率和影响力。然而,几乎没有国家评估过膳食指南的影响力,可能是由于指南最近才制订出来,要评价它的影响还太早,也可能是由于缺乏评价的资源和方法。因此需要进行更多有关膳食指南帮助个体改变营养行为的影响和有效性方面的研究。

第二节 中国居民膳食指南

《中国居民膳食指南》的编写基于科学证据,是科学界在一段时间内的科学共识,具有改善居民健康状况、促进营养标准和营养政策发展等重要作用。《中国居民膳食指南》带给我国居民营养与健康状况的十大变化,包括:①动物油脂和饱和脂肪酸的摄入量下降;②盐的摄入量下降;③蔬菜、水果摄入水平趋于稳定;④蛋类、水产类摄入量有所上升;⑤儿童青少年生长发育水平稳步提高;⑥学龄前儿童营养不良率进一步降低;⑦贫血患病率显著下降;⑧低出生体重率显著下降;⑨全民增加身体活动的比例显著提高;⑩对膳食和营养的认识显著提高。表 8-1 显示了我国不同年代各版本居民膳食指南的关键推荐内容。

目前我国居民面临的主要问题和挑战包括:膳食结构仍然不尽合理;营养不良和营养缺乏在贫困地区依旧较高;孕妇、学龄前儿童贫血率依旧较高;不健康生活方式较为普遍;肥胖和营养相关慢性病对城市居民健康造成的威胁愈发严重等。

中国 2010~2012 年的营养监测结果显示,与 2002 年相比,居民营养与健康状况得到改善,贫血患病率明显降低;但膳食结构依然存在不平衡状况,城乡居民蔬菜和水果摄入量较低,食盐摄入量依然较高;居民血脂异常发生率处于较高水平,其中城市老年人群问题最为突出,需要重点关注。这些监测的结果为制订人群营养与健康干预策略、开展营养干预活动,实现全面营养健康目标具有重要意义。

表 8-1　1989、1997、2007 和 2016 年版中国居民膳食指南比较

1989 年版	1997 年版	2007 年版	2016 年版
1. 食物要多样	1. 食物多样，谷类为主	1. 食物多样，谷类为主，粗细搭配	1. 食物多样，谷类为主
2. 饥饱要适当	2. 多吃蔬菜、水果和薯类	2. 多吃蔬菜水果和薯类	2. 吃动平衡，健康体重
3. 油脂要适量	3. 经常吃适量鱼、禽、蛋、瘦肉少吃肥肉和荤油	3. 每天吃奶类、大豆或其制品	3. 多吃蔬果、奶类、大豆
4. 粗细要搭配	4. 常吃奶类、豆类或其制品	4. 常吃适量的鱼、禽、蛋和瘦肉	4. 常吃适量鱼、禽、蛋、瘦肉
5. 食盐要限量	5. 吃清淡少盐的膳食	5. 减少烹调油用量，吃清淡少盐膳食	5. 少盐少油，控糖限酒
6. 甜食要少吃	6. 食量与体力活动要平衡，保持适宜体重	6. 食不过量，日日运动，保持健康体重	6. 杜绝浪费，兴新食尚
7. 饮酒要节制	7. 如饮酒应限量	7. 三餐分配要合理，零食要适当	
8. 三餐要合理	8. 吃清洁卫生、不变质的食物	8. 每日足量饮水，合理选择饮料	
		9. 如饮酒应限量	
		10. 吃新鲜卫生的食物	

一、一般人群膳食指南（2016）

1. 食物多样，谷类为主　平衡膳食模式是最大程度上保障人体营养需要和健康的基础，食物多样是平衡膳食模式的基本原则。每日的膳食应包括谷薯类、蔬菜水果类、畜禽鱼蛋奶类、大豆坚果类等食物。建议平均每日至少摄入 12 种以上食物，每周 25 种以上。谷类为主是平衡膳食模式的重要特征，每日摄入谷薯类食物 250~400g，其中全谷物和杂豆类 50~150g，薯类 50~100g；膳食中碳水化合物提供的能量应占总能量的 50% 以上。

2. 吃动平衡，健康体重　体重是评价人体营养和健康状况的重要指标，吃和动是保持健康体重的关键。各个年龄段人群都应该坚持日日运动、维持能量平衡、保持健康体重。体重过低和过高均易增加疾病的发生风险。推荐每周应至少进行 5 日中等强度身体活动，累计 150min 以上；坚持日常身体活动，平均每日主动身体活动 6000 步；尽量减少久坐时间，每小时起来动一动，动则有益。

3. 多吃蔬果、奶类、大豆　蔬菜、水果、奶类和大豆及制品是平衡膳食的重要组成部分，坚果是膳食的有益补充。蔬菜和水果是维生素、矿物质、膳食纤维和植物化学物的重要来源，奶类和大豆类富含钙、优质蛋白质和 B 族维生素，对降低慢性病的发病风险具有重要作用。提倡餐餐有蔬菜，推荐每日摄入 300~500g，深色蔬菜应占 1/2。日日吃水果，推荐每日摄入 200~350g 的新鲜水果，果汁不能代替鲜果。吃各种奶制品，摄入量相当于每日液态奶 300g。经常吃豆制品，每日相当于大豆 25g 以上，适量吃坚果。

4. 适量吃鱼、禽、蛋、瘦肉　鱼、禽、蛋和瘦肉可提供人体所需要的优质蛋白质、维生素 A、B 族维生素等，有些也含有较高的脂肪和胆固醇。动物性食物优选鱼和禽类，鱼和禽类脂肪含量相对较低，鱼类含有较多的不饱和脂肪酸；蛋类各种营养成分齐全；吃畜肉应选择瘦肉，瘦肉脂肪含量较低。过多食用烟熏和腌制肉类可增加肿瘤的发生风险，应当少吃。推荐每周吃水产类 280~525g，畜禽肉 280~525g，蛋类 280~350g，平均每日摄入鱼、禽、蛋和瘦肉总量为 120~200g。

5. 少盐少油，控糖限酒 我国多数居民目前食盐、烹调油和脂肪摄入过多，这是高血压、肥胖和心脑血管疾病等慢性病发病率居高不下的重要因素，因此应当培养清淡饮食习惯，成人每日摄入食盐不超过 6g，烹调油 25～30g。过多摄入添加糖可增加龋齿和超重发生的风险，推荐每日摄入糖不超过 50g，最好控制在约 25g 以下。水在生命活动中发挥重要作用，应当足量饮水。建议成年人每日 7～8 杯（1500～1700ml），提倡饮用白开水或茶水，不喝或少喝含糖饮料。儿童少年、孕妇、乳母不应饮酒，成人如饮酒，一日饮酒的乙醇量男性不超过 25g，女性不超过 15g。

6. 杜绝浪费，兴新食尚 勤俭节约，珍惜食物，杜绝浪费是中华民族的美德。按需选购食物、按需备餐，提倡分餐不浪费。选择新鲜卫生的食物和适宜的烹调方式，保障饮食卫生。学会阅读食品标签，合理选择食品。应该从每个人做起，回家吃饭，享受食物和亲情，创造和支持文明饮食的社会环境和条件，传承优良饮食文化，树健康饮食新风。

二、中国孕妇乳母膳食指南（2016）

女性是社会和家庭的重要组成部分。成熟女性承载着孕育新生命，哺育下一代的重要职责。女性身体的健康和营养状况与成功孕育新生命、获得良好妊娠结局及下一代健康成长密切相关。

（一）备孕妇女膳食指南

备孕是指育龄妇女有计划地怀孕并对优孕进行必要的前期准备，是优孕与优生优育的重要前提。备孕妇女的营养状况直接关系着孕育和哺育新生命的质量，并对妇女及其下一代的健康产生长期影响。为保证成功妊娠、提高生育质量、预防不良妊娠结局，夫妻双方都应做好充分的孕前准备。

健康的身体状况、合理膳食、均衡营养是孕育新生命必需的物质基础。准备怀孕的妇女应接受健康体检及膳食和生活方式指导，使健康与营养状况尽可能达到最佳后再怀孕。健康体检应特别关注感染性疾病及血红蛋白、血浆叶酸、尿碘等反映营养状况的检测，目的是避免相关炎症及营养素缺乏对受孕成功和妊娠结局的不良影响。备孕妇女膳食指南在一般人群膳食指南基础上特别补充以下三条。

1. 调整孕前体重至适宜水平 孕前体重与新生儿出生体重、婴儿死亡率及孕期并发症等不良妊娠结局有密切关系。肥胖或低体重的育龄妇女是发生不良妊娠结局的高危人群，备孕妇女宜通过平衡膳食和适量运动来调整体重，使体质指数（BMI）达到 $18.5～23.9 kg/m^2$ 范围。

2. 常吃含铁丰富的食物，选用碘盐，孕前 3 个月开始补充叶酸 育龄妇女是铁缺乏和缺铁性贫血患病率较高的人群，怀孕前如果缺铁，可导致早产、胎儿生长受限、新生儿低出生体重及妊娠期缺铁性贫血。因此，备孕妇女应经常摄入含铁丰富、利用率高的动物性食物，铁缺乏或缺铁性贫血者应纠正贫血后再怀孕。碘是合成甲状腺激素不可缺少的微量元素，为避免孕期碘缺乏对胎儿智力和体格发育产生的不良影响，备孕妇女除选用碘盐外，还应每周摄入一次富含碘的海产品。叶酸缺乏可影响胚胎细胞增殖、分化，增加神经管畸形及流产的风险，备孕妇女应从准备怀孕前 3 个月开始每日补充 400μg 叶酸，并持续整个孕期。

3. 禁烟酒，保持健康生活方式 良好的身体状况和营养是成功孕育新生命最重要的条件，而良好的身体状况和营养要通过健康生活方式来维持。均衡的营养、有规律的运动和锻炼、充足的睡眠、愉悦的心情等，均有利于健康的孕育。计划怀孕的妇女如果有健康和营养问题，应积极治疗相关疾病，纠正可能存在的营养缺乏，保持良好的卫生习惯。此外，吸烟、饮酒会影响精子和卵子质量及受精卵着床与胚胎发育，在怀孕前6个月夫妻双方均应停止吸烟、饮酒，并远离吸烟环境。

（二）孕期妇女膳食指南

妊娠期是生命早期1000日机遇窗口的起始阶段，营养作为最重要的环境因素，对母子双方的近期和远期健康都将产生至关重要的影响。孕期胎儿的生长发育，母体乳腺和子宫等生殖器官的发育，以及为分娩后乳汁分泌进行必要的营养储备，都需要额外的营养。因此，妊娠各期妇女膳食应在非孕妇女的基础上，根据胎儿生长发育速率及母体生理和代谢的变化进行适当的调整。孕早期胎儿生长发育速度相对缓慢，所需营养与孕前无太大差别。孕中期开始，胎儿生长发育逐渐加速，母体生殖器官的发育也相应加快，对营养的需要增大，应合理增加食物的摄入量，孕期妇女的膳食仍是由多样化食物组成的营养均衡的膳食，除保证孕期的营养需要外，还潜移默化地影响较大婴儿对辅食的接受和后续多样化膳食结构的建立。

孕育生命是一个奇妙的历程，要以积极的心态去适应孕期变化，愉快享受这一过程。孕期妇女指南应在一般人群膳食指南的基础上补充以下五条。

1. 补充叶酸，常吃含铁丰富的食物，选用碘盐　叶酸对预防神经管畸形和高同型半胱氨酸血症、促进红细胞成熟和血红蛋白合成极为重要。孕期叶酸应达到600μg DFE/d，除常吃含叶酸丰富的食物外，还应补充叶酸400μg DFE/d。为预防早产、流产，满足孕期血红蛋白合成增加和胎儿铁储备的需要，孕期应常吃含铁丰富的食物，铁缺乏严重者可在医师指导下适量补铁。碘是合成甲状腺素的原料，是调节新陈代谢和促进蛋白质合成的必需微量元素，除选用碘盐外，每周还应摄入1~2次含碘丰富的海产品。

2. 孕吐严重者，可少量多餐，保证摄入含必要量碳水化合物的食量　孕早期应维持孕前平衡膳食。如果早孕反应严重，可少食多餐，选择清淡或适口的膳食，保证摄入含必要量碳水化合物的食物，以预防酮血症对胎儿神经系统的损害。

3. 孕中晚期适量增加奶、鱼、禽、蛋、瘦肉的摄入　自孕中期开始，胎儿生长速率加快，应在孕前膳食的基础上，增加奶类200g/d，动物性食物孕中期增加50g/d、孕晚期增加125g/d，以满足对优质蛋白质、维生素A、钙、铁等营养素和能量增加的需要。建议每周食用2~3次鱼类，以提供对胎儿脑发育有重要作用的 n-3长链多不饱和脂肪酸。

4. 适量身体活动，维持孕期适宜增重　体重增长是反映孕妇营养状况的最实用的直观指标，与胎儿出生体重、妊娠并发症等妊娠结局密切相关。为保障胎儿正常生长发育，应使孕期体重增长保持在适宜的范围。身体活动还有利于愉悦心情和自然分娩。健康的孕妇每日应进行不少于30min的中等强度身体活动。

5. 禁烟酒，愉快孕育新生命，积极准备母乳喂养　烟草、乙醇对胚胎发育的各个阶段都有明显的毒性作用，容易引起流产、早产和胎儿畸形。有吸烟饮酒习惯的妇女必须戒烟禁酒，远离吸烟环境，避免二手烟。

（三）哺乳期妇女膳食指南

哺乳期是母体用乳汁哺育新生子代使其获得最佳生长发育并奠定一生健康基础的特

殊生理阶段。哺乳期妇女既要分泌乳汁、哺育婴儿，还需要逐步补偿妊娠、分娩时的营养素损耗并促进各器官、系统功能的恢复，因此比非哺乳妇女需要更多的营养。哺乳期妇女的膳食仍是由多样化食物组成的营养均衡的膳食，除保证哺乳期的营养需要外，还通过乳汁的口感和气味，潜移默化地影响较大婴儿对辅食的接受和后续多样化膳食结构的建立。

乳母的营养状况是泌乳的基础，如果哺乳期营养不足，将会减少乳汁分泌量，降低乳汁质量，并影响母体健康。哺乳期妇女膳食指南应在一般人群膳食指南基础上补充以下五条。

1. 增加富含优质蛋白质及维生素 A 的动物性食物和海产品，选用碘盐 乳母的营养是泌乳的基础，尤其是蛋白质营养状况对泌乳有明显影响。动物性食物如鱼、禽、蛋、瘦肉等可提供丰富的优质蛋白质和一些重要的矿物质和维生素，乳母每日应比孕前增加约80g 的鱼、禽、蛋、瘦肉。如条件限制，可用富含优质蛋白质的大豆及其制品替代。为保证乳汁中碘、n-3 长链多不饱和脂肪酸和维生素 A 的含量，乳母应选用碘盐烹调食物，适当摄入海带、紫菜、鱼、贝类等富含碘或 DHA 的海产品，适量增加富含维生素 A 的动物性食物，如动物肝脏、蛋黄等的摄入。奶类是钙的最好食物来源，乳母每日应增饮 200ml 的牛奶，使总奶量达到 400~500ml，以满足其对钙的需要。

2. 产褥期食物多样不过量，重视整个哺乳期营养 坐月子是中国的传统习俗，其间常过量摄入动物性食物，致能量和宏量营养素摄入过剩。重视整个哺乳阶段的营养，食不过量且营养充足，以保证乳汁的质与量以持续地进行母乳喂养。

3. 愉悦心情，充足睡眠，促进乳汁分泌 乳母的心理及精神状态也可影响乳汁分泌，保持愉悦心情，以确保母乳喂养的成功。

4. 坚持哺乳，适度运动，逐步恢复适宜体重 孕期体重过度增加及产后体重滞留，是女性肥胖发生的重要原因之一。坚持哺乳、科学活动和锻炼，有利于机体复原和体重恢复。

5. 忌烟酒，避免浓茶和咖啡 吸烟、饮酒会影响乳汁分泌，烟草中的尼古丁和乙醇也可通过乳汁进入婴儿体内，影响婴儿睡眠及精神运动发育。此外，茶和咖啡中的咖啡因有可能造成婴儿兴奋，乳母应避免饮用浓茶和大量咖啡。

三、中国婴幼儿喂养指南

（一）6 月龄内婴儿母乳喂养指南

6 月龄内（出生至 180 日内）是一生中生长发育的第一个高峰期，对能量和营养素的需要高于其他任何时期。但婴儿消化器官和排泄器官发育尚未成熟，功能不健全，对食物的消化吸收能力及代谢废物的排泄能力仍较低。母乳既可提供优质、全面、充足和结构适宜的营养素，满足婴儿生长发育的需要，又能完美地适应婴儿尚未成熟的消化能力，并促进其器官发育和功能成熟。此外，6 月龄内婴儿需要完成从宫内依赖母体营养到宫外依赖食物营养的过渡，来自母体的乳汁是完成这一过渡最好的食物，基于任何其他食物的喂养方式都不能与母乳喂养相媲美。母乳喂养能满足婴儿 6 月龄内全部液体、能量和营养素的需要，母乳中的营养素和多种生物活性物质构成一个特殊的生物系统，为婴儿提供全方位呵护，助其在离开母体子宫的保护后，仍能顺利地适应大自然的生态环境，健康成长。

6 月龄内婴儿处于 1000 日机遇窗口期的第二个阶段，营养作为最主要的环境因素对其生长发育和后续健康持续产生至关重要的影响。母乳中适宜数量的营养既能提供婴儿充足而适量的能量,又能避免过度喂养,使婴儿获得最佳的、健康的生长速率,为一生的健康奠定基础。因此,对6月龄内的婴儿应给予纯母乳喂养。

针对我国6月龄内婴儿的喂养需求和可能出现的问题,基于目前已有的充分证据,同时参考世界卫生组织(WHO)、联合国儿童基金会(UNICEF)和其他国际组织的相关建议,中国营养学会提出6月龄内婴儿喂养指南。

1. 产后尽早开奶,坚持新生儿第一口食物是母乳 初乳富含营养和免疫活性物质,有助于肠道功能发展,并提供免疫保护。母亲分娩后,应尽早开奶,让婴儿开始吸吮乳头,获得初乳并进一步刺激泌乳、增加乳汁分泌。婴儿出生后第一口食物应是母乳,有利于预防婴儿过敏,并减轻新生儿黄疸、体重下降和低血糖的发生。此外,让婴儿尽早反复吸吮乳头,是确保成功纯母乳喂养的关键。婴儿出生时,体内具有一定的能量储备,可满足至少3日的代谢需求;开奶过程中不用担心新生儿饥饿,可密切关注婴儿体重,体重下降只要不超过出生体重的7%就应坚持纯母乳喂养。温馨环境、愉悦心情、精神鼓励、乳腺按摩等辅助因素,有助于顺利成功开奶。准备母乳喂养应从孕期开始。

【关键推荐】

(1)分娩后尽早开始让婴儿反复吸吮乳头。

(2)婴儿出生后的第一口食物应该是母乳。

(3)生后体重下降只要不超过出生体重的7%就应坚持纯母乳喂养。

(4)婴儿吸吮前不需过分擦拭或消毒乳头。

(5)温馨环境、愉悦心情、精神鼓励、乳腺按摩等辅助因素,有助于顺利成功开奶。

2. 坚持6月龄内纯母乳喂养 母乳是婴儿最理想的食物,纯母乳喂养能满足婴儿6月龄以内所需要的全部液体、能量和营养素。此外,母乳有利于肠道健康微生态环境建立和肠道功能成熟,降低感染性疾病和过敏发生的风险。母乳喂养营造母子情感交流的环境,给婴儿最大的安全感,有利于婴儿心理行为和情感发展;母乳是最佳的营养支持,母乳喂养的婴儿最聪明。母乳喂养经济、安全又方便,同时有利于避免母体产后体重滞留,并降低母体乳腺癌、卵巢癌和2型糖尿病的风险。应坚持纯母乳喂养6个月。母乳喂养需要全社会的努力,专业人员的技术指导,家庭、社区和工作单位应积极支持。充分利用政策和法律保护母乳喂养。

【关键推荐】

(1)纯母乳喂养能满足婴儿6月龄以内所需要的全部液体、能量和营养素,应坚持纯母乳喂养6个月。

(2)按需喂奶,两侧乳房交替喂养;每日喂奶6~8次或更多。

(3)坚持让婴儿直接吸吮母乳,尽可能不使用奶瓶间接喂哺人工挤出的母乳。

(4)特殊情况需要在满6月龄前添加辅食的,应咨询医生或其他专业人员后谨慎做出决定。

3. 顺应喂养,建立良好的生活规律 母乳喂养应顺应婴儿胃肠道成熟和生长发育过程,从按需喂养模式到规律喂养模式递进。婴儿饥饿是按需喂养的基础,饥饿引起哭闹时应及时喂哺,不要强求喂奶次数和时间,特别是3月龄以前的婴儿。婴儿生后2~4周就基本建立了自己的进食规律,家长应明确感知其进食规律的时间信息。随着月龄增加,婴儿胃容量逐渐增加,单次摄乳量也随之增加,哺喂间隔则会相应延长,喂奶次数减少,逐渐建立起规律哺喂的良好饮食习惯。如果婴儿哭闹明显不符平日进食规律,应该首先排除非饥饿原因，如胃肠不适等。非饥饿原因哭闹时，增加哺喂次数只能缓解婴儿的焦躁心理，并不能解决根本问题，应及时就医。

【关键推荐】

（1）母乳喂养应从按需喂养模式到规律喂养模式递进。

（2）饥饿引起哭闹时应及时喂哺，不要强求喂奶次数和时间，但一般每日喂奶的次数可能在8次以上，生后最初会在10次以上。

（3）随着婴儿月龄增加，逐渐减少喂奶次数，建立规律哺喂的良好饮食习惯。

（4）婴儿异常哭闹时，应考虑非饥饿原因，应积极就医。

4. 婴儿出生后数日开始补充维生素 D，不需补钙 人乳中维生素 D 含量低，母乳喂养儿不能通过母乳获得足量的维生素 D。适宜的阳光照射会促进皮肤中维生素 D 的合成，但鉴于养育方式的限制，阳光照射可能不是6月龄内婴儿获得维生素 D 的最方便途径。婴儿出生后数日就应开始每日补充维生素 D 10μg（400 U）。纯母乳喂养能满足婴儿骨骼生长对钙的需求，不需额外补钙。推荐新生儿出生后补充维生素 K，特别是剖宫产的新生儿。

【关键推荐】

（1）婴儿生后数日开始每日补充维生素 D_3 10μg（400 U）。

（2）纯母乳喂养的婴儿不需要补钙。

（3）新生儿出生后应及时补充维生素 K。

5. 婴儿配方奶是不能纯母乳喂养时的无奈选择 由于婴儿患有某些代谢性疾病、乳母患有某些传染性或精神性疾病，乳汁分泌不足或无乳汁分泌等原因，不能用纯母乳喂养婴儿时，建议首选适合于6月龄内婴儿的配方奶喂养，不宜直接用普通液态奶、成人奶粉、蛋白粉、豆奶粉等喂养婴儿。任何婴儿配方奶都不能与母乳相媲美，只能作为纯母乳喂养失败后无奈的选择，或者6月龄后对母乳的补充。6月龄前放弃母乳喂养而选择婴儿配方奶，对婴儿的健康是不利的。

【关键推荐】

（1）任何婴儿配方奶都不能与母乳相媲美，只能作为母乳喂养失败后的无奈选择，或母乳不足时对母乳的补充。

（2）以下情况很可能不宜母乳喂养或常规方法的母乳喂养，需要采用适当的配方奶喂养，具体患病情况、母乳喂养禁忌和适用的喂养方案，请咨询营养师或医生：①婴儿患病；②母亲患病；③母亲因各种原因摄入药物；④经过专业人员指导和各种努力后，乳汁分泌仍不足。

（3）不宜直接用普通液态奶、成人奶粉、蛋白粉、豆奶粉等喂养6月龄内婴儿。

6. 监测体格指标，保持健康生长 身长和体重是反映婴儿喂养和营养状况的直观指标。疾病或喂养不当、营养不足会使婴儿生长缓慢或停滞。6月龄前婴儿应每半月测一次身长和体重，病后恢复期可增加测量次数，并选用世界卫生组织的《儿童生长曲线》判断婴儿是否得到正确、合理喂养。婴儿生长有自身规律，过快、过慢生长都不利于儿童远期健康。婴儿生长存在个体差异，也有阶段性波动，不必相互攀比生长指标。母乳喂养儿体重增长可能低于配方奶喂养儿，只要处于正常的生长曲线轨迹，即是健康的生长状态。

【关键推荐】

（1）身长和体重是反映婴儿喂养和营养状况的直观指标。

（2）6个月龄前婴儿每半月测量一次身长和体重，病后恢复期可增加测量次数。
（3）出生体重正常婴儿的最佳生长模式是基本维持其出生时在群体中的分布水平。
（4）婴儿生长有自身规律，不宜追求参考值上限。

（二）7~24月龄婴幼儿喂养指南

7~24月龄婴幼儿是指满6月龄（出生180日后）后至2周岁内（24月龄内）的婴幼儿。对于7~24月龄婴幼儿，母乳仍然是重要的营养来源，但单一的母乳喂养已经不能完全满足其对能量及营养素的需求，必须引入其他营养丰富的食物。与此同时，7~24月龄婴幼儿胃肠道等消化器官的发育、感知觉及认知行为能力的发展，也需要其有机会通过接触、感受和尝试，逐步体验和适应多样化的食物，从被动接受喂养转变到自主进食。这一过程从婴儿7月龄开始，到24月龄时完成。这一年龄段婴幼儿的特殊性还在于，父母及喂养者的喂养行为对其营养和饮食行为有显著的影响。顺应婴幼儿需求喂养，有助于健康饮食习惯的形成，并具有长期而深远的影响。

7~24月龄婴幼儿处于1000日机遇窗口期的第三阶段，适宜的营养和喂养不仅关系到近期的生长发育，也关系到长期的健康。针对我国7~24月龄婴幼儿营养和喂养的需求，以及可能出现的问题，基于目前已有的证据，同时参考WHO等的相关建议，提出7~24月龄婴幼儿的喂养指南。

1. 继续母乳喂养，满6月龄起添加辅食　母乳仍然可以为满6月龄（出生180日）后婴幼儿提供部分能量，优质蛋白质、钙等重要营养素，以及各种免疫保护因子等。继续母乳喂养也仍然有助于促进母子间的亲密连接，促进婴幼儿发育。因此7~24月龄婴幼儿应继续母乳喂养。不能母乳喂养或母乳不足时，需要以配方奶作为母乳的补充。

婴儿满6月龄时，胃肠道等消化器官已相对发育完善，可消化母乳以外的多样化食物。同时，婴儿的口腔运动功能，味觉、嗅觉、触觉等感知觉，以及心理、认知和行为能力也已准备好接受新的食物。此时开始添加辅食，不仅能满足婴儿的营养需求，也能满足其心理需求，并促进其感知觉、心理及认知和行为能力的发展。

【关键推荐】
（1）婴儿满6月龄后仍需继续母乳喂养，并逐渐引入各种食物。
（2）辅食是指除母乳和（或）配方奶以外的其他各种性状的食物。
（3）有特殊需要时须在医生的指导下调整辅食添加时间。
（4）不能母乳喂养或母乳不足的婴幼儿，应选择配方奶作为母乳的补充。

2. 从富铁泥糊状食物开始，逐步添加达到食物多样　7~12月龄婴儿所需能量1/3~1/2来自辅食，13~24月龄幼儿1/2~2/3的能量来自辅食，而母乳喂养的婴幼儿来自辅食的铁更高达99%。因而婴儿最先添加的辅食应该是富铁的高能量食物，如强化铁的婴儿米粉、肉泥等。在此基础上逐渐引入其他不同种类的食物以提供不同的营养素。

辅食添加的原则：每次只添加一种新食物，由少到多、由稀到稠、由细到粗，循序渐进。从一种富铁泥糊状食物开始，如强化铁的婴儿米粉、肉泥等，逐渐增加食物种类，逐渐过渡到半固体或固体食物，如烂面、肉末、碎菜、水果粒等。每引入一种新的食物应适应2~3日，密切观察是否出现呕吐、腹泻、皮疹等不良反应，适应一种食物后再添加其他新的食物。

【关键推荐】

（1）随母乳量减少，逐渐增加辅食量。

（2）首先添加强化铁的婴儿米粉、肉泥等富铁的泥糊状食物。

（3）每次只引入一种新的食物，逐步达到食物多样化。

（4）从泥糊状食物开始，逐渐过渡到固体食物。

（5）辅食应适量添加植物油。

3. 提倡顺应喂养，鼓励但不强迫进食

随着婴幼儿生长发育，父母及喂养者应根据其营养需求的变化，感知觉，以及认知、行为和运动能力的发展，顺应婴幼儿的需要进行喂养，帮助婴幼儿逐步达到与家人一致的规律进餐模式，并学会自主进食，遵守必要的进餐礼仪。

父母及喂养者有责任为婴幼儿提供多样化，且与其发育水平相适应的食物，在喂养过程中应及时感知婴幼儿所发出的饥饿或饱足的信号，并做出恰当的回应。尊重婴幼儿对食物的选择，耐心鼓励和协助婴幼儿进食，但绝不强迫进食。

父母及喂养者还有责任为婴幼儿营造良好的进餐环境，保持进餐环境安静、愉悦，避免电视、玩具等对婴幼儿注意力的干扰。控制每餐时间不超过 20min。父母及喂养者也应该是婴幼儿进食的好榜样。

【关键推荐】

（1）耐心喂养，鼓励进食，但决不强迫喂养。

（2）鼓励并协助婴幼儿自己进食，培养进餐兴趣。

（3）进餐时不看电视、玩玩具，每次进餐时间不超过 20min。

（4）进餐时喂养者与婴幼儿应有充分的交流，不以食物作为奖励或惩罚。

（5）父母应保持自身良好的进食习惯，成为婴幼儿的榜样。

4. 辅食不加调味品，尽量减少糖和盐的摄入　辅食应保持原味，不加盐、糖及刺激性调味品，保持淡口味。淡口味食物有利于提高婴幼儿对不同天然食物口味的接受度，减少偏食挑食的风险。淡口味食物也可减少婴幼儿盐和糖的摄入量，降低儿童期及成人期肥胖、糖尿病、高血压、心血管疾病的风险。

强调婴幼儿辅食不额外添加盐、糖及刺激性调味品，也是为了提醒父母在准备家庭食物时也应保持淡口味，即为适应婴幼儿的需要，也为保护全家人的健康。

【关键推荐】

（1）婴幼儿辅食应单独制作。

（2）保持食物原味，不需要额外加糖、盐及各种调味品。

（3）1 岁以后逐渐尝试淡口味的家庭膳食。

5. 注重饮食卫生和进食安全

选择新鲜、优质、无污染的食物和清洁水制作辅食。制作辅食前须先洗手。制作辅食的餐具、场所应保持清洁。辅食应煮熟、煮透。制作的辅食应及时食用或妥善保存。进餐前洗手，保持餐具和进餐环境清洁、安全。

婴幼儿进食时一定要有成人看护，以防进食意外。整粒花生、坚果、果冻等食物不适合婴幼儿食用。

【关键推荐】
（1）选择安全、优质、新鲜的食材。
（2）制作过程始终保持清洁卫生，生熟分开。
（3）不吃剩饭，妥善保存和处理剩余食物。
（4）饭前洗手，进食时应有成人看护，并注意进食环境安全。

6. 定期监测体格指标，追求健康生长 适度、平稳生长是最佳的生长模式。每3个月一次定期监测并评估7～24月龄婴幼儿的体格生长指标有助于判断其营养状况，并可根据体格生长指标的变化，及时调整营养和喂养。对于生长不良、超重肥胖，以及处于急慢性疾病期间的婴幼儿应增加监测次数。

【关键推荐】
（1）体重、身长是反映婴幼儿营养状况的直观指标。
（2）每3个月一次，定期测量身长、体重、头围等体格生长指标。
（3）平稳生长是最佳的生长模式。

四、中国儿童少年膳食指南

儿童少年指满2周岁至不满18岁的未成年人（简称为2～17岁儿童），分为2～5岁学龄前儿童和6～17岁学龄儿童少年两个阶段。

（一）学龄前儿童膳食指南

学龄前儿童指满2周岁后至满6周岁前的儿童，基于2～5岁儿童生理和营养特点，该年龄段儿童在一般人群膳食指南基础上增加如下关键推荐：

1. 规律就餐，自主进食不挑食，培养良好饮食习惯 学龄前儿童的合理营养应由多种食物构成的平衡膳食来提供，规律就餐是其获得全面、足量的食物摄入和良好消化吸收的保障。

此时期儿童神经心理发育迅速，自我意识和模仿力、好奇心增强，易出现进食不够专注，因此要注意引导儿童自主、有规律地进餐，保证每日不少于三次正餐和两次加餐，不随意改变进餐时间、环境和进食量，培养儿童摄入多样化食物的良好饮食习惯，纠正挑食、偏食等不良饮食行为。

2. 每日饮奶，足量饮水，正确选择零食 建议每日饮奶300～400ml或相当量的奶制品。儿童新陈代谢旺盛，活动量大，水分需要量相对较多，每日总水量为1300～1600ml，除奶类和其他食物中摄入的水外，建议学龄前儿童每日饮水600～800ml，以白开水为主，少量多次饮用。

零食对学龄前儿童是必要的，对补充所需营养有帮助。零食应尽可能与加餐相结合，以不影响正餐为前提，多选用营养密度高的食物如奶制品、水果、蛋类及坚果类等，不宜选用能量密度高的食品如油炸食品、膨化食品。

3. 食物应合理烹调，易于消化，少调料、少油炸 从小培养儿童清淡口味，有助于形成终生的健康饮食习惯。在烹调方式上，宜采用蒸煮炖煨等烹调方式。特别注意要完全去除皮、骨、刺、核等，大豆、花生等坚果类食物，应先磨碎，制成泥糊浆等状态进食。口味以清淡为好，不应过咸、油腻和辛辣，尽可能少用或不用味精或鸡精、色素、糖精等调味品。为儿童烹调食物时，应控制食盐用量，还应少选含盐量高的腌制食品或调味品。可选天然、新鲜香料（如葱、蒜、洋葱、柠檬、醋、香草等）和新鲜蔬果汁（如番茄汁、南瓜菠菜汁等）进行调味。

4. 参与食物选择与制作，增进对食物的认知与喜爱 鼓励儿童体验和认识各种食物的天然味道和质地，了解食物特性，增进对食物的喜爱。同时应鼓励儿童参与家庭食物选择和制作过程，以吸引儿童对各种食物的兴趣，享受烹饪食物过程中的乐趣和成就。家长或幼儿园老师可带儿童去市场选购食物，辨认应季蔬果，尝试自主选购蔬菜。在节假日，带儿童去农田认识农作物，实践简单的农业生产过程，参与植物的种植，观察植物的生长过程，介绍蔬菜的生长方式、营养成分及对身体的好处，并亲自动手采摘蔬菜，激发孩子对食物的兴趣，享受劳动成果。让儿童参观家庭膳食制备过程，参与一些力所能及的加工活动如择菜，体会参与的乐趣。

5. 经常户外活动，保障健康生长 鼓励儿童经常参加户外游戏与活动，实现对其体能、智力的锻炼培养，维持能量平衡，促进皮肤中维生素 D 的合成和钙的吸收利用。学龄前儿童每日应进行至少 60min 的体育活动，最好是户外游戏或运动，除睡觉外尽量避免让儿童有连续超过 1h 的静止状态，每日看电视、玩平板电脑的累计时间不超过 2h。建议每日结合日常生活多做体力锻炼（公园玩耍、散步、爬楼梯、收拾玩具等）。适量做较高强度的运动和户外活动，包括有氧运动（骑小自行车、快跑等）、伸展运动、肌肉强化运动（攀架、健身球等）、团体活动（跳舞、小型球类游戏等）。减少静态活动（看电视、玩手机、电脑或电子游戏）。

（二）学龄儿童膳食指南

学龄儿童指从 6 岁至不满 18 岁的未成年人。学龄儿童正处于在校学习阶段，生长发育迅速，对能量和营养素的需要量相对高于成年人。充足的营养是学龄儿童智力和体格正常发育，乃至一生健康的物质保障，因此，更需要强调合理膳食、均衡营养。在一般人群膳食指南的基础上，推荐如下五条。

1. 认识食物，学习烹饪，提高营养科学素养 学龄儿童时期是学习营养健康知识、养成健康生活方式、提高营养健康素养的关键时期。了解和认识食物，学会选择食物、烹调和合理饮食的生活技能；传承我国优秀饮食文化和礼仪，对于儿童青少年自身健康和我国优良饮食文化传承具有重要意义。

2. 三餐合理，规律进餐，培养健康饮食行为 学龄儿童的消化系统结构和功能还处于发育阶段。一日三餐的合理和规律是培养健康饮食行为的基本。应清淡饮食，少在外就餐，少吃高能量、高脂肪或含糖的快餐。

3. 合理选择零食，足量饮水，不喝含糖饮料 足量饮水不仅可以促进儿童健康成长，还能提高学习能力，而经常大量饮用含糖饮料会增加他们发生龋齿和超重肥胖的风险。要合理选择零食，每日饮水 800～1400ml，首选白开水，不喝或少喝含糖饮料，禁止饮酒。

4. 不偏食节食，不暴饮暴食，保持适宜体重增长 学龄儿童的营养应均衡，以保持适宜的体重增长。偏食挑食和过度节食会影响儿童青少年健康，容易出现营养不良。暴饮暴食在短时间内会摄入过多的食物，加重消化系统的负担，增加发生超重肥胖的风险。超重肥胖不仅影响学龄儿童的健康，更容易延续到成年期，增加慢性病的危险。

5. 保证每日至少活动 60min，增加户外活动时间 充足、规律和多样的身体活动可强健骨骼和肌肉、提高心肺功能、降低慢性病的发病风险。要尽可能减少久坐少动和视屏时间，开展多样化的身体活动，保证每日至少活动60min，其中每周至少3次高强度的身体活动、3次抗阻力运动和骨质增强型运动；增加户外活动时间，有助于维生素D体内合成，还可有效减缓近视的发生和发展。

五、中国老年人膳食指南

老年人指65岁以上的人群，该人群的膳食指南是在一般人群指南的基础上对老年人膳食的补充说明和指导。

1. 少量多餐细软；预防营养缺乏 考虑到不少老年人牙齿缺损，消化液分泌和胃肠蠕动减弱，容易出现食欲下降和早饱现象，造成食物摄入量不足和营养缺乏，因此老年人膳食更应注意合理设计、精准营养。食物制作要细软，并做到少量多餐。对于有吞咽障碍的老人和高龄老人，可选择软食，进食中要细嚼慢咽，预防呛咳和误吸；对于贫血、钙和维生素D、维生素A等营养缺乏的老年人，建议在营养师和医生的指导下，选择适合自己的营养强化食品。

2. 主动足量饮水；积极户外活动 老年人身体对缺水的耐受性下降。饮水不足可对老年人的健康造成明显影响，因此要足量饮水。每日的饮水量达到1500～1700ml。应少量多次，主动饮水，首选是温热的白开水。

3. 延缓肌肉衰减；维持适宜体重 骨骼肌是身体的重要组成部分，延缓肌肉衰减对维持老年人活动能力和健康状况极为重要。延缓肌肉衰减的有效方法是吃动结合，一方面要增加摄入富含优质蛋白质的瘦肉、海鱼、豆类等食物；另一方面要进行有氧运动和适当的抗阻运动。老年人体重应维持在正常稳定水平，不应过度苛求减重，体重过高或过低都会影响健康。从降低营养不良风险和死亡风险的角度考虑，老年人的BMI应不低于$20kg/m^2$为好，鼓励通过营养师的个性化评价来指导和改善。

4. 摄入充足食物；鼓励陪伴进餐 户外活动有助于老年人更好的接受紫外线照射，有利于体内维生素D合成，延缓骨质疏松和肌肉衰减的发展，因此老年人应积极进行户外活动，积极主动参与家庭和社会活动，鼓励与家人一起进餐，主动参与烹饪；独居老年人，可去集体用餐点或多与亲朋一起用餐和活动，以便摄入更多丰富的食物和积极参加集体活动，增加接触社会的机会。

六、中国居民平衡膳食的图示及其应用

（一）中国居民平衡膳食宝塔

中国居民平衡膳食宝塔（Chinese food guide pagoda，以下简称宝塔）是根据《中国居民膳食指南（2016）》的核心内容和推荐，结合中国居民膳食的实际情况，把平衡膳食原则转化为显示各类食物的数量和比例的图形表示。

宝塔形象化的组合，遵循了平衡膳食的原则，体现了一个在营养上比较理想的基本构成（图8-2）。宝塔共分5层，各层面积大小不同，体现了5类食物和量的多少；5类食物包括谷薯类、蔬菜水果、畜禽鱼蛋类、奶类、大豆和坚果类及烹饪用油盐，其食物数量是根据不同能量需要而设计，宝塔旁边的文字注释，表明了在能量为1600～2400kcal时，一段时间内成人每人每天各类食物摄入量的平均范围。

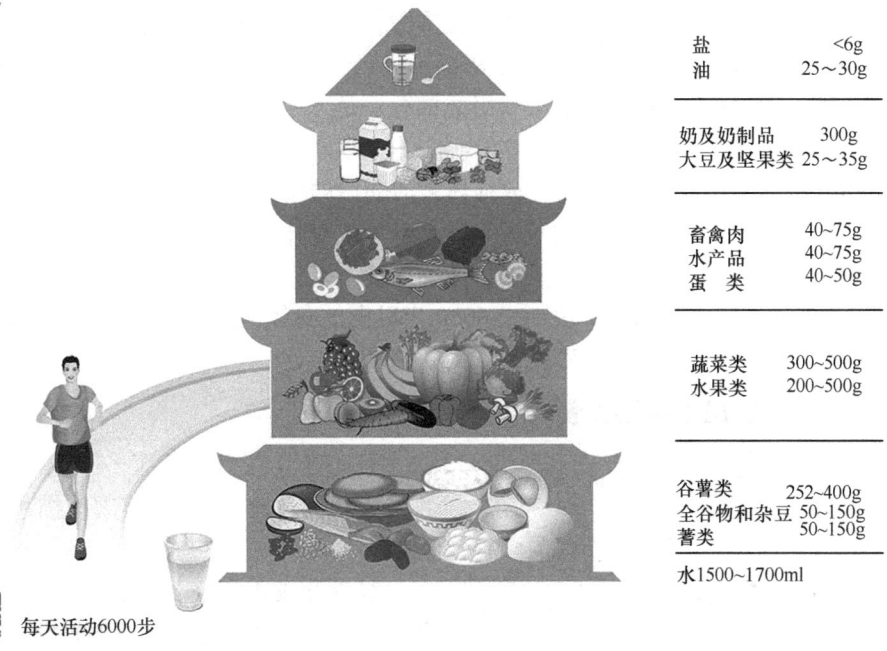

图 8-2 中国居民平衡膳食宝塔（2016）

1. 第一层 谷薯类食物。

谷薯类是膳食能量的主要来源，也是多种微量营养素和膳食纤维的良好来源。膳食指南中推荐 2 岁以上健康人群的膳食应食物多样、谷物为主。成人每人每日应该摄入谷、薯、杂豆类数量为 250～400g，其中全谷物 50～150g（包括杂豆类），新鲜薯类 50～100g。

2. 第二层 蔬菜水果。

蔬菜水果是膳食指南中鼓励多摄入的两类食物，在 1600～2400kcal 能量需要水平下，推荐每人每日蔬菜摄入量应为 300～500g，水果 200～350g。蔬菜水果是膳食纤维、微量营养素和植物化学物的良好来源，多吃蔬菜水果也是降低膳食能量摄入的不错选择。

3. 第三层 鱼、禽、肉、蛋等动物性食物。

鱼、禽、肉、蛋等动物性食物是膳食指南推荐适量食用的一类食物。在能量需要 1600～2400kcal 水平下，推荐每日鱼、禽、肉、蛋摄入量共计 120～200g。新鲜的动物性食物是优质蛋白质、脂肪和脂溶性维生素的良好来源，建议每日畜禽肉的摄入量为 40～75g，少吃加工类肉制品。

4. 第四层 乳类、大豆和坚果。

乳类、豆类是鼓励多摄入的。乳类、大豆和坚果是蛋白质和钙的良好来源，营养素密度高。在 1600～2400kcal 能量需要水平下，推荐每日应摄入相当于鲜奶 300g 的奶类及奶制品，推荐大豆和坚果制品摄入量为 25～35g。部分坚果的蛋白质与大豆相似，富含必需脂肪酸和必需氨基酸，作为菜肴、零食等都是实现食物多样化的良好选择。

5. 第五层 烹调油和盐。

油、盐作为烹饪调料，是建议尽量少用的食物，推荐成人每日烹调油摄入量为 25～30g，食盐摄入量不超过 6g。烹调油也要多样化，经常更换种类，食用多种植物油可满足人体对各种脂肪酸的需要。我国居民食盐用量普遍较高，盐与高血压关系密切，限制盐的摄入是我国的长期目标，除了少用食盐外，也需要控制隐形高盐食品的摄入量。

6. 运动和饮水 身体活动和水的图示仍包含在可视化图形中，强调增加身体活动和足量饮水的重要性。水是膳食的重要组成部分，是一切生命必需的物质，其需要量主要受年龄、身体活动、环境温度等因素的影响。轻体力活动的成年人每人每日至少饮水 1500～1700ml（7～8 杯），在高温环境或强体力活动后的条件下，应适当增加。运动或身体活动是能量平衡和保持身体健康的重要手段。运动或身体活动能有效地消耗能量，保持精神和机体代谢的活跃性。鼓励养成天天运动的习惯，坚持每日多做一些消耗体力的活动。推荐成年人每日进行至少相当于快步走 6000 步以上的身体活动，每周最好进行 150min 中等强度的运动，如骑车、跑步、庭院或农田的劳动等。

（二）中国居民平衡膳食餐盘

平衡膳食餐盘描述了一个人一餐中膳食的食物组成和大致比例，更加直观地描述一餐膳食的合理组合搭配（图 8-3）。

餐盘分成 4 部分，分别是谷物、动物性食物、蔬菜和水果，餐盘旁的一杯牛奶提示其重要性。此餐盘适用于 2 岁以上人群，是一餐中食物基本构成的描述。

与膳食平衡宝塔相比，"膳食平衡餐盘"更加简明，不细分食物数量，给大家一个框架性认识，容易记忆和操作。2 岁以上人群都可参照此结构计划膳食，即便是对素食者而言，也很容易替换肉类为豆类，以使获得充足的蛋白质。

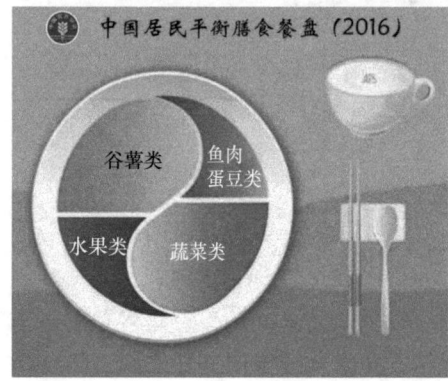

图 8-3 中国居民平衡膳食餐盘（2016）

（三）中国儿童平衡膳食算盘

平衡膳食算盘（图 8-4）描述了儿童一日膳食的食物组成和份数，更加直观地描述了平衡膳食模式的合理组合搭配。

算盘分成 6 行，黄色是谷物 6 份，绿色是蔬菜 5 份、蓝色是水果 4 份、动物性食物 3 份，奶 2 份，油一点。算盘用不同色彩珠子标示数量和其重要性。此算盘适用于所有儿童，其珠子分量为 6～10 岁儿童适用，宣传和知识传播中可以寓教于乐，与儿童很好沟通和记忆一日三餐食物基本构成。

平衡膳食算盘简单勾画了膳食结构图，给儿童一个大致认识。跑步的儿童身挎水壶，表达了鼓励喝白开水、天天运动、积极活跃的生活与学习的健康理念。

（四）中国居民膳食指南的应用

膳食指南的应用和实践，是把营养和健康科学知识转化为平衡膳食模式的促进和推广过程。在营养和健康宣传教育中，膳食指南为全体营养和健康教育工作者、健康传播者提供了最新最权威的科学证据和资源。同时，营养教育工作者在实践中也可加入自己的经验和知识，帮助消费者应用，并在生活中加以实践。膳食指南能促进消费者健康生活，因此其应用包括如下方面。

图 8-4　中国居民平衡膳食算盘（2016）

1. 生活实践

（1）设计平衡膳食，自我管理一日三餐。

（2）了解并实践"多吃"的食物。

（3）了解并控制"少吃"的食物。

（4）合理运动和保持健康体重。

（5）评价个人膳食和生活方式，逐步达到理想要求。

2. 公共营养和大众健康

（1）营养教育实践资源和教材。

（2）发展和促进营养相关政策和标准的基础。

（3）创造和发展新的膳食计算和资源的工具。

（4）科学研究、教学、膳食管理的指导性文件。

（5）推动和实施全民营养周、社区健康指导、健康城市等的健康促进资源。

（6）慢性病预防和健康管理的行动指南。

3. 膳食设计、管理和评价

（1）设计和计划膳食：设计一日三餐的基本原则包括：食物的种类和数量能满足营养需要；选择喜爱的食物和菜肴，价格适宜；烹饪用较短时间和较少劳动，并最大限度地保持营养不损失；三餐饭菜食物多样并有饱腹感；挑选食物时考虑其营养和健康功能等。膳食设计包括以下 4 个基本步骤。

1）确定膳食营养目标：膳食指南是基于食物的平衡膳食指导，因此可根据满足不同能量需要水平的食物量来设计一日三餐。根据中国居民膳食营养素参考摄入量（DRIs，

2013),可以简单地根据自己的年龄和劳动强度来确定营养需要量(表 8-2),直接采用对应的能量值作为膳食设计的目标。在实际生活中,每个人还需根据自己的生理状态、身体活动程度及体重情况,以及食物资源可及性进行调整。

表 8-2 不同年龄轻体力活动的能量需要量(EER)

人群分类	幼儿		儿童青少年			成人		老年人
	2~3岁	4~6岁	7~10岁	11~13岁	14~17岁	18~49岁	≥50岁	≥65岁
能量需要量 EER(kcal/d)	1000~1250	1200~1400	1350~1800	1800~2050	2000~2500	1800~2250	1750~2100	1500~2050

注:幼儿为中体力活动水平。

从事轻微体力劳动的成年男子,如办公室职员等,可参照中等能量(2400kcal)膳食来安排自己的进食量;从事中等强度体力劳动者如钳工、卡车司机和一般农田劳动者可参照高能量(2800kcal)膳食进行安排;不参加劳动的老年人可参照低能量(1800kcal)膳食来安排。女性一般比男性的食量小,因为女性体重较轻且身体构成与男性不同。女性需要的能量往往比从事同等劳动的男性低 200kcal 或更多。一般来说人们的进食量可自动调节,当一个人的食欲得到满足时,他对能量的需要也就会得到满足。

此外,食物指导建议的各类食物摄入量是一个平均值和比例。例如,中国居民每日膳食中应当包含膳食宝塔中的各类食物,各类食物的比例也应基本与膳食宝塔一致。日常生活中无须每日都完全按照"宝塔"推荐量吃。例如,烧鱼比较麻烦就不一定每日都吃 50g 鱼,改成每周吃 2~3 次鱼、每次 150~200g 较为切实可行。实际上平日喜欢吃鱼的多吃些鱼、愿吃鸡的多吃些鸡都无妨碍,重要的是一定要经常遵循宝塔各层各类食物的大体比例。

2)确定和选择食物,并确定食物食用量:根据食物分组,分别选择谷类、蔬菜、鱼或肉类或蛋类、植物油作为主食和烹饪菜肴;选择水果、奶类作为餐桌食物或零食。注意食物选择上的多样性,多吃深色叶菜、全谷物等。食物量确定最简单的方法为应用膳食指南的推荐量,选择适宜的能量水平,按照不同组食物的量进行对应选择(表 8-3),其中食物建议量均为食物可食部分的生重量。

表 8-3 平衡膳食宝塔建议不同能量膳食的各类食物参考摄入量[g/(d·人)]

食物种类(g)	不同能量摄入水平(kcal)				
	1600	1800	2000	2200	2400
谷类	200	225	250	275	300
全谷物及杂豆	50~150				
薯类	50~100				
蔬菜	300	400	450	450	500
深色蔬菜	占所有蔬菜的1/2				
水果	200	200	300	300	350
畜禽肉类	40	50	50	75	75
蛋类	40	40	50	50	50
水产品	40	50	50	75	75

续表

食物种类（g）	不同能量摄入水平（kcal）				
	1600	1800	2000	2200	2400
乳制品	300	300	300	300	300
大豆	15	15	15	25	25
坚果	10	10	10	10	10
烹调油	20~25	25	25	25	30
食盐	<6	<6	<6	<6	<6

人们吃多种多样的食物不仅是为了获得均衡的营养，也是为了使饮食更加丰富多彩以满足人们的口味享受。例如，人们每日都吃同样的 50g 肉、40g 豆，难免久食生厌，那么合理营养也就无从谈起了。每一类食物中都有许多的品种，虽然每种食物都与另一种不完全相同，但同一类中各种食物所含营养成分往往大体上近似，在膳食中可以互相替换。因此可把营养与美味结合起来，按照同类互换、多种多样的原则调配一日三餐。

同类互换就是以粮换粮、以豆换豆、以肉换肉。例如，大米可与面粉或杂粮互换，馒头可以和相应量的面条、烙饼、面包等互换；大豆可与相当量的豆制品或杂豆类互换；瘦猪肉可与等量的鸡、鸭、牛、羊、兔肉互换；鱼可与虾、蟹等水产品互换；牛奶可与羊奶、酸奶、奶粉或奶酪等互换。

多种多样就是选用品种、形态、颜色、口感多样的食物，变换烹调方法。例如，每日吃 50g 豆类及豆制品，掌握了同类互换、多种多样的原则就可以变换出数十种吃法。可以全量互换，全换成相当量的豆浆或豆腐干，今天喝豆浆、明天吃豆腐干。也可以分量互换如 1/3 换豆浆、1/3 换腐竹、1/3 换豆腐；早餐喝豆浆、中餐吃凉拌腐竹、晚餐再喝碗酸辣豆腐汤。

3）合理烹调，清淡饮食，养成习惯：少油和少盐是合理烹调的要素之一，日常烹饪时应该掌握油和盐的用量。肉类多需要的油盐也较多，摄入量过大也必然导致摄入的油盐多。膳食对健康的影响是长期的结果，因此，选择清淡的平衡膳食，并长期坚持不懈，才能充分发挥平衡膳食对健康的有效作用。

4）确认和核查：建议采用中国居民膳食营养素参考摄入量（DRIs，2013）来计算评价设计的食谱是否达到营养要求，或者一段时间内核查体重的变化，以使膳食设计和需求一致。

（2）比较和评价膳食：膳食比较和评价的方法包括食物组成分析、能量来源分析、蛋白质来源分析、营养素供给分析等，均可按照膳食指南提出的食物结构、数量等参照比较和评价。中国居民膳食营养素参考摄入量（DRIs，2013）也是评价膳食营养摄入状况的参考标准。

1）食物结构分析：比较膳食结构和数量是否符合膳食指南的建议，特别是全谷物、深色蔬菜、牛奶和豆类是否满足要求。

2）能量来源分析：计算能量的三大营养素来源——碳水化合物、脂肪和蛋白质比例是否恰当，食物来源与膳食指南的推荐相比是否适宜。

3）蛋白质来源分析：来源于动物和大豆蛋白质是否有 1/2 以上，优质蛋白质比例是否合理。

4）营养素供应分析：膳食提供的主要营养素是否符合 DRIs 的要求，主要营养素如钙、铁的食物来源是否得当。

5）其他：如盐和油的用量是否得当。

4. 营养教育和促进　膳食指南引航营养教育，形成中国居民饮食新食尚，树饮食文明新风，达到健康促进的目标。实践膳食指南所倡导的原则和观点，保持平衡膳食，不仅需要意识、知识，更需要行动、措施和技巧。食物多样、食物定量、合理运动、分餐制是实践营养均衡和促进健康的关键环节，也是保障平衡膳食、食不过量、不浪费和饮食卫生的良好措施。

我国幅员辽阔，各地的饮食习惯及物产不尽相同，充分利用本地资源，因地制宜，更能有效地实现平衡膳食模式。例如，农村和城镇应利用当地和近郊的蔬菜水果等食物资源，鼓励家庭庭院的蔬菜自给自足；山区则可利用山羊奶及花生、瓜子、核桃、榛子等资源，提高蛋白质和脂肪供给；海产丰富地区可多食用鱼虾类代替畜肉类。在某些情况下，由于地域、经济或物产所限，无法采用同类互换时，也可用豆类代替乳类、肉类；或用蛋类代替鱼、肉类。选用新鲜食物、充分利用本地资源、低碳环保、分餐制、促进可持续发展是倡导的饮食新食尚。

第三节　国外膳食指南和食物指导

一、美国膳食指南和食物指导

第一部美国膳食指南于1980年由美国卫生与公共服务部和农业部联合发布制订，以后每5年修订一次。最初主要针对营养缺乏病的预防。随着营养与慢性非传染性疾病关系研究的开展，越来越多的学者发现食物在降低慢性非传染性疾病的发生风险方面有一定作用，于是《膳食指南》的目标延伸至降低慢病风险、维持理想体重和促进健康等方面。

《2015～2020美国膳食指南》适用于所有2岁及以上的个体。前几版《膳食指南》着重于个别食物类别与营养素的摄入，然而人们进食时并不单独摄取某一种食物，而是由多种食物混合组成的膳食，其包含的营养素与食物成分可相互作用而对健康产生潜在的累积效应。新版《美国膳食指南》将"健康膳食模式"作为主线，贯彻在全部条目中（表8-4）。

表8-4　美国2000、2005、2010和2015版膳食指南比较

2000版	2005版	2010版	2015版
1. 保持健康体重	1. 在所需热量内保证充足的营养素	1. 平衡能量控制体重	1. 一生遵循"健康膳食模式"
2. 每日有体力活动	2. 体重控制	2. 需减少的食物和食物成分	2. 集中关注食物品种、营养素密度与摄入量
3. 按"金字塔"指南选择食物	3. 体育锻炼	3. 应增加的食物和营养素	3. 限制来自添加糖与饱和脂肪的能量，减少钠的摄入
4. 每日选择多种谷物，尤其是全谷物	4. 推荐的食品种类	4. 树立健康饮食习惯	4. 转向更健康的食物与饮料

续表

2000版	2005版	2010版	2015版
5. 每日选择多种水果和蔬菜	5. 脂肪	5. 辅助进行个性化选择	5. 支持全民采用"健康膳食模式"
6. 保证食物安全	6. 碳水化合物		
7. 选择低饱和脂肪酸、低胆固醇而总脂肪适度的膳食	7. 钠和钾		
8. 选择饮料和食物时考虑糖的适应摄入	8. 乙醇饮料		
9. 选择和制备少盐膳食	9. 食品安全		
10. 若饮乙醇饮料应限量			

（一）《美国膳食指南（2015）》的推荐条目和推荐意见。

1. 推荐条目

（1）一生遵循"健康膳食模式"：在适宜能量水平下选择各种食物和饮品组成"健康膳食模式"，以维持充足营养、健康体重，并减少慢病风险。

（2）重点关注食物品种、营养素密度与摄入量：在一定能量范围内从所有食物类别中选择能达到推荐量的高营养素密度的多个品种，以满足营养需要。

（3）限制来自添加糖与饱和脂肪的能量，减少钠的摄入：减少含添加糖、饱和脂肪与高钠的食物与饮料的摄入，以符合"健康膳食模式"。

（4）选择更健康的食物与饮料：在所有食物类别中，选择营养素密度高的食物与饮料，以代替不利健康的食物与饮料。考虑文化和个人的偏好，使这一转变易于完成和维持。

（5）支持全民采用"健康膳食模式"：在全国多种环境下，从家庭到学校、工作单位、社会，每人都有责任去协助创建和支持"健康膳食模式"。

2. 推荐意见

（1）在适宜的能量摄入水平，从全部食物饮料中选出适合的品种组成"健康膳食模式"（共设12个摄入能量水平，其中每日1000～1400kcal适用于2～8岁儿童，1600～3200kcal适用于9岁以上儿童及成人）。能量水平不同，各类食物摄入量不同。

（2）"健康膳食模式"推荐的重要食物包括：①多种蔬菜包括深绿色、橘黄色、豆类（干豆与鲜豆）、淀粉类及其他蔬菜；②水果，特别是全果；③谷类，至少一半是全谷；④脱脂或低脂乳类；⑤蛋白质食物，包括海产品、瘦肉与禽类、蛋类、豆类及大豆制品、坚果、籽仁；⑥食用油。

（3）"健康膳食模式"限制饱和脂肪与添加糖的摄入，其每日摄入量均应小于总能量的10%。钠每日摄入量应小于2300mg。尽量限制反式脂肪的摄入。如饮酒，应适量，只限于法定人群；每日女性限1杯，男性限2杯。1杯指含纯乙醇14g或0.6 fl oz（fluid ounce, 液体盎司，1美制液体盎司=29.57ml），或17.7ml的饮品。

（4）各年龄段人群均应按《美国体力活动指南》的推荐进行身体活动，以达到能量平衡，维持健康体重。

（二）《美国膳食指南（2015）》关键点

1. 维持能量平衡

（1）儿童青少年能量摄入应满足正常生长发育所需且体重不能增加过多。超重或肥胖者应改变膳食与体力活动,以降低体重增速而恢复至健康范畴。

(2) 孕妇应维持健康体重,其体重增加应在"孕期增重指南"推荐范围之内。

(3) 肥胖成人及具有心血管病风险如高血脂、高血压者应减少能量摄入而增加身体活动。如每周减重 1~1.5lb(1lb=0.4536kg),则每日应减少 500~750kcal 的能量摄入。男性每日摄入 1500~1800kcal 及女性每日摄入 1200~1500kcal 可安全地减重。

(4) 65 岁以上的超重或肥胖老人,特别有心血管病风险者应防止体重再增加。减重能减少心血管病风险和改善生活质量。

2. 健康膳食模式推荐的主要食物

(1) 蔬菜:是膳食纤维、维生素、矿物质、植物化学物的主要来源。例如,深绿色蔬菜含维生素 K 最多,橘黄色蔬菜含 β-胡萝卜素最多,豆类蔬菜含膳食纤维最多、淀粉类蔬菜含钾最多。蔬菜含有的叶酸有预防婴儿先天性神经管缺陷的作用。维生素 C 能促进铁的吸收。要求选择各类蔬菜的多个品种以获得多种营养素。

(2) 水果:包括全果与无糖的 100%果汁。水果富含膳食纤维、钾、维生素 C。果汁含膳食纤维比全果少,如摄入过多可能导致能量过高,故饮用 100%果汁时不要添加糖。食用罐藏或干制果品时,应选择添加糖最低的。食用水果时,应至少一半是全果。

(3) 谷物:包括稻米、小麦和玉米、高粱、小米、大麦、燕麦、荞麦等。全谷指包括胚乳、糠麸、胚芽在内的完整籽粒。加工去除糠麸与胚芽后则为精制谷物,其中膳食纤维、多种矿物质和维生素不同程度地被去除,甚至完全丧失。推荐每日摄入谷物中至少一半应是全谷。1 盎司当量(ounce equivalent,oz-eq)全谷相当于 16g。

(4) 乳类:包括鲜奶、酸奶、奶酪及强化钙、维生素 A 和 D 的豆浆。乳类含多种营养素,特别是蛋白质和钙,还有其他维生素与矿物质。与奶酪相比,脱脂/低脂奶((1%)或酸奶含饱和脂肪酸与钠较少,而钾、维生素 A 和 D 较多。乳糖不耐者可选择零乳糖或低乳糖的鲜奶或酸奶。

(5) 蛋白质食物:动物蛋白包括肉类、禽类、蛋类与海产品;植物蛋白包括坚果、籽仁和大豆类。乳类也是蛋白质食物。除蛋白质外,此类食物还含其他营养素,如肉类锌含量最高,禽类烟酸含量最高,蛋类胆碱含量最高,坚果籽仁类则维生素 E 含量最高,豆类还是铜、锰、铁的重要来源。海产品提供 ω-3 脂肪酸(二十碳五烯酸和二十二碳六烯酸),同时其维生素 B_{12} 与维生素 D 含量也最高。肉、禽、海产品都含血红素铁,其生物利用率较植物来源的非血红素铁高,预防幼童和孕妇贫血特别重要。

研究显示,减少肉及禽类制品的摄入可降低心血管病、肥胖、糖尿病与某些癌症的发生风险。摄入海产品与降低心血管病和肥胖风险有关。孕妇乳母每周摄入 8~12oz(盎司,1oz 相当于 28.35g)海产品,有利于促进婴儿健康。鉴于海产品含重金属甲基汞,故应选含 ω-3 脂肪酸较高而甲基汞很低甚至没有的食用。大豆含蛋白质最高(40%),与动物蛋白相近,其氨基酸组成除蛋氨酸略低外,其他氨基酸比值与人体需要接近,故其营养价值较高。美国食品药品监督管理局(FDA)曾批准健康声称"每日摄入 25g 大豆蛋白可降低心脏病风险"。坚果与籽仁含能量高,只能少量食用以替代其他蛋白质食物而不另做添加。

(6) 食用油:常用的植物油大部分含多不饱和脂肪与单不饱和脂肪,是必需脂肪酸亚油酸和 α-亚麻酸及维生素 E 的主要来源,同时可提供能量,并促进脂溶性维生素的吸收。坚果、籽仁、海产品也含油脂。热带植物产生的可可油、棕榈油含大量饱和脂肪,不包括在食用油中。单不饱和脂肪酸可降低慢病风险,在橄榄油、茶油中含量最高,花生油、红花油次之，也存在于花生酱与坚果中。大多数动物脂肪如猪肉、牛肉、鸡肉及野味中也有一定量的单不饱和脂肪酸。单不饱和脂肪酸有降血脂、抗血凝的功效。从膳食摄入的脂肪与食用油提供的能量之和应占总能量的20%~30%。

3. "健康膳食模式"限制的主要食物

（1）饱和脂肪：主要在动物体脂及肉中。证据显示使用不饱和脂肪替代饱和脂肪可降低血中总胆固醇与低密度脂蛋白胆固醇水平，减低心血管病发生风险及死亡率。有研究显示单不饱和脂肪替代饱和脂肪也可减低心血管病风险，但其效果不及多不饱和脂肪酸。还有证据指出碳水化合物替代饱和脂肪也可降低血中总胆固醇与低密度脂蛋白胆固醇水平，但会增加血中甘油三酯水平并降低高密度脂蛋白胆固醇水平，且不能降低心血管病风险。推荐限制每日饱和脂肪摄入量不超过总能量的10%，并以富含不饱和脂肪的食物替代饱和脂肪含量高的食物。

（2）反式脂肪：植物油经氢化后，其中不饱和脂肪转变为饱和脂肪，如在室温呈固态的人造黄油、起酥油等，常用于制作糕点。反式脂肪酸能抗酸败，延长保存时间，但会升高血中低密度脂蛋白胆固醇而增加心血管病风险，故要求尽量限制其摄入。固体脂肪包括饱和脂肪与反式脂肪，摄入的能量可合并计算。反式脂肪亦存在于天然的反刍动物乳及肉中，但含量小，且含不少其他营养素，故在膳食中不必限制。

（3）胆固醇：人体生成的胆固醇能满足结构与生理功能所需，不需要再从食物获得。《2010年美国膳食指南》推荐摄入食物胆固醇小于每日300mg/d，而最新版却没提这一条，但仍认为有高强度证据显示摄入高胆固醇食物可增加心血管病及肥胖风险。通常胆固醇只存在于动物性食物中，如蛋黄、乳制品、肉禽类、贝壳类等。肥肉与全脂乳同时含高胆固醇与高饱和脂肪酸，因此限制饱和脂肪摄入同时也限制了胆固醇摄入。蛋黄与贝壳类含胆固醇高而饱和脂肪并不高，但其含其他营养素丰富而被常食用，故随之摄入的胆固醇仍不应忽视。健康膳食模式推荐胆固醇每日摄入量为100~300mg。

（4）添加糖：指甜食及含糖饮料中添加的糖，如蔗糖、果糖、蜂蜜、糖浆等。水果、乳品等食物中天然存在的糖不计在内。添加糖只增加能量而不含其他营养素与食物成分。证据显示少摄入添加糖可降低成人心血管病、肥胖、2型糖尿病及某些癌症的风险。故亦推荐每日添加糖摄入量低于总能量的10%。

（5）钠：钠是必需营养素，在体内有维持水与电解质平衡等生理功能。在膳食中主要以盐（氯化钠）的形式出现。除烹调时用作调味外，常用于腌制食品，以便保存。多数加工食品即使甜食也含盐。膨松剂碳酸氢钠（小苏打）、增味剂谷氨酸钠（味精）也含钠，但用量小，不是膳食中钠的主要来源。高强度证据显示增加钠摄入与增高血压呈剂量效应关系，中度证据显示与增加成人心血管病风险有关。健康膳食模式推荐成人及14岁以上青年每日摄入钠小于2300mg，高血压及高血压前期患者如钠摄入量减至每日1500mg，血压则可下降更多，同时也降低血中低密度脂蛋白胆固醇。

（6）乙醇：并非膳食成分，但摄入后将增加能量，故要求未饮酒者坚持不饮。推荐乙醇量是每日男性2杯，女性1杯。1杯为0.6 fl oz 纯乙醇，相当于12 fl oz（355ml）啤酒（5%乙醇）、5 fl oz（148 ml）果酒（12%乙醇）、1.5 fl oz（44ml）80度白酒（40%乙醇）。备孕期和孕期妇女、乳母和儿童不应饮酒。

(三)美国食物指导——"我的餐盘"

图 8-5 美国"我的餐盘"图示

膳食指南是针对专业人士制订和编写的。因此,其是否能被转化为便于消费者行动的信息和资源,对于帮助个体、家庭和社区达到健康饮食模式非常重要。"我的餐盘"是转化的一个示例(图 8-5)。"我的餐盘"能被多部门的专业人员利用,以帮助人们了解和掌握持续选择健康食物和饮料的方法。它能被不同的场所利用,并根据不同人群特征进行调整,"我的餐盘"的象征和它提供的消费者资源详见 http://www.choosemyplate.gov。该网站将健康饮食模式的关键要素集合在了一起,将膳食指南转化为关键的消费者信息,最终用于为公众提供教育材料和工具。

二、其他国家膳食指南和食物指导

其他各国家膳食指南条目及食物指导见表 8-5。

表 8-5 各国膳食指南和食物指导比较

国家 (发布时间)	膳食指南条目	食物指导
爱尔兰 (2012)	1. 限制食物金字塔顶层食物的摄入量 2. 吃新鲜的食物 3. 关注营养标签,限制高脂、高糖和高盐食物的摄入 4. 每日吃 5 种及以上颜色的蔬菜和水果 5. 多吃全麦面包、富含纤维的谷物,如麦片、土豆、全麦等 6. 选择健康的烹调方式 7. 多吃鱼类 8. 选择低脂奶、低脂低糖酸奶、乳酸饮料和低脂奶酪 9. 选择富含多不饱和脂肪酸的植物油,如菜籽油和橄榄油 10. 限盐 11. 成人每日饮水量为 8~10 杯 12. 享受进餐时光 13. 养成吃早餐的习惯,有利于保持健康体重 14. 如饮酒,进餐时饮用并限量 15. 保持平衡饮食,无须额外食用食品补充剂,如需请在医生指导下食用 16. 孕期合理饮食降低孩子近远期肥胖和心血管疾病发生风险 17. 肥胖者可调整膳食结构,控制每日食物摄入量 18. 保障食物烹调和储存安全	Your Guide to Health Eating Using the Food Pgramid For Adults and Children over 5 years of age

续表

国家 (发布时间)	膳食指南条目	食物指导
荷兰 (2006)	1. 食物多样化 2. 多吃蔬菜、水果和全谷类食物 3. 经常吃鱼类和低脂奶及肉类 4. 限制富含饱和脂肪酸和反式单不饱和脂肪酸的食物和盐的摄入 5. 限制含易吸收的发酵性糖类的食物和饮料的消费，限制饮用富含食用酸的饮料 6. 饮酒要适量 7. 身体活动充分	
澳大利亚 (2013)	1. 保持健康体重和充分身体活动，食用足量食物以满足机体能量需求 2. 食物多样化 3. 限制饱和脂肪酸、添加糖、盐和乙醇的摄入 4. 鼓励参加体育锻炼，提倡母乳喂养 5. 注意食品安全，注意食物的储存和烹调加工	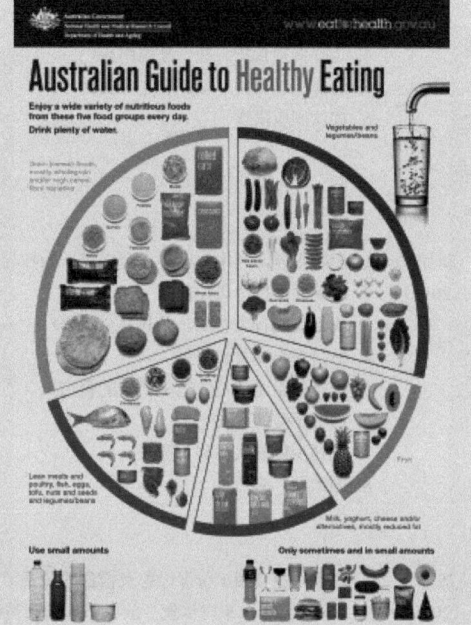
马来西亚 (2010)	1. 食物多样化 2. 保持健康体重 3. 坚持每日锻炼 4. 多吃谷物（最好是全谷物）及其制品 5. 每日吃足量的蔬菜水果 6. 多吃鱼、禽、蛋、瘦肉、豆制品和坚果 7. 多吃奶及奶制品 8. 限制含高脂肪食物的摄入量，减少烹调油 9. 减少添加糖和盐的摄入 10. 摄入含糖较低的食物和饮料 11. 每日足量饮水 12. 坚持6月龄内纯母乳喂养，并继续母乳喂养至2岁 13. 吃清洁卫生的食物和饮料 14. 充分利用食品营养标签信息	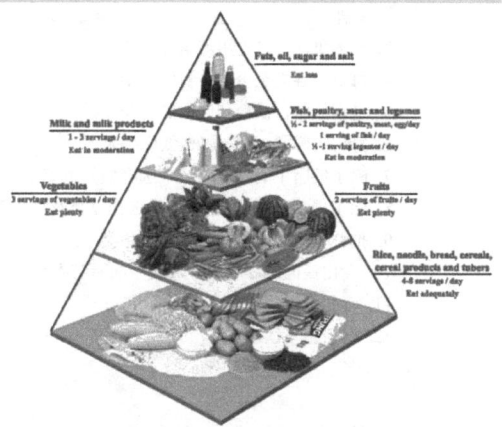

续表

国家 （发布时间）	膳食指南条目	食物指导
日本 （2005）	1. 愉快地进餐 2. 规律饮食，建立健康生活习惯 3. 以主食、主菜、副菜为基础，均衡膳食 4. 多吃米饭等谷类粮食 5. 膳食中，蔬菜、水果、奶制品、豆类、鱼等合理搭配 6. 清楚自己的标准体重，结合每日的活动，平衡膳食能量摄入 7. 发扬饮食文化，合理利用各地特产，推出新菜 8. 合理烹饪和储存，减少浪费 9. 改善自己的饮食生活	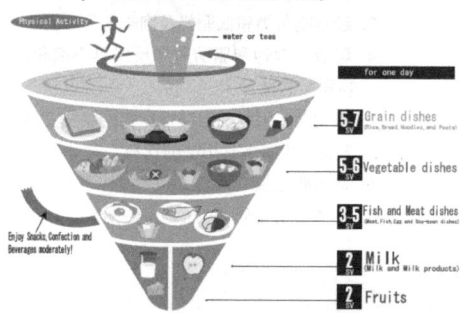
韩国 （2010）	1. 食物多样化 2. 坚持运动，保持健康体重 3. 吃清洁卫生的食物 4. 选择低盐食物，减少烹调用盐 5. 选择低脂肉类，减少煎炸食物摄入 6. 如饮酒应限量	
新加坡 （2013）	1. 食物多样，利用健康膳食金字塔作为指导 2. 达到并保持健康体重 3. 吃足量的谷类食品，尤其是全谷物 4. 每日多吃蔬菜和水果 5. 选择低脂尤其是低饱和脂肪的食物 6. 选择少盐的食物 7. 选择少糖的饮料和食物 8. 如饮酒，应适量	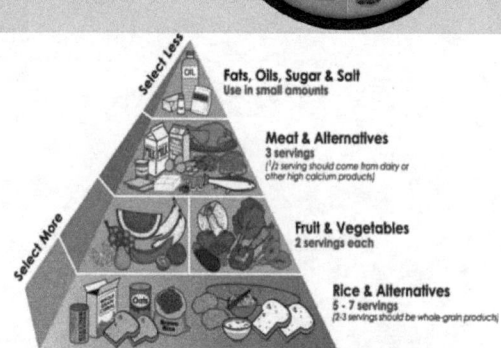
加拿大 （2011）	1. 每日至少食用1份深绿色及橙色的蔬菜 2. 食用蔬菜、水果时尽量少放或不放脂肪类酱汁、糖及盐 3. 少喝果汁，多食用蔬菜及水果 4. 每日全谷类至少占主食的一半 5. 食用低脂、低糖和低盐的谷类食品 6. 每日喝脱脂、1%或2%低脂牛奶 7. 除了低脂牛奶，也应经常选择酸奶或奶酪 8. 除了进食肉类外，也应经常选择豆类及豆腐类食品 9. 推荐每周食用指南中的两种鱼类 10. 食用瘦肉时，尽量少加或不加脂肪类调味料及盐 11. 食物多样化 12. 每日足量饮水	

续表

国家 （发布时间）	膳食指南条目	食物指导
英国 （2006）	1. 以淀粉类食物为主 2. 多吃水果和蔬菜 3. 多吃鱼 4. 少吃饱和脂肪和糖 5. 多喝水 6. 少吃盐 7. 多锻炼，保持健康体重 8. 一定要吃早餐	The eatwell plate
中国香港 （2012）	1. 食物多样化，多吃谷物 2. 多吃蔬菜和水果 3. 减少高盐、高脂食物的摄入并减少添加糖的摄入 4. 每日足量饮水（6~8杯，包括汤、果汁和茶） 5. 每日规律进餐，摄入足量食物	
中国台湾 （2011）	1. 饮食指南作依据，均衡饮食六类足。健康体重要确保，热量摄取应控管 2. 维持健康多活动，每日至少30分。母乳营养价值高，哺喂至少六个月 3. 全谷根叶当主食，营养升级质更优。太咸不吃稍腌渍，低脂少炸少蘸酱 4. 含糖饮料应避免，多喝开水更健康。少荤多素少精制，新鲜粗食少加工 5. 购食点餐不过量，分量适中不浪费。当季在地好食材，多样选食保健康 6. 来源提示要注意，卫生安全才能吃。若要饮酒不过量，怀孕绝对不喝酒	

第四节 素食人群膳食指南

一、素食及素食者的概念

素食者（vegetarian）一词是由约瑟夫·布鲁顿等人在1847年英国素食协会的会议上第一次正式提出。在这之前，不吃肉的人通常被称为毕达哥拉斯信徒或追随者。毕达哥拉斯是古希腊的哲学家,是地中海地区史载最早的素食主义者,主张杜绝肉食,代之以豆类及其他素食。根据国际素食者联盟(The International Vegetarian Union,IVU)的最新定义,素食是指饮食中食用植物性食物,包括或不包括蛋类、乳类及蜂蜜的膳食模式,即素食饮食依赖谷物、蔬菜、水果、豆类、坚果和种子,不吃肉、家禽、鱼及它们的副产品,可以吃或不吃奶制品、蛋和蜂蜜。素食常常进一步细分为纯素食和奶蛋素。

纯素食(vegan):食用各种植物类食物,摈弃动物肉(肉、家禽、鱼和海鲜)、动物制品(蛋和奶制品),还通常不吃蜂蜜和不穿动物制品(真皮、丝绸、羊毛、羊毛脂、明胶……)。有些"完全素食者"还不吃发酵食品。

奶蛋素(ovo-lacto vegetarian):食用各种植物类食物、乳制品和蛋类,但是不包括肉类、禽类、海水和淡水类动物性食物,还可以分成奶素(包括乳制品不包括蛋类)和蛋素(包括蛋类不包括乳制品)。

近十年来,素食人群日益增多,已有的流行病学调查数据显示,欧美国家的素食人群比例占 6%~9%。根据上海交通大学医学院沈秀华课题组 2012 年的调查,目前上海市素食人群约占上海总人口的 0.77%,按最新统计的上海 2300 万常住人口算,约有 18 万素食者。据不完全统计,上海市的素食餐厅从 2011 年之前的 30 多家迅速发展到目前的 100 多家,素食正在成为一种新的饮食时尚。

二、素食人群膳食指南

随着素食人群比例的增多,素食者的膳食指南也逐渐被一些国家在制订国民膳食指南时考虑到。目前具有素食膳食指南的国家有美国、英国、加拿大、澳大利亚、日本、意大利等,我国 2016 年最新发布的膳食指南中也添加了针对素食人群的指南。

(一)美国的素食膳食指南

1988 年美国召开了第一届素食营养大会,会上对美国之前的素食研究进行了总结并提出了针对成年人的素食饮食指导。美国饮食营养学会在 1988 年第一次发表了关于素食饮食的立场声明(Position of the American Dietetic Association:vegetarian diets)并在 1997 年、2003 年和 2009 年不断更新素食和健康的研究,其基本的主张是:经过合理安排的素食饮食可以满足不同年龄人群的营养需求。当然,这些文章也充分讨论了素食可能引起的营养缺乏问题。在 1992 年美国农业部和卫生与公共服务部管理发布了膳食金字塔后,以美国 Loma Linda 大学素食营养工作者为首的国际素食营养研究小组开始致力于制订素食者膳食指南和膳食金字塔。1997 年 Loma Linda 大学主办的第三届素食营养大会上,全球第一个素食膳食指南正式发布,该指南的目标是提供一个不仅能提供足够营养并能促进最佳健康状态的健康膳食模式。该指南是建立在"健康素食饮食首要基本原则"(first basic principles of a healthy vegetarian diet)基础之上的,具体如下所示。

(1)植物性食物品种多样化。
(2)尽量选择不加工或少量加工的植物性食物。
(3)可以食用乳类和蛋类。
(4)植物来源的各种脂类有助于健康。
(5)摄入足量的水和其他液体。
(6)注意保持健康生活方式。

该指南也被转化成膳食金字塔，奶蛋素和纯素食者均适用（图 8-6）。该金字塔的底端是 5 类植物性食物，即谷物、豆类、蔬菜、水果、坚果和种子，是素食饮食的核心内容。最上端是植物油、乳类、蛋类和精制糖类四组食物，这四类对于提供足量膳食营养素方面是非必须但可选择的食物。该素食指南也建议关注容易缺乏的营养素、有规律的锻炼和摄入足量的水分等。2008 年 Loma Linda 大学更新了这个金字塔使其内容更精确和丰富（图 8-7）。Loma Linda 大学是主要的素食研究中心，该大学的素食指南和素食金字塔对美国其他组织及其他国家的素食指南有重要的影响。

2003 年美国饮食营养协会[American Dietetic Association（ADA），现更名为 the Academy of Nutrition and Dietetics（AND）]和加拿大饮食营养协会[Dietitians of Canada（DoC）]的素食营养学家发布了北美素食新指南。这份指南针对成人、孕妇、产妇和大于 4 岁的儿童及青少年提供素食膳食指导，其内容更加实用。根据该指南内容，美国将膳食指南转化成金字塔的形式，而加拿大则转化为彩虹的形式。该指南把食物分为谷类、豆类及坚果类、蔬菜和水果类和其他 5 个组。这个指南最特殊的一点是创建了第 6 组，收集了其他食物组中所有高钙食物，人们在该组食物中选择 8 份就可以满足每日钙的最低需求，无须纠结吃还是不吃乳制品。指南中的"特别关注"章节强调了需要补充摄入的营养素。

美国农业部和卫生与公共服务部管理发布的《2010 年美国膳食指南》增加了针对素食的膳食指导，该素食膳食指南声明素食饮食可以满足所有营养素的推荐摄入量，关键是摄入丰富而且足量的食物来满足个人能量需求。素食者主要的营养素来源按照 MyPlate 上标示，包括 5 种主要的食物种类，即谷类、富含蛋白的食物、蔬菜、水果，乳类另置于餐盘旁边。建议每日都应当摄入各类食物，并且每组的食物摄入种类要丰富，50 岁以上的素食者和纯素食者推荐补充维生素 B_{12}。

2015 年美国农业部和卫生与公共服务部管理发布新版的膳食指南，关于素食的指导内容见其附录（USDA Food Patterns：Healthy Vegetarian Eating Pattern.）。

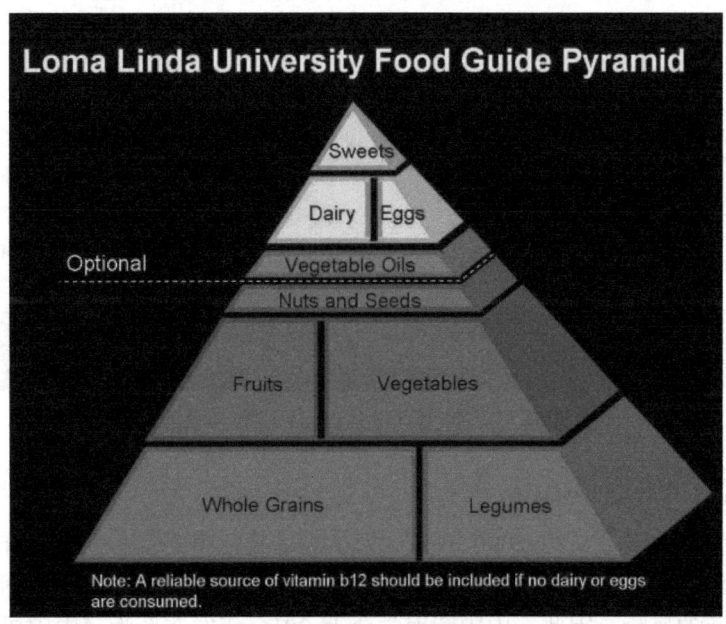

图 8-6　全球第一个素食金字塔

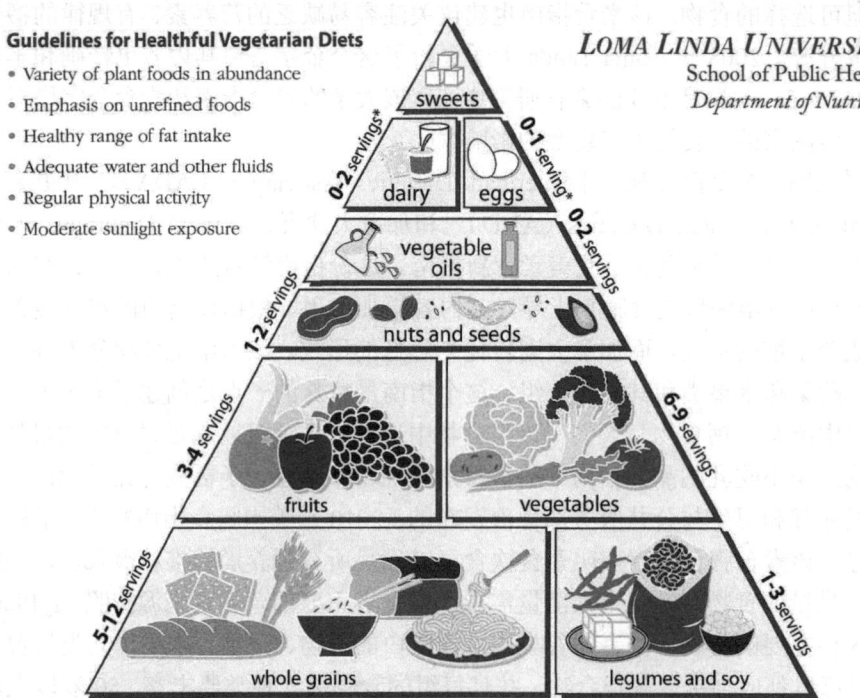

图 8-7　2008 版 Loma Linda 素食金字塔

（二）中国素食人群膳食指南

中国目前素食人群数量约 5000 万人，为了满足其营养需要，素食人群需认真对待和设计膳食，若膳食组成不合理，则会增加蛋白质、维生素 B_{12}、n-3 多不饱和脂肪酸、铁、锌等营养素缺乏的风险。因此，中国营养学会于 2016 年发布新版《中国居民膳食指南》时，首次加入了素食人群膳食指南（表 8-6）。素食人群膳食除动物性食物外，其他食物的种类与一般人群类似,因此,除了动物性食物,一般人群膳食指南的建议均适用于素食人群。其关键推荐如下所示。

(1) 谷类为主,食物多样;适量增加全谷物。
(2) 增加大豆及其制品的摄入,每日50～80g;选用发酵豆制品。
(3) 常吃坚果、海藻和菌菇。
(4) 蔬菜、水果应充足。
(5) 合理选择烹调油。

表8-6 全素和蛋奶素人群成人的膳食组成

全素人群		蛋奶素人群	
食物名称	摄入量(g/d)	食物名称	摄入量(g/d)
谷类	250～400	谷类	225～350
——全谷物	120～200	——全谷物	100～150
薯类	50～125	薯类	50～125
蔬菜	300～500	蔬菜	300～500
——菌藻类	5～10	——菌藻类	5～10
水果	200～350	水果	200～350
大豆及其制品	50～80	大豆及其制品	25～60
——发酵豆制品	5～10	—	—
坚果	20～30	坚果	15～20
食用油	20～30	食用油	20～30
—	—	奶	300
—	—	蛋	40～50
食盐	6	食盐	6

(三)其他国家的素食膳食指南

1. 英国素食膳食指南 作为西方文化中素食主义的诞生地,英国素食人群比例也很高。根据2014年的一项民调显示,英国素食人群约占总人群12%,其中16～24岁素食比例增加到20%。英国国民健康服务部2013年发布的膳食指南(*National Health Service*,2013)提供了一份很详细的素食者膳食指南。英国的Eatwell Plate包含4类主要的食物种类,即33%的淀粉类食物,33%的蔬菜和水果,12%的蛋白类食物,15%的乳制品和乳制品替代品,同时也包含了小部分富含油脂和糖的食物。素食膳食指导按纯素食类和奶蛋素类分别介绍,同时也提供了针对不同生命周期阶段(孕期、哺乳期、儿童期)的特定膳食建议。总体内容与美国的素食建议相似。

2. 日本素食膳食指南 日本2009年发布的素食膳食指南是在美国饮食营养协会推荐的素食膳食指南和针对普通人群的日本膳食指南的基础上发展而来。图形为不对称双峰金字塔,包括蔬菜、谷类、蛋白丰富的食物组、乳类、水果类、糖脂调料类共计6组食物。

3. 意大利素食膳食指南 意大利素食营养科学协会(Scientific Society of Vegetarian Nutrition,SSNV-Italy)于2005年发布了针对成年人的素食膳食指南,并在此后不断修订。

其基本的图形也是金字塔,食物组由 5 个不同颜色和宽度的图构成,分别为谷类、蛋白含量丰富的食物组、蔬菜、水果、脂类。有三个特点:①富含钙的食物组单独列出;②用大金字塔里面一个纵向的小金字塔表示富含热量的食物组;③其他热量类食物(与美国膳食指南里的 SoFAS 食物和 Eatwell Plate 中第 5 组食物含义相似)则是在大金字塔的低端用一个灰色的条状图表示。

(四)健康素食原则总结

总结目前各国的素食饮食指南,当今健康素食饮食基本原则如下所示。

1. 摄入足量且丰富的植物类食物,以粗加工为主,精加工为辅　几乎所有的食物膳食指南都声明,如果摄入的食物都符合素食指南的要求,并且足量而丰富,达到每日能量需求,则素食饮食不会造成营养缺乏。由于粗加工食物营养素种类丰富,强调素食饮食中以粗加工食物为主能够很容易达到蛋白质、铁和锌的需求量。

2. 可以选择摄入乳制品和蛋类　日本的素食膳食指南只适用奶蛋素,美国、中国、加拿大、英国、意大利等国的素食膳食指南对纯素和奶蛋素均适用。

3. 少吃植物油,多吃富含 ω-3 脂肪酸的食物　目前素食膳食指南中关于脂肪的推荐摄入量是不超过总热量的 35%。根据这个建议,在饮食中应当食用营养密度高的食物并限制过量的能量。少吃植物油,避免反式脂肪酸和热带植物的油脂(如棕榈油,富含饱和脂肪酸),限制 ω-6 脂肪摄入,保证单不饱和脂肪酸和 ω-3 脂肪酸的摄入。素食者 ω-3 脂肪酸摄入是否充足取决于是否有足量而丰富的食物摄入,植物中 ω-3 脂肪酸含量差异较大,应该经常摄入亚麻籽、亚麻籽油和核桃。

4. 摄入足量的钙并且关注维生素 D 水平　这是健康膳食的基本原则。研究发现纯素食者的钙摄入量可能偏低,因此素食者应该重点保证富含钙的食物的摄入。对于维生素 D,目前没有一种膳食模式被证明能提供充足的维生素 D,因此推荐增加维生素 D 摄入对各类人群都适用而不仅仅是素食人群。

5. 摄入足量的维生素 B_{12}　由于维生素 B_{12} 十分依赖外源食物的补充,所以无论纯素食还是奶蛋素,保证摄入足量富含维生素 B_{12} 的食物都应当是制订素食膳食计划时要考虑的最基本内容。

6. 摄入足量的水和其他饮用品　对于任何一种膳食,摄入足量的水分都是最重要的。

7. 关注其他健康的生活方式　关注营养与健康知识,改变不良的生活习惯如吸烟和饮酒。积极参加体育运动等。

(曾　果　何宇纳　沈秀华　王　玥　李媛媛)

参 考 文 献

蔡美琴. 2006. 公共营养学. 北京:中国中医药出版社.
蔡威. 2010. 现代营养学. 上海:复旦大学出版社.
刘彩霞,张海燕. 2015. 北京市怀柔区《中国居民膳食指南》推广工作评估. 职业与健康,14:1915-1917.
毛绚霞,沈秀华,唐文静,等,2015. 上海素食人群构成及素食者健康和饮食行为调查. 卫生研究,2:237-241.
沈一萍. 2016. 美国新版膳食指南究竟说了什么(一). 食品与生活,2:16-17.
沈一萍. 2016. 美国新版膳食指南究竟说了什么(二). 食品与生活,3:16-17.

石艳伟. 2013. 中国居民膳食指南在内科住院患者健康教育中的应用. 护理学杂志：综合版, 28(6)：72-72.
香港特别行政区卫生署中央健康教育组. 2012. 2~6岁幼儿营养指引. 中国香港：卫生署.
杨月欣. 2014. 膳食指南的发展和制定原则. 营养学报, 36(5)：417-420.
翟凤英. 2009. 公共营养. 北京：中国轻工业出版社.
张环美. 2016. 美国农业部最新发布《2015—2020年美国居民膳食指南》. 中国食品, 2：156.
中国营养学会. 2014. 中国居民膳食营养素参考摄入量（2013版）. 北京：科学出版社.
中国营养学会. 2016. 中国居民膳食指南2016. 北京：人民卫生出版社.
Australian Government, National Health and Medical Research Council and Department of Health and Aging. 2013. Healthy Eating for Children. Canberra: National Mailing and Marking.
Baroni L, 2015. Vegetarianism in food-based dietary guidelines. International Journal of Nutritiion, 1(2)：49-74.
Bowman B A, Ressell R M. 2008. 现代营养学. 9版. 荫士安, 汪之顼, 王茵译. 北京：人民卫生出版社.
Ministry of Health. 2012. Food and nutrition guidelines for healthy children and young people (aged 2-18years). Wellington: New Zealand.
Nakamoto K, Arashi M, Noparatanawong S, et al. 2009. A new Japanese vegetarian food guide. Asia Pac J Public Health, 21(2)：160-169.
Ruby M B. 2012. Vegetarianism. A blossoming field of study. Appetite, 58(1)：141-150.
US Department of Agriculture, US Department of Health and Human Services. 2015. Dietary guidelines for Americans 2015. Washington, DC: US Government Printing Office.

第九章 食谱编制与营养配餐

第一节 食谱编制依据和原则

营养配餐是指按人体的需要，根据食物中各种营养成分的含量，设计一日、一周或一段时间的食谱，使人们摄入的营养素比例合理，以达到平衡膳食的要求。

将每日各餐主、副食的品种、数量、烹调方法、用餐时间排列成表，称为食谱。食谱有一日食谱、一周食谱和一月食谱。根据合理膳食、平衡膳食的原则，把一日或一周中各主、副食的品种、数量、烹调方法、用餐时间做详细的计划并排列成表格形式，称为食谱编制。

食物满足人们生理上的需求，进食过程也是一种心理上的享受。机体对食物的生理需求包括满足饥饿、干渴等需要，更重要的是满足营养需要、维持身体健康。具有良好或独特风味的食物，会使人们在感官上得到真正的愉快，并直接影响其对营养素的消化和吸收。因此一日三餐的食谱，在考虑口味、风味的可接受性的基础上，必须考虑营养和特殊需要。科学配餐与食谱编制，就是要首先掌握食谱编制服务对象的年龄、性别、劳动强度、健康状况等生理特点，考虑经济条件、膳食习惯和食物资源等因素，选择合适的食物并搭配以满足其营养需求。

一、食谱编制的目的

食谱编制是将"中国居民膳食指南"和"膳食营养素参考摄入量"具体落实到用餐者每餐的膳食中，使其按照人体生理需要摄入足够的能量和各种营养素，以达到合理营养、促进健康的目的。

食谱编制的目的是为了保证机体对能量和各种营养素的需要，并将食物原料配制成可口的饭菜，适当的分配到一日的各个餐次中去。制订食谱是有计划调配膳食，保证膳食多样化和合理膳食制度的重要手段。

二、食谱编制的理论依据

食谱的编制是一项重要而又比较复杂的工作，其理论基础和依据涉及膳食指南、中国居民平衡膳食宝塔、中国居民膳食营养素参考摄入量和食物成分表等多种营养学理论，以下将解释其意义和应用基础。

(一) 中国居民每日营养素参考摄入量

膳食营养素参考摄入量（dietary reference intakes，DRIs）是一组每日平衡膳食营养素摄入量的参考值，它是在推荐膳食营养素供给量（recommended dietary allowance，RDA）的基础上逐渐发展而来的，其目的是为了保证人体摄入合理的营养素，避免缺乏和过量。伴随着营养学研究的深入发展，DRIs 的主要内容也逐渐增加。初期主要包括四项指标：平均需要量（EAR）、每日推荐摄入量（RNI）、每日适宜摄入量（AI）和可耐受最高摄入量（UL）。2013 年修订版增加了与慢性非传染性疾病相关的三个指标：宏量营养素可接受范围（AMDR）、预防非传染性慢性病的建议摄入量（PI-NCD）和特定建议值（SPL）。

在编制营养食谱时，首先需要以推荐摄入量为依据确定膳食中能量和各种营养素的需要量。制订食谱后，评价其营养搭配是否合理、是否能满足个体正常的生理需要，也需要以各种营养素的 RNI 为参考。

（二）中国居民膳食指南

膳食指南（dietary guideline，DG）是根据营养学的原则，结合国情，教育人们采用平衡膳食，以达到合理营养、促进健康为目的的指导性意见。它是合理膳食的基本原则，它将复杂的营养理论转化为通俗易懂、简单明了且操作性强的指南。因此，中国居民膳食指南就是食谱编制的依据，指导人们合理选择食物的种类和数量。

2016 年中国营养学会最新发布《中国居民膳食指南 2016》指导中国人群合理膳食，其 6 条核心推荐如下：①食物多样，谷类为主；②吃动平衡，健康体重；③多吃蔬果、奶类、大豆；④适量吃鱼、禽、蛋、瘦肉；⑤少盐少油，控糖限酒；⑥杜绝浪费，兴新食尚。

（三）中国居民平衡膳食宝塔

中国居民平衡膳食宝塔（Chinese Food Guide Pagoda）是根据《中国居民膳食指南（2016）》的核心内容和推荐，结合中国居民的膳食的实际情况，把平衡膳食的原则转化成各类食物的数量和比例的图形化表示，便于大家在日常生活中实行。膳食宝塔共分 5 层，包含我们每日应吃的主要食物种类。宝塔各层位置和面积不同，这在一定程度上反映出各类食物在膳食中的地位和应占的比重。谷类食物位居底层，一段时间内，成人每人每日应摄入 250~400g，其中全谷物和杂豆 50~150g，薯类 50~100g；蔬菜和水果居第二层，在 1600~2400kcal 的能量需要水平下，每人每日应吃 300~500g 蔬菜和 200~350g 水果；鱼、禽、肉、蛋等动物性食物位于第三层，在 1600~2400kcal 的能量需要水平下，推荐每日鱼、禽、肉、蛋摄入量共计 120~200g（水产类 40~75g，畜禽肉 40~75g，蛋类 40~50g）；奶类和豆类食物合居第四层，在 1600~2400kcal 的能量需要水平下，推荐每日摄入相当于鲜奶 300g 的奶类及奶制品，推荐大豆及坚果类的摄入量为 25~35g。第五层塔顶是烹调油和食盐，每日烹调油摄入不超过 25~30g，食盐不超过 6g。轻身体活动水平的成年人每日至少饮水 1500~1700ml（7~8 杯），在高温或高身体活动水平的条件下，可适当增加；推荐成年人每日进行至少相当于快步走 6000 步以上的身体活动，每周最好进行 150min 的中等强度的运动，如骑车、跑步和田园劳动等。

应用平衡膳食宝塔的过程中，还需注意以下的问题。①确定自己的食物需要：宝塔建议每人各类食物每日适宜摄入量适用于一般健康成人，应用时要根据个人年龄、性别、身高、体重、劳动强度、季节等适当调整。②同类互换，调配丰富多彩的膳食：应用平衡膳食宝塔时，需要把营养与美味结合起来，按照同类互换、多种多样的原则调配一日三餐。同类互换就是以粮换粮、以豆换豆、以肉换肉。③合理分配三餐食量：我国多数地区居民习惯于一日吃三餐。三餐食物量的分配及间隔时间应与作息时间与劳动状况相匹配。一般早、晚餐各占 30%，午餐 40% 为宜，特殊情况可适当调整。④因地制宜地充分利用当地资源：我国幅员辽阔，各地的饮食习惯及物产不尽相同，只有因地制宜地充分利用当地资源才能有效地应用平衡膳食宝塔。⑤长期坚持良好的膳食习惯：膳食对健康的影响是长期的结果。应用膳食宝塔需要自幼养成习惯，并坚持不懈，才能充分体现其对健康的重大促进作用。

（四）食物成分表

食物成分表（food composition tables，FCT）是描述食物成分及其含量数据的表格。一个国家或地区的食物成分表包括了当地常用的食物和有健康意义的营养素数据。食物成分数据库（food composition databases，FCD）是按照一定方式编制的各种食物成分数据的集合。食物成分表被广泛用于计算营养素摄入量，是食谱编制工作必不可少的工具。主要体现在：①进行食谱设计前，需对就餐人员进行膳食营养状况的调查，因此需要知道其日常膳食结构中摄入食物的成分；②营养食谱的设计也需要了解和掌握食物的营养成分，通过食物成分表才能将机体对营养素的需要转化为食谱中食物的需要量，从而确定食物的品种和数量。另外，评价膳食中营养素是否均衡合理，同样需要参考食物成分表中各种食物的营养成分数据。

三、食谱编制的基本原则

食谱编制的总原则是满足对象平衡膳食和合理营养需求。

（1）满足每日膳食能量及营养素的供给量。根据食谱编制对象的年龄、生理特点、劳动强度等情况，计算并选用各种食物使用量，使一周内平均每日能量及营养素摄入量能满足膳食供给量的标准，以满足人体需要。

（2）各营养素之间的比例要适宜。除了全面达到能量和各种营养素的需要量外，还要考虑到各营养素之间的合适比例，充分利用不同食物营养素之间的互补作用，使其发挥最佳协同作用。

（3）食物多样。食物多样是平衡膳食模式的基本原则，而平衡膳食模式是最大程度保障人体营养和健康的基础。《中国居民膳食指南（2016）》将食物分为五大类，包括谷薯类、蔬菜水果类、畜禽鱼蛋奶类、大豆坚果类和油脂类。不同食物中的营养素及有益膳食成分的种类和含量不同。因此，只有多种食物组成的膳食才能满足人体对能量和各种营养素的需要。

（4）食品安全无害。食物要新鲜卫生，符合国家卫生标准，注意防止食物的再污染。

（5）减少营养素的损失。在选择食物烹调方法时，要尽量减少营养素的损失。

（6）考虑配餐对象的饮食习惯、进餐环境、用餐目的和经济能力，结合当地气候情况、食物供应情况、食堂的设备条件和厨师的烹饪技术等因素，编制切实可行的食谱。

（7）及时更换调整食谱。每1~2周可更换一次食谱，食谱执行一段时间后应对其效果进行评价，不断调整食谱。

第二节 食谱编制方法和评价

一、计 算 法

（一）原理

在确定配餐对象能量需要的基础上，将能量进行餐次、营养素的合理分配，进而根据主、副食（主要提供蛋白质的副食）的碳水化合物和蛋白质的含量。在确定主、副食种类之后，计算出主、副食物数量，然后参照平衡膳食宝塔，确定蔬菜水果的品种和数量及油、盐的数量，最后将食物编制成食谱。

（二）步骤

（1）了解配餐对象，确定其年龄、性别、身体活动水平（physical activity level，PAL）、生理状况、健康情况及饮食习惯等基本情况。

（2）对照 DRIs，确定配餐对象每日能量和三大产能营养素的供给量。

（3）确定每日主食的种类和需求量。

（4）确定每日动物性和大豆类副食的种类和需求量。

（5）确定每日蔬菜水果的种类和需求量。

（6）确定每日食用油和其他主要调味品的种类和需求量（烹调用油需要量不计算时，可通过中国居民平衡膳食宝塔及配餐对象具体情况而定）。

（7）根据配餐对象的营养素需要，对照所选择食物的营养素供给量进行调整（蔬菜、水果的用量不需计算，通过中国居民平衡膳食宝塔及配餐对象具体情况而定）。

（8）分配至一日三餐中。

（9）形成完整的食谱。

二、食品交换份法

食物交换份法编制食谱的核心是将同类食物以份的形式进行交换。即首先将已计算好的、所含营养素类似的常用食物进行分类，在确定好各类食物的需要份数后进行同类互换，灵活组织配餐，以达到合理营养的目的。与计算法食谱编制相比，食物交换份法更简便易行，但不如计算法精确；采用食物交换份法要以计算法为基础，同时对同类不同品种食物有更为详细的了解，因此需要使用者拥有更为丰富的实践经验。

（一）原理

食物交换份法编制食谱时，依旧需要先了解供餐对象的各种情况，确定能量和三大产能营养素的需要量后，计算出各类食物的交换份，并按每份食物的等值交换表选择食物。将所选择的食物按照一定的比例分配到每日膳食中，形成一日食谱。

1. 能量单位 将每份食物的能量单位确定为 377kJ（90 kcal）。

2. 食物分类 根据《中国居民膳食指南（2016）》，按常用食物所含的营养素的特点划分为五大类食物。

第一类：谷薯类，谷类包括米、面、杂粮；薯类包括马铃薯、甘薯、木薯等，主要提供碳水化合物、蛋白质、膳食纤维和 B 族维生素。

第二类：动物性食物，包括肉、禽、鱼、乳、蛋等，主要提供蛋白质、脂肪、矿物质、维生素 A 和 B 族维生素。

第三类：大豆类及坚果类，包括大豆及其制品和坚果，主要提供蛋白质、脂肪、膳食纤维、矿物质和 B 族维生素。

第四类：蔬菜水果类，包括鲜豆、根茎、叶类、茄果等，主要提供膳食纤维、矿物质、维生素 C 和胡萝卜素。

第五类：纯能量食物，包括动植物油、淀粉、食用糖和酒类，主要提供能量。植物油还可提供维生素 E 和必需脂肪酸。

3. 计算各类食物每份的数量及提供产能营养素数量 按每份食品能量交换单位，计算出各种食品每个交换份的数量及产能营养素的数量，并以表格的形式列出，见表 9-1。

表 9-1 每份食品的产能营养素含量（377kJ/90 kal）（标准份）

组别	食品类别	每份质量（g）	蛋白质（g）	脂肪（g）	碳水化合物（g）	主要营养素
谷薯组	谷薯类	25	2.0	—	20.0	碳水化合物、膳食纤维
蔬菜组	蔬菜类	500	5.0	—	17.0	矿物质、维生素、膳食纤维
水果组	水果	200	1.0	—	21.0	矿物质、维生素、膳食纤维
肉蛋组	肉蛋类	50	9.0	6.0	—	蛋白质
豆乳组	大豆类	25	9.0	4.0	4.0	蛋白质
	鲜奶类	160	5.0	5.0	6.0	蛋白质
纯能量组	坚果类	15	4.0	7.0	2.0	脂肪、蛋白质
	油脂类	10	—	10.0	—	脂肪
	精制糖	22	0	0	22.0	碳水化合物

4. 计算每类食物不同品种的重量 按每份食品能量交换单位，计算每类食物不同品种的重量，并以表格形式列出，见表 9-2～表 9-8。

表 9-2 谷薯类食品的能量等值交换份

分类	重量（g）	食品
糕点	20	饼干、蛋糕、江米条、麻花、桃酥、油条、油饼等
米	25	大米、小米、糯米、薏米、米粉
面	25	面粉、各种挂面、龙须面、通心粉
杂粮	25	高粱米、玉米、燕麦、莜麦、荞麦
杂豆	25	绿豆、红豆、芸豆、干豌豆、蚕豆
面食	35	馒头、面包、花卷、窝头、烧饼、烙饼、切面
鲜品	100	马铃薯、红薯、白薯
	150	湿粉皮
	200	鲜玉米（中个带棒心）
其他熟食	75	燕米饭、煮熟的面条

注：一个标准份为 25g。

表 9-3　蔬菜类食品的能量等值交换份

分类	重量（g）	食品
叶菜类	500	大白菜、圆白菜、菠菜、油菜、韭菜、茴香、茼蒿、芹菜、莴笋、鲜蘑菇、海带、空心菜、苋菜
瓜、茄类	500	西葫芦、番茄、冬瓜、苦瓜、黄瓜、茄子、丝瓜
薹、花类	350	倭瓜、南瓜
	300	菜花、绿豆芽
	400	白萝卜、青椒、茭白、冬笋
	200	胡萝卜
	250	鲜豇豆、扁豆、洋葱、蒜苗
	150	山药、荸荠、藕、凉薯
根茎类	100	慈姑、百合、芋头
鲜豆类	75	毛豆、鲜豌豆

注：一个标准份为500g。

表 9-4　水果类食品的能量等值交换份

重量（g）	食品
150	柿子、香蕉、鲜荔枝
200	梨、桃、苹果、橘子、橙子、柚子、猕猴桃、李子、杏
250	葡萄
300	草莓
500	西瓜

注：一个标准份为50g。

表 9-5　肉蛋类食品的能量等值交换份

分类	重量（g）	食品
畜肉类	20	热火腿、香肠
	25	肥瘦猪肉
	35	熟叉烧肉、午餐肉、熟酱牛肉、熟酱鸭、大肉肠
	50	瘦猪、牛、羊肉、鸡肉、鸭肉、鹅肉
	100	兔肉
蛋类	60	鸡蛋（1枚，大的，带壳）、鸭蛋、鹌鹑蛋（4枚）
鱼虾类	80	草鱼、带鱼、鲤鱼、甲鱼、比目鱼、大黄花、黑鲢、鲫鱼、对虾、鲜贝
其他	300	水发海参
	15	蛋白粉

注：一个标准份为50g。

表 9-6 大豆类食品的能量等值交换份

重量(g)	食品
20	腐竹
25	大豆、大豆粉
50	豆腐丝、豆腐干、油豆腐
100	豆腐
150	嫩豆腐
400	豆浆

注：一个标准份为 100g（豆腐）。

表 9-7 奶类食品的能量等值交换份

重量(g)	食品
20	全脂奶粉
25	奶酪、脱脂奶粉
130	无糖酸奶
160	牛奶、羊奶

注：一个标准份为 160g（牛奶）。

表 9-8 纯能量食品的能量等值交换份

重量(g)	食品
10	各种植物油和动物油
15	核桃仁、花生仁（干、炒，30粒）、南瓜子、葵花籽、西瓜子、松子仁、杏仁、黑芝麻、芝麻酱
22	白糖、红糖

注：一个标准份为 10g（植物油）。

(二) 步骤

(1) 了解配餐对象，确定其年龄、性别、身体活动水平、生理状况、健康情况及饮食习惯等基本情况。

(2) 确定配餐对象每日能量需要量和食物交换份数。

(3) 根据三大产能营养素的供能比，确定其需要量。

(4) 根据平衡膳食的要求，确定各大类食物的交换份及具体的食物种类和数量。

(5) 将所选择的食物编制成一日食谱。

(6) 从多个方面对食谱进行评价。

(7) 食谱归纳整理后及时存档。

三、其他方法

(一) 平衡膳食模式编制食谱

1. 特点 某些情况下，我们缺乏足够的配餐对象资料，也不需要那么精确，可以用平衡膳食模式快速地进行营养食谱的设计和评价。平衡膳食模式配餐法的优点就是快速、简单，缺点是准确性略差，较为粗略。

2. 步骤 该方法是根据配餐对象的能量需要，参考平衡膳食宝塔，大概确定配餐对象的一日或一餐各类食物需要量。

(1) 确定配餐对象的能量需要量：根据 DRIs，可以简单地根据自己的年龄范围和身体活动水平来确定能量需要量，直接采用对应的能量值作为食谱编制的目标。

(2) 确定和选择食物。根据食物分组，分别选择谷类、蔬菜、鱼或肉类或蛋类、植物油作为主食和烹饪菜肴；选择水果、奶类作为加餐。注意食物选择上的多样性和深色叶菜、

（3）确定食物用量。根据能量目标值，按照不同组食物的量进行对应选择，其中食物建议量均为食物可食部分的生重。膳食指南建议的各组食物摄入量是一个平均值，每天膳食中应尽量包含五大类各种各样的食物。在一段时间内，各类事物摄入量的平均值应当符合表9-9的建议量。按照食物同类互换的原则，合理搭配一日三餐。

（4）合理烹调，清淡饮食，养成习惯。

（5）确认和核查。一般而言，膳食指南和食谱的制定原则是在一段时间内达到平衡和营养素的充足供给。所以，建议用 DRIs 来计算评价食谱是否达到营养要求，或者一段时间内核查体重的变化，以使得食谱编制和需求一致。

表9-9 不同能量需要水平的平衡膳食模式和食物量[g/（d·人）]

食物种类（g）	不同能量摄入水平（kcal）							
	1400	1600	1800	2000	2200	2400	2600	2800
谷类	150	200	225	250	275	300	350	375
全谷物及杂豆	适量			50～150				
薯类	适量			50～100			125	125
蔬菜	300	300	400	450	450	500	500	500
深色蔬菜				占所有蔬菜的二分之一				
水果	150	200	200	300	300	350	350	400
畜禽肉类	40	40	50	50	75	75	75	100
蛋类	25	40	40	50	50	50	50	50
水产品	40	40	50	50	75	75	75	100
乳制品	350	300	300	300	300	300	300	300
大豆	15	15	15	15	25	25	25	25
坚果	适量	10	10	10	10	10	10	10
烹调油	20～25		25	25	25	30	30	30
食盐	<4	<6	<6	<6	<6	<6	<6	<6

注：膳食宝塔的能量范围在1600～2400kcal，薯类为鲜重。

（二）营养配餐软件编制食谱

随着科技进步和社会发展，各种营养配餐软件也不断产生，利用计算机和相应的配餐软件可以协助配餐者方便、快捷、准确、高效地完成工作。

现有的营养配餐应用软件尽管表面形式有所不同，但大多都具备以下几种功能：分类检索功能、食物营养成分检索功能、菜点的营养成分计算功能、营养成分计算功能、营养评价功能等。另外，部分营养配餐软件还有例如减肥餐等常见慢性病患者营养配餐的设计。

值得注意的是利用计算机软件辅助配餐的核心依旧不变，因此应核实和及时更新例如DRIs，食物成分数据库等基础资料；此外，配餐软件是辅助配餐的便利、简化手段和工具，一定要根据配餐对象的具体情况灵活调整使用。

四、食谱的评价

(一) 食谱评价的原则和要求

在编制食谱时,不必特别严格要求每份食谱的能量及各种营养素都恰好完全符合标准要求,需要在每份食谱初步编制好后进行评价,与既定目标相比较,相差在可接受范围内即可。如果超过可接受范围,则需要调整初配食谱,直到符合要求,尤其是能量与宏量营养素。每日的能量及产能营养素(蛋白质、脂肪和碳水化合物)的量不应该与标准相差很大。

(二) 食谱评价的内容

1. 全天能量和营养素摄入是否适宜 根据食物成分表计算出食谱中各种食物所含的能量和营养素的量,将所有食物的能量与营养素累计相加就得到该食谱提供的能量和营养素含量。与《中国居民膳食营养素参考摄入量(2013)》中推荐的相应性别、年龄、生理阶段、身体活动水平进行比较,一般说来,能量摄入达到标准的90%为正常,蛋白质摄入量达到标准的80%为正常,其他的微量营养素可以一周为单位进行计算评价,与推荐摄入量的差别可以在±10%以内,否则应对食谱进行适当的调整。

2. 三种产能营养素(蛋白质、脂肪、碳水化合物)**的供能比例是否适宜** 三大产能营养素除了供能,各自还有其他生理作用,故机体对蛋白质、脂肪、碳水化合物都有一定的需要量,合理供给才能保障机体健康。《中国居民膳食营养素参考摄入量(2013)》结合中国经济现状、居民饮食习惯以及膳食调查资料,提出以下建议:脂肪供能占总能量的20%~30%,碳水化合物占总能量的50%~65%,蛋白质占总能量的10%~15%。

3. 优质蛋白质占总蛋白质的比例是否恰当 为改善膳食蛋白质质量,在膳食中应保证一定数量的优质蛋白质。一般要求动物性蛋白质和大豆蛋白质应占膳食蛋白质总量的1/3以上。但是,膳食中蛋白质过多也不利于身体健康。

4. 三餐能量摄入分配是否合理,早餐是否保证充足的能量和蛋白质的供应 一日三餐的时间应相对固定,做到定时定量,进餐时细嚼慢咽。一般来说,成年人早餐提供的能量应占全天总能量的30%,午餐占40%,晚餐占30%。

5. 是否满足食物种类多样化,各类食物的量是否充足 食物多样是平衡膳食的基本原则,只有一日三餐食物多样,才能达到平衡膳食。若要量化食谱是否达到食物多样的要求,根据《中国居民膳食指南(2016)》,其指标建议为:每天不重复的食物种类数达到12种以上,烹调油和调味品不计算在内。按照一日三餐食物品种数的分配,早餐应至少摄入4~5个品种,午餐摄入5~6个食物品种,晚餐4~5个食物品种,加上零食1~2品种。

"中国居民平衡膳食宝塔"标明了在能量1600~2400kcal之间时,一段时间内成人每人每天各类食物摄入量的平均范围,配制的食谱中各类食物的摄入量应在此范围之内。

第三节 食谱应用
一、计算法编制食谱

要求:女性,20岁,身高165cm,体重55kg,从事轻体力活动水平工作。以该配餐对象为例,介绍计算法编制一日食谱的步骤。

(一)确定能量及宏量营养素

1. 能量计算

(1) BMI 法　根据配餐对象的性别、年龄、身体活动水平、生理情况(女性),BMI 在正常范围内(18.5~23.9)的,可根据《中国居民膳食营养素参考摄入量(DRIs)(2013)》查找目标个体的每日能量需求。

(2) 标准体重计算法　根据配餐对象的身高、体重、BMI 及身体活动水平,以标准体重确定每日膳食总能量(表 9-10、表 9-11)。

标准体重(kg)=身高(cm)-105。

表 9-10　不同体力活动强度能量需要量

体重分类	不同活动强度时能量需求[kcal/(kg·d)]			
	休息状态	轻体力活动	中体力活动	重体力活动
体重过低	20~25	35	40	45~50
正常体重	15~20	30	35	40
超重/肥胖	15	20~25	30	35

表 9-11　中国营养学会建议的中国成年人活动水平分级

活动强度	工作内容
轻度身体活动水平	身体主要处于坐位或站立为主的工作:办公室职员、教师讲课、售货员、钟表修理工、装配、酒店服务员、实验室工作、洗衣、做饭、缓慢行走等
中度身体活动水平	司机、电工、外科医生、搬运轻东西、持续长距离行走、环卫工作、管道工、电焊工、采油工等
重度身体活动水平	农民、建筑工、搬运工、伐木工、舞蹈演员、铸造、收割、挖掘、钻井、采矿、木工等

经计算该对象 BMI 为 20.2,为正常体重,可使用 2013 版 DRIs 表,确定配餐对象的能量需要量。其中,轻体力活动女性每日所需能量为 1800kcal。或根据标准体重计算法,其标准体重为 60kg,每日能量需要量为 60×30=1800kcal。

2. 三餐能量分配　成年人三餐能量分配比例为 30%、40% 和 30%,分别计算各餐能量。

早餐供能:1800 kcal×30% = 540 kcal

午餐供能:1800 kcal×40% = 720 kcal

晚餐供能:1800 kcal×30% = 540 kcal

3. 计算三大产能营养素提供的能量　要求:蛋白质供能比为 10%~15%;脂肪供能比为 20%~30%;碳水化合物供能比为 50%~65%。

设计营养食谱时,成人一般蛋白质供能比为 15%,脂肪供能比为 25%,碳水化合物供能比为 60%,可求得三大产能营养素的能量供给量。

蛋白质供能:1800 kcal×15% = 270 kcal

脂肪供能:1800 kcal×25% = 450 kcal

碳水化合物供能:1800 kcal×60% = 1080 kcal

4. 分别计算三餐产能营养素的需要量

早餐及晚餐:

蛋白质需要量:540 kcal×15% ÷ 4 kcal/g = 20g

脂肪需要量：540 kcal×25%÷9 kcal/g = 15g

碳水化合物需要量：540 kcal×60%÷4 kcal/g = 81g

午餐：

蛋白质需要量：720 kcal×15%÷4 kcal/g = 27g

脂肪需要量：720 kcal×25%÷9 kcal/g = 20g

碳水化合物需要量：720 kcal×60%÷4 kcal/g = 108g

（二）主食、副食品种与数量的确定

1. 主食品种与数量的确定　基本思路：由于动物性食品、豆乳及蔬菜水果中的碳水化合物含量较少，故主食的需要量根据主食所需碳水化合物的量确定。按此方法计算，食谱中主食以外的食物所提供的碳水化合物并没有计算在内，这就导致我们摄入的碳水化合物超量，故应进行调整。

（1）早餐所需要的碳水化合物为81g，确定玉米面为60g，燕麦片50g，根据食物成分表得知，燕麦片中含碳水化合物为61.6%，玉米面（黄）中含碳水化合物为69.6%。

则玉米面中碳水化合物含量：60g×69.6% = 41.8g

燕麦片中碳水化合物含量：50g×61.6% = 30.8g

（2）午餐所需要的碳水化合物为108g，根据食物成分表得知粳米（标一）中含碳水化合物为76.8%，假定午餐食用120g，则：

120g 粳米中碳水化合物的含量：120g×76.8% = 92g

（3）晚餐所需要的碳水化合物为81g，红薯与标准粉各提供50%，查食物成分表，甘薯（红心）中含碳水化合物为23.1%，小麦面粉（标准粉）中含碳水化合物为71.5%。则：

红薯需要量：81g×50%÷23.1% = 175g

标准粉需要量：81g×50%÷71.5% = 57g

2. 副食品种、数量的确定　基本思路：从计算富含优质蛋白质的副食品入手，从蛋白质的数量角度进行计算，先计算主食中已经提供的蛋白质的数量，再确定提供蛋白质的副食品，即确定动物性食物及豆类食品的种类。最后进行蔬菜水果的设计，由于蔬菜水果的蛋白质含量极少，因此适当时候可以将其忽略。

【步骤】

（1）计算主食中蛋白质的量。

（2）蛋白质的总量减去主食中的蛋白质数量即为副食应提供的蛋白质数量。

（3）其中副食蛋白质 2/3 由动物性食物提供，1/3 由大豆类及其制品提供。

（4）计算各类动物性食物、豆制品的供给量。

第一步：计算主食已提供的蛋白质量，并计算副食品需要提供的蛋白质的量。

已知早餐应提供的蛋白质数量为20g，其中已确定早餐中玉米面60g、燕麦片50g，查食物成分表可知，玉米面中蛋白质含量为8.1%，燕麦片中蛋白质的含量为15%。

主食中蛋白质量：60g×8.1% + 50g×15% = 12.4g

副食中蛋白质量：20g–12.4g = 7.6g

已知午餐应提供的蛋白质数量为27g，其中已确定食用120g粳米，查食物成分表可知，粳米中蛋白质含量为7.7%。

主食中蛋白质量为：120g×7.7% = 9.2g

副食中蛋白质量为：27g–9.2g = 17.8g

已知晚餐应提供的蛋白质数量为27g，其中已确定食用175g红薯和57g标准粉，查食物成分表可知，红薯中蛋白质含量为1.1%，标准粉中蛋白质含量为11.2%。

主食中蛋白质量：175g×1.1% + 57g×11.2% = 8.3g

副食中蛋白质量：20g–8.3g = 11.7g

第二步：按照副食蛋白质2/3由动物性食物提供，1/3由大豆类及其制品提供的原则计算各餐各类动物性食物、豆制品的供给量。

早餐选用纯牛奶250ml，查食物成分表，牛奶（均值）中蛋白质的含量为3%，则：

250ml牛奶中蛋白质的量：250ml×3%=7.5g

若午餐中采用40g瘦猪肉、豆腐提供蛋白质，查阅食物成分表，猪肉（瘦）中蛋白质的含量为20.3%，豆腐（均值）中蛋白质的含量为8.1%，则：

40g猪肉中蛋白质量：40g×20.3% = 8.1g

豆腐需要量：（17.8g–8.1g）÷8.1% = 120g

晚餐选用50g鸡蛋、虾两种食物，查阅食物成分表，鸡蛋（均值）中蛋白质的含量为13.3%，河虾中蛋白质的含量为16.4%，则：

50g鸡蛋中蛋白质量：50g×13.3% = 6.7g

河虾需要量：（11.7g–6.7g）÷16.4% = 30g

3. 确定蔬菜水果的摄入量 蔬菜水果的品种和数量的确定：由于蔬菜水果中的提供的能量较少，一般根据膳食宝塔中的推荐摄入量设计食谱。其中，蔬菜每日供给量300~500g，水果200~350g。考虑到该配餐对象是一名轻体力的成年人，其需要量按照蔬菜500g，水果200g计算。

根据副食的品种搭配适宜的蔬菜种类，因此选择莴笋100g，木耳（水发）100g，菠菜100g，黄瓜100g，西红柿100g。水果根据季节性选用橘子100g，柚子100g。

（三）调味品确定

基本思路：根据中国居民膳食宝塔，中国居民油脂每日用量不超过25g，每日种类应在2种以上；食盐用量每人每日不超过6g，特殊人群适当调整。一般情况下蔬菜水果中油脂的含量很低，不予计算。特殊情况例外。

根据食物成分表查询每种食物中脂肪的百分比，计算出所有食物已提供的脂肪的含量，剩余脂肪的量由烹调油提供。

早餐提供的脂肪量：60g×3.3% + 50g×6.7% + 250g×3.2% = 2g + 3.4g + 8g = 13.4g

午餐提供的脂肪量：120g×0.6% + 40g×6.2% + 120g×3.7% = 0.7g + 2.5g + 4.4g = 7.6g

晚餐提供的脂肪量：175g×0.2% + 57g×11.2% + 50g×8.8% + 30g×2.4%
= 0.4g + 0.9g + 4.4g + 0.7g = 6.4g

烹调油量：50g–（13.4g + 7.6g +6.4g）= 22.6g

考虑到蔬菜水果中的含有少量脂肪，取整食用油用量为20g。

（四）食谱调整与编制

1. 粗配一日食谱 将以上食物按照配餐对象的生活习惯和烹饪要求排列成表，编制一日带量食谱。表9-12。

表 9-12 轻体力活动水平成年女性一日食谱

餐次	食物名称	原料组成	重量（g）	烹调方法	备注
早餐	馒头	玉米面	60	蒸	
	燕麦	燕麦片	50	煮	
	牛奶	纯牛奶	250	煮	
	拌黄瓜	黄瓜	100	拌	
		芝麻油	5		
加餐	橘子	橘子	100		正餐间隔 2 小时
	柚子	柚子	100		
午餐	米饭	粳米	120	蒸	
	猪肉炒莴笋	瘦猪肉	40	炒	
		莴笋	100		
		花生油	4		
	麻婆豆腐	豆腐	120	炒	
		花生油	3		
	油菜拌木耳	油菜	100	拌	
		木耳（水发）	100		
		花生油	3		
晚餐	馒头	小麦粉	57	蒸	
	红薯	甘薯	175	煮	
	白灼虾	河虾	30	焯	
	西红柿炒鸡蛋	鸡蛋	50	炒	
		西红柿	100		
		花生油	5		

2. 食谱调整 将以上食物的主要营养素计算，如表 9-13，与 DRIs 比较并进行适当的调整。参照食物成分表初步核算该食谱提供的能量和各种营养素的含量，与 DRIs 进行比较，相差在 10%上下，可认为合乎要求，否则要增减或更换食品的种类或数量，调整食物的数量或种类。

表 9-13 轻体力活动水平成年女性三餐营养素的供给量

食物名称	重量（g）	能量（kcal）	蛋白质（g）	脂肪（g）	碳水化合物（g）	膳食纤维（g）	维生素 C（mg）	钙（mg）
玉米面	60	211	4.9	2	41.8	3.4	0	13
燕麦片	50	188	7.5	3.4	30.8	2.6	0	93
牛奶	250	135	7.5	8	8.5	0	2.5	260
黄瓜	100	16	0.8	0.2	2.4	0.4	9	24
瘦猪肉	40	57	8.1	2.5	0.6	0	0	2
豆腐	120	98	9.7	4.4	4.6	0.5	0	197
莴笋	100	15	1	0.1	2.2	0.6	4	23
木耳	100	27	1.5	0.2	3.4	2.6	1	34

续表

食物名称	重量（g）	能量（kcal）	蛋白质（g）	脂肪（g）	碳水化合物(g)	膳食纤维（g）	维生素C（mg）	钙（mg）
菠菜	100	28	2.6	0.3	2.8	1.7	32	66
粳米	120	414	9.2	0.7	92.2	0.7	0	13
烹调油	20	180	0	20	0	0	0	0
小麦面粉	57	199	6.4	0.9	40.8	1.2	0	18
甘薯	175	178	1.9	0.4	40.4	2.8	45.5	40
河虾	30	26	4.9	0.7	0	0	0	98
鸡蛋	50	72	6.7	4.4	1.4	0	0	28
番茄	100	20	0.9	0.2	3.5	0.5	19	10
柑橘	100	51	0.7	0.2	11.5	0.4	28	35
柚	100	42	0.8	0.2	9.1	0.4	23	4
合计		1957	75.1	295	49.9	17.8	164	958
推荐摄入量		1800	55	261	50	25	100	800
占推荐摄入量（%）		108.7	136.5	113	99.8	71.2	164	119.8

由上表可以看出，维生素C和钙的摄入能够满足人体的生理需要，并且维生素C的存在促进钙的吸收。维生素C属于水溶性维生素，摄入过量不会对人体产生危害。但是存在整体能量过高的现象，主要原因是蛋白质和脂肪相对摄入较多，膳食纤维偏少。故对食谱进行调整，适当增减，调整后食谱见表9-14。

表9-14 调整后轻体力活动水平成年女性一日食谱

餐次	食物名称	原料组成	重量（g）	烹调方法	备注
早餐	馒头	玉米面	55	蒸	
	燕麦	燕麦片	30	煮	
	牛奶	纯牛奶	250	煮	
	拌黄瓜	黄瓜	50	拌	
		芝麻油	5		
午餐	米饭	粳米	110	蒸	
	猪肉炒莴笋	瘦猪肉	30	炒	
		莴笋	150		
		花生油	4		
	麻婆豆腐	豆腐	90	炒	
		花生油	3		
	油菜拌木耳	油菜	100		
		木耳（水发）	70	拌	
		花生油	5		

续表

餐次	食物名称	原料组成	重量（g）	烹调方法	备注
加餐	长把梨	长把梨	250		与正餐间隔>2h
晚餐	馒头	小麦粉	50	蒸	
	红薯	甘薯	150	煮	
	番茄炒鸡蛋	鸡蛋	50	炒	
		西红柿	100		
		花生油	5		

（五）食谱评价

制定食谱时，不必严格要求每份营养餐食谱的能量和各类营养素均与 DRIs 保持一致。一般情况下，每天的能量、蛋白质、脂肪和碳水化合物的量的出入应较小，其他营养素以一周为单位进行计算、评价即可。

1. 能量和营养素的摄入量 计算食谱所供热能和营养素，与 DRIs 进行比较，见表 9-15，认为该食谱提供的能量及主要营养素基本满足需要。

表 9-15 食谱中所含能量与主要营养素含量

项目	营养素						
	能量(kcal)	蛋白质（g）	膳食纤维（g）	维生素 A（μgRE）	维生素 C（mg）	钙（mg）	铁（mg）
推荐摄入量	1800	55	25	700	100	800	20
实际摄入量	1772	59.6	23.4	765	86.2	823	23.5
占推荐摄入量（%）	98.4	108.4	93.6	109.3	86.2	102.9	117.5

2. 产能营养素供能比 食谱中所含三大营养素的供能比见表 9-16。

表 9-16 食谱中所含三大营养素的供能比

营养素	蛋白质	脂肪	碳水化合物
摄入量（g）	59.6	48	263.9
供能比（%）	13.4	24.4	60.3
建议范围（%）	10~15	20~30	55~65

经过与 DRIs 比较，认为该食谱中三种供能营养素的供能比例适当。

3. 优质蛋白质比例 食谱中蛋白质的来源分析见表 9-17。

表 9-17 食谱中蛋白质的来源分析

食物类别	每类食物蛋白质含量（g）	百分比（%）
谷薯类	24.8	42
动物性食物	20.3	34
豆类及其制品	7.3	12
其他	7.2	12
合计	59.6	100

经过对食谱中蛋白质的来源进行分析，豆类与动物性食物提供的蛋白质约为1∶3，优质蛋白质的供能比为46%，满足膳食需要。

4. 三餐供能比 食谱中三餐供能比见表9-18。

表9-18 食谱中三餐供能比

项目	餐次			
	早餐	午餐	晚餐	加餐
能量（kcal）	495	658	155	464
占总能量比例（%）	28	37	9	26
推荐比例（%）	30	40	30	

经过对食谱三餐能量的供能比进行计算，基本符合早餐:午餐:晚餐 = 3:4:3 的比例，可将加餐安排至下午距离午餐和晚餐大致相等的时间。早餐中蛋白质约 20g，其中包括 7.5g 优质蛋白质，供能约为 80kcal 左右，能够保证蛋白质和能量的需要。

5. 膳食模式 膳食模式分析见表9-19。

表9-19 膳食模式分析

食物类别	实际摄入量（g）	建议每日摄入量（g）
谷类薯类及杂豆	395	250~400
蔬菜类	470	300~500
水果类	250	200~350
畜禽肉类	30	40~75
水产品	0	40~75
蛋类	50	40~50
奶类	250	300
大豆类及坚果	20.8	25~35
油脂类	22	25~30

与"中国居民平衡膳食宝塔"推荐的范围比较，该食谱中的食物种类在 12 种以上，摄入量基本满足需要，但是存在水产品缺乏，大豆类及坚果摄入偏低，在之后的食谱编制中应适量增加这两类食物的摄入。

（六）食谱存档

对每次编制的食谱及时存档，以备后续核查。

二、食物交换份法编制食谱

例：男，35 岁，身高 177cm，体重 80kg，白领，低等身体劳动水平。身体健康，无其他疾病。根据以上实际情况为该对象编制一日食谱。

（一）确定每日能量需要量

标准体重：标准体重=身高−105 = 177−105 = 72kg

体型判断：BMI=实际体重（kg）/身高（m²）=$80/1.77^2$ = 25.5 kg/m² >23.9 kg/m²，属

于超重。

青年、低度身体活动水平。

参照 2013 版 DRIs 对轻体力活动男性的能量需要量的测定数据，确定本例对象每日每千克标准体重的能量需要量为 25kcal。

因此，确定每日膳食总能量为：

每日能量需要量（kcal）= 标准体重×每千克标准体重所需能量 = 25×72 = 1800kcal

（二）确定每日食物交换份数

食物交换份数：1800 kcal ÷ 90kcal/份 = 20 份

（三）确定三大产能营养素的供给量

由于该配餐对象身体健康，无其他疾病，故三大产能营养素的供能比按照正常成年人的供能比（蛋白质供能比为 10%～15%，脂肪供能比为 20%～30%，碳水化合物供能比为 50%～65%）进行搭配。

蛋白质的份数：1800 kcal×14% ÷ 90kcal = 2.8 份

碳水化合物的份数：1800kcal×60% ÷ 90kcal = 12 份

食用油的份数：按每日 25g 计，为 2.5 份

蔬菜水果的份数：20-（2.8 + 12 + 2.5）= 2.7 份

（四）确定各大类食物种类及具体食物种类与数量

根据食物交换份法的食物分类，碳水化合物主要由谷薯类食物提供，故确定谷薯类 12 份，蛋白质主要由肉蛋类和豆乳类食物提供，故确定肉蛋类食物 1.3 份及豆乳类食物 1.5 份，蔬菜类食物 1.2 份，水果类 1.5 份，纯能量食物为 2.5 份。

根据每类食物份数与各类食物的能量等值交换份表，遵循食谱编制的原则，结合个人饮食喜好、季节、地域等特点确定食物的种类与数量。

谷薯类（12 份）：大米 5 份，25g×5 = 125g
　　　　　　　　　面粉 5 份，25g×5 = 125g
　　　　　　　　　玉米面 2 份，25g×2 = 50g

肉蛋类（1.3 份）：瘦猪肉 0.6 份，50g×0.6= 30g
　　　　　　　　　鸡蛋 0.7 份，60g×0.7 = 42g

豆乳类（1.5 份）：牛奶 1 份，160g×1 = 160g
　　　　　　　　　豆腐 0.5 份，100g×0.5 = 50g

蔬菜类（1.2 份）：菠菜 0.2 份，500g×0.2 = 100g
　　　　　　　　　水发木耳 0.3 份，500g×0.3= 150g
　　　　　　　　　油菜 0.1 份，500g×0.1 = 50g
　　　　　　　　　芹菜 0.3 份，500g×0.3 = 150g
　　　　　　　　　茭白 0.3 份，500g×0.3 = 150g

水果类（1.5 份）：橘子 0.75 份，200g×0.75= 150g
　　　　　　　　　草莓 0.75 份，300g×0.75= 225g

纯能量食物（2.5 份）：烹调用油 2.5 份，10g×2.5 = 25g

(五)食谱的调整与编制

以上食物的份额为 20 份,符合要求;满足了食物的多样性,且主食中含有选择一些粗杂粮;动物性食物的种类比较丰富,并没有限于某一种;蔬菜水果类中叶类、茎类、茄果类都有选择,同时也注意蔬菜水果的颜色,深浅搭配。将选择的食物按照能量分配食物份额,大致按 30%、40%、30%分配至一日三餐,并编制成食谱,如表 9-20。

表 9-20 轻 PAL 成年男性一日食谱

餐次	食物名称	原料组成	重量(g)	烹调方法	备注
早餐	牛奶	鲜牛奶	160	微加热	
	馒头	小麦粉	60	蒸	
		玉米粉	25		
	拌菠菜	菠菜	100	凉拌	
		芝麻油	5		
加餐	水果	草莓	225		正餐间隔 2 小时
午餐	米饭	大米	125	蒸	
	芹菜炒猪肉	芹菜	150	炒	
		猪肉	30		
		花生油	5		
	醋熘茭白	茭白	150	炒	
		花生油	5		
加餐	水果	橘子	150		正餐间隔 2 小时
晚餐	馒头	小麦粉	65	蒸	
		玉米粉	25		
	木耳炒鸡蛋	木耳	150	炒	
		鸡蛋	42		
		花生油	5		
	青菜豆腐汤	油菜	50	煮	
		豆腐	50		
		花生油	5		

(六)食谱评价

制定食谱时,不必严格要求每份营养餐食谱的能量和各类营养素均与 DRIs 保持一致。一般情况下,每天的能量、蛋白质、脂肪和碳水化合物的量的出入应较小,其他营养素以一周为单位进行计算、评价即可。

1. 能量和营养素的摄入量 计算食谱所供热能和营养素,与 DRIs 进行比较。一般能量摄入达到标准的 90%为正常,蛋白质摄入量达到标准的 80%为正常,其他营养素应该达到标准的 80%以上。

表 9-21　食谱中所含能量与主要营养素含量

项目	营养素						
	能量(kcal)	蛋白质(g)	膳食纤维(g)	维生素 A（μgRE）	维生素 C（mg）	钙（mg）	铁（mg）
推荐摄入量	1800	65	25	800	100	800	12
实际摄入量	1796	59.1	20.4	952	226	682	29
占推荐摄入量（%）	99.8	90.9	82	119	226	85	242

经过与 DRIs 比较，认为该食谱提供的能量及主要营养素基本满足需要，但膳食纤维与钙的摄入量偏低，在之后的膳食中应注意补充，使之达到一段时间内的摄入平衡。

2. 产能营养素的供能比　食谱中所含三大营养素的供能比见表 9-22。

表 9-22　食谱中所含三大营养素的供能比

营养素	摄入量（g）	百分比（%）	目标比例（%）
蛋白质	59.1	13	14
脂肪	43.9	22	26
碳水化合物	281.3	63	60

该食谱中三种供能营养素的供能比例基本适宜。

3. 优质蛋白质的比例　食谱中蛋白质的来源分析见表 9-23。

表 9-23　食谱中蛋白质的来源分析

食物类别	每类食物蛋白质含量（g）	百分比（%）
谷薯类	26.7	45
动物性食物	16.5	28
豆类及其制品	4	7
其他	11.9	20
合计	59.1	100

经过对食谱中蛋白质的来源进行分析，豆类与动物性食物提供的蛋白质为 1∶4，优质蛋白质的供能比为 35%，基本满足膳食需要。

4. 三餐供能比　食谱中三餐供能比见表 9-24。

表 9-24　食谱中三餐供能比

餐别	早餐	午餐	加餐	晚餐
能量	456	632	148	560
占总能量比例（%）	25	35	8	31
推荐比例（%）	30	40		30

经过对食谱三餐能量的供能比进行计算，基本符合早餐:午餐:晚餐 = 3:4:3 的比例，可在上午适量补充加餐，弥补早餐能量上的欠缺。

5. 膳食结构　膳食模式分析见表 9-25。

表 9-25　膳食模式分析

食物类别	实际摄入量（g）	建议每日摄入量（g）
谷类薯类及杂豆	300	250~400
蔬菜类	600	300~500
水果类	375	200~350
畜禽肉类	30	40~75
水产品	0	40~75
蛋类	42	40~50
奶类	160	300
大豆类及坚果	11.6	25~35
油脂类	25	25~30

与"中国居民平衡膳食宝塔"推荐的范围比较，该食谱中的食物种类在 12 种以上，摄入量基本满足需要，但是存在水产品缺乏，肉类、奶类、大豆类及坚果摄入偏低，蔬菜水果类摄入量过高，在之后的食谱编制中应适当调整。

（七）食谱存档

对每次编制的食谱及时存档，以备后续核查。

第四节　营养配餐注意事项

一、食物的选择

谷类是平衡膳食的基础，一日三餐都要有充足的谷类食物。在主食选择上，尽量选择标准米、标准面，少选用精白米、精白面，同时每周吃 3~4 次粗粮/杂粮；全谷物如小米、玉米、燕麦、全麦粉等可单独或与大米、小面粉混合作为主食。一日三餐中至少有一餐中含全谷物和杂豆类，如早餐可选小米粥、燕麦粥、八宝粥、绿豆粥等；午餐、晚餐可选在小麦面粉中混合玉米粉、绿豆粉，或者选用全麦粉；大米中混合一把糙米、燕麦、红小豆、绿豆等（适宜比例：全谷物 1/3）来烹制米饭；杂豆还可以做成各式主食，各种豆馅也是烹制主食的好搭配。

在编制一周食谱时，用同样的方法和步骤，根据就餐者的膳食习惯，了解与掌握本地的食物资源，如商店或集贸市场各种主副食的供应情况、价格变化状况等。选择食物时，做到有主有副、有精有粗、有荤有素、有干有稀，保证人体的各种营养素需要。

部分地区的居民和素食者膳食中可能还存在优质蛋白质或钙、铁、维生素 A、维生素 B_2 的供给不足情况，则在为其编制的食谱中应注意选择富含这些营养素的食物，例如合理发挥蛋白质互补作用等。

二、特殊人群食谱编制的注意事项

（一）不同生命阶段人群食谱编制的注意事项

1. 孕妇食谱编制的注意事项　妊娠期膳食应随妊娠期妇女的生理变化和胎儿生长发

育的状况进行合理搭配。中国营养学会建议孕妇的膳食特别是妊娠第 4 个月起，应保证其充足的能量，保持体重的正常增长；食谱中增加鱼、畜、禽、蛋、奶、海产品的摄入。

妊娠早期的食谱应选择清淡、适口、易消化、增进食欲的食物，可根据配餐对象的个人喜好稍加调整，餐次上安排加餐，少食多餐，保持正常的进食量；妊娠中晚期的食谱中应尽可能地包括以下各类食物并保证一定的数量：谷类 350～450g/d，豆类及制品 50～100g/d，畜、禽、鱼等 50～150g/d，每周至少进食 1 次海产品，鲜奶 250～500ml/d，蔬菜 400～500g/d，水果 100～200g/d，烹调植物油 15～20g/d，盐、糖适量。

2. 乳母的食谱编制的注意事项 产褥期应提供富含优质蛋白质的平衡膳食。若进行哺乳，则食谱中应较正常成年女性增加 25～35g/d 的蛋白质，增加汤汁及富含膳食纤维的食物，如：餐次可增至 4～5 次；选用富含维生素和铁的食物，如肝脏类食物、猪血、芝麻酱等。

哺乳期食谱应确保食物多样，摄入全面足够的营养素，同时注意膳食结构的合理性，可通过同类食物互换，如今天吃米饭，明天吃馒头，之后再换成小米粥、全面馒头等；保证足够的优质蛋白质，多食含钙丰富的食物，如牛奶、大豆、水产品类食物；增加新鲜蔬菜、水果的摄入，少吃盐、腌制品和刺激性强的食物；注意烹调方式，多采用蒸、煮、炖，减少营养素的流失。

3. 学龄前儿童食谱编制的注意事项 应保证其每日饮奶量为 300～400ml，食物多样，合理搭配，选择易于消化的烹调方式，多采用蒸、煮、煨、炖等烹调方式，尽量少用油炸、烤、煎等方式，培养其清淡口味。

4. 学龄儿童食谱编制的注意事项 首先保证早餐质量：早餐应供给全日能量的 1/3，可结合本地的饮食习惯，丰富早餐品种；包括谷薯类、肉蛋类、奶豆类及果蔬类中的三种及以上。其次，食谱中包含 300ml 及以上奶制品供给，做到食物多样化。

5. 老年人食谱编制的注意事项 需特别注意食物粗细搭配，选择易于消化的食物和烹调方式，蛋白质以优质蛋白为主，增加奶、豆和鱼类的摄入，重视膳食纤维和多糖类物质的摄入，保证充足的新鲜蔬菜和水果。保证老年人每天能摄入 300g 鲜牛奶或相当量的奶制品，摄入奶类可采用多种组合方式，如鲜牛奶 150～200g 和酸奶 150g，或者全脂牛奶粉 25～30g 和酸奶 150g，也可以鲜牛奶 150～200g 和奶酪 20～30g。

（二）不同职业食谱编制的注意事项

1. 运动员食谱编制的注意事项 注意选择浓缩、体积小、营养密度高的食物；食物多样，谷类为主；适当增加蔬菜、水果等碱性食物的比例；每天摄入牛奶或酸奶；注重必要加餐；根据不同种类的运动项目，注重补液和营养素的补充。

2. 高温环境作业人群食谱编制的注意事项 应注意增加水和矿物质的摄入，也要适量增加蛋白质、碳水化合物和维生素的摄入量，控制脂肪的供能比，食物的选择以清淡易消化为先。

3. 低温环境作业人群食谱编制的注意事项 首先保证充足能量，约增加 10%～15%，建议碳水化合脂肪、蛋白质的供能比分别为 45%～50%、35%～40%、13%～15%；提供优质蛋白质；选择富含 B 族维生素和维生素 A 的食物，如肉类、肝脏类食物；食盐摄入量以 15～20g/d 为宜。

三、不同疾病状态食谱编制的注意事项

以高血压和糖尿病为例对其食谱编制过程中存在的问题简要概括,其他疾病状态请参考临床营养部分。

1. 高血压人群食谱编制的注意事项　①控制体重,避免肥胖。限制总能量的摄入,根据标准体重及配餐对象的身体活动水平确定每日能量需要量,增加体力活动;②限制膳食中的钠盐,食盐的摄入量应在1.5~3.0g/d,还应限制腌制食品及含钠盐较多的食品;③增加钾、钙、镁的摄入,如菠菜等新鲜绿叶菜、豆芽等豆类和根茎类、香菇、香蕉等;④增加优质蛋白质的摄入;⑤增加新鲜蔬菜和水果的摄入。

2. 糖尿病人群食谱编制的注意事项　①合理控制总能量的摄入,控制碳水化合物的摄入量,增加膳食纤维的补充;②蛋白质每日供能约占15%~20%,优质蛋白质应占50%。推荐成年人每日摄入0.8~1.2g/kg标准体重;③少食多餐,增加加餐次数。

糖尿病的食谱编制多选用食物交换份法,在进行食物的选择时,优先选择低血糖生成指数(glycemic index,GI)和低血糖负荷(glycemic load,GL),故目前常用"基于GL概念的食物交换份法"进行食谱编制。其原理是以控制血糖负荷为特征,体现食物血糖应答差异和总能量平衡的新型食物交换,以期为糖尿病的饮食治疗提供一种科学、简便、实用的方法。具有以下优点:①弥补了传统食物交换份不能区别等值能量食物餐后血糖应答差异的缺陷;②保留传统交换份等值能量同类食物自主互换的优点;③在明了GL的前提下有助于针对性地选择食物;④在控制总能量的同时,可定量预测并调整膳食的血糖应答效应。

(李鸣　曾　果　李媛媛)

参 考 文 献

葛可佑. 2006. 中国营养师培训教材. 北京:人民卫生出版社.
綦翠华,杜慧真. 2014. 营养配餐与膳食设计. 济南:山东科学技术出版社.
孙长颢. 2012. 营养与食品卫生学. 北京:人民卫生出版社.
孙秀发. 2009. 临床营养学. 北京:科学出版社.
中国营养学会. 2014. 中国居民膳食营养素参考摄入量(2013版). 北京:科学出版社.
中国营养学会. 2016. 中国居民膳食指南(2016). 北京:人民卫生出版社.

第十章 营养调查与营养监测

第一节 营养调查

一、营养调查目的

营养调查是指运用各种手段准确了解某人群或特定个体各种营养指标的水平,以判断其当前的营养和健康状况,是公共营养的基本方法和内容。国民的营养与健康状况在一定程度上可以反映一个国家或地区的经济发展、社会文明、卫生保健水平和人口素质。全国营养调查是国家的一项基础性工作,世界上有许多国家都在有计划地开展全国营养调查。我国分别于1959年、1982年、1992年、2002年和2010年开展了五次全国性的营养调查,2002年开展的第四次全国营养调查与肥胖、高血压和糖尿病等慢性病调查同时进行,2010年开展的第五次全国营养调查在之前的基础上,还调查了生活方式和体力活动等,获得了更为客观的营养与健康状况数据。历次调查结果对于了解我国城乡居民膳食结构、营养水平、相关慢性疾病的流行病学特点及变化规律,评价城乡居民营养与健康水平发挥了积极的作用,也为政府制订营养健康改善措施、疾病防治措施及公共卫生政策等提供了重要参考依据。

为了全面了解人群的营养状况,需要调查该人群的膳食组成、营养素摄入量、机体营养水平和健康状况,这项工作称为营养调查。综合分析调查结果并作出判断称为营养评价。其最终目的是发现问题,提出改进意见,提高人群健康水平。通过营养调查可以获得以下信息。

(1)了解个人或各类人群(包括不同生理状况、生活环境及劳动条件)营养是否合理(膳食营养素摄取情况与营养素标准的符合程度)。

(2)了解与营养状况有密切关系的居民体质与健康状态,发现营养不平衡的人群(包括营养缺乏和营养过剩),为进一步的营养干预、监测和研究营养政策提供基础资料。

(3)评估营养改善行动计划的实施和营养干预、营养教育项目的效果。

(4)开展某些综合性或专题性科学研究,如某些地方病、营养相关疾病与营养的关系,研究某些生理常数、营养水平判定指标、复合营养素推荐供给量标准等。

(5)为国家制定政策和社会发展规划提供信息。

二、营养调查设计

(一)对象选择

1. 特定范围内全人群的抽样调查 指对全国、全省、全市、全县等特定地区范围内各年龄、性别及劳动状况人群的营养状况进行抽样调查或监测。这是各国家或地区安排食物生产供应、了解居民生活水平和研究居民体质健康水平等各方面所必需的资料。

以2010~2012年中国居民营养与健康状况调查项目为例,选取了全国31个省、自治区和直辖市(不含台湾、香港和澳门)150个监测点(区/县)抽中样本住户的常住人口,包括居住并生活在一起（时间在 6 个月以上）的家庭成员和非家庭成员。同时，为保证孕妇和 6～17 岁儿童青少年的调查人数，以满足各年龄组样本量的要求，在样本地区适当补充了上述人群的调查人数。其中每个监测点要求孕妇最低样本量为 30 名，6～17 岁各个年龄段人数不低于 20 名，共达到 240 名的儿童青少年样本量。整个监测项目的最终样本量确定为 6 岁以上居民约 20 万名。

2. 特定人群的抽样调查 指对符合一定条件的亚人群，如儿童、中学生、运动员、农民等抽样进行营养调查和监测。调查对象仅限于既定条件范围内的人员。样本量的确定首先要设定调查中的允许误差，按该允许误差确定调查人数。

（二）抽样设计

1. 大样本抽样设计 我国居民的基本经济单位和膳食单位是家庭，所以通常营养调查和营养监测的样本是以家庭为单位抽取的。抽样方法采取多阶段分层整群随机抽样。以 2010～2012 年中国居民营养与健康状况调查项目为例，对抽样设计方案进行描述如下。

2010～2012 年中国居民营养与健康状况监测采用多阶段分层与人口成比例的整群随机抽样的方法（probability proportional to size，PPS），通过样本估计总体。由国家统计局和中国疾病预防控制中心信息中心协助完成样本县（市、区）和村（居）委会的抽样工作。由县（区）级项目工作组按照统一抽样原则完成样本户的抽样。抽样时按经济发展水平及类型将中国县级行政单位（包括县、县级市、区）分为四层，分别是大城市、中小城市、普通农村和贫困农村，其中大城市指直辖市、计划单列市、城区人口 100 万以上的省会城市，共计 32 个大城市的中心城区；中小城市指上述大城市中心城区之外的所有的区、地级市城区和县级市；贫困农村指国家确定的扶贫开发重点县（依照《2001～2010 年国家农村扶贫开发纲要》所列名单，去掉县级市或区）；普通农村指贫困农村以外的县。抽样样本具有全国代表性，并具有大城市、中小城市、普通农村和贫困农村四层代表性。

31 个省、自治区或直辖市与大城市、中小城市、普通农村和贫困农村 4 个县级行政单位分层交叉后，共计 124 小层，除去空缺（如东部 9 省份没有贫困县，或省会城市不足 100 万人口，因而不设中心城区层），并考虑个别省份工作条件等问题，全国共划分 106 个小层。每个省在每个小层至少保持 1 个监测点，再按各省各层中的人口规模分布其余监测点。

2. 样本量确定

（1）最小样本量：计算公式为 $n=\text{deff}\left[\dfrac{\mu_\alpha^2 \times \pi(1-\pi)}{\delta^2}\right]$，其中允许误差 $\delta = p \times \pi$。以糖尿病患病率为确定样本大小的计算标识，2002 年全国居民健康与营养调查 18 岁以上人口糖尿病患病率为 2.6%，本次取 3.0% 作为总体人群糖尿病患病率。根据《2009 年中国人口和就业统计年鉴》，推算 18 岁以上人口占 78%，按照 95% 的准确度（$\mu_\alpha=1.96$）、85% 的精确度（$\delta=0.45\%$）和 10% 的失访率进行计算，设计效率 deff 值取 2.5，计算得到最小样本量约为 16 万名。

（2）样本量的分配：全国共抽取 150 个监测点（区/县），其中大城市 34 个，中小城市 41 个，普通农村 45 个，贫困农村 30 个，根据城市每户平均 2.5 人，农村平均每户 2.6 人，每个样本点调查户数平均为 450 户。

3. 抽样步骤 每个监测点共抽取 6 个居（村）委会，大城市抽样点只抽取居委会，中小城市、普通农村抽样点 6 个居（村）委会在城镇与乡村中的分配要与每个监测点中城镇和乡村常住人口比例基本相同，贫困农村抽样点只抽取村委会。每个抽中的村（居）委会以简单随机抽样法抽取75户。根据本村（居）委会住户分布的实际情况，按地理位置（楼群/村民小组）分成每25户为一群，将剩余户与邻近楼群或村民小组中的住户组成一群，使所有住户都在抽样群中；按简单随机抽样原则，每村（居）委会随机抽取3个群组成调查样本。在选定的3个群75户中，第1群的25户和第2群的前5户（共30户）作为3日24h膳食回顾调查人群；第2群的25户作为食物频率法调查人群。

三、营养调查内容

营养调查的主要内容包括：膳食调查、实验室检查、人体测量和临床检查四个方面。若要全面、完整地进行营养评价，应涉及以上四项工作。并在此基础上对被调查者个体进行营养状况的综合判定和对人群营养条件、问题、改进措施进行研究分析。但在实际工作中，由于各方面条件的限制，选做其中1、2项也可得到具有一定参考价值的结果。

营养调查既用于人群社会实践，也用于营养科学研究。营养调查是对代表性目标人群的个体进行系统的、横断面的研究。对于收集大样本的资料而言，该方法相对廉价。一般调查可以收集定性和定量数据，可以针对个人或小群体，可通过座谈、电话或邮件方式进行。有些调查手段可以采用自我管理（如问卷调查），也可以由经过培训的调查员进行。调查的设计和分析本身就是一门学问，实施一项调查通常需要具备调查研究、统计、流行病学、公共卫生和营养方面知识的一组专业人员合作进行。

计划一个调查就是做出一系列科学的、实际的决定。首先要明确调查的目的。多数营养调查是用于估计家庭或个人的食物消费、食物结构、食物供给是否充足、评价食物供给的营养质量、测定某个群体的营养素摄入情况、研究膳食和营养状况与健康的关系，或者是确定一项营养教育项目的效果。一个营养调查项目不一定是复杂的、全面的，但它必须具有一个明确的目的。另一个重要的方面就是要确定谁来设计这个调查，谁来实施和怎样实施。设计调查手段并做预试，选择样本、培训调查员和统一数据分析方法。除此之外，还要考虑调查的可行性、数据质量、调查经费、数据处理方法等问题。在计划过程的每一步都会遇到与时间和经费有关的问题。调查是评价个人健康和营养状况的重要工具，但是，只有设计合理、实施严谨的调查才会提供有效和可靠的信息（表10-1）。

表10-1 人体营养物质需求及检测方法

阶段	营养物质消耗的阶段	检测的主要方法
1	膳食中营养素不足	膳食调查
2	组织内储存量下降	生化检查
3	体液中的浓度下降	生化检查
4	组织的功能降低	人体测量/生化检查
5	营养素依赖酶的活力下降	生化检查
6	功能性改变	行为/生理检查
7	临床症状的出现	临床方法
8	解剖形态及特征改变	临床方法

（一）膳食调查

膳食调查是全面了解人群膳食模式的重要手段，是研究营养与健康关系的基础。膳食调查是营养调查中一个最基本的组成部分，它本身又是相对独立的内容。

1. 膳食调查目的　是通过各种不同的膳食调查方法对膳食摄入量进行评估，从而了解在一定时间内人群膳食摄入状况及人们的膳食模式、饮食习惯，依此来评定营养需要得到满足的程度。膳食调查所估计的膳食摄入量的用途很广，它是国家政府机构制定政策的依据、学术界从事科研工作的依据及企业研发新产品的数据基础，营养教育部门开展的膳食指导工作也需要通过膳食调查评价发现膳食问题，有针对性地进行营养干预和改善。

2. 膳食调查方法　为了解不同地区、不同生活条件下人群的膳食习惯、食物品种及每日从食物中所能摄取各种营养素的量，研究人员经常选择适当的膳食调查方法对不同人群进行膳食评价。按照不同观察单位、调查方式、研究时限、食物量的测量方法和食物转成营养素的方法，可将膳食调查方法做如下分类，见表10-2。

表10-2　不同膳食调查方法分类

研究人群	调查方式	研究时限	食物量的测量方法	食物向营养素转化的方法
个体	记录法	被调查者通常的膳食情况	称重	利用营养素数据库
家庭	询问法	被调查者刚吃过的膳食情况	估计	直接应用化学法进行分析测定

根据调查研究目的、方法精确性要求、所用经费、研究时间长短的不同，以及研究对象的地区、生活条件、膳食习惯、食物品种和每日从膳食中所能摄取的各种营养素量的不同，需要选择适当的膳食调查方法。在方法选择时应考虑以下因素：①项目目的：精确度、数据类型（食物摄入量、营养素摄入量、膳食模式）。②研究人群：样本量、反应能力（年龄、文化水平、语言表达水平）、合作程度和时间限制。③经费：分析软件、人员培训、记录表、数据处理、劳务费。④项目实施要求：完成调查表的时间、难易程度、辅助设备、调查员培训和水平。⑤分析要求：营养素数据库和分析软件的质量、食物编码员的水平、质控水平。

有关膳食摄入量数据的收集方法多种多样，不同研究者的分类方法可能有所不同，而且对每种方法的解释也不尽一致。部分学者将膳食调查方法分为前瞻性和回顾性两类，前者包括称重法、记账法和化学分析法，后者包括24 h膳食回顾法、膳食史法和食物频率问卷法。常用的膳食调查方法包括24h膳食回顾法和食物频率问卷法（表10-3）。

表10-3　我国膳食调查方法的使用

时间	调查名称	调查时间	膳食调查方法
1959年	第一次全国营养调查	一年4次，每季度1次	食物称重法
1982年	第二次全国营养调查	秋季1次	称重记账法
1992年	全国第三次营养调查	秋季1次	称重法、3日24小时回顾法
2002年	中国居民营养与健康状况调查	秋季1次	称重法、3日24小时回顾法、食物频率法
2010~2013年	中国居民营养与健康状况监测	秋季1次	调味品称重法、3日24小时回顾法、食物频率法、即食食品调查

(1) 称重法 (weighed food records)：又称为称量法，是指运用各种称量工具对某一饮食单位（集体食堂或家庭）或个人一日三餐中每餐各种食物的量进行称重，了解食物的消耗情况，计算出每人每日各种营养素的平均摄入量。调查时间一般为 3～7 日。称重法的步骤包括：①准确记录每餐各种食物（包括调味品）的名称；②准确称取每餐各种食物烹调前的毛重、舍去废弃部分后的净重、烹调后的熟重及剩余饭菜的重量；③计算生熟比例（烹调前各种食物可食部分的重量/烹调后熟食物的重量），然后按生熟比值计算出摄入的各种食物的生重；④记录调查期间的就餐人数，折算成标准人日数；⑤计算调查期间每人每日各种食物的消耗量；⑥按食物成分表计算每人或每标准人每日各种营养素的摄入量。

称重法的主要优点是比其他方法更准确，能准确计算和分析每人每日各种营养素的摄入量，可调查每人每餐膳食的变动情况，尤其是称量制作复杂的主食；缺点是需要较多的人力物力，并要求应答者具有一定的文化水平，会增加调查对象的负担，可能导致应答率下降，从而难以保证样本的代表性。该方法一般适用于家庭、个人及特殊工作人员的膳食调查，不适合大规模的调查工作（如肿瘤流行病学调查），也不适合长期调查。

(2) 记账法：是通过记录一定时期内某一饮食单位（如托幼单位、学校、部队、单位集体食堂等）的食物消耗总量和进餐人数，计算每人每日各种营养素的平均摄入量。这种方法可以调查较长时期的膳食，可一个月或更长。具体方法包括以下步骤。①记录各种食物的消耗量：开始调查前称量并记录该饮食单位各种食物的现存量，然后详细记录每日各种食物的购入量和废弃量。在调查周期结束时，称量剩余食物。将每种食物的最初存量，加上每日购入量，减去废弃量和最后剩余量，即为调查期间消费的各种食物的总量。②记录进餐总人数或计算进餐总的标准人日数：对于相对封闭，被调查对象的年龄、劳动强度、生理状态相近且基本吃满三餐的饮食单位，可直接记录调查期间的就餐人数。否则，要记录每人每日的进食状况，然后计算总的标准人日数。③计算每人或每标准人每日各种食物的摄取量，再按照食物成分表计算每人或每标准人每日的营养素摄入量。

记账法的优点是在账目准确和每餐用餐人数统计确实的情况下，使用本法结果较准确，可调查较长时期的膳食。缺点是由于调查结果代表单位或家庭人均的摄入量，故不能用来分析个体的膳食摄入状况。此法一般适用于有详细账目，就餐人数变动不大的集体单位和家庭，如部队、机关、托儿所等。

(3) 24 小时膳食回顾法 (24-hour history recalls) 简称 24 小时回顾法，是获得个人食物摄入量资料最常用的一种方法。不管是大型的全国膳食摄入量调查还是小型的研究项目，都采用这一方法来估计个体的膳食摄入量。24 小时回顾法要求每个被调查对象回顾和描述在调查时刻以前 24 小时内摄入的所有食物（包括饮料）的种类和数量。在实际工作中，一般选用 3 日连续调查方法（每日入户回顾 24 小时进餐情况，连续进行 3 日）。连续 3 日 24 小时回顾所得结果经与全家食物称重记录法相比较，差别不明显。

24 小时一般是指从最后一餐进食食物开始向前推 24 小时。调查员一般从询问受试者前一日所吃的或喝的第一种食物开始，按时间向前进行。这种按时间顺序调查某一日食物摄入量的方法是人们通常采用的方法。但是，如果受试对象很难回忆起前一日吃的是什么时，那么采用从现在开始回忆，再往后回忆过去的 24 小时的方法也比较好。

食物量通常采用家用量具、标准餐具食物模型或食物图谱进行估计。具体询问获得信息的方法有很多，可以通过面对面询问、使用开放式表格或事先编码好的调查表通过电话、录音机或计算机程序等进行，一次调查大约需要 15～30min 完成。

24 小时膳食回顾法的优点在于所用时间短，食物的摄入能够量化，不会改变个人的饮食习惯，应答率较高，一年中的多次回顾可能提供个体通常摄入量的估计值，应答者不依赖长期记忆。此法适用于评估大的人群组的膳食摄入量和个体或特殊人群的调查，如患者、散居儿童、老人、咨询门诊等。但它也有缺点，如食物份额大小很难准确评估，对某些人群（如幼儿）可能有困难，需要培训调查者等。

（4）化学分析法（chemical analysis）：就是收集被调查者一日摄入的所有主副食品，在实验室测定其营养素的量。样品的收集方法有两种：①双份饭法，是最准确的方法，即制作出两份完全相同的饭菜，一份供食用，另一份则作为分析样品；②收集研究期间消耗的各种未加工的食物或从当地市场上购买相同的食物作为样品。后者的优点在于样品容易收集，缺点在于收集的样品与食用样品不完全一致。与其他方法相比，化学分析法结果非常精确，能够准确地得出各种营养素的准确摄入量，但此方法操作复杂，需配备必要的仪器设备及有一定技术水平的专业人员。化学分析法由于成本高，仅适用于较小规模的调查，或分析食物中某些成分以满足特殊研究需要时使用。

（5）膳食史法（diet history questionnaires，DHQ）：通常由 3 部分组成，包括对平常膳食模式的询问、食物摄入频度（一份食物摄入数量和频率的清单）询问及 3 日的食物记录。调查时间为过去的 1 个月、6 个月、1 年或更长。膳食史法已被广泛应用于营养流行病学调查研究之中，采用膳食史法可以更全面地了解人群膳食摄入情况，对于许多慢性病如心血管疾病、糖尿病、肿瘤及慢性营养不良等，研究过去的膳食摄入状况比现在更有意义。

利用膳食史法可以得到一般食物的摄取频率和数量，并且常常与定量的食物频率调查方法相类似。膳食史法可能获得有关食物制备方面的资料和受试者的饮食习惯（如盐的摄入），该法往往注重总膳食中的食物，但有时也专门调查膳食中的某些成分。

膳食史法的优点是能询问长时间的膳食习惯，所以能更全面地了解居民膳食摄入状况，可进行具有代表性的膳食模式的调查；可以得到食物的摄入频率和数量；可以获得有关食物制备方法的资料和受试者的饮食习惯。通常应用于探讨饮食与慢性病（如癌症和心脏病）发病率的关系。缺点是通常需要训练有素的调查者；应答者必须很好地合作；对回顾的时间难以有准确概念；应答者和调查者的负担可能比较重；需要较多的时间和费用；目前的膳食对回顾过去的膳食模式有影响，可能产生偏差。

（6）食物频率问卷法（food frequency questionnaires，FFQ）：简称食物频率法，是估计被调查者在规定的一段时间内摄入某些类食物的次数或数量来评价膳食营养状况的一种方法，分为定性、定量及半定量食物频率法。定性的食物频率法通常只得到每种食物在特定时期内（如过去一个月）所吃的次数，而不收集食物份额大小的资料；定量的食物频率法要求受试者提供所吃食物的数量，通常借助于测量辅助物；半定量的食物频率法通常要求研究者提供标准（或平均）的食物份额大小的种类，供受试者在回答时选择。基本的食物频率问卷包括食物清单和食物频率两部分。

调查期的长短可从几日、1 周、1 个月到 3 个月或 1 年以上。应用食物频率问卷调查可以测量个体的"经常摄入量"，在膳食与健康关系的流行病学研究中应用日益广泛。在评价营养与慢性病的关系时，较长时期的经常膳食摄入比短期的摄入更有意义。

食物频率法的优点在于能够得到通常的膳食摄入量；不需要训练有素的调查者；调查方法简单、费用少；习惯性饮食模式不易受影响；应答者负担轻，应答率高；能获得总膳食的数据，或某些食物与营养素的数据。本法常用于研究膳食与疾病之间的关系。其缺点包括需要对过去食物模式的记忆，回忆时期可能不精确；当前的饮食模式可能影响对过去膳食的回顾而产生偏倚；因对食物份额或标准大小的估计不准，食物摄入量的估计可能不准确；应答者负担取决于所列食物的数量、复杂性、定量方法；通常得不到对食物的特殊描述；对方法的正确性评价有困难。

（7）即时性图像法：是近年来发展起来的一种新型的膳食评估方法。该方法是在就餐之前，由用餐者将膳食置于预先提供的塑料平盘内，并将塑料平盘置于平铺于桌面的背景纸框线内，对食物按拍摄要求进行图像采集。以餐盘背景纸的框线正好清晰进入手机或者相机取景框为最佳拍摄距离。就餐结束后如若所剩食物不多，受调查孕妇只需采集一张正上方俯拍图片。所有图片采集完成后，由受试者用餐完毕后将膳食图片传输到专用微信账号。由专业人员进行后台数据处理获得食物摄入估计量。

图像膳食调查法的优点在于免去了受试者的回忆负担，同时减少了受调查者需要配合的工作时间，提高了膳食调查工作的准确度和成本效益比。此外，图像法数据比24h回顾法数据更接近于称量数据，并且图像法的估量数据分布更集中。本法的缺点包括研究的食物品种有限，汤菜及调味品难以估量；不同烂熟程度表现出不同分量状态，对建立参比图库是一个挑战；不同食物的估量难易程度不一，形状特征不明显且生熟体积变化大的食物估量误差稍大等。该方法可以有效地兼顾称重法和回顾法的优点，减少现场工作量压力，避免回顾性偏倚，提高调查的效率。此法尤其适合于现场条件非常有限的调查工作（如孕期营养门诊等）。

3. 食物定量方法

（1）家用量具：量具如标有刻度或容积固定的油壶、汤匙、量杯，在营养领域中的使用比较广泛。美国和加拿大的膳食指南是以杯子和汤匙作为单位来建议各种食物的摄入量，如加拿大的膳食指南建议成年男性（19～50岁）每日水果和蔬菜的摄入量是8～10份，每份相当于新鲜蔬菜生的1杯、熟的1/2杯，新鲜水果1/2杯，1杯容量约250ml。人们将水果和蔬菜切好后放在杯子里，按指南推荐进行指导，这样往往比告诉人们每日应该吃多少克食物更直观且易操作。膳食调查中也会用到各种量具，如丹麦营养学家用预编码饮食日记（pre-coded food diary，PFD）的方法调查国民的膳食状况，让被调查者自己记录全日的饮食种类和数量，学会使用标记好的家用量具（杯子、碟子、勺）和食物图谱辅助确定食物摄入量。餐具和量具适用的食物种类有针对性，比如盐勺适用于盐、味精等调味品，油壶适用于植物油；而且餐具和量具不适用于大规模的现场调查，因为其加工制作成本大而且不便于携带，因此其使用受到局限。

（2）食物图片：食物图片可以给被调查者一个较直观的食物量化概念，提高回忆的准确性，并且减少描述的时间，提高调查效率。食物图片的优点是制作简单，成本低，携带方便，适用于入户调查和临床查房使用。但是，一般的食物图片只是简单地把食物拍成二维照片并标上重量，缺少充分视觉参照，难以有效帮助被调查者确定食物重量。

目前，我国营养工作者在传统食物图片的基础上，研制出《回顾性膳食调查辅助参照食物图谱》，该图谱包含12大类194种食物和2种餐具共650张具备三维参照的食物图片，配合相应食物的营养成分数据、营养贡献数据、可食部比例数据、干湿比例数据等信息。该食物图谱最大的特点是将每种食物取大小不同的份，由小到大排列在标有长度单位的坐标纸上，并在食物旁放上人们日常生活中熟知的形状尺寸固定的视觉参照物（如一听啤酒），在这三位一体视觉参照体系的辅助下，有效地使被调查者利用记忆中的食物视觉信息尽可能准确地转换为食物重量信息，可有效提高膳食调查准确性。此外，我国学者还针对 2 岁以内婴幼儿的饮食特点，设计出适用于他们的食物图谱，共包括粮食、蛋类、肉类、蔬菜、水果及零食六大类食物，每样食物不仅有整个的重量，还有大约儿童 1 口（2cm×2cm×2cm）的食物量，方便对该人群的调查。

（3）食物模型：食物模型与食物图片的作用相同。食物模型是用高分子化学材料将食物以一比一的体积仿制成可长时间保存的模型，并注明食物的重量，其优点是消除了图片视觉和食物视觉间存在的差异，更加直观；但是其成本较高，携带不方便，种类也很局限，通常用于在固定的场所（如营养门诊）对来访者进行调查。

在近 50 年的发展历程中，国外已经制作了大量二维和三维食物分量辅助工具并应用于大规模的膳食调查中，起到了较好效果。我国因食物品种和烹调制作方法的多样性，特别是菜肴品种的多样性和菜肴制作的复杂性，使得国外的膳食调查辅助工具不能直接照搬到国内来使用，有必要开发具有中国饮食特色的辅助调查工具。

（4）标准餐具：标准餐具一般采用调查人群通常使用大小的碗、盘子、杯子、勺子等餐具，以这些餐具为参照物可以帮助被调查者回忆食物的摄入量，也便于被调查者向调查人员描述食物的大小与份数，让调查人员估计食物重量，提高调查的准确性和效率。

中华医学会糖尿病学分会糖尿病教育和管理学组制订的标准餐具为：高 17cm 的圆柱形玻璃杯为标准杯，直径为 15.24cm 的圆盘为标准盘，碗口直径 10cm、深 5cm 的碗为标准碗（图 10-1）。

标准餐具计量食物摄入量的方法如下所示：①标准杯使用方法：标准杯满杯为 500g（1 斤），以此计算糖尿病患者饮用酒水（尤其是在外出聚会就餐不得不饮酒时）的量。啤酒、果汁应喝标准杯 1/2 杯的量，红酒应喝标准杯 1/5 杯的量。②标准盘使用方法：以标准盘计算适量的摄入量，主食与肉应各占标准盘的 1/4，蔬菜和水果占标准盘的 1/2（食物应平铺放入盘中）。吃饺子只要吃 1/2 标准盘的饺子即可。③标准碗的使用方法：在吃面食（如炸酱面、打卤面等）时，糖尿病患者可依据标准碗为计量标准，以将满一碗的面条量为宜。

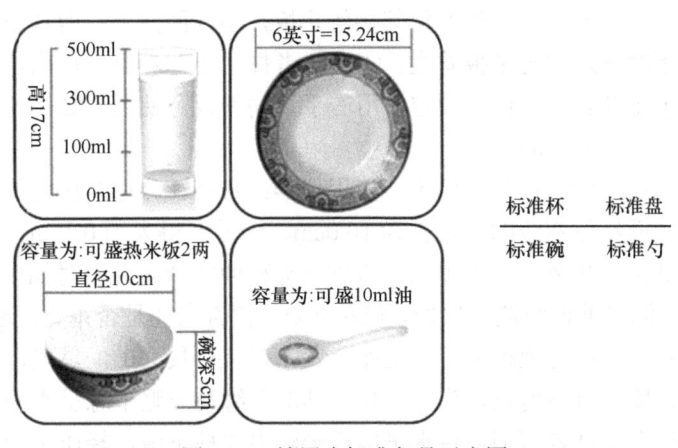

图 10-1 糖尿病标准餐具示意图

（二）人体测量

1. 目的 人体测量方法（anthropometric methods）常用于对人体结构组成及身体各维的测量，测量结果随着年龄和营养程度的变化而变化。人体测量的数据是评价群体或个体营养状况的有用指标。特别是学龄前儿童的体测结果，常被用来评价某个地区人群的营养状况，因为儿童在整个人群中最敏感，具有代表性，其测定方法比较规范。人体测量在大规模的社区评价项目中十分有用，因为它具有简便、安全、非创伤性、价廉和设备简单等优点，如果测试人员经严格培训，可获得精确的数据。该法也可用于估计个体的长期营养状况，但不适用于反映短期的营养状况和特殊的营养缺乏。

2. 常用指标及测量方法 见表10-4。

表10-4 营养调查常用的人体测量项目

年龄（岁）	现场适用	深入调查
0~	体重、身高	背高（背卧位所测"坐高"）、头围、胸围、骨盆径、皮褶厚度（三头肌、肩胛下、腹部）
1~	体重、身高、皮褶厚度（三头肌）、上臂围	坐高（三岁以下为背高）、头围、胸围、皮褶厚度（三头肌、肩胛下、腹部）、小腿围、手腕X线（前后方）
5~20	体重、身高、皮褶厚度（三头肌）	坐高、骨盆径、两肩峰距、皮褶厚度、上臂围、小腿围、手腕X线（前后方）
>20	体重、身高、皮褶厚度（三头肌）、上臂围、小腿围	腰围、臀围

（1）身高

1）直接测量法

a. 3岁以下儿童测量如下所示。使用仪器：卧式量板（或量床），卧式量板由一长120cm的底板及在其一端与之垂直的顶板组成，另有一可以移动于底板纵槽上的足板。该足板必须与顶板平行，与底板垂直，在底板中线两侧要嵌有两条与长边平行的量尺，其刻度可读至0.1cm。

测量步骤：①将量板放在平坦地面或桌面上；②测量前脱去小儿鞋帽和厚衣裤，使其仰卧于量板中线上；③固定小儿头部使其接触头板，小儿面向上，两耳在一水平上，两侧耳郭上缘与眼眶下缘的连线与量板垂直；④测量者位于小儿右侧，在确定小儿平卧于板中线后，将左手置于小儿膝部，使其固定，用右手滑动滑板，使之紧贴小儿足跟，然后读取读数至小数点后1位（0.1cm）。

b. 3岁以上可站立者测量如下所示。使用仪器：身高计。注意使用前应校对零点，以钢尺测量基准板平面红色刻线的高是否为10.0cm，误差不得大于0.1cm。同时应检查立柱是否垂直，连接处是否紧密，有无晃动，零件有无松脱等情况并及时加以纠正。

测量步骤：①测量前调整测量仪器，校对0点，检查立柱是否垂直，连接处是否紧密；②测定时患者赤足，足底与地板平行，足跟靠紧，足尖外展60°，足根、骶骨部及两肩间区与立柱相接触，躯干自然挺直，头部正直，耳屏上缘与眼眶下缘呈水平位，上臂自然下垂；③测试人员站在受试者右侧，将水平压板轻轻沿立柱下滑，轻压于受试者头顶。测试人员读数时双眼应与压板平面等高进行读数，以厘米（cm）为单位，精确到小数点后1位（0.1cm）。

注意事项：①身高坐高计应选择平坦靠墙的地方放置，立柱的刻度尺应面向光源；②测试人员每日测试前检查身高坐高计，进行校正；③严格掌握"三点靠立柱"、"两点呈水平"的测量姿势要求，测试人员读数时两眼一定与压板等高，两眼高于压板时要下蹲，低于压板时应垫高；④水平压板与头部接触时，松紧要适度，头发蓬松要压实、头顶的发辫、发结要放开，饰物要取下；⑤读数完毕，立即将水平压板轻轻推向安全高度。

2）间接测量法：适用于不能站立者，包括昏迷、患有类风湿关节炎等疾病的临床危重患者。

a. 上臂距：上臂向外侧伸出与身体呈90°，测量一侧至另一侧最长指间距离。因上臂距与成熟期身高有关，年龄对上臂影响较少，可作个体因年龄身高变化的评估指标。

b. 身体各部累积长度：用软尺测定腿、足跟、骨盆、脊柱和头颅的长度，各部分长度之和为身高估计值。

c. 膝高：屈膝90°，测量从足跟底至膝部大腿表面的距离，用下述公式计算出身高。

国外参考公式为

男性身高（cm）=64.19−[0.04×年龄（岁）]＋[2.02×膝高（cm）]
女性身高（cm）=84.88−[0.24×年龄（岁）]＋[1.83×膝高（cm）]

国内推荐公式为

男性身高（cm）=62.59−[0.01×年龄（岁）]＋[2.08×膝高（cm）]
女性身高（cm）=69.28−[0.02×年龄（岁）]＋[1.50×膝高（cm）]

（2）体重

1）使用仪器：杠杆秤或电子秤。注意使用前需检验其准确度和灵敏度。准确度要求误差不超过0.1%。其检验方法是：以备用的10、20、30kg标准砝码（或用等重标定重物代替），分别进行称量，检查指示读数与标准砝码误差是否在允许范围。灵敏度检验方法是：置100g重砝码，若刻度尺抬高了3mm或游标向远移动0.1kg而刻度尺维持水平位，则达到要求。

2）测量步骤：①测试时，杠杆秤应放在平坦地面上，调整零点至刻度尺呈水平位；②受试者身着短裤短袖衫，站立秤台中央。测试人员放置适当砝码并移动游码至刻度尺平衡。读数以千克为单位，精确到小数点后一位。记录员复诵后将读数填入方格内。测试误差不超过0.1kg。

3）注意事项：①每日使用时，要观察杠杆秤是否有螺丝松动，并及时拧紧；②每日使用前均需校正杠杆秤，测试人员每次读数前都应校对砝码重量以避免差错；③受试者站在秤台中央，上、下杠杆秤动作要轻；④测量体重前受试者不得进行体育活动和体力劳动。

（3）围度

1）头围：对3岁以下儿童测量头围。头围测量以厘米为单位，精确到0.1cm。

使用仪器：无伸缩性材料制成的卷尺，刻度需读至0.1cm。

测量方法：测量者立于被测者的前方或右方，用拇指将软尺零点固定于头部右侧齐眉弓上缘处，软尺从头部右侧经过枕骨粗隆最高处回到零点，读到0.1cm。测量时软尺应紧贴皮肤，左右对称，长发者应将头发在软尺经过处向上下分开。

2）胸围。

使用器材：衬有尼龙丝的塑料带尺（无伸缩性材料制成），使用前经钢卷尺校对，每米误差不超过0.2cm。

测量方法如下所示：①受试者自然站立，两脚分开与肩同宽，双肩放松，两上肢自然下垂，平静呼吸。②两名测试人员分别立于受试者面前与背后共同进行胸围测量。将带尺上缘经背部肩胛下角下缘向胸前围绕一周。男生及未发育女生，带尺下缘在胸前沿乳头上缘；已发育女生，带尺在乳头上方与第四肋骨平齐。③带尺围绕胸部的松紧度应适宜，以对皮肤不产生明显压迫为度。④应在受试者吸气尚未开始时读取数值，带尺上与零点相交的数值即为胸围值。以厘米为单位，精确到小数点后一位。

注意事项如下所示：①两名测试人员应分工合作。站在受试者面前的测试人员甲进行测量，受试者背侧的测试人员乙协助找好背部测量标准点，并注意受试者姿势是否正确，有无低头、耸肩、挺胸、驼背等，及时予以纠正。②测试人员应严格掌握带尺的松紧度，并做到检测全过程的一致性，以求减小误差。测量误差不超过 1cm。③肩胛下角如摸不清，可令受试者挺胸，摸清后受试者应恢复正确测量姿势。

3）上臂围：利用上臂紧张围与上臂松弛围两者之差，表示肌肉的发育状况。一般此差值越大说明肌肉发育状况越好。上臂围本身可反映营养状况，它与体重密切相关。上臂围包括皮下脂肪在内，也可反映能量摄取情况。另外，还可根据上臂围计算上臂肌围和上臂肌面积。这些指标可反映肌蛋白消耗程度，是快速而简便的评估指标。

使用仪器：无伸缩性材料制成的卷尺，刻度需读至 0.1cm。

上臂紧张围：上臂紧张围指上臂肱二头肌最大限度收缩时的围度。

测量方法：被测者上臂斜平举约 45°，手掌向上握拳并用力屈肘；测量者站于其侧面或对面，将卷尺在上臂肱二头肌最粗处绕一周进行测量。

注意事项：①测量时被测者要使肌肉充分收缩，卷尺的松紧度要适宜；②测量误差不超过 0.5cm。

上臂松弛围：上臂松弛围指上臂肱二头肌最大限度松弛时的围度。

测量方法：在测量上臂紧张围后，将卷尺保持原来的位置不动，令被测者将上臂缓慢伸直，将卷尺在上臂肱二头肌最粗处绕一周进行测量。

注意事项：①测量上臂松弛围时，要注意由紧张变换到放松时，勿使卷尺移位；②测量误差不超过 0.5cm。

4）腰围：是反映脂肪总量和脂肪分布的综合指标。男性腰围最好不要大于 85cm，女性不大于 80cm。

使用仪器：无伸缩性材料制成的卷尺，刻度需读至 0.1cm。

测量方法：①被测者自然站立，平视前方；②两名测试员配合，测试员甲选肋下缘最底部和髂前上棘最高点连线中点，以此中点将卷尺水平围绕腰一周，在被测者呼气末，吸气未开始时读数，测试员乙要充分协助，观察卷尺围绕腰的水平面是否与身体垂直，并记录读数。

注意事项：①注意被测者勿用力挺胸或收腹，要保持自然呼吸状态；②测量误差不超过 1cm。

5）臀围：是臀部向后最突出部位的水平围度。

使用仪器：无伸缩性材料制成的卷尺，刻度需读至 0.1cm。

测量方法：①被测者自然站立，臀部放松，平视前方；②两名测试员配合，测试员甲将卷尺置于臀部向后最突出部位，以水平围绕臀一周测量，测试员乙要充分协助，观察卷尺围绕臀部的水平面是否与身体垂直，并记录读数。

注意事项：①注意被测者要放松两臀，保持自然呼吸状态；②测量误差不超过 1cm。

（4）皮褶厚度：是衡量个体营养状况和肥胖程度较好的指标。测定部位有上臂肱三头肌部、肱二头肌部皮褶厚度、肩胛下角部、腹部、髂嵴上部等，其中前 3 个部位最重要，可分别代表个体肢体、躯干、腰腹等部分的皮下脂肪堆积情况，对判断肥胖和营养不良有重要价值。

使用仪器：皮褶计。

1）肱三头肌部皮褶厚度：测量方法如下所示。①受试者自然站立，被测部位充分裸露。②测试人员找到肩峰、尺骨鹰嘴（肘部骨性突起）部位，并用油笔标记出右臂后面从肩峰到尺骨鹰嘴连线中点处。③用左手拇指和食指、中指将被测部位皮肤皮下组织夹提起来。④在该皮褶提起点的下方用皮褶计测量其厚度，把右拇指松开皮褶计卡钳钳柄，钳尖部充分夹住皮褶；在皮褶计指针快速回落后立即读数。要连续测量 3 次，记录以毫米（mm）为单位，精确到 0.1mm。

注意事项：①受试者自然站立，肌肉不要紧张，体重平均落在两腿上；②把皮肤与皮下组织一起夹提起来，但不能把肌肉提夹住；③测量者每日工作开始前，及时从仪器箱中取走皮褶厚度测量计；每日工作完成后，装入皮褶厚度测量计盒中，并放入仪器箱中保存。

2）肱二头肌部皮褶厚度。

测量方法：①受试者自然站立，被测部位充分裸露；②受试者上臂放松自然下垂，测试人员取肱二头肌肌腹中点处（基本与乳头水平），为肩峰与肘鹰嘴连线中点上 1cm，并用油笔标记出该点；③顺自然皮褶方向，用左手拇指和食、中指将被测部位皮肤和皮下组织夹提起来；④同肱三头肌部皮褶厚度测量方法之④。

注意事项：同肱三头肌部皮褶厚度测量。

3）肩胛下角皮褶厚度。

测量方法：①受试者自然站立，被测部位充分裸露；②测试人员用油笔标出右肩胛下角位置；③在右肩胛骨下角下方 1cm 处，顺自然皮褶方向（即皮褶走向与脊柱成 45°），用左手拇指和食、中指将被测部位皮肤和皮下组织夹提起来；④同肱三头肌部皮褶厚度测量方法之④。

注意事项：同肱三头肌部皮褶厚度测量。

4）髂嵴上部皮褶厚度。

测试方法：①受试者自然站立，被测部位充分裸露；②在腋前线向下延伸与髂嵴上相交点垂直捏起褶皮；③同肱三头肌部皮褶厚度测量方法之④。

注意事项：同肱三头肌部皮褶厚度测量。

3. 常见指标评价 身高、体重是体格测量的主要项目，结果表示方法有按年龄的身高，按年龄的体重及按身高的体重。按年龄的身高偏低，表示较长期的慢性营养不良，而按身高的体重偏低，表示较急性的营养不良。不同年龄和性别的人群的评价方法不同，特别是儿童评价方法较多，各国评价标准也不一致。由世界卫生组织推荐，美国国家卫生统计中心（(National Center For Health Statistics，NCHS）提出的身高体重数值，已被大多数国家采用，我国目前以此作为评价儿童生长发育状况的参考标准。常用评价方法有以下几种。

（1）标准体重：也称为理想体重，有学者将身高和体重列成表格，以受检者身高与体重查找出相应标准体重，并以实际测量体重与之比较。为了方便起见，国外常用 Broca 公式计算标准体重，即标准体重（kg）=身高（cm）−100。

评估标准：实测体重占标准体重百分数±10%，为营养正常；＞10%～20%，为过重；＞20%，为肥胖；＜10%～20%，为瘦弱；＜20%为严重瘦弱。

我国常用标准体重多用 Broca 改良公式，即标准体重（kg）= 身高（cm）−105，也有用平田公式，即标准体重（kg）=［身高（cm）−100］×0.9。

评估标准：仍采用以上的标准。但这些公式与我国的实际情况多有不符，故有必要制订符合我国实际情况的标准体重计算公式。

（2）体质指数（body mass index，BMI）法：BMI 常用于判断肥胖程度。它不仅能较敏感反映体型肥胖程度，而且与皮褶厚度、上臂围等营养状况等指标的相关性也较高。BMI 的计算公式为：BMI = 体重（kg）/［身高（m）］^{2}。

表 10-5～表 10-7 分别显示了我国成人和学龄儿童、青少年的 BMI 标准。其中学龄儿童、青少年的 BMI 分类标准主要用于人群的筛查。

表 10-5 WHO 对成人 BMI 的划分

分类	BMI（kg/m^2）	并发症危险性
低体重（营养不足）	<18.5	低（但其他临床问题增加）
正常范围	18.5～24.9	在平均范围
超重	≥25.0	
肥胖前状态	25.0～29.9	增加
一级肥胖	30.0～34.9	中等严重
二级肥胖	35.0～39.9	严重
三级肥胖	≥40.0	极严重

资料来源：国际生命科学学会中国肥胖问题工作组，2002 年。

表 10-6 中国成人超重及肥胖的体重指数和腰围界限值与相关疾病危险的关系

分类	体重指数（kg/m^2）	腰围（cm）		
		男：<85 女：<80	男：85～95 女：80～90	男：≥95 女：≥90
体重过低	<18.5			
体重正常	18.5～23.9		增加	高
超重	24.0～27.9	增加	高	极高
肥胖	≥28	高	极高	极高

资料来源：国际生命科学学会中国肥胖问题工作组，2003 年。

表 10-7 中国学龄儿童青少年超重、肥胖筛查 BMI 分类标准

年龄组（岁）	男超重	男肥胖	女超重	女肥胖
7～	17.4	19.2	17.2	18.9
8～	18.1	20.3	18.1	19.9
9～	18.9	21.4	19	21
10～	19.6	22.5	20	22.1
11～	20.3	23.6	21.1	23.3
12～	21	24.7	21.9	24.5
13～	21.9	25.7	22.6	25.6
14～	22.6	26.4	23	26.3

续表

年龄组（岁）	男超重	男肥胖	女超重	女肥胖
15~	23.1	26.9	23.4	26.9
16~	23.5	27.4	23.7	27.4
17~	23.8	27.8	23.8	27.7
18	24	28	24	28

资料来源：国际生命科学学会中国肥胖问题工作组，2003年。

（3）腰臀围比：分别测量腰围与臀围，再计算出的比值，称为腰臀比（waist hip ratio, WHR）。腰臀比的理想比值：男性为0.85～0.90，女性为0.75～0.80。腰臀比测量的意义在于评估身体脂肪的分布，进而可以预测被测者是否有患心脑血管疾病和糖尿病的危险。脂肪堆积在腰腹部比堆积在大腿和臀部对身体的危害要大得多。腰腹部肥胖很容易导致糖尿病、高血压、冠心病、卒中和高脂血症等疾病的发生。

（4）脂肪百分比（percent of body fat, PBF）：是指脂肪重量占身体总体重的百分比（表10-8）。正常范围：男性为15%～20%，女性为20%～30%。

表10-8 身体脂肪百分比（成人）

	偏瘦（%）	正常（%）	超重（%）	肥胖（%）	严重肥胖（%）
男性	<15	15～20	20～25	25～30	≥30
女性	<20	20～30	30～35	35～40	≥40

（5）平均值法：对群体调查结果按性别、年龄分组后，最直接的评价方法是将所得平均值与参考标准比较，由于需要收集较大的样本量，才能使各年龄组有足够的数量，因此不常采用。

（6）中位数百分比法：即被调查儿童的身高或体重的数值，达到同年龄、性别参考标准中位数的百分比。儿科常用此方法评价儿童生长情况。例如，常用的GOMEZ评价法为：Ⅰ营养不良——参考标准体重中位数的75%～90%；Ⅱ营养不良——参考标准体重中位数的60%～75%；Ⅲ营养不良——参考标准体重中位数的60%以下。

该法的优点是结果直观明确，缺点是不同指标的中位数百分比的数值意义不一样，如按年龄体重中位数80%与按年龄身高中位数80%，意义不同，临床上还有按身高的体重中位数百分比来评价营养状况的先例（表10-9）。

表10-9 按身高的体重中位数百分比来评价营养状况

按身高的体重中位数（%）	营养状况
≥120	肥胖
90～119	适宜
80～89	轻度营养不良
70～79	中度营养不良
60～69	重度营养不良

（7）百分位法：由于人的体格测量数据常常不是正态分布，所以用平均值和标准差表示不太合理，建议用百分位法评价。这种方法是将不同性别各年龄参考标准的原始数据从小到大分成100份，第1份的数据即第1百分位，第25份的数据即第25百分位。然后根据需要将其分成若干组段（或不同等级），如0～25百分位，25～50百分位等。评价时将所测量的数值与相应性别年龄段的参考标准百分位相比较（表10-10）。

表 10-10　百分位数法评价人体营养状况

等级	标准
上等	$>P_{97}$
中上等	$P_{75} \sim P_{97}$
中等	$P_{25} \sim P_{75}$
中下等	$P_{3} \sim P_{25}$
下等	$<P_{3}$

此法的优点是同时适用于正态、偏态分布的指标，其数字表达方式具有直观性，有利于人们理解儿童生长发育所达到的实际水平。这种方法的缺点是当调查的数据大于第 100 百分位或小于第 1 百分位时就不能评价其离散程度。

（8）标准差法：即将所用的评价参考数据按平均值加减 1 个标准差，加减 2 个标准差，分成 6 个等级范围。以所得到的数据与上述标准数值加以比较，见表 10-11。国际上对群体儿童生长发育的评价一般有以下 3 个指标。

1）低体重：指儿童按年龄的体重（WT/A）低于参考标准体重中位数减 2 个标准差，低体重率常被用为营养不良的患病率。

2）生长迟缓：指儿童按年龄的身高（HT/A），低于参考标准身高中位数减 2 个标准差，生长迟缓主要反映慢性、较长期的营养不良。

3）消瘦：指儿童身高的体重（WT/HT）低于参考标准体重中位数减 2 个标准差，这一指标代表较急性的近期营养不良。

目前又根据标准差提出"标准差评分"（又称"Z 评分"）来表示测量结果。即按调查数据与其相应性别及年龄组的儿童的参考标准的中位数的差值，相当于该组儿童参考标准的标准差的倍数，其公式为

标准差评分或 Z 评分 =（儿童测量数据－参考标准的中位数）/参考标准的标准差

（9）综合评价法：多项指标综合评价更全面。先对各项指标分别进行评价，然后根据结果再做出综合评价；应用多元统计分析方法对研究对象营养状况、生长发育评价进行分析。从发展趋势看，综合评价法是今后研究营养状况、生长发育评价方法的主要方向。

指标判断标准如下所示。

表 10-11　标准差法评价人体营养状况

等级	标准
上等	$>\bar{x}+2SD$
中上等	$(\bar{x}+SD) \sim (\bar{x}+2SD)$
中等	$(\bar{x}-SD) \sim (\bar{x}+SD)$
中下等	$(\bar{x}-2SD) \sim (\bar{x}-SD)$
下等	$<\bar{x}-2SD$

1）5 岁以下儿童的生长发育状况采用 2005 年 WHO 推荐的年龄别身高、年龄别体重和身高别体重参考值，具体见表 10-11。

2）7～17 岁儿童青少年的营养不良状况采用 1985 年中国学生体质与健康调研资料制订的身高标准体重参考值评价。目前中国学生体质与健康调研已经进行到 2010 年，标准也在不断修订。

3）成年人营养不良状况采用中国肥胖工作组 2002 年制订的体质指数参考值评价。见表 10-6，BMI 低于 18.5 者为营养不良。

（三）实验室检查

1. 目的　营养状况的实验室检查（laboratory examination）是指借助生化、生理实验室手段，发现人体临床营养不良症、营养储备水平低下或过剩营养状况，以便较早掌握营养失调征兆和变化动态，及时采取必要的预防措施。有时为研究某些有关因素对人体营养状况的影响也对营养水平进行分析测定。营养状况的实验室检查与膳食调查、临床检查资

料进行综合分析,对协助营养缺乏症的诊断、观察病情和制订防治措施等均有重要意义。

营养缺乏症在出现症状前即所谓亚临床状态时,往往先有生理和(或)生化改变,正确选择相应的生化判定方法,可以尽早发现人体营养储备低下的状况。评价营养状况的实验室测定方法基本可分为:①测定血液中的营养成分或其标志物水平;②测定尿中营养成分或其代谢产物的排出量;③测定与营养素有关的血液成分或酶活性的改变;④测定血、尿中因营养素不足而出现的异常代谢产物;⑤进行负荷、饱和或同位素试验。

2. 常用指标及标准

(1)血红蛋白:正常值成年男性为>130g/L,成年女性为>120g/L。成年男性<130g/L,成年女性<120g/L,孕妇<110g/L 即认为贫血。这些诊断标准地区以海平面计,海拔高的地区每增高 1000m 血红蛋白约增高 4%。不同年龄段人群贫血判定标准见表 10-12。

(2)血脂:血浆脂蛋白和脂质测定是临床生化检验的常规测定项目,其意义主要是:早期发现与诊断高脂蛋白血症;协助诊断动脉粥样硬化症;评价动脉粥样硬化疾患如冠心病和脑梗死等的危险度;监测评价饮食与药物治疗效果。测定血浆胆固醇、甘油三酯及脂蛋白成分的方法包括化学方法和以高效液相色谱分析及液-气色谱分析法为基础的方法,对临床实验室而言,以酶学技术为基础的分析方法可能更适用、简单、快速。

表 10-12 贫血判断标准

分组	血红蛋白(g/L)
6~59 个月	<110
5~11 岁	<115
12~14 岁	<120
妇女(非孕期,≥15 岁)	<120
孕妇	<110
男性(≥15 岁)	<130

血脂异常的划分标准:流行病学调查表明,世界各地人群的血脂相差悬殊。20 世纪 80 年代以来,国内外学者主张以血脂水平异常与冠心病(coronary heart disease,CHD)危险性增加的关系和需要治疗这两个方面的因素来确定血脂异常的划分标准为宜。常用的血脂化验有七项:胆固醇(total cholesterol,TC)、甘油三酯(triglyceride,TG)、高密度脂蛋白胆固醇(high density lipoprotein cholesterol,HDL-C)、低密度脂蛋白胆固醇(low density lipoprotein cholesterol,LDL-C)、脂蛋白(a)[lipoprotein-a,LP(a)]、载脂蛋白 A1(apolipoprotein A1,apoA1)、载脂蛋白 B(apolipoprotein B,apoB)(表 10-13)。

表 10-13 人群血脂水平分层标准

分层	TC	LDL-C	HDL-C	TG
合适范围	<5.18mmol/L (200mg/dl)	<3.37mmol/L (130mg/dl)	≥1.04mmol/L (40mg/dl)	<1.70mmol/L (150mg/dl)
边缘升高	5.18~6.19mmol/L (200~239mg/dl)	3.37~4.12mmol/L (130~159mg/dl)		1.70~2.25mmol/L (150~199mg/dl)
升高	≥6.22mmol/L (240mg/dl)	≥4.14mmol/L (160mg/dl)	≥1.55mmol/L (60mg/dl)	≥2.26mmol/L (200mg/dl)
降低			<1.04mmol/L (40mg/dl)	

(3)血清铁:血清铁降低,常见于生理性铁需要量增加、各种慢性失血引起的铁丢失过多及铁摄入不足,如缺铁性贫血、急性感染、恶性肿瘤等。而血清铁增高则常见于急性肝炎、恶性贫血、再生障碍性贫血、溶血性贫血等。血清铁水平不稳定,易受

表 10-14　血清铁测定参考值

人群	法定单位（μmol/L）	惯用单位（μg/L）
新生儿	18～45	1000～2500
婴儿	7～18	400～1000
儿童	9～22	500～1200
成人男性	13～31	500～1600
成人女性	9～29	400～1500

进食状况及其他生理情况影响，故不能只用血清铁浓度判断是否缺铁。血清铁测定参考值见表 10-14。

（4）血清铁蛋白：铁蛋白最重要的功能是储存铁。血清铁蛋白（serum ferritin，SF）测定是一种检查体内铁缺乏的最灵敏的指标，也是判断体内是缺铁还是铁负荷过量的指标。在缺铁早期 SF 即可减少。血清铁蛋白改变的原因主要包括如下几种：①缺铁性贫血：SF 降低是诊断缺铁性贫血的重要指标。当体内储存铁减少时，铁蛋白就开始降低，因此也是诊断缺铁性贫血的可靠指标，具有早期诊断价值。②营养不良：血清铁蛋白可作为儿童营养不良流行病学调查指标。另外，血清铁蛋白升高还与肿瘤有关，因此也是一种肿瘤标志物。临床上测定铁蛋白的方法是用放射免疫法（radio immunity assay，RIA）或酶联免疫法（enzyme-linked immuno sorbent assay，ELISA）。血清铁蛋白测定参考值见表 10-15。

（5）血清甲状腺激素和促甲状腺激素：血清中甲状腺激素测定包括总 T_3（FT_3）、游离 T_3（FT_3）、总 T_4（TT_4）、游离 T_4（FT_4）测定，其中 TT_4、FT_4 的下降，促甲状腺激素（thyroid stimulating hormone，TSH）升高是碘缺乏的指征。新生儿 TSH 筛查也是评估婴儿碘营养状况的敏感指标（表 10-16）。

表 10-15　血清铁蛋白测定参考值

人群	法定单位（μmol/L）	惯用单位（μg/dl）
新生儿	25～200	25～200
1 个月	200～600	200～600
2～5 个月	50～200	50～200
6 月～15 岁	7～140	7～140
成人男性	15～200	15～200
成人女性	12～150	12～150

表 10-16　不同年龄血清 TT_4、TT_3、TSH 正常参考值

项目	脐血	新生儿	婴儿	1～5 岁	6～10 岁	11～60 岁	>60 岁（男）	>60 岁（女）
TT_4（nmol/L）	101～169	130～273	91～195	95～195	83～173	65～156	65～130	72～136
TT_3（nmol/L）	0.5～1.1	1.4～2.6	1.4～2.7	1.5～4.0	1.4～3.7	1.8～2.9	1.6～2.7	1.7～3.2
TSH（mU/L）	3～12			儿童：0.9～8.1		2.0～10	2.0～7.3	2.0～16.8

（6）血清维生素 A：血清视黄醇浓度反映近期膳食维生素 A 的摄入水平和维生素 A 由肝脏释放出的状况，代表经血液运送到靶细胞的维生素 A 的水平，与临床检查相结合，是评价机体维生素 A 营养状况的常用指标。目前我国尚无统一判断标准，主要参考世界卫生组织（World Health Organization，WHO）3～12 岁儿童推荐标准：血清（血浆）中视黄醇<0.7μmol/L（<20μg/dl）为维生素 A 缺乏；0.7～1.4μmol/L（20～40μg/dl）为亚临床维生素 A 缺乏。美国第二次健康与营养调查（the Second National Health and Nutrition Examination Survey，NHANES Ⅱ）判断标准：血清中视黄醇水平≥30μg/dl 为正常，20～29μg/dl 为边缘性缺乏，<20μg/dl 为缺乏，<10μg/dl 为严重缺乏。2002 年全国营养调查维生素 A 营养状况判断标准为：3～12 岁儿童血浆视黄醇水平<20μg/dl 为缺乏，20～29μg/dl 为边缘缺乏。20～45 岁妇女维生素 A 判断标准：<10μg/dl 为缺乏，10～20μg/dl 为边缘性缺乏（表 10-17）。

表 10-17 血清维生素 A 参考值

人群	正常	边缘缺乏	缺乏
成人	20～50μg/dl (0.70～1.75μmol/dl)	10～20μg/dl (0.35～0.70μmol/dl)	<10μg/dl (<0.35μmol/dl)
儿童	>30μg/dl	20～29μg/dl	<20μg/dl

（7）尿负荷试验：水溶性维生素在体内没有特殊的储备组织和器官，当机体处于缺乏状态时，一次摄入大剂量水溶性维生素，将首先满足机体的需要，从尿中排出的量就相对较少；反之，如果机体营养状态良好，则从尿中排出就多，因此可以用尿负荷试验的结果对机体营养状况做出评价。

常用负荷试验的维生素有维生素 C，维生素 B_1、维生素 B_2、烟酸。测定时，让受试者口服一定量该种维生素，收集口服维生素时算起的 4 小时内所有尿液，测定该维生素从尿中排出的总量。其判定的标准见表 10-18。

表 10-18 水溶性维生素营养评价（尿负荷试验）

项目	正常	不足	缺乏
维生素 C	≥10mg	3～10mg	≤3mg
维生素 B_1	≥200μg	100～200μg	≤100μg
维生素 B_2	≥1300μg	500～1300μg	≤500μg
烟酸（尿中 N^1-MN）	3.0～3.9mg	2.0～2.9mg	<2.0mg

（四）临床检查

1. 目的 临床检查（clinical examination）是检查者运用自己的感观或者借助于传统的检查器具来了解机体营养与健康状况，其目的是观察被检查者与营养状况有关的症状、体征，尤其是营养缺乏病的常见体征，以收集被检查者营养与健康状况的正确资料。

2. 方法 在临床检查中，人们常用既往病史及身体检查来发现与营养不良有关的体征及症状。这些体征和症状往往并不是特异性的，或仅出现在营养消耗的发展阶段中。因此，营养缺乏的诊断并不能单独依赖于临床检查。显而易见，人们希望能在边缘性营养素缺乏发展为临床症状之前就能将其检查出来。因此，实验室方法也被作为一个连接性的临床评价方法。

健康状况的临床评价包括疾病史和与营养不良有关的体检。前者包括个人的一般情况、当前的身体状况、既往病史、先天疾病、是否吸烟、是否有食物过敏和不耐受、用药情况及平常体力活动量。体检中，关注的主要器官系统包括皮肤、肌肉、骨骼、心血管、消化和神经系统。与营养不良有关的检查部位有头发、面、眼、唇、舌、牙、牙龈和指甲。表 10-19 显示常见营养缺乏症的临床表现。

此外，营养评价方法也涉及已知能影响人们营养状况的各种变量资料的收集，包括有关经济和社会人口统计学、文化习俗、饮食习惯、饮食观念和食物价格的信息。同时，也应收集食物的市场、分配及储存的资料，就如健康和疾病的统计资料也应收集一样。后者包括有良好饮水来源的人口百分率、对麻疹有免疫能力的儿童的比例、低出生体重儿占婴儿总数的比重、母乳喂养率，以及年龄别死亡率及死因别死亡率。

表 10-19 营养缺乏症临床表现

部位	症状、体征	缺乏营养素
全身	消瘦、发育不良	能量、蛋白质、维生素、锌
	贫血	蛋白质、铁、叶酸、维生素 B_{12}、维生素 B_6、维生素 C
皮肤	毛囊角化症	维生素 A
	皮炎（红斑性擦疹）	维生素 PP、维生素 B_2
	脂溢性皮炎	维生素 C、维生素 K
眼	出血	维生素 A
	角膜干燥、夜盲	维生素 B_2
	角膜边缘充血	维生素 B_2、维生素 A
	睑缘炎、畏光	维生素 B_2、维生素 PP
唇	口唇炎、口角炎、口角裂	维生素 PP、维生素 B_2、维生素 B_{12}
口腔	舌炎、舌猩红	维生素 B_2、维生素 PP
	舌肉红、地图舌、舌水肿（牙咬痕可见）、口内炎	维生素 PP、维生素 B_2、维生素 B_{12}
	牙龈炎、出血	维生素 C
骨	鸡胸、串珠胸、O 形腿、X 形腿、骨软化症	维生素 D、维生素 C
神经	多发性神经炎、球后神经炎	维生素 B_1
	精神病	维生素 B_1、维生素 PP
循环	中枢神经系统失调	维生素 B_{12}、维生素 B_6
	水肿	维生素 B_1、蛋白质
	右心肥大	维生素 B_1
	舒张压下降	
其他	甲状腺肿	碘
	肥胖症、高脂血症	各种营养素失调
	动脉粥样硬化症、糖尿病、饥饿	

四、国内外营养调查项目

营养调查是全面了解人群膳食结构和营养状况的重要手段，可对不同经济发展时期人们的膳食组成和营养状况进行全面的了解，为研究各时期人群膳食结构和营养状况的变化提供基础资料，也能为食物生产、加工及政策干预和对群众的消费引导提供依据。全国营养调查是国家的一项基础性工作，全世界有 18 个国家都在有计划地开展全国营养调查。

各个国家的营养监测内容有着共同的监测指标，其中人口学资料指标差异不大，如性别、民族、年龄、文化程度、职业、婚姻状况、收入等指标，每个国家都较为完善。健康状况指标基本覆盖了高血压、糖尿病、吸烟、饮酒和身体活动等状况。体格测量指标各国基本相同，包括身高、体重、腰围、血压。实验室检测的指标差异较大，共同的指标主要为血糖、血红蛋白、血脂，美国检测指标较多，远超过其他国家。

1. 美国　美国卫生和公众服务部（United States Department of Health and Human Services，HHS）及农业部（United States Department of Agriculture，USDA）主管负责美国全国营养监测和相关研究项目（the National Nutrition Monitoring and Related Research Program，NNMRRP），该项目最早开始于 19 世纪 50 年代，对不同人群或不同健康项目进行调查。从 1999 年开始，发展成为连续营养调查项目。该项目包括全国健康和营养监测调查（national health and nutrition examination survey，NHANES）、全国母婴健康调查（national mother and infant health survey，NMIHS）、个人食物摄入量的连续性调查、学校营养膳食评估研究（school nutrition and diet assessment，SNDA）/总膳食研究（total diet survey，TDS）、膳食和健康知识调查（diet and health knowledge survey，DHKS）、健康和膳食调查及全国食物调查等 8 项。营养调查旨在提供关于美国人群的膳食、营养和相关健康状况的信息，分析膳食与健康的关系及影响膳食和营养状况的因素。营养监测数据用于联邦政府的政策制定，包括食品安全、食物强化、食品标签、膳食指南、营养和健康目标的追踪发展，以及设定优先的营养研究。

其中，NHANES 是由美国疾病控制中心（Center for Disease Control，CDC）国家健康卫生统计中心（National Center For Health Statistics，NCHS）主持的一个重要项目。此项目主要目的是评估美国成人和儿童的健康和营养状况。美国 NHANES 调查始于 19 世纪 60 年代，到目前为止已经实施了一系列针对不同人群与健康问题的调查。每年调查全国代表性样本 5000 人，横跨全国，覆盖 15 个地区。其调查内容包括人口学调查、社会经济调查及饮食和健康相关的问题。NHANES 的主要内容包括如下几点：①收集人群慢性病流行状况的信息、评估临床未诊断出的身体健康状况和报告相关的疾病数据，这是 NHANES 计划的主要特点。②检测可能引发疾病的生活方式、遗传及环境等相关危险因素。③调查吸烟、饮酒、性生活、药物使用、体力活动和膳食摄入。④收集生殖健康方面的数据，如口服避孕药的使用和母乳喂养行为。⑤检测疾病和健康状况的指标，包括贫血、心血管疾病、糖尿病、环境暴露、眼病、听力损伤、传染病、肾病、营养、肥胖、口腔健康、骨质疏松症、身体功能、生育史和性行为、呼吸道疾病（哮喘、慢性支气管炎、肺气肿）、性传播疾病和视力。

2. 英国　英国开展的全国膳食和营养调查（National Diet and Nutrition Survey，NDNS）是由卫生部和食品标准局联合发起，在 1986～1987 年执行的英国 19～64 岁成人营养状况调查的基础上，1992 年由英国农业、渔业和食品部及卫生部成立的项目。2000 年由英国食品标准局取代农业、渔业和食品部的责任负责此项目。NDNS 的目的是提供全面、多层次的膳食习惯信息和英国人群的营养状况，调查结果用于制定国家和地区的营养政策及作为政府健康饮食建议的数据基础。

NDNS 项目分为 4 个独立的调查，每 3 年进行一次。每个调查选取不同年龄组中有代表性的人群样本。为了覆盖任何季节性饮食行为和食物营养成分，调查的现场工作需要覆盖 12 个月的周期，如每年分 4 个阶段，每个阶段持续 3 个月，2000 年 7～9 月、2000 年 10～12 月、2001 年 1～3 月和 2001 年 4～6 月。对于家庭中有超过 1 名 19～64 岁的成人，只随机选择 1 人参加调查。这样不仅减少了家庭调查的负担，减少了可能对共同合作和数据质量的不良影响，也减少了同一家庭中相似饮食行为的样本聚类以提高估计的准确性。调查设计需要结合收集详细信息的方法，包括被调查者的家庭环境、一般膳食行为和健康状况、食物消费量和身体活动水平、人体测量、血压和血尿分析。此外还需收集口腔卫生行为的信息。

使用计算机支持的个人访问调查法（computer assist personal interview，CAPI）进行面对面调查，收集被调查者家庭信息、日常饮食行为、禁忌食品及原因、餐桌上和烹调中盐的使用、人工甜味剂的使用和茶的消费情况、吸烟和饮酒行为、健康状况、氟化物和膳食补充剂的使用，还有草药治疗、社会经济特点及育龄妇女中避孕药的使用、更年期状况和激素替代疗法的使用，可允许被调查者只参与其中的一部分问卷调查。

收集的个人信息包括：7日膳食称重摄入记录，包括在家中和在外食用的所有食物和饮料；过去7日膳食记录期中的排便次数；7日膳食记录期中每日的体力活动；人体测量：身高、体重、腰臀围、血压；24h尿液收集；经同意后，静脉采集血样分析营养状况；使用CAPI做膳食记录后简短调查，收集任何特殊时期或疾病等影响饮食行为的信息；自填心理抑制问卷（饮食习惯问卷），评估膳食后访问调查报告的不足；自己计数牙齿数量；使用CAPI进行面对面调查，收集被调查者的口腔卫生习惯信息；采集被调查者家中自来水水样做氟化物分析。

3. 新西兰　新西兰健康调查于1992~1993年首次进行，1996~1997年、2002~2003年和2006~2007年相继开展调查。新西兰营养调查包括成人和儿童调查，使用访问调查和检测相结合的方法收集食物和营养素摄入的数据（包括膳食补充剂），影响膳食摄入的因素（如食物制作和家庭食物安全），营养状况和营养相关状况。通常每5年调查一次。成人营养调查的目标人群通常是永久居民，通过在被调查者家中进行访问调查收集数据。2002年的儿童营养调查是5~14岁的在校学生，将来可能会扩大到5岁以下儿童。具体调查方法包括24h膳食回顾、健康问卷和身体检查。调查模式为CAPI。内容覆盖了9个领域：健康状况、长期健康状况、行为和风险因素、营养、心理健康、口腔健康、卫生服务利用率、患者的经验和社会人口学。

4. 中国　我国于1959年、1982年、1992年、2002年和2010年分别进行了五次全国性的营养调查。2010~2012年全国营养调查是我国首次将中国居民营养与健康状况监测列为原卫生部重大医改项目，并把10年开展1次的中国居民营养与健康状况调查改为每3~4年完成一个周期的常规性营养监测。覆盖31个省、自治区和直辖市（不含香港、澳门和台湾），样本人群约20万名，对不同地区、不同年龄、不同经济水平人群均具有良好的代表性。本次监测在内容上也较以往更为全面。国家工作组结合我国社会经济发展现况和不同人群差异，将膳食结构、营养水平和高血压、糖尿病、肥胖等膳食相关慢性疾病等内容有机整合，并增加了婴幼儿大运动发育、儿童饮水与活动调查、乳母膳食摄入等特殊人群专项调查。调查内容主要包括膳食调查、询问调查、医学体检和生化检测。除膳食、营养相关问题和指标外，慢性病患病情况、生活方式和体力活动等也在调查范围之内。通过营养调查取得的科学数据不仅能对不同经济发展时期人们的膳食组成、营养状况进行全面了解，也为研究各时期人群膳食结构和营养状况的变化提供基础资料。同时，指导人群合理膳食，改善营养状况，以消除各种营养缺乏或营养过剩造成的疾病；指导国家的食物生产和加工及进行相关领域的政策干预。

第二节 膳食营养评价
一、膳食营养评价依据及方法

（一）依据

膳食调查结果评价可按照合理膳食的 5 个要求进行评价，不仅需要评价食物摄入量和营养素摄入量及相互比例是否合适，是否能满足其能量及各种营养素需求，同时要结合烹调加工方法的合理性，以及食品卫生、储存、加工、烹调等情况，也要结合进餐制度和环境等因素。目前，膳食评价主要是以营养标准即膳食营养素参考摄入量（dietary reference intakes，DRIs）和膳食指南及平衡膳食宝塔为依据，衡量用膳者膳食模式是否合理，能量和各种营养素摄入是否能满足其需求。

（二）膳食营养评价方法

膳食营养评价步骤：①完成膳食调查；②确定食物消费量；③确定每人每日的食物消费状况；④按《食物成分表》计算每种食物所提供的营养素量；⑤将所有食物中各种营养素的量累计相加，计算每人每日各种营养素摄入量；⑥将计算结果与 DRIs 中同年龄、同性别、同体力活动水平人群的营养素参考摄入量进行比较，评价能量和营养素摄入状况；⑦分析能量、蛋白质、脂肪的食物来源分布；⑧计算三餐供能比；⑨完成膳食评价报告。

1. 计算每人日各类食物摄入量

（1）计算餐次比：常规餐次比为 0.2、0.4、0.4 或者 0.3、0.3、0.4，或按实际询问的记录（一般餐次比以主食计算）。

（2）计算人日数：根据餐次比计算人日数（代表被调查者用餐的天数），一个人 24 小时为一个人日。

1）家庭或单位食物称重记账法（在外就餐不计算在餐次总数内）

a. 个人人日数 = 早餐餐次总数×早餐餐次比 + 中餐餐次总数×中餐餐次比 + 晚餐餐次总数×晚餐餐次比

b. 全家或单位内总人日数 = 所有在家或在单位用餐个人的人日数之和

2）24 小时食物回顾法：个人人日数 = 早餐餐次总数×早餐餐次比 + 中餐餐次总数×中餐餐次比 + 晚餐餐次总数×晚餐餐次比，注意，在外就餐也要询问，计算在餐次总数内。

（3）标准人系数的计算：标准人是指体重 60kg，从事轻体力劳动的成年男性，其能量需要量为 2400kcal。

参照 DRIs 能量推荐摄入量，按照每个人的年龄、性别、劳动强度、生理状况及妊娠阶段所对应的营养素推荐摄入量（recommended nutrient intakes，RNI）除以 2400，所得到的系数即为标准人系数。

（4）标准人日计算

1）标准人日 = 标准人系数×人日数

2）总标准人日数 = 全家或单位内每个人标准人日之和

（5）混合系数的计算：混合系数=（成员 1 标准人系数×人日数 + 成员 2 标准人系数×人日数 +……）/全家总人日数

（6）称重记账法计算每种食物实际消耗：全家或单位内各种食物实际消耗量（g）=

食物结存量+购进食物总量−废弃食物总量−剩余总量

(7) 计算平均每人每日各种食物摄入量

1) 24小时食物回顾法

平均每人每日各种食物摄入量 = 全家各种食物实际消耗量（g）/全家进餐总人日数

2) 称重记账法

每标准人每日各种食物摄入量 = 平均每人每日各种食物摄入量/混合系数

或每标准人每日各种食物摄入量 = 全家各种食物实际消耗量（g）/全家总标准人日数

(8) 计算各类食物的进食量：常用的分类方法是按《中国食物成分表》食物编码分类，分别记录各类食物的进食量。

(9) 注意事项

1) 豆类及其制品摄入量：按照每百克各种豆类中蛋白质的含量与每百克大豆中蛋白质的含量（35g）的比作为系数，折算成大豆的量。干豆和豆制品按蛋白质含量折算成大豆的量。折算公式：摄入量×蛋白质含量/100g÷35.0%

2) 奶类食物摄入量：按照每百克各种奶类中蛋白质的含量与每百克鲜奶中蛋白质的含量（3.0g）的比作系数，折算成鲜奶的量。折算公式：摄入量×蛋白质含量/100g÷3.0%

2. 计算平均每人每日营养素摄入量　　平均每人每日营养素摄入量是根据食物成分表中各种食物的能量及营养素的含量来计算的。

食物中某营养素含量 = [食物量（g）/100] × 可食部比例 × 每百克食物中营养素含量

将每个人所摄入的所有食物中的营养素的量累加得到每人每日的营养素摄入量。

3. 确定能量、蛋白质、脂肪和铁的食物来源

(1) 能量的食物来源

1) 将食物分为谷类、豆类、薯类、动物性食物、纯热能食物和其他六大类。

2) 按照六类食物分别计算各类食物提供的能量摄入量及能量总和。

3) 各类食物提供的能量占总能量的百分比。

(2) 能量的营养素来源：根据蛋白质、脂肪、碳水化合物的能量系数，分别计算出蛋白质、脂肪、碳水化合物3种营养素提供的能量及占总能量的比例。

1) 蛋白质供能比（%）=蛋白质摄入量×4/能量摄入量×100

2) 碳水化合物供能比（%）=碳水化合物摄入量×4/能量摄入量×100

3) 脂肪供能比（%）=脂肪摄入量×9/能量摄入量×100

(3) 蛋白质的食物来源

1) 将食物分为谷类、大豆类、动物性食物和其他四大类。

2) 按照四类食物分别计算各类食物提供的蛋白质量及蛋白质总量。

3) 计算各类食物提供的蛋白质占总蛋白质的百分比，尤其是动物性及大豆类蛋白质占总蛋白质的比例。

(4) 脂肪的食物来源

1) 将食物分为动物性食物和植物性食物。

2) 分别计算动物性食物和植物性食物提供的脂肪量和脂肪总量。

3) 计算各类食物提供的脂肪占总脂肪的百分比。

（5）铁的食物来源

1）将食物分为动物性食物和植物性食物。

2）分别计算动物性食物和植物性食物提供的铁元素量和铁总量。

3）计算各类食物提供的铁占总铁量的百分比。

4. 三餐能量比 分别把早、中、晚餐摄入的食物所提供的能量除以1日摄入的总能量乘以100%，就得到三餐提供能量的比例。

二、膳食营养评价内容

（一）膳食模式

中国居民平衡膳食宝塔是根据我国居民膳食指南和中国居民膳食模式特点制订的满足营养需求的合理膳食模式，可据此对用膳者食物构成进行评价。全天膳食应以粮谷类食物为主，以蔬菜、动物性食物、豆类及其制品和乳类为辅，种类多样，比例合适，荤素合理搭配，能满足不同生理状况及劳动条件的需要。

如果一日膳食中包括了五大类食物，且食物品种达到15种以上，可认为膳食结构合理；如果包括了四大类食物，且食物品种达到10种以上，可认为膳食结构比较合理；如果只包括2~3大类食物，且食物品种达在10种以下，可认为膳食结构单调，组成不合理。

（二）能量及各种营养素摄入量

中国营养学会制订的中国居民膳食营养素参考摄入量（DRIs，2013年）是评价膳食营养摄入是否满足需要的依据。它是一系列参考值，包括平均需要量（EAR）、推荐摄入量（RNI）、适宜摄入量（AI）、可耐受最高摄入量（UL）、宏量营养素可接受范围（AMDR）、预防非传染性慢性病的建议摄入量（PI）和特定建议值（SPL）。

1. 能量 是三大产热营养素的综合体现，也是三大营养素发挥各项功能的基础和保障。成年人的能量摄入量如能达到供给量的80%以上，则认为能量足够，如低于70%则认为能量不足；儿童的能量摄入量占供给量的90%以上才认为足够，低于80%则不足；相反如能量摄入量超过推荐供给量的20%以上，就可能引起体重过重或肥胖。一般认为能量和各种营养素的摄入量应占摄入量标准的90%，低于标准80%为供给不足，长期供给不足会导致营养不良。

2. 蛋白质 评价首先看摄入数量，再分析其质量。一般认为当能量供应充足时蛋白质摄入量达推荐摄入量的80%以上，对于多数成年人不会发生缺乏症。如果蛋白质的供应仅为推荐摄入量的70%，能量供应又不能满足，儿童可能出现严重的缺乏症状。另外，蛋白质所提供的能量应占其一日总能量的10%~15%，对于儿童、孕妇、患者等蛋白质需要量高的人群及在能量摄入减少的情况下，此比例可适当增加，但一般不超过20%，这一点是考虑到蛋白质和其他产能营养素之间的平衡。评价蛋白质时，不仅要看其摄入总量是否满足，而且要对其质量进行分析评价，一般而言，合理的膳食应在总蛋白满足标准的基础上，保证优质蛋白质（动物性蛋白及豆类）占总蛋白质的1/3以上，最好是1/2。考虑氨基酸的互补作用，将几种食物合理搭配混合使用，以提高蛋白质生物价。

3. 脂肪 按照DRIs的要求，膳食脂肪提供的能量应占一日摄入总能量的20%~30%，脂肪的来源除了动物性食物和谷类以外，主要来自油脂。一般来说，植物油的营养价值优于动物脂肪。油脂的品种不要太单一，至少在两种以上，动物油和植物油都要食用，植物油的摄入量每日以 20~25g 为宜。除了评价脂肪的种类和摄入量以外，还要评价摄入脂肪酸之间的比例，饱和脂肪酸、单不饱和脂肪酸、多不饱和脂肪酸摄入量各占一日总能量摄入量的 7%~10%，n-6 与 n-3 多不饱和脂肪酸的比例为（4~6）：1。

4. 碳水化合物 膳食碳水化合物是能量的主要来源，按照 DRIs 的要求，其所提供的能量应占一日摄入总能量的 50%~65%。碳水化合物主要来源于谷类、薯类和水果。

5. 微量营养素 维生素和矿物质摄入量如能达到推荐摄入量或适宜摄入量的 80%以上，一般不会出现缺乏症状。但低于 60%，很可能出现缺乏症状。

（1）钙磷比例：膳食中钙、磷比例在不同的年龄和生理情况下有较大差异。新组织合成多的个体，婴幼儿、生长发育期的青少年及孕妇等，钙与磷的比值要求大。按照 DRIs 的要求，7~49 岁的比例约为 1：1，0.5~6 岁、孕中期、50 岁以上约为 1.5：1，孕晚期和乳母为 1.7：1，半岁以内婴儿为 2：1。

（2）铁来源：动物性食物来源的铁（血色素铁）应占到总铁量的 1/3，最好是 1/2。

（3）钾钠比例：膳食中钾、钠比例在不同年龄和生理情况下也有较大差异。正在生长发育的个体，钾与钠的比值要求大。按照 DRIs 的要求，18 岁以上成人的钾、钠比例为 0.9：1；其余人群膳食钾、钠比值均>1，孕妇、乳母比值为 1.1：1，7~17 岁约为 1.2：1，0.5~6 岁儿童约为 1.5：1，半岁以内婴儿为 2.5：1。

（4）维生素 A：合理膳食要求维生素 A 与维生素 A 原类胡萝卜素的比例为 1：2，即动物性食物供给的维生素 A 应占维生素 A 总供给量的 1/3。

（5）B 族维生素：机体对维生素 B_1、维生素 B_2 需要量和烟酸的需要量与能量需要量有关。如能达到每摄入 4.18MJ（1000kcal）能量就分别补充维生素 B_1 和维生素 B_2 各 0.5mg，补充烟酸 5mg 则最为理想。

（三）三餐能量比

三餐的能量分配适宜比例分别为：早餐 30%，中餐 40%，晚餐 30%。

在进行膳食调查时，不仅要得到确切的数据、资料、对结果进行评价，而且还要善于发现问题，如食物的储存、加工烹调方法、饮食习惯、食物选购和搭配及就餐环境等，对存在的问题提出切实可行的建议，同时开展一些营养教育活动，使大众做到科学合理用膳，以利于身体健康。膳食调查结果应与实验室、体格、症状体征等三方面结果结合起来综合分析，才能比较全面准确地评价被调查对象的总体营养状况。

三、膳食质量综合评价方法

健康的饮食是提高人体素质的根本，是减少慢性病如肥胖、高血压、高胆固醇等的主要影响因素。因此，正确、合理、科学地评价个体的膳食营养状况将有助于通过改善膳食模式提高公众的健康水平。

传统的营养分析方法是检验疾病与单一或几个营养素之间的关系，或是疾病与某类食物摄入量的关系。然而人们吃的不是单一的营养素，而是由混合了多种营养素的多种食物组构成。单一营养素的方法不足以说明各种营养素之间复杂的交互作用（如维生素 C 可以提高铁的吸收）。其次，由于一些营养素之间高度的相关性，很难将这些营养素的作用分开论述。另外，营养素摄入量普遍与特定的膳食模式有关，因此单一营养素分析可能受膳食模式作用的影响。目前,国内外学者从不同的角度出发建立了几种综合的膳食评价方法,以食物或营养素为基础进行膳食评价或结合食物和营养素进行个体和群体的膳食评价。

(一) 以营养素为基础的综合评价方法

1. 平均充足率(mean adequacy ratio,MAR) MAR 是以美国 1968 版推荐膳食营养素供给量(RDA)为依据建立的。当能量或蛋白质、维生素等每种营养素的摄入量达 100%RDA 或其以上时,该营养素的充足率为 1.0。MAR 是多种营养素充足率的算术平均数,若多种营养素的充足率都为 1.0,则 MAR 分值为 100。

MAR 与单一营养素的 RDA 或 DRIs(膳食营养素参考摄入量)相比,能够综合评价特定膳食的营养质量,但是需要由熟悉营养学和统计学知识的专业人员进行计算,因此在应用上存在一定的局限性。

2. 营养质量指数(nutritional quality index,NQI) NQI 是在德国、奥地利和瑞士营养科研机构联合发布的营养素参考值基础上建立的,用于评估个体特定营养素摄入量达到推荐量的程度。该指数包含蛋白质、脂肪、饱和脂肪、单不饱和脂肪酸、多不饱和脂肪酸、胆固醇、膳食纤维、乙醇及胡萝卜素等 35 种营养素。NQI 总分的计算首先需要计算每种营养素的摄入质量评分(intake quality score,IQS):对于摄入量不应超过推荐水平的营养素,如脂肪、单不饱和脂肪酸、胆固醇等,计算其 IQS 的倒数平均数可得到 NQI;对于摄入量不应低于推荐水平的营养素,如蛋白质、碳水化合物、纤维、叶酸、维生素 C、维生素 E 等,计算其 IQS 的倒数平均数可得到 NQI。35 种营养素 IQS 的倒数平均数即为总 NQI,范围为 0~100。

以营养素为基础的膳食指数获得膳食质量方面的信息较精确,存在的争议较少,但是计算过程较为烦琐,不易理解掌握。

(二) 以食物为基础的综合评价方法

1. 理想膳食模式评价(DDP 评分) 理想膳食模模式(Desirable Dietary Pattern,DDP)的评价指标是 DDP 评分,它是联合国粮农组织亚太地区食物与营养专家委员会于 1988 年首次提出来的,以理想膳食模式为标准,以食物为基础,对食物结构和膳食质量进行综合评价的指标,易被非营养专业人员(如营养政策制订者、食物和农业规划者、非营养医务人员、民众)所理解。合理膳食的 DDP 评分为 100 分,接近 100 分表示膳食质量良好,低于 70 分表明膳食质量较差。

2. 膳食平衡指数(dietary balance index,DBI) DBI 是由我国学者何宇纳等于 2005 年依据 1997 年版中国居民膳食指南及平衡膳食宝塔建立的,在食物层面评价研究对象的实际摄入量和种类,用于中国一般人群膳食质量的综合评价。其构成指标分为食物组指标和食物种类指标。食物组指标与膳食宝塔的食物分类一致,包括谷类食物、蔬菜水果、奶类和豆类、动物性食物、盐、乙醇和食用油共 7 项,以各类食物摄入量达到推荐量的程度按比例进行分段赋值,过量赋正值,不足赋负值,得分为 0 表示摄入量适宜。食物种类指标则以食物多样化为原则,将食物分类后根据每日各类食物是否"摄入"(达到最低限量)进行赋值。通过计算各项指标得分可计算 DBI 评价指标分值,包括总分、负端分、正端分和膳食质量距,分别反映膳食总体水平趋势、摄入不足、摄入过量和膳食不均衡问题。DBI 既能反映膳食摄入不足又能反映摄入过量,可用于评价群体和个体的膳食营养状况。

《中国居民膳食指南（2007）》发布后，何宇纳等依据平衡膳食原则和新的膳食宝塔中的推荐量，又将 DBI 修订为 DBI-07，以更为合理地评价和指导中国人群膳食。DBI-07 将乙醇、食用油和盐合并为一项构成指标，并增加饮水量指标，故 DBI-07 共 7 项构成指标，但评价指标不变。此外，DBI-07 的计分系统将 3 个能量水平相应地调整为 7 个能量水平，并制订了各水平下的计分方法，同时将各项构成指标每个指标最大值统一为 12 分。

（四）结合食物和营养素的综合评价方法

1. 健康饮食指数（healthy eating index，HEI） HEI 是由美国农业部营养政策及促进中心 Kennedy 等根据食物金字塔及膳食指南所设计，主要目的是为了全面评价及监测美国居民的膳食状况，将国民膳食是否符合膳食指南要求及是否达到各营养素要求的情况整合为一个单一的指标来全面反映膳食质量。

HEI 由 10 个项目组成（表 10-20），第 1~5 项评价粮谷类、蔬菜类、水果类、奶类、肉类等 5 类主要食物的摄入量，第 6、7 项评价总脂肪及饱和脂肪的摄入量，第 8、9 项评价总胆固醇及钠的摄入量，第 10 项为食物多样性，评价食物摄取的多样化。

表 10-20　HEI 组分及其计分系统

项目	计分范围 [a]	最高标准（得 10 分）	最低标准（得 0 分）
粮谷类食用量	0~10	6~11 份 [b]	0 份
蔬菜类食用量	0~10	3~5 份 [b]	0 份
水果类食用量	0~10	2~4 份 [b]	0 份
奶类食用量	0~10	2~3 份 [b]	0 份
肉类食用量	0~10	2~3 份 [b]	0 份
总脂肪摄入量	0~10	供能比≤30%	≥45%
饱和脂肪摄入量	0~10	供能比＜10%	≥15%
胆固醇摄入量	0~10	≤300mg	≥450mg
钠摄入量	0~10	≤2400mg	≥4800mg
食物多样性	0~10	≥8 种食物	≤3 种食物

注：a. 若食用量/摄入量在最大至最小范围内，则按照其在范围内的比例计分；b. 根据能量推荐摄入水平确定各类食物每日推荐份数。

第 1~5 项根据食物金字塔所示不同能量水平确定 5 类食物的推荐份数，当食用份数越接近推荐份数时分数越高，若食用份数未达到推荐份数，则按其为推荐量的比例折算得分。例如，食物能量水平为 6694kJ（1600kcal），粮谷类推荐份数为 6 份，若一日内共食用了 6 份，则得 10 分；若食用 3 份，则得 5 分；超过 6 份仍得 10 分。第 6~9 项主要根据膳食指南评价与慢性病有关的某种食物成分是否过量摄入，因而摄入量超过推荐比例或量越多，分数则越低。每个项目最高 10 分，最低 0 分，总共 100 分。HEI 分值超过 80 属于 "良好" 膳食，51~80 属于 "需改善的膳食"，而 51 以下，属于 "不良膳食"。

各类食物的每份大小主要根据以下 4 项标准而定。

（1）一次进食量调查所得到某组食物中食物的食用量。

（2）能提供相当数量的重要营养素的食物量，如 1 份奶酪相当于 1 杯牛奶所提供的钙含量。

（3）被大部分消费者所认知的食物食用量（如家庭常用的食用器皿）或者是可以很简便地以倍数或份数来描述食物实际的食用量。

（4）在以前的膳食指南中传统用以描述每份数的食用量。

HEI可以衡量所有2岁以上美国人的膳食是否符合膳食指南的建议和食物金字塔。在美国人膳食状况报告及研究人员分析美国人的饮食时都使用了HEI。HEI提出后，随美国膳食指南每5年一次更新，并不断地调整指标和修改计分规则，以反映美国民众膳食与推荐的符合程度。目前HEI仍较广泛地应用于膳食质量评价，可能由于其除了可作为膳食质量评价工具外，还较适合用于有关饮食方面的健康教育及促进活动。

2. 替代的健康饮食指数 由于HEI未考虑到与心血管疾病及癌症有关的膳食因素，McCullough等对其作了补充修改，名为"替代的健康饮食指数（alternative healthy eating index，AHEI）"，期望通过AHEI能更好地预测主要慢性疾病的发病风险，其计分方法和选择该组分的原因如表10-21所示。McCullough等以大型前瞻性研究资料验证了AHEI预测慢性疾病发病风险的能力，认为AHEI较HEI能更好地预测慢性病的风险。

表10-21 AHEI组分及其计分系统

项目	最高标准（得10分）	最低标准（得0分）	每个组分的合理性描述
蔬菜（份数/日）	5	0	食用蔬菜与降低慢性疾病的发病风险有关 所有蔬菜均包括在这个食物频率问卷，但排除了马铃薯（包括炸薯条），因为这类食物在流行病学研究中显示与降低慢性病的风险无关。以每日食用5份蔬菜作为上限是理想的，因为这反映了目前膳食指南的上限范围及与心血管疾病危险因素干预研究中的一致性
水果（份数/日）	4	0	水果的食用与降低心血管疾病及癌症的发病风险有关。由于每日食用4份水果与目前膳食指南的上限范围一致，所以认为是理想的上限水平
坚果类及大豆蛋白（份数/日）	1	0	坚果类及植物蛋白（如豆腐）是素食者膳食的2种重要蛋白质来源，并且与降低心血管疾病发病率有关，与癌症间也有非决定性的关系
白肉与红肉比例	4	0	白肉是指禽肉或鱼肉，而红肉是指牛肉、猪肉、羊肉及加工肉制品禽肉及鱼肉均与降低冠心病及癌症的风险有关，但红肉尤其是加工肉制品与某些癌症的风险增加有关。以克为单位进行合计并且用于计算比例，达到10分理想的分数，比例应该为≥4：1，这个值的选择是依据健康人群的膳食模式及实践而定的。对于素食者及那些每月红肉食用少于2次的人均给予10分
谷类纤维（克/日）	15	0	来源于谷类的纤维与降低冠心病及脑卒中的发病风险有关，但与癌症风险的关系尚不清楚。15g/d这个值是根据流行学研究而定的

续表

项目	最高标准（得 10 分）	最低标准（得 0 分）	每个组分的合理性描述
反式脂肪（%热量）	≥4	≤0.5	反式脂肪酸可升高血浆 LDL 浓度、降低 HDL 浓度，并与冠心病的发生有关
多不饱和脂肪酸：饱和脂肪酸（P：S）	≤0.1	≥1	较高的 P：S 值与降低冠心病的风险有关，并且饱和脂肪酸可不同程度地升高血浆总胆固醇或 LDL
多种维生素使用期	<5 年	≥5 年	多种维生素可提供叶酸、B 族维生素及其他营养素。长期服用叶酸补充剂与冠心病及癌症风险的降低有关。此组分是这个指数中唯一的非连续性变量，对使用期 ≥5 年给予 7.5 分（最好），使用期 <5 年给予 2.5 分
乙醇（份数/天）	男性：0 或>3.5 女性：0 或>2.5	男性：1.5~2.5 女性：0.5~1.5	男性以 1.5~2.5 份乙醇/日、女性以 0.5~1，5 份乙醇/日作为适宜的食用量，是因为在该水平可以降低心血管疾病的风险
总分（范围）	2.5	87.5	

3. 膳食质量指数（diet quality index，DQI） 由 PATTERSON 等利用 1987~1988 年美国全国食物消费调查（NFCS）的数据建立，最初用于与膳食相关的慢性病的研究。最初的 DQI 是由 8 个项目构成，包括 6 个营养素（总脂肪、饱和脂肪、蛋白质、胆固醇、钠、钙）和 2 个食物组（蔬菜水果、谷类食物）。Heines 等人依据适度、多样、均衡的膳食原则和 1999 年美国膳食金字塔的建议量将 DQI 修订为 DQI-R，增加了铁的摄入量、膳食多样性和膳食适宜度，去掉了蛋白质和钠摄入量。DQI-R 与 HEI 一样也是由 10 个项目构成，每个项目分值的设定原则基本相同。同样以低分反映膳食质量差，而高分反映膳食质量好（表 10-22）。

表 10-22 DQI 组分及其计分系统

项目	分值范围	取值标准
脂肪提供能量≤30%	0~10	10=≤30%；5=>30%，≤40；0=>40
饱和脂肪供能比≤10%	0~10	10=≤10%；5=>10%，≤13%；0=>13%
膳食胆固醇<300mg/d	0~10	10=≤300mg；5=>300，≤400mg；0=>400mg
水果摄入量占推荐量（每日 2~4 份）%[a][b]	0~10	10=≥100%；5=50%~99%；0=<50%
蔬菜摄入量占推荐量（每日 3~5 份）%	0~10	10=≥100%；5=50%~99%；0=<50%
谷类食物摄入量占推荐量（每日 6~11 份）%[a][b]	0~10	10=≥100%；5=50%~99%；0=<50%
钙摄入量占 AI[c] %[b]	0~10	10=≥100%；5=50%~99%；0=<50%
铁摄入量占 RDA[d] %[b]	0~10	10=≥100%；5=50%~99%；0=<50%
膳食多样性分值	0~10	10=≥6；5=≥3，<6；0=<3
膳食适度分值	0~10	10=≥7；5=≥4，<7；0=<4

注：a. 基于能量需要量为 1600~，2200~ 或 2800kcal 的膳食；b. 连续性变量；c. AI=适宜摄入量；d. RDA=推荐膳食需要量。

（1）膳食多样性分值：把食物分成谷类、蔬菜、水果、肉类 4 大类，将这 4 大类食物又分成23亚类,每一亚类的摄入量达到或超过一半的推荐量,认为"消费"了该类食物,膳食中消费6类及以上亚类的食物,膳食多样性分值为10,消费3类以下亚类的食物,膳食多样性分值为0,中间值按照比例取值。

(2)膳食适宜度分值:见表10-23。

表10-23 膳食适度分值定义

指标	分值范围	取值标准
添加糖的量 [a]	0~2.5	2.5=≤100%; 1.5=>100%, ≤150%; 1.0=>150%, ≤200%; 0=>200%
可控制的脂肪(g/d)	0~2.5	2.5=≤25; 1.5=>25, ≤50; 1.0=>20, ≤75; 0=>75
钠摄入量(mg)	0~2.5	2.5=≤2400; 1.5=>2400, ≤3400; 0=>3400
乙醇摄入量 [b]	0~2.5	2.5=≤100%; 1.5=>100%, ≤150%; 1.0=>150%, ≤200%; 0=>200%

注:a. 基于1600~,2200~或2800kcal三组能量需要的膳食;b. 乙醇推荐量为男性2份,女性1份。

DQI指数反映了膳食指南的宏量营养素分布、适宜度、种类及比例的原则。DQI-R的指标多以占推荐量的百分比表示,与总能量摄入和食物摄入关系并不强,因此多用于评价人群膳食质量,在个体评价中的应用非常有限。尽管指数更多地是为了监测人群而不是个体的膳食变化而设计的,但是指数的每个组成成分反映了国家膳食指南的一个方面。因此可通过计算个体DQI-R分值,比照膳食指南的膳食质量的估计值,计算随着时间的推移而出现的分值差异,提出增加或减少总体膳食摄入量的建议。同HEI一样,两种DQI也用于评价美国人的膳食状况及其在一定时期内的膳食变化。

四、膳食模式

(一)膳食模式概念及分型

膳食模式(dietary pattern)亦称膳食结构,是对膳食中各类食物的数量及其所占比重的概括性表述。根据组成该膳食的各类食物所能提供的能量和各种营养素的数量及其能满足人体需要的程度来衡量该膳食模式是否合理。膳食模式的形成受一个国家或地区的人口、农业生产、食物流通、食品加工、消费水平、饮食习惯、文化传统、科学知识等多种因素的影响。一般经济发达的国家,膳食中的动物性食品的构成比重较大,反之则较小。从宏观而言,居民的膳食结构反映一个国家的综合国力水平,决定一个地区食物生产供应规划;它是衡量一个国家或地区经济发展和文明程度的重要标志之一。从微观而言,是居民营养状况和体质健康的决定因素,也是对广大居民进行有效营养干预的重要环节。

膳食模式的形成受一个国家或地区的人口、农业生产、食物流通、食品加工、消费水平、饮食习惯、文化传统、科学知识等多种因素的影响。由于饮食习惯和食物种类的不同,国家和地区之间的膳食模式存在着差异,根据食物的主要能量来源不同和/或考虑与慢性病的相关性,主要有以下几种类型的膳食模式。

1. 动物性食物为主的膳食模式 以动物性食物为主的膳食模式,通常被称为西方模式,是多数欧美发达国家,如美国、西欧各国的典型膳食模式,属于营养过剩型的膳食模式。其特点是膳食组成以动物性食物为主,摄入大量的红肉、加工肉制品、"垃圾食品"、精加工谷类、糖果、甜食、含糖饮料和"超加工食品",因而存在高能量、高脂肪、高蛋白质和低膳食纤维摄入的问题,易导致肥胖症、高脂血症、冠心病、糖尿病、肿瘤等慢性病的发生。研究发现，西方模式提供较少的微量营养素和其他生物活性成分，能够增加患心血管疾病、代谢疾病和结肠癌的风险。其中的加工食品和"超加工食品"在生产过程中加入了反式脂肪酸，长时间热处理过程中形成了杂环胺、丙烯酰胺、晚期糖基化终末产物和脂质过氧化终产物。这种模式在西方国家普遍，正迅速在世界蔓延。

2. 植物性食物为主的膳食模式　以植物性食物为主的膳食模式见于亚洲、非洲部分国家和地区，如印度、巴基斯坦和孟加拉等。其特点是富含蔬菜、水果、坚果和全麦食品，较少摄入精加工谷类、高糖食品、红肉和加工肉制品，即以植物性食物为主，动物性食物较少，可以降低发生相关慢性病的危险。这类膳食模式基本能满足能量需要，部分微量营养素和生物活性成分（抗氧化剂、酚类化合物、植物雌激素）含量也较为丰富，但蛋白质和脂肪的摄入量均较低，蛋白质来源以植物性食物为主，某些矿物质和维生素不足，易患营养缺乏病，导致免疫力下降，感染性疾病风险增加。

3. 动植物性食物平衡的膳食模式　以植物性和动物性食物构成适宜的膳食模式，多以日本居民的典型膳食模式为代表，其特点是以植物性食物为主，动物性食物数量充足，尤其是鱼类比例较高，膳食提供的蛋白质中动物性蛋白质约占50%以上。这种膳食模式既可满足人体对营养素的需要，又可预防慢性病，属于营养合理型膳食模式，有利于减少疾病风险，促进健康。

4. 地中海膳食模式　20世纪60年代初，Keys等人首次发现地中海地区居民（主要是克里特岛）的心血管疾病死亡率比周边地区低，并在研究中确定了地中海膳食模式。这类膳食特点是较高摄入水果、蔬菜、全谷类、豆类和坚果；适量摄入奶制品，大多数是奶酪和酸奶；适量摄入红酒和鱼类等海产品；肉类及其制品摄入量则较低；食物加工程度低而新鲜度高，橄榄油为主要食用油，也是主要的脂肪来源。其营养特点是高膳食纤维、高维生素和低饱和脂肪。研究发现，长期采用地中海模式，可降低心血管疾病、2型糖尿病、代谢综合征、认知障碍和某些肿瘤的发生风险。该膳食模式已逐渐引起世界关注，被认为是一种健康的膳食模式，也被许多国家采用和推荐。

5. DASH膳食模式　1997年美国开展的一项大型高血压防治计划中提出了降血压饮食方案（dietary approaches to stop hypertension，DASH）。DASH膳食模式强调限制总脂肪、饱和脂肪和胆固醇的摄入，摄入足够的蔬菜、水果和低脂（或脱脂）奶。膳食中包含全谷类、鱼、禽和坚果类，并建议减少红肉、甜食、糖及含糖饮料的摄入，因此，该模式在营养素方面，以钾、镁、钙和蛋白质及膳食纤维含量高为特点。国际健康指南已将DASH模式推荐为控制高血压的一个重要生活方式干预措施。研究发现，DASH模式不仅可以降低血压，还可以降低心血管疾病、癌症、胰岛素抵抗和血脂异常的发生风险（表10-24）。

表10-24　平衡膳食模式各类食物推荐摄入量比较（以2000kcal能量需要量为例）

食物种类	健康美式膳食模式	健康地中海膳食模式	DASH膳食模式
蔬菜（c-eq/d）	2.5	2.5	4~5
深绿色蔬菜（c-eq/w）	1.5	1.5	—
红橙色蔬菜（c-eq/w）	5.5	5.5	—
豆类（c-eq/w）	1.5	1.5	—
淀粉类蔬菜（c-eq/w）	5	5	—
其他类蔬菜（c-eq/w）	4	4	—

续表

食物种类	健康美式膳食模式	健康地中海膳食模式	DASH 膳食模式
水果（c-eq/d）	2	2.5	4~5
谷类（oz-eq/d）	6	6	6~8
全谷类（oz-eq/d）	3	3	—
精制谷类（oz-eq/d）	3	3	—
奶类（c-eq/d）	3	2	2~3（低脂或脱脂奶）
蛋白质类食物（oz-eq/d）	5.5	6.5	3.5
海产品（oz-eq/w）	8	15	≤6
畜禽肉及蛋（oz-eq/d）	26	26	
大豆及坚果类（oz-eq/d）	5	5	4~5
油	27（g）	27（g）	2~3（oz-eq/d）
甜食和添加糖	270（kcal，14%E）	260（kcal，13%E）	≤5（oz-eq/w）

注：食物用杯当量（c-eq）或盎司当量（oz-eq）度量，油用克（g）度量；所有食物选择营养密集的形式，它们为瘦的或低脂的，在加工过程中不添加脂肪、糖、精制淀粉或盐。

6. 中国膳食模式 我国居民的传统膳食是以植物性食物为主，谷类、薯类和蔬菜的摄入量较高，肉类的摄入量比较低，此种膳食的特点是高碳水化合物、高膳食纤维和低脂肪。进入 21 世纪，随着我国食物生产能力增强，主要食物总生产量和人均占有量明显提高，居民人均收入增加，食物消费选择更加多样化，居民食物消费结构显著改变，植物性食物的消费量下降，其中谷类食物摄入量显著下降。动物性食物，特别是畜禽肉类消费量显著提高。脂肪摄入量过多，平均膳食脂肪供能比超过 30%。总的来看，我国居民由以粮谷类食物为主的传统膳食模式，逐渐向高能量、高脂肪和低膳食纤维的膳食模式转变的趋势。

目前在我国，研究发现主要有两类膳食模式。一是以大米、蔬菜和猪肉等为主要食物的传统南方模式。这类模式与南方居民的饮食习惯相近，其特点是以大米为主要能量来源，能提供较丰富的营养素。二是以面粉等为主要食物的传统北方模式。这类模式与北方居民的饮食习惯相近，其特点是以面食为主，食物摄入较单一，碳水化合物供能比较高，微量营养素摄入相对较少。此外，随着经济发展和营养变迁，我国居民，尤其是青年人群中逐渐出现了以速食食品和肉类等为主要食物的膳食模式。这类模式与西方模式相似，其特点是能量和脂肪摄入较高，微量营养素摄入相对较少。

（二）膳食模式与健康

合理的膳食模式是平衡营养的前提，只有平衡营养才能促进健康。近年来，随着疾病模式的变化，膳食模式与健康的关系越来越引起人们的关注。由于人类文明和医学科学进步，过去对人类生命和健康威胁最大的急性传染病和寄生虫病明显下降，而肥胖、心血管疾病、糖尿病和癌症等慢性非传染性疾病则大幅度上升。大量研究和流行病学调查及临床资料证实，合理的膳食模式在维护健康、预防慢性病方面具有重要作用；而不合理的膳食模式常常是损害健康，特别是导致某些慢性疾病的危险因素。合理膳食模式可降低心血管疾病发生风险，还可降低 2 型糖尿病和某些癌症（如直肠癌和绝经期后乳腺癌）、超重和肥胖的发生率。目前也有证据显示膳食模式与神经认知障碍和先天性异常相关。

(三) 膳食模式研究方法

传统的膳食研究方法主要是探讨单一营养素或者食物与健康的关系,如脂肪、膳食纤维,水果和蔬菜等对人群肥胖的影响。这种方法具有一定的局限性。首先,个体饮食不是单一的营养素或者食物,而是能够提供多种营养素的食物组合,营养素之间、食物之间或者营养素与食物之间可能存在着交互或协同作用。其次,单一营养素或者食物对人体健康的影响效应可能因为太小而不能观测到其作用。此外,营养素的摄入通常与膳食模式有一定相关性,所以单一营养素分析可能会受到膳食模式的潜在影响。

膳食模式是对整体膳食进行分析,能够全面客观地反映食物和营养素的综合效应,从而更有效的研究膳食因素与人体健康的关系。

目前在营养流行病学中使用的膳食模式研究方法主要有两类,一类是评分法,另一类是数据驱动法。

1. 评分法　评分法是以现有的膳食指南或其他科学的饮食建议为基础,通过将个体的饮食与之比较进行评分,也被称为"先验法"。通常情况下分为 4 种:营养充足或营养密度评分、膳食多样化评分、食物组评分和指数型评分。

(1) 营养充足或营养密度评分:是通过比较实际营养素摄入量和推荐摄入量来评价人群或个体的膳食质量,指标包括营养素充足比和平均充足比。营养素充足比是某营养素的平均摄入量占该营养素推荐摄入量的百分比。平均充足比是各营养素充足比的平均值,即各营养素充足比之和除以营养素种类数。营养密度评分是通过总能量中的营养素含量来评价个体的膳食质量。

(2) 膳食多样化评分:膳食中包含不同类别的食物,或者同类别中不同的食物。通过对一定期间内膳食中食物数量或食物组数量的评分来评价膳食质量。

(3) 食物组评分:是以膳食指南金字塔 5 种食物组(水果、蔬菜、谷类、乳制品和肉类)为基础的评分。

(4) 指数型评分:是以目前的膳食指导为基础建立的,其中两个常见的为膳食质量指数(diet quality index,DQI)和健康饮食指数(healthy eating index,HEI)。

2. 数据驱动法　数据驱动法是以膳食调查数据为基础运用统计方法来确定膳食模式的种类,也称为"后验法",主要统计方法包括因子分析和聚类分析。

(1) 因子分析:是根据食物变量之间的相关程度,将食物变量聚类成几个主要的类别(公因子),再根据专业知识确定这些公因子代表的实际含义。因子分析主要有两种基本形式:分为探索性因子分析和验证性因子分析(Martinez,1998)。主成分分析(principal component analysis,PCA)是因子分析中最常用的方法,是从多个变量之间的相互关系入手,利用降维的思想,将多个变量化为少数几个互不相关的综合变量的统计方法,这种方法可以有效地探索出与疾病危险因素相关的因子。

(2) 聚类分析:是根据膳食特征将个体归为相互独立的类别,膳食相近的归为一类,膳食差别较大的归在不同类。经常使用的膳食特征包括食物消费频率,食物能量百分比和食物平均摄入量等。主要方法有 K 均值法(K-means)和离差平方和法(Ward 法)。

(3) 降秩回归(reduced rank regression,RRR):是分析膳食模式的一种新方法,类似于因子分析。这种方法是通过建立食物摄入变量的线性函数解释反应变量(如营养素、生物标志物等)的变异。因为疾病相关营养素和疾病特异生物标志物与疾病的发展具有相关性，所以用降秩回归分析方法得到的膳食模式可以更好地阐述疾病病因中膳食的重要性。

（4）偏最小二乘回归法（partial least-squares regression，PLS）：是介于主成分分析和降秩回归之间的一个折中方法，通过建立有预测能力的回归模型解释营养素或生物标志物的变异。

（5）小树变换（treelet transform，TT）：Lee等结合了主成分分析和聚类分析的优势提出了一个新的降维分析方法——小树变换（treelet transform，TT）。相比于主成分分析，每个TT因子包含少量的自然分组的变量。此外，TT通过建立变量间的层次分组结构提高了因子的解释能力。

（6）潜在类别分析（latent class analysis，LCA）：是以模型为基础的聚类方法，其目的在于利用潜在类别解释食物摄入变量之间的复杂关联。虽然这种分析方法能更灵活的运用膳食数据，但使用的人比较少。

（曾　果　张继国　何宇纳　王　玥）

第三节　营养监测

国民营养与健康状况监测是反映一个国家或地区经济与社会发展、卫生保健水平和人口素质的重要指标，也是公共卫生及疾病预防控制工作不可缺少的基础信息。定期开展人群营养监测是收集、分析国民营养与健康状况的重要手段。通过本节的学习掌握营养监测的定义、目的和主要特征，并掌握营养监测的建立与管理的科学方法，对于今后的营养改善实践工作具有重要的指导意义。

一、概　述

（一）营养监测的定义

营养监测（nutrition surveillance）是指长期动态监测人群的营养状况，同时收集影响人群营养状况的有关社会经济等方面的资料，探讨从政策上、社会措施上改善营养状况和条件的途径。简言之，是在一定范围内，对选定的人群营养指标进行定期连续性观测、分析和评价。特别注重按社会经济状况划分的各亚类人群，其目的是制订解决问题的方案。

联合国粮农组织（FAO）、联合国儿童基金会（UNICEF）及世界卫生组织（WHO）对营养监测的定义是"营养监测是对社会人群营养进行连续的监控，以便做出改善居民营养的决定"。哈佛大学学者将营养监测定义为"监测人群的健康、营养、饮食行为和营养知识状况，用以规划和评价营养政策，尤其在发展中国家，监测内容可能包括早期预警紧急营养状态的指标或因素"。

充足的食物是人类获得合理营养的先决条件，在监测中经常收集与食物生产、食物消费、和食物分配有关的数据，因此营养监测又称为食物与营养监测（food and nutrition surveillance，FNS）。

（二）营养监测的目的

任何监测的目的都是为政府有关部门决策、制订干预项目提供信息。营养监测的目的是在社会发展过程中了解和掌握人群食物消费的变化及营养状况,分析其发展趋势,为决策者提供信息,有的放矢地解决营养问题,预防疾病的发展。并在食物生产、流通等方面进行相应的政策调整,以保证社会发展过程中食物生产、健康与环境的平衡发展和优化提高。

(三) 营养监测的主要特征

营养监测有以下特征:①监测范围较广,通常着眼于一个国家或一个地区的全局,对人群进行监测和宏观分析,以有限的人力、物力分析和掌握全局的常年动态;②通常以特殊人群或重点人群为监测对象;③持续监测、定期及时地反馈监测信息;④为保证广度,提倡尽可能收集现成的资料,不强调获得直接测定的第一手数据;⑤综合分析营养状况及影响因素等监测信息后,直接研究、制订、修订和执行营养政策或实施营养干预。研究营养政策或实施营养干预是营养监测的主要任务,是利用情报、决定行动、及时实施的过程。

(四) 营养调查与营养监测的区别

营养调查 (nutrition survey) 和营养监测都是公共营养主要的工作内容和方法,两者密切联系又有区别 (表 10-25)。

表 10-25 营养调查与营养监测的区别

项目	营养调查	营养监测
目的	了解居民的营养状况	分析、预测、解决营养问题
时间	某时段个体或人群调查(横断面调查)	多时段、连续、动态观察
方法	人体测量、生化、临床检查	收集资料、进行分析
指标归类	营养、人体测量、生化、体征、症状等	营养、经济、社会、医疗保健

营养调查是传统鉴定营养状况的方法,主要是用自然科学手段调查研究在某一时间段面上以个体为基础的人群膳食摄入情况和人体营养水平,是对人群营养状况微观水平的了解分析。简言之,在一定范围内抽取代表性人群样本,对膳食和人体营养状况进行的调查。

营养监测是 20 世纪 70 年代逐渐形成的概念和方法,着眼于全局,侧重于从环境条件与社会经济条件方面,调查研究人群较长时期的营养状况的动态变化,探讨从政策上、社会措施上改善人群营养状况的途径,是宏观的营养信息分析和社会性营养措施的制订与推行工作,从宏观上采取措施,以改善人群的营养状况。

由此可见,营养监测与营养调查的角度、侧重点和方法都有所不同。但是,两者常常互相配合,交叉渗透,通过对两者获得的资料进行综合的分析,才能使营养问题得到根本的解决,获取最大的社会效益。

(五) 营养监测的分类和功能

根据营养监测的目的不同,营养监测主要分为以下三类。

1. 政策和规划性营养监测 对社会人群的营养状况及制约因素进行长期动态的观察、分析和预测,为制订各项营养政策和规划提供科学依据。

2. 评价性营养监测 通过开展监测,观察监测人群营养指标的变化,对已制订的营养政策和规划实施进行评价。

3. 预警和干预规划性营养监测 为及时预报食物短缺或严重营养不良和制订干预规划而进行的营养监测,旨在发现、预防和减轻重点人群营养状况的短期恶化。

营养监测的主要功能包括制定国家及部门的规划和政策、对项目进行监控和评价、对食物短缺或严重营养问题进行及时的预警、确定问题和宣传动员及对结构调整政策的效果进行监控。

二、营养监测系统的建立与管理

营养监测系统的核心组成部分包括数据收集、数据处理、数据分析、结果解释及分析结果的利用。此外，监测系统的建立还需要机构、人力物力条件及信息系统的工作方法。

WHO 提出一个有效的营养监测系统建立的流程图，见图 10-2。

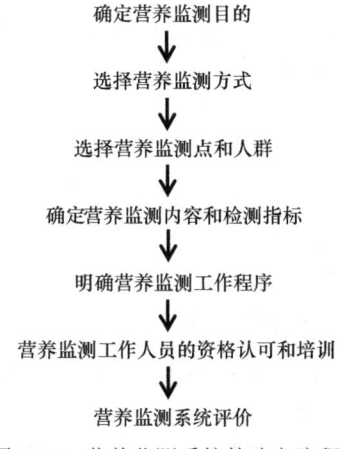

图 10-2 营养监测系统的建立流程图

（一）确定营养监测的目的

每次营养监测的目的和重点内容可能有所不同，这将影响监测方式和监测内容的选择。

一般说来，营养监测的主要目的包括：①估计人群营养状况及存在的营养问题在时间、地点和人群中的分布情况；②动态地观察人群营养状况的变化趋势；③发现存在营养问题的易感人群，为制订合理的干预措施提供科学依据；④确定影响人群营养状况的有关因素；⑤通过长期监测资料分析人群中营养状况、发病率、患病率等的变化，评价干预措施的效果；⑥确定国家或地区食物与营养发展规划的工作重点；⑦为国家或地区制订或修订各项营养政策和规划提供基础资料和科学依据。

（二）选择营养监测的方式

监测方式的确定，既与监测的目的有关，也与所监测内容的性质有关，同时也受经费和人力物力的限制。监测方式一般包括两种：①一般人群监测或者哨点监测；②主动监测或者被动监测。

一般人群监测有利于了解全体人群监测指标的分布，尤其是指标在亚人群中的分布，长期监测有利于了解人群中监测指标的变化趋势。但是，一般人群监测所需人力、物力和财力均比较大，监测的质量控制也比较难，而且开展主动监测与详尽地收集信息都比较困难。

哨点监测是指在选择的人群中，根据标准化的工作程序和指标，系统地收集有关资料。

哨点监测一般不通过概率抽样方式确定，但是选择哨点的标准需要与监测目的相一致。哨点监测具有全人群监测的优点，又能避免耗费大量人力和财力。

（三）选择营养监测点和人群

在每一个监测系统中，监测人群的确定和监测点的选择是建立营养监测系统的基本环节。

1. 监测人群选择和监测点选取　根据营养监测的目的选择监测人群，如全人群、5岁以下儿童、孕产妇、儿童青少年等。既要保证样本有代表性，又要避免耗费过多的人力、物力和财力。通常有正式户口的散居人群为监测人群，不包括临时居住在这个地区的人口。

监测点的选择通常采用分层多阶段整群随机抽样，也可以是根据监测目的选择其他的抽样方法。如在我国，可考虑的分层因素有三大经济带划分（东、中、西部）、城市和农村划分（大城市、中小城市、一般农村和贫困农村）、性别划分等。监测点可以是一个行政区（县），也可以是一个社区或一个学校、一个幼儿园或一个其他单位，这与监测系统的目的密切相关。

2. 营养监测点的基本条件

（1）营养监测点要成立监测领导小组，负责营养监测工作的领导和协调；同时在领导小组的指导下，明确营养监测的职能部门。

（2）有健全的监测工作网络。

（3）具体监测工作有经过培训的专人负责。

（4）有健全的工作制度、工作程序、工作质控、考核制度、资料管理制度。

（5）能保质保量完成监测任务。

（6）能分析利用当地的营养监测资料，为制订政策提供科学依据。

选择监测点时要考虑监测点的基本条件，否则收集不到所需要的数据，或者数据偏性很大，不能反映真实情况。如果抽到的监测点不能胜任监测工作时，可以在同类地区进行调换。

监测点选择后必须经过建设才能成为一个合格的监测点，包括工作制度的建立、必要设备的配备和人员培训等。

（四）确定营养监测内容和监测指标

营养监测是有规律或定期的收集数据，对其进行评价，以说明人群当前或将来的营养状况。营养监测通常包括三方面内容：数据收集与整理、数据分析、信息发布及利用。三者之间相互联系，便于数据交流及信息传递。

1. 营养监测指标选择原则　选择监测指标时应考虑其灵敏性、特异性与可行性。

（1）灵敏性：是指检测出真阳性（如真正的营养不良者）的能力。选用的指标必须是很灵敏的，在明显症状出现之前就能测出不良变化，也就是说它能指出不正常的变化或倾向（此时应考虑指标本身的正常变异范围）。由于正常人群往往也会有一部分人落在临界值以下，所以在评价时应根据临界值以下的人数的多少，如人数达到某一水平时可以认为该人群存在营养问题，这一水平称作危险界值。临界值是人为确定的，是可以根据当时的具体情况而改变的。

（2）特异性：是指排除假阳性（如非营养不良者）的能力，也就是说指标要能检出真正有阳性的，而又能将非阳性的排除掉。例如，血红蛋白是缺铁性贫血的良好指标，但对其他疾病引起的贫血，血红蛋白就不是良好的指标。

（3）可行性：指标的可行性很重要，可行性是指所选定的监测指标可否为人群及地区所接受，可行性程度常常可反映出人们的参与程度、费用负担程度、器材设备与操作方法的复杂程度和结果统计分析处理的能力等。

（4）其他：指标数量要适度，以使监测易于开展，并尽可能多地选用无损伤性监测指标。通常选用在采取改善措施后能明显发生变化的监测指标。在实践中也要考虑收集这些指标数据时所需的人力、物力及调查对象接受的程度。需要了解现状时，一般需要较大的样本，但在监测营养状况的变化趋势或作预测时，只采用一个有代表性的小样本即可。

2. 营养监测常用指标

（1）健康状况指标：健康状况指标的选择随地区不同而不同，应根据可得到的资料及基线调查数据而定。表10-26和表10-27是世界卫生组织1978年召开推荐的与健康状况有关的监测指标。

表10-26 营养监测的健康状况指标（WHO）

测量项目	设备	工作人员	临界值	指标	汇总次数
出生体重	人体秤	保健人员接生员	低于2500g	<2500g的人数%	季度
按年龄别体重	人体秤	保健人员社会工作者	小于参考值−2SD	低于或高于限值的人数%	季度
按身高别体重（2岁以上）	人体秤 身高测量尺	保健人员社会工作者	小于参考值−2SD	低于或高于限值的人数%	季度
按年龄别身高（入学时）	测量尺	学校保健人员	小于参考值−2SD	低于或高于限值的人数%	年度
特殊年龄（0~4岁）死亡人数	死亡登记卡片	地方官员保健人员	—	均数和变化趋势	年度
哺乳/喂养方式（3月）	记录卡	保健人员	—	每种喂养方法的人数%	年度
某种营养缺乏病的新病例	体检记录	保健人员	—	新病例的人数%	必要时

注：SD为标准差。

表10-27 特殊情况下营养监测的附加指标（WHO）

测量项目	建议临界值	年龄组	指征
上臂围测量	参考数值的85%	1~5岁	蛋白质-能量营养不良
毕脱斑伴有结膜干燥症	2.0%的儿童	0~5岁	眼干燥症-活动期
（角膜干燥）+（角膜干燥伴有角膜溃疡）+（角膜瘢痕）	0.01%的儿童	0~5岁	眼干燥症-活动期
角膜瘢痕	0.1%的儿童	0~5岁	眼干燥症-陈旧性
血清维生素A<100μg/L	5%的儿童	0~5岁	维生素A缺乏病
血红蛋白	轻度110g/L，中度90g/L	0.5~6岁和妊娠妇女	贫血
血红蛋白	轻度120g/L，中度100g/L	6~14岁和>14岁的妇女	贫血
血红蛋白	轻度130g/L，中度110g/L	>14岁男子	贫血
地方性甲状腺肿I°和II°以上	5%青春期和青春前期青少年	青少年	碘缺乏
Ob度甲状腺和以上	30%的成人	18岁及以上	碘缺乏

注：Ob度，甲状腺容易摸到，头位正常或仰头位时通常看不见甲状腺，但比正常大。

在有肥胖和有退行性疾病的人群应选择下列指标：血清胆固醇和甘油三酯、血压、三头肌皮褶厚度（>中位数+2SD）、身高别体重（>中位数+2SD或参考标准的120%）及冠心病死亡率。

（2）社会经济指标：人群营养状况的变化在大多数情况下受当地环境因素的影响，其中社会经济和农业方面的变化是可以测量的，可以作为营养监测的重要指标。食物消费调查是很好的监测数据，但由于其调查比较困难，一般不作常规监测内容。常用于营养监测的社会经济指标见表10-28。

表 10-28　营养监测的社会经济指标

经济状况	环境	有无各种服务
A. 再生产的物质财富	A. 供水	A. 卫生机构
住房：结构类型（房间数、每间居住人数、电器化、供水等）	家庭水源类型	B. 农业推广
耐用消费品：如拥有电视机、机动车、家畜等	离水源距离（季节性）	C. 灌溉
储蓄存款	可利用水量（季节性）	D. 信贷
设备：如农具、经商用具	供水质量（季节性）	E. 生产投资（种子、肥料等）
B. 不再生产的自然财富（自然资源）	B. 粪便及垃圾处理	
拥有土地面积	厕所设施类型	
农业供水	处理垃圾类型	
C. 无形的财富	C. 拥挤情况	
教育水平，受教育年限		
文化程度		

（3）食物消费、饮食行为和生活方式方面的指标如下所示。

食物消费方面的指标：①年人均粮食的占有量和消费量；②年人均动物性食品的占有量和消费量；③日人均能量和蛋白质的摄入量；④谷类食物与动物性食物的供能比；⑤人均动物性食物的增长率等。

饮食行为和生活方式方面的指标主要包括偏食率、每日吃早餐率、饮酒率、酒消费量、零食消费率、在外就餐频率、吸烟率和吸烟数量、身体活动频率及强度等。

3. 营养监测的内容

（1）政策和规划性内容：营养监测系统和卫生信息系统是相互依存的。营养监测及相关资料对制订卫生政策和发展计划起到核心的作用，通过营养监测将营养健康状况的核心信息传送到其他部门，并引起其他部门的关注，使各部门联系起来密切合作。卫生部门制订发展规划和政策时，利用这些资料来确定问题，制定目标和进行干预。

根据调查与监测所得的信息，包括不同人群的营养状况及其变化和原因等，确定是否需要修改有关营养的规划和政策，同时为制订与营养有关的公共卫生政策、公共卫生营养规划、食品援助计划、食品强化计划、食品安全性和标签法法规，以及食品生产和流通等提供信息和资料。WHO推荐以下几方面的监测指标（表10-29）。

（2）评价性内容：卫生与营养规划项目习惯上包括：公共卫生措施、卫生预防措施。营养干预项目有：补充喂养、营养康复、营养教育、强化食物等。这些规划很多是通过卫生系统实施的。为了评价这些干预项目对营养改善的效果，需要对项目实施过程及实施前后相关指标的变化进行监测。通过访问和测定，查询规划过程的资料和记录、间断性小规模调查中可获得资料。不同营养干预项目的监测指标见表10-30。

表10-29 制定国家发展计划及政策的营养监测指标

（1）卫生政策指标	卫生资源的分配及公平程度；社区卫生保健的实施；组织机构和管理程序
（2）涉及健康的社会经济指标	人口增长率；国民总产值和家庭总产值；收入分配；工作条件；成人识字率；居住条件；可获得的食物
（3）卫生保健指标	卫生预防措施；初级卫生保健范围；免疫接种；转院治疗系统范围
（4）营养健康状况指标	儿童营养状况及社会心理发展；婴幼死亡率；出生体重；出生或某个年龄的预期寿命；母亲死亡率

表10-30 用于评价某些营养干预规划和目标营养监测指标

营养干预项目	目标	指标	
		广泛推荐	不常用（主要用于研究）
学龄前儿童营养干预	减少蛋白质-能量营养不良	身高、体重变化	临床症状
		身高/年龄	膳食摄入量
	减少发病率	体重/年龄	臂肢围
	减少婴幼儿死亡率	体重/身高	皮褶厚度
		疾病发病率、发生次数、持续时间	幼儿死亡率
学校供餐规划	改善营养状况		其他人体测量和生化指标
	增加食物摄入	身高、体重的纵向测定	食物消费量
	提高入学和到校率	入学和到校人数	教学质量检查
	改进教学质量		
营养加餐	提高生产率	家庭支出调查	体力活动
	增加收入及食物消耗		能量消耗
营养康复	儿童康复	临床症状	
	成人康复	人体测量	
		体重增加	
孕妇营养加餐	减少分娩危险	孕期体重增加	围产期死亡率
	减少低出生体重婴儿	出生婴儿体重增加	婴儿死亡率
	降低婴儿死亡率		

（3）预警和干预规划性内容：为预防和避免因突发情况如水灾、干旱、地震、农产品价格变化或战争所造成的食物短缺和严重营养不良，而建立的具有预见性的监测报告和快速反应的措施与规划。

这类营养监测具有较好的预见性，可以定期地对收集的信息进行评估，尽早地掌握食物供给不足或突发严重营养不良的征象，通过预警和实施有针对性的干预计划，预防和减轻人群，特别是重点人群的短期营养状况恶化。

1）营养状况数据的用途：及时报警和干预规划的关键在于及时收集数据和分析，以及迅速和有效地做出决定。为了避免预测出的食物消费情况恶化，需要有足够的时间去发起干预及使其实施生效。营养状况是实施救济和康复措施的基础，救济是主要目的，营养状况是应用最广泛的指标。建立及时报警和干预规划可从营养状况数据开始，保证哪里需要就将食物送到哪里,并迅速发展到预防性干预。营养监测的数据可用以支持早期预防干预。

2) 营养状况的指标:在各种营养状况指标中,身高别体重是代表食物短缺最有用的指标。年龄别身高或年龄别体重指标可能在很大程度上反映以往慢性食物短缺,但不能准确反映当前营养不良的特点,而且有时不易获得年龄的准确资料。

当食物短缺影响到营养状况时,已发展到威胁生命的危险程度,因此应直接对这类特定的家庭及其成员进行营养状况的调查,包括身高、体重和临床特征。同时对家庭和地区发起紧急救援行动,实施食物救济或补助。

3) 突发事件中的营养工作与食品安全:①适宜的救援食物,如包装罐装食物、干燥食物、清洁的瓜果蔬菜等;②蔬菜短缺时,补给小包装复合维生素和矿物质,预防微量营养素的缺乏;③提供大葱、大蒜,有助于防治肠道传染病;④提供洁净的饮水,注意水源和饮水的消毒;⑤提供清洁的炊具、食物容器和餐具;⑥保证食物的基本安全,切断食源性疾病的主要传播途径;⑦做好进入灾区救援食物和集体进餐的卫生监督管理;⑧做好食品卫生知识宣传。

(4) 慢性病营养危险因素的内容:饮食与肥胖、心脑血管疾病、糖尿病、肿瘤等慢性非传染性疾病密切关联,因此慢性病营养危险因素监测是传统营养监测概念的延伸。基于这些慢性病是从儿童时期发展起来并且疾病发生年轻化趋势的考虑,监测人群范围应扩大到所有年龄组。

慢性病危险因素监测通常包括死因监测、行为危险因素、临床监测、人文环境监测、人群膳食和营养状况及治疗反应情况等内容。常用的人群膳食和营养状况指标有肥胖率、膳食脂肪摄入量、蔬菜水果摄入量、钠摄入水平、膳食结构、膳食模式和质量等。常见的行为干预有控烟、合理膳食、身体运动、高危人群及慢性病患者健康生活方式和行为指导、健康教育等。

(五) 营养监测的工作程序

营养监测的工作程序主要包括资料收集(收集的地点、人员、时间和方法等)、资料核对、质量控制工作、资料上报方式、资料分析(地方和全国)和资料分析的结果及分析结果提供与公布。

(六) 营养监测人员的资格认定和培训

营养监测工作是一项专业性很强的信息管理和分析工作,要求工作人员具备一定的专业技术指导,并经过系统培训,统一认识和方法,并经过考核合格后方能开展工作。

(七) 营养监测系统的评价

不同种类的监测系统在监测方法、范围、人群及所具有的某些属性上均有很大的不同,因此评价监测系统效力的原则如下。

(1) 主要是判断该监测系统是否是为公共卫生事业服务,是否达到了该系统预期的目的。

(2) 其次是监测系统是否在有效地运转,需要评价该系统所具有的属性和目的是否匹配。

按照上述原则,可以通过列出该监测系统的目的、了解所使用的监测指标及指标定义、了解目标人群的定义和范围、资料收集与整理、资料的分析与结果的反馈、了解监测资料的利用情况、了解系统的组成和运行途径及经费使用情况来全面综合地评价监测系统的效力。

三、营养监测资料收集、分析和应用

收集数据的目的是为了找出该监测范围的主要营养问题，评价营养干预措施的效果，为卫生决策提供依据，从而不断提高人群的健康水平。营养监测所需数据，取决于监测的目的和营养问题的原因。应从多方面收集资料，针对高危人群，集中力量，重点调查，以清楚了解营养问题的原因、性质和程度，以及有关的影响因素，为制订干预措施和行动提供所需的信息，帮助决策者选择最佳改善措施，解决实际营养问题。

(一) 营养监测的数据

1. 基本资料 衡量资源的数据对确定目标，采取行动，以及制订政策和计划是非常有用的。反映资源参数的数据包括以下两大类。

(1) 社区资料：生态区、海拔高度/地形、水源、耕作类型、收割方式、社区周边情况、与服务部门（卫生、教育、银行/信用社、附设的农业机构）的距离等。

(2) 家庭资料：家庭成员的职业、收入、教育水平、拥有土地面积、信贷、生产投资、应用技术、耕种方式等。

2. 结果指标 常用的营养监测结果指标有：高危人群的营养状况、发病率、死亡率、卫生保健措施、生活和环境卫生状况、社会经济指标等。营养与健康状况是重要的结果指标。

(1) 营养状况指标：在大部分营养监测项目中，十分强调儿童体格测量数据，将其列为反映营养状况的主要指标。儿童体格测量数据反映许多因素（收入、价格、生产市场供给）对家庭食物供给的综合影响。儿童的饮食习惯，母亲受教育的程度及其对营养食物的知识、态度和行为等也对儿童体格测量数据有影响。体格测量数据也是最优的蛋白质-能量营养不良临床评价方法，且操作简便，可由非医务人员完成。在较经济的条件下，可获得大量有价值的数据。

(2) 生化和临床检查指标：生化数据主要用于评价微量营养素的缺乏。血清总蛋白和白蛋白水平对判断蛋白质-能量营养不良有用，但不是营养监测所必需的。对严重的蛋白质-能量营养不良和营养素缺乏症的判断，进行临床检查是十分重要的，但人群体格测量在任何情况下都是最好的临床评价方法。生化和临床检验的费用较高，需要医务人员完成。因此选用指标应根据监测目的和人力财力确定。

(3) 卫生统计指标：婴幼儿死亡率是所有数据中最基本的一项指标，通常是由地方和国家卫生行政部门对年度婴幼儿死亡率进行分析。卫生系统从医院诊所登记中可得出传染病发病率数据。

(4) 卫生与社会经济指标：详细的结果参数指标见第二节营养监测系统的建立与管理。

3. 过程资料 在决定家庭食物消费量中，购买力很可能是比食物供应更为重要的因素，应优先考虑。因为购买力作为决定营养效果的因素并不直接与食物发生关系，选用的指标不一定与食物供应和分配直接相关，但对营养监测却是重要的。另外应制订某些地区的食物平衡表。但由于食物交易量难于监督，较难获得数据，在营养监测中一般不优先考虑制作食物平衡表。收集过程参数需要对抽样调查进行细致设计，某些资源与效果的数据可来自行政方面。在建立多用途长期调查系统的地方，过程和资源的数据可从同一系统中取得。

（二）数据的收集方式

数据的收集，无论从行政方面或通过调查获得数据，都需要部分地依靠营养监测以外其他方面的工作人员，必须明确数据收集者的职责和分工。必要时雇佣一些人员从事监测和可能的数据收集工作，如派人员到学校、诊所等地访问，可以保证数据可靠的流动，并可对数据本身的可靠性进行核对。

在营养监测系统中，信息资料的收集可通过以下几种方式进行：①人口普查资料；②政府相关部门的统计资料；③卫生部门常规收集的资料；④监测过程中调查获得的资料，如营养素和食物摄入情况，体格检查和生化检查数据等。

（三）数据收集的途径

在卫生系统中，门诊可以收集资料（如儿童的体重和年龄、存在的疾病），然后通过常规渠道将这些结果送到分析部门（如疾病预防控制部门）；学校的资料（如在校学生身高、体重、疾病情况）常由学校教师汇总，也通过常规途径传送到分析部门；其他资料，如人口数据通过地方户籍管理部门传送，人口普查结果主要从人口普查办公室获得，经济水平和发展计划由计划、经济管理部门提供，食品生产、流通、销售情况可从商业、经济管理部门获得。

（四）营养监测资料的质量控制

监测资料的质量控制是全面的、系统的工作，它不仅是简单地核对数据，找出并修改差错，而是贯穿于整个监测工作的全过程。质量控制工作涉及调查人员，数据收集方法、要求、标准，原始数据的填写、复核、录入及资料的汇总等所有工作的步骤，及时迅速地发现并纠正数据中人为原因造成的错误，使各监测点的统计资料都遵循统一、规范的要求，对提高营养监测资料的准确性、保证监测工作的质量有重要意义。

1. 监测资料质量控制标准

（1）正确性：资料的正确性指收集的资料数据与客观实际的相符合程度。资料的正确性涉及监测工作所需收集的所有资料，资料中任何一项发生错误都会影响整个资料的正确性。除了在资料调查收集过程中的各种原因有可能影响资料数据的正确性外，在录入、汇总、分析等过程中，同样可能有各种人为或技术上的原因影响资料的正确性。

（2）完整性：监测工作中的资料不仅应该正确，而且要力求完整。监测点人群的信息应尽可能地收集全，遗漏过多将直接影响监测资料的完整性。

（3）可靠性：也称重现性。在营养监测系统中，数据资料的可靠性是指同一个调查对象如果由不同的调查人员，在不同的调查场合下调查，是否能取得相同的调查结果。数据资料的可靠性受现场调查人员的业务能力、对调查内容的掌握程度及工作责任心等多方面因素的影响，也受调查对象的配合程度影响。

（4）可比性：监测资料不仅可以反映监测地区居民营养状况的变化及其影响因素，而且可以用于全国各监测点的分析比较，用于反映全国居民营养状况的变化及其影响因素。这种分析比较结果的价值和意义很大程度上取决于各监测点资料的可比性。监测工作实施的标准、要求、调查分析方法的统一是提高可比性的前提。

2. 监测资料质量控制要求

（1）对监测工作人员的要求：由各级人员组成的营养监测系统应该是一个高效率的工作系统。人员的素质，包括工作人员的知识水平、业务能力、工作经验、对标准的理解和掌握程度及责任心都直接影响收集资料的质量。

对每一环节工作人员的职责必须有规范要求和考核标准。

（2）监测点人群的代表性：应该根据监测目的，采用科学的抽样方法抽取监测调查点人群，使其具有良好的代表性。监测点人群的稳定性也会影响统计数据的可比性。

（3）方法和标准的统一：为了提高监测资料的质量，保证资料的可比性，各监测点的资料收集、汇总、统计分析工作必须规范化，按统一的标准实施。如果调查填表的要求不统一或者调查工作人员对此理解不一致，就会造成各种各样的错误。

方法和标准的统一是需要通过对监测工作人员反复、认真、细致的培训和督查来逐渐达到的。

（五）营养监测数据管理

数据的管理是指收集原始数据后，根据监测的设计要求对原始数据进行核查、录入、整理，以使原始数据系统化、合理化，为以后进行数据分析做好前期准备。此外，数据的管理还包括监测数据的使用规定等其他方面的内容。

1. 原始数据核查与录入 原始数据是数据汇总、分析的基础，首先要对其内容进行复查，其次对数据的完整性和准确性进行复核，检查有无漏项和编码填写错误等，最后对数据内容与数据编码的一致性进行复查。一般采用随机抽样的方法来复查，在资料不多时可采取全部复查。核查工作完成后，方可将数据录入计算机。

2. 数据库建立 为了便于数据汇总和分析，营养监测系统应对要求的各类数据文件规定统一命名方法，各监测点应按要求对数据库文件进行命名。从质量控制的角度来看，建立计算机数据库可以使存储的信息量大、数据传送迅速方便、易于反馈，而且可以避免资料汇总过程中可能出现的人为偏差。但数据在录入计算机时仍然存在正确性的问题，输错资料信息的情况是不可避免的。一般采取以下几种措施来发现和纠正这类错误。

（1）打印数据库文件，并与原始资料进行核对。这种方法仅适用于较小的数据库文件。

（2）对于比较大的数据库文件，可按一定比例随机抽取一定数量的记录打印，与原始资料进行比较。

（3）二次输入法，同一批原始资料先后输入计算机两次，每次建立一个独立的数据库文件，随后将此两个文件由计算机自动进行比较，凡有不相符合的记录会被计算机自动挑选出来。但二次都按同样方式输错的记录是无法挑选出来的。

（4）逻辑查错法，数据库文件中有些错误用上述三种方法不一定能找出，这种类型的错误可用逻辑方法来查找并加以改正。例如，在一般调查中性别除了男、女、不详外，不应有其他数值出现，审核人员只要编写一段计算机语言，就可以用逻辑方法把文件中类似上述的一些错误查找出来。逻辑查找法还可以查找一些极端数据，如身高 2m 以上、体重 100kg 以上等，这类极端数值（根据调查的内容自行确定界限）有必要认真加以复查、核对，这里可能有部分是实际情况，但录入错误也可能是有的。当然逻辑查找也不是万能的，对于处于选项允许数值范围内的错误就无法发现。

3. 资料的保管 数据资料应有专人保管，计算机数据应有多种存储媒介的备份。

（六）资料的分析

1. 资料分析的目的 营养监测资料的分析是指从所收集的大量数据中，选择合理的统计指标，采用相应的统计分析方法，从中得出有价值的结论。根据营养监测系统收集的资料性质，数据分析涉及人群、营养素摄入状况、相关的影响因素及其趋势分析、干预的效果评价等资料，可以从多个方面对数据进行分析。

2. 资料分析的方式与机构 数据分析不一定都是全国性的，在数据未送到中央单位之前，有关数据的汇编、核对和传送通常直接由有关单位负责。某些分析也可以在地方机构进行，通常是为了本机构的需要，如制订地区卫生规划。对于政策和规划性营养监测的数据，通常需要数据汇总分析，数据分析机构通常设在中央，由监测系统的中心单位控制工作进度。同时处理现场数据的各组成部分必须互相衔接，加强联系和协作。此外还需要征集一些特殊团体，如大学和研究所专家对营养问题的评价、论证和建议。

3. 资料分析的方法与手段 分析方法一般有描述性分析、趋势性分析和干预性分析。随着监测范围的扩大，处理的资料越来越多，对资料分析的要求也越来越高，反馈的速度也要求越来越快，因此很多领域的知识都运用到监测领域中来。数学、计算机、信息学、实验科学、临床医学及行为科学、卫生经济、卫生管理等方面的进展，极大地改进和促进了监测资料分析处理能力的提高。

（1）计算机的使用：计算机及其有关软件的引入使监测的效率大大增高，使大量的资料更易于管理和分析，同时使很多不同来源的资料便于联系起来分析。既提高了资料收集和分析的及时性，也减少了流行病学家对资料进行分析和解释时对统计学家的依赖。

（2）统计学及其他有关学科的技术：为了使监测资料更好地被利用，监测系统对统计学分析技术及用于统计学分析的软件的要求越来越高，卫生经济学和卫生管理学的分析技术对确定干预重点、成本效益分析也都是必需的，这些技术目前已逐渐应用到营养监测系统资料的分析中。配合这些技术的使用，很多分析统计用的软件，如 SAS、SPSS、EPI-Info、STATA、R 都是适用的。

（3）图形展示技术：由于监测资料的分析结果直接分送给卫生决策者和公众，直观、简明的图形显示技术就显得非常重要，图形能够把大量资料一目了然地表现出来，分地区、年龄、性别、经济水平的图形分布都是非常有用的。

（七）信息的传播

虽然通过监测系统可扩大影响，但通过非正式报告（会议、专业接触等）、正式简报、定期详细出版物加以综合可能更为恰当。在所有各级用户之间必须形成定期联系的制度，以加强系统内部的信息交流，并探讨信息本身传播的方法。

（八）信息的利用

从现场原始数据的定期传递到做出有效的报告并制订切实可行的方案，并不是一件容易的事情。将信息与做决定联系起来需要多部门间协作。监测系统的中心单位可以兼任这个团体的秘书处，这必须有水平很高，足以影响政策、并经常在早期阶段就接触制订计划和政策的决策人。对于旨在制订计划的监测系统来说，主要机构重点是中央单位或小组，其任务是负责整理、分析和解释数据，并向政府其他部门介绍结果和提出建议。这些单位本身不一定负责资料的具体收集工作,也不直接根据信息结果做决定。对于规划评价来说,主要重点是在规划范围内实施监测与评价,虽然在设计和分析问题等方面需要定期由专家评价,但实际上责任落到计划管理者身上。在及时报警和干预规划中,监测系统由有权发起干预来阻止食物短缺恶化的部门来控制和监督较为理想。

1. 营养及相关健康状况监测　营养及相关的健康资料具有广泛的应用领域,包括政策、科研、健康和营养教育、医疗实践和制订营养素参考标准等。美国国家健康与营养调查(the National Health and Nutrition Examination Survey,NHANES)提供了有关美国人群的营养状况、膳食摄入、各项健康指标及相互关系的全国性数据。NHANES 的追踪性调查可以对营养和健康与死亡和致残的危险因素之间的关系进行流行病学研究。

由美国疾病预防控制中心(CDC)组织的其他一些调查和监测系统也提供了与营养有关的健康信息,尤其是针对参加政府资助的健康、营养和食品援助项目的低收入孕妇、婴儿和儿童。

2. 食物和营养素摄入　食物和营养素的摄入量调查不仅包括对个体的食物、饮料和营养补充剂摄入量的估计,还有非营养素(如膳食纤维)的摄入。美国农业部的个体食物摄入量连续调查(CSFII)和卫生部的 NHANES 调查提供了美国一般人群及各亚人群的食物和营养素摄入量的估计。CSFII 着重调查美国一般人群及不同社会经济状况亚人群的食物和营养素摄入量。NHANES 调查则将同一对象的膳食摄入与健康状况联系起来。

一些特殊人群的食物与营养素消费的状况由另外一些在军队、美国印第安裔人和学生中进行的专题调查完成,如学校营养膳食评价研究调查了美国学生的膳食及美国国家学校午餐计划对学生总营养素摄入量的影响。

3. 知识、态度和行为评价　关于膳食营养的知识、态度、行为及其与健康关系的全国调查也纳入了营养监测项目中。一般来说,健康与膳食调查重点放在消费者膳食与慢性病危险因素的关系上,以及消费者对与健康有关的知识和态度的认识。

美国 CDC 于 1984 年开始实施的行为危险因素监测系统(the behavioral risk factors surveillance system,BRFSS),重点是个人行为及其与营养和健康状况的关系。主要是通过电话访问收集营养相关信息如超重、减肥锻炼及胆固醇筛检等,另外,CDC 与州教育部门合作建立了学校监测系统(youth risk behavior surveillance system,YRBSS),对青少年的健康行为包括营养行为进行评价。这些营养监测计划的开展为公共卫生解释和利用数据提供了重要的方法体系。

此外还有对一些特殊问题(如婴儿喂养方式、减肥方法,以及医疗卫生人员对胆固醇的了解)进行的定期调查,来满足特殊的资料需要。例如,美国国家癌症研究所与食品企业合作进行了一项"为了增进健康每日吃五份蔬果"的基线调查,评价了公众对水果和蔬菜的知识、态度和行为。

4. 食物成分和营养素数据库　我国食物成分数据分析工作起步较早,在过去的几十年中,食物成分数据在全国居民营养调查和预防控制疾病方面发挥了重要作用。自 1952 年由中国预防医学科学院营养与食品卫生所首次建立食物成分数据库,至今经历了四次修订,《中国食物成分表 2002》是对我国食物成分数据的又一次丰富和发展,是以 1991 年版食物成分数据为基础,对近 10 年来百姓常用食品进行调查分析,并增补约 500 种常用食品的 40 余项营养素的数据。世界各国政府特别是在一些发达国家,食物成分数据的修订和增补工作一直是有计划地定期进行,以确保食物成分数据能及时、准确地反映国家食品、营养及相关领域的发展变化。我国 2002 年版食物成分表，包括了 1506 条食物的 31 项一般营养成分数据，657 条食物的 18 种氨基酸数据，441 条食物的 32 种脂肪酸数据，171 条食物的叶酸含量数据，130 条食物的碘含量数据，114 条食物的大豆异黄酮数据，以及 208 条食物的血糖生成指数。此后，在 2004 年、2009 年又作了修改和增补。食物成分和营养素数据库是我国预防医学领域科学研究、流行病学调查、科普宣教等必不可少的参考和工具，亦是农业、食品工业等部门进行食物生产和加工、对外贸易和改进国民食物结构的重要依据。

5. 影响食品供应的决定因素　自本世纪初以来，美国食品供应的估计数表明可供消费的食品和营养素的量。美国农业部每年修订和发表这些数据，用来评价美国食品供应对满足人群营养需要的能力和监测食品供应的时间变化。

一项重大的综合性营养监测项目，不仅仅要对以上四个方面的营养监测活动进行协调，还应包括改进资料收集的方法、数据的分析、资料的及时处理和公布、扩大所覆盖的监测人群亚组及提出当前存在的营养问题等。

表 10-31 提供了美国国家营养监测及相关研究项目（the National Nutrition Monitoring and Related Research Program，NNMRRP）资料在政策和科研方面应用的范例。

表 10-31　营养监测资料的用途

公共卫生监测			科学研究
营养监测	与营养有关的项目	立法	
发现与营养有关问题的高危人群和地区，以便于公共卫生干预计划和食品援助计划的顺利执行	制订营养教育和膳食指导原则（美国人的膳食指南）	制订食品标签政策	制订营养素需要量（如推荐的膳食供给量）
评价农业政策改变对美国食物供应的营养质量和对健康的影响	规划和评价食品援助项目	制订食品强化政策的必要性和监督的文件	研究膳食与健康的关系，以及对膳食与健康的知识和态度的关系
评价为达到 2000 年健康人的营养目标的进展	规划和评估营养干预项目和公共卫生项目	制订食品安全性指南	酝酿和开展国内和国际的营养监测研究
评价对军队供给系统的营养计划所产生的效果			开展食物成分分析
制订对营养与健康情况的预防、发现和处理的建议指南			研究食物消费的经济方面
监测食物的生产和市场销售			通报和评价营养教育项目

四、国内外营养监测项目

食物与营养监测（food and nutrition surveillance，FNS）系统的特征视其功能而定，成功的 FNS 系统是以社区为基础、以行为为导向的。许多国家已经开始增设食品营养监测系统，并获得了不同程度的成功。不同国家由于其营养问题、任务及目的不同，FNS 系统的设计与特征各异。中国、美国和泰国的主要食物与营养监测系统简介如下。

（一）我国食物营养监测系统

我国的食物营养监测体系是在各种人群和地区营养调查的基础上逐步建立和发展的。

1. 中国食物与营养监测系统的试点工作（1988—1992） 1988 年开始，中国预防医学科学院公共卫生信息中心和营养与食品卫生研究所与国家统计局合作建立食物营养监测体系，旨在就食物保障及其对健康与营养的影响持续地向政府各有关部门决策者提供信息。在联合国行政协调委员会和营养分析委员会的食物与营养监测合作规划及联合国儿童基金会支持下，开展了中国食物与营养监测系统的试点工作。工作分两个阶段进行，第一阶段（1988—1989）包括干部培训、历史资料分析、信息使用者调查，制订计划及工作人员培训。第二阶段（1990—1992）包括数据收集、分析、报告。在第一阶段工作的基础上，于 1989 年正式确定了监测方案。1989 年在 6 省 1 市进行试点，即黑龙江、河北、宁夏、四川、广东、浙江和北京。样本是用国家统计局城乡社会经济调查队的每五年轮换一次的 6 省 1 市样本。为了满足一定数量 6 岁以下儿童的要求，在 6 省 1 市农村调查点中，抽选约 12 000 农户的家庭作为调查对象，在城市则包括 6 省 1 市的经常性调查户的全部家庭成员。最后共收集 11 840 农村户及 8629 城市户的数据，其中包括 3854 名农村学龄前儿童及 1487 名城市学龄前儿童。正式调查中，除了原有的社会经济指标外，增加了 6 岁以下儿童的体格测量指标、婴儿喂养、疾病及卫生状况等指标，并且对国家统计局原使用的食物分类进行了修改和补充。

2. 儿童营养监测与改善（1990—1995）

（1）项目背景：针对我国农村儿童中存在的营养问题，如蛋白质-能量营养不良、缺铁性贫血、维生素 A 缺乏，以及因钙和维生素 D 缺乏所引起的佝偻病等。为了解贫困地区儿童存在的主要营养问题及其变化趋势，以探索其改善措施，1990～1995 年中国预防医学科学院营养与食品卫生研究所执行了我国政府与联合国儿童基金会的"儿童营养监测与改善"合作项目。此项目由卫生部卫生监督司领导，由中国预防医学科学院营养与食品卫生研究所提供技术指导，组织 27 个省、自治区卫生厅（局）、卫生防疫站（食检所）及妇幼保健院协作完成，分别是河北、山西、内蒙古、辽宁、吉林、黑龙江、江苏、浙江、安徽、福建、江西、山东、河南、湖北、湖南、广东、广西、海南、四川、贵州、云南、西藏、陕西、甘肃、青海、宁夏、新疆。5 年连续监测 8 万余名 5 岁以下儿童的营养状况。监测资料表明，贫困地区儿童营养不良的原因主要由于母亲缺乏营养知识，使儿童的膳食品种单调且数量不足，谷类为主要能量来源。膳食能量仅占推荐量 65%，蛋白质占推荐量的 55%，维生素 A 和维生素 B_2 仅占推荐量的29.8%和36.2%，钙的摄入量更低，只占推荐量的20%～24%。由于膳食能量不足，动物性食物摄入低，蛋白质质量差，导致这些地区儿童营养不良。另外，断奶期儿童由于喂养不当，辅食添加不及时，群众缺乏营养知识，不知道如何利用当地的食品资源来喂养孩子，造成能量和蛋白质摄入不足而导致儿童生长迟缓。

（2）营养改善措施

1）基层营养工作人员培训：营养宣教是改善人群营养行之有效的措施，开展营养宣传教育需要培训大批基层营养工作者。采用分级培训的方法，由营养与食品卫生研究所负责培训省级师资，由省级师资培训县级师资，再由县级师资培训基层营养工作人员。省级师资培训采用经翻译改编后的联合国粮食及农业组织编写的《食物与营养现场工作计划管理》教材，并补充了平衡膳食、婴幼儿营养及喂养、孕妇乳母的营养、人口和经济与营养的关系等内容。基层营养工作人员的培训采用营养与食品卫生研究所编写的《营养现场工作指南》为教材，内容包括食物与营养现场工作管理步骤、食物与营养、平衡膳食、婴幼儿营养及喂养、孕妇乳母的合理营养及营养调查与营养监测。培训方法采用讲课、提问、讨论、练习等多种方式。该项目从 1990 年开始，在安徽等 5 省进行营养教育方法的培训，学习宣教材料制作技术和人际交流技巧。然后由省级营养教育工作者培训了450余名县级营养教育人员。前后共举办省、县基层营养工作人员的培训班248个，培训省、地、县基层师资及基层营养工作者10 638名。他们来自防疫站、妇幼保健、乡村医生、农业、妇联、行政等部门。效果评价结果表明，培训效果良好，受训人员掌握了所授知识，97.4%受训人员受训后参加营养现场营养教育工作，并成为该项目及当地其他营养工作的骨干。

2）促进家禽家畜饲养：1990～1995年，各项目省在营养改善点均增加了家禽家畜的饲养工作。家禽家畜的产量均有大幅度提高，儿童动物性食物的摄入增加，改善了原来动物性食品摄入不足和不合理膳食结构的现象，促进了儿童的生长发育。

3）促进大豆的生产和利用：大豆是植物性食物中优质蛋白质的来源。大豆中还富含有我国膳食中最缺乏的钙、铁、胡萝卜素和维生素B_2等营养素。由于农村地区膳食蛋白质来源比较差，在经过营养宣传教育工作后，推动了各省点区增加大豆种植与利用的活动提高了大豆制品的摄入，增加了对大豆优质蛋白的利用，改善了儿童的营养状况。

4）家庭菜园果园的发展：蔬菜和水果是人体必需的营养物质的重要来源，黄绿色蔬菜水果含有大量的维生素C和胡萝卜素等多种维生素和矿物质。华北地区的红枣、华中地区的猕猴桃、贵州的刺梨，每100g中维生素C含量分别为243、500和200mg，柿子、橘子含有丰富的胡萝卜素。我国广大农村均有房前屋后的自留地及家庭菜园，并有在庭院中种植果树的基础。因而各项目省份在项目的推动下均开展了扩种家庭菜园果园的活动。项目还引进了莴苣、甘蓝、胡萝卜、木耳菜、苋菜等品种，促进了家庭菜园果园的扩种和利用，是改善儿童缺铁性贫血的有效措施。

5）婴幼儿营养食品的研制和食品强化：根据各省的具体情况，研制和采用了高营养价值食品，改善儿童中存在的营养问题。营养与食品卫生研究所研制了"儿童营养素"，补充儿童每日膳食所缺乏的必需营养素。四川省针对儿童贫血和佝偻病，利用中医研究所提供的猪血粉制剂防治贫血取得了很好的疗效，儿童贫血率从1990年的43.9%下降到1995年的6.4%，下降率为85%。其他项目省还分别采用了铁强化食品"血宝"，以大豆为主的高蛋白营养粉、"儿童营养素"、糖钙片、铁剂治疗贫血、强化铁和钙的饼干、研制"营养粉"和"强锌宝"、利用海产资源牡蛎壳研制成"生物钙粉"等开展营养改善。

6）大众营养教育：为了解群众的营养知识水平，以便有针对性地开展教育，开展了项目县儿童家长营养知识、态度及行为调查。在此基础上营养与食品卫生研究所与健康教育项目合作设计了3种营养教育材料，包括"宝宝喂养须知"、"家长育儿须知"和"婴儿喂养-辅食添加指南"，同时各省也根据本省存在的问题设计生产了一些适合当地情况的宣教材料。通过多种形式进行营养教育活动，如面对面交谈、宣传画、幻灯、黑板报、群众大会、广播、录像及电影，明显提高各类人群的营养知识合理选择食物的能力。

（3）营养干预的效果：儿童营养监测与改善项目工作得到了各级政府、领导的重视和支持，在101个项目县中，大多数县、乡、村各级领导都十分重视项目工作，把此项目工作纳入到政府的工作议事日程，县、乡、村各级领导支持并参与了项目工作。成立了营养项目领导小组，定期研究、制订、部署具体活动方案，定期检查项目的执行情况，共同解决项目执行过程中遇到的具体问题，使项目能够顺利执行和完成。经过几年的努力，101县的中重度儿童营养不良发生率有了明显降低，身材矮小的发生率从1990年的36.2%降到1995年的28.7%，下降了7.5个百分点，低体重的发生率从23.7%降到17.7%，下降了6.7个百分点。各省低体重和身材矮小的发生率都有了很大改善，下降率为21%～58%，贫血发生率平均下降了 49%。

3. 国家食物与营养监测系统（1995—2005） 国家食物与营养监测系统建立于 1995 年。该系统以国家卫生部在全国 30 个省、市、自治区的疾病监测点为基础，结合国家统计局城市社会经济调查总队在全国的 600 多个样本县，依照城市农村经济发展水平，采用分层抽样的方法，随机抽取 40 个县，城市 14 个点，农村 26 个点，覆盖 26 个省、市、自治区，总人口 2067 万。定期收集各点住户中儿童营养状况、家庭健康情况等有关方面的资料，同时通过收集相应点的上一年的抽样住户全年食物消费资料，以及相应的基础卫生资料，通过综合的数据分析，得到食物营养与卫生关系的信息。1998 年有 24 个省、市、自治区参与，主要通过对监测点进行定期的营养与儿童生长发育调查，同时收集城乡住户的食物消费情况，利用监测点能代表人群健康状况的公共卫生基础资料，以及来自统计局的有关社会经济发展指标等重要信息，进行全面综合分析，从而取得全国的食物消费、膳食结构和营养状况的资料。

这一体系选择应用国家统计局城市和农村的住户调查的数据（包括住户基本情况以及食物消费数据）作为食物及膳食营养信息来源，加上学龄前儿童体格测量和相关情况的问卷调查及成人体格测量等指标，形成了我国食物与营养监测的体系模式。该监测系统在 1995~2005 年开展了 5 次监测。食物营养监测属于行为危险因素监测，是公共卫生监测的重要内容之一，应当纳入国家常规监测系统之中。

4. 中国居民慢性病与营养监测（2015—2017） 国民健康与营养状况是反映一个国家或地区社会与经济发展、卫生保健水平和人口素质的重要指标。新中国成立后，我国先后于 1959 年、1982 年、1992 年和 2002 年开展过 4 次"全国营养调查"，并于 2010~2013 年开展了"中国居民营养与健康状况监测"，为不同历史时期的营养改善政策提供重要依据。

然而，随着这些监测工作范围不断扩大，指标不断扩展，实施单位也在增加，逐渐出现了不同机构对相同的指标进行监测，由于监测方法不统一等原因，造成监测结果的不一致，给行政部门决策带来了困难，重复采样和数据收集等也给基层实施单位造成了很大的工作负担。因此经过调研和论证，决定整合多方资源和力量，切实减轻基层工作负担，形成统一、规范的监测信息工作机制。

2014 年 9 月，国家卫生与计划生育委员会下发了《中国居民慢性病与营养监测工作方案》，完善我国慢性病与营养监测体系，建立慢性病与营养相关数据共享平台与机制，实现数据深入分析与综合利用，及时发布权威信息，为政府制订和调整慢性病防控、营养改善及相关政策，评价防控工作效果提供科学依据。

（1）监测范围与频率的确定：中国居民慢性病与营养监测以具有国家和省级代表性、覆盖 605 个县（区）的国家死因监测点为基础，综合考虑《中国慢性病防治工作规划（2012—2015 年）》的目标要求、主要监测指标的数据更新频率要求、监测结果对政策制订与调整的指导作用、基层工作负荷等各种因素，确定以 3 年为一个监测周期，分年度开展成人慢性病与营养、儿童和乳母营养与健康状况、慢性阻塞性肺病监测和心脑血管事件报告及食物成分、农村义务教育学生营养健康状况监测工作。

（2）抽样方法与监测点的确定：为了使中国居民慢性病与营养监测结果能够反映不同人口特征、社会经济、地理分布等特点状况，该监测采用多阶段分层整群抽样方法，抽取 302 个点开展中国成人慢性病与营养监测，抽取 150 个点开展中国儿童与乳母营养健康监测，分别抽取 125 个和 100 个点开展中国居民慢性阻塞性肺病监测和心脑血管事件报告试点工作。所有监测结果均具有国家代表性。其中,中国成人慢性病与营养监测具有省级代表性。此外,还在全国集中连片特殊困难地区抽取50个点开展农村义务教育学生营养健康状况监测,依托我国20个省(自治区/直辖市)级实验室开展中国食物成分监测。

(3) 监测内容和指标的确定:根据《中国慢性病防治工作规划(2012—2015年)》和《中国食物与营养发展纲要(2014—2020年)》要求,结合世界卫生组织《全球非传染疾病预防和控制综合监测框架》中25项指标要求,考虑相关监测指标的历史可比性,对国家重点防控工作效果评价等因素,确定监测的内容、指标和方法。监测结果将反映:我国不同地区、不同年龄及不同性别居民主要食物和营养素摄入量、膳食结构现况及变化趋势;居民身高、体重、血压、血糖、血脂等生长发育及健康指标现况和变化趋势;居民烟草使用、饮酒、身体活动不足等慢性病行为危险因素流行现况和变化趋势;居民营养不良、营养素缺乏、高血压、糖尿病、慢性阻塞性肺病和急性心肌梗死等慢性病的患病或发病状况;居民高血压、糖尿病知晓率、治疗率、控制率及变化趋势等内容。

(4) 数据管理要求:为充分利用监测结果,发挥监测数据对确定防控重点、评估防控效果、调整和改进防控政策的指导作用,从数据收集与录入、数据安全管理、数据共享与发布3个方面均提出了具体要求,并逐步建立慢性病与营养监测信息管理制度。

5. 中国慢性病及其危险因素监测系统 世界卫生组织一直把慢性病及其危险因素监测作为发展中国家慢性病预防控制的优先领域,推荐各国采用全球非传染性疾病综合监测框架监测发展趋势并评估国家战略和计划实施方面取得的进展。国家卫生和计划生育委员会于2004年建立了中国慢性病及其危险因素监测系统,并于2004年、2007年、2010年和2013年开展了4次针对我国常住居民的慢性病及其危险因素监测工作。在该监测体系中,采用询问调查收集家庭饮食、个人饮酒和饮食等与食物消费与营养状况的相关指标。

(二) 美国的食物营养监测系统

1. 概况 美国的FNS系统比较完善、系统。国家营养监测与相关研究计划(the National Nutrition Monitoring and Related Research Program,NNMRRP)拥有50多个监测和评价美国人群健康和营养状况的项目。1988年成立了一个部门合作委员会来协调各项NNMRRP工作。他们定期更新联邦营养监测工作的目录。NNMRRP工作分为五类:评价健康与营养状况;调查食品消费与营养素摄入;评价膳食营养知识行为与态度;测定食物供应;建立食物成分表。整个工作还包括收集食品与营养信息。

美国政府对营养监测的支持是强有力的且在不断加强,1990年美国国会颁布了营养监测及相关研究的十年发展计划,该计划由卫生部(DHHS)和农业部(USDA)管理,目的是提高对美国居民营养与健康状况的了解。

2. 食物消费监测与营养调查系统 美国有两个与食物营养相关的监测系统,一个是由农业部负责的国家食品消费监测(the Nationwide Food Consumption Surveys,NFCS),另一个是由卫生部负责的国家健康与营养调查(the National Health and Nutrition Examination Survey,NHANES),两个系统互为补充。NFCS自1935~1936年以来每10年进行一次监测,用于描述食物消费情况及评价膳食营养状况。监测对象为美国大陆的家庭成员,食物样品为家庭一周内的饮食,描述个体在家中连续3日的食物消耗情况,从而评价食物的营养素含量及膳食中营养素是否足够,并用于监测和预测可能出现的营养问题,如由于社会经济条件改变出现的营养问题。

NHANES 开始于 1971 年，监测的目的是收集和解释健康与营养信息。数据的来源包括常规途径，以及体格检查、临床检查与实验室检验或相关研究获得的资料。

3. 行为危险因素监测系统（Behavioral Risk Factor Surveillance System，BRFSS）

（1）监测对象的确定：这个监测体系是由州卫生部门通过电话访问开展的，现已被各州采用，虽然各州使用的方法各有不同，但在采样、数据收集和管理、监测指标、解释标准和数据分析及应用方面存在很多共同之处。BRFSS 在各州的采样是利用多级整群设计（multistage cluster design）确定样本的数目。利用电话监测的明显不足是其结果仅能代表有电话的人群，虽然美国电话普及率高达 95%，但另外 5% 未装电话的人群可能存在不一样的行为特征，因此，存在着选择偏倚（introducing bias）。另外还存在一个潜在的偏倚，即被调查者拒绝访问引起的偏倚。各州参与者的应答率约为 85%，与其他电话访问资料相比而言是比较好的，但也不能忽视另外 15% 未应答的人群在某些方面可能与应答人群存在不同。尽管存在上述不足，BRFSS 的采样技术提供的结果还是相当可靠，在公共卫生领域有很高的利用价值。

（2）资料收集：通过电话收集资料，且利用计算机连接电话收集数据，该系统使这种方法得到广泛应用和很好的发展，并且越来越被普遍运用。

美国 CDC 为各州收集的资料提供培训、标准方法和技术支持。各州收集的资料（通常以月为单位）送到 CDC 以标准格式进行编辑和制表。CDC 根据每个州的年龄、种族、性别分别对样本数据进行加权处理，对年龄、性别、种族 3 个变量分别绘制标准表格反映各变量的频数分布。数据最后被送回到各州供他们使用及进一步分析。

（3）监测指标与解释：反映健康危险因素一系列指标如下所示：①行为指标：从吸烟、安全带的使用到体育活动、健康防护设备的使用等情况；②有关营养资料：包括体重、身高、减肥锻炼、身体活动、高脂饮食、胆固醇监测的参与情况等；③反映食物消费指标：高脂膳食、水果蔬菜的消费量等。

（4）资料分析与利用：通过收集资料对有关种族、年龄、性别、教育等营养相关因素及其他，如不加控制的高血压、吸烟、不运动的生活方式、酗酒或长期饮酒及酒后驾车等慢性病危险因素及行为进行评估。例如，利用这些资料可以观察肥胖的发病情况，并可比较各州的差异。各州的胆固醇筛检资料也可汇总分析并反映出各州之间存在很大差异的事实。利用 BRFSS 的数据可以反映吸烟、饮酒与体重之间存在关联，且存在性别差异。BRFSS 还提供了一套反映目前美国儿童与成年人行为的数据资料。

4. 食物营养监测信息的用途 美国的食物与营养监测信息用于多种途径，如监测膳食摄入随时间的改变；确定生理参考数据；评估膳食满足度；提出管理与食品安全注意事项；研究膳食与健康的关系；评估市场供应情况等。

（三）泰国的食物营养监测体系

1977 年，泰国在第一次制订食品与营养规划中首次提及营养监测的概念，但是，至 1982~1986 年营养监测工作才真正开展起来。泰国主要开展了以下营养监测项目。

1. 儿童营养监测项目 1982 年，泰国卫生部营养司建立了社区营养监测系统，农村卫生员及志愿者按季度对农村儿童称重（如营养不良儿童则每月称重一次），然后将数据逐级上报，最后卫生部进行汇总分析。计算年龄别体重指数，与参考人群水平比较，判定儿童的营养状况。Ⅰ度营养不良的儿童将接受更详细的检查，Ⅱ度、Ⅲ度营养不良的儿童将享受地方卫生局为期 3 个月的食品优惠政策。1992 年，UNICEF 对该项目进行资助，增加了儿童身高情况的监测内容。农村卫生员和志愿者在全国 73 个省份当中的 27 个省份随机抽取部分村庄，测定儿童的身高，评估农村儿童生长发育迟缓的发生情况。

2. 农村发展信息系统 1984 年，泰国内政部建立了农村发展信息系统，旨在为规划政策、制订干预措施、监测发展趋势、改善农村人群严重的营养问题提供信息。每半年收集一次农村发展相关信息，包括经济与农业状况、婴儿出生体重、婴儿及母亲的死亡率、5 岁以下儿童的营养状况、感染性疾病的发病率与死亡率、饮用水的满足度等。根据教育、饮水、卫生、农业产量、基层组织等五类关键指标划分三类不同发展水平的农村社区。泰国国家经济与社会发展局利用这些信息反馈投入更多的经费以促进农村发展，其他相关部门也充分利用这些信息进行规划与资源配置。

3. 学生营养监测项目 1986 年，泰国教育部与卫生部合作开展了学龄儿童营养监测，每年两次测量所有小学 5~14 岁儿童的体重，将所得数据报送省初等教育委员会，然后再报给教育部。泰国政府以此数据资料为依据制订学校午餐计划。营养状况以泰国参考人群的年龄别体重指标进行判定，如果儿童体重低于该标准的 80%，则该儿童为营养不良，营养不良的儿童可以享受免费学校午餐。

4. 以社区为基础的最低需求监测系统 1987 年，泰国农村社区与内政部合作建立了以社区为基础的最低需求监测系统，旨在收集信息用于中心及周边地区的发展规划、社区动员、确定适宜的干预目标以及趋势监测。农村卫生员、志愿者、村委会成员和地方官员收集包括营养状况、出生体重在内的共 32 项监测数据。某些数据在基层进行处理、分析和解释，而大部分数据则由上级部门进行深度处理，每年通报一次监测结果。

5. 食品与营养监测系统 1989 年，泰国经济与社会发展部建立了食品与营养监测系统，旨在为政策规划、目标干预、监测结构调整、政策效果评估及发展趋势提供支持。由农村卫生员、志愿者、教师及村委会成员收集有关气象、农业、经济、卫生、营养及食品消费等方面的数据。数据的收集可按月、季度或半年收集一次，取决于所需信息的种类。数据的分析与汇总在基层进行，所有的数据和结果最终必须提交给省及中央，用于综合分析及规划。

6. 追踪和评价碘缺乏和铁缺乏项目的监测系统

（1）碘缺乏监测系统：建立于 1989 年，旨在了解 50 余省份的碘缺乏状况，包括碘盐、水碘、鱼露及碘油补碘的情况。同时随机收集尿样，由基层中心卫生院的医务人员和教师负责执行。所获信息逐级上报给地区、省、中央。该监测系统是在联合国儿童基金会和挪威政府支持下完成的。

（2）铁缺乏的监测系统：在孕妇产前及学龄儿童入学时测定血红蛋白浓度。消除铁缺乏包括补充铁剂和驱虫（孕妇除外）两项干预措施。

（四）加拿大的食物营养监测系统

加拿大在 1992 届国际营养会议上承诺制订一个全国性的营养行动计划。1996 年，加拿大卫生部部长、农业和农业食品部部长联合通过了营养健康促进行动议程，是一部需要多部门协作的国家战略。该行动议程旨在支持营养相关研究并建立一个全国性的营养相关基础数据库，数据内容包含饮食实践、营养状况，以及相关的社会、经济、文化、教育及其他影响因素等信息。

营养健康促进行动议程发布后，加拿大开展一系列营养调查、食物消费调查及健康调查，为国家营养监测信息的需求提供了数据资源。有些数据收集时间早，所以监测指标有限，导致数据信息较为陈旧。迄今为止，加拿大尚未建立全国范围内的食物营养监测系统。

1. 全国营养调查 加拿大仅在1970～1972年开展过一次全国综合性营养调查，主要内容包括膳食调查、临床检查、体格测量、口腔和生物化学检测，1976年发布调查报告。由于缺乏最新的全国性食物消费和营养状况数据，该调查的数据信息迄今仍然被作为全国代表值。

2. 省级营养调查 1990～1999年间由加拿大卫生部和9个省卫生部门组织开展各省营养调查，省政府收集数据，省卫生部门进行数据录入和分析并撰写报告。抽样人群为18～74岁成年人，收集该人群膳食和营养素摄入量（24h回顾）、营养相关知识、态度和行为、身高和体重等横断面数据。

3. 营养趋势追踪调查 国家营养研究所分别在1989年、1994年和1997年组织开展了3次横断面数据收集，抽样人群为5个地区的18岁及以上的成年人。其主要内容有营养和健康饮食知识、态度和自我报告的行为，但没有收集膳食摄入和营养状况的数据。

4. 家庭支出调查与食品支出调查 由加拿大统计局组织开展。调查家庭从商店和餐馆购买的所有食品等横断面数据信息。家庭支出调查是每2年一次，食品支出调查每4年一次。农业和农业食品部门使用调查数据估计人均营养素摄入量，包括所有购买的食物、未消费食物的各种原因。由于调查内容不够详细，只能获得比较粗略的营养素摄入量估计。

5. 加拿大食品消费 由加拿大统计局组织开展。每年食物消费量由每年食品供应数据（生产、进口、库存）和损耗数据（出口、损失因素、库存）计算得到，即为可供消费的食物原料总量（如小麦、肉类）。虽然仅能获得较粗略的估计，但在追踪食物和营养供应的变化趋势方面是非常有用的。

6. 全国人口健康调查 由加拿大统计局组织开展，每2年进行一次，已经完成的数据收集周期为1994～1995年、1996～1997年和1998～1999年。2000后由社区健康调查替代，重点收集区域和地方层面上有用的数据信息。该调查包括自我报告的身高和体重数据，但没有详细的膳食摄入量数据。

（五）英国食物和营养监测体系

1. 全国膳食和营养调查 英国于1992年由农业部、渔业部、食品部和卫生部合作建立了一个持续性的周期性调查。分别于1987～1988年（16～64岁成年人）、1992年（1.5～4.5岁幼儿）、1996年（65岁及以上老年人）和1997～1998年（5～15岁儿童）开展了4次横断面调查。调查内容包括膳食摄入量、人体测量、血液和尿液样本、口腔健康、自我报告的身体活动等，但没有收集饮食知识、态度和行为的相关信息。调查结果主要用途包括食品化学品的风险评估以满足欧盟法律要求的食品监测；为食物和营养政策提供依据；提供营养公众教育的基础；支持营养计划标准的发展。

2. 食品、健康相关调查

（1）全国食品调查：基于家庭食品购买数据的人均食品和营养素摄入量的年度估算。

（2）总膳食研究：从营养调查和国家食品调查数据中构建"平均饮食"，以评估所选择的食物和高危人群的饮食和环境风险。

（3）英国健康调查：重点对健康的看法和成果、医疗保健系统的经验，包括部分营养信息。

（六）新西兰的食物与营养监测体系

1. 国家营养行动计划　这是在1992年国际营养会议上做出承诺后，于1995年发布的行动计划，是一个10年的战略计划，其战略方向是改善公众健康。食品和营养相关目标包括3个主题：改善家庭食品安全、提高食品安全和质量、促进健康饮食和健康的生活方式，每一个主题都有具体的研究目标。

2. 全国营养调查　是对5000名成人志愿者的横断面人口调查。全国营养调查是全国健康调查的一个子样本，所以分析结果可以与全国健康调查中更广泛的健康状况和风险因子等信息链接。此次调查开发了一个计算机辅助数据录入系统，美国和澳大利亚帮助设计调查方法，调查内容包括血压测量、血液样本监测和体格测量。

调查目的和内容如下所示。

（1）提供有关营养和食物摄入量的数据，适用于风险评估，以制订和审查食品监管政策（如强化和污染物监测）。

（2）协助制订与食品成分和安全有关的食品政策和法规，并协助提供与食品生产、制造和销售有关的信息。

（3）以食物与营养指南和每日需要量为基础监测食品和营养素摄入量。

（4）为以后的调查提供一个基础，以评估饮食习惯和营养状况的时间变化趋势。

（5）协助进行营养政策的持续开发和监控，监督和协助今后的营养相关健康目标的修订。

（6）为亚人群的健康、社会、经济和营养变量之间的相互关系研究提供信息，为包括健康促进在内的政策制订提供依据；

（7）为营养教育和其他营养项目提供依据。

（8）促进营养状况和膳食摄入量指标的发展，可用于更频繁的定期监测。

（9）提供有机氯化学品信息，用于环境政策和标准的发展。

3. 全国儿童营养调查　作为国家营养行动计划的一部分，卫生部已经建立了一个周期性的调查计划，其中包括一项儿童调查。新西兰政府强调为孩子们创造一个机会，因此开展全国儿童营养调查的建议很快得到了批准。

新西兰正在进行的核心监测活动包括食物成分数据库、治疗数据库、总膳食调查。

此外，其他欧洲联盟国家也已经开展了全国营养调查，并且大多数国家规划定期开展营养调查。例如，比利时在20世纪80年代、丹麦1995年、法国在1993～1994年和1998～1999年、德国在1987～1988（仅德国西部）、爱尔兰在1989年和1997年、意大利在1994-1996年分别开展了全国营养调查。

（王志宏　张　兵　曾　果）

参 考 文 献

鲍曼 BA，拉塞尔. RM. 2004. 现代营养学. 8版. 荫士安，汪志项，译. 北京：化学工业出版社.
蔡威. 2010. 现代营养学. 上海：复旦大学出版社.
陈春明. 2004. 中国营养状况十年跟踪（1990—2000）. 北京：人民卫生出版社.
葛可佑. 2006. 中国营养科学全书.北京：人民卫生出版社.

顾景范. 2003. 现代临床营养学. 北京：科学出版社.

国家卫生与计划生育委员会疾病预防控制局. 2015. 中国居民营养与慢性病状况报告.北京：人民卫生出版社.

何志谦. 2001. 人类营养学. 2版. 北京：人民卫生出版社.

王陇德. 2005. 中国居民营养与健康状况调查报告. 北京：人民卫生出版社.

张继国，张兵. 2013. 膳食模式研究方法的进展. 卫生研究，42（4）：698-700.

中国成人血脂异常防治指南制订联合委员会. 2007. 中国成人血脂异常防治指南. 北京：人民卫生出版社，19（5）：390-419.

中国营养学会. 2013. 营养科学词典. 北京：中国轻工业出版社.

中国营养学会. 2015. 食物与健康-科学证据共识. 北京：人民卫生出版社.

中国营养学会. 2016. 中国居民膳食指南（2016）.北京：人民卫生出版社.

Albuquerque R C，Baltar V T，Marchioni D M. 2014. Breast cancer and dietary patterns：a systematic review. Nutr Rev，72：1-17.

Alhazmi A，Stojanovski E，McEvoy M，et al. 2014. The association between dietary patterns and type 2 diabetes：a systematic review and meta-analysis of cohort studies. J Hum Nutr Diet，27：251-260.

Batis C，Sotres-Alvarez D，Gordon-Larsen P，et al. 2014. Longitudinal analysis of dietary patterns in Chinese adults from 1991 to 2009. Br J Nutr，111：1441-1451.

Bertuccio P，Rosato V，Andreano A，et al. 2013. Dietary patterns and gastric cancer risk：a systematic review and meta-analysis. Ann Oncol，24：1450-1458.

Brennan S F，Cantwell M M，Cardwell C R，et al. 2010. Dietary patterns and breast cancer risk：a systematic review and meta-analysis. Am J Clin Nutr，91：1294-1302.

Calton E K，James A P，Pannu P K，et al. 2014. Certain dietary patterns are beneficial for the metabolic syndrome：reviewing the evidence. Nutr Res，34：559-568.

Donini L M，Serra-Majem L，Bullo M，et al. 2015. The Mediterranean diet：culture，health and science. Br J Nutr，113 Suppl 2：S1-3.

Friedman G. 2014. Review of national nutrition surveillance systems. Washington，DC：Food and Nutrition Technical Assistance III Project（FANTA）.

Gerber M，Hoffman R. 2015. The Mediterranean diet：health，science and society. Br J Nutr，113 Suppl，2：S4-10.

Gorst-Rasmussen A，Dahm C C，Dethlefsen C，et al. 2011. Exploring dietary patterns by using the treelet transform. American Journal of Epidemiology，173：1097-1104.

Hearty A P，Gibney M J. 2009. Comparison of cluster and principal component analysis techniques to derive dietary patterns in Irish adults. Br J Nutr，101：598-608.

Imamura F，Jacques P F. 2011. Invited commentary：dietary pattern analysis. American Journal of Epidemiology，173：1105-1108.

Kwan M W，Wong M C，Wang H H，et al. 2013. Compliance with the dietary approaches to stop hypertension（DASH）diet：a systematic review. PLoS One，8：e78412.

Lai J S，Hiles S，Bisquera A，et al. 2014. A systematic review and meta-analysis of dietary patterns and depression in community-dwelling adults. Am J Clin Nutr，99：181-197.

Lo Siou G，Yasui Y，Csizmadi I，et al. 2011. Exploring statistical approaches to diminish subjectivity of cluster analysis to derive dietary patterns：The Tomorrow Project. Am J Epidemiol，173：956-967.

Magalhaes B，Peleteiro B，Lunet N. 2012. Dietary patterns and colorectal cancer：systematic review and meta-analysis. Eur J Cancer Prev，21：15-23.

Maghsoudi Z，Ghiasvand R，Salehi-Abargouei A. 2016. Empirically derived dietary patterns and incident type 2 diabetes mellitus：a systematic review and meta-analysis on prospective observational studies. Public Health Nutr，19：230-241.

Ndanuko R N，Tapsell L C，Charlton K E，et al. 2016. Dietary patterns and blood pressure in adults：a systematic review and meta-analysis of randomized controlled trials. Advances in nutrition, 7: 76-89.

Rahe C, Unrath M, Berger K. 2014. Dietary patterns and the risk of depression in adults: a systematic review of observational studies. Eur J Nutr, 53:997-1013.

Rodriguez-Monforte M, Flores-Mateo G, Sanchez E. 2015. Dietary patterns and CVD: a systematic review and meta-analysis of observational studies. Br J Nutr, 114: 1341-1359.

Soltani S, Shirani F, Chitsazi M J, et al. 2016. The effect of dietary approaches to stop hypertension (DASH) diet on weight and body composition in adults: a systematic review and meta-analysis of randomized controlled clinical trials. Obes Rev, 17: 442-454.

Sotres-Alvarez D, Herring A H, Siega-Riz A M. 2010. Latent class analysis is useful to classify pregnant women into dietary patterns. Journal of Nutrition, 140: 2253-2259.

Stradling C, Hamid M, Taheri S, et al. 2014. A review of dietary influences on cardiovascular health: part 2: dietary patterns. Cardiovascular & Hematological Disorders Drug Targets, 14: 50-63.

Tuffrey V. 2016. A perspective on the development and sustainability of nutrition surveillance in low-income countries. BMC Nutr, 2 (1): 1-18.

Wang D, He Y, Li Y, et al. 2011. Dietary patterns and hypertension among Chinese adults: a nationally representative cross-sectional study. BMC Public Health, 11: 925.

Wirfalt E, Drake I, Wallstrom P. 2013. What do review papers conclude about food and dietary patterns? Food Nutr Res, 57: Epub.

Yu C, Shi Z, Lv J, et al. 2015. Major dietary patterns in relation to general and central obesity among Chinese adults. Nutrients, 7: 5834-5849.

Yusof A S, Isa Z M, Shah S A. 2012. Dietary patterns and risk of colorectal cancer: a systematic review of cohort studies (2000—2011). Asian Pac J Cancer Prev, 13: 4713-4717.

Zhang J G, Wang Z H, Wang H J, et al. 2015. Dietary patterns and their associations with general obesity and abdominal obesity among young Chinese women. Eur J Clin Nutr, 69: 1009-1014.

Zhang X, Shu L, Si C, et al. 2015. Dietary patterns and risk of stroke in adults: a systematic review and Meta-analysis of prospective cohort studies. Journal of Stroke and Cerebrovascular Diseases: the Official Journal of National Stroke Association, 24: 2173-2182.

第十一章 营养流行病学

第一节 概　述

营养流行病学的形成和发展与人类认识膳食与疾病的关系密切相关。早在 200 多年前，研究者就已经开始将基本的流行病学方法应用于多种必需营养素的研究。18 世纪中叶，James Lind 船长开展了最早的临床对照试验，结果发现柠檬和橘子对于维生素 C 缺乏导致的疾病具有治疗作用。目前慢性病已成为威胁人类健康的主要疾病，而膳食因素是影响慢性病发生发展的主要因素之一，营养流行病学是研究膳食因素与健康、膳食因素对慢性病发生发展作用的重要手段。

一、营养流行病学的定义

营养流行病学（nutritional epidemiology）是流行病学一个新的分支学科，也是一门交叉学科。它是应用流行病学的方法研究人群膳食暴露、营养与健康和疾病的关系，确定膳食因素在人类与营养有关疾病，特别是在慢性病中作用的一门科学。从流行病学的研究结果提出膳食建议，阐述特定的膳食模式的分布和决定因素与疾病的关系，通过用经典的试验方法来验证一些特定的假设，以确定造成某种健康结局或者疾病现象的因素。在一般因果关系建立之后，将流行病学的分析结论转变成面向大众的膳食建议来预防疾病，降低慢性病发生的危险和预防营养不良。

二、营养流行病学的研究目的

（1）研究人群营养状况，用于监测食物消费、营养素摄入量，评价人群营养状态。

（2）研究与营养有关疾病的分布，确定与营养有关疾病的病因，以预防疾病和改善人群健康状况。

（3）研究营养与疾病的关系，寻找新的证据以支持或反驳现有的假说，进一步证实膳食因素与疾病的关系。

（4）研究营养在慢性疾病中的作用，在一般因果关系建立之后，将流行病学的研究成果转变成面向大众的膳食建议来维护健康、降低慢性病的发病风险和预防营养不良。

（5）制订膳食指南和人群营养的干预措施并对干预措施进行效果评价等。

三、营养流行病学的应用范围

1. 了解人群营养与健康状况　采用营养流行病学方法定期对不同人群进行全国性或地区性的营养与健康状况调查，可了解某人群营养与健康现状及其变化趋势。

2. 制订膳食指南　目前很多国家提出自己的膳食指南，其中多项建议都是建立在营养流行病学的基础之上，如在我国膳食指南中提出"多吃蔬果"，是根据大量流行病学的研究结果得出的结论。富含蔬菜和水果的膳食对于维持身体健康，保持肠道正常功能，提高免疫力，降低肥胖、糖尿病和高血压等慢性病的风险具有重要作用。

3. 研究营养在慢性病中的作用 膳食因素在慢性病发生发展中具有非常重要的作用，采用营养流行病学方法可以研究某一特定人群慢性病的膳食危险因素，通过干预来预防慢性病的发生和发展。因此，营养流行病学在慢性病防治研究中是一个非常重要的手段。

4. 确定与营养相关疾病的病因 应用流行病学的基本方法研究人体的必需营养素。19世纪后期发现吃精白米的船员中脚气病（beriberi）盛行，Takaki 认为脚气病与膳食中某些物质缺乏有关，通过添加奶及蔬菜有效地控制了脚气病，数十年以后，人们发现维生素 B_1 缺乏是引起脚气病的根本原因；20 世纪 80 年代，我国学者通过对不同地区人群硒营养状况与克山病发病率的比较以及人群干预试验证明，硒缺乏是我国克山病的发病原因之一。

5. 研究与营养相关疾病的分布 通过研究营养相关疾病分布有关的膳食因素，如居民的饮食特点、饮食习惯、特殊嗜好、膳食组成等，为与营养相关疾病的预防措施提供依据。

第二节 营养流行病学研究方法

营养流行病学按研究方法可分为两大类：①描述和分析性流行病学；②实验流行病学。描述和分析性流行病学阐述特定的膳食摄入模式和因素与疾病的关系，包括横断面调查、生态学研究、病例对照研究和队列研究。实验流行病学研究则是通过实验方法验证特定的假设，以确定影响健康或造成某种疾病或对于某种疾病有保护作用的膳食因素。

一、描述性研究

（一）现况研究

现况研究（prevalence study）也称横断面调查（cross-sectional study）。它是按照事先设计的要求在某一人群中应用普查和抽样调查的方法收集特定时间（某一时点或短暂时间）内，疾病、健康状况及其相关因素的资料，以描述该病或健康状况的分布及观察相关因素与该病之间的关联。它所用的指标主要是患病率，故又称患病率调查（prevalence study）。现况研究在病因分析时只能对病因提出初步线索，不能得出有关病因因果关系的结论。此类调查可提供在某个时期有关营养的描述性流行病学数据，以确定某个人群的营养需求，并为健康促进及疾病预防项目提供基础。现况研究的最好例子是各个国家定期进行的有关全国人群食物和营养素消费模式及健康和营养状况指标调查，如我国分别于 1959年、1982 年和 1992 年进行的全国营养调查及 2002 年和 2012 年进行的中国居民营养与健康状况调查。其可以分析人群营养与食物消费模式与健康或者疾病状态之间的联系，但是这些相关性的数据是有限的。

（二）生态学研究

比较不同人群中某疾病或健康状态及它们的疾病率或死亡率的差别，以了解某疾病或健康状态在不同人群中分布有无异同点，从而探索该现象产生的原因，找到值得进一步深入研究的线索称为生态比较研究（ecologic comparison study）。生态学研究（ecologic study）亦称对比调查研究（或者相关性研究），它是在群体水平上研究膳食因素与疾病或健康之间的关系，即以群体为观察和分析单位，通过描述不同人群中某因素的暴露情况与疾病的频率，分析该因素与疾病的关系，从医学的角度上研究人群的生活方式与生存条件对健康或疾病的影响。生态学研究对食物摄入量的估计方法通常是根据过去食物消费数据，计算人均食物消费量。生态学比较的基础是在对膳食变量和发病率或病死率的关系进行研究时所产生的随机误差，不会对全国性均值产生偏差。连续观察不同人群中疾病或健康状态的发生率或死亡率，了解其变动趋势称为人群生态趋势研究（ecologic trend study）。

生态学研究也可比较同一人群在不同时期的膳食和健康或不同时期的疾病指标以观察变化趋势，或比较移民及其原居住国及迁入国可比人群的膳食摄入模式及发病率。例如，曾有人应用生态学研究比较移居加州的日本人后裔、居住在日本国的日本人及在美国加州出生的白色人种之间的癌症发病率。移民及时间趋势的研究对探索遗传因素在疾病病因学中的作用，区别遗传及环境因素的影响有重要作用。

生态学比较对提出膳食和疾病关系的假设是重要的。生态学研究有其局限性，即潜在混杂因素往往难以控制。首先，此种研究常见的逻辑错误是把从群体数据所得到的因果关系推论到个体，通常称之为"生态学谬误"。生态学谬误就是生态学研究的最大缺点。例如，可以观察到人均脂肪消费与乳腺癌发病率有相关性，但不能推论患乳腺癌妇女个体的脂肪摄入量与估计的人均摄入值相等。再如，虽然人群调查发现酒类消费量与居民冠心病发病率呈正相关，但并不意味着冠心病患者一定饮酒。因此，这类研究常受到批评，因为在人群水平上观察到的膳食模式和发病率或死亡率之间的关系不能表明在个体水平上也有类似关系。其次，对生态学研究的第二点主要批评是研究设计不能调整其他已知的个体水平的危险因素（如月经初潮的年龄、经产状况、吸烟和肥胖）。此外，生态学研究不能直接测量发病率，证明病因的作用较弱。然而，这些批评并不能否定生态学比较的价值。

二、病例-对照研究

（一）概念

病例-对照研究（case-control study）以患或未患某病或有、无某健康后果的变量为基础来确定病例-对照研究的对象，通过研究两组个体暴露于某个或某些可能危险因素（或保护因素）频度的差异，来观察这些因素是否与该病存在联系及联系的强度。最理想的对照者是从选取病例的相同人群中随机选择，选入和剔除的标准两组都应相同。其基本特点：①研究开始时间是在疾病发生之后进行的；②研究对象按患病与否分为病例组与对照组；③被研究因素的暴露情况由研究对象通过对过去的回顾来提供；④探讨疾病与暴露因素关联的顺序是由果到因，必须确定暴露是发生在疾病之前；⑤只能判断暴露与疾病是否有关联及关联的程度，不能下因果联系的最终结论。

对受试者的特定膳食暴露或其他有关病因学因素的了解一般是通过调查或回顾医学记录的方法来获得。暴露的测定可以是横断面的或回顾性的，具体应根据所研究的问题而定。若某特定因素在病例组的发生频率比对照组高就可推断其与所研究的疾病之间有某种联系，表示这种联系的最简单的形式是比值比（odds ratio，OR）。这些危险因素可以是遗传的、心理的或营养缺乏、营养过剩等，保护因素可以是人为的干预措施，也可以是自然的干预措施。

病例对照研究包括病例与对照不匹配、病例与对照匹配和巢式病例对照研究三种类型。例如，在个体水平上对照者的年龄、性别或其他认为可影响疾病危险度的变量等方面均应与病例相匹配。匹配可消除病例和对照在所匹配的变量上的差异,因此可控制这些危险因素在可观察到的联系中的混杂作用。在一个或多个变量的基础上匹配病例及对照者的可能性取决于抽样总体的大小。匹配越精确,所需受试者的总体就越大。

因病例-对照研究相对于前瞻性的队列研究来讲,具有花费低,收效快等明显优点,所以被人们广泛采用。病例-对照研究虽然是目前在流行病学的分析研究设计中最实际可行的一种方法,但它们在营养学家所感兴趣的问题中应用时却受到膳食与疾病关系的特性所限制。一般认为,在慢性病病因学中膳食的最重要作用,是在发病之前或发病初期(即有临床症状之前),所以在横断面比较中所得到的病例与对照之间膳食暴露差别的意义通常是有限的,而且病例目前的膳食模式可能已经改变了,而其过去的膳食模式对疾病的影响则可能更重要。

病例对照研究是一种回顾性观察研究,比较容易产生偏倚。这些偏倚可以通过严谨的设计和细致的分析识别、减少和控制。在研究对象的选择过程中由于选入的研究对象与未选入的研究对象在某些特征上存在差异而引起的误差,称为选择偏倚,包括入院率偏倚(admission rate bias)也叫 Berkson 偏倚、现患病例-新发病例偏倚(prevalence-incidence bias)即奈曼偏倚(Neyman)、检出症候偏倚也称暴露偏倚(detection signal bias)、时间效应偏倚(time effect bias)等。

(二)资料分析

病例对照研究结果的分析,主要是利用统计学方法检验暴露与疾病之间有无联系、联系的强度如何。病例对照用于病因学研究时,可以先将每个因素的致病效应列成四格表的形式,运用 χ^2 检验比较该因素与致病效应间有无联系,计算 OR 值及其 95%可信区间。然后,再对那些与疾病发生有联系的因素进行多因素分析,如 Logistic 回归分析等,最后筛选出主要的危险因素。

从表 11-1 可见,病例对照研究对比的是病例组的曾暴露率即 $a/(a+c)$ 和对照组的曾暴露率 $b/(b+d)$。如 $a/(a+c) > b/(b+d)$,并经统计学检验证实差异有统计学意义,则暴露与疾病有联系。具体计算方法可参见有关统计学及流行病学教材或者应用相应的统计软件如 SAS 或者 SPSS。

表 11-1 病例对照研究资料整理表

暴露于某因素或具备某特征	病例	对照	合计
有	a	b	$a+b=n_1$
无	c	d	$c+d=n_0$
合计	$a+c=m_1$	$b+d=m_0$	$a+b+c+d=T$

三、队列研究

(一)定义

队列研究(cohort study)又称为群组研究,它的基本原理是选定暴露于及未暴露于所研究的因素(或保护因子)或不同暴露程度的两组人群,随访观察一定的时间,比较两组人群某种疾病的结局(一般指发病率或死亡率),从而判断该因素与发病或死亡有无关联及关联大小的一种观察性研究方法。在队列研究中,受试对象是以他们暴露于可能的病因学因素或者对预后有重要意义的因素来确定的，根据他们的疾病状况对在长期追踪观察过程中的某一时间进行比较。队列研究常为前瞻性的或纵向性的，在预定的时期内对受试者追踪观察以判定其发病情况，故队列研究又称为前瞻性研究（prospective study）、发病研究（incidence study）、随访研究（follow-up study）、纵向研究（longitudinal study）等。总之，队列研究是对一群人在某种病尚未明显发生前，对某个（或某些）可能起病因作用或保护作用的事件的后果进行随访监测的研究，是一种从"因"观"果"的研究方法。

队列研究也可以是回顾性的，对象的选择是以过去某时的暴露情况为基础，并从那时起一直追踪到现在以确定患或未患某病。该设计应用最简单的分析手段，即将某种暴露造成患病的危险性以相对危险度表示。并应用多变量模型技术控制其他已知危险因素的影响，来检验膳食与疾病的联系。

因为队列研究在发病前已掌握了暴露情况，所以可以确定事件发生的时间和方向性，从而能对暴露和疾病之间的因果关系提供线索。然而此类研究方法很昂贵，因需要大样本量和长时间随访所以不太适合于研究较罕见的疾病，或者暴露和发病的间隔较长的疾病，或两种情况均存在的疾病。大多数癌症都有这两种情况。虽然癌症是主要的死因，大多数部位癌症的恶变率还比较低，从暴露于致病因素到疾病的临床诊断可能会历时几年。因队列研究所需的费用巨大，因此开展此类研究的数量比横断面和病例-对照研究要少得多。

（二）特点

（1）通过观察得到结论，有时被称为"自然实验"，但有别于实验研究。
（2）设立了非暴露组（对照组）。
（3）研究开始前尚未出现要验证的暴露因素有关的疾病。
（4）由"因"到"果"，因而可以确证暴露与疾病的因果联系。

（三）用途

（1）验证病因假设。
（2）评价自发的预防效果。
（3）描述疾病自然史。

应用营养流行病学的方法研究膳食与疾病的关系，与横断面研究、病例对照研究相比，队列研究的论证强度要更好一些。虽然需要大量的样本和人力物力，但是，它可以同时研究多种慢性病的病因。美国哈佛大学著名的内科医生队列研究和护士队列研究发表了大量高水平的学术论文，其中有些文章在膳食、营养和主要慢性病的关系方面提出了重要的证据，或对过去的学说进行了重要的更正，或提出了新的病因学说。例如，过去大量生态学研究和病例对照研究都表明膳食脂肪摄入量与女性乳腺癌的发生呈明显的正相关。然而，美国哈佛大学的队列研究率先报告在同一队列的乳腺癌患者和对照之间，在膳食脂肪摄入量方面并无明显差异。

（四）设计

1. 确定研究因素 研究因素的来源包括文献、病例-对照研究、临床观察等，开展研究前应对因素进行定义和分级。

2. 确定结局 结局是指观察中出现了预期结果的事件，如疾病的发生、死于某种疾病。结局是队列研究观察的终点。确定结局必须有明确而统一的疾病诊断标准，一般采用国际或国内统一标准。结局不限于发病和死亡,还有各种化验指标等。

3. 研究对象的选择

(1) 暴露组的选择:暴露组的选择原则如下所示。①有暴露史,目前仍在暴露中,且将在一段时间内继续暴露于某因素;②能提供明确的暴露史及暴露程度,便于继续观察;③能提供可靠的转归(结局),发病就医、诊断和报告。暴露人群的选择有以下几种方法。

1) 特殊暴露人群:亦称高危人群,即选择某一危险因素暴露特别严重的人群作为队列研究对象,如职业人群。

2) 一般人群:一般人群中暴露于某因素的人为暴露组,其他为对照组,如吸烟与肺癌关系,以人群中吸烟者为暴露组。

3) 有组织的群众团体:某些地区人群中某个可疑因素的暴露较高,所研究的疾病又有较高的发病率或死亡率,可以这些地区的人群为对象。

(2) 非暴露组(对照组)的选择:原则是内部构成上与暴露组可比;不暴露于研究因素中;便于随访观察,可提供结局;暴露因素以外的特征(年龄、性别、职业、文化程度、民族等)和暴露组相一致。

对照人群的选择有下列几种。

1) 同群对照也称内部对照:同一研究人群中以没有暴露或具有最低暴露剂量的人员为非暴露组。

2) 不同群对照也称外部对照:一个特殊人群全部作为暴露组时,则没有暴露或具有最低暴露剂量的其他人群为对照,常见于职业流行病学,两组需在时间、性别、年龄构成等方面可比。

3) 一般人群对照:以现成的一般人群的发病率或死亡率作为对照组标准。

4) 多重对照:以上述两种或两种以上的形式为对照。

(3) 暴露资料的收集:收集方法包括几种:①有关记录:如医学记录、专科病史档案等;②调查:调查表、信访;③医学检查:如测定血压、尿糖、特异性抗体等;④环境检测:检测空气、环境、水质、食物成分等。

上述资料的收集目的是明确判断暴露与非暴露,便于分组,因此这些资料称为基线资料。

4. 样本大小估计 目的是了解需要随访观察多少人才能发现暴露与疾病的关系,对于队列研究来说,样本量计算取决于以下四个参数。

(1) 一般人群中所研究疾病的发病率(P_0):P_0值越接近0.5,所需样本量越大。

(2) 暴露人群的发病率或死亡率(P_1)或相对危险度(relative risk,RR)的估计值:用一般人群的发病率P_0代替非暴露组的发病率,两组之差$d=P_1-P_0$,d值越大,所需观察人数越少。

$$RR = P_1/P_0, \quad P_1 = RR \cdot P_0$$

(3) 所要求达到的显著性水平:即检验假设的第Ⅰ类错误(α错误),通常α值取$\alpha=0.05$或0.01;要求的显著性水平越高(即α值越小),所需观察人数越多。

(4) 所要求达到的研究效率:即把握度($1-\beta$),为拒绝无效假设的能力或避免假阴性的能力。β为检验假设的第Ⅱ类错误的概率。即把握度要求越高(即β值越小)所需观察人数越多。通常β取0.1。

计算公式与病例对照研究相同。

$$n = \frac{2\overline{pq}(U_\alpha + U_\beta)^2}{(p_1 - p_0)^2}$$

式中，p_1 与 p_0 分别代表暴露组与非暴露组的发病率，而不是病例组和对照组的暴露率，$\overline{p}$ 为两组发病率的平均值，$\overline{q} = 1 - \overline{p}$。这里求得的 n 为暴露组与非暴露组各需调查的人数。考虑失访的问题，尚需再加 10% 的样本量。

Hebert 和 Miller 指出，为比较营养素摄入量在最高 1/5 和最低 1/5 两组人群，要求两组患乳癌的风险相差 2 倍，其可信区间为 95%，把握度为 80%，则需对一个 18 000 名 40 岁妇女的群组随访 10 年。

5. 基线资料的收集 基线资料是指研究执行前被研究对象的基本情况，是队列研究必须做的工作，而且是分析比较的基础。它包括人群特征资料、与暴露有关的资料、与研究结局有关的资料及可能产生混杂作用的因素，还要收集与患病危险度有关系的其他暴露的资料。资料来源有医疗记录、劳动记录、劳保资料、访问、医疗检查、环境测定等。评价个人或人群暴露量时应包括来自家庭环境、局部环境和区域环境的暴露；评价与个人生活习惯或性格有关的因子，如吸烟、膳食、体力活动等，须通过访问调查和填表加以定量测定；研究因子属于生理、生化指标的，须检查测定。对获得的基线资料应进行可比性分析，以保证暴露组与非暴露组资料的可比性，必要时还应对研究对象进行分层分析。

6. 随访 确定随访内容、随访起止时间和随访间隔。随访内容包括与研究结局有关内容的变化情况、与暴露有关内容的变化情况等。应进行尽可能完全的随访，以确定各成员的结局。随访的方法有直接的，如函调、面谈、定期体检，有间接的如医院病历、死亡登记、疾病报告卡、人事档案、劳保资料、保险档案等，须根据结局的性质选用。

在整个随访的过程中，应建立一整套严格的质量控制体系，以保证随访工作的质量。由于随访对象多、时间长，不可避免会有中途不知下落的成员，也可能有拒绝继续受观察的人，这就产生了失访。在面对失访问题时，一方面应尽可能减少失访；另一方面需认识可能由此产生的偏倚并设法估计其影响。如果暴露组与未暴露组的失访率相似，失访者与未失访者的结局发生率也相似，则失访将不会产生偏倚。处理失访比较现实可行的方法是把失访者与未失访者的基线资料中的一些特征加以比较，如差别不大，则可假定结局发生率的差别可能也不大。否则，对失访偏倚可能产生的影响应有充分估计。

7. 偏倚 队列一般是全人群的一个有高度选择性的亚群，所以队列研究的结论不能无条件地推及全人群，但这并不影响其真实性。如果随访工作做得好，一般不会发生选择偏倚。疾病或死亡信息（即终点的判定）的收集，要保证各组间信息质量的可比性，而且不受研究对象暴露状态的影响，以免发生信息偏倚。回忆导致的信息偏倚是影响病例对照研究真实性的一大问题，但对队列研究影响不大。混杂因素最普通的是年龄与吸烟，其他混杂因素视暴露种类而异，应收集资料，以便在分析时控制其作用。

（五）资料的整理和分析

队列研究的资料经整理后主要用于计算所研究疾病在随访期间的发病率或死亡率及各种专率。在分析时，对资料进行显著性检验与相对危险度的计算，分析可疑病因的暴露与疾病（死亡）是否存在联系，联系强度如何，是否是因果联系。

队列研究的资料经整理后可用表 11-2 表示。

表 11-2 队列研究资料分析

级别	发病数	未发病数	合计	发病率
暴露组	a	b	$a+b=n_1$	a/n_1
非暴露组	c	d	$c+d=n_0$	c/n_0
合计	$a+c=m_1$	$c+d=m_0$	$a+b+c+d=T$	

暴露组的发病率为 a/n_1，非暴露组的发病率为 c/n_0，两者比较，如果暴露组（或大剂量组）的率（a/n_1）显著高于未暴露组（或小剂量组）的率（c/n_0），则可认为这种暴露与疾病存在联系，且由因到果，对因果关系的论证强度较大。

1. 联系强度的分析

（1）相对危险度（relative risk，RR）计算：队列研究中暴露组的发病率（发病密度）与非暴露组的发病率之比，称为率比（rate ratio）。率比、危险度比（risk ratio）和比数比（OR），在危险度不高时（少见病）三者的值几乎相等，都可称为相对危险度。RR 表示暴露组发病或死亡的危险是非暴露组的多少倍。

相对危险度（RR）= 暴露组的发病率（I_e）/非暴露组的发病率（I_o）

如以死亡率为终点，则上式以死亡率代替发病率。如果按暴露水平分组，以其中某一组的发病率为基准，其他各组的发病率与它的比值也称为相对危险度。

相对危险度（RR）无单位，比值范围在 0 至 ∞ 之间。RR=1，表明暴露与疾病无联系；RR<1，表明其间存在负联系（提示暴露是保护因子）；反之 RR>1 时，表明两者存在正联系。比值越大，联系越强。实际上，0 与 ∞ 只是理论上存在的值，恰恰等于 1 也不多见。极强的联系既无须用流行病学研究去检测，极弱的联系也不大可能用非实验性的流行病学观察法检测出来。RR 与 OR 的数值所表示的联系强度的解释可参考表 11-3。

表 11-3 RR 或 OR 与联系强度

RR 或 OR	联系强度
0.9~1.0 或 1.0~1.1	无
0.7~0.8 或 1.2~1.4	弱
0.4~0.6 或 1.5~2.9	中等
0.1~0.3 或 3.0~9.0	强
<0.1 或 10.0~	很强

（2）特异危险度（attributable risk，AR）：又称归因危险度或率差（rate difference），指暴露组的发病率或死亡率与非暴露组的发病率或死亡率之差。表示暴露者中完全由某暴露因素所致的发病率或死亡率。

$$AR = I_e - I_o = I_o(RR-1)$$

（3）特异危险度百分比（attributable risk percent，ARP 或 AR%）：又称归因危险度百分比，指暴露者中由暴露于某因素所致的发病或死亡占暴露者发病或死亡的百分比。

（4）人群特异危险度（population attributable risk，PAR）：人群中暴露于某因素所致的发病或死亡率。

PAR=人群中因暴露于某因素所致病或死亡的人数/人群中该病发病或死亡人数

率差与相对危险度都说明暴露的生物学效应，但不能说明其对一个人群的危险程度或消除这种因素后可能使发病率或死亡率降低的程度，或即暴露的社会效应。说明这种效应的一个指标是人群归因危险度，它说明某一人群（包括暴露者与非暴露者）的某病发病（或死亡）率中可归因于该暴露的部分，用所占比例或分数表示，如下式

$$PAR = I_t - I_o$$

式中，I_t=全人群的发病率，I_o=未暴露组的发病率。PAR 又称病因分数（分值）(etiologic

fraction，EF），也可用百分比表示，称为人群归因危险度百分比。

2. 分层分析 是把具备不同特征的人群分成不同的组别，对各组别的人群进行暴露与疾病联系的分析，如按性别、年龄、民族等特征进行分组，以排除这些因素的干扰。

3. 多因素分析 Logistic 回归模型、Cox 比例风险模型和 Poisson 回归模型是队列随访资料分析中常见的多因素分析方法。用 SAS 或 SPSS 统计软件包可以完成此类多因素分析。研究表明，在队列随访资料分析中 Cox 比例风险模型比 Logistic 回归模型具有更多的优越性。

四、结 果 解 释

在营养流行病学中，确定膳食暴露与疾病后果之间的因果关系一般是一种推论，需要对多种渠道来源的证据进行细致的汇总和周密的评估。从流行病学数据推论因果关系已有很多准则：包括相关性的强度，在不同的研究（理论上，这些研究应由不同研究组在不同条件下进行）及不同人群中结果的一致性（特定膳食暴露与疾病发生之间的联系应在若干个人群研究中一致地得到证实），剂量-反应关系，适当的时间关系（即暴露应在疾病发病前），生物学的合理性（这种联系在生物学上应是可以解释的，并为对疾病过程的研究所支持）及与其他资料的一致性（即应与其他流行病学、临床和实验室研究的发现相一致）。如果疾病的后果是某种膳食暴露的特异作用，并可观察到生物梯度（剂量-反应关系），即假定的致病因子的暴露增加时疾病危险度也增加，则可加强此因果关系的论据。然而应认识到，对因果关系的判别指标不能过分简单地当作一份验收清单；不符合某种指标不一定说明无因果关系。

对营养流行病学因果关系的推断，常由于与膳食因素有关的慢性病的多病因性质而变得复杂。人群亚组的膳食模式不一定是特异的，常常可同时由其他变量（如吸烟、收入、地区或民族等）所限定，而这些变量本身就可能与发病有关系，即混杂因素会影响对因果关系的推论。如果一开始就知道潜在的混杂因素，就有可能控制它们（如在病例-对照研究中用民族这一混杂因素作为匹配变量），或先测定这些因素，再利用多变量方法来校正它们的影响。

在营养流行病学中确定膳食暴露与疾病发生之间的因果关系是复杂的，否定其间因果关系的假设同样也是复杂的。在膳食与疾病的研究中，有时未能观察到有统计学意义的相关，而实际上这种相关是存在的。膳食和疾病间没有可观察到的关系并不是没有关系的结论性证据。膳食摄入测量的随机误差会使危险度的估计向零偏倚。同样，研究人群中的摄入水平缺乏变异也会察觉不到膳食因素的影响。若一项随机对照干预实验得出了模棱两可的结果，可能是因为该试验持续时间不够长，或研究人群中未包含足够的易感个体（即对所研究的那种膳食因素摄入量低的个体少），以致未能观察到干预效果。总之，研究设计及测量中的问题使确定营养流行病学中的因果关系变得困难，同时，当研究不能得出具有显著相关性时，即出现阴性结果时，也不能否定已提出的膳食与疾病关系的假设。

五、营养流行病学的优势和局限性

（一）营养流行病学的优势

（1）营养流行病学最大的优势在于，它以人群为研究对象，其研究结果可直接用于评估疾病风险，制订营养素参考摄入量和食物消费模式。

（2）比较不同生态学人群的膳食因素与疾病或健康之间的关系，有利于探讨膳食与健康或疾病之间的关联。

（二）营养流行病学的局限性

（1）营养流行病学研究最大的局限性是缺乏实用的精确测量膳食暴露水平的方法。

（2）营养流行病学研究很难消除混杂因素的影响。一般来讲，采用健康膳食模式的人群也会采用健康的生活方式，要完全消除生活方式这一混杂因素的影响是比较困难的。研究过程中很难忽略生活方式的影响，而只关注饮食因素与疾病的关联。

（吕全军　何宇纳）

参 考 文 献

段广才. 2012. 流行病学与医学统计学. 北京：人民卫生出版社.
孙长颢，凌文华，黄国伟. 2012. 营养与食品卫生学. 7 版. 北京：人民卫生出版社.
詹思延，叶冬青，谭红专. 2012. 流行病学. 7 版. 北京：人民卫生出版社.
Walter W. 2013. Nutritional Epidemiology. The Third Edition. Oxford：Oxford University Press.

第四篇 公共营养实践

第十二章 营养教育与营养咨询

第一节 营养教育

营养教育是营养干预的一种有效手段,具有容易实施、成本低、效益高、受益面广等特点,对居民营养状况的改善和健康水平的提高具有重要作用。

一、概念、目的及意义

营养教育(nutrition education)主要指通过营养信息交流,帮助个体和(或)群体获得食物与营养知识、培养健康生活方式的教育活动。营养教育是健康教育的一个分支和重要组成部分,已成为各国及地方政府、卫生部门营养学家改善人民营养状况的主要手段之一。1995 年,Contento 提出:"营养教育是一套学习经验,它促使人们自愿采取有益健康的饮食行为。"美国营养师协会定义:"营养教育是根据个体的需要与食物来源,通过认识、态度、行为作用及对食物的理解过程,形成科学、合理的饮食习惯,从而达到改善人民营养状况的目的。"按照世界卫生组织的定义,营养教育是"通过改变人们的饮食行为而达到改善营养状况目的的一种有计划活动"。

营养教育的目的在于提高各类人群对营养与健康的认识,减轻或消除影响健康的膳食营养危险因素,改善营养状况,预防营养性疾病的发生,促进人们健康水平和生活质量的提高。按照现代健康教育观点,营养教育不仅仅传播营养知识,还应提供促使个体、群体和社会改变饮食行为所必需的营养知识、操作技能和社会服务。

2002 年《中国居民营养与健康现状调查》结果表明,我国城乡居民的膳食营养状况有明显改善,营养不良和营养缺乏患病率持续下降,同时我国正面临着营养不良与营养过剩的双重挑战。《中国居民营养与慢性病状况报告(2015 年)》表明:我国居民膳食能量供给充足,体格发育状况与营养状况总体改善;膳食模式有所改变,超重肥胖问题凸显;钙、铁、维生素 A、维生素 D 等部分营养素缺乏依然存在;2012 年全国 18 岁及以上成人高血压患病率为 25.2%,糖尿病患病率为 9.7%,2012 年全国居民慢性病死亡率为 533/10 万,占总死亡人数的 86.6%。吸烟、过量饮酒、身体活动不足和高盐、高脂等不健康饮食是慢性病发生、发展的主要行为危险因素。

营养教育是有计划、有组织、有系统和有评价的干预活动,其核心不仅是提供膳食行为改变所必需的知识、技能和社会服务,还应帮助人们树立食品与营养的健康意识,养成良好的饮食行为与生活方式,使人们在面临营养与食品卫生方面的健康问题时,有能力做出有益于健康的选择。营养教育具有多途径、低成本和覆盖面广等特点,对提高广大群众的营养知识水平、合理调整膳食模式及预防营养相关疾病切实有效,对于提高国民健康素质、全面建成小康社会具有重要意义。

二、内 容

(一)营养教育主要内容

1. 营养基础知识 包括碳水化合物、蛋白质、脂类等营养素的生理功能,消化、吸收、代谢过程,维生素、矿物质和微量元素的营养价值,各类食物所含营养素的种类和数量,营养素缺乏和过剩对人体健康的影响,营养素的需要量和推荐摄入量及营养素之间的相互作用与平衡关系等。营养基础知识是营养教育的基础。

2. 健康生活方式 包括合理膳食、适量运动、戒烟限酒及心理平衡4个方面的内容。慢性非传染性疾病如糖尿病、高血压、肥胖等已成为影响人类健康和生命的主要疾病,而慢性病的发生与生活方式密切相关,不合理的生活方式将增加慢性非传染性疾病的发生风险。

3.《中国居民膳食指南》及"中国居民平衡膳食宝塔"《中国居民膳食指南》是根据营养学原则,结合我国国情制定的,教育人民群众采用平衡膳食以摄取合理营养,促进健康水平提高的具体指导性意见。只有摄入适量的、搭配恰当的、多种多样的食物,即平衡膳食,才能达到合理营养的目的。我国的膳食指南(2016)内容包括:食物多样,谷类为主;吃动平衡,健康体重;多吃蔬菜、奶类、大豆;适量吃鱼、禽、蛋、瘦肉;少盐少油,控糖限酒;杜绝浪费,兴新食尚。

中国居民平衡膳食宝塔是我国根据《中国居民膳食营养素参考摄入量(DRIs)》和《中国居民膳食指南》,结合中国的膳食模式特点,提出的居民每日各种食物摄入种类和摄入量的具体建议。通过将个人每日摄入的食物量与平衡膳食宝塔每层的食物量进行比较,就可以测评出其膳食是否平衡,能否满足合理营养的需要。

4. 我国人群的膳食营养与健康状况及变化趋势 我国居民膳食模式、营养状况和疾病模式发生了重大改变。居民营养状况有了明显的改善、营养缺乏病大幅度减少的同时仍然存在着营养缺乏,且肥胖、高血压、糖尿病、血脂异常等营养相关慢性疾病患病率也不断增加。一方面,微量营养素缺乏仍是城乡普遍存在的问题,其中钙、铁、维生素A的缺乏最为突出;另一方面,高血压患病率有较大幅度升高,糖尿病患病率增加,超重和肥胖患病人数呈明显上升趋势。

5. 膳食营养相关慢性疾病的预防与控制 膳食营养相关慢性疾病主要包括肥胖、高血压、糖尿病等。调查结果表明,膳食高能量、高脂肪和少体力活动与超重、肥胖、糖尿病和血脂异常的发生密切相关。高盐饮食与高血压的患病风险密切相关。饮酒与高血压和血脂异常的患病危险密切相关。应该合理控制总热量,限制脂肪和糖类,适当增加优质蛋白质、适当增加膳食纤维的摄入。控制体重,限制钠盐摄入量及限酒,已被建议作为高血压的非药物治疗措施,也是各种药物治疗的基础。

6. 营养相关的法律、法规和政策 为改善居民营养状况,提高人群的营养知识水平,我国颁布并实施了一系列营养相关的法律、法规和政策。2009年颁布实施《中华人民共和国食品安全法》;国务院办公厅于2014年1月公布《中国食物与营养发展纲要(2014—2020年)》,提出建立健全居民食物与营养监测管理制度,加强监测和信息分析。全面普及膳食营养和健康知识。加强对居民食物与营养的指导，提高全民营养意识，提倡健康生活方式，树立科学饮食理念。加强营养和健康教育，发挥主要媒体对食物与营养知识进行公益宣传的主渠道作用，增强营养知识传播的科学性。

（二）营养教育对象和营养教育工作者

1. 营养教育的主要对象

（1）个体层，指公共营养和临床营养工作者的工作对象，如学生家长或慢性病患者等。

（2）组织机构层，包括学校、部队或企业等。

（3）社区层，包括街道、居委会、餐馆、食品店、医院、社区保健等各种社会职能机构。

（4）政策和传媒层，包括政府部门、大众传播媒介等。

2. 营养教育工作者需要具备的知识技能

（1）掌握营养学、食品卫生学、食品学、卫生经济学等方面的专业理论知识；了解经济、政策、社会与文化因素对膳食营养状况的影响。

（2）了解社会、经济、政策与文化因素对膳食营养状况的影响。

（3）具备社会心理学、认知、教育及行为科学的基础。

（4）具备较好的语言表达、信息传播能力。

（5）具备一定的组织、协调和研究能力。

（6）具备定量技术评价和解释统计分析结果的能力。

（三）营养教育的主要工作领域

（1）有计划地对餐饮业、农业、商业、轻工、医疗卫生、疾病控制等部门的有关人员进行营养知识培训。

（2）将营养知识纳入中小学的教育内容和教学计划，安排一定课时的营养知识教育，使学生明确懂得平衡膳食的原则，培养学生良好的饮食习惯，提高自我保健能力。

（3）将营养工作内容纳入到初级卫生保健服务体系，提高初级卫生保健人员和居民的营养知识水平，并合理利用当地食物资源改善营养状况。

（4）利用各种宣传媒介，广泛开展群众性营养宣传活动，倡导合理的膳食模式和健康的生活方式，纠正不良饮食习惯等。

三、方法和步骤

（一）营养教育基本方法和形式

营养教育方法大致可分为营养信息传播和营养行为干预两类。

1. 营养信息传播 信息交流通常是指人与人之间通过一定的符号进行的信息交流与分享，是人类普遍存在的一种社会行为。正确的信息交流是改变行为的基础。营养信息交流是健康交流的组成部分，是营养教育和营养改善行动的重要手段和策略。

2. 营养行为干预 营养健康教育的重点之一是行为的改变与调节。行为改变是实现营养教育计划目标的重要手段，通过具体指导、技能训练与帮助，促使受教育者实现特定饮食行为的改变，如模拟、示范、实际操作、个别指导、小组讨论等均属于干预范畴。此外，还包括一些行为矫正技术。

营养信息传播和行为干预可利用营养学术会、营养知识研讨会等方式，利用报纸、电视、电台等媒体和宣传标语、宣传画、展板、专栏、宣传橱窗等形式，充分利用国家科技周、科普活动日和全民营养周等大型活动，结合营养现场调查、监测等工作，采取人际传播的方法传播营养知识、营养改善方法措施和营养改善政策。只有通过营养教育，使受众在营养知识接受的态度上发生转变，才有可能使健康行为发生变化，才能真正达到营养教育的目的。

（二）营养信息交流及应用

1. 传播的概念及要素　传播是人类通过符号和媒介交流信息，以期发生相应变化的活动。有社会性、普遍性、互动性、共享性、符号性和目的性的特点。

传播过程的基本构成要素如下。

（1）传播者，又称传者，是在传播过程中信息的发出者，可以是个人、群体或组织。

（2）受传者是指信息的接收者和反应者。受传者可以是个人、群体或组织。大量的受传者称为受众。

（3）信息是由一组相关联的有完整意义的信息符号所构成的一则具体信息。

（4）传播媒介，又称传播渠道，是信息的载体，也是将传播过程中各种要素相互联系起来的纽带。

（5）反馈指传播者获知受传者接受信息后的心理和行为反应。

2. 组织传播　现代社会是高度组织化的社会，也是组织传播高度发达的社会。组织传播的常用方法包括公共关系活动、公益广告等。健康教育与健康促进"社会动员"和"社区参与"目标的实现，健康促进三大策略（即"促成、赋权、协调"）的实施，无不与组织传播息息相关。

3. 群体传播　是指组织以外的非组织群体的传播活动。具有以下特点。

（1）信息传播在小群体成员之间进行，是一种双向性直接传播。

（2）群体传播在群体意识的形成中起重要作用。

（3）在群体交流中形成的群体倾向能够改变群体中个别人的不同意见，产生从众行为。

（4）群体中的"舆论领袖"对人们的认知和行为改变具有引导作用。

4. 大众传播　指职业性信息传播机构通过广播、电视、电影、报刊、书籍等大众媒介和特定传播技术手段，向社会人群传递信息的过程。大众传播是营养教育者常用的媒介渠道与工具。

（1）大众传播的特点

1）传播者是职业性的传播机构和人员，并需要借助特定的传播技术手段。

2）大众传播的信息是公开的、公共的，面向全社会人群。

3）大众传播信息扩散非常迅速而广泛。

4）大众传播对象虽然为数众多，分散广泛，互不联系，但从总体上来说是大体确定的。

5）大众传播是单向的，信息反馈速度缓慢且缺乏自发性。

媒介技术与其他面对面的传播方式不同，信息通过电视、广播、图表、标语、书籍、手册和教学设备传播。在大众媒体中，常用的电子媒介是电视、广播；常用的印刷媒介是杂志、报纸和宣传栏。大众媒介的目标人群数量相对比较大，信息相对简单化且较完整，但所传播的信息常不能将特定的目标人群分开来。

（2）大众媒介选择的原则为：保证效果、针对性、速度快、可及性、经济性。

5. 人际传播　又称亲身传播，是指人与人之间面对面的信息交流，是个体之间相互沟通、共享信息最基本的传播形式和建立人际关系的基础。人际传播是进行说服教育、劝导他人改变态度的重要策略，是营养健康教育最基本和最重要的途径之一。人际传播活动的成功与否甚至是一项营养教育活动能否取得成功的关键。其主要形式是面对面的传播，也可借助书信、电话、电子邮件等有形的物质媒介。

（1）讲座（lecture）：是开展健康教育工作常用的一种传播方式，属公众传播范畴，是传播者根据受众的某种需要针对某一专题有组织、有准备地面对目标人群进行的营养教育活动。其优点为受众面积大，信息传递直接、迅速，通过口头传播，影响人们的观念，激发人们的思想，从而形成严格的思维。缺点是以此种方法传播受者通常较被动、缺乏充分反馈，传播内容不易留存。

（2）小组讨论（group discussion）：是以目标人群组成的小组为单位开展营养教育活动，如班组活动、妈妈学习班等。小组活动属于小群体传播范畴，由于受教育对象置身于群体中，受群体意识、群体规范、群体压力、群体支持的影响，而更容易摒弃旧观念，接受新观念，发生知、信、行的改变。

（3）个别劝导（persuade）：针对某一个干预对象的特殊不健康行为和具体情况向其传授健康知识、教授保健技能，启迪其健康信念，说服其改变态度和行为。这是行为干预的主要手段。

（4）培训（training）：针对干预对象的需求进行培训。这种培训是培训者和受教育者面对面进行的，交流充分、反馈及时，培训者可以运用讲解、演示等方法逐步使受训者理解和掌握健康保健技能。这种培训不同于一般的知识培训，具有针对性强、目标明确、现学现用的特点。这种方式在健康教育活动中是不可缺少的，也是促进受训对象建立健康行为的重要环节。

（5）咨询（consultation）：从传播的角度讲，面对面的咨询活动是一种典型的人际交流。其常见形式有：门诊咨询、随访咨询、电话咨询、书信咨询、媒介公众咨询等，这种方式简便易行、机动灵活、比较亲切、针对性强。

（三）营养教育的实施步骤

一个完整的营养教育项目应当包括以下6个方面的工作。

1. 了解教育对象　在营养教育之前，应充分认识教育对象需要的营养健康信息，为制订计划提供可靠依据。对教育的目标人群进行简略的调查和评估，发现和分析其主要的营养健康问题，以及其对生活质量的影响；进一步从知识、态度、行为等方面分析问题的深层次原因；同时对营养有关的人力、财力、物力资源，以及政策和信息资源进行了解和分析；知道该人群在膳食营养方面哪些行为可以改变，哪些行为不能改变或很难改变。

2. 制订营养教育计划　为确保某项营养教育活动有依据、有针对性、有目标地进行，必须根据实际情况制订营养教育计划。

（1）营养教育计划的设计原则：目的明确、突出重点、因地制宜、留有余地。

（2）设计营养教育计划的主要步骤：首先根据与知-信-行关系的密切程度、行为可改变性、外部条件、危害性及受累人群数量，确定优先项目；在此基础上确定营养干预目标，包括总体目标与具体目标；接着制订传播、教育策略以及实施计划，包括确定与分析目标人群、实施机构和人员、教育内容及活动日程等。评价计划也应当预先制订，包括评价方法、评价指标、实施评价的机构和人员、实施评价的时间及结果的使用等。另外，经费预算也是制订计划不可忽略的重要内容之一。

　　1）发现和分析营养健康问题：应当了解服务对象中存在哪些与营养健康有关的问题？其发病率、患病率、死亡率及对生活质量的影响如何等？

　　2）分析问题的深层次原因：分析与知识、态度、行为有关的营养健康问题，如是否与知识、态度、行为有明确的因果关系？该行为是否经常发生等？

　　3）资源分析：包括人力资源、财力资源、物力资源、政策资源、信息资源和时间资源。

　　4）确定优先项目：根据与知、信、行关系的密切程度、行为可改变性、外部条件、死亡率、伤残率、危害性及受累人群数量确定优先项目。

　　5）确定营养干预目标：包括总体目标与具体目标。

　　6）制订传播、教育、干预策略和实施计划：包括确定与分析目标人群、制订干预策略、组织实施人员和实施机构及设计活动日程等。

　　7）制订评价计划：包括评价方法、评价指标、实施评价的机构和人员、实施评价的时间以及实施结果的使用等。

　　8）经费预算：预算应与实际条件相符，并考虑实际需要与客观条件。

　　(3) 撰写方法如下所示。基本项目有：营养教育计划设计提纲（包括项目名称、负责单位、项目负责人、日期）；摘要；正文（包括引言、问题提出的背景、目标与目的、组织领导、教育活动方案、预算）。

　　3. 确定营养教育途径和资料　　根据设计计划，在调查研究的基础上，明确教育目标和教育对象，选择适宜的交流途径和制作有效的教育材料。为此需要考虑以下几个方面。

　　(1) 确定是否有现成的、可选用的营养教育材料：如果能收集到相关的营养宣传材料可直接选用；如收集不到，可以自行设计制作，如小册子、挂图、传单等。

　　(2) 确定对教育对象进行营养教育的最佳途径，包括个体传播、面对面交流、讲课、大众传播等。

　　(3) 确定营养教育最适合的宣传方式：包括小册子、幻灯、录像带、讲课等。

　　4. 教育前期准备　　首先根据要求编写相关的营养教育材料，要求内容科学、通俗易懂、图文并茂。为了宣传材料内容准确、合适，在大多数设计工作完成后，还需要对准备好的宣传材料进行预实验，以便得到教育对象的反馈意见，进一步修改完善。

　　(1) 了解教育对象对这些资料的反映，有什么意见和要求，对宣传内容、形式、评价等有何修改意见。

　　(2) 了解教育对象能否接受这些信息，能否记住宣传的要点，是否认可这种宣传方式，一般可采用专题讨论或问卷调查等方式了解有关情况。

　　(3) 根据教育对象的反映，需要对教育资料形式做哪些修改。

　　(4) 信息如何推广，材料如何分发，如何追踪执行。

　　5. 实施营养教育计划　　包括确定宣传材料和活动时间表，让每位工作者都明白自己的任务，并通过所确定的传播途径把计划中要宣传的营养内容传播给教育对象。在教育传播的过程中，要观察教育对象对宣传材料有何反映，他们愿意接受还是反对这些新知识。如果反对，原因是什么。要按每一步骤查找原因，以便及时进行纠正。

　　6. 教育效果评价　　可通过近期、中期和远期的效果评价说明营养教育的效果。①近期效果即目标人群的知识、态度、信息、服务的变化。②中期效果主要指行为和相关危险目标因素的变化。③远期效果指人们营养健康状况和生活质量的变化。例如，反映营养状况的指标有身高、体重，影响生活质量变化的指标有劳动生产力、智力、寿命、精神面貌的改善及卫生保健、医疗费用的降低等。

根据上述几个方面内容，以目标人群营养知识、态度和行为的变化为重点，写出营养教育的评价报告。通过上述评价，将取得的经验总结归纳，以便进一步推广。

四、相 关 理 论

（一）健康传播理论

随着传播学在公共卫生与健康教育领域的引入，健康传播（health communication）于20世纪70年代中期诞生。进入21世纪，健康教育与健康促进被确立为卫生事业发展的战略措施，在医疗卫生保健中的作用日益加强。

传播是人类通过媒介交流信息，以期发生相应变化的活动。在健康教育中可以应用组织传播、大众传播等多种传播手段，但人们最常用的手段仍然是人际传播和群体传播。

健康传播是以"人人健康"为出发点，运用各种传播媒介、渠道和方法，为维护和促进人类健康的目的而获取、制作、传递、交流、分享健康信息的过程。健康传播活动是应用传播策略来告知、影响、激励公众、社区、组织机构人士、专业人员及领导，促使相关个人及组织掌握知识与信息、转变态度、做出决定并采纳有利于健康的行为活动。倡导合理营养和良好的饮食习惯等对慢性非传染性疾病的预防控制有积极作用，健康传播在其中扮演着重要角色。

营养信息传播是健康传播的一个组成部分，是通过各种渠道，运用各种传播媒介和方法，为维护、改善个人和群体的营养状况与促进健康而制作、传递、分散和分享营养信息的过程。营养信息传播是一般传播行为在营养与食品卫生领域的具体和深化，是营养教育与营养改善行为的重要手段和策略之一。营养信息传播理论在提高大众的营养知识水平、端正对营养科学的态度及改变不良的饮食行为、营养教育项目的执行和有效完成等方面具有极为重要的作用，并已成为公共营养事业改善和干预的重要方法，也是广泛开展营养与健康知识宣传教育的理论基础。

国际上以信息传播为主要干预手段的健康教育及作为采用综合策略的健康促进项目的一个部分而开展的健康活动，被称为健康传播活动或项目。健康传播活动是应用传播策略来告知、影响、激励公众、社区、组织机构人士、专业人员及领导，促使相关个人及组织掌握知识与信息、转变态度、做出决定并采纳有利于健康的行为的活动。

（二）行为改变理论

健康教育的目的是帮助人们形成有益于健康的行为和生活方式，进而预防疾病、增进健康、提高生活质量。为此，需要研究人们的行为生活方式形成、发展和改变的规律，发现影响健康相关行为的因素，为采取有针对性的健康教育干预措施提供科学依据。目前运用较多的也比较成熟的行为理论包括知-信-行理论模式（knowledge, attitude and practice，KAP）、健康信念模式（health believe mode）与计划行为理论等。

1. 知-信-行理论模式 是将人们行为的改变分为获取知识、产生信念及形成行为3个连续过程。知是知识和学习，信是正确的信念和积极的态度，行是基于知、信而采取的行动。

该理论模式认为行为的改变有三个关键步骤：接受知识、确立信念和改变行为。这种理论模式直观明了，应用广泛。但在实践中，影响知识顺利转化到行为的因素很多，任何一个因素都有可能促进行为的顺利转化，也有可能导致行为形成、改变的失败。只有全面掌握知、信、行转变的复杂过程，才能及时、有效地消除或减弱不利影响，促进形成有利环境，进而达到改变行为的目的。

2. 健康信念模式 是运用社会心理学方法解释健康相关行为的理论模式，该理论强调感知在行为决策中的重要性，是运用社会心理学方法解释健康相关行为的理论模式。在健康信念模式中，是否采纳有利于健康的行为与下列5个因素有关。

(1) 感知疾病的威胁：对疾病威胁的感知由对疾病易感性的感知和对疾病严重性的感知构成。对疾病易感性和严重性的感知程度高，即对疾病危险的感知程度高，是促使人们产生行为动机的直接原因。

1) 感知疾病的易感性：指个体对自身患某种疾病或出现某种健康问题可能性的判断。人们越是感到自己患某疾病的可能性大，越有可能采取行动避免疾病的发生。

2) 感知疾病的严重性：疾病的严重性既包括疾病对躯体健康的不良影响，如疾病会导致疼痛、伤残和死亡，又包括疾病引起的心理、社会后果，如意识到疾病会影响到工作、家庭生活、人际关系等，人们往往更有可能采纳健康行为，以防止严重健康问题的发生。

(2) 感知健康行为的益处和障碍

1) 感知健康行为的益处：指人体对采纳行为后能带来的益处的主观判断，包括对保护和改善健康状况的益处和其他边际收益。只有当人们认识到自己的行为有效时，如可减缓病痛，减少疾病产生的社会影响等，才会自觉地采取行动。

2) 感知健康行为的障碍：指人体对采纳健康行为会面临的障碍的主观判断，包括行为复杂、时间花费及经济负担等。如果感觉到障碍多，会阻碍个体对健康行为的采纳。因此，个体对健康行为益处的感知越强，采纳健康行为的障碍越小，个体采纳健康行为的可能性越大。

(3) 自我效能：也称为效能期待，是指对自己实施和放弃某行为的能力的自信。个体对自身能力的评价和判断，即是否相信自己有能力控制自己和外在因素而成功采纳健康行为，并取得期望结果。自我效能的重要作用在于当认识到采取某种行动会面临的障碍时，需要有克服障碍的信心和意志，才能完成这种行动。自我效能高的人，更有可能采纳所建议的有益于健康的行为。

(4) 社会人口学因素：包括人口特征（年龄、性别、种族）和社会心理因素（人格、社会地位、同事、团体等）。具有卫生保健知识的人更容易采纳健康行为。对不同类型的健康行为而言，不同年龄、性别、个体特征的个体采纳行为的可能性也不同。

(5) 提示因素：是指诱导健康行为发生的因素，如传媒活动、他人忠告、医护人员提醒、亲友的疾病经验、某种标志物等。提示因素越多，个体采纳健康行为的可能性越大。上述因素均可作为预测健康行为发生与否的因素。在健康教育实施过程中应重视个体的主观心理过程；并在行为预测的基础上，制订有针对性的健康相关行为干预措施，以改变不利于健康的行为生活方式，增进健康。

3. 计划行为理论 自1985年后，人的行为开始受到社会心理学及其相关领域特别是健康领域研究人员的重视。社会心理学家认为，人的行为由意向所激发，而意向又受到信念和态度的调节。美国社会心理学家 Ajzen 在上述基本观点的基础上，引入了感知行为控制因素，形成了计划行为理论，该理论对行为意向及行为本身具有较强的预测能力。

计划行为理论是能够帮助理解人是如何改变自己的行为模式的理论。尽管该理论已经在各个领域得到大量应用，并证实了该理论在健康领域的适用性，但由于健康相关行为特点各异，所以该理论对不同健康相关行为的预测能力也不尽相同。另外，在运用计划行为理论时，还需要与行为本身的特点结合，从而彻底理解人们健康相关行为的发生与变化。

计划行为理论强调以下几个方面。

(1) 意向：是个体准备表现某一特定行为的内在倾向性，被认为是最直接的行为前身。

(2) 对行为的态度：指对某行为表现出的肯定或否定评价的程度，而对行为的评价又取决于行为信念，行为信念反映的是个体对于某行为是否能产生特定结果的主观判断。

(3) 主观准则：是个体感觉到的采纳或不采纳某行为时的社会压力，个体关于这些准则的基本信念又是主观准则的决定因素。必须指出的是，这种感受到的社会压力完全源于主观，是个体从自身角度去衡量的结果；而准则信念指的是个体感知到对自己关系密切的个体或群体对其行为的期望。

(4) 感知到的行为控制：指个体对自己采纳某行为的能力的判别，取决于控制信念，而控制信念与感知到的可能促进或阻碍行为表现的因素有关。

五、应　　用

(一) 国内外营养教育现状

1. 美国的营养教育　美国在实施营养教育时特别注重市场经济的需求，尽可能地应用口语化语言传播有效健康信息。在美国，已基本完成了从营养不良到营养失衡的变迁，除吸烟外，超重和少体力活动已成为公共卫生的突出问题。美国营养教育中最为关注的一个营养建议就是减少脂肪的摄入量，但忽略了降低整个能量的摄入。他们的脂肪供能比例由 1977 年的 40% 降到了 1995 年的 34%；但由于能量的摄入在增加，其膳食脂肪的绝对摄入量增加了 13%。2015 年美国新版膳食指南强调了总能量的控制和体力活动的重要性。

2. 日本的营养教育　日本的消费者协会、营养指导员和营养咨询室等经常通过电视、广播、出版物普及营养知识，引导人们科学消费、揭穿虚假广告。为指导人们在日常膳食中均衡营养，日本把所有的食品按其颜色印象分成三类，称之为三色食品：①黄色食品：指粮谷类、坚果类、薯类、脂肪和砂糖等可提供能量的食物原料；②红色食品：即动物性食品、植物蛋白等提供生长发育所需要营养的食物；③绿色食品：即水果、蔬菜、海藻类等增强免疫功能、预防疾病的食物。日本的大学食堂宣传和实施三色食品的营养管理，指导学生每日掌握吃多少红的、绿的、黄的食品。当学生选好饭菜后会得到一张包含所点菜肴的价格与营养点数的饭菜账单。

3. 中国的营养教育

(1) 幼儿园和学生营养教育现状

1) 安徽医科大学以幼儿园大班和中班的儿童和家长为研究对象，完成了"在幼儿园开展早期营养教育"的研究。通过 1 学年的营养教学活动，儿童吃肥肉、睡前吃糖果和糕点、挑食和偏食、经常吃零食、边吃边玩的人数减少；早饭前和睡前刷牙、饮奶的人数增加。儿童面色苍白、唇苍白、唇干裂、舌乳头肥大的人数减少；血红蛋白、尿维生素 B_1 和维生素 C 的排出量有增加的趋势。家长在选择食物时，注重食物营养和孩子营养需要的人数增加。

2）中山大学公共卫生学院开展了"多层面营养宣教对广州儿童 KAP 的影响及效果评价"的研究。营养教育前后相比，家长、老师、学生营养认知较有很大提高，其中以教师提高最显著；食物选择及消费趋于合理；儿童挑食、偏食、零食不良行为改善。

3）北京大学儿童青少年卫生研究所应用 child-to-child（CTC）模式进行了促进学生营养教育的研究。结果显示，应用 CTC 模式在小学生中开展营养教育具有良好效果，不仅实验组学生自身的 KAP 得分有了明显提高，对营养与健康问题持正向态度的比例增加，食品价值观及主要饮食行为明显改善，而且使对照组学生的营养知识、态度和行为也获得了有效提高和转变。

4）中国疾病预防控制中心营养与食品安全所进行了"运用健康促进模式开展学生营养干预"研究。健康促进学校是指通过学校及学校所在社区成员的共同努力，解决学生健康问题，以达到提高学生健康水平的目的。

（2）成人营养教育

1）华中科技大学同济医学院开展了"妇女产褥期饮食行为、营养知识水平调查及影响因素的研究"。研究得出的结论为：调查对象的营养知识水平普遍较低，部分妇女存在一些不合理的饮食行为习惯，可能直接或间接影响产妇的健康，应引起足够的重视。因此，在产妇及其家人中开展多种形式的营养宣教，以纠正错误的饮食行为是非常必要的。

2）上海市卢湾区疾病预防控制中心开展了"社区肥胖成人干预措施研究"。结果显示，接受健康教育者对肥胖危害认识和中国居民膳食指南的知晓率明显提高，脂肪摄入量明显降低；运动频率明显提高，完全不运动者由干预前的 52.38% 下降至干预后的 19.05%；血清 HDL-C 显著上升且明显高于对照组，而 LDL-C 明显下降。

3）复旦大学公共卫生学院开展了"社区人群高血压营养教育"研究。该研究对上海 6 个居委会的全体人群及该社区的高血压人群两个层次，分别开展与高血压有关的营养教育。经过教育干预对象的食盐摄入量普遍有所降低，每日摄入的钠/钾值显著降低，水果、乳类这些对高血压有保护作用的食物日摄入量较干预前上升；高血压人群膳食脂肪及胆固醇摄入量减少，水果、蛋类及奶类摄入量有所增加，动物性食品摄入量有所下降，血清 TC、LDL-C 水平显著下降。

（二）营养教育的发展趋势

工业现代化、市场全球化显著影响着社会政治、经济和文化的进步，同时对人们的生活和健康状况产生了重大影响。在营养相关健康问题方面，既存在与高能量、高糖、高脂等不良饮食密切相关的肥胖、糖尿病、冠心病等慢性非传染性疾病，又存在与贫困、资源匮乏有关的营养不良、贫血等疾病。要科学地应对营养与健康问题，核心策略之一就是要人们改变不合理的膳食习惯，建立有益于健康的行为生活方式。

我国营养教育在近十余年中得到了快速发展，一些营养专家开展多层面营养宣教，主要方式有讲课、咨询、发放、张贴营养宣传材料等。有不少营养专业人员开展妇女产褥期饮食行为、营养知识水平调查，对社区肥胖成人进行膳食行为干预及高血压营养教育，都取得了良好的效果，说明营养教育活动对改善居民不良的膳食习惯，树立平衡膳食观念是行之有效的。

近年来我国特别强调健康教育与健康促进的概念和实际应用，其目的就是通过一系列的膳食与行为干预手段，帮助人们改变不利于健康的行为，建立健康的生活方式，从而预防疾病、增进健康，提高居民生活质量。其中健康教育侧重于对影响人们行为生活方式的内在因素进行干预，即通过向人们进行健康信息传播、行为指导，使个体和群体了解卫生保健知识，树立健康观念，掌握保健技能，合理利用现有的卫生服务。而健康促进不仅强调改变影响行为与生活方式的内因，同时也针对影响人们行为的外因进行干预，包括设计环境、设施建设和政策、组织、财政支持两方面，如提供必要的资源、服务与法律保障等。

1986年世界卫生组织在加拿大的渥太华召开第一届全球健康促进大会，在《渥太华宣言》中第一次正式提出了"健康促进"的概念，"健康促进"主要是指通过行政或者组织手段，广泛动员和协调社会各成员、部门及社区、家庭、个人，使其各自履行对健康的责任，共同维护和促进健康的一种社会行为和社会战略。健康促进概念的提出，是人类逐步了解健康、应对健康挑战的结果。健康促进就是要建立一种政府主导、部门合作、全社会参与的工作理念和工作模式，充分动员全社会力量参与健康教育和健康促进工作，为提高公众健康水平而共同奋斗。健康促进既强调个人对健康的责任，又强调社会、政府对健康的责任；既强调个人能力的发展，又强调支持性环境的创建。"健康促进"已经成为当前各个国家应对健康问题的首选策略和核心策略。健康促进策略对人们行为生活方式的影响比健康教育策略的影响更深，更具有可持续性，是今后营养教育工作的主要努力方向。

2015年12月30日，国家卫生与计划生育委员会办公厅印发了《中国公民健康素养——基本知识与技能（2015）》《健康素养66条》（2015），提出了现阶段我国城乡居民应该具备的基本健康知识和理念、健康生活方式与行为、健康基本技能，是各级卫生与计划生育委员会、医疗卫生专业机构、社会机构、大众媒体等向公众进行健康教育和开展健康传播的重要依据。与2008年相比，《健康素养66条》（2015）重点增加了近几年凸显出来的健康问题，如精神卫生问题、慢性病防治问题、科学就医和合理用药问题等。此外，还增加了关爱妇女生殖健康，健康信息的获取、甄别与利用等知识，从基本知识和理念、健康生活方式与行为、基本健康技能三个方面界定了我国公民健康素养的基本内容，是评价我国公民健康素养水平的重要依据。《健康素养66条》（2015）发布后，国家卫生与计划生育委员会将进一步推出《健康素养66条》（2015）的释义，供各级卫生与计划生育部门、医疗卫生专业机构、社会机构、大众媒体等向公众进行传播。各级卫生与计划生育委员会也将以此为依据，进行相关科普读物、视频、健康教育读本的开发和制作，充分利用现有传播技术和资源，通过多种途径向公众传播通俗易懂、科学实用的健康知识和技能，切实提高公众健康素养水平。从全国来看，人群的营养知识的整体水平还比较低，营养教育的普及面还不够广，只有全社会重视这项工作，才能真正使广大的城乡居民做到科学合理安排膳食，达到健康的目的。

营养教育在今后的社会经济生活中将发挥重要的作用。大量研究资料证明，现代社会居民的大多数慢性疾病的发生和发展与其不良生活方式有密切的关系。无论作为独立的健康问题，还是作为其他健康问题的影响因素，营养都与个体和群体的行为生活方式有密切联系，运用健康教育与健康促进理论和方法改变人们的膳食行为不仅可行，而且有效。我国虽然已经进行了一些将健康教育与健康促进理论和方法运用于营养领域的探索，但无论对于营养学专业人员，还是对于健康教育与健康促进领域的专业人员，都面临着如何更好地将两个专业领域的知识和技能相融合的挑战。

第二节 营养咨询

一、概念和目的

营养咨询是通过营养信息的交流,帮助个体或群体获得食物与营养知识,培养健康生活方式的活动与过程,是营养师对咨询者进行营养分析、评价的一个过程。咨询者可以通过这个过程获得改善健康的信息,进而达到改善健康的目的。

营养咨询的目的是提高各类人群对营养与健康的认识水平,改善营养状况,预防营养性疾病的发生,使营养咨询对象在营养知识、态度、行为及营养状况的改善等方面受益,解决其在生理、心理等方面的营养问题,从而提高全面的营养保健知识和能力。营养咨询除传播营养知识外,还提供促使个体、群体和社会改变膳食行为所必需的营养知识、操作技能和服务能力。因此,对于营养咨询和营养教育的工作人员不仅要具备营养和食品卫生学的专业理论知识,了解经济、社会与文化因素对膳食营养状况的影响,还应具备传播营养知识的技能。营养咨询是营养师的基本技能,针对不同目的,可选用不同的方法,进行营养筛查,发现高危人群,优先进行营养保健。咨询是健康教育的一种形式,营养咨询的范围包括各种营养异常(营养不良和营养过剩)、各种与营养相关的疾病,疾病的营养治疗,疾病的营养支持,健康者的营养保健等。

二、方法和技巧

营养咨询可以通过语言、文字、图片、音像、网络等媒介,借助体格检查、计算机软件、实验室检查资料等工具,给咨询对象以启发和教育。

(一)营养咨询的方式

营养咨询的方式有如下几种。

1. 门诊咨询 在我国已经得到广泛的开展,是医院营养科的一项重要工作,也是实施临床营养治疗的前提,保证营养治疗效果的重要方面。开展好营养门诊咨询能普及营养知识,提高医务人员与患者及健康人群的营养意识,达到预防治疗疾病与保健的双重作用。这种咨询方式的优点是:由专业的营养工作人员专门负责,正规化、针对性较强,且简单易行、灵活方便。但该方式不利于深入广大基层群众。

2. 随访和调查咨询 该咨询方法常用于食物中毒的案例分析与处理。通过询问咨询者的病症、饮食史等,指导其如何进行紧急处理,并做进一步调查分析,确诊后做深层次的讨论。

3. 书信咨询 多见于因空间距离或其他条件限制使咨询双方无法进行面谈的情况,包括普通书信和电子邮件。该方式简便易行,成本低;但完整性、可靠性和真实性较差。

4. 电话咨询 指通过专门设置的热线电话或科室电话进行的咨询活动。电话咨询方便、迅速、信息交换量大,但不形象,效果较差。

5. 网络咨询 网络为载体进行咨询的方式,随着网络技术的不断提高和互联网的迅速普及,网络咨询将具有十分广阔的前景。网络咨询经济、快捷、实时,但保密性、隐蔽性差。

（二）营养咨询的技巧

营养咨询和营养教育的传播方法与技巧很多，人际传播技巧是最基本的技能。

1. 开场与结束技巧 人际传播形式无论是访谈、咨询、演讲、授课或讨论等，在交流开始与结束时，都要有或短或长的开场白与结束语。开场应该简洁明了，传播者应持主动热情，细致周到，能够引起咨询者的兴趣。结束语要起到呼吁、倡导的作用，用询问的话语确定咨询者是否真的理解并会实际应用营养知识，同时注意与咨询者建立良好的关系。

2. 说话技巧 讲话速度不要太快，吐字清晰，谈话的内容明确，重点突出。

（1）寻求共同点，认真仔细地观察、尽量理解对方心态、避免不同或忌讳之处，"言在当言处，观在细微中"。

（2）力求讲普通话，但在民族地区和基层农村，则应"入乡随俗"，学习使用当地语言。

（3）适当重复主要的和不易被理解的词句，谈话内容及概念要简单明确。

（4）使用简单句和通用词语，避免不易理解的术语和方言俚语。

（5）正确运用语音、语调、重音和停顿等技巧（如"我不喜欢他"）。

（6）必要时，运用图画、模型来辅助谈话。

（7）注意观察，及时取得反馈，适当停顿，给对方提问和思考的机会。

3. 听话技巧 这里所指的"听"，不是生理技能的"听力"，而是对接收到的信息所做的一种积极能动的心理反应，是指有效地听取对方的讲话。听的技巧主要有如下几个。

（1）采取稳重的姿势，双方注视对方，在听的过程中，不断给以积极的反馈。

（2）集中精力，克服干扰；不要轻易打断对方的讲话，必要时可以适当地引导。

（3）在听的时候，要不断分析对方讲话的要点，做出客观总结，准确理解信息。

（4）在听的同时，注意观察讲话人不自觉地以非语言形式表达的情感及其内在的含义，体察言外之意。

4. 提问技巧 提问的目的在于获得真实、准确、可信的信息，以便进一步沟通，是交流中获取信息，加深了解的重要手段。一个问题如何问，常比问什么重要得多。咨询开始时少提问，多鼓励求询者说。但当求询者目光游移不定、带有征询和疑问时适时进行提问，不使用较严肃的反问句提问。可适当进行复述和解释，复述的目的是为了准确理解求询者的问题和困难，同时也显示你对他的关注和看重。复述可以帮助求询者了解咨询员是否准确理解了他所讲的东西，使求询者本意得到澄清和扩展。解释的目的是将求询者在讨论中所表达的或暗示的重要问题说出来，帮助他自己确定感受和没有说出来的东西。帮助求询者确定什么是重要的问题，什么是相关的问题。

提问的方式可分为6种类型，每种提问都会产生不同的效果。

（1）封闭性提问：这种提问方式比较常见，适用于在已经集中限定的范围内，希望迅速得到需要证实的确切答复的场合，要求对方做出简短而准确的肯定或否定的答复，包括形式如下：①判断题：如"……这种说法对不对？"②选择题：包括单选题及多选题，如"您是否……?""能不能……？"，③简单结果题：如"您昨天的饮食是怎样安排的？"

（2）开放性提问：这类问题比较笼统，能诱使交流对方说出自己的感受、认识、态度和想法，给对方以思考和判断的余地，能使回答者根据自己的真实情况和愿望自由地选择答案，回答时有较大的空间和较大的选择余地。有助于坦率地表达个人意见和做出解释，适用于交流活动能够继续下去，并希望获得更多信息反馈答案的场合，如"你有什么感觉？""你的意思是？"等。

（3）试探性提问：估测到某种结果的问题。如"社区组织的营养学习班可能已经开始了吧？""您是想来咨询孩子的喂养问题吧？"

（4）倾向性（诱导性、暗示性）提问：是指提问者把重要人物、团体或自己的观点强加在问话里，有暗示或诱导对方按"希望的倾向"做出答案的问题，如"你同意专家们的看法吗？""你同意营养师做出的决定吗？"

（5）索究型提问：为了了解咨询者存在的问题或某种认识、行为产生的原因，针对已经获得的开放型、封闭型问题的回答，进一步用"为什么"来向回答者追索究竟和原因的问题，如"您为什么不想执行这个饮食控制的计划？"

（6）混合性提问：一个问话中包括了两个或两个以上的问题，使得对方感到不知如何回答，常容易顾此失彼，难免遗漏，如"您每日都会给孩子喝牛奶、吃鸡蛋、蔬菜和水果吗？"

5. 反馈技巧 反馈具有重要的传播作用，是传播要素之一。反馈及时，是人际传播的一个重要特点。以及时取得反馈，使营养教育者得以了解教育对象的知、信、行的状况，及对营养教育的教学计划、内容、形式、方法的意见和建议等，以便对教学进行有针对性的调整。反馈形式一般有语言反馈、体语反馈、书面反馈等。

根据反馈性质的不同，可分为真实性反馈和模糊性反馈等。

（1）真实性反馈：包括积极性反馈（肯定性反馈），即做出赞同、喜欢、理解、支持的反应；消极性反馈（否定性反馈）即做出不赞同、不喜欢、不理解、不支持的反应，注意使用消极性反馈前要首先肯定对方值得肯定的部分，然后在"但是"后面做文章，用建议的方式指出问题所在。

（2）模糊性反馈：是指没有明确立场、态度和感情色彩的反应，如含含糊糊、模棱两可、似是而非的语言表态。

反馈可以灵活应用，根据不同的时间、地点、人群、和背景等特定因素及其交流内容，灵活地采用适当的反馈形式，示例如下。

（1）对对方所传递信息表示兴趣，用专注神情或微笑、点头等积极性反馈来鼓励对方充分交流。

（2）用积极反馈表示支持、肯定对方的正确意见、观点时，要态度鲜明、观点明确。

（3）用消极性反馈否定、反对和纠正对方的不正确意见和观点时，应先肯定其所说内容中值得肯定的部分，态度和蔼、口气婉转、善意真诚地提出建议。

（4）用模糊性反馈回避对方所涉及的敏感问题。

6. 非语言传播 是指除语言外，还可以通过视、听、触等感官，借助于手势、姿势、音容笑貌等非语言符号实现信息的传播与分享。非语言传播技巧是人类社会交往中不可缺少的重要手段。非语言传播可以加强和扩大，或者也可否定语言符号传递的信息。

（1）动态体语：即通过无声的动作来表达，包括手势、面部表情、眼神与注视方向、触摸等，如"会心一笑"。

（2）静态体语：仪态服饰、体态、姿势、人际距离等属于静态语言，与行为举止一样，它能够显示人的身份、气质、态度及文化修养，有着丰富的信息功能。在与咨询者接触时，衣着整洁大方，举止稳重，使人易于信任、接近。

（3）类语言：在交谈中适度地改变声调、音量和节奏，可有效地引起注意，调节气氛。如有情感的惊讶声、惊喜声、感叹声、呻吟声、懊悔声、口哨声等。

(4)时空语言：包括时间语言和空间语言。

7. 观察技巧 要用心、用眼，细心品味，全面观察，收集和捕捉交流中的各种信息。注意对方的表情、动作、周围人物与环境的细微变化，体察言外之意，听出弦外之音，发现深层"只可意会，不可言传"的话语，以及不便明说的含义或掩盖的事物、现象，以利于对情况或问题做出正确判断和评估。

三、程序和注意事项

（一）营养咨询的步骤

1. 建立良好的咨询关系 良好的咨询关系能帮助达到咨询的目的。营养工作人员热情、自然、平和、耐心的咨询态度及对咨询者的关注和尊重有助于患者产生信任感。同时，良好的咨询环境能使咨询者放松并乐于配合。

2. 收集病史 要注意影响社区居民营养状况的因素，可包括某些营养素缺乏的有关心理和社会因素，如饮酒、吸烟、经济状况、患急性和慢性病对营养影响，与营养可能有关的药品，与营养有关的其他病史；了解药物作用、诊断过程、在医院的手术和治疗情况，如化学治疗和放射治疗，出院后的情况等。咨询中尤其应注意易被忽略的细节，尽量做到全面、细致地了解。

3. 收集饮食史 是营养工作的基础，对营养教育计划的制订有重要意义。了解患者饮食习惯和嗜好、日常所食食物种类及数量、餐次和分配比例、有无偏食及烹饪加工方法等。计算分析患者能量和营养素的摄入量与参考摄入量的差距，以评价其饮食是否合理，提出改进意见。

饮食史收集方法有如下几种。

（1）询问法：又称 24 小时膳食回顾法，即根据咨询者回顾前一日所食，大体掌握其数量。该方法简便易行，但是所得资料比较粗糙，不准确。询问法包括 24 小时膳食回顾法、食物频率问卷调查和膳食史法。通过询问膳食的主要组成成分，每日进餐的次数、时间、食物种类和数量，来计算每日食物消耗。

（2）记账法：适用于集体单位，对食堂总体的采购和消耗、就餐人次进行调查，不用具体进行称量。简便迅速，节省人力，但不够准确。

（3）称重法：即对咨询对象所消耗的食物进行称重，适用于个人。该方法细致准确，但比较麻烦且工作量大，耗费人力物力。

4. 临床检查 通过临床检查寻求与营养状况改变有关的症状与体征，包括体格检查如身体测量、营养缺乏病体征检查；实验室检测：白细胞、淋巴细胞分类等。

5. 综合评价 通过膳食调查、人体测量、临床检查、生化分析等多方面资料对患者的营养状况进行综合评价以便于给予患者正确的膳食指导。目前常用主观综合评价等评价方法（表 12-1）。

表 12-1 主观综合评价（SGA）的主要内容及评定标准

指标	A级	B级	C级
近2周体重改变	无/升高	减少<5%	减少>5%
饮食变化	无	减少	不进食、低能量饮食

续表

指标	A级	B级	C级
胃肠道症状（持续2周）	无/食欲减退	轻微恶心、呕吐	严重恶心、呕吐
活动能力改变	无/减退	能下床走动	卧床
应激反应	无/低度	中度	高度
肌肉消耗	无	轻度	重度
三头肌皮褶厚度	正常	轻度减少	重度减少
踝部水肿	无	轻度	重度

6. 膳食指导 营养咨询的目的是从膳食结构、膳食质量及相关行为等方面给患者提出指导性意见，改善其饮食行为模式，起到防病、治病、提高生活质量的作用。

膳食指导的原则如下。

（1）切实可行：必须结合患者实际经济条件和饮食习惯等情况制订指导方案，以实现营养咨询的目标。

（2）具体实施：指导意见应是针对患者实际情况制订指导方案，以实现营养咨询的目标。

（3）重点明确：在营养咨询过程中，有时会遇到复杂多样的问题，这时应分清轻重缓急，强调首要解决的目标，不忽视次要问题。

7. 追踪反馈 对于某些患者（如糖尿病、肾病）而言，给予膳食指导并不意味着咨询工作的结束，还需要对其进行定期随访，以了解指导意见的执行情况、患者状况的变化，根据反馈信息调整指导方案，以促进患者的康复，提高生活质量。

（二）SOAP营养咨询方法

SOAP是国外较为流行的营养咨询方法，此方法方便、简单、易行，包括了咨询的主要内容。SOAP包括主观询问（subjective）、客观检查（objective）、评价（assessment）和营养支持计划（plan）四部分。

1. 询问饮食营养状况 饮食史、饮食习惯和嗜好、饮食调查、餐次和分配比例、有无偏食史，以及烹调加工的方法等。

2. 体格营养状况检查 测量身高、体重、肱三头肌皮脂厚度、上臂围，以及营养缺乏症体格检查；血液常规检查，包括白细胞总数、淋巴细胞分类，血清总蛋白、清蛋白及其分类等。

3. 营养评价 按《中国居民膳食营养素参考摄入量（2013版）》进行饮食调查结果的评价，了解食物结构是否合理，各种营养素是否满足机体需要；根据体格营养状况检查的结果评价当前营养状况。

4. 饮食营养计划 结合经济条件和饮食习惯，在饮食营养原则方面给予指导，包括饮食宜忌、食物等值互换、参考食谱及宜忌注意事项。

四、应　　用

营养咨询作为营养教育的一种方式在我国应用比较广泛，随着国民健康意识的提高、虚假健康信息的泛滥，营养咨询开始朝专业化、系统化方向发展。

在临床上，医院营养科的设立和不断完善，使住院患者及亚健康人群通过营养咨询接受更多营养知识，不断提升自己的健康素养。营养咨询是医院健康教育的新形式。随着人们的健康意识增强，体检后发现的各种健康问题和高危因素的饮食控制及健康风险规避的需求，开始需要专业的营养师进行指导的人越来越多。

目前，我国许多高校已开设营养相关专业，培养了大批营养专业人才，同时注册营养师制度也已建立，这些均为我国营养教育和营养咨询工作的开展提供了基本保障，必将进一步促进我国的营养教育和营养咨询工作的健康发展。

（王 玉）

参 考 文 献

蔡东联. 2005. 实用营养学. 北京：人民卫生出版社.
蔡美琴. 2006. 公共营养学. 北京：中国中医药出版社.
葛可佑. 2005. 中国营养师培训教材. 北京：人民卫生出版社.
孙长颢，凌文华，黄国伟. 2012. 营养与食品卫生学. 北京：人民卫生出版社.
杨长平，卢一. 2012. 公共营养与特殊人群营养. 北京：清华大学出版社.
翟凤英. 2009. 公共营养. 北京：中国轻工业出版社.
张开金. 2011. 健康管理理论与实践. 南京：东南大学出版社.
Raich R M, Portell M, Pelaez-Fernandez M A. 2010. Evaluation of a school-based programme of universal eating disorders prevention: is more effective in girls at risk. Eur Eat Disord Rev, 18 (1): 49-57.

第十三章　公共营养现场工作

公共营养在营养科学中最富于实践性，其工作的核心就是现场工作营养调查、营养监测、营养教育、营养干预等许多营养工作都要求深入到社会实践中，发现和解决居民的营养问题。在公共营养现场工作中，现场管理是关键环节之一。管理指组织者需有计划地组织、实施完成规划任务，选择效果好且效率高的方法以达到预期目标。

第一节　伦理学基础

公共营养具有鲜明的社会实践特点，其目的是通过研究将营养科学原理应用于人群生活实践以改善人群健康状况。日常工作中，在鉴别、分析和解决复杂的公共营养问题时，既要考虑公共卫生行动的社会规范问题，又要处理各种各样公共卫生问题，做出合理合情的价值判断，并解决其中的伦理冲突。公共营养工作者的决定和行动受到伦理学和核心价值观的制约，应做到：①预防和消除对目标人群的伤害，使公众收益最大化；②保证公共营养政策的公正；③尊重自主的选择和行动；④保护隐私和保密；⑤遵守诺言和承担义务；⑥信息透明和告知真相；⑦建立和维护信任。

一、公共卫生伦理学原则

公共营养现场工作应遵守公共卫生伦理学的基本原则，即效用原则、公正原则、尊重原则、互助原则和相称性原则。

1. 效用原则　它体现了公共营养行动促进群体健康、预防疾病的目标，其寻求的是促进人群健康、预防疾病，达到效用的最大受益，在公共营养现场工作中置于第一位。由于公共营养牵涉面大，涉及广大人群，社会成本大，在任何情况下都不能采取无效或效用较低、得不偿失的措施。

2. 公正原则　它是对效用原则的一种约束，使受益和负担公平分配。

3. 尊重原则　它包括尊重自主的选择和行动，保护个体的隐私，遵守诺言和承诺，信息透明化和知情同意。

4. 互助原则　它体现了个人、集体和社会利益的一致性，体现了不同个人、社区、地区乃至国家之间相互帮助与支持重要性。

5. 相称性原则　它是与不得不忽略某些伦理学考虑的后果相比较，公众的受益必须是明显的、相称的和值得追求的。

这些基本伦理学原则构成了公共卫生的初始义务，也是评价公共营养行动的框架和制订伦理准则、法律、法规的依据。在实际问题中应权衡各方利益后确定实际义务。在公共卫生伦理学中，伦理原则不是绝对的，伦理学的考虑也会发生冲突。在某些特定的情况下，有些原则可能会让位于另外的原则，出于公共卫生目的的行动、做法和政策需要可能会违背一些一般的伦理学原则，因此需要确定哪一个更应该优先考虑。符合伦理学的做法，应该是根据具体发生冲突的情况，在道德判断上进行权衡，而不是事先做出权衡。伦理学的理论并不是自动就可以在实践中得到运用或找到答案，这种价值上的判断常常要基于一定的具体情况，也只有在具体的情景中才能权衡。

二、伦理学在公共营养现场工作中的应用

1. 知情同意 公共营养现场工作开始前，组织者需要就现场工作目的、内容、益处、可能的危害及预防措施向参与者做详细说明，使参与者获得足够的信息，进而决定是否参与。知情同意提供的信息应易于理解，避免误导参与者。

2. 尊重习俗和文化 工作地点的风俗习惯和文化背景有时会与现场工作内容冲突，这就需要事前了解当地具体情况，尽量做到在尊重当地风俗和文化前提下完成现场工作。

3. 信息保密 公共营养现场工作中会直接收集和保存很多与个人或群体相关的信息，因此调查信息保密非常重要。个人信息进行匿名编号，从而使个人信息不能直接显示。在数据使用过程中使用汇总信息，个人身份信息不出现在研究结果中。

4. 结果的沟通 公共营养现场工作得到的结果很多对参与者膳食营养改善有所帮助，为保证调查的利益最大化，在现场工作结束后应采用适当的方式将结果告知参与者，并且提供必要的咨询。

三、伦理学对公共营养的促进作用

与传统上以医患关系为重点的生物伦理学不同，公共卫生伦理学重点关注的是监测增进人口健康措施的制订与实施。此外，还考虑到促进或抑制健康社会发展的结构状况。我国目前正在进行深化医药卫生体制的改革，在资源配置、卫生监测和监督、健康促进和健康干预过程中，深刻理解公共卫生伦理问题，在公共卫生伦理学的基本原则框架的指导下，制订公平、公正的公共营养政策和措施，构建公共卫生实践的道德基础。从而达到在健康促进和健康干预时，思考公共卫生伦理学问题，最终实现深化医药卫生体制改革的目的。

第二节 公共营养现场工作准备

公共营养现场工作是一项专业性与社会实践性兼具的工作，在现场工作的开始前，充分的准备工作对整个现场工作起着至关重要的作用，包括现场工作开展前的准备与组织、现场工作方案设计、人员培训等工作，这样才能使所开展的工作目的明确，目标具体，使现场工作者和工作对象相互支持合作，使计划较易获得成功。把计划建立在广泛发动和依靠群众的基础上，同时明确的工作步骤和细致的计划安排，有利于组织协调有关方面的力量，提高工作效率，促进项目顺利进行。例如，开展营养改善工作，要在当地政府的领导下，组织农业生产、食品供应、教育、卫生保健、营养卫生、医疗等各部门共同协作，确定目标，明确各部门的任务，建立工作关系，才能较好地完成营养改善工作。

一、现场工作准备与组织

充分的准备是现场工作顺利开展的必要保障，在此阶段需要做好以下工作。

(一）项目工作团队和行政协调

在我国，公共营养的现场调查或干预工作一般是由疾病控制机构或社区卫生服务机构负责执行，这种工作方式与现行的管理体制相适应，在现场工作开展中按照上下级行政隶属关系逐级开展，以提高现场工作效率。鉴于现场工作的特点，项目工作组一方面要积极动员卫生行政部门参与，对项目执行起到行政组织与协调的作用；另一方面从专业角度设计现场调查方案、调查人员培训和建立现场调查的质量控制系统。

（二）工作经费和物资准备

工作经费按时足额到位是确保公共营养现场工作得以完成的基本条件。公共营养现场工作往往需要多部门合作完成，基层疾病控制机构或社区卫生服务机构在没有拿到专项工作经费和必要的现场工作设备之前很难布置和开展现场工作。

（三）现场工作质量控制系统

围绕现场工作目的制订切实可行的工作方案，选择恰当的调查方式，合理划分现场工作范围、听取专家意见，选择适宜的调查指标，对调查项目和问题给出明确定义。开展预调查，发现现场工作方案中存在的问题，进一步了解现场工作面临的困难，对工作方案进行调整。建立现场督导机制，安排专业人员对现场进行督导和评估，确保现场工作的规范性、调查资料的完整性和正确性。通过调查数据的双录入、逻辑检查等方法建立数据质量保障机制。

二、现场工作方案设计

现场工作方案是为了实现调查目的和任务，预先对现场工作做出的切合实际的计划和安排。现场工作方案中要对调查目标、对象、问卷设计、现场数据收集方式、干预手段、调查资料整理和分析、调查报告撰写及发布等进行科学的安排和设计。统筹安排、科学设计一个良好的公共营养现场调查方案是一项富有挑战性的任务，需要考虑以下几个方面的内容。

（一）公共营养现场工作的背景资料

了解现场工作地点详细的背景资料是制订切实可行的现场工作方案的基础。公共营养现场工作具有很强的社会性，因此充分了解现场工作社区的人口、经济、地理和文化背景对于顺利开展现场工作尤为重要。表13-1显示了背景资料及其营养意义。

表13-1 背景资料及其营养学意义

背景资料	资料内容和性质	营养学意义
人口资料	人口结构比例	估计食物需要量和营养不良状况
人群健康	1. 人体测量：身高、体重、上臂围 2. 临床检查体征 3. 死亡率、发病率 4. 疾病流行模式（包括传染病）	衡量营养状况指标，说明营养对体格发育的作用。由于营养不良引起的各种缺乏症状表明营养不良的程度及营养不良在降低人体抵抗力方面与其他疾病的关系。整个社会营养问题的危险程度，确定高危险组营养与其他疾病的相互关系

续表

背景资料	资料内容和性质	营养学意义
文化背景	文化水平，对于营养知识的接受能力	影响食品消费模式，有助于提供制订有效的营养指导意见所需的资料
经济状况	购买力、收入、就业方式	了解人们是否经常购买食物的经费，反映食物在各种社会经济阶层人群及每一家庭内食物分配状况
农业	当地粮食的生产情况，农业生产的方法，当地生产力，经济作物的支配地位，主粮的生产，粮食的进、出口	向社会提供粮食的可行性及不同季节的食物供应情况
市场资料	当地的销售条件，其他来源粮食的数量和质量	与营养利用有关
自然环境特征	气候、地理等自然环境	生活习惯、食物储存及加工
供水情况	水源是否足够，水源的卫生设施	有助于鉴别可能发生感染的水源并了解是否有足够的水用于维持一定卫生水平，及提高农作物产量
关于服务设施及卫生服务环境	饮食、卫生等服务状况，环境卫生及习惯	当地服务系统，能协助解决存在的营养问题

（二）现场工作目标

公共营养现场工作的两个基本目的：一是了解和评估个体或群体膳食营养现状及其各种影响因素；二是基于个体或群体的膳食营养现状提出并实施有针对性的干预措施，评价干预效果。现场工作目标与所要解决的问题有关，合格的现场工作目标应该描述得非常准确、清楚，使得项目执行者明确应该做什么；应该有一些衡量标准，以便能辨别活动是否开展得顺利；目标应当根据当地的条件而制订，应切合实际，注重其可实现性。

现场工作目标的确定一般基于现状调查、文献复习及专家讨论。首先，了解社区基本情况、居民膳食营养现状，发现主要问题对确定可行的现场工作目标尤为重要。如果一个营养改善项目，要在某地区推广优质大豆的生产，首要了解该地区是否具备大豆的种植条件。现状调查时要尽可能收集与营养有关的各种资料，如人口调查资料、健康资料、经济状况、生活方式等，以便在发现营养问题的同时，探讨可能的原因及影响因素。其次，可查阅相关问题的文献，通过文献复习，了解和掌握前人已在这个领域进行了哪些工作，获得了什么结果，还有哪些问题没有解决，没有解决的原因和困难是什么。在查阅一定量的文献后，与该领域的专家进行讨论，从而对要解决的问题有更深刻的了解，使目标的制订更合理、可行。

（三）现场工作队构成与分工

根据现场工作内容和工作量组建现场工作队，公共营养现场工作队一般由营养学、实验室和临床医学等专业人员构成，必要时还可以适当增加其他卫生专业人员和组织管理人员。现场工作队实行队长负责制，组织协调整个调查队的工作，安排好工作队成员各自的工作内容。工作队成员在培训基础上有明确分工，且在整个现场工作开展过程中尽可能保持工作队成员分工稳定。现场工作中如需增加或临时替换工作队成员，均应先经过培训，合格后方可加入现场工作队中。

（四）现场工作制度

组织者根据现场工作实际情况明确现场工作机制和程序，并合理分配工作队内部分工和职责，在工作队内建立信息交流和会商制度，现场工作过程中发现问题及时在工作队内统一认识，以保证现场工作的一致性。公共营养的现场工作大多需要多部门参与和配合，并给予技术支持，组织者应与合作单位和技术支持单位提前确定好联络方式、频次和时限等，从而保证现场工作顺利进行。

（五）现场工作区域、对象和样本

公共营养现场工作地点是指根据现场工作目标需要进行调查或干预的区域，区域范围的大小要与工作目标、人员组成和经费预算相适应。范围太小可能得不出正确的结论，或者由于干预人群太小达不到控制营养问题的效果；工作区域范围太大则会造成人力、物力和财力的浪费。

现场工作对象可以是区域内具有某一特征人群的全部，但多数情况下，为节省时间和经费常常会选择样本人群代表整体，而不是收集每个人的情况。如果是抽样调查，则首先要明确该抽样研究的总体是什么；其次要确定采用何种抽样方法及其抽取多大的样本等。抽样调查选择研究对象的基本原则是保证每一个研究对象是以等同的概率从其总体中选出的，即研究样本要有代表性。

样本含量的估计应根据研究设计类型、在保证研究结论真实可靠的前提下，同时考虑可能的失访，结合实际情况估算出的最少观察例数。恰当估计样本大小可以有效控制抽样误差，提高估计的精度和检验效能。

选择能代表整体状况的样本称为抽样。抽样要遵循随机、有代表性和考虑易感人群的原则。常用的抽样方法包括单纯随机抽样、系统抽样、分层抽样、整群抽样和将以上多种抽样方法综合应用的多级抽样。具体研究样本的确定可参考统计学和流行病学相关教材并向统计学专家咨询。

（六）现场工作方法

为了达到既定的现场工作目标需选择恰当的现场工作方法。按照取得资料的特点，公共营养现场工作可分为定性和定量两种调查方法。定性研究指访谈或专题小组讨论等，通常可结合定量调查方法使用，在一些大的项目中可以定量调查为主，定性研究为辅。通过定量调查可以准确地获得大量客观信息，通过定性研究可以深入了解个人的行为、态度等因素，这是用其他方法不易得到的。对定性研究应设计好访谈提纲，通过专题小组讨论或深度访谈收集定性信息，在实施过程中注意信息的交流技巧。对定量调查，应设计好调查表，从面对面访谈、电话调查、信访调查和网络调查中选择适宜的定量调查方式收集信息。

（七）现场调查问卷

公共营养现场工作中必须收集与研究内容相关的信息，调查问卷是收集信息的重要工具之一，需要根据现场工作目的和内容设计相应的调查问卷。一系列与研究目标有关的问题组成的问卷是收集相关信息，进而研究个体或群体膳食营养及健康状况的测量工具。一份规范的调查问卷应包括：封面信、问题、答案、编码和填表说明几个主要部分。研究的问题不同，调查问卷的内容也不同。设计调查问卷时一般应考虑如下问题。

1. 调查问卷的作用　首先要考虑调查问卷是不是最合适的收集数据的工具，有无其他工具和方法比用调查问卷好。如果调查问卷调查是最好的方法，可以决定使用调查问卷。

2. 调查问卷的目的 在设计调查前，可以首先用简洁的方式列出希望调查的主要内容。根据研究目的和内容来设计一系列的问题。对于每一个问题，必须明确为什么要提出这一问题，这一信息将用来做什么分析，如何编码和分析。通过设计的问题和得出的结论能有效反应现场工作内容和目标。需要注意调查问卷不能包罗万象，随意增加不必要的调查内容会增大现场工作量，而且会影响现场工作质量。

3. 调查问卷的问题设置 为了便于研究结果的交流，问题设计要遵循统一的标准。

4. 调查问卷的文字 文字应简单明了，易为被访问者理解。在问卷中避免使用专业术语、缩略语，避免可能引起歧义或者多种解释的问题，由于文化程度会影响被访问者的回答，因此如果现场工作面对的人群文化程度较低，问卷设计更应该注意文字明了。

5. 调查问卷的顺序 调查问卷中从一个问题转到另一个问题时，注意逻辑关系，同类问题放在一起，避免问题过于跳跃影响被访问者思维。问题排列先易后难。先问一般问题，后问跟主题有关的特殊问题。先询问封闭式容易回答的问题，再问需要思考的开放式问题。

6. 应答者的尊严和隐私 调查成功与否也取决于应答者的信任和友善。信任使他们接受采访者，相信采访者不会伤害他们和损害他们的利益。信任和友善是建立在尊重被访问者的尊严和隐私基础上的，只有这样才能使应答者愿意花时间接受采访。

7. 调查问卷的答案 问题答案尽量采用客观的、定量的指标，避免使用"很好、好、一般、差、很差"这种概念式的答案，现场工作中难以掌握尺度。如果必须采用这种答案，最好在答案后面加以标注，说明什么情况可以判定为"很好、好、一般、差或很差"。

问题答案的设置应准确、全面，避免答案内容有相互重叠，适当提供"不知道"或"拒绝回答"等选项。

8. 调查问卷的填表说明 在填表说明中对调查问卷中需要说明的地方进行明确界定。不仅对如何回答问题或选择答案做出明确的说明，而且需要对问题的概念和名次给予通俗易懂的解释，对含义、范围予以说明。

9. 调查问卷的信息质量 要最大限度地保证信息质量，问题的表达和顺序有利于启发被调查者，问题要使人感兴趣，并易于回忆，避免那些难以回答、耗费时间或使应答者感到窘迫的问题。

调查问卷设计完成后应进行预试验，可以在现场工作组不同成员中试问，还有必要在开展现场的社区内选定一些人进行预试验。通过预试验可以发现应答者是否理解调查表的主要内容，用词是否明确，是否与你有相同理解，局部用词或整个问题是否需要修改，答案是否足够详细，在解释问题时有无区域性差异，哪些问题对应答者来说最困难，哪些问题使应答者不愉快或难堪或理解不清，过渡是否恰当，说明是否明确。

（八）现场工作进度计划

现场工作开始前，项目组要事先计划好每日活动。要列出详细合理的时间表，明确现场工作开始时间、工作内容、参加人员及分工、现场活动结束时间等事项。在实际操作中可提前1周左右将活动的事项逐一落实。若有工作组成员临时不能参加活动，或时间有改变，要提前通知主管人，以便把他负责的工作安排给其他人，并同时把其他人的工作安排好。要提前2～3日落实活动计划，然后按计划安排逐项有条理地去做，合理安排要做的每件事，以便尽可能在预定的时间内有系统、有计划地完成每项工作。

（九）经费预算

预算是用来说明现场工作所需资金的财务计划，正确编制预算是使每项现场计划获得成功的保证。预算应合理、详尽、有良好的说明和解释。在编制预算时应说明用钱的项目；说明用钱的时间；估计出每一项活动所需的费用；估计费用时应考虑到物价调整因素；所有参加者的补助费也要考虑进去；详细的计算出活动的总费用。现场经费预算一般包括人员费、咨询费、设备费、材料费、差旅费、医疗费、管理费用及通讯等费用。

（十）协作与宣传动员

公共营养现场工作大多需要医疗卫生、社会机构、农业技术、教育、当地政府等多部门相互协作才能完成。这些部门在现场工作中协调和合作是非常重要的。例如，目前实施的贫困地区学生营养改善计划就需要营养部门与教育部门、食品生产部门的协作。这表明公共营养现场工作的开展，不是营养一个部门能完成的。可见在公共营养现场工作中，需要营养工作本系统的纵向联系和多部门的横向联系，相互协作，才能完成。

公共营养现场工作能否在基层得到实施，非常重要的一点就是下级部门是否配合。要做到这一点可首先争取当地行政机关的支持，通过他们去告诉下级部门应该重视和支持这个项目。其次，要进一步说明项目的社会效益和经济效益，充分调动基层的积极性。在现场工作实施前要做好宣传工作，取得各级领导及各界人士的支持，要深入于群众之中，做好对群众的宣传发动及组织工作，以得到群众的理解与密切配合，保证调查工作的顺利进行。

三、人 员 培 训

（一）现场工作手册

为达到现场工作目标，在问卷的制作及调查员的训练过程中，需要编制一本供现场工作使用的手册。现场工作者可能提出的问题，现场工作中可能使用到的支持性资料应该尽量包括在工作手册中。工作手册中一般包括如下几个方面的内容。

1. 现场工作方案　向现场工作人员说明工作方案设计，应尽可能详细地说明现场工作内容、程序及质量控制方法。

2. 调查问卷及填表说明　详述问卷中每一个问题的具体界定，以及可能得到的回答。手册还应包括有关怎样处理特殊情况，列出问卷完成后需要做哪些核查，以及何时、怎样把已完成的问卷交付资料处理和分析。

3. 仪器设备使用方法　在现场工作中使用到的仪器设备的使用方法都要在工作手册中做详细说明。例如，膳食调查中食物称的使用方法，体格测量中婴儿称重使用的方法，包括称重器的保养程序，每一个程序要求的设备和材料检查单的逐步指导。

4. 附录文件　现场工作可能用到的支持性文件，如膳食调查中使用的食物编码、协助食物定量的图谱等也应该放入工作手册中，以备现场使用。

（二）人员培训

现场工作人员培训是对公共营养人力资源进行开发的一种活动。公共营养的计划或项目一般会涉及多人群、多场所、多种健康相关行为问题和多学科领域，需要多层次地开发公共营养人力资源，进行公共营养能力建设，开展人员培训对于提高公共营养现场工作质量、提高数据的一致性和可靠性具有重要的实践意义。

在现场工作开始前要对工作人员应进行统一培训及考核。大规模的现场调查可采用多级培训方式。例如，全国营养调查由国家级项目工作队对各省调查工作队及调查点骨干进行培训，各省再负责本省县（区/市）级调查点的培训和考核。培训调查员应从集体训练开始，使参与现场工作人员充分了解现场工作目标、工作方法和流程，并对调查问卷中所有问题进行定义。培训过程中必须辅以实际现场工作练习，包括现场问卷的相互询问及调查用设备的使用和维护，其他人旁观学习，接着是集体对这次访问或测量进行评价和讨论。在训练过程中应充分应用现场工作手册，在训练结束时调查员能熟悉手册的所有内容，了解哪些部分是用于解决实际问题的询问，哪些是有关现场程序的。调查员只有经过初步的训练之后，才能参加社区中的调查。在每一次调查或者一系列调查完成之后应进行详细的讨论以改进公共营养现场工作。

第三节　公共营养现场工作的实施步骤

现场实施阶段是公共营养现场工作的关键时期，现场工作一般按照现场工作启动、实施和结束的程序进行。

一、现场工作启动

以现场工作方案为依据，在完成问卷设计、器材和资金准备、调查员培训和协作宣传的基础上启动现场工作。在此阶段注意需要做好以下几方面的工作。

1. 密切配合、各负其责　为了保证计划能顺利地按要求执行，开展营养改善工作要在当地政府的领导下，与农业、商业、教育、卫生等部门共同协作，明确各部门的任务，建立良好的工作关系。部门之间共用资源、互通有无、节省经费。同时，做到各负其责，如营养工作者主要负责营养教育、营养咨询和营养调查等；医院负责临床检查和临床治疗；农业技术员负责农业生产技术指导，开发农作物新品种，增加水果、蔬菜生产，发展养殖业等；商业部门负责食物的供给等。各部门之间密切合作是现场工作顺利进行的保障。

2. 社区动员　现场工作计划执行要建立在广泛发动和依靠群众的基础上，因此做好社区动员，将满足社区居民营养需要和增进健康的现场工作目标转化成为社区居民广泛参与的社会行动，提高参与的主动性将有利于现场工作的开展。目前在居民社区进行的现场工作一般需要基层政府机构，如村委会或社区居委会的参与和支持，特别是需要进行入户访问的现场工作，只有在基层机构的支持下才能得到居民的配合，与社区的领导和居民建立互动的关系。针对存在的营养不良和缺乏病及营养过剩引起的慢性病如高血压、糖尿病等营养问题，社区居民需要了解营养知识，如了解如何合理平衡膳食，了解营养与疾病的关系，了解如何培养良好的饮食行为和生活方式等。根据社区居民营养需要，通过开展营养调查和营养教育等工作，以及采取各种营养改善措施，解决社区居民关切的营养问题。

社区动员要注意争取领导参与，领导开发的成功与否，直接影响到该社区营养工作的执行。要让领导了解和支持有关营养行动计划，争取各级政府领导、部门领导对社区营养工作的支持，以保证社区营养工作的顺利开展。加强部门之间的沟通、协调和合作，明确共同目标，各自专长、技能和资源，提高效率和效益。基层社区卫生人员是社区营养工作的具体执行者，也是社区营养工作计划、实施和评价的技术力量，他们对保证社区营养工作顺利开展发挥重要的作用。因此，动员广大社区卫生专业人员自觉参与社区营养工作具有十分重要的意义。社区卫生专业人员需进行多种形式和途径的培训，使他们明确社区营养工作的意义、职责和权利，以便提高社区营养工作的知识水平和实践技能。家庭是组成社区的基本细胞，利用家庭内部关系和家庭中不同角色成员，使公共营养现场工作的参与更有操作性和现实性。

3. 知情同意　在社区动员，社区居民对现场工作有充分了解的基础上做好知情同意，为现场工作的实施做好准备。

二、现场工作实施

按照工作计划逐步开展公共营养现场工作。以公共营养现场工作中最常使用的膳食调查为例，以户为单位的膳食调查中如果全体家庭成员都作为调查对象，在调查开始前先要进行动员，使调查对象了解膳食调查目的和内容，明确知晓膳食调查持续时间，调查期间需要被调查者如何配合记录食物消费品种及消费量。在膳食调查中，由于涉及4次以上的入户访问，每次访问都应注意在当日工作结束后，感谢被访问者支持，与被访问者约定再次访问的时间和地点。调查进行中要严格遵循调查设计，保证调查质量。调查员应根据其将要执行的任务而认真选择。应要求他们有礼貌、穿戴整齐、可信赖、守时；应与应答者说同样的语言，并最好熟悉当地的经济文化和风俗习惯；调查员的性别、年龄和居住地也很重要，如有时候男性调查员难以从母亲们那里得到可靠的信息，甚至无法展开调查。

三、现场工作结束

善始善终，讲究信誉应该是公共营养现场工作应该遵守的原则。现场工作结束后，要与协助组织现场工作的合作者告别，总结现场工作经验，提出建议并感谢合作者给予的支持，获得相关人员的联系方式。保证兑现有关承诺。

第四节　公共营养现场工作管理

一、现场工作过程管理

现场工作开展过程中需要进行过程管理，一方面保证现场工作顺利开展；另一方面提高工作质量。过程管理中需要注意以下问题。

（一）现场工作人员安排

现场工作一般有许多人参加，他们常常在较长的时间内，在困难的条件下工作，因此必须做好人员安排，并保持工作人员的工作热情。每一个人都应该知道他们该干什么，什么时间干，应向谁进行报告，以及什么时间、什么地点、如何报告。

应为每一职位准备一份工作说明，与现场工作手册中所设定的各项任务相结合。准备这样的说明可以促进调查中提前安排每个人将要干什么，而且可以使每一个工作者知道预期结果是什么。工作说明不仅要详述需要承担的现场工作任务，还要详述工作量及期望的工作质量。每一个工作成员也应该熟悉其他成员的职责。此外还需要建立合适的管理和监督的等级关系和权力范围。一个现场工作组可以包括司机、调查员、体检人员等，现场工作组的大小受交通工具所容纳的人数和现场中他们需要使用设备的限制。

为保持工作人员的工作热情,应及时发放薪水和津贴。在项目结束后,可根据组织管理、培训考核结果、现场调查各项工作内容的完成情况、现场调查质量控制等对表现突出的单位及个人给予表彰和奖励。

(二) 现场用设备和物资使用

现场工作中的必备设备和物资应在项目计划中就已经考虑到。买什么样的设备受本地区其他人用过什么设备及他们认为是否满意的影响。如果地方能力有限,那么在订购设备的同时还有必要订购一些基础设备。

现场工作手册应包括全部设备的清单,并且在工作手册中说明这些必备设备的保养及质量控制。项目负责人和设备使用者应清楚设备的性能、状况,确保设备在需要时性能良好,并注意按期校准,对机器设备进行定期维护和保养。贵重设备要由专人负责,妥善保管,设备损坏的要及时维修。交通工具的供应也很重要。运输人员和设备都需要仔细地计划,如果可能的话,要有备用设备和交通工具,以防可能的意外。可指定一个工作人员专门管理设备。

(三) 现场工作资金管理

项目负责人一方面要制订一个符合实际的经费预算方案;另一方面要记录经费支出情况,支出的详细记录应与收据保存在一起,因为作为高级工作人员,必须对发放的和支出的所有资金进行说明。在必要时可根据实际情况对经费支出做出适当的调整,原则上应将花费控制在预算内。大型研究有必要雇佣一位管理人员专门负责这些事项,因为此类事项费时费力。

(四) 现场工作记录

做好现场工作资料记录,资料记录可记载现场活动是否按计划进行,工作是否达到了预定项目目标,是否符合上级要求。记录还能及时告诉我们工作正进行到哪一步,是否符合计划要求。如果计划执行中有错误,可以及时改正,以达到预定的项目目标。良好的工作记录应包括:记录工作计划和工作进展情况、经费和工具的使用情况;有记录标志,明确易懂;有条理,易于查阅;重点突出;用少量的时间就能记好;及时记录。

项目执行过程中,大量的现场资料要归档管理。项目档案内容应包括:①详细的目标和规划;②项目参加者名单和有关材料;③专项活动的详细计划记录,如示范、短期训练班、进行项目现场考核计划和记录;④有关项目收支账目;⑤项目时间花费记录,现场工作记录;⑥各协作单位的工作汇报和小结;⑦现场工作总结报告 项目进展报告,经费报告,项目总结报告和评价报告。

上述内容有的部分,如项目报告内容,是在现场工作总结时产生的,在现场实施阶段可以随项目实施的进展逐步积累相关资料。

(五) 现场工作质量控制

质量控制是公共营养现场工作实施与管理的重要内容。现场调查质量控制的目的是要通过采取一系列的措施,使现场工作获得的数据与真实情况之间的差距控制到最小的程度,保证现场资料的可信性。一个项目如果没有良好的质量控制系统,该项目所取得的成果是值得怀疑的。因此质量控制应贯穿于现场工作的全过程。

质量控制的措施可以从以下几个方面考虑。

1. 健全组织机构 组织成立专门的现场工作领导小组、技术执行组、专家顾问委员会及项目办公室，全面负责领导、协调、落实现场有关工作。大型项目的现场工作可成立国家级、省级、县级等多级质量控制工作组。

2. 建立统一现场工作质控方法　按照抽样、询问调查、医学体检、实验室检测、膳食调查、数据管理等工作内容统一确定质量控制方法。例如，医学体检时，对测量身高、体重、上臂围等指标的测量步骤进行统一规定，并统一测量工具，测量时对测量工具进行校准，并经常检测其准确度。

3. 建立内外监督机制　项目技术执行组在现场工作队内建立内部质量控制监督小组，监督检查各级质量控制工作队的工作；项目领导小组还可邀请有关专家组成工作队外部质量控制监督小组，对项目实施过程进行外部监督及评价。

4. 调查员培训和预调查　所有调查人员必须参加项目组织的统一现场工作培训、通过统一考试并取得参加相应工作的合格证书。在正式调查前还有必要组织预调查，检验调查设计是否合理可行，调查表是否需要修改或补充。预调查可以同现场调查员培训相结合，通过预调查使现场工作人员熟悉调查内容，准确完整地填写调查问卷。同时，还可对调查员进行标准化，以判定每名调查员的调查质量，分析和找出问题的原因，对每名调查员进行针对性指导，提高测定的准确性和精确性。

5. 质量考核　调查现场应设计质量检查制度。在正式调查的当晚检查白天完成的问卷填写质量，发现错漏项目应在第二日予以补充询问和更正。如果缺乏每日检查的制度，等到工作结束时再进行质量考核，这样错漏项目过多，纠正起来就很困难。

考核调查工作质量，可以在已经完成的调查户数中随机抽样2%~3%进行重复调查，观察两次调查结果的一致性。两次调查间隔时间应尽量接近，时间间隔长，出现结果之间不一致性，除了调查询问误差外，还可能由于被调查情况确实已经发生了变化。

（六）现场工作资料处理

调查现场结束后，需要对收集到的资料进行资料的录入、核对和整理，并进行统计分析。资料收集后应尽可能快地输入计算机，这样一方面可减少资料丢失的机会；另一方面也可尽可能早地用计算机进行范围和一致性检查。这一部分的质量控制也很重要。必须对资料录入和分析人员进行培训。数据进行双录入，以检查资料的准确性。如果调查的地区较大，那么将输入资料的计算机设置在离现场较近的地方最好，这样可以减少现场调查表运输的距离，发现出来的错误可以快速核对原始调查表进行更正。问卷和现场调查资料要按顺序妥善保存，以方便在改错时查阅。

要根据研究类型的不同选择合适的数据录入和分析软件。例如，对中小型研究，可用Epi Info软件，该软件为免费软件，可以进行问卷设计、资料的录入、简单的制表和统计分析。对于涉及大量个体的大型现场研究，就需要一个能处理很复杂资料的软件包进行统计分析，如SAS统计软件包，对数据的录入也需要设计专门的录入程序。有时录入软件和分析软件不同，就需要在不同软件包之间进行数据的转换。对数据的统计分析在此不作介绍，可参考统计学和流行病学教材。

二、现场督导

现场督导是根据现场工作目标对现场工作质量及工作进展进行测量的常规过程，发现实际工作与计划之间的偏差，并及时纠正偏差。现场督导的内容包括对所开展的现场工作数量和质量进行考核，根据工作计划对现场工作在多大程度上得到实施进行评估。按照现场督导的目的可以分为随访性督导、检查性督导与评估性督导。

现场督导要建立良好的工作机制，形成制度，从而引起现场工作人员对督导工作的重视，保证督导工作的顺利开展。现场督导工作有专人负责，明确职责和权限。在经费预算中要把现场督导单独列出，以保证督导工作经费。制订详细的督导工作计划，避免"走马观花"式的现场督导。建立客观、公正、合理的现场督导指标体系。要赋予督导工作组检查和纠正现场工作的权利，从而使现场督导过程中发现的问题得到重视和解决。

现场督导工作一般采用如下方法。

1. 听取工作汇报 召开小规模的现场工作人员会议，听取现场工作的情况汇报，了解现场工作开展情况、工作进度、遇到的问题及恰当的解决方式。

2. 查看工作资料 查看现场工作报表和资料，审查现场工作规范程度，发现可能存在的问题。

3. 专题组讨论 专题组人们对现场工作进行开放性的评论并给予意见和建议，从而对现场工作进行定性评估。

4. 现场观察 通过现场观察了解开展现场工作社区的具体情况，实地发现问题，为改进现场工作提供有价值的信息。

5. 现场访谈 通过问卷调查或半结构访谈形式进行现场访谈，对现场工作的开展情况、工作进展、范围、发现问题等进行调查。

第五节 公共营养现场工作评价

评价是对一项公共营养现场工作的成功程度进行的系统鉴定。在现场工作结束后，把现场工作目标所规定的任务与活动所带来的实际变化、社会效益和成本效益进行比较，以鉴定现场活动是否取得成功。

一、现场工作评价分期

按照项目执行周期的不同阶段，有如下三种基本类型的评价。

1. 执行前评价 是在现场工作计划完成后，正式实施前进行的评价，它通常用于评价现场工作计划的可行性。

2. 执行过程中评价 是在现场工作执行过程中所进行的评价。依据从过程评价中所获得的信息，对开展的公共营养现场活动进行修改及调整，使之能够服务于目标人群并按时间计划进行。通常情况下过程评价只应对项目进行细节的调整，而不应该对现场工作计划进行大的修改。因此，它可作为早期的警告系统，可及时调整管理方面的问题并能改变预想不到的内外部变化，使整个现场工作进入良好运行程序。

3. 后期评价 是在现场工作执行阶段完成后进行的评价。通常是为提供资金的组织及管理者所做的评价。后期评价可使现场工作有一个圆满的结果，并对其他类似项目规划的有重要参考价值，还可决定是否值得再次进行同样的项目。典型的后期评价内容应包括具体操作状况、项目的直接与间接效果及项目的远期影响。

二、现场工作评价目的

在制订营养现场工作评价技术方案前,确定评价的目的是很重要的,评价的目的决定了评价中所用的技术及指标。进行评价往往有以下几个方面的目的。

(1) 现场工作是否按预定程序进行管理。
(2) 现场工作开展过程中是否更改程序以改进活动。
(3) 现场工作是否用较少的投入得到了相同的结果。
(4) 现场工作是否达到了预期的目标。
(5) 现场工作是否扩展该活动到新的地区。

三、营养现场工作评价指标与内容

评价不仅涉及现场计划的结果,也可以将评价中获得的经验和知识应用于今后项目之中。例如,经评价发现某营养改善措施成本低而社会效益高,那么可应用到今后类似情形的项目中去。另外,对于未达到目标的活动事项,应认真分析原因,加以修正,再应用到另一项目中去。

(一) 基础性评价指标

1. 投资(input) 指对开展项目所投入的资源(经费、食物、材料交通等)和服务方面(劳动力、后勤等)的评价,如经费是否到位、使用是否合理等。

2. 成绩(output) 是与投资有关的结果,也是对执行系统效益的评价,如项目的覆盖率、营养素缺乏人群数目的减少、遗漏率等。如果没有对项目执行系统的评价,就不会看到成效。

3. 效果(outcome) 指改善措施对营养健康状况的改变,以及产生精神行为和生理变化的效果,如知识的提高,观念的转变,发病率、死亡率的变化,儿童生长发育的改善等。

4. 效益(benefit) 评价营养与健康状况所带来的远期社会效益和经济效益,如提高劳动生产率,改善智力、增强体力,延长寿命,提高生活质量,降低医疗保健成本等。

(二) 阶段性评价指标

1. 中间指标 用以检查计划和管理执行情况,了解计划的执行所处的状况,有效还是无效。

2. 效果指标 用以表明营养改善项目项目是否改善了营养状况及其相应的成本。

(三) 现场工作评价内容示例

营养改善项目对农村贫困地区营养状况的改善是切实可行的,同时也是一项低成本高效益的措施。下面以此为例就有关具体评价指标进行说明。

1. 人体测量指标 营养评价中通常所用的指标是体格测量结果,这些测量结果以年龄别体重、年龄别身高、身高别体重或上臂围表示。这些资料相对容易收集、只需简单培训,对工作人员的专业水平要求不高。

对学龄前儿童进行的体格测量可作为家庭健康状况有用的代表指标。针对项目目标,就其对营养的影响、结果及效果进行测评。体格测量虽不能反映因果关系,但是可提示某些类型的家庭是否存在营养不良或有发生营养不良的危险。

2. 膳食指标 调查收集有关个人或家庭的食物消费资料。测量的方法包括食物称重、膳食回顾和食物频率法以分析和评价膳食结构。

使用食物消费资料的缺点：要收集到精确的资料是极其困难的，并且需要相当的技能和对计算人员的培训。还容易出现多种多样的错误。如用于项目评价，食物消费资料需要有很好的基线资料（最有用的是对同一调查对象进行的评价研究），以便进行比较。然而，食物消费资料是评价项目营养干预效果的很好指标，其不仅测量了食物摄入量的变化，也可与收入资料一起，对食物支出占收入比例与膳食是否适宜进行比较。

3. 人口统计学指标 婴儿死亡率经常被作为反映营养状况以及社区卫生服务、生活水平及环境卫生的综合指标。和体格测量一样，婴儿死亡率不是一个特异的指标，但却是一个相当有用的指标。资料可以通过临床收集2岁以下儿童死亡率的方法来获得，或作为家庭问卷的一部分，记录具体时间范围内的死亡率。

4. 临床和生化资料 近年在某些地区由于技术和仪器配备的改进，一些临床和生化指标也被应用，如测定血红蛋白对人群贫血发生率进行评价。这种改进可能会加大生化指标测定的使用频率，如将某些特定的临床检测结果（如消灭某种特殊的寄生虫病或促进孕妇的体重增加）作为项目目标的一部分。

5. 社会-经济学指标 提供有关个人、家庭或村庄的社会-经济学方面的指标。这些指标中包括财产指标，如房屋的数量、类型、建筑材料及平均每个家庭成员的住房面积、拥有的土地面积；卫生指标如垃圾处理方式、厕所设备类型；饮用水来源。尽管这些指标本身并不能测量营养状况，但所有这些指标均与营养状况呈正相关。

第六节 撰写公共营养现场工作报告

一、现场工作报告的意义

公共营养现场工作结束时都必须准备一份综合性的文件详细阐述现场研究过程和全部结果。这份文件可作为研究人员的永久记录，并能够给所有希望准确了解该项研究内容的人提供参考。

二、现场工作报告的构成

一份工作报告一般有四个部分。首先是介绍背景和目的。背景介绍应简明、扼要、切题，对一部分重要文献进行小结，说明进行研究的原因。还应介绍该研究课题的总目的（目标）以及若干具体目的（目标）。第二部分介绍研究方法。应交代清楚资料的来源、时间、地点、样本的代表性、如何避免偏倚的产生。第三部分撰写结果与讨论。一般科学研究将结果和讨论分开写。应对收集来的资料进行认真分析，提炼出资料或数据的真正含意。最后部分是结论，要总结前面涉及的问题，将与讨论有关的结果进行简单的概括。可对进一步深入研究提一些想法，为推广研究成果提出建议。

三、现场工作报告的用途

　　除了书写完整的现场报告之外,研究者还有责任以适当的形式向各有关方面通报有价值的研究发现。首先,应向那些由于他们的参与才使研究得以实施的人们汇报研究成果。对研究参与者及其团体,需要采用外行能够理解的方式书写文件来描述研究发现。另外,可召集社区和行政区领导开会解释和讨论研究发现或者举行公开会议,可邀请适当的相关部门官员参加。其次,研究结果应当以正当形式报告给当地和国家卫生政策和决定的制定者。结果报告应当完整、简明,因为许多相关人士往往没有时间或兴趣来研究所有的细节。再次,必须为国家或国际上的权威杂志准备论文。这些论文的篇幅通常应小于前述的综合性文件。所采用的格式通常是由专门杂志指定。由于不同杂志拥有不同的读者群,因此在不同的杂志发表研究的不同内容,这对把研究结果最大限度地传达给有关读者是非常重要的。

(王惠君　张　兵)

参 考 文 献

葛可佑. 2004. 中国营养科学全书. 北京:人民卫生出版社.
叶临湘. 2009. 现场流行病学. 北京:人民卫生出版社.
翟凤英,张兵. 2009. 公共营养. 北京:中国轻工业出版社.
张琳,李国红,郑志杰. 2012. 公共卫生伦理学简论. 生命科学,24(11),1344-1350.

第十四章 公共营养改善

第一节 概述

营养改善（nutrition improvements）一般是指采用膳食营养干预措施提高营养不良人群的营养水平，以促使最终恢复营养健康状况的活动。我国 2010 年颁布的《营养改善工作管理办法》对营养改善工作定义为：营养改善工作是指为改善居民营养状况而开展的预防和控制营养缺乏、营养过剩和营养相关疾病等工作。

营养改善是有规划的活动，其目的是解决具体营养问题，改善高危人群的营养状况。目标是为达到目的而制订的具体可以量化的指标，如通过 3 年的努力使某地区 2004 年孕妇和儿童的缺铁性贫血发病率较 2001 年降低 1/3 等。因此，制定合适的改善目标是解决营养不良问题的先决条件。营养问题属于公共卫生问题范畴，必须通过政府、社会团体、私营部门和学术界在内的其他利益相关者合作解决，也需要通过营养政策、食品（量与质）安全管理等手段确保国家、地区及家庭的经济安全，确保处于营养不良风险的人群营养健康状态的恢复。

选择营养改善措施的原则有几方面：①建立选择具体营养干预措施的标准，并按其重要性大小的顺序排列；②在任何情况下，干预措施与所需解决问题的相关性（relevance）是最重要的选择标准；③选择过程应从标准开始，不应从干预开始。对每个干预措施，按其符合标准的程度给予评分，并对各项干预措施进行比较。

联合国粮食及农业组织（FAO）列举了常见的营养改善措施，具体包含 18 项措施：儿童及孕妇辅助食品监测、营养教育、社区营养监测、营养康复中心、营养与健康保健、母乳喂养促进、食物强化、断乳食品、配方食品、初级卫生保健、食品储藏、特殊营养素的分配、保护性食品的生产、食品补贴、食物票券、食物的社会市场、食物的处理和配备。

选择具体营养改善措施的步骤如下。

1. 确定营养不良的高危人群

（1）分类列出靶人群，分类包括年龄、职业、社会-经济状况、居住情况、民族及其他。

（2）界定目标人群的营养不良问题。

（3）表述对每一目标人群的干预目标。

2. 优先选择改善措施的标准

（1）干预措施的选择取决于：目标人群中营养不良的严重程度、性质和原因，政府或有关部门的既定项目，每项干预措施的特点。

（2）FAO 选择干预措施的标准（1983 年）如下。

1）相关性：指一项干预措施的适当性，能解决营养问题和改善营养状况。

2）可行性：指一项干预措施按照执行的基本要求是可行的，以及执行的成功程度。

3）整合性：如果一项干预措施能成功地整合于已存在的基层建设项目和部门项目，该项目则优先于其他项目。

4）有效性：一项干预措施的有效性反映其实现目标的程度。

5）确定靶人群：此标准指鉴别和达到靶人群的可行性。

6）成本效益核算：一项干预措施可能产生直接或间接的经济和社会效益。成本效益核算指干预措施的成本与可能产生的潜在效益之比。

7）易评价：指目标指标是否具有可测定性。

7）转为长期项目的可能性：指干预措施的可持续发展性。

对以上标准选用，可根据实际情况而定，不一定全都选用。

3. 确定干预措施　确定相关的干预措施应基于对营养问题原因的全面分析。相关的干预措施应能解决营养不良的问题，选择干预措施的实用方法是制订一个简单的表格进行比较（表14-1）。

表 14-1　鉴别具体的营养改善措施

标准（按重要性大小从上而下排列）	干预措施					
	营养教育	营养病房	营养与健康	儿童辅食喂养	社区营养监测	断奶食品
对营养状况的影响	低	中	高	中	低	中
评价的容易度	低	高	中	低	中	中
执行的可行性	中	中	中	中	低	高
参与性的增加	高	低	中	低	中	中
成本与效益	高	低	中	低	高	中

表 14-1 中所选用标准的重要性大小由规划者根据实际情况而定。一旦确定各标准的重要性，也就确定了标准在表格中的排列顺序。如果将上表中的干预措施按对营养状况的影响排序应为：营养与健康、营养病房、断奶食品、儿童辅食喂养、社区营养监测和营养教育。如果将措施按成本与效益排列，就会产生另一套干预措施的排列序位，即营养教育、社区营养监测、营养与健康、断奶食品、营养病房和儿童辅食喂养。

应当注意的是，用简表选择改善措施时，很容易使用评分的方法来量化这个过程，即给高、中、低三个档次不同分值，并赋予每一个措施一个权重系数等，这些做法显然是不对的，因为：①高、中、低之间没有明显的线性关系；②高和低之间的范围在不同的干预措施之间的差异很大；③同改善措施间的标准相比，定性意义上是有效的，但基于我们目前对营养干预措施的了解，还不能做定量分析。

在将前一步骤所确定的改善措施纳入项目之前，应按标准做进一步的分析，此步骤类似于可行性研究。查阅相关的文献，向熟悉该领域的专家和当地群众代表咨询都是很有必要的；同样，也需要广泛地收集利用其他相关资料。完成此步骤后，所选定的改善措施就能融合于项目的形成和设计过程。

第二节　营养改善项目的实施与管理

传统观念认为营养不良（包括营养缺乏和过剩）只是一个健康问题，目前则已广泛认识到营养不良是一个发展问题。因此，各国均制订了各自的营养目标。我国卫生部 1997 年颁布了"中国营养改善行动计划"，在该行动计划中提出了总目标，并明确指出："将提高居民的营养水平作为国家长期发展战略的一部分"。要做好这一工作，达到预定目标，必须高度重视项目的实施和管理。要对项目进行有效的计划、实施和管理，创建有利于项目实施的相关条件，如符合要求的人员、资金、设备及后勤保障等。

一、实施过程与管理

营养改善项目的实施过程同时也是项目的管理过程。在项目的执行过程中，为了达到效果和效率的统一，用经济、高效的手段达到预定目标，就必须在项目的实施过程中加强管理，所以项目的实施过程与管理应该有效地结合在一起，将良好的管理工作贯穿于项目实施的全过程中。在营养改善工作中，做好管理工作是至关重要的，营养改善工作者掌握了项目实施过程中的管理方法，就能科学地拟定适合当地实际情况的工作计划。以便使各项工作能按预定时间完成，同时也可节省人力、物力，使效率明显提高，效果达到优良。

管理工作已发展为一个完整的系统，即管理系统。当今社会人们非常重视管理工作，一个良好的管理系统可以创造无穷的经济效益和社会效益。尤其近几年，管理的诸多理论应运而生，人们对管理的研究已较透彻。但是，管理是一门永无尽头的学问，随着社会的发展而不断更新。这里，我们仅就营养改善项目中的实施过程和管理进行探讨。营养改善工作的核心就是现场工作，做好现场工作计划与管理，营养改善工作就能有条不紊地进行。就能做到经济、高效，达到预期的目标。图14-1是经典的现场工作计划与管理步骤。

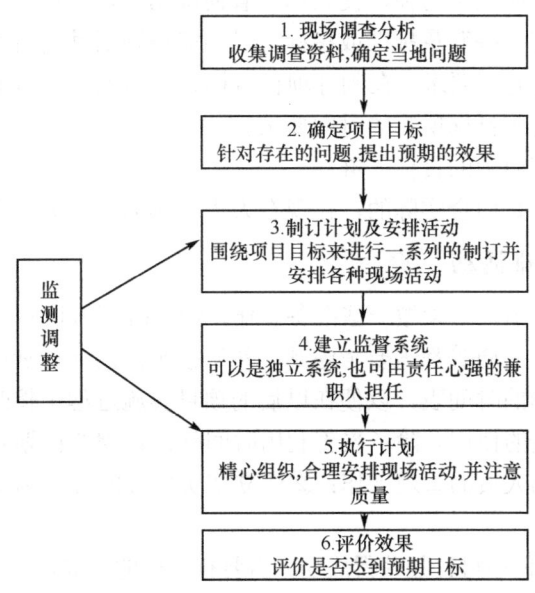

图14-1 现场工作计划管理步骤

（一）收集资料，了解情况，确定当地问题

在执行一项计划之前，只有充分收集资料才能全面了解情况。收集资料要做到细致、全面、准确。有了这些资料才能知道需要做什么，才能使计划符合现实情况，才能权衡计划执行后的效果。例如，计划对一个地区的学前儿童开展营养改善工作，首先我们应该对该地区学前儿童的营养状况进行全面的了解和分析，找出存在的问题，这些问题的严重程度及造成这些问题的原因。这样就使我们心中有数，知道在当地应做哪些方面的营养改善工作。

在收集资料、了解情况时应注意以下几个问题。

(1) 资料应能说明问题,所以在收集资料时应深入群众,建立良好的群众关系,并注意质量控制,这样才能收集到真实而准确的资料。

(2) 应有科学的指标,如要确定当地学前儿童贫血情况,不能仅凭感官指标和自觉症状来确定贫血与否,而应测定血红蛋白等生化指标。

(3) 要有代表性,在资料收集过程中,为了节省时间和经费,要求选择少数人代表整体,而不是收集每个人的情况,这种选择能代表整体状况的方法称为抽样,抽样中的主要问题是如何选择有代表性的样本。其一需要确定目标人群,如学前儿童与孕妇相比,他们的营养需要时不同的,在后面的评价工作中,必须按不同的目标人群进行评价;其二在目标人群中必须确保每个人都有被抽取的机会,并且被抽到的机会是相同的;其三是样本的数量应足够大,原则上抽取的人数越多,代表性就越大,所以在抽取样本时要确保一定的数量。

(二) 确定项目目标

项目目标就是我们通过开展一项具体活动希望获得的成果,或希望达到的目的。项目目标要详细、明确,应便于实施、符合实际和可以评价。

制定项目目标要注意以下几点。

(1) 项目目标描述应准确易懂,使人们一看便确切知道应该做什么。

(2) 项目目标应有一些衡量标准或指标,以便能辨别活动是否开展成功。

(3) 项目目标应有时间要求,在制订项目目标时要附上一份详细的时间表,既可以明确进度,也可以知道达到目标所需的时间要求。

(4) 项目目标应有明确的目标人群。

(5) 项目目标应该是切合实际的,在现有人力、物力、财力等情况下可以完成。

(三) 制订计划及安排活动

在开展一项工作之前,必须做一些准备工作,什么时间做这些工作及在实施这项工作中所需的物资、设备、交通等都需要考虑到,然后按全部活动计划做出经费预算。

(1) 列出详细合理的时间表,以便在以后的项目实施过程中按时间进行。

(2) 妥善安排时间的使用。除了妥善利用时间外,也需要计划好人力、物力、资源的使用:①做好项目参加人员的管理工作;②建立切实可行的办公制度;③做好资源使用记录;④及时进行评价。

(3) 编制预算。要使项目计划获得成功,需要有合理的预算,在编制预算时应该:①说明你需要钱的项目;②说明什么时候需要钱;③每一项活动都应附有估计费用;④估计费用时应考虑到物价调整因素,是否将参加者的误工费、补助费考虑在内应视情况而定;⑤细致地计算活动总费用。

(4) 安排活动,即工作日程进度表。在项目执行期限内需要开展哪些活动是项目负责人对项目整体监督的基础。原则上,要求负责执行不同人物的人员或组织应参与进度安排,因为让他们知道每个项目的细节及完成任务所需要的时间是非常重要的。工作日程进度表一旦确定,一切活动均应按计划进行。

（四）建立监督系统

可以是一个独立的系统，也可以由具有责任心的兼职人员担任。一个良好的监督系统能使项目负责人及时获得以下新的信息：①正在进行的工作；②完成情况；③遇到的困难和问题是否已解决，如何解决，结果如何，对质量是否有影响，如未解决，应由项目组提出解决的建议方案。获得信息后，项目管理者应根据具体情况及时做出决定。

做出决定是项目管理者的另一个主要职责，为了及时做出正确的决定和行动，应能做到项目负责人和执行小组经常性的双向交流。为了使交流不流于形式，应制订出交流的时间、地点和方式。

（五）执行计划

执行计划主要应加强对人员的管理和明确的分工，让参加者都明白自己应该做什么、怎么做、何时开始、何时结束、应注意哪些问题、遇到问题如何进行调整。

1. 分摊（配）任务　是项目负责人的一项非常重要的工作，项目负责人必须充分了解每个项目参与者的工作能力、特点和责任心，根据不同的工作特性，将每个人安排在合适的位置。在赋予特定的人或团体来执行各种任务时，还应考虑几点：①执行任务的专家是否明确他们的责任，他们的工作是否到位，并注意倾听专家的意见或建议；②当2个或更多人共同完成任务时，要注意人员之间的搭配；③分工要合理。

2. 监督和技术支持　监督是项目实施和管理的重要内容，而技术支持也是项目实施和监督的重要保障，所以，监督和技术支持具有同等重要意义。要注意以下几点：①明确任务和责任；②明确操作过程和技术关键控制点；③能否发现问题；④在工作人员遇到困难时要给予技术支持。

3. 经费　项目负责人一方面要制订一个符合实际的经费预算方案（除了考虑主要开支外，还应考虑物价的影响和解决可能遇到的困难）；另一方面要记录经费支出，以便及时了解情况，必要时做出适当的调整。原则上应将花费控制在预算内。

4. 维护设备　项目负责人和设备使用者应清楚设备的性能、状况，应确保设备在需要时性能良好，并应注意按期校准，并注意对机器设备进行定期的维护和保养。

5. 协调　一个项目通常是由不同单位和人员共同完成的，他们之间的协调非常重要，有时这是决定一个项目能否成功地关键问题，因此，它也是项目负责人的极端重要的工作内容。协调包括以下几个内容：及时合理的人员、设备工作的调整和调配；及时了解和解决小组内和组间人员在配合方面的问题；了解经费支出情况，并及时调整经费分配不合理现象。

6. 评估预调查　执行情况评估的内容包括：①是否达到了预期目标；②是否存在与实际不符合的情况；③是否有遗漏的地方；④经费、设备、人员安排是否合理；⑤是否能进行有效的质量控制。

评估的主要依据是已经收集到的资料，根据质量控制的要求对其进行评估。

在收集资料时，应特别注意以下问题。

（1）应按预先设计好的表格进行资料的收集。

（2）注意资料记录的完整性。记录资料的意义是能使你很快地了解到活动的进展情况，事后又能清楚得说明在工作中发生的问题。完整的记录资料要求应包括：①记录应便于理解；②有条理；③记录主要的问题；④只需要少量的时间就能记好；⑤记录应及时、准确;⑥记录还应包括经费和工具的使用情况。

(3) 保存资料。保存项目中的全部资料不论对项目的实施还是评价都是非常重要的。所以,建立好的档案是项目管理的一个重要内容。建立档案应达到下列要求:①确定的档案标题;②标题写在明显而统一规定的地方;③确定怎样编排档案顺序;④确定有效档案的顺序;⑤资料应完整;⑥存档应及时;⑦书写应清楚;⑧有借阅登记制度。

7. 修改项目计划 应通过项目评估对不合理的计划进行修改,以保证项目活动符合既定目标和目标人群。在执行过程中可能遇到问题,条件也可能发生变化,所以需要修正计划。

(六) 评价效果

评价是否达到预期目标。

二、实施营养项目的条件

实施食物和营养项目的重要条件是要依靠政府,建立健全组织机构,这是一切工作的基础和重要保障。图14-2显示我国卫生系统中营养工作的组织结构。

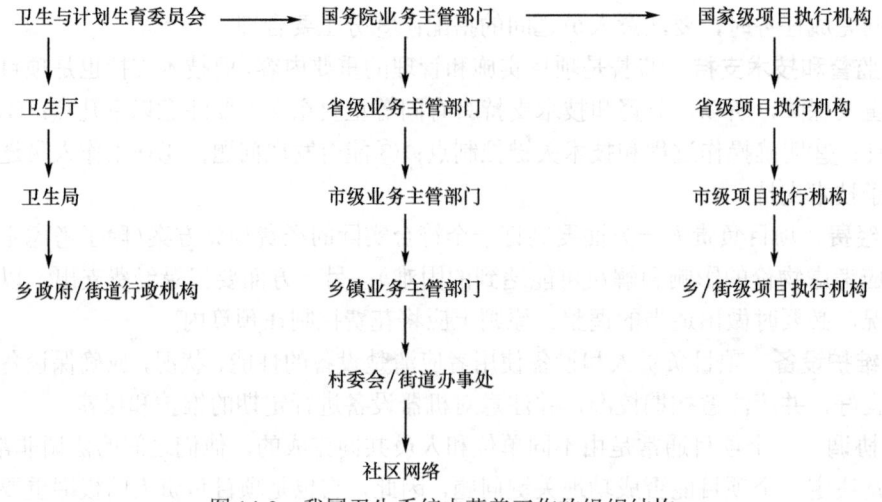

图14-2 我国卫生系统中营养工作的组织结构

(一) 政府重视

营养项目负责人要深知没有政府的重视和支持任何项目都不会最终取得成功。所以,一方面在选择项目时要找到政府支持的依据,尽量使项目符合政府的意图;另一方面要争取政府的重视。如果该项目不在政府的意图之内,应试图说服决策者,让他们知道你所从事工作的重要性并最终得到他们的支持。

(二) 组织领导

营养项目的计划和实施需要有具体的组织领导。中、长期目标项目的组织机构应该由政府领导,小项目的组织机构中的领导者应由具有决策权的行政负责人承担。因为具有决策权的行政负责人是项目能否正常实施的决定因素。

（三）业务主管部门的支持

业务主管部门与政府机关有较多的接触，他们了解政府的意图，并在许多情况下参与制订国家或地方的发展计划和项目。此外，他们在业务方面具有特别重要的指导意义。因此，争取业务主管部门的支持对项目的实施和管理是至关重要的，是项目良好实施和管理的重要条件。

（四）下级部门的配合

营养项目能否在基层得到实施，关键在于下级部门是否配合。要做到这一点必须首先争取行政机关的支持，通过他们传达指令，以引起下级部门的重视和支持。其次，应进一步说明项目的社会效益和经济效益，充分调动基层的积极性。

（五）社区参与

社区的积极参与是营养项目成功的关键因素之一。推选当地的志愿人员作为重要的联络人，他们能够沟通各种关系，在项目实施前他们会告诉你应该如何接近社区和住户，在项目实施中他们会告诉你怎样才能取得群众的信任，怎样才能在农村发展委员会/居委会和住户之间进行沟通。这些志愿者一定要有领导才能，关心社区的福利，并志愿服务。他们协助实施营养和健康服务，将食品和其他资源发放给目标人群，启动环境卫生运动，促进家庭食物生产及家庭和社区菜园。他们也能在母亲/青少年/农民课堂上传授基本的食品和营养知识，他们注意监测社区的发展。他们在村里起到改善营养的使者作用，并给村领导提供某些技术支持。社区应参与以下活动：①确认问题和解决方案；②决定目标；③提供资源；④规划策略；⑤明确项目活动和任务。在制订社区营养改善计划时需要考虑群众的意愿和计划，征求他们的意见，并最终将国家的政策和项目落实到具体行动上。社区在营养项目计划、实施和评估中起到重要作用。

（六）适应和培训（分级培训）

对不同层次的人员进行食物和营养方面的培训和适应性训练。

1. 行政领导　应认识到解决食物和营养问题是他们的主要职责，应成为当地发展项目的一部分，这一点可以通过咨询会议和宣传来完成。培训活动可以通过研讨会方式开展，最终能让他们提出如何对营养项目做出贡献。由一个经过培训的人来说服其他的行政领导将产生很好的效果。

2. 计划者和实施者　应认识到营养在发展中的重要性，并受到营养规划、营养项目管理、实施、监测和评估培训。培训形式可以使短期、非学位或知识更新的培训班，有条件的地方也可以是学位班。

3. 工作人员　传达营养知识和营养改善技能需要训练有素的基层医务人员、教师、农学家、营养学家等共同完成，所以营养工作的管理体系中的工作人员应由多部门、多学科及政府公务员和业务技术人员共同组成。而且这个体系应自上而下人员逐渐增多，不论哪一级的营养工作人员都应该通过卓有成效的培训。比较经济简便的培训方法是逐级开展培训工作，直到基层执行人员。另一种培训方法是不分哪一级的工作人员直接由这个管理系统中最高级别的专家授课，这种方法效果较好，但不经济，接受培训的人数有限。在实际工作中视情况将两种方法结合起来。

4. 志愿人员或当地的临时工作人员　不需要懂太多的理论知识，而更应明确任务方向和实际操作。在这些人员的帮助下，使服务和技术能更加有效地传递到目标人群。此外，经过培训后的志愿人员或当地的临时工作人员可成为和高层机构联系的纽带。

5. 私立机构的领导　私立机构是一支不可忽视的力量。有时在经费支持，技术援助方面起着非常重要的作用。要与他们沟通，争取他们对项目提供帮助。

（七）协调、监督和技术支持

不同项目活动之间的协调是很必要的，特别像营养这样的多部门合作项目。让每个部门知道大家都在做什么工作是成功进行协调的关键。在相关项目人员的参与下进行横向和纵向的协调工作，这将确保组织内部活动的顺利进行。

项目负责人在协调中应起领导作用。他必须能够洞悉营养项目的多方参与情况。而不只是发挥其所在部门的领导作用。更重要、更困难的是应注意做较高层部门的协调工作。

监督是自上而下纵向的，一般沿线性机构的分层顺序进行。"没有不好的工作人员，只有不好的管理者"，所以项目是否能成功关键看管理者。应注意的一个事实是基层工作人员或领导通常是多面手，并不属于某个机构，较难以监督，因此，当地政府可以委派行政长官、执行人员或基层协调人员作为监督人员。

来自技术培训部门持续的技术支持是所有项目成功的关键。

（八）后勤的支持

项目的良好实施需要有充足的资源和后勤支持。资源的匮乏总是经常遇到的一个问题，所以应慎重选择并仔细筹划，既不造成资源的浪费也不缺乏，使之获得最大的效果。

资源可来自多个方面，举例说明如下。

（1）国家政府部门。支持全国的项目，如食品强化和营养教育、贷款计划、支持运输系统等。

（2）当地政府部门。对社区的专项项目，如补充食品、营养康复、供水、社区食物生产、现场协调员和多面手的辅助支持等。

（3）社区和私立机构。在力所能及的情况下提供人力和物力支持，如专项投入，志愿工作者等。

（九）信息支持

计划、实施和评估食物和营养项目需要有一个数据库支持。这包括：①食品生产；②家庭内部食物消费；③收入和财富的分配；④食物价格；⑤营养不良患病率；⑥营养缺乏病；⑦健康统计；⑧人口学资料；⑨基础建设；⑩人力资源等。项目相应机构应建立数据库。数据库应能快捷有效地为项目监督和评估提供必需的信息。

（十）监督和评估

在计划执行过程中应定期进行现场考核以确定项目进度、存在问题和限制项目进展的因素。定期进行项目内部、外部评审来评估项目完成情况，有时也可做一些必要的调整。通过效果研究确定是否能如期达到预计的目标和效果。另外，通过运作后考核所用方法是否恰当，包括项目投入、进展、结果和成本效益分析。

总之，营养项目执行过程中的重点在于建立监督机制、合理管理人力、物力和资金，以达到既定目标并获得最大收益。内容包括预算、安排工作日程、分配任务、监督和协调，以及使用资金、设备和资源情况，评估效果，对计划做必要的调整。

一些条件有助于提高项目效果：政治承诺；功能良好的组织结构；社区参与；人力资源的开发；协调和监督；后勤的支援和运作研究。

三、项目的评价

评价是对一项活动的成功程度进行系统的鉴定，把目标所规定的任务与活动所带来的实际变化进行比较，以鉴定一项活动是否取得成功。评价是任何项目必不可少的组成部分，它是一个连续的过程，它是衡量项目的进度和效率的有效工作。完整的评价应包括：目标是否达到、取得什么成绩、活动的经济效益和社会效益如何。

评价应注意以下几点。

（1）营养改善评价指标包括：①投资情况；②有哪些成绩；③取得哪些效果；④效益如何。

（2）评价时间。评价一般有中期评价和终期评价。

（3）经济效益。资金投入是否合理（资金评价），包括预算是否恰当，开支是否合理。

（4）时间安排。评价时间安排是否恰当？时间也是效益，尤其中期评价，依据已取得的效果，调整以后实施过程所需的时间。

四、项目的质量控制

质量控制是营养改善项目实施与管理的重要内容。一个项目如果没有良好的质量控制系统，该项目所取得的成果是值得怀疑的。因此，质量控制应贯穿于项目的全过程。

营养改善项目的质量控制一般包括如下内容。

（1）对参加者的质量控制。例如，在测量儿童身高、体重、上臂围等指标时有两个方面需要进行质量控制：①合格的人员才能从事该工作；②在实施过程中应设有检查员，至少对10%的数据进行考核。发现问题及时做出调整。

（2）对检测工具（器械）的质量控制。①应统一测量工作（器械）等工具；②进行校准；③实施过程中要经常检查测量工具，器械是否有改变。例如，称重的秤应每隔30min"归零"一次，并用标准重量的物体进行对照测量。

（3）对测量方法的质量控制。首先要统一方法，如测定血红蛋白用何方法；其次是在测定过程中应至少对5%的血液做平行对照。

（4）建议设立对照组，用以排除其他因素的干扰，使达到的目标更有说服力。

第三节 营养改善的方法

按照我国《营养改善工作管理办法》，营养改善方法主要包括：营养监测、营养教育营养指导和营养干预。

一、营养监测

营养监测是对居民膳食状况、营养改善效果及营养相关疾病进行监测。

按照管理办法规定，我国的营养监测包括以下内容。

（1）不同人群的食物摄入、膳食结构变化状况。
（2）宏量营养素、微量营养素的营养状况。
（3）蛋白质-能量营养不良、贫血、钙缺乏、维生素 A 缺乏等状况。
（4）超重、肥胖及营养相关疾病状况。
（5）其他需要监测的内容。

二、营养教育

营养教育是有计划、有组织、有系统和有评价的干预，其核心是提供人们膳食行为改变所必需的知识、技能和社会服务。教育人们树立食品与营养的健康知识，养成良好的膳食行为与生活方式，使人们在面临营养与食品卫生方面的健康问题时，有能力做出有益于健康的抉择。

营养教育干预方法很多，大致可以分为营养信息传播和行为干预两大类。

通过营养信息传播和行为干预，帮助个人和群体掌握食物与营养卫生和生活方式的教育活动过程。其目的是消除或减少危害健康的膳食行为，改变营养状况、预防营养性疾病的发生，促进人们的健康水平和提高生活质量。目前，营养信息和营养教育工作已成为各国及各地区政府、卫生部门和营养界改善营养状况的主要手段。营养信息传播包括营养改善的基本技能，人们的营养素缺乏状况以及食物生产、储存、供应和分配情况等，为营养改善行为提供信息。

通过营养知识的传播，使受众的态度在一定程度上得以转变，最终达到行为的改变。营养教育的受众影视全体大众，其途径应是全方位的，如政府领导、学校课堂、大众传媒、卫生机构、群众团体、各级学会、社区协会等。

我国在营养信息和营养教育方面发展很快，国家和各地都有较健全的信息服务机构，营养信息的内容也较丰富。营养教育工作在有条不紊地进行，除通过大众传媒工具传播营养知识外，在小学开设了卫生保健课，在农村开展了"九亿农民健康教育大行动"，还在一些地区开展了营养教育课题研究，均取得了较为明显的成绩。

此外，在增加收入的同时进行营养教育，也将会取得较好的效果。

三、营养指导

根据营养监测发现的主要营养问题，确定营养指导工作重点，以预防营养相关疾病为目标，重点是营养缺乏与营养过剩的人群。

营养指导工作应当包括下列内容：①有关营养知识的咨询；②营养状况的评价；③膳食搭配和摄入量的建议；④强化食品和营养素补充剂选择的建议；⑤食物营养标签的使用；⑥社会及媒体的营养与健康课堂；⑦其他营养指导服务。

四、营养干预

营养干预应当从实际出发，结合经费、当地资源、食品供应等条件，因地制宜，循序渐进。营养干预可以根据营养不良的具体问题，采用针对性措施如发放铁膳食补充剂对贫血进行干预，也可以针对特定人群如6~24月龄婴儿发放营养包改善贫血等营养不良。

第四节　营养改善项目

营养改善项目根据不同国家或地区的实际情况而不同或有所侧重，如在经济较发达的大城市，营养改善的重点是营养过剩和不平衡的问题。相反，在较贫困地区营养改善的重点则是解决营养不足的问题。下面仅就国内外一些常见的营养改善项目进行简单介绍。

一、一般人群

（一）实施国家大豆行动计划

实施国家大豆行动计划既符合中国国情，又具有国际意义。我国的农村人口达70%以上，农民的生活水平虽有显著提高，但要消除城乡差异还需要一个相当长的历史时期。由于土地等资源和收入水平的制约，广大农民还不能像大多数城市居民那样吃足够的肉、蛋、奶、鱼等动物食物。大豆行动计划是完全适应这一要求并符合中国实际情况。利用价格低廉的大豆生产多种豆制品以补充优质蛋白质的摄入量，这一措施即使在农村等偏远地区都能做得到。大豆行动计划应与农村产业结构调整结合起来，与农民、农村、农业发展结合起来，与扶贫攻坚等计划结合起来。增加大豆的产、购、销一体化和产业规模，也会增加更多的就业机会，同时也为农村劳动力转移开辟了新路。我国的大豆行动计划自1996年9月开始，实施两年后效果评价表明，8~14岁各年龄组男生平均身高比对照组增加3.29cm，体重增加5.73kg；女生比对照组平均身高增加1.61cm，体重增加2.55kg。中学生贫血患病率下降13.1%。并且，饮用豆奶的学生体质有所增强，冬季患感冒人数明显下降，学生上午第三、第四节课上课时精神也较集中，有助于学习成绩和体育运动水平的提高。

（二）目标食品的生产

目标食品的生产是指除一般食物的生产外，针对当地营养调查和营养监测发现的营养问题，生产富含某些营养素的食物品种。政府应采取相应的政策增加其生产，其目的是增加供应，降低或稳定物价使贫困居民也买得起。目标食品的生产的一个典型例子是1983~1996年由中国预防医学科学院在全国开展的农村学龄前儿童营养改善项目。该项目开展前对当地农民的营养状况进行基线调查，根据调查结果并结合当地实际，有针对性地引导农民种植和养殖一些能改善村民营养状况的目标食品。目标食品大体上包括以下几个方面。

（1）富含蛋白质的食品：鱼、豆、花生、奶类、肉、蛋和鸡。
（2）供热食品：根茎类作物，如薯类、芋头及山药。
（3）富含维生素和矿物质的食品：深绿色、黄色蔬菜，水果。
（4）钙等元素较丰富的食品：豆及豆制品，奶及奶制品。

（三）食品强化和营养素的补充

食品中营养素的强化和补充对某些营养缺乏病的预防和纠正是必要的。例如，将碘强化到食盐中以预防和纠正碘缺乏症；将维生素B_1强化到面粉和大米中以防止脚气病；将维生素A强化到人造奶油和食用油中以预防眼干燥症；将维生素C强化到水果汁中以消除维生素C缺乏病；将铁强化到面粉、夹心饼和糖中以预防和纠正缺铁性贫血。食品中营养素的强化和补充应遵循以下几个原则。

（1）符合国家有关食品强化的政策。

（2）提倡以普通健康食物为载体。

（3）作为强化的营养素是当地食物中不足或缺乏的营养素。

（4）作为强化或补充的营养素应是该地区居民通过正常摄取食物仍不能满足生理需要的营养素。

2003~2007年在中国营养学会的支持下，中国疾病预防控制中心营养与食品安全所公共营养室在湖北省浠水县开展了"儿童型营养补充剂对学龄儿童生长发育和智力及学习能力和营养状况影响的追踪研究"项目，通过3年补充复合型的营养素补充剂，干预组的学龄儿童在生长发育、智力及学习能力等方面有了明显的提高与改善。证实了营养素补充在贫困地区儿童营养改善中的作用。

二、紧急条件下一般人群营养改善

紧急条件是指遭遇天灾或战争，区域或者家庭的生计部分或彻底遭到破坏的情况。在紧急条件下食物的救援与分配对于减少饥饿、维持敏感脆弱人群的食物安全非常必要，国际组织及我国均制订了相应紧急条件下一般人群的营养配给与改善策略。

（一）一般食品分配的具体目的

合适、合理的食物分配对于防止营养状况恶化、避免农民过早地收割粮食作物、避免食用下一年的生产资料种子（特别是粮食作物）、防止贫困状况加剧、降低食品安全风险、降低市场食物价格及提高可以用于市场交换的资源以换取家庭其他生活必需品（如御寒衣物、燃料等）具有重要作用。因此很多国际救援组织制订了食品分配的原则，并考虑到食物的可及性和储存运输的便捷性，尽量提供容易储存、食用方便的食品，如我国《WS/T 425—2013 紧急情况下的营养保障指南》就提出采用方便面、干脆面、面包等作为谷类的紧急状况下应急食品，还结合中国实际，选择榨菜作为蔬菜类的选择食品。

（二）一般人群的营养需要与食物分配

1. 紧急情况发生初期 我国建议重点关注饮水和能量的供应。

（1）每人至少1000ml饮用水/日。

（2）最低能量需要为4183kJ/（人·日）[1000kcal/（人·日）]。

（3）提供食物应至少满足最低能量需要，我国已经建议可采用方便食品。

2. 紧急情况发生过渡期（应急阶段） 我国建议男性最低能量需要为8366kJ/（人·日）[2000kcal/（人·日）]，女性最低能量需要为7530kJ/（人·日）[1800kcal/（人·日）]，最低蛋白质需要量为50g/（人·日）。基本分配食物包括谷类、豆类和食用油，有条件下提供新鲜蔬菜水果、肉类、蛋类等。

（三）国际红十字会关于食物分配、建议食物和营养素补充剂

国际红十字会建议，一份完全定量的食物，应提供能量2400kcal/（人·日），蛋白质70g/（人·日），并按照饮食习惯提供食物。每月提供食物标准：12kg谷物、4kg豆类、2L食用油及150g强化碘食盐。这样一份定量食物尚不能满足对某些微量营养素的需求，尤其是维生素A、维生素C和一些微量元素，这些营养素只能通过分配新鲜食物（包括动物性食

物和植物性食物）来提供。强化了维生素和矿物质的面粉和油在一定程度上可补充某些营养素的需求，但强化食品烹饪后会导致维生素大量流失。因此，提供一份适量的包含所有营养素的食品至今仍是一个巨大的挑战。国际红十字会提供的维生素矿物质混合营养素补充剂（QBMIX）提供了一个确保食品定量满足所有必要营养需求的方案。

三、特定人群营养改善

（一）婴幼儿营养改善项目

1. 营养包 是国家卫生与计划生育委员会与全国妇联在我国特殊贫困地区实施的贫困地区儿童营养改善项目中发放的婴幼儿补充辅食营养补充品的简称。该项目依托《中国儿童发展纲要（2011—2020年）》和《中国农村扶贫开发纲要（2011—2020年）》，旨在为贫困地区6~24月龄婴幼儿提供辅食营养补充品，普及婴幼儿科学喂养知识与技能，改善贫困地区儿童营养和健康状况。该项目涵盖了国家集中连片特殊贫困地区的300个县。

具体目标包括如下几点。

（1）项目地区县、乡、村相关人员培训覆盖率达到80%以上，提高项目地区儿童看护人对营养包的知晓率。

（2）营养包发放率达到80%以上，营养包有效服用率达到60%以上。

（3）提高项目地区儿童看护人婴幼儿科学喂养知识水平，看护人健康教育覆盖率达到80%以上。

（4）项目地区6~24月龄婴幼儿贫血患病率在基线调查基础上下降20%，生长迟缓率在基线调查基础上下降5%。

项目包括如下内容。

（1）广泛开展社会动员及宣传活动。通过电视、广播、报纸、网络等途径开展社会宣传，扩大项目影响，动员社会各界对贫困地区婴幼儿营养状况给予关注和支持。

（2）开展项目管理和技术培训。对各级卫生（卫生、计划生育）和妇联相关人员进行婴幼儿营养和喂养知识、健康教育方法及营养包发放管理等培训，提高其项目管理水平和咨询指导能力。

（3）规范招标采购。省级卫生（卫生与计划生育）行政部门严格按照国家相关规定进行招标采购，确保营养包质量，招标采购应当于经费下达后2~3个月内完成。

（4）免费发放营养包。新启动的项目县，项目启动时，为6~18月龄婴幼儿每日提供1包营养包，至24月龄。项目实施期间，满6月龄的婴儿即纳入发放对象，满24月龄的幼儿即停止发放。2012年项目县发放对象为6~24月龄婴幼儿。

（5）开展多种形式的健康教育活动。向儿童看护人及其他育龄妇女传播儿童营养和科学喂养知识、营养包的作用和服用方法，提高看护人营养包的知晓率和科学喂养知识水平。

（6）开展监测与评估。国家级抽取部分项目地区开展干预效果监测与评估。鼓励各省（区、市）按照国家级监测评估方案组织开展本地项目监测与评估工作。

2. "改善中国最弱势妇女和儿童群体的营养、食品安全和食品保障"联合项目（CFSN）世界各国领导人于2000年9月签署了《联合国千年宣言》，承诺消除贫穷、饥饿、疾病、文盲、环境恶化和对妇女的歧视。该宣言中提出"千年发展目标"（millennium development goals，MDGs），这些目标包括消除极端贫穷和饥饿，普及小学教育，促进男女平等并赋予女性权利，降低儿童死亡率，促进产妇健康，与艾滋病毒/艾滋病、疟疾和其他疾病做斗争，确保环境的可持续能力，建立全球发展伙伴关系。

西班牙政府为了帮助一些国家实现千年发展目标，向联合国捐资，建立了联合国-西班牙千年发展目标基金。联合国-西班牙千年发展目标基金《改善中国最弱势妇女和儿童群体的营养、食品安全和食品保障状况项目（简称 CFSN）》是千年发展目标基金儿童、粮食安全和营养专题窗口下的一个联合项目，实施期为 2009 年～2013 年 4 月。

CFSN 由世界卫生组织牵头，由联合国粮食及农业组织、国际劳工组织、联合国开发计划署、联合国教科文组织、联合国儿童基金会、联合国工业发展组织、联合国世界粮食计划署、联合国志愿人员组织及 20 多家中央和地方机构合作实施。

其目标是改善中国最弱势妇女和儿童群体的营养、食品安全和粮食安全，重点关注中国 120 万儿童和育龄妇女组成的高危人群，在 6 个最贫困县进行粮食和食品安全、产妇和儿童营养干预的综合方法试点。

CFSN 的四大目标成果领域如下。

（1）通过提供可靠而及时的中国营养不良问题的规模、分布、类型及原因的信息，为政策制定提供依据。

（2）通过重点提高纯母乳喂养，提供更加健康的营养补充品，采取以学校为基础的干预手段，来制订并应用综合性和针对性的方案来缓解儿童的饥饿和营养不良状况。

（3）通过责任共担的方式使婴幼儿食品的生产、加工和制作更加安全。

（4）对国家的儿童营养和食品安全政策、方针、条例和标准均依据试点项目的结果进行修订，同时将相关经验推广到全国。

（二）儿童青少年营养改善项目

1. 学生营养餐 是以保证学生生长发育和健康为目的，生产单位根据平衡膳食的要求，在严格卫生消毒条件下向学生提供安全卫生，复合营养标准的色、香、味俱佳的配餐。

目前国际上实行学校供餐计划的国家约有 47 个，发达国家学校供餐时间都较长，有的已有 100 多年的历史。我国从 20 世纪 80 年代起开始供应学生营养午餐，以北京、上海等城市的规模较大，从 2011 年秋季学期起，开始实行农村义务教育学生营养改善计划，进一步改善农村学生营养状况。

2. 农村义务教育学生营养改善计划 我国从 2011 年秋季学期起，启动实施农村义务教育学生营养改善计划。该计划依托《国家中长期教育改革和发展规划纲要（2010—2020 年）》，旨在进一步改善农村学生营养状况，提高农村学生健康水平，加快农村教育发展，促进教育公平。

该计划以"政府主导、试点先行、因地制宜、重点突出"为原则，强调要把食品安全摆在首要位置。主要内容包括如下几点。

（1）启动国家试点。从 2011 年秋季学期起，在集中连片特殊困难地区启动农村义务教育学生营养改善计划试点工作。

（2）支持地方试点。对连片特困地区以外的地区，各地应以贫困地区、民族地区、边疆地区、革命老区等位重点，因地制宜地开展营养改善试点工作。

（3）改善就餐条件。各地应统筹农村中小学校舍维修改造长效机制和中西部农村初中校舍改造工程资金，将学生食堂列为重点建设内容，使其达到餐饮服务许可的标准和要求

（4）鼓励社会参与。鼓励共青团、妇联等人民团体，居民委员会、村民委员会等有关基层组织，以及企业、基金会、慈善机构，在地方人民政府统筹下，积极参与推进农村义务教育学生营养改善工作，在改善就餐条件、创新供餐方式、加强社会监督等方面积极发挥作用。

（5）完善补助家庭经济困难寄宿学生生活费用政策。

3. 学生奶计划　学生奶的概念是指在各国政府的财政和行政支持下，通过专项计划向学生提供的以牛奶为主的乳品。不论是发达国还是发展中国家政府都在大力提倡发展学生奶计划。

2000 年，我国农业部、国家发展计划委员会、教育部、财政部、卫生部、国家质量技术监督局、国家轻工业局联合发布了《关于实施国家"学生饮用奶计划"的通知》。通知指出，学生奶计划旨在改善我国中小学生的营养状况，保证青少年的健康成长。这一计划的实施对于提高国民素质产生重要作用，同时对拉动消费，扩大内需，调整和优化农业结构，促进奶业及相关产业的发展，增加农民收入具有重要意义。

（三）孕妇和乳母营养改善项目

1. 孕妇营养改善项目

（1）中国增补叶酸预防神经管缺陷项目

1）增补叶酸预防神经管畸形项目介绍：20 世纪 80 年代初我国妇产科专家严仁英教授和她的团队，进行了围产保健高危因素的调查研究，发现神经管畸形发生率高达 4.7‰，是造成围产期死亡率第一位的死因。严仁英教授向卫生部汇报，并提出开展国际合作，在中美两国政府的支持下，中美预防神经管畸形合作项目于 1990 年启动。项目由美方提供 2000 万美金和技术，中方提供现场和管理，由美国疾病控制中心和北京大学医学部（前北京医科大学）执行，严仁英教授出任北京医科大学项目领导小组主任。

经过中美科学家和中国 4 省 30 余个县（市）超过 12 000 名基层卫生人员的共同努力，追踪观察 25 万例新婚妇女及其妊娠结局，结果证实，如果妇女在妊娠前后每日单纯服用 0.4mg 叶酸增补剂（斯利安叶酸片），在神经管畸形高发区有 85% 预防率，在神经管畸形低发区有 41% 的预防率。"妇女增补叶酸预防神经管畸形"的科技成果，使用简单、廉价、方便，是预防人类非常严重、发生率较高的出生缺陷的有效措施。如今世界上已有 50 多个国家据此科研成果，调整和制订了公关卫生政策。我国政府已实施免费为育龄妇女发放叶酸增补剂的政策。

2）我国增补叶酸预防神经管畸形政策：为加大出生缺陷干预工作，降低我国神经管缺陷发生率，提高出生人口素质，根据《中共中央国务院关于深化医药卫生体制改革的意见》和《国务院关于医药卫生体制改革近期重点实施方案（2009—2011 年）》确定的重点工作，卫生部决定从 2009 年开始实施增补叶酸预防神经管缺陷项目，利用中央财政专项补助经费，对全国准备怀孕的农村妇女免费增补叶酸预防神经管缺陷。

该项目在全国 31 个省（区、市）为准备怀孕的农村妇女（包括流动人口）免费增补叶酸，并推荐其在孕前 3 个月～孕早期 3 个月服用，以预防神经管缺陷等。具体措施包括：①卫生行政部门要协调有关部门，组织医疗卫生机构采取多种形式开展预防神经管缺陷为主的健康教育和培训工作，提高目标人群相关知识知晓率和医务人员服务能力。②卫生行政部门和承担本项目的医疗卫生机构要认真做好叶酸的组织和发放工作，将干预措施落实到实处，真正做到惠及民生，提高干预效果，保证项目达到预期目标。③各省（区、市）要严格按照国家的相关规定进行招标采购，确保药品质量。根据项目规划确定招标采购时间，应于经费下达后6个月以内完成。

（2）美国WIC项目：（the special supplemental nutrition program for women, infant and children）：隶属于美国农业部下属的食品营养服务部，主要为低收入家庭的妇女、婴儿及5岁以下幼儿提供营养丰富的食物和健康饮食信息，并开展相关医疗保健服务，目的在于提高参与者在关键期的身体素质，防止其健康问题的发生。WIC项目由联邦政府提供补助金，是美国第三大食品补助项目。它由联邦政府、州政府和地区机构共同组织管理，项目服务的范围涵盖50个州，34个印第安部落组织，以及萨摩亚群岛、关岛、北马里亚纳群岛、波多黎各和美属维尔京群岛。WIC项目就是通过上述地区大约2200个当地机构和9000多个诊所开展具体工作的。据美国农业部统计数据，参加WIC计划的怀孕妇女约占怀孕妇女总数的30%，参加WIC计划的哺乳期妇女约占哺乳期妇女总数的30%。

WIC计划通过在人口生长的关键时期尽早进行营养补助与干预，以防止和减少生长发育过程中的疾病问题。具体内容如下所示。

第一，提供食品与营养补助。WIC计划通过每月发放食物券的形式，为低收入家庭孕妇、产后妇女和哺乳期妇女、婴儿和5岁以下儿童提供一系列的食品与营养补助项目。营养补助项目主要包括含铁的婴儿、儿童及成人谷类等食品，含维生素C的果汁或蔬菜汁，鸡蛋、芝士、牛奶、花生酱及豆类，吞拿鱼及胡萝卜等。另外，有特殊营养和医学需求的补助对象，可通过医生或健康专家开具处方，获取特殊婴儿食品或医药食品。

第二，提供营养教育服务。WIC计划提供营养教育的目标主要有两个，一方面，宣传营养保健和身体健康的重要性，向孕妇、产后妇女和哺乳期妇女提供营养教育并倡导母乳喂养，向父母传授婴儿和儿童健康发育的科普常识；另一方面，协助营养高危人群改善他们的营养结构和健康状况。WIC计划必须向参加者提供至少两个营养教育课程。

第三，提供医疗保健和社会服务。WIC计划向参加者提供免疫接种、医疗补助和现场健康咨询等服务，有必要时推荐资助对象享受其他医疗保健和社会服务。

2. 哺乳期妇女营养改善项目

（1）爱婴医院建设：爱婴医院就是以接生一个健康和健全的婴儿为己任，同时为了妇女的健康和安全为宗旨而命名的医院。爱婴医院课题的核心是保障母乳喂养的实现。它以改革产科制度为关键，建立母婴同室，要求产后60min内开始母婴皮肤接触，做到早吸吮、按需哺乳，要求保证6个月内纯母乳喂养。

1991年6月国际儿科学会在土耳其开会时提出"开创爱婴医院活动"倡议，得到了儿科学基金会及世界卫生组织等联合国组织的支持。

1992年5月20日，国家卫生部发出《关于加强母乳喂养工作的通知》，并广泛下发了"保护、促进和支持母乳喂养"、"母乳喂养指南"二本小册子。《通知》要求积极创建"爱婴医院"并抓好母婴同室的试点工作，总结经验，逐步推广《国际母乳代用品的销售守则》，所有妇幼保健机构、综合医院妇产科、儿科禁止接受母乳代用品厂商的馈赠或赞助；严禁各类母乳代用品进行各类广告宣传和推销活动；各类妇幼卫生刊物禁止刊登母乳代用品的广告和产品样品。同时要求加强对广大医务人员的培训，以更新观念，认真做好母乳喂养的各项工作。

1992~1994年，我国创建了947所爱婴医院，1995年9月完成了2010所医疗保健机构的评估。截至 2015，我国爱婴医院复核工作中全国共有 7036 所医院被授予爱婴医院称号。据统计，目前在爱婴医院出生的新生儿人数约占全国新生儿出生总数的 66%，爱婴医院院内纯母乳喂养率达到 92%，剖宫产率降至 40%。

（2）美国 WIC 项目（详见孕妇妇女营养改善项目）：WIC 计划向孕妇及哺乳期妇女在提供食品与营养补助的同时，提供食品膳食咨询和营养教育服务，可以使其改变不良饮食习惯、改变常坐而缺少运动的生活方式，宣传营养不良与心血管疾病、高血压、糖尿病、超重和肥胖、缺铁性贫血的关系，倡导营养均衡的健康意识。与此同时，WIC 计划通过为哺乳期妇女获得充足的食物数量和丰富的食物种类，大大提高了母乳喂养率，有效增强了婴幼儿的免疫力，改善了产后妇女健康状况。研究结果发现，WIC 计划参加者母乳喂养率（76%）比非 WIC 计划参加者母乳喂养率（54%）高 22%。

（四）老年人营养改善项目

1. 我国老年人营养改善项目　1992 年 12 月在罗马召开的全球性营养会议通过了《世界营养宣言》和《世界营养行动计划》，包括中国在内的 159 个国家的代表作出承诺，要尽一切努力在 2000 年以前消除饥饿和营养不良。要实现这一目标，尽快改善我国居民的营养状况，我国制订了《中国营养改善行动计划（1996—2000 年）》以下简称《计划》。《计划》中指出，应特别注重改善儿童、妇女、残疾人、老年人及低收入人群的营养状况。要对老年人营养予以足够重视，供应营养丰富的膳食并宣传健康的生活方式，以满足不同年龄段和不同健康状态人群的需要，预防慢性非传染性疾病和降低营养缺乏性疾病的发生。近年来，我国推出了《中国食物与营养发展纲要（2014—2020 年）》，指出研究开发适合老年人身体健康需要的食物产品，重点发展营养强化食品和低盐、低脂食物。开展老年人营养监测与膳食引导，科学指导老年人补充营养、合理饮食，提高老年人生活质量和健康水平。

2. 国外老年人营养改善项目

（1）美国：美国农业部致力于改善老年人的健康和福利，保障所有老年人能够获得健康的食物。老年人由于其特殊的健康状况、社会角色、活动能力下降等特点面临着诸如获取和加工食物能力下降、对食品安全敏感等问题。美国农业部通过 7 个营养辅助项目来对低收入老年人的营养和健康进行促进。其中，3 个营养辅助项目专门针对老年人，分别是辅助食物商品化项目、老年农民市场营养项目、营养服务激励项目。辅助食物商品化项目覆盖了超过 400 万老年人。美国农业部通过简化申请和参与流程来减少参与项目的障碍，以提高对老年人的覆盖率。

（2）日本：有较完善的营养师（营养士）制度。2005 年，日本修订了护理保险法，导入营养管理制度，对于需要护理的老年人和残障人士，营养士以营养评价为基础制作营养护理计划，具体实施时，收取一定金额的技术服务费；2008 年，修订了健康保健法，对于 40~74 岁的国民，开始实施健康检查及以此为基础的保健指导，其中包括营养指导，并形成著名的"百岁老人计划"，1998 年，日本厚生省公布全国高龄者名单，百岁以上老人首次突破万人大关，日本的人均寿命也位于世界前列，备受关注。

（张玉梅　曾　果）

参 考 文 献

蔡东莲. 2005. 实用营养学. 北京：人民卫生出版社.
程义勇. 2014. 《中国居民膳食营养素参考摄入量》2013修订版简介. 营养学报, 4：313-317.
郭红卫. 2009. 医学营养学. 上海：复旦大学出版社.
黄俊, 赵千骏. 2009. 食品营养与安全. 北京：中国轻工业出版社.
黄万琪. 2007. 临床营养学. 2版. 北京：高等教育出版社.
李菊花, 陈伟平. 2005. 公共营养学. 杭州：浙江大学出版社.
刘翠格. 2010. 营养与健康. 2版. 北京：化学工业出版社.
刘娟. 2011. 美国WIC项目及对我国妇女儿童救助制度的启示. 人口学刊, 6：51-57.
孙秀发, 周才琼, 肖安红. 2011. 食品营养学. 郑州：郑州大学出版社.
王海银, 陈波, 夏志远, 等. 2014. "改善中国最弱势妇女和儿童群体的营养、食品安全和食品保障"联合项目效果评估研究. 中国卫生资源, 1：5-7.
王立新, 中华护理学会第25届妇产科护理专业委员会组织编写. 2012. 母乳喂养指导手册. 北京：北京科学技术出版社.
王卓群, 张梅, 赵艳芳, 等. 2014. 中国老年人群低体重营养不良发生率及20年变化趋势. 疾病监测, 6：477-480.
杨长平, 卢一. 2012. 公共营养与特殊人群营养. 北京：清华大学出版社.
荫士安, 汪之顼, 王茵. 2008. 现代营养学. 北京：人民卫生出版社.

第五篇 公共营养管理

第十五章 食物与营养政策法规

法律凭借国家强制力的保证而获得普遍遵行的效力，是确定人们在社会关系中的权利和义务的行为规范，明确且普遍适用。食物营养法规政策就是为了保证获取安全、充足的食物和营养促进人群健康，由政府颁布的具有效力的一系列的食物与营养相关计划、规划、行动和措施等。通过本章的学习了解我国法律法规体系的构成和组织机构，掌握我国食物与营养法律法规的现状，与国际相关法律法规进行对比研究，在理解食物与营养法律法规对公众健康的影响和意义的基础上，有效促进我国食物与营养法规体系的建设与完善。

第一节 概 述

一、政策与法规的定义

政策是国家政权机关、政党组织和其他社会政治集团为了实现自己所代表的阶级、阶层的利益与意志，以权威形式标准化地规定在一定的历史时期内，应该达到的奋斗目标、遵循的行动原则、完成的明确任务、实行的工作方式、采取的一般步骤和具体措施。

法律是全体国民意志的体现，国家的统治工具。由享有立法权的立法机关（全国人民代表大会和全国人民代表大会常务委员会行使国家立法权），依照法定程序制定、修改并颁布的规范总称。法凭借国家强制力的保证而获得普遍遵行的效力，法是确定人们在社会关系中的权利和义务的行为规范，明确且普遍适用。

食物营养政策就是为了保证获取安全、充足的食物和营养促进人群健康，由政府颁布的具有效力的一系列的食物与营养相关计划、规划、行动和措施等。

二、分 类

我国法律体系大体包括以下几种法律法规：法律、法律解释、行政法规、地方性法规、自治条例和单行条例和规章等。

（一）法律

我国最高权力机关全国人民代表大会和全国人民代表大会常务委员会行使国家立法权，立法通过后，由国家主席签署主席令予以公布。因而，法律的级别是最高的。

法律一般都称为某法，如宪法、《中华人民共和国食品安全法》《中华人民共和国精神卫生法》《中华人民共和国传染病防治法》等。

（二）法律解释

法律解释是对法律中某些条文或文字的解释或限定。这些解释将涉及法律的适用问题。法律解释权属于全国人民代表大会常务委员会，其做出的法律解释同法律具有同等效力。

（三）行政法规

现行宪法规定国务院有权根据宪法和法律，规定行政措施，制定行政法规，发布决定和命令。另外，国务院还可根据全国人民代表大会授权制定行政法规。

制定行政法规又称为行政立法，在所有的公共政策中占有极重要的地位。行政法规由国务院总理签署国务院令公布。这些法规也具有全国通用性，是对法律的补充，在成熟的情况下会被补充进法律，其地位仅次于法律。行政措施、决定和命令，以国务院文件或国务院办公厅文件的形式发布。

法规多称为条例，也可以是全国性法律的实施细则，如中华人民共和国国务院令《食盐加碘消除碘缺乏危害管理条例》《艾滋病防治条例》《全民健身条例》《医疗机构管理条例》等。

（四）地方性法规、自治条例和单行条例

其制定者是各省、自治区、直辖市的人民代表大会及其常务委员会，相当于是各地方的最高权力机构。

地方性法规大部分称作条例，有的为法律在地方的实施细则，部分为具有法规属性的文件，如决议、决定等。地方法规名称多冠有地名，如《北京市控制吸烟条例》《湖北省街头食品卫生管理办法》《上海市盒饭卫生管理办法》《甘肃省肃北蒙古族自治县自治条例》。

（五）规章

规章具有较强的规范性，外部形式也与法律和行政法规相似，是法律和行政法规的进一步具体化。其制定者是国务院各部、委员会、中国人民银行、审计署和具有行政管理职能的直属机构，这些规章仅在本部门的权限范围内有效，部门规章大都以部长令的形式发布，如中华人民共和国国家卫生和计划生育委员会令《职业健康检查管理办法》、国家食品药品监督管理总局令《医疗器械使用质量监督管理办法》等。

第二节　食物与营养政策法规的制定

一、立法原则和依据

（一）立法原则

法律是政权和社会稳定的保障。制定法律的最高标准是维护社会的秩序、公平、正义、利益。我国《立法法》规定的立法原则为：①立法应当遵循宪法的基本原则；②立法应当依照法定的权限和程序；③立法应当体现人民的意志；④立法应当从实际

出发,科学合理地规定权利与义务、权力与责任。总体上,立法应遵循法治原则、民主原则和科学原则。

(二)关系处理

在确定立法原则时需要综合考虑一些必要的关系。①需要与可能:立法的阶段性,立法的具体条件(社会、政治、经济)的配套。②历史、现实与未来:立法的超前问题和立法的继承问题。③客观与主观:人的能力问题,客观认识把握与主观表达。④整体与部分:各个利益集团的平衡;法律自身的统一性、和谐性。⑤专家与社会:专家意见与社会要求。⑥本国国情与全球化:本国的国情与他国发展的历程,人类发展的趋同问题等。

(三)立法依据

上述这些关系和立法原则也是我国在制定食物与营养政策法规时必须考虑和遵循的。结合食物与营养政策法规的特点,制定依据可以简单归纳如下。

1. 国家战略 "健康中国"是以人的健康为中心绸缪布局,与经济社会发展的一系列政策融合并进,通过综合性的政策举措,实现健康发展目标。健康中国建设,同样是一项"人人参与、人人尽力、人人享有"的全民事业。

2. 营养问题 通过营养调查和营养监测等手段发现人群中存在的营养问题,发现重点地区、重点人群和主要营养问题,采取必要的干预措施努力解决营养问题,促进居民健康。

通过对营养措施和干预规划效果的评价,将行之有效的营养措施以法规的形式使其可持续性有保障的进行下去。只有制定"营养改善条例",通过法律条款的方式,明确相关部门和人员的权利和责任,才能推动和保障营养工作的落实,通过各级政府和全社会的努力才能解决严重危害我国人群健康的营养问题。

3. 专家意见和社会需求 自20世纪80年代,我国营养专家强烈呼吁营养立法,多次提交营养立法议案并向政府呼吁尽快立法。

随着社会经济的发展,健康、食物营养已成为人们生活的基本需求。人们的营养意识不断提高,渴望得到更多的营养知识和膳食指导。现有的各级营养工作机构、食品生产企业也迫切需要营养立法来保障相关营养工作的开展及市场秩序。从已有的调查结果来看,社会对营养工作的需求较大,对营养立法的呼声也很高。

营养工作就是为人民群众创造良好的科学膳食环境,满足社会的营养与健康需求。但只有通过法律法规的形式才能使提高国民健康素质的营养工作成为各级政府的工作目标,并增强营养工作的计划性,以利于营养工作的有序发展,有步骤地预防和控制营养不良,减少疾病负担和不利影响,为经济建设储备充足的人力。

4. 我国国情与全球化 在立法方面我国已落后于发达国家和一些发展中国家,营养与健康是我国居民的基本需要,通过营养立法不仅从根本上保障和促进全民营养与健康,而且从政治上体现我国政府对国民基本权利的重视,有助于提升国际形象。

二、组 织 机 构

(一)全国人民代表大会

我国最高权力机关和全国人民代表大会常务委员会行使国家立法权,立法通过后,由国家主席签署主席令予以公布。

全国人民代表大会及其常委会制定法律的基本程序，包括法律案的提出、法律案的审议、法律案的表决、法律的公布四个阶段。法律规定两类主体可以直接向全国人民代表大会提出法律案，一是有关国家机关，即全国人大主席团、全国人大常委会、国务院、中央军委、最高人民法院、最高人民检察院、全国人大各专门委员会，可以向全国人民代表大会提出法律案，由主席团决定列入会议议程；二是一个代表团或者30名以上代表联名，也可以提出法律案，由主席团决定是否列入会议议程，或者先交有关的专门委员会审议、提出是否列入会议议程的意见，再决定是否列入大会议程。

在实践中，属于全国人民代表大会立法权限范围的基本法律的制定，一般都是在全国人民代表大会举行会议之前，先向全国人民代表大会常委会提出，经过常委会审议后，再提请大会审议。

（二）国务院

国务院有权根据宪法和法律，规定行政措施，制定行政法规，发布决定和命令。另外，国务院还可根据全国人民代表大会授权制定行政法规。

（三）卫生和计划生育委员会

国家卫生和计划生育委员会以部长令的形式颁布规章，规章仅在本部门的权限范围内有效。现阶段，营养有关的规章也呈空白，我国国民营养改善和健康状况缺乏营养法律法规的有力保障。

（四）国外机构

美国宪法规定"本宪法所授予的全部立法权，均属于参议院和众议院组成的合众国国会"，美国国会有立法权、法律修正权和法律补救权。美国从1969年聘请营养专家作为总统政策顾问，将之列入政府工作的重要内容。

美国的卫生管理机构由联邦政府、州政府和地方政府垂直体系构成。联邦政府承担卫生行政管理职责的部门是卫生和人类发展服务部，是实施全国卫生行政管理的最高机构，并领导各州的卫生局，州卫生局则对州内各个地方卫生主管部门行使领导职能。美国各级卫生部门主要是通过项目，对营养问题进行指导和管理，由议会立项，农业部和卫生部联合执行，对有成功经验和显著营养改善效果的项目以法规的形式变成永久性项目，切实起到法规保障作用。

第三节　食物与营养政策法规的现状

一、《营养问题罗马宣言》和《行动框架》

2014年11月19日，在由联合国粮食及农业组织与世界卫生组织联合举办的第二届国际营养大会上，170个国家的部长和高级官员做出承诺，批准了旨在解决饥饿和肥胖问题的政治宣言和行动框架，其中为解决涉及多个部门的营养问题提供了政策和计划建议，旨在确保世界上所有人都能获得更健康和更可持续的膳食。这是作为朝着消除全球营养不良目标迈出的重要一步。

《营养问题罗马宣言》倡导人人享有获得安全、充足和营养食物的权力,并促使各国政府作出承诺,防止饥饿、微量营养素缺乏和肥胖等各种形式的营养不良。

《行动框架》承认在与包括民间社会、私营部门和受影响社区在内的广大利益相关者开展对话以应对营养问题和挑战方面,各国政府均肩负首要责任。基于《营养问题罗马宣言》中的承诺、目标和指标,《行动框架》提出 60 项行动建议,可供政府酌情纳入其营养、卫生、农业、发展和投资的国家计划,并在有关国际协议的谈判中加以考虑,以期改善所有人的营养状况。

《行动框架》规定了有效问责机制,包括跟踪进展情况及根据国际商定的营养指标和重要阶段的监测框架。签约国应当在 2025 年之前取得具体成果,包括若干既定目标,即改善孕产妇和婴幼儿营养状况和减少非传染性疾病,如糖尿病、心脏疾病和某些癌症等与营养相关的风险因素。

可持续的粮食系统对于促进健康饮食至关重要。呼吁各国政府促进营养强化型农业,将营养目标纳入农业计划的制订和实施过程,确保粮食安全,实现健康饮食。

二、欧盟营养政策主要行动及其法律分类

营养政策是欧洲政策制定的一个相对较新的领域。1957 年罗马条约建立的欧洲经济区在国家限制内部市场的自由的背景下,使用了"健康"和"公共健康"的术语。第二次世界大战结束 10 年后,营养政策才成为农业政策的代名词。对于超大规模人口的国家,恒定足够的食物供应在战后的财政紧缩情况下是一种奢望,超重肥胖在很大程度上是未知的。因此,欧洲经济区的农业政策重点是提高农业生产力和保证在合理的价格内供应的可及性。从 20 世纪 70 年代中期食品法规启动时,消费者保护和公共卫生只是间接考虑的方面。这项立法的目的主要是为了方便货物在内部的自由流动市场。直至 20 世纪 80 年代末,公共卫生,特别是公共卫生的营养方面才真正在欧盟营养法规中体现出来。表 15-1 列出了欧盟营养政策的主要行动及其法律分类。

表 15-1 欧盟营养法规

年份	政策法规	主要内容	分类
1987	单一欧洲法案	公共卫生和高水平消费者保护作为基本原则	法律法案
1990	营养与健康委员会决议	营养与健康的首部行动规划	政治宣言
1993	马萨诸塞条约	欧盟公共卫生战略委员会命令	法律法案
1994	欧洲食物与健康委员会报告	呼吁基于预防性营养的综合性欧洲营养政策	政治宣言
1998	委员会交流	欧盟公共卫生政策的发展	政策性文件
1999	食品安全委员会白皮书	综合性一致性营养政策的发展	政策性文件
2000	世界卫生组织欧洲区第一部食物与营养政策行动计划	3 个支柱性战略:食品安全、健康营养和可持续性食物供应	政治宣言/推荐
2000	营养与健康委员会决议	呼吁更多的国家营养政策结盟	政治宣言
2001	营养与功能声称委员会讨论书	营养与健康声称条例的利益攸关方商讨	法律法案预备文件
2002	欧洲议会和委员会公共卫生社区行动	5 年行动规划,承认欧盟在形成公共卫生政策的积极作用;营养与身体活动网络基础	

续表

年份	政策法规	主要内容	分类
2002	肥胖委员会结论	肥胖预防是所有重要欧盟政策中的重要问题	政治宣言
2002	委员会现况报告	分析欧盟人群的营养状况;探讨某些疾病与膳食危险因素之间的关系	政策性文件
2003	营养与健康声称条例的委员会提议	营养与健康声称的限制性规定,营养标准	法律性议案
2005	委员会健康饮食与身体活动绿皮书	欧盟营养政策行动重要领域	政策性文件
2005	欧洲膳食、身体活动和健康平台	利益攸关方圆桌合作承诺采取行动阻止超重和肥胖流行趋势	自动调节
2006	营养与健康声称条例	营养与健康声称的限制性规定,营养标准	法律法案
2006—2007	世界卫生组织欧洲区控制肥胖宪章和第二个行动计划	呼吁更多的干预性措施对抗肥胖流行	政治性宣言
2007	委员会营养、超重肥胖相关健康问题白皮书	营养政策领域的整合性方法建议;食品标签法律综述	政策性文件和法律法案预备文件
2007	主要食品企业的欧盟誓言	对12岁以下儿童不提供高糖、高脂肪或高盐食品和饮料的广告;在小学不投放广告	自动调节
2008	世界卫生组织全球营养行动计划(2008—2013)	预防和控制慢性非传染性疾病的全球战略的实施	政治性宣言
2008	消费者食品信息条例	强制性营养标签;标签作为一种工具促进健康意识性的食品选择	法律性议案
2008	国家控盐行动的欧盟框架	4年内减盐至少16%的五个步骤	政治性宣言与自动调节
2011	国家限制性营养素行动的欧盟框架	4年内降低饱和脂肪酸摄入5%,至2020年再降低5%;反式脂肪酸、糖、盐和能量不增加	政治性宣言与自动调节
2011	消费者食品信息条例	强制性营养标签;标签作为一种工具促进健康意识性的食品选择	法律法案
2012	加强主要食品企业的欧盟誓言	小于12岁观众的电视节目延展;包括网站	自动调节

三、发达国家食物与营养政策法规的现状

(一)美国

自20世纪40年代开始,美国开始注重国民营养改善,通过营养法规体系的逐步建立保障营养工作在全国的可持续性开展。美国从1969年起聘请营养专家作为总统政策顾问,并将营养工作列入政府工作的重要内容。

1.《学校午餐法》 是对第二次世界大战中美国许多男性因膳食有关的营养状况问题而被军方拒绝,不能服兵役的一种及时响应。1946年,美国总统杜鲁门签署了《学校午餐法》,由参议院和美国国会代表团颁发,该法案目的是为美国各州设立、维持、实施和扩

展学校午餐项目提供法律支持,是作为"一种保障国家安全的措施"而建立的。《学校午餐法》被多次修订,最终修订案 1999 年通过。其政策目标有三个:①为青少年提供营养食物,保证其健康的体魄;②刺激内需,鼓励消费国内农产品及食品;③为保证学校午餐项目可持续的推进提供经费支持。

通过补助金和其他形式帮助各州为建立、维持、实施、扩展非盈利学校午餐项目提供足够的食物和其他设备,以保障全国儿童的健康和福利,鼓励营养性农产品及其他食物的国内消费。《学校午餐法》指出:作为国家安全的一项措施,由各州通过补助金、捐赠和其他方法进行援助,供应充足的食物和其他设施,来设立、保持、运作和推广非营利的学校午餐计划,以保护全国儿童的健康与幸福,促进富于营养的农业商品和其他食品的国内消费,这是国会的政策。

该法规定学校午餐是非营利性质的,符合美国居民膳食推荐供给量标准,经费采用现金报销的方式来管理,使每个学生能够在学校购买一份学校午餐,一般每餐学生的花费不超过 40 美分。此外,美国农业部还培训食品从业人员学习制作健康食品并开展营养教育活动使孩子们增加膳食与健康相关知识。1998 年,国会修订了该法,增加了为学生提供课后小吃的内容,并把受益孩子的年龄段扩大到 18 岁以下。自该项目开展以来,已经提供了 1830 亿份学校午餐,投入的经费逐年递增。

食物与营养服务局统筹管理全国学校午餐项目。在美国各个州,学校午餐项目由州教育部门与学生食品供应部门协同管理。乡村学校和非义务学校如果愿意参加学校午餐项目,可以从美国农业部获得现金补助和必要的物品馈赠。但在这些学校里,所提供的学校午餐必须符合联邦政府的有关要求,并尽可能免费或减价。学生食品供应部门还应为 18 岁以下的学生提供课后小吃。

2. 《儿童营养改善法》 1966 年 10 月 11 日,美国总统约翰逊签署了《儿童营养改善法》,并做出批示"营养好是学习好的必要条件",由美利坚合众国参议院和代表处在国会大会上颁布。该法案经多次修订,目前最新修订案是 2002 年版。

该法案旨在加强和扩展儿童食物供给项目,保障美国儿童基本营养需要。该法案声明:多年来实施的学校午餐项目在应用营养学领域取得了令人瞩目的成绩,大量的成功经验表明食物、良好营养与儿童发展、认知能力是有密切联系的,这个观点已经得到公认和接受。鉴于此,国会宣告将其制定为一项法规,规定这些工作将在农业部长授权下,作为维护全国儿童的健康和完好状态的一个手段而扩大、发展与加强。并且通过发放补助金等方式为各州提供援助,鼓励国内农产品和其他食物消费,从而更为有效地满足儿童的营养需求。除了推广学校午餐项目的成功经验,根据该法还建立了学生早餐项目和学生奶项目。此外,学龄前儿童也被纳入项目支持范围,该法还计划启动母乳喂养促进项目。

学生早餐项目是联邦政府支持的、在学校学习日开始或者接近开始时为公立、非营利私立学校、社区托儿所及儿童关怀机构学生提供免费或减价的营养早餐。1975 年,在修订《儿童营养改善法》时将《学校早餐计划》改为永久性计划。1989 年,美国国会决定扩大实施学校早餐计划,要求农业部长为学校中低收入家庭儿童比例较高的州提供启动资金(每个校区 300 万~500 万美元),用以推行学校早餐计划。管理部门是州政府和国防部,项目预算在卫生和福利支出中列支,选择参与学校时优先考虑贫困地区和边远地区,考虑来自低收入家庭和在岗母亲的孩子对营养改善的特别需要。

1946 年美国曾发布了《专项牛奶计划》,由联邦政府援助为学生提供免费或低价的饮用奶，通过这项计划向未参加农业部儿童关怀计划的 7000 所学校和儿童关怀机构以及 1300 个夏令营和 562 个侨民儿童关怀机构，提供维生素 A 和维生素 D 强化牛奶（284ml/d）。《儿童营养改善法》将学生奶项目制定为一项法规，规定管理部门是农业部，项目推进所需经费列入农业部当年预算。该项目旨在鼓励没有参加学校午餐项目的公立中学、学前班、托儿所、夏令营和非营利从事儿童护理和训练的组织加入学生奶项目，半品脱（284ml）奶最低得到 5 美分补贴。

3.《妇女、婴儿与儿童专项补充食品计划》 1972 年美国政府还出台了《妇女、婴儿与儿童专项补充食品计划》，1994 年根据《健康美国人保健膳食法》更名为《妇女婴儿与儿童计划》。该计划简称"WIC"，代表 women, infants and children，即是妇女、婴儿和儿童。WIC 是美国联邦政府和各个州政府支持的一项为中低收入家庭的妇女婴儿和儿童免费提供健康食品、营养与健康教育、健康食品咨询、母乳喂养支持和转介医疗保健等服务的营养计划。WIC 的目标是促进孕妇、母乳喂养期妇女和 5 岁以下儿童的营养与健康。WIC 作为一个试点计划诞生于 1972 年，并于 1974 年成为永久性公共健康计划。美国各州的 WIC 项目都由联邦政府农业部食品与营养服务统一管理。运作方式是主要由该项计划提供担保，认定食品商店，通过零售、家庭配送、妇女婴儿儿童诊所等途径，提供所需营养食品。美国大多数州的 WIC 为加入该计划的家庭发放免费获得营养食品的购买券，现在美国约有 4.6 万商家接受 WIC 发放的食品券。

4.《营养标识和教育法》 1990 年 11 月 8 日美国国会通过并颁布《营养标识和教育法》。该法共有 10 章，是对《联邦食品、药品、化妆品》的修订，执法机构是食品与药品管理局，主要内容包括：①所有食品（包括鲜活食品和海产品）必须使用营养标签，使用营养标签是食品生产企业的强制义务；②营养素成分声明和健康声明原则；③全国统一的食品标签。

5.《膳食补充剂卫生与教育法》 1994 年美国总统克林顿签署了《膳食补充剂卫生与教育法》，包括 13 章，执法机构是食品与药品管理局。这是关于营养产品的首部重要法律，旨在规范促进膳食补充剂产业发展，改进国民健康状况，降低国家医疗福利支出。该法共有 15 条，在阐述立法目的时明确指出：①改进国民健康状况是联邦政府的首要任务；②膳食补充剂在健康促进和疾病预防中的作用已经得到充分的科学证明，已经证实适度补充可以预防癌症、心血管病和骨质疏松症等慢性病；③健康饮食可以降低医疗支出、医保支出和卫生保健支出，对美国未来的经济福利至关重要。该法对膳食补充剂的界定、声明和标签内容都做了明确规定。

6. 其他食物营养政策法规 1990 年颁布了《全国营养监测及相关研究法》。该法案分别从建立合作项目、实施责任、委员会的建立、项目管理员、农业部的权利、资金的管理、拨款的批准、部长职能及制定国家营养监测和相关研究项目的全面计划等方面都做了明确的规定。

1991 年美国颁布了《营养执业法》，本法案的目的是确保公众健康、安全及公共福利，保护公众不被不合格的营养行业服务人员的伤害。本法规通过向在营养行业服务的人发放营业执照和制订规则及为这些人员建立教育标准来达到此目的。

此外，美国政府还颁布了《公共卫生法》、《儿童夏季食物供应规划》和《课余加餐计划》等。这些法规和条例的颁布对美国营养工作的开展和国民营养改善起了很大的推动和保障作用。

（二）日本

日本具有良好的社会秩序，各行各业的工作都有条不紊，严格按规矩办事。这一切都归根于其完整的法律体系。用法律来制约人们的行为，规范社会活动，促进经济发展。在国民营养改善上，同样遵循了这一原则，用立法来推进和规范国家的营养改善工作。在20世纪40年代二次世界大战后期经济极其困难的情况下，为了改善国民营养状况，日本政府先后颁布了一系列营养相关的法律。

1.《营养师法》 1947年12月日本政府颁布了《营养师法》。该法案的主要内容包括：①营养师及管理营养师的定义、资格；②营养师的任命和执照制度；③管理营养师的注册制度；④管理营养师的考试制度；⑤营养师、管理营养师的培养制度。日本现有一亿多人口，营养师总数达80多万人。培养营养人才的学校有200多所。学校层次较多，培养目标及毕业后就业岗位也比较明确，在工作岗位上的职责分明。并明确规定供餐300人次以上的餐饮业必须配备至少一名营养师。

2.《营养改善法》 1952年7月颁布了《营养改善法》。该法律目的在于提高国民改善营养的思想，明确国民的营养状态，同时制订改善国民营养的措施，努力维护和提高国民的健康及体力，以有利于增进国民的福利。在国民营养调查的实施、被调查者的选择及协助义务、国民营养调查员、费用承担、调查表的使用制度、用省令进行的规定、市町村进行的营养咨询、都道府县进行的专业营养指导、营养指导员、集体饮食供给设施的营养管理、营养指导和烹调、特殊营养食品制度等方面做了详尽的规定。

3.《学校供餐法》 1954年，日本政府开始推动供餐法制化，正式颁布《学校供餐法》，以法律的形式制订了小学生学校供餐的规则和体制，并将初中也纳入供餐范围。该法案规定在义务教育的学校，要努力实施学校供餐，有营养士管理供餐，国家给予补助。学校供餐要达到四项目标：①使学生对日常饮食有正确的理解和良好的饮食习惯；②培养学生丰富的学校生活和快乐的社交素质；③使饮食生活合理化、改善营养、增进健康；④引导学生正确地理解食物、分配和消费食物。此外，日本还先后配套推出了《学校供餐法施行规则》《学校供餐法施行令》《学校供餐实施标准》《学校供餐卫生管理标准》等规定，完善的学校营养午餐制度逐渐得以确立。目前，这一制度已得到相当程度的普及。调查显示，2012年日本实施供餐的中、小学达3.2万所，整体实施率高达94.3%。

4.《厨师法》 公布于1958年5月10日，最初实施于1958年11月9日。前后经过8次修订，最终修改于2001年6月29日，实施于2001年7月16日。该法规定了厨师定义、任职资格及依据学校教育法规定的入学条件获得高等学校的入学资格，在厚生省劳动大臣指定的厨师培训机构学习1年以上的厨师、营养与食品卫生学课程，并经过考试合格。该法规定实行厨师名册、注册及执照的颁发制度。该法还对厨师在培训机构学习期间营养课程的学习提出了严格要求。

5.《健康增进法》 2002年8月，废除《营养改善法》的同时，公布了《健康增进法》，是日本厚生劳动省根据2000年第三次制定的国民健康对策——《健康日本（21世纪）》所制定的法律。该法于2003年5月1日正式实施。

《健康增进法》旨在提高全民的保健意识，加强国民对生活习惯重要性的理解规定，综合促进国民健康。共分8章和1个附则。该法案规定厚生劳动省要提出促进国民健康的基本方向、促进国民健康的目标；各都道府县制订相应的健康促进计划。对国民健康营养调查、营养指导、营养管理有关内容进行了修订，还对健康增进事业的国家、地方自治体及健康保险组合等机构的职责做出了详细说明。与《营养改善法》相比，该法突出了增进健康的战略地位和重点行动领域，具体规定了对特殊用途食品、营养标识的使用并加大了对违法行为的处罚力度。

6. **《食育基本法》** 颁布于 2005 年。随着近年来日本国民饮食生活环境的变化，为了培养国民在一生中能养成健全的身心、形成丰富的人性，推进食育已经成为一个紧要的课题。关于食育，日本已规定了它的基本理念并明确国家、地方公共团体等的责任，在制定了食育相关政策基本事项的基础上，有计划地推进有关食育活动的措施，使大众拥有健康、有文化气息的生活，建立充满活力的社会。

此外，日本还颁布了《食品卫生法》（1948 年）、《糕点卫生师法》（1949 年）和《奶牛业与肉牛业改进法》等。随着这些法律的颁布、实施和不断修订，为推动营养改善工作提供了有力的法律保障，着实有效的营养改善工作为提高国民素质和增加国际竞争力起到了关键作用。

四、发展中国家食物与营养政策法规的现状

（一）菲律宾

在发展中国家，1947 年菲律宾营养协会筹建了菲律宾营养研究所；1951 年，成立食品委员会，负责制订食物生产、进口和营养一体化的五年规划；1974 年，菲律宾颁布的题为"1974 年营养行动"总统令中确立了营养优先发展的地位，并在总统办公室下设立国家营养委员会，负责全面制订食物和营养项目的目标、发展方向、领导和协调与食物营养政策和规划相关的所有部门，是菲律宾营养工作的中央级协调机构。国家营养委员会的领导小组成员分别来自农业部、卫生部、社会福利与发展部、地方政府部、教育文化与体育部、科学技术部、预算与管理部、劳动与就业部、贸易与工业部的部长和国家经济与发展局局长，主席由农业部长担任。菲律宾食物与营养政策和规划是通过国家级、地区、省、市、城镇、乡村/社区各级营养委员会贯彻实施的，各级委员会都要制订出当地的营养规划并组织协调实施，同时定期对项目进行监测和评估，委员会成员来自各个部门及私立机构。该组织体系的工作目标是提高居民食物消费水平，降低营养不良患病率，改善居民的生活质量。它有 5 项主要策略：营养干预措施、营养交流措施、营养开发措施、营养监测措施和营养支付措施。改善营养状况的途径包括个体水平、社区水平（通过干预来改善，是初级卫生保健的重要组成部分）和国家水平（通过政策来改善）。与营养改善相关的重要政策和项目有：增加食物与农业生产（如水稻生产、混合作物生产、家畜和禽肉生产）；食物储存、流通和分配项目（如国家储备、价格调节、紧急救济及喂养项目、婴幼儿喂养及食物补充项目、食物补贴、家庭食物生产）、食物强化和营养素补充、提高就业和增加收入项目等。

（二）泰国

泰国政府和国王非常重视营养工作，专门成立了国家食物与营养委员会，由农业合作部、卫生部、工业部、商业部、教育部、内务部、国家经济与社会发展局、预算局、高等院校及非政府组织共 10 个部门的代表组成。该委员会的执行机构是办公室，由来自农业

合作部、卫生部、工业部、商业部、教育部、内务部6个部门的代表构成。技术委员会和卫生部下属的营养处是该委员会及办公室的技术支持部门。各省、地区都设有相应的省级和地区级食物与营养委员会，分别由省长和地区专员担任领导。通过适时的营养政策和有效的营养干预，营养工作取得了很大进展。例如，参加营养改善计划的学龄前儿童和小学生人数由1992年20万人增到1998年的580万人，少年儿童的营养不良率由1990年的19%下降至1997年的10%。

泰国人原来没有喝牛奶的习惯。1984年人均牛奶消费量只有2L/年，原料奶产量只有120吨/日。泰国政府下决心改变这种状态，由于国王的重视与倡导，在总理府办公室下设"全国喝奶运动委员会"，由一位部长担任主席。在全国范围内开展大规模的喝奶运动，建立4万个牛奶配送中心，推动了学生奶的普及。1992年有20万学龄前儿童和小学生参加，1999年猛增到620万人。人均奶消费量从1985年的2L增加到1999年的20L。小学生营养不良率明显下降，身高和体重增加，体质增强。

（三）印度

印度将提升国民健康和营养状况列入了宪法条款。印度在不同时期根据其社会经济和人群营养状况制订了一系列相关政策：从1965年开始，开展以推广高产品种为中心、综合采用各种现代农业技术的农业发展"新战略"；于1974年开展"白色革命"，重点抓好奶类生产供应、流通分配、消费利用三大环节，以利于国家从宏观上实施人群营养干预；建立和完善公共分配系统，搞好食物流通分配，公共分配系统以出售面粉、稻米、食用油、食糖、煤油、焦炭、布料7种生活必需品为主，通过散布在全国的35万个公平价格商店运作，由于80%公平价格商店分布在农村，因此成为农村低收入贫困人群获得必需营养以维持生存的重要保障；实行"政府粮食配售制"，通过政府补贴和消费管理来保证城镇居民特别是低收入者稳定地按低价获得粮食供应；儿童营养干预计划，开展和实施学校午餐计划、儿童照顾食品计划及其他营养补助计划。

此外，还有很多国家都很重视食物营养政策法规对国民营养改善的重要意义。1979年，肯尼亚总统曾发布关于开展学生饮用奶计划的法令，其目的是，改善学龄前儿童的营养健康，提高他们的入学率、出勤率和学习成绩。目前，约有670万城乡小学生和学龄前儿童受益。1994年南非总统曼德拉在国情咨文中宣布，"在需要营养餐计划的每一所小学校中都要实施"。南非把学生餐和学生奶纳入政府"一体化营养计划"中实施，1997~1998年共有14 549所小学的500万学生参加。沙特阿拉伯于1995年成功地召开了"学生营养状况研讨会"，会议就学生营养问题提出一系列建议，由教育部签发，并发布了新的管理条例，奶和奶制品取代了软饮料，"一杯奶"成为学校营养教育的座右铭。1997年估计有1500万升奶分发到各学校。芬兰于1943年通过法律，规定免费为7~18岁学生提供牛奶，所有学校每日向学生提供200ml牛奶与午餐同时饮用。

五、中国食物与营养政策法规的历史与现状

（一）历史

新中国成立初期，我国的政治、经济工作走过了一条曲折复杂的道路，在中央"调整、巩固、充实、提高"的方针指导下，在全国全面调整各方面工作的基础上，1964年国务院

转发了《食品卫生管理试行条例》使我国食品卫生监督管理纳入了法制化的管理轨道，这是我国首部关于食品和营养的立法。

1982年11月19日第五届全国人民代表大会常务委员会第二十五次会议通过了《中华人民共和国食品卫生法（试行）》，全国人民代表大会常务委员会令第十二号公布1983年7月1日起试行。经过10年的试行，1995年10月30日第八届全国人民代表大会常务委员会第十六次会议公布实施《中华人民共和国食品卫生法》，这是我国第一部经全国人民代表大会常务委员会通过的卫生法律。

1992年12月，在罗马召开的全球性部长级营养大会上，包括中国在内的150多个国家的代表通过了《世界营养宣言》和《世界营养行动计划》，并做出承诺，要尽一切努力在2000年以前消除饥饿和营养不良。为了实现这一目标，尽快改善我国居民的营养状况，1997年12月5日国务院办公厅发布了《中国营养改善行动计划》。该行动计划的总目标是通过保障食物供给，落实适宜的干预措施，减少饥饿和食物供给，降低能量、蛋白质营养不良的发生率，预防、控制和消除微量营养素缺乏症；通过正确引导食物消费，优化膳食模式，促进健康的生活方式，全面改善居民的营养状况，预防与营养有关的慢性病。

为了实现在《世界营养宣言》的承诺，规范和指导我国食物生产与食物消费协调发展，提高人民食物消费水平，改善国民膳食营养结构，引导居民科学合理的膳食消费模式，在国务院有关领导主持下，7个部委参与起草了《九十年代中国食物结构改革与发展纲要》。1993年第220次总理办公会议通过了《九十年代中国食物结构改革与发展纲要》，并由国发〔1990〕40号文件颁布实施。《纲要》的颁布和实施，对于促进食物生产、营养、消费协调发展，把握21世纪初的食物发展方向，增强国民身体素质与经济繁荣都具有十分重大意义。

为了控制碘缺乏病的流行，我国从20世界60年代开始实施病区推广碘盐的政策，有效地遏制了碘缺乏病的猖獗流行，但是没有彻底纠正碘缺乏对人群智力发育的损伤。为了实现在2000年消除碘缺乏病的阶段目标，1994年8月23日，李鹏总理签发了中华人民共和国国务院第163号令《食盐加碘消除碘缺乏危害管理条例》，从1995年起推行全民食用加碘盐。

1995年，国家计划生育委员会、财政部等部门共同推行"国家公众营养改善项目"，将食物强化作为营养改善行动的切入点。这个项目得到联合国儿童基金会的支持。

针对我国广大农村居民，特别是儿童青少年营养状况不如人意，优质蛋白质所占比重较小，而肉、蛋、奶、鱼等消费一时难以大幅度增长的情况，1995年，国家食物与营养咨询委员会的20多位科学家，向国务院提出"关于实施国家大豆行动计划的建议"，建议"以中小学生为重点，全面改善我国居民营养状况"。1996年3月，农业部、卫生部、国家教育委员会、中国轻工总会等四部委联合发出了《关于实施"大豆行动计划"的通知》。目的在于充分利用我国丰富的大豆资源和开发潜力，向中小学生提供优质的大豆加工制品，增加青少年和儿童的体质，促进营养与健康教育事业发展，优化食物营养结构，带动当地大豆生产、食品加工业，来改善全民营养状况，振兴中国大豆产业。"大豆行动计划"于1996年9月在11个省、12个试点县（市）、24所试点学校正式启动。1999年，进一步扩大了"大豆行动计划"的示范和推广工作。

为了指导我国食物结构调整，促进食物生产与消费的均衡协调发展及改善营养结构，农业部、国家计划生育委员会、卫生部、科技部、国家经贸部、教育部、财政部等有关部委联合起草了《中国食物与营养发展纲要（2001—2010 年）》（以下简称《纲要》），2001年 11 月 3 日国务院颁布实施。《纲要》提出，"继续和规范实施国家营养改善行动计划、国家大豆行动计划、国家学生饮用奶计划等。把积极推广学生营养餐，作为国民营养改善的一项重要工作，成立相应协调机构，制定相关法规，依法加强管理"。

此外，卫生部于 1986 年颁布，1994 年和 1996 年两次修订的《食品营养强化剂使用卫生标准》，详细规定了营养素种类、品种、使用范围、每千克使用量等。为了加强对学生集体用餐的管理，保证饮食卫生，改善学生营养状况，保障学生的健康成长，根据《中华人民共和国食品卫生法》卫生部于 1996 年制定并颁布了《学生集体用餐卫生监督办法》。为了规范和保证学生营养餐的能量和营养素含量在正常范围内，卫生部于 1998 年颁布了《学生营养午餐营养供给量》，规定了学生营养午餐营养素摄入标准值及各类食物的供给量。卫生部还于 1999 年颁布了《学生营养餐生产企业卫生规范》，规范学生营养餐生产企业的管理。

（二）现状

总体上，我国仅颁布了一部食品相关的法律，营养法规呈现空白。虽然颁布了一些营养工作相关的计划、纲要和行动方案，但在实施过程中遇到了很多困难。没有营养法规的有力保障，这些纲要计划不能很好地落实，国人健康难以保障。我国的营养立法工作处于相对落后状态。

1.《中华人民共和国食品安全法》 2004 年阜阳"大头娃娃"劣质奶粉事件，成为修订《食品卫生法》的直接动因。随后，"苏丹红"事件、PVC 保鲜膜致癌事件、含孔雀石绿水产品、雀巢奶粉碘含量超标、食品包装袋苯超标、福寿螺事件、猪肉瘦肉精超标等一系列食品安全事故频发。2007 年底，国务院法制办公室会同有关部门对食品卫生法修订草案作了进一步修改，在修订过程中，发现这部法要增加规定的内容已经超出了食品卫生法的范畴，食品卫生法更加关注食品外在的东西，即是否卫生干净，而食品安全法规定的是食品吃以后产生的潜在危害，因此在 1995 年颁布的《中华人民共和国食品卫生法》基础上，2009 年 2 月 28 日，十一届全国人大常委会第七次会议通过了《中华人民共和国食品安全法》。食品安全法是适应新形势发展的需要，为了从制度上解决现实生活中存在的食品安全问题，更好地保证食品安全而制定的，其中确立了以食品安全风险监测和评估为基础的科学管理制度，明确食品安全风险评估结果作为制定、修订食品安全标准和对食品安全实施监督管理的科学依据。

2009 年颁布的《中华人民共和国食品安全法》对规范食品生产经营活动、保障食品安全发挥了重要作用，食品安全整体水平得到提升，食品安全形势总体稳中向好。与此同时，我国食品安全违法生产经营现象依然存在，食品安全事件时有发生，监管体制、手段和制度等尚不能完全适应食品安全需要，法律责任偏轻、重典治乱威慑作用没有得到充分发挥，食品安全形势依然严峻。党的十八大以来，党中央、国务院进一步改革完善我国食品安全监管体制，着力建立最严格的食品安全监管制度，积极推进食品安全社会共治格局，为了以法律形式固定监管体制改革成果、完善监管制度机制，解决当前食品安全领域存在的突出问题，以法治方式维护食品安全，为最严格的食品安全监管提供体制制度保障，修改 2009 年的《食品安全法》被立法部门提上日程。2015 年新修订的《中华人民共和国食品安全法》已于 2015 年 4 月 24 日公开发布，并在 2015 年 10 月 1 日起施行。共计十章一百五十四条，增加了关于食品储存和运输、食用农产品市场流通、转基因食品标识等方面内容，制定的目的是为了保证食品安全，保障公众身体健康和生命安全。

2.《中国食物与营养发展纲要（2014—2020）》 2014年2月10日，国务院办公厅正式发布《中国食物与营养发展纲要（2014—2020年）》（以下简称《纲要》），这是继《九十年代中国食物结构改革与发展纲要》《中国食物与营养发展纲要（2001—2010年）》之后，我国政府制订的第三部关于食物与营养发展的纲领性文件。《纲要》立足保障食物有效供给、优化食物结构、强化居民营养改善，绘制出至2020年我国食物与营养发展的新蓝图。

《纲要》在简要总结近年来我国食物与营养发展成就和问题的基础上，提出了未来7年我国食物与营养发展工作的指导思想，即顺应各族人民过上更好生活的新期待，把保障食物有效供给、促进营养均衡发展、统筹协调生产与消费作为主要任务，把重点产品、重点区域、重点人群作为突破口，着力推动食物与营养发展方式转变，着力营造厉行节约、反对浪费的良好社会风尚，着力提升人民健康水平，为全面建成小康社会提供重要支撑。确立了"四个坚持"的基本原则：坚持食物数量与质量并重，坚持生产与消费协调发展，坚持传承与创新有机统一，坚持引导与干预有效结合，强调了"以现代营养理念引导食物合理消费，逐步形成以营养需求为导向的现代食物产业体系""传承以植物性食物为主、动物性食物为辅的健康膳食传统，保护具有地域特色的膳食方式，创新繁荣中华饮食文化"等内容。明确了到2020年食物与营养发展目标，从食物生产、食品加工业发展、食物消费、营养素摄入、营养性疾病控制等5个方面，细化了21个具体的、可考核的指标。其中，全国粮食产量稳定在5.5亿吨以上，全国食品工业增加值年均增长速度保持在10%以上，人均年口粮消费135kg，人均每日摄入能量2200~2300kcal，全人群贫血率控制在10%以下，居民超重、肥胖和血脂异常率增长速度明显下降等。

《纲要》从食物与营养发展的"数量保障、质量保障、营养改善"三个关键环节入手，提出了事关全局的三项主要任务：构建供给稳定、运转高效、监控有力的食物数量保障体系；构建标准健全、体系完备、监管到位的食物质量保障体系；构建定期监测、分类指导、引导消费的居民营养改善体系。

《纲要》按照分类指导、突出重点、梯次推进的思路，提出了"三个三"的发展重点，分别是"三个重点产品、三个重点区域、三类重点人群"。其中，优先发展"三个重点产品"：优质食用农产品、方便营养加工食品、奶类与大豆食品；优先关注"三个重点区域"：贫困地区、农村地区、流动人群集中及新型城镇化地区；优先改善"三类重点人群"：孕产妇与婴幼儿、儿童青少年、老年人。

为确保目标任务顺利实现，《纲要》从全面普及膳食营养和健康知识、加强食物生产与供给、加大营养监测与干预、推进食物与营养法制化管理、加快食物与营养科技创新、加强组织领导和咨询指导等六个方面提出了若干保障措施。其中，明确提出了要"加大对食物与营养事业发展的投入""加大对食用农产品生产的支持力度""发布适宜不同人群特点的膳食指南""开展全国居民营养与基本健康监测，进行食物消费调查""加强对食物与营养重点领域和关键环节的研究"等政策措施，明确要求要"建立部门协调机制，做好本《纲要》实施工作""继续发挥国家食物与营养咨询委员会的议事咨询作用，及时向政府提供决策咨询意见""地方各级人民政府要根据本纲要确立的目标、任务和重点，结合本地区实际，制定当地食物与营养发展实施计划"等。

3. 《预包装食品营养标签通则》 国家卫生与计划生育委员会（原卫生部）于 2011 年 11 月 2 日，公布了我国第一个食品营养标签国家标准——《预包装食品营养标签通则》（GB28050－2011），指导和规范营养标签标示。食品安全国家标准《预包装食品营养标签通则》规定，预包装食品营养标签应向消费者提供食品营养信息和特性的说明。其中，反式脂肪酸含量为强制标识内容。根据通则，预包装食品营养标签标示的任何营养信息，应真实、客观，不得标示虚假信息，不得夸大产品的营养作用或其他作用。营养标签应标在向消费者提供的最小销售单元的包装上。

《预包装食品营养标签通则》包括营养成分表、营养声称和营养成分功能声称。其中，营养成分表是指标有食品营养成分名称、含量和占营养素参考值（NRV）百分比的规范性表格，强制标示内容包括能量及蛋白质、脂肪、碳水化合物和钠 4 种核心营养素的含量值，及其占营养素参考值（NRV）的百分比。通则规定，食品配料含有或生产过程中使用了氢化和（或）部分氢化油脂，在营养成分表中应当标示出反式脂肪（酸）的含量。对能量和营养成分的高低、有无、增减等描述，通则都规定了具体的含量要求和限制条件。

针对当前一些食品企业存在的营养标签夸大宣传、弄虚作假欺骗消费者等问题，通则规定，预包装食品营养标签标示的任何营养信息，应真实、客观，不得标示虚假信息，不得夸大产品的营养作用或其他作用。

《预包装食品营养标签通则》于 2013 年 1 月 1 日起正式施行。

4. 国民营养计划（2017—2030 年） 由国务院办公厅于 2017 年 6 月 30 日正式颁布，是为贯彻落实《"健康中国 2030"规划纲要》，提高国民营养健康水平而制定。

基本原则：①坚持政府引导。注重统筹规划、整合资源、完善制度、健全体系，充分发挥市场在配置营养资源和提供服务中的作用，营造全社会共同参与国民营养健康工作的政策环境。②坚持科学发展。探索把握营养健康发展规律，充分发挥科技引领作用，加强适宜技术的研发和应用，提高国民营养健康素养，提升营养工作科学化水平。③坚持创新融合。以改革创新驱动营养型农业、食品加工业和餐饮业转型升级，丰富营养健康产品供给，促进营养健康与产业发展融合。④坚持共建共享。充分发挥营养相关专业学术团体、行业协会等社会组织，以及企业、个人在实施国民营养计划中的重要作用，推动社会各方良性互动、有序参与、各尽其责，使人人享有健康福祉。

主要目标：到 2020 年，营养法规标准体系基本完善；营养工作制度基本健全，省、市、县营养工作体系逐步完善，基层营养工作得到加强；食物营养健康产业快速发展，传统食养服务日益丰富；营养健康信息化水平逐步提升；重点人群营养不良状况明显改善，吃动平衡的健康生活方式进一步普及，居民营养健康素养得到明显提高。具体目标包括：①降低人群贫血率。5 岁以下儿童贫血率控制在 12% 以下；孕妇贫血率下降至 15% 以下；老年人群贫血率下降至 10% 以下；贫困地区人群贫血率控制在 10% 以下。②孕妇叶酸缺乏率控制在 5% 以下；0～6 个月婴儿纯母乳喂养率达到 50% 以上；5 岁以下儿童生长迟缓率控制在 7% 以下。③农村中小学生的生长迟缓率保持在 5% 以下，缩小城乡学生身高差别；学生肥胖率上升趋势减缓。④提高住院病人营养筛查率和营养不良住院病人的营养治疗比例。⑤居民营养健康知识知晓率在现有基础上提高 10%。

到 2030 年，营养法规标准体系更加健全，营养工作体系更加完善，食物营养健康产业持续健康发展，传统食养服务更加丰富，"互联网+营养健康"的智能化应用普遍推广，居民营养健康素养进一步提高，营养健康状况显著改善。具体目标包括：①进一步降低重点人群贫血率。5 岁以下儿童贫血率和孕妇贫血率控制在 10%以下。②5 岁以下儿童生长迟缓率下降至 5%以下；0～6 个月婴儿纯母乳喂养率在 2020 年的基础上提高 10%。③进一步缩小城乡学生身高差别；学生肥胖率上升趋势得到有效控制。④进一步提高住院病人营养筛查率和营养不良住院病人的营养治疗比例。⑤居民营养健康知识知晓率在 2020 年的基础上继续提高 10%。⑥全国人均每日食盐摄入量降低 20%，居民超重、肥胖的增长速度明显放缓。

完善实施策略：
（1）完善营养法规政策标准体系。
（2）加强营养能力建设。
（3）强化营养和食品安全监测与评估。
（4）发展食物营养健康产业。
（5）大力发展传统食养服务。
（6）加强营养健康基础数据共享利用。

开展重大行动：
（1）生命早期 1000 天营养健康行动。
（2）学生营养改善行动。
（3）老年人群营养改善行动。
（4）临床营养行动。
（5）贫困地区营养干预行动。
（6）吃动平衡行动。

第四节　食物与营养政策法规与公众健康

一、食物与营养政策法规对公众健康的影响

国际竞争是综合国力的竞争，综合国力的竞争最重要体现在人的素质上。营养决定国民健康状况、人力资源发展与素质的提高，是国家综合国力的一个主要标志。诺贝尔经济学奖获得者、著名经济学家 Robert Fogel 认为，英国和北欧工业革命时期的经济增长因素中，有一半以上应归功于其人群的体格即身高、体重的增长。体格的发育能促进脑发育、增强免疫功能、延长寿命，从而为经济发展创造了条件。

营养是人群体格和智力发育的物质基础，营养缺乏或不足，影响人群智力水平、劳动生产力的发展。长期的观察性研究证实，儿童时期的营养就会影响一生智力发育及劳动能力。儿童时期的能量-蛋白质营养不良可使智商降低 15 分，导致成年收入及劳动生产率下降 10%。实践证明，及时采取营养干预措施可以改善人群的营养状况及智力水平。危地马拉在 1969～1997 年间开展了针对 3 岁儿童的营养干预，结果发现，给儿童少年补充能量和微量营养素可以提高他们的学习成绩，他们的数学、词汇及阅读测试成绩都比不补充营养素者明显提高，到成年后劳动能力也高于不补充营养素者。

近十年来，我国居民营养状况虽然有了明显改善，但营养问题依然存在，表现为营养缺乏和营养失衡并存。营养不良问题在农村地区，特别是西部贫困地区更为严重，农村 5 岁以下儿童身材矮小率高达 20.5%。在经济发达地区，营养失衡问题更加突出，与膳食密

切相关的肥胖、高血压、心脏病、糖尿病和肿瘤等慢性病的发生率明显上升。这些营养问题，不仅影响到人群的健康和智力水平，更重要的是影响着国家或地区人力资源的发展，成为制约社会经济发展的一个重要因素。

随着营养科学的发展及一些国家采取的营养干预不断取得的成就，越来越多的营养学家和政策制定者认识到，营养学不能再停留在说明人群营养现状上，而应该分析人群营养的制约因素和人群营养问题的形成条件，包括环境条件和社会经济条件，并制订相应的营养改善政策，实施营养政策，从而达到改善人群营养状况、增强体质和提高健康水平的目的。改善国民营养和健康状况，需要有法律来保障营养政策改善行动的落实，这是根本解决营养问题的基础。改善人群营养状况需要政府公共政策的支持。营养工作具有明显的公共物品性质，需要全社会，尤其是政府部门的介入。营养工作的投入具有公共性，投入和收益并不相匹配，是一项长期投资，资本市场不会钟情此类投资。即使有些人认识到对营养工作投资的回报是巨大的，如果没有政府的介入，没有相应的法规和政策作保障，也不会在这方面进行大的投资。立法会促使责任人更加负责地采取措施，而民主制度下的立法更能反映弱势人群的需求。经验表明，如果政府积极参与营养工作，即使经济增长缓慢，人群营养状况仍能得到显著改善，从而显著提高社会发展水平。反之，如果政府忽视营养工作，即使经济快速增长，人群营养状况也未必能够有显著的改善。国家食物与营养法规和政策可以为营养工作的开展、改善居民营养状况、提高国民健康素质和综合国力提供强有力的法制保障。

二、食物营养政策法规的实施效果

日本在1947年颁布《营养师法》，1952年颁布《营养改善法》，1954年颁布《学校供餐法》。在法律保证下，日本在战后经济极端困难情况大力发展奶牛业，增加牛奶供应量，推广学校营养午餐，有效地改善了国民的营养状况和身体素质。目前共有3.75万所小学的1280多万小学生饮用学生奶，占小学生总数的99%，这些措施对于增强日本国民体质起到了决定性作用。20世纪50年代以后日本人的体质不断改善，目前，日本儿童少年的平均身高已经超过我国儿童少年的平均身高。1931年，日本18岁男青年的平均身高为161.8cm，女青年身高为151.2cm。1960～1975年，日本青少年男性和女性的身高每10年分别增长2.8cm和2.5cm，到1985年日本18岁男女青年的身高分别达到171.8cm和157.8cm，完全摘掉了矮个子的帽子。

日本通过50多年的国民营养改善，使国民的营养状况和体质得到了普遍的提高，被西方学者誉为"人类体质的发展奇迹"。日本国民营养状况和体质的改善与较早建立和完善的营养改善法律有非常密切的关系。

在泰国，参加"全国喝奶运动"的小学生达620万人，人均奶消费量从1985年的2L增加到1999年的20L。小学生营养不良率从1990年的19%下降到10%，同时，身高和体重增加，体质增强。

我国"学生饮用奶计划"的实施，对改善我国青少年儿童的营养健康状况发挥了重要作用。对沈阳市一所小学的474名学生研究表明，学生连续饮奶6个月，对体格发育有明显的促进作用。

对参加"大豆行动计划"试点学校学生的体检结果表明，学生服用3学期的豆奶后，贫血人数明显减少，服用后与服用前相比，男女贫血率分别由 21%和 26.4%下降到 13.8%和 17.9%，体重也有所增加，个别年龄组体重的增长平均达到 2.4kg，服用豆奶比未服用豆奶组的学生平均身高也增加 0.3~0.9cm。

我国大多数地区为缺碘地区，生活在缺碘病区的人口占全世界受碘缺乏危害人群的 40%。在实施全民食用加碘盐前，卫生部组织的十大城市的碘营养调查表明，几乎绝大多数的大城市都存在碘缺乏的公共卫生问题。1994 年 8 月 23 日李鹏总理签发的中华人民共和国国务院第 163 号令，即《食盐加碘消除碘缺乏危害管理条例》，并建立了监测系统和信息反馈机制，除了对生产、销售和用户食品的碘盐进行日常监测外，还每两年进行一次全国性的碘营养监测。监测结果经专家分析论证后，把有关问题及时反馈给有关部门，并进行防治策略的适当调整。如 1995 年监测后，于 1996 年制定了碘盐中碘浓度的上限值（60mg/kg），使出厂的碘盐浓度明显超标的现象得到了纠正。1997 年监测后，发现儿童尿碘水平过高（达 330μg/L），同时发现了用不正当手段向重点人群乱用碘油丸和加碘保健品的情况，及时纠正了"碘补多了无害的观点"，制止了在重点人群乱补碘的现象，提出了科学补碘的口号和原则，并成为全国碘缺乏病日的宣传口号。1999 年监测后我国专家首先并早于国际组织提出食盐加碘后尿碘在 300μg/L 以下的原则，国家及时调整碘盐浓度，由 50mg/kg 下调为 35mg/kg。调整后据部分省市于 2000~2001 年的监测结果表明，儿童尿碘水平已下降至 300μg/L 以下，处于国际组织和我国专家组推荐的可接受的碘营养水平。

全民食用加碘盐防止了碘缺乏而造成脑发育落后的情况，提高了人民的素质。我国推广全民食用加碘盐后，几乎没有新发克汀病患者的出生，人群的智商提高了 12 个百分点，而推广碘盐前人群因缺碘而造成的智商损失达 10~11 个百分点。

（王志宏　张　兵　张继国　曾　果）

参 考 文 献

葛可佑. 2006. 中国营养科学全书. 北京：人民卫生出版社.
国家营养规划研究课题组. 2005. 美国、日本等国家营养工作政策演变及趋势. 经济研究参考，59：24-29.
国家营养规划研究课题组. 2005. 美国和日本营养立法情况及对我国的启示. 经济研究参考，59：9-16.
国家营养规划研究课题组. 2005. 泰国国家食品营养规划及其对我国的启示. 经济研究参考，59：6.
黄辉，张兵，杜文雯，等. 2011. 我国的营养政策与行动计划及其效果分析. 中国健康教育，27（12）：930-932.
翟凤英. 2005. 中国营养工作回顾. 北京：中国轻工业出版社.
张彶，张兵，张继国，等. 2011. 美国营养法规和政策综述. 中国健康教育，27（12）：921-937.
Teiji Nakamura. 2011. Nutritional policies and dietary guidelines in Japan. Asia Pac J Clin Nutr, 20（3）：452-454.

第十六章 公共营养人才培养

第一节 公共营养专业机构

公共营养学是一门应用营养学知识改善人群健康的学科，是在营养学发展的基础上，于 20 世纪 70 年代形成的一个营养分支学科。该学科工作对象是人群而不是个体，强调应用而非满足于探索新的营养知识，其工作目的在于改善而非单纯描述营养状况。公共营养工作涉及三方面内容：一是收集和跟踪人群营养状况变化的信息，包括定期组织营养调查，开展营养监测等；二是直接组织以改善人群营养为目的的现场工作，如进行营养宣教，开展营养补充和食物强化项目等；三是参与国家和地方的食物政策、营养政策的制定，确定营养目标和相应的膳食目标。公共营养工作是由营养相关专业机构和专业人员进行策划和实施，以实现人群营养改善，促进人群健康。

一、我国公共营养专业机构

我国国家卫生与计划生育委员会（原卫生部）是国家营养工作的行政管理机构，对公共营养工作实施统一管理。国家和地方疾病预防控制中心是我国主要的公共营养专业机构。中国疾病预防控制中心营养与健康所是我国公共营养学术研究、技术指导和管理机构，该所专设公共营养与政策标准室、营养监测室、营养与健康教育室等，工作内容包括公共营养理论和技术的研究与发展、营养政策法规的研究与制定、营养标准的研究与推广，营养调查和监测及营养改善项目的组织与实施等。全国各省市区县疾病预防控制中心是开展公共营养工作的主要执行单位。国家统计局、农业部、教育部、国务院妇女儿童工作委员会等部门也下设了食物监测、食物消费等公共营养相关的管理和指导部门。

中国营养学会公共营养分会是中国营养学会领导下的二级学会，是以促进我国公共营养学科发展，推进营养政策、法规、标准和技术发展及科普宣传为核心任务的全国性学术团体。中国营养学会自 1983 年成立以来，广泛开展学术交流活动，对我国公共营养学发展有重要领导和推动作用。在我国，医学院校预防医学专业和营养专业毕业生是我国公共营养的主要人才来源，除了教学任务外，这些培养单位普遍承担着营养学的科研任务，公共营养也是其重要的工作任务之一。

二、美国公共营养专业机构

美国农业部是美国营养工作领域重要的领导机构。美国农业部下设人类营养情报学院、营养研究所等部门，负责全国食物营养素成分数据库的建立，全国营养素摄入量的调查，开展国民营养的宣传教育，向美国居民提供营养补助物资。美国卫生部下设健康统计中心、疾病预防控制中心等部门，负责管理与营养有关的疾病资料、生长发育资料，并负责营养调查及营养补助食品的发放等。

美国各个州政府中设有营养部门，开展营养监测工作及从事国民营养状况的工作。美国各级卫生部门主要是通过项目对营养问题进行指导和管理，如全国性贫困妇女、婴儿、儿童营养干预项目，就是由议会立项，由农业部和卫生部联合执行。

设立和实施的干预项目中影响较大的是综合儿童保健项目和妇女、婴儿、儿童营养干预项目。①综合儿童保健项目：由联邦政府授权卫生部于1974年开始实施，最初是为3~5岁儿童提供融保健、营养、教育为一体的综合性保健项目，近年来已扩展到5岁以下儿童的母亲和孕妇。②妇女、婴儿、儿童营养干预项目：由农业部拨款、卫生部门实施的对孕产妇和5岁以下儿童进行营养干预的项目，至今已经20多年，其干预措施也由原来的只为孕妇和5岁以下儿童提供免费食品发展到给幼儿园和学校的儿童提供科学的营养午餐。美国所有的营养项目都得到卫生、财政、农业、食品销售部门及社会各方面力量的积极参与和配合。

三、日本公共营养专业机构

日本国民营养工作由厚生省（即卫生部）及文部省（即教育部）负责。厚生省负责一年一度的国民营养调查并编写调查报告书。各地方的卫生部门，如都道、府、县都有国家任命的营养调查员。基层的保健所有专职的营养指导员和非专职的营养调查员，直接负责居民的保健和营养调查。

日本教育部系统在都、道、府县各级地方政府机构中都设有供餐科，主管全国初中、小学及幼稚园的学生午餐，这些机构和人员按照法律规定的职责和义务常年地进行国民营养管理工作。日本每建一个学生食堂，教育部就拨款1兆日元，并配备一定比例的营养师和调理师（厨师）。这些营养师不仅负责制订学生午餐的食谱，监督调理师的烹饪过程及学生午餐的卫生状况，同时许多学校灵活运用资源，聘请营养师为临时或正式的营养教育教员。日本《营养师法》中，明确规定了取得营养师、管理营养师资格的条件，以及营养师及管理营养师各自可以从事的工作。其中属于公共营养领域的工作（角色）包括：学校营养职员；集团午餐设施（公司食堂等）的工作；一次供应500人以上或一日供应1500份饭以上的都道府县指定的集团午餐设施（儿童福利院、敬老院、事务所等）的工作。

四、其他国家的公共营养专业机构

菲律宾食物与营养政策和规划通过国家级、地区、省、市、城镇、乡村/社区各级营养委员会实施，委员会成员应来自各个部门及私立机构。1974年，菲律宾颁布"1974年营养行动"总统令，并在总统办公室下设立国家营养委员会，其领导小组成员分别来自农业部、卫生部、社会福利与发展部、地方政府部、教育文化与体育部、科学技术部等部的部长，主席由农业部长担任。

泰国国家食物与营养委员会由10个部门的代表组成，即农业合作部、卫生部工业部、商业部、教育部、内务部、国家经济与社会发展局、预算局、高等院校及非政府组。该委员会的执行机构是办公室，由来自农业合作部卫生部、工业部、商业部、教育部、内务部6个部代表构成。技术委员会和卫生部下属的营养处是国家食物与营养委员会及其办公室的技术支持部门。各省、地区都设有相应的省级和地区级食物与营养委员会，分别由省长和地区专员担任领导。

第二节　公共营养专业人才培养体系

公共营养学以人群为对象，决定人群营养状况的因素不仅有生物性因素，还有社会和经济性的因素，因此，公共营养学不仅涉及营养学的内容，同时还需要运用人体学、临床医学、预防医学、社会科学等多方面的研究成果，同时需要把生物学知识与社会学知识相结合。本节内容包括国内外营养教育概况及营养专业人才的培养体系，并重点介绍公共营养人才培养体系。

一、美国的营养教育和营养师培养体系及其注册制度

（一）美国饮食营养学会的重要地位及其对注册营养认证制度的贡献

美国饮食营养学会（the Academy of Nutrition and Dietetics，AND，原名 the American Dietetic Association，ADA）于1917年在俄亥俄州创立，其早期领导者为营养学教育奠定了一个坚实的基础。目前，AND 由美国国内在食物、营养和健康方面的权威人士组成的董事会所领导，共约有7.5万名会员，其中约75%是注册营养师（registered dietitian，RD），2%是注册营养技师（dietetic technicians registered，DTR）。其他成员还包括咨询者、教育者、研究人员和学生。近一半成员拥有高等教育学历学位。AND 成员涉及广泛的实践领域，包括公共卫生、运动营养、医学营养治疗、膳食咨询（降低胆固醇、糖尿病、心脏和肾脏疾病）、素食者、餐饮业管理（医院、餐馆、长期保健机构和教育系统）、其他健康保健专家和科学研究者，他们都发挥了重要的作用。AND 的专业学术期刊为美国膳食营养协会杂志（*Journal of the American Dietetic Association*，SCI 收录），还设有基金会以资助营养学的研究和教育，也是营养学和饮食学奖学金的最主要授予者。2008～2009年，AND 基金会通过授予220多名大学生、研究生和大约28万美元的进修教育奖学金以促进营养学专业发展。每年秋天，AND 都会主办世界上最大的食品和营养专家会议。AND 总部目前设在芝加哥，政府事务办公室设在华盛顿特区，它们与州和联邦立法机构共同处理影响到消费者和营养学应用的公共政策问题，包括医疗保险覆盖范围的医疗营养疗法、注册营养师许可证的发放、儿童营养、肥胖症、食品安全、美国人的膳食指南及其他健康和营养优先事项。AND 以其有效积极的工作，成为美国营养教育的重要领导性组织，美国最具权威性的营养师资质"注册营养师"就是由其认定。可以说，AND 的发展历史也就是美国营养教育发展的历史，也是美国注册营养师制度从无到有，从有到优的发展完善过程。

（二）美国的 RD 培养制度

在美国，RD 被 AND 定义为食品和营养专家，他们符合获得注册营养师资格证书的最低学历和专业要求。除了 RD 认证，许多州对营养师和营养工作者还有些调整性的法律法规。通常这些要求和达到注册营养师所需的教育和培训相一致。

获得 RD 资格证书必须满足以下标准。①获得美国地区认可的大学或学院的学士学位，

课程设置需要经过美国饮食营养学会的营养培训资格认证委员会（Commission on Accreditation for Dietetics Education，CADE）批准认可。美国有200多所大学提供本科营养师培训项目。通常学位课程和营养师课程有很大部分是交叉重叠的，有志于成为RD的学生在选修课程时可兼顾两方面，这样在4年大学学习后即可得到营养学或生物学等学位，又可完成RD所需的课程。学生营养师课程成绩单需送到AND进行审查，审查合格后方可在有资格的机构实习。②完成CADE认可并督导的实习项目。通常情况下，这种实习项目将运行6~12个月，可在卫生保健机构、社区或食品公司进行，这些实习单位需要得到CADE认可并受其监督。③通过全国性RD考试。该考试由AND的营养师注册委员会（Commission on Dietetic Registration，CDR）负责执行，考试前必须完成实习项目，考试通过后授予RD资格证书获得1个注册号码，成为AND的RD。④完成规定的继续教育以维持注册。获得注册营养师资格后，为保持注册，RD必须参加CDR强制要求的继续教育，每年重新登记，换发新证，并交纳注册维持费。

AND专门制订了继续教育单位（continuing professional education units，CPEUs）这一统计单位。注册营养师必须每5年向AND的继续教育部门申报75个继续教育单位，以维持其注册资格。CDR授权继续教育组织在不同地方、不同时间段提供不同内容、不同方式的继续教育内容，供大家自由选择。继续教育方式包括远程会议、案例报告、学习小组（以录像和录音为基础）及研讨会等，也有以网络、录像等媒体为基础的自学方式。参加会议、板报交流等也可作为继续教育的内容。继续教育的学习内容几乎涵盖了所有营养与食品相关领域，RD可根据自己的情况自行选择。RD也可以自己预先填写有关表格，向CDR申请将个人的一些学习获得作为继续教育的内容。组织或团体也可向CDR申请提供继续教育项目。

有些RD还具有一些专业领域的资格证书，包括儿科营养或肾脏营养、营养支持和糖尿病教育等。这些是由CDR和（或）其他医学及营养组织颁发，在专业领域内被承认和接受，但不是获得RD资格所必须。

AND中涉及RD的一共有2个委员会。①CADE：由高等教育评审委员会和美国教育部作为制订营养专业教育项目授权机构，CADE通过监督实施项目的评审和批准以确保教育质量。②CDR：负责认证RD，其自身资格是由位于华盛顿的国家能力认证组织（National Organization for Competency Assurance，NOCA）负责资格认证的国家执照事务委员会（National Commission for Certifying Agencies，NCCA）认可，这是美国职业资格认定的最高标准。CDR有11个成员，其中9名任期是3年。11名成员包括7名RD，1名注册营养师专家，1名DTR，1名刚获得资格的RD（其任职1年），1名公共代表。委员会主席和副主席由委员会选举产生，任期1年。CDR负责给报名参加营养学专业且专业水平达到CDR标准的个人授予证书，包括通过专业继续教育或考试能成功完成国家认证考试和再认证。

（三）康奈尔大学营养教育和营养师培养项目实例

康奈尔大学营养科学系有本科生的营养师培训和营养师实习项目。这两个项目都经过营养培训资格认证委员会审查认可，有效期8年。也就是资格认定并非终身制，必须不断接受定期考察后并再次认可。

1. 本科生的营养师教育项目 本科生营养师课程设置也是营养培训资格认证委员会

认可的，2008年康奈尔大学营养科学系本科生营养师课程最低标准如下（根据AND的《教育标准》制订）：①无机化学，学生可自由选择普通化学（8分）、普通化学总论（8分）或普通和无机化学（8分），需修满8分；②有机化学，学生可自由选择初级有机化学（3分）、有机化学总论（6分）、实验有机化学总论（2分）或实验化学（4分），需修满5~10分；③微生物学总论（3分）；④生物学和生理学，在1年内开设10门生物学和生理学类别课程供学生选择，需修满9~12分；⑤生物化学，在1年内开设了4门生物化学课程供学生选择，需修满3~4分；⑥心理学，可选择人类发展：婴儿和儿童（3分）或心理学总论（3分），需修满3分；⑦交流沟通，一年级时参加讨论会（6分）；⑧统计学，可选择统计方法Ⅰ（4分）、统计学总论（4分）、统计学概论（4分）、统计学和研究设计（4分）、统计理论和应用（4分）或统计结果的评估（3分）等课程，需修满3~4分；⑨营养学核心课程，包括营养、健康和社会（3分），食物和营养的社会学透视（3分），人类营养的生理生化基础（4分），营养科学的方法（3分）或食物营养和生理生化（3分）等课程，需修满16分；⑩营养师课程，包括营养和生命周期（3分）、常见食品的营养（2分）、饮食服务和管理（必修）、营养交流和沟通（3分）、营养与疾病（4分）、营养护理（3分）、公共卫生营养（3分）、实用饮食服务和管理（3分），需修满23分。

学生在选修以上课程时，一般规定第1年内完成生物学、化学、社会科学、食品、营养和健康导论、营养和生命周期课程的学习；第2年完成有机化学、生理学、食物和营养的社会科学方面课程、营养和食物的生理化学特性课程；第3年和第4年完成生物化学、临床营养、营养咨询与交流、公共健康、食品和营养管理等课程。

营养师专业课程是和营养科学专业及人类生物学、健康和社会专业所要求的课程一致。因此，通过合理选择课程，学生在4年学习后可修完营养师专业课程，并可同时获取营养科学或人类生物学、健康和社会专业的学士学位。康奈尔大学极力推荐学生完成营养师的课程，他们认为："由AND授予的RD证书是营养从业者持有最广泛的证书，在许多就业场所都需要有这样一张证书。即使就业并不要求一定要有这张证书，但拥有这张证书将增强你在毕业生就业市场上的竞争力。"

2. 营养师实习项目 康奈尔大学的营养师实习项目经AND营养教育评审委员会认证后，从1996年12月起获得培训资格。实习项目的时间为9个月，最多可同时接受10人。

（1）社区营养实习：于8月下旬开始，为期4个月。实习点有超市的营养师部门、大学所在县的妇女婴幼儿食物供应项目组织、康奈尔职工健康组织、学校午餐项目组织、老年人送餐服务组织、康奈尔合作外联项目组织等。每周一实习生来到康奈尔大学修读2门指定课程，上午学习社区营养的研究策略技术和理论基础，中午参加营养科学系社区营养的研讨会，下午由富有研究经验的老师教授课题研究的理论和方法。周二至周五就在各社区营养实习点实习。每个实习生在社区营养轮转阶段需进行一项研究课题，在学期结束时汇报交流，并参加每年纽约州饮食营养协会大会并作交流汇报。学期中还集中安排2日时间，邀请康奈尔大学相关学科的教授为实习生传授"组织领导能力"。整个实习过程内容丰富，形式多样，教师和学生均需付出很多的时间和精力，教和学的任务均很繁重。

（2）管理和临床营养轮转：管理和临床营养轮转为期6个月，均在美国纽约州罗切斯特大学 Strong Memorial 医院中进行，该医院的排名在美国乃至全世界中均居于前列。实习从寒假结束后的 1 月份开始，管理阶段实习为 2 个月，临床营养实习为 4 个月。轮转内容有药学、外科、儿科、器官移植、成人和儿童内分泌、儿童和专科门诊、肿瘤、肾透析、精神病学和饮食失调、特别护理、烧伤护理、心脏病、心脏康复门诊、糖尿病等，临床营养研究轮转是在美国国立卫生研究院资助的一般临床研究中心。食品管理方面的实习内容包括医院住院患者饮食的原材料采购、加工、零售等工作；对医院员工营养教育；在医院餐厅全面负责某日的食物供应，包括制订该日食谱，采购原材料，监督加工过程。在实习结束前一周，表现优异的实习生可获准承担指导老师的大部分工作，称为"staff-relief"，让正式营养师在该周轻松一下。

（3）营养研究：营养研究贯穿在上述两项实习中，是康奈尔大学营养实习的重点也可以说是特色。康奈尔大学要求营养实习生在社区、临床和管理处的轮转实习时有良好的表现，能出席纽约州饮食营养协会年会并在会上介绍各自研究项目，成为 AND 会员，并支付所有注册费用/学费，才能结束实习，并得到一份核实声明。这项声明是获得注册考试认证资格所必需的，而要成为 RD 就必须通过这个考试。

（四）全国性 RD 考试的实施

满足申请注册考试资格的人可提交必需的申请材料并缴纳申请费。2008 年 1 月 1 日起，营养师的申请费用为 200 美元。从营养师注册委员会收到资格申请到考生获得考试授权信的整个过程是 3~6 个星期。考试机构发给应试者手册，考试申请 1 年内有效。如果在 1 年内没有完成并回复考试申请，必须联络营养师注册委员会重新申请。

考试采用计算机测试。营养师注册委员会的考试机构 ACT 制订了其自己的考试网络来管理分布在超过 225 个大学和社区学院的获批考场。考生一旦确定考试资格，就可以无限量参加考试，但营养师注册委员会规定考生考试失败后 45 日才可再复试。营养师注册委员会出版了营养师注册考试的学习指南，指南包括全面的学习大纲、参考书和实践考试。考试大纲根据营养实践的调查和分析而更改，考纲包括：①食品和营养科学，占 12%；②营养护理程序和模式，包括简单和复杂的条件，占 40%；③咨询、交流、教育和研究，占 10%；④餐饮系统占 17%；⑤管理，占 21%。每个考生将遇到至少 125 个问题，包括 100 道评分的问题和 25 道预测验问题。问题最多可能有 145 道，包括 120 道评分的问题和 25 道不评分的预测试问题。

（五）美国注册营养师的就业机会

AND 对会员的调查显示 RD 的就业范围包括：医院（住院患者和急救护理，34.0%），诊所和门诊服务中心（11.6%），社区和公共保健机构（11.3%），长期的护理机构（10.9%），咨询（主要是卫生保健机构，6.3%），高校教师（5.5%），其他营利性组织和行业（4.7%），其他非营利性组织（4.5%），私人职业（主要是个人客户，3.5%），学校食品服务（3.0%），咨询（主要是向其他组织，2.0%），健康护理组织、医生和其他医护服务（1.7%），以及家庭护理（1.1%）。

（六）美国的公共营养学专业人才的培养

美国公共营养学领域的专业人才有两个来源，一是公共卫生专业；二是营养学专业。美国医学会建议所有的本科生均应该接受公共卫生的教育，这一建议促使某些大学开设了本科公共卫生的项目，但目前公共卫生方面的学位主要包括公共卫生硕士学位（master of public health，MPH）、公共卫生领域的 PhD（doctor of philosophy in public health）及公共卫生博士（doctor of public health）。美国几乎没有本科的公共卫生营养专业（public health nutrition program），常见的是提供硕士学位的公共营养专业，只有极少数大学有公共营养学专业博士学位点。2011 年，美国饮食营养学会表示要促进营养师在公共卫生领域工作，促进公共卫生领域营养专业人才的培养。

二、日本的营养教育和营养师培养体系及其注册制度

（一）日本营养立法情况

日本的营养立法是在第二次世界大战后做出的，尽管战后国家经济状况处于崩溃状态，但日本政府仍积极开展营养工作，把营养作为促进发展的一个手段和措施。从当今日本国民健康状况，特别是儿童青少年的身高和体质来看，日本这一举措无疑是成功的，值得其他国家学习。

1947 年，日本首次公布《营养师法》，并不断修正，目前使用的版本修正于 2007 年。早在 1947 年的《营养师法》中就对营养师做出了明确的定义：营养师是指持有都道府县知事认可的执照，以营养师的身份从事营养指导工作的专业人士。在 1962 年修正的《营养师法》中又提出了管理营养师的概念，管理营养师是指持有获得厚生劳动省大臣认可的执照，以管理营养师的身份从事如下专业工作：①伤病者疗养时必要的营养指导；②凭借高度的专业知识和技能针对个体的身体状况、营养状态进行营养指导；③在具有针对特殊人群提供持续餐饮服务设施的机构中，能够根据对象的身体状况、营养状态，用餐条件等进行管理；④能够对这些机构在营养改善方面加以指导等。

日本对营养师和管理营养师头衔的使用上非常严格，根据《营养师法》第 6 条规定，非营养师不得以营养师或与之相类似的名称从事相关工作；非管理营养师，不得以管理营养师的名称从事相关工作。该法第 8 条规定，即使不从事营养指导业务，但如果在头衔等方面使用营养师、管理营养师，则违反本法律，处以 30 万日元以下的罚金。此外，在停止使用该名称期间，使用了营养师或与之相类似的名称者也同样如此。

日本有关营养方面的立法非常详细和全面，涉及营养议题的法律法规就有 10 余部。除了《营养师法》，还有《营养师实施规则》《营养师法实施令》等。《营养师法实施规则》发布于 1948 年，厚生省令第 2 号，最终修正于 1986 年，厚生省令第 34 号。《营养师法实施令》发布于 1953 年，政令 231 号，最终修正于 1986 年，政令第 260 号。日本政府非常重视营养指导，为了提高国民健康及体质，增进国民福利，1952 年颁布了《营养改善法》，1954 年颁布了《学校午餐法》。随着日本疾病谱的改变，2002 年废除了《营养改善法》，并于 2003 年颁布了《健康增进法》。在国家政府部门的支持下，经过几十年的发展，日本营养师制度已相当成熟和完善。

（二）日本管理营养师国家考试

《营养师法》规定厚生劳动省大臣每年至少举行一次管理营养师的知识与技能国家考试。根据《营养师施行规则》第十五条规定，管理营养师国家考试科目如下：社会环境与健康、人体构造与功能及疾病的发生、食物与健康、基础营养学、应用营养学、营养教育

论、临床营养学、公共营养学、供餐经营管理论。参加管理营养师国家考试者须为营养师，且符合以下的任意一条：①毕业于两年制培养机构并取得营养师执照后，在厚生劳动省大臣指定机构从事三年以上营养指导工作；②毕业于三年制培养机构毕业并取得营养师执照后，在厚生劳动省大臣指定机构从事两年以上营养指导工作；③毕业于四年制培养机构毕业并取得营养师执照后，在厚生劳动省大臣指定机构从事一年以上营养指导工作；④毕业于四年制培养机构，包括文部科学大臣及厚生劳动大臣依据法律标准认定的学校及厚生劳动大臣依据法律标准认定的非学校培养机构（图16-1）。

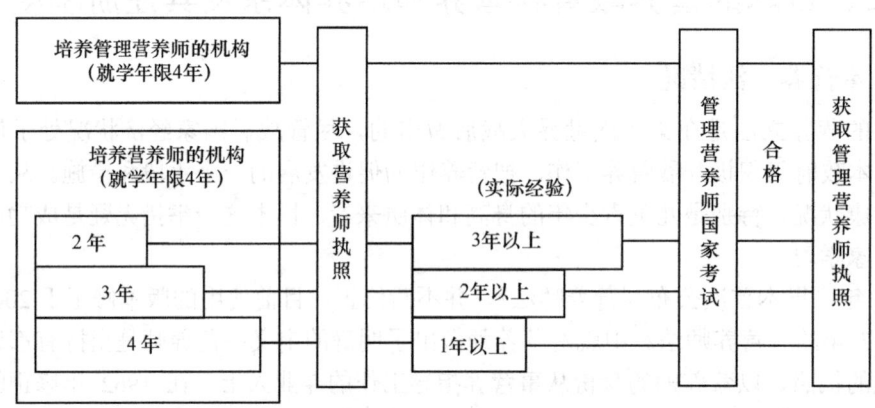

图 16-1　营养师和管理营养师执照的获取方法

（三）日本营养师的培养与教育

根据日本营养师协会网上公布的最新数据，日本全国共有161个培养营养师的机构，138个培养管理营养师的机构。《营养师施行规则》对培养营养师和管理营养师的机构都有明确的规定。申请培养营养师或管理营养的机构设置者须在接受资格认定的前一年度9月30日前准备好相关材料提交厚生劳动大臣进行审核。厚生劳动大臣有权在必要的时候要求指定培养机构的设置者提交所需报告。在认为某指定培养机构在教育内容，设施设备构造或其他方面有不当之处时，可对该培养机构的设置者下达必要的指示。

1. 厚生劳动省对营养师培养机构制订的标准

（1）教学内容，学校[学校教育法（昭和二十二〔1947〕年法律第二十六号）第一条所定义的学校，下同]依照表16-1，非学校机构的教学内容则依照表16-2所规定。

表 16-1　学校培养营养师的教育内容

教育内容	学分数	
	讲义或演习	实验或实习
社会生活与健康	4	
人体构造与功能	8	4
食品与卫生	6	
营养与健康	8	
营养指导	6	10
供餐经营	4	

表 16-2　非学校机构培养营养师的教学内容

教育内容		学分数	
		讲义或演习	实验或实习
基础领域	人文科学		
	社会科学		
	自然科学	12	
	外语		
	保健体育		
专业领域	社会生活与健康	4	
	人体构造与功能	8	4
	食品与卫生	6	
	营养与健康	8	
	营养指导	6	10
	供餐经营	4	

注：①学分的计算方法参照大学设置基准第二十一条第二项规定；②基础领域中体育保健的教学方法，采用讲义结合实际技能的方式；③基础领域的教学内容中规定的学分数可用专业领域教学内容的学分来代替；④营养与健康及营养指导的实验或实习，各不少于 1 学分；⑤供餐经营的校内实习与校外实习，各不少于 1 学分。

（2）校长负责培养机构的管理职责，培养机构需配备合格营养师。

（3）负责表 16-1 或表 16-2 的教学内容的教师人数要合理。其中非学校机构必须有 9 人以上专职教师负责表 16-1 所列举的教学内容（助手除外）。

（4）负责下列课程科目的专职教师人数必须在 1 人以上：①社会生活与健康、人体构造与功能、食品与卫生；②营养与健康；③营养指导；④供餐制度运营。

（5）负责表 16-1 中所列教学内容的专职教师的助手的人数应不少于 3 人，其中至少 2 人为管理营养师。

（6）负责表 16-2 教学科目的教师须经相关专业的大学[根据学校教育法（昭和二十二年〔1947〕法律第二十六号]定义的大学，或根据旧大学令[大正七〔1918〕年法令第三百八十八号]定义的大学，或依据旧专门学校令（明治三十六〔1903〕年法令第六十一号）定义的专业学校（以下称诸大学）]深造，且毕业 5 年以上。并具有负责的科目的教学，科研或实习经验（或被认可具有同等以上能力），或者被认可在某特定领域具有必需的教学能力。

（7）负责"人体构造与机能"的教师中至少 1 人为医师。

（8）负责营养指导科目及供餐制度运营科目的专职教师中，各有不少于 1 人具备管理营养师士资格，或与管理营养师具有同等学识和经验。

（9）负责表 16-1 所列教学内容的助手，必须毕业于大学的相关专业，或被认可具有同等以上能力。

（10）同时授课人数应控制在 40 人左右。但是，充分考虑授课方法及设施设备等教学条件，以便保证更好的教育效果的情况下可不受该条限制。

（11）具有教学上必要的专用教室、研究室、实验室、实习室及供餐实习室（仅限于须具备实习食堂）。

（12）上述设施的数量须与学生数、教师数及教育课程相匹配且不少于规定数量。

（13）具有更衣室、图书室、医务室及运动场。

（14）设施的配置及构造，除第12条规定项目外，还须考虑在教育，保健卫生及管理等方面是否合适。

（15）拥有教育必需的器械、器具、标本及模型。

（16）供餐实习室（仅限于实习食堂）中必须具备一定数量以上的所列器具器械：加热料理器具、给食计划及实务用电脑、洗碗消毒机、餐具柜、料理机器、料理台、料理用具、冰箱、水槽、配膳及配膳用机器。

（17）具备表16-1中所列教学内容相关图书不少于2000册，学术期刊不少于5种。

（18）可利用除该指定设施以外的其他适当设施作为供餐经营的实习设施。

（19）经营方法切实有效。

2. 厚生劳动省对管理营养师培养机构制订的标准 除以上营养师培训机构的标准中第6、9、10、13条外，还包括如下事项。

（1）教学内容不少于表16-3中规定内容。

表16-3 培养管理营养师的教学内容

教育内容		学分数	
		讲义或演习	实验或实习
基础领域	人文科学		
	社会科学		
	自然科学	42	
	外语		
	保健体育		
专业基础领域	社会，环境与健康	6	
	人体构造与功能及疾病的发生进展	14	10
	食物与健康	8	
专业领域	基础营养学	2	
	应用营养学	6	
	营养教育论	6	
	临床营养学	8	8
	公共营养学	4	
	供餐经营管理理论	4	
	综合演习	2	
	临床实习		4

注：①学分的计算方法参照大学设置基准第二十一条第二项规定；②基础领域中体育保健的教学方法，采用讲义结合实际技能的方式；③基础领域的教学内容中规定的学分数可用专业领域教学内容的学分来代替；④营养与健康及营养指导的实验或实习，各不少于1学分；⑤供餐经营的校内实习与校外实习，各不少于1学分。

（2）拥有适当人数的教师负责表16-3中教学内容，专职教师（不包括助手）人数须与该培养机构招生人数相适应，且不少于表16-4中规定人数，其中负责表16-3中专业基础课及专业课相关教学内容的专职教师不少于10人。

表 16-4　管理营养师培养机构的师资配备要求

人员	人数	人数	人数
在学学生	100	200	300
专职教师	17	22	25

注：①入学学生总数不满一百人的情况下，按一百人所配专职教师人数减一人；②入学学生总数超过本表规定人数，须在本表规定的专职教师人数基础上增加与入学总人数相应数量的教师人数。

（3）负责表 16-3 专业基础课教学内容的教师中专职教师不少于 3 人，其中至少 1 人负责学科"人体的构造与功能及疾病的发生"。

（4）负责基础营养学、应用营养学、营养教学理论、临床营养学、公共营养学、供餐经营管理理论等各科目教学内容的教师中，每个科目至少有 1 人为专职教师。

（5）专职教师助手的人数不少于 5 人，其中至少 3 人负责附表四中专业课领域教学内容，且须为管理营养师。

（6）负责"人体的构造与功能及疾病的发生"的专职教师中至少 1 人为医师。

（7）负责营养教育论、临床营养学、公共营养学及供餐经营理论各科目的专职教师中，每门课至少 1 人为管理营养士或具有与管理营养士同等学识与经验的专业人士。

（8）拥有用于教学的必要的教室、研究室实验室、实习室、营养教育实习室、临床营养实习室及供餐经营管理实习室（仅限实习食堂）。

（9）前项中的设施数量须与学生数和教师数相适应且不少于必要数量。

（10）拥有用于教学的必要的器械、器具、标本及模型。

（11）设施的配置数与构造除第 9 条规定外还须符合实际教学，校园保健卫生与管理等方面要求。

（12）表 16-5 列出的各设施中须具备表中列出的器械、器具、标本及模型，且数量不少于在教育上必需的数量。

表 16-5　管理营养师培养机构各实习室需具备的器械、器具、标本及模型

实习室	所需器械、器具、标本及模型
营养教育实习室	视听设备与营养教育用食物模型
临床营养实习室	测量用器具，检查用器具，健康增进相关器械，能量消耗测定机器，给需要看护者进行辅助进食的辅助工具，肠内营养用具一套，肠外营养用具一套，床，营养评估与信息处理用计算机，标本及模型
供餐经营管理实习室	为防止食品卫生危害发生的系统的供餐实习所用设施及设备，品质管理测量器，作业管理测定器及低温配膳设施

（13）表 16-3 专业基础领域及专业领域列出的教学内容相关图书不少于 5000 本，学术杂志不少于 20 种。

（14）可以利用该培养机构之外的教学设施作为临床营养学、公共营养学及给食经营管理理论的现场实习设施。

3. 工作领域　日本营养师、管理营养师主要的工作领域为医院、学校、集团健康管理、研究教育机构、行政机构、地方活动、福祉机构，各领域的配置状况见表 16-6，在不同职业领域的工作各有侧重。

（1）医院：通过组成营养支持小组（NST）对患者进行临床营养管理和评价，并视患

者的病情对其进行营养饮食指导和评价，强化医院的饮食服务。

（2）学校（幼儿园、中小学等）：《营养教师制度》规定营养教师必须具有教学资质和营养专业知识，主要负责对幼儿园的儿童及中小学生的饮食生活和习惯进行教育和予以评价。

（3）集团健康管理（企业、工厂、配膳中心等）：主要负责劳动者的健康管理，以及以代谢综合征为重点的"特定健康诊断和保健指导"连动，推动此类活动的顺利进行。

（4）研究教育（大学、专业技术学校、研究机构）：主要探讨培养管理营养师和营养师的教学计划和教学内容，以及现场实习和临床进修制度，检索有关预防疾病和营养不良的对策的最新文献，为患者及医护机构提供信息。

（5）行政机构（县、保健站、市町村）：建立针对大型灾害的有组织的援助体制；强化以预防为主照护为辅的地方援助事业；强化营养维护站的组织性；以代谢综合征为重点，加强"特定健康诊断及保健指导"。

（6）地方活动（自创业营养师、在家工作营养师）：主要负责对儿童和青少年进行饮食习惯教育，对在自家居住的高龄者加以照顾和护理，对运动员进行营养指导，以代谢综合征为重点，加强"特定健康诊断及保健指导"体系和指导范例。

（7）福祉机构（老年人保健机构、残疾人福利机构、托儿所等）：执行以预防为主照护为辅的营养维护和管理，并对此给予评价；对托儿所的儿童进行饮食习惯教育，并对此给予评价；确立需看护儿童和自家居住的残疾人的自立援助体系。

表 16-6　各领域营养师和管理营养师的配置状况

工作领域	管理营养师	营养师	合计	日本营养学会会员
医院	21 727	14 924	36 661	20 273
学校健康教育	7125	7032	14 157	4053
集团健康管理	3406	6039	9445	1632
研究教育	—	—	—	2456
公共卫生行政机关	—	—	5450	3856
地方活动	—	—	—	8452
福祉机构	17 327	28 927	46 254	11 327
合计	49 585	56 922	111 967	52 049

注：医院、学校健康教育、集团健康管理、福祉机构（资料：卫生行政报告例）、公共卫生（资料：厚生劳动省行政营养师数）、日本营养学会会员数（资料：截至 2011 年年末会员数）。

另以日本新潟县为例，2015 年 4 月 1 日新潟县总人口为 2 298 888 人，65 岁以上的老年人占 26.3%。营养师总人数为 171 人，配置率达 96.7%，管理营养师为 26 人。新潟县保健所管理营养师的业务上的时间分配见表 16-7。

表 16-7　新潟县保健所的管理营养师业务内容的时间百分比

序号	内容	时间（h）	占总业务比例（%）
1	及时掌握及分析本地区局名的实际状况	1780	14
2	事业的实际执行和制订计划	1816	6
3	对政策执行的评价	1922	7

续表

序号	内容	时间（h）	占总业务比例（%）
4	专业的营养指导，饮食习惯指导	1784	5
5	特定的团体供餐设施的营养指导	3502	9
6	普及正确的饮食习惯相关的知识	4857	15
7	饮食环境的改善（扩充或者改善）	760	1
8	对市、町、村庄等地方政府提供技术支持	1314	3
9	培养人才	3538	11
10	创造和其他机构等的合作机会	944	2
11	健康危机管理	955	2
12	营养非相关的"健康新潟21世纪"（口号）推进事业	2977	10
13	营养师资格证（执照），资格相关事务	1158	4
14	课长，课长代理业务	811	1
15	部/所/课的业务	1835	4
16	其他业务	1772	6

三、其他国家和地区营养师学历教育和注册制度

通过网络、国际交流的途径，我们调查了美国、日本、英国、爱尔兰、德国、荷兰、加拿大、匈牙利及台湾地区大学营养师学历教育现状。无一例外的是，这些国家和地区营养专业本科生均授予理学士学位，一般在4年左右完成学业。除了我国台湾地区有个别医学院设营养专业外，其余受调查的国家和地区的营养专业均设立在综合性大学内而非医学院。在被调查的国家均有注册营养师制度，各国注册营养师制度虽然略有差异，但其基本前提均为完成营养专业本科教育。

我国台湾地区的营养专业教育很值得我们借鉴和思考。1984年，在台湾一批营养专家的呼吁和努力下，台湾《营养师法》公布实施。1988年，台湾考选部营养师考试首度实施。经过营养界人士二十几年的共同努力，台湾的营养事业迅速发展。据2016年最新统计，目前全台湾有20所大学院校有营养系，2013年本科营养专业毕业生人数约1600名。远远高于中国大陆营养专业毕业生数量。表16-8为美国、日本、英国和台湾地区注册营养师注册资格及考试内容。

表16-8 美日英等国注册营养师制度及考试

国家/地区	负责部门	注册资格			考试		培养营养师的大学
		学位	实习要求	频率	题量	科目	
美国	政府授权的美国饮食营养学会	授权大学，本科以上	本科毕业后1200学时	无限次	125题	食品和营养科学、营养支持程序和模式、营养咨询、交流、教育和研究、餐饮系统、管理	200所大学，250个实习机构
日本	卫生部		课程期间28周，约1120学时	1次/年	200道选择题，60%答对	解剖生理学、病理学、生化学、食品学、食品加工学、营养学、营养指导论、临床营养学、公众营养学、集体饮食管理（含烹调学）、食品卫生学、公共卫生学、健康管理概论	本科75个，大专不计

续表

负责部门	注册资格			考试			培养营养师的大学
	学位	实习要求	频率	题量		科目	
英国	全国性认证组织	授权大学，本科以上		无需考试			15所大学，32个项目（含本、硕、博项目）
中国台湾		本科以上		一年2次	每门课单独考试，60分为及格，每门考90min，含测验题和讨论题	生物化学及生理学、营养学、膳食疗养学、食品卫生与安全、团体膳食设计与管理、公共卫生营养学	20所大学

我国的营养专业多设在医学院或公共卫生学院，但国外的营养专业除在医学院，公共卫生学院外，还有农学院、生态学院、资源学院等。概括而言，各大学本科营养专业的培养目标主要是以下几个方面：①培养营养师、营养学家、营养知识的传播者；②为未来想成为医生、护士、公共卫生专家、政策制定者提供营养培训；③提供一个宽泛的多学科训练，包括代谢、行为科学和人群研究，强调批评性思维，旨在培养学生成为营养领域的领导者，通过营养影响人类健康；④学生毕业后可在政府部门、医院、公共卫生领域、饮食管理和服务行业、健康教育和健康促进、教学和研究、产品开发等领域就业或继续深造。各大学营养专业课程基本上都包括营养基础类课程、公共营养学、人群营养学、临床营养学、食品科学、餐饮管理和营养学研究课程等。其中，各大学开设的公共营养学课程包括营养评价与咨询技巧、营养健康与社会、食物与营养的社会科学视角、人类饮食实践、社区营养、营养政策与公共卫生、食物选择的社会与生态学视角、营养与饮食的社区公共卫生地位等。可以看出，公共营养是营养专业培养的重要内容。

四、我国的营养教育现状及营养专业人才的培养现状

根据杜寿玢等记载，1922年燕京大学最早成立家政系（home economics），之后有北京的辅仁大学、成都的华西协合大学、南京的金陵女子文理学院、上海的震旦女子文理学院、天津的津塘工商学院等相继设立家政系。学制4年，设营养和儿童保育两个专业，这是我国早期的营养师学历教育。1952年高等院系调整时，家政系被撤销，营养师的正规培训从此中断。1985年卫生部高教司与教育部协调修订了医学专业目录，在临床医学（二级专业）下设立医学营养三级专业。中山医科大学、浙江医科大学、青岛医学院、上海第二医科大学（现为上海交通大学医学院）相继设立医学营养专业并招收学生，培养具有营养专长的临床医生，学制5年，授医学士学位，8年中全国共有毕业生1500余人。1995年因医学专业目录调整中取消了三级专业，将医学营养学归并到临床医学专业中而不再单独招生，但可在后期根据学生志愿选择临床营养方向。1997年，原华西医科大学（现四川大学华西医学中心）在美国中华医学会（CMB）资助下，在临床医学院医学技术系下招收医学营养专业方向；中山医科大学则在预防医学专业中分向培养营养专业学生。2004年，上海第二医科大学（现上海交通大学医学院）率先开设了全国第一个授予理学士学位的营养专业，以医院营养师为主要目标宽口径培养高级营养专业人才，与之前开设的医学营养学

专业的主要区别见表16-9。已有的营养专业教学实践表明，目前的四年制理学士学位比以前五年制医学士学位更符合社会的实际需要，是国际通行的学制模式，可更好地培养营养人才。从2013年起，专业名称由"营养学"更改为"食品卫生与营养学"。截至2017年，全国有30余所高校开设了"食品卫生与营养学"专业。

表16-9 上海交通大学医学院曾经开设的"医学营养学"和目前开设的"食品卫生与营养学"的主要区别

专业名称	培养目标	就业方向	课程设置	所授学位
医学营养学	具有营养专长的临床医生	临床各科室	与医疗专业基本一致，在最后一学期学习营养专业知识	医学士
食品卫生与营养学	以医院营养师为主要目标的宽口径培养	医院营养科室；疾病控制中心；营养相关企事业单位	营养和食品专业课程为主，兼顾临床医疗专业和预防医学专业课程	理学士

营养人才的匮乏也催生了社会上出现的营养人才"速成班"。从2000年起，社会上逐渐出现了营养师培训班，随着2005年10月我国劳动和社会保障部发布包括公共营养师在内的12个新职业公告，社会上各类营养师培训机构风起云涌，开展各类营养师培训与认证。据统计，全国学术组织、国内行业组织、国家劳动和社会保障部下属组织、全国性培训机构等共有10多种营养师培训，各省市还有其省级的营养师培训。这些培训和认证总的特点是学生入学要求低，高中或大专学历，对专业基础不作要求，经过3个月到半年的培训，通过考试即可授予营养师称号。这些培训结构资质良莠不分，师资质量差次不齐，培训质量低，形成了复杂而无序的混乱局面，我国营养师队伍的建设受到很大的影响。放眼世界经济发达国家营养教育发展历史，结合我国经济飞速发展的现状，进行正规的营养学学历教育是我国营养教育的必然趋势。

我国营养专业本科教育发展目前存在着一些障碍，如国家或地方尚无相应政策保证专业营养师就业和持续发展。我们急需学习发达国家的先进制度和方法，结合我国实际，建立和健全我国的营养师培训、认证制度，并建议和督促政府，特别是经济发达地区政府建立营养法规，明确营养岗位。卫生管理部门、人力资源和社会保障部门需要重新调整相关政策和规定，赋予这些营养师进行营养咨询门诊的权利、设立"营养师"职称的晋升系列等等，使本科营养师人才得到应有的发展空间和保障。

2015年，受中国营养学会委托，由上海交通大学医学院营养系为牵头单位，开展以上海为试点的中国注册营养师认证工作。这一工作受到国内外营养界广泛关注，大家都希望认真努力做好注册营养师试点工作，让注册营养师成为具有共同的营养健康理念、具有一致专业水准、可以获得社会各领域广泛认同的专业人员，区别于目前非学历教育的营养师培训及各类混乱的营养师称谓，从上海试点开始，推及全国，改变我国目前营养人才培养低层次和混乱的现状，固本清源，让我国拥有一支真正专业的注册营养师队伍，促进我国营养事业的发展，为我国人民的健康保驾护航。

为了适应社会经济发展，落实"健康中国2030规划纲要"和国民营养计划，加强我国营养专业队伍建设，提高营养师职业知识和技能，规范营养师从业行为，以便更好地全方位、全周期保障居民营养健康。在借鉴国外营养师行业管理的基础上，依据中共中央办公厅、国务院办公厅印发《中国科协所属学会有序承接政府转移职能扩大试点工作实施方案》及《中国科学技术协会章程》《中国营养学会章程》等有关文件，中国营养学会于2017

年1月1日正式出台了《注册营养师水平评价制度暂行规定》，对营养师从业资格、职业水平评价制度，以及注册后继续教育、培训、资质认证制度做出了严格规定。申请注册营养师水平评价考试的考生，必须完成规定课程模块的学习，并获得相应学分，才具有申请资格。课程要求详见表16-10。2017年7月9日进行了首次全国统一的"注册营养师水平考试"，标志着中国营养师职业化道路的正式起航。

表16-10 注册营养师水平评价考试申请者课程要求

序号	课程模块	注册营养师 课程设置	学分	注册营养技师 课程设置	学分
1	医学基础	解剖学、生物化学、生理学、微生物学、免疫学	10	生物化学、生理学	1
2	基础营养学	营养学导论、营养学基础	4	营养学导论、营养学基础	3
3	食物营养与卫生	食物营养学、食品分析、食品加工、食品卫生学	6	食物营养学、食品卫生学	5
4	膳食制备和餐饮管理	烹饪学、膳食管理与设计、食谱编制、餐饮经营管理与实践	6	烹饪学、膳食管理与设计、食谱编制、餐饮经营管理与实践	10
5	公共营养学	膳食营养素参考摄入量、膳食指南、营养调查和评价、食物与健康及膳食模式（包括素食）、社区营养和慢病管理、健康管理学	5	膳食营养素参考摄入量、膳食指南、营养调查和评价、食物与健康及膳食模式（包括素食）、社区营养和慢病管理、健康管理学	3
6	人群营养学	不同年龄（不同生理状况）人群营养、不同职业与环境人群营养学、运动营养学	4	不同年龄（不同生理状况）人群营养、不同职业与环境人群营养学、运动营养学	3
7	临床营养学	临床营养导论、肠内肠外营养、疾病的营养治疗	7	临床营养导论	1
8	营养教育学	心理学、营养咨询和教育、营养咨询和教育实践	4	营养咨询和教育、营养咨询和教育实践	1
9	环境与健康	环境与健康导论、流行病与卫生统计学	3	—	—
10	综合实习		1		—
	总学分		50		27
	总学时（按每学分16学时计）		800		432

（沈秀华 曾 果 周凤鸣）

参 考 文 献

陈海峰，王玉英. 2004. 美国国家公共营养监测状况. 国外医学：卫生学分册，31（5）：314-317.
杜寿玢，李珏声. 2006. 我国营养专业教育的历史回顾. 营养学报，28（2）：106-107。
葛可佑，沈铁夫. 1992. 公共营养学的进展与对我国公共营养工作的建议. 营养学报，2：186-192.
国家营养规划研究课题组，陈邈芳. 2005. 日本营养教育现状及其对我国的启示. 经济研究参考，59：42-48.

沈秀华，毛绚霞，蔡威. 2013. 国外大学营养专业本科课程设置分析. 中华临床营养杂志，21（1）：47-48.
沈秀华，唐文静，Susan Travis，等. 2009. 美国营养教育和注册营养师培养制度. 中华临床营养杂志，17（6）：364-367.
沈秀华，唐文静，蔡威. 2012. 我国营养师本科教育的学制和学位问题. 中华医学教育杂志，32(6)：848-849.
殷继永，黄建. 2009. 食品营养强化原则的比较研究. 中国食品卫生杂志，21（9）：523-528.

第十七章 食品营养标签

随着世界经济全球化的不断发展，人们对食品的要求越来越高，越来越严格。为此，世界各国均制订相关的预包装食品标签法规或者有关标准，以确保消费者的合法权益不受侵害。食品标签就是向消费者传递信息，展示产品特征和性能的一种形式。随着市场经济的发展和商品的激烈竞争，食品标签在促进公平交易、引导消费等方面起着重要作用。本章节从食品标签、食品营养标签等基本概念和作用入手，重点介绍了我国食品营养标签内容和管理，本章节还介绍了食品营养标签的国际发展现状和趋势，旨在从食品营养管理角度拓展学生知识面，为学生从事食品营养指导，促进健康营养平衡和身体健康相关专业领域工作和研究提供思路。

第一节 食品标签概述

食品标签是食品综合信息的载体，是向消费者传递产品的基本信息，是企业对消费者的承诺，既能保护消费者的利益和健康，也能维护食品企业的合法权益。内容真实完整的食品标签可以准确地向消费者提供产品的质量、安全特性和食用方法等信息，可以保护消费者知情权和选择权，企业可以使用食品标签减轻信息不对称对食品安全造成的影响，提高产品附加值。

食品标签是指预包装食品容器上的文字，图形，符号，以及一切说明物。预包装食品（prepackaged foods）是指预先定量包装，或装入（灌入）容器中，向消费者直接提供的食品。除豁免食品外，凡在各国市场上销售给最终消费者的本国生产和进口的预包装食品，都应具有食品标签。

一、食品标签的标示内容

食品标签的组成部分有食品名称、配料表、配料的定量标示、净含量和规格、生产者和（或）经销者的名称、地址和联系方式、生产日期和保质期、储存条件、食品生产许可证编号、产品标准代号等。

除了上述传统的标注内容外，食品标签的内涵也在不断拓展。诸如质量（品质）等级、转基因食品标识、辐照食品标识、食用方法、致敏物质、营养标签、食品原产地标签等都成为各个不同时期涌现的关注热点。随着消费者生活水平的提高，对自身健康的进一步关注，食品标签所涉及的内容越来越广泛和丰富。如今的食品标签除了反映最基本的产品特性信息、创造公平竞争的商业环境外，它所表达的内容还涉及了食品安全、科技发展、环境保护和人文关怀等诸多方面。

二、食品标签的作用

（一）维护消费者权益

食品标签作为沟通食品生产者、销售者和消费者的一种信息传播手段，能够使消费者通过食品标签标注的内容识别食品、保护自我安全健康和指导自己的消费。消费者对于食品的质量、安全性及适用性等诸多需求日渐提高，希望通过更多真实准确的信息做出准确的判断，筛选出适合其消费的恰当食品。

食品标签推介新技术供消费者选择。为了应对国际竞争并追求利润，食品生产企业不断致力于新技术的研发及应用。例如，对于转基因食品，部分消费者对食品基因改良生产新技术存有疑虑。在这种情况下，标签通常作为一种政策工具成为首先，因为它既不限制产品上市，又允许消费者通过购买表达他们的观点。市场将决定一项技术是否获得成功。

（二）维护生产者权益

食品标签可以避免不正当竞争。无论是国际食品法典委员会还是各国或经济联合体出台的食品标签法规标准，都一致要求食品标签应杜绝欺诈行为，应向消费者传达真实、准确的信息。以避免企业通过非法手段进行不正当竞争，维护食品生产者、经销者正当的合法权益。

食品标签可以促进销售，辅助竞争。食品标签在企业和消费者之间架起了一座重要的沟通桥梁，企业通过多种制作方式和展现形式充分向消费者传达他们的重要信息，特别是某些具有先进理念和健康意义的新型食品，可以通过合理合法的标签标示，展现自身独特的营养和功能信息，甚至有助于可持续发展的环境、人文和原产地信息。

（三）维护社会福利和公正

食品标签提供执法监督依据。根据食品标签上提供的专门信息，行政主管部门可以据此确认该食品是否符合有关法律、法规的要求。违规企业的行为在相应的处罚之下被逐渐规范，形成公平竞争的预包装食品市场环境。

三、食品标签发展历程

早在 1987 年我国就制定了 GB 7718《食品标签通用标准》，对我国食品标签中的主要内容进行了规范和标准化管理。该标准随后分别在 1994 年、2004 年，2011 年进行了修订。另外目前我国对食品标签的特殊规定还包括对不同类别食品的标签要求，如 GB 13432《预包装特殊膳食用食品标签通则》，保健食品标示规定，GB 10344《饮料酒标签标准》等等，并在不断地完善中，逐步对各类食品的标签通用要求和特殊要求实行规范和统一。

第二节 食品营养标签内容

随着社会的进步和消费者健康意识的提高，我国食品标签从 21 世纪 70 年代以保护消费者免受经济损失为主，过渡到 80 年代以保护消费者免受有害因素对健康的损害为主。

社会的发展和营养学科的进步使消费者对营养的需要日益提高，而科学、真实的营养信息正可以满足消费者的健康需求。食品营养标签是食品标签的重要内容，是向消费者提供食品营养信息和特性的说明，也是消费者直观了解食品营养组分、特征的有效方式。随着大众对健康需求的升高，对食品进行营养特性说明，成为世界各国食品健康化的发展趋势。

一、食品营养标签作用

（一）帮助消费者了解食品的营养组分和特征

预包装食品不同于"裸装"和天然的食物如大米、土豆、蔬菜等，后者的存在是一种原始且天然的状态。而预包装食品常由几种食物原料经加工形成，最终会含有多少脂肪、盐则无从知道。食品标签可以让消费者了解食品配料和生产信息，而营养标签实际上是终产品的营养信息和特点。

（二）引导消费者健康选择和消费

消费者购买食品，一方面需要知道食品的安全性；另一方面需了解食品的营养特点。营养标签的主要作用就是引导消费者的健康选择。科学、真实的食品营养标签是企业对消费者的承诺，是产品健康化发展的象征。

（三）维护消费者知情权

消费者知情权是消费者权利体系中的基础性权利。保护知情权对于维护消费者的合法权益，维护市场经济秩序及促进社会生产发展具有重要意义。具体到食品消费而言，食品生产日期、配料、保存期等即是保证消费者知情权的一个方面。但我们注意到，在一些食品广告中出现了许多缺乏明确界定的营养和健康声称用语，如高钙、低脂等等。如果这些概念不具有科学性和准确性，或者未告知食品特点的真实情况，造成的信息不对称，也是对消费者知情权的损害。

（四）促进食品企业健康发展

我国的市场竞争正处在一个从无序向有序转变的特殊时期，经营者在满足消费者知情权的同时，可能会通过各种方式，达到促进消费的目的。营养标签的实施，是企业向消费者的健康承诺，也是使食品走向营养健康的有力措施。

食品的卫生安全直接关系到消费者的安全，食品的营养直接关系到消费者的健康，所以在食品安全的基础上，更快更好的追求食品营养是消费者和企业的终极目标。

二、食品营养标签的主要内容

食品营养标签主要包括营养成分表、营养声称和营养成分功能声称。

（一）营养成分表

营养成分表是标示食品中能量和营养成分的名称、含量及其占营养素参考值（NRV）百分比的规范性表格。营养成分表有5个基本要素即表头、营养成分名称、含量、NRV%和方框。营养标签中的核心营养素包括蛋白质、脂肪、碳水化合物和钠。

食品标签强制标何种营养素及核心营养素的范围等问题是根据公共卫生意义来决定。各国食品营养标签法规中强调的核心营养成分种类和个数各不相同。这些内容的确定主要基于本国的居民营养状况的需要、慢性病和营养缺乏病的发生率，以及技术监督能力和企业承受能力来综合考虑。我国规定"1+4"即能量和核心营养素（蛋白质、脂肪、碳水化合物和钠）为强制标示内容。

（二）中国食品标签营养素参考值

中国食品标签营养素参考值简称营养素参考值（nutrient reference values，NRV），是专用于食品标签的、比较食品营养成分含量多少的参考标准，是消费者选择食品时的一种营养参照尺度。营养素参考值主要依据我国居民膳食营养素推荐摄入量（RNI）和适宜摄入量（AI）而制订。我国目前制订了能量和 34 个营养素的参考数值。

（三）营养声称和营养成分功能声称

营养声称简单明了，作为食品营养特性的说明和营养宣教的工具，越来越受到消费者、生产者和管理者的青睐，目前几乎所有国家在营养标签中都有了这种形式。

营养声称是对食物营养特性的描述和声明，如能量水平、蛋白质含量水平。营养声称包括含量声称和比较声称。含量声称是指描述食品中能量或营养成分含量水平的声称，如"含有""高""低""无"等声称用语。比较声称是指与消费者熟知的同类食品的能量值或营养成分含量进行比较之后的声称，如"增加"或"减少"等。能量或营养成分含量差异必须≥25%，方可声称。

营养成分功能声称是指某营养成分可以维持人体正常生长、发育和正常生理功能等作用的声称。同一产品可以同时对两个及以上符合要求的成分进行功能声称。只有当能量或营养成分含量符合营养声称的要求和条件时，才可根据食品的营养特性，选用相应的一条或多条功能声称标准用语。例如，只有当食品中的钙含量满足"钙来源""高钙"或"增加钙"等条件和要求后，才能标示"钙有助于骨骼和牙齿的发育"等功能声称用语。

（四）营养标签格式

营养标签格式的标准化可以方便消费者记忆、方便食品间比较。各国或地区规定了营养标签的形状、标示内容、顺序、字体、文字、基本形式等内容。如美国、加拿大的营养标签的格式多达 16 种，我国香港地区有 3 种基本格式。我国推荐了 6 种基本格式，在实施当中可以在保持规定格式的基础上适当修饰。

第三节 食品营养标签管理

食品营养标签是食品标签的重要内容，它显示了食品的营养特性和相关营养学信息。为了指导和规范食品营养标签的标示，引导消费者合理选择食品，促进膳食营养平衡，保护消费者知情权和身体健康，国际组织和许多国家都制订相关标准和技术文件以重视食品营养标签管理工作。我国从以下几方面对食品营养标签的实施进行了管理和规范。

一、标示规则

（一）强制标示内容

（1）所有预包装食品强制性标示的内容包括能量、核心营养素（蛋白质、脂肪、碳水化合物、钠）的含量值及其占营养素参考值（NRV）的百分比。当标示其他成分时，应采取适当形式使能量和核心营养素的标示更加醒目。

（2）对除能量和核心营养素外的其他营养成分进行营养声称或营养成分功能声称时，还应标示出该营养成分的含量及其占营养素参考值（NRV）的百分比。

（3）使用了营养强化剂的预包装食品，还应标示强化后食品中该营养成分的含量值及其占营养素参考值（NRV）的百分比。

（4）食品配料含有或生产过程中使用了氢化和（或）部分氢化油脂时，应标示出反式脂肪（酸）的含量。

（5）未规定营养素参考值（NRV）的营养成分仅需标示含量。

（二）能量和营养成分含量声称和比较声称的要求和条件

营养声称是标签上说明、描述产品营养特性的语言，从保护消费者利益和科学的原则考虑，每一个声称都有含量要求和限制性条件（表 17-1）。

表 17-1 食品营养标签含量声称和比较声称的要求和条件

项目	声称方式	含量要求 [a]	限制性条件
能量	无能量	≤17kJ/100g（固体）或 100ml（液体）	
	低能量	≤170kJ/100g 固体；≤80kJ/100ml 液体	
	减少能量	与基准食品相比减少 25%以上	基准食品应为消费者熟知的同类食品
蛋白质	低蛋白质	来自蛋白质的能量 ≤总能量的 5%	总能量指每 100g/ml 或每份
	蛋白质来源，或含有蛋白质	每100g 的含量≥10% NRV 每100ml 的含量 ≥5% NRV 或者 每 420kJ 的含量 ≥5% NRV	
	高，或富含蛋白质	"来源"的两倍以上	
	增加蛋白质	与基准食品相比增加 25%以上	
脂肪	无或不含脂肪	≤0.5g/100g（固体）或 100ml（液体）	
	低脂肪	≤3g/100g 固体；≤1.5 g/100ml 液体	
	减少脂肪	与基准食品相比减少 25%以上	基准食品的定义同上
	瘦	脂肪含量≤10%	仅指畜肉类和禽肉类
	脱脂	液态奶和酸奶：脂肪含量≤0.5% 奶粉：脂肪含量≤1.5%	仅指乳品类
	无或不含饱和脂肪	≤0.1g/100g（固体）或 100ml（液体）	指饱和脂肪及反式脂肪的总和
	低饱和脂肪	≤1.5g/100g 固体；≤0.75g/100ml 液体	1. 指饱和脂肪及反式脂肪的总和 2. 其提供的能量占食品总能量的 10%以下
	无或不含反式脂肪酸	≤0.3g/100g（固体）或 100ml（液体）	
胆固醇	无或不含胆固醇	≤5mg/100g（固体）或 100ml（液体）	应同时符合低饱和脂肪的声称含量要求和限制性条件
	低胆固醇	≤20mg/100g 固体；≤10mg/100ml 液体	
	减少胆固醇	与基准食品相比减少 25%以上	基准食品的定义同上

续表

项目	声称方式	含量要求[a]	限制性条件
碳水化合物糖	增加或减少	与基准食品相比增加或减少25%以上	基准食品的定义同上
	无或不含糖	≤0.5 g/100g（固体）或100ml（液体）	
	低糖	≤5 g/100g（固体）或100ml（液体）	
	减少糖	与基准食品相比减少25%以上	基准食品的定义同上
	无乳糖	乳糖含量 ≤0.5 g/100g（ml）	仅指乳品类
	低乳糖	乳糖含量 ≤2 g/100g（ml）	
	减少乳糖	与基准食品相比减少25%以上	
膳食纤维	膳食纤维来源或含有膳食纤维	≥3 g/100g ≥1.5 g/100ml	膳食纤维总量符合其含量要求；或者可溶性膳食纤维、不溶性膳食纤维或单体成分任一项符合含量要求
	高或富含膳食纤维或良好来源	"来源"的两倍以上	
	增加，或减少	与基准食品相比增加或减少25%以上	
钠	无或不含钠	≤5 mg/100g 或 100ml	也可用"盐"字代替"钠"字，如"低盐""减少盐"等，其条件应符合"钠"相应的声称条件
	极低钠	≤40 mg/100g 或 100ml	
	低钠	≤120 mg/100g 或 100ml	
	减少钠	与基准食品相比减少25%以上	
维生素	维生素××来源或含有维生素××	每100g中≥15% NRV 每100ml中≥7.5% NRV 或者 每420 kJ中≥5% NRV	含有"多种维生素"指3种或3种以上维生素含量符合"含有"的声称要求
	高或富含维生素××	"来源"的两倍以上	富含"多种维生素"指3种或3种以上维生素含量符合"富含"的声称要求
	增加或减少维生素××	与基准食品相比增加或减少25%以上	基准食品的定义同上
矿物质	××来源，或含有××	每100g中≥15% NRV 每100ml中≥7.5% NRV 或者 每420kJ中≥5% NRV	含有"多种矿物质"指3种或3种以上矿物质含量符合"含有"的声称要求
	高，或富含××	"来源"的两倍以上	富含"多种矿物质"指3种或3种以上矿物质含量符合"富含"的声称要求
	增加，减少	与基准食品相比增加或减少25%以上	基准食品的定义同上

注：a. 使用每份食品作为计量单位时，也应符合100g（ml）的含量才可以进行声称。

（三）营养成分功能声称标准用语

对声称的标准用语进行规定，是为了避免断章取义、文不对题或查无证据。我国给出了共23个能量和营养成分的功能声称标准用语。这些成分的功能声称用语具有充分的科学证据，不允许有任何的改变，以免误导消费者。

（四）可豁免食品营养标签的预包装食品

（1）食品的营养素含量波动大的，如生鲜食品、现制现售食品。

（2）包装小，不能满足营养标签内容的，如包装总表面积≤100cm^2 或最大表面面积≤20cm^2 的预包装食品。

（3）食用量小、对机体营养素的摄入贡献较小的，如饮料酒类、包装饮用水、每日食用量≤10g 或 10ml 的。

二、营养成分标示

营养成分的标示,是对食品中营养成分含量做出的确切描述。营养成分的含量标示使用每 100 克（g）、100 毫升（ml）食品或每份食用量作为单位,营养成分的含量用具体数值表示,同时标示该营养成分含量占营养素参考值（NRV）的百分比。

能量和核心营养素的标示:能量以千焦（kJ）或焦耳（J）标示。当以千卡（kcal）标示能量值时,应同时标示千焦（kJ）。蛋白质、脂肪、碳水化合物均以"克（g）"的形式标示。钠以"毫克（mg）"的形式标示。

宜标示的营养成分:饱和脂肪（酸）、胆固醇、碳水化合物、膳食纤维、钙和维生素 A 与人体健康关系重要,是推荐标示的重要营养成分。其他营养成分维生素 E、叶酸、烟酸（烟酰胺）、其他维生素和矿物质以"毫克（mg）"或"微克（μg）"的形式标示。为统一标示格式和方便消费者,营养成分表的成分应按照规定的顺序排列。

营养标签格式:为了规范食品营养标签标示,便于消费者记忆和比较,我国推荐了 6 种基本格式。

1. 仅标示能量和核心营养素 见表 17-2。

表 17-2 营养成分表（能量和核心营养素）

项目	每 100 克（g）或 100 毫升（ml）或每份	营养素参考值%或 NRV%
能量	千焦（kJ）	%
蛋白质	克（g）	%
脂肪	克（g）	%
碳水化合物	克（g）	%
钠	毫克（mg）	%

2. 标注更多营养成分 见表 17-3。

表 17-3 营养成分表（更多营养成分）

项目	每 100 克（g）或 100 毫升（ml）或每份	营养素参考值%或 NRV%
能量	千焦（kJ）	%
蛋白质	克（g）	%
脂肪	克（g）	%
——饱和脂肪	克（g）	
胆固醇	毫克（mg）	%
碳水化合物	克（g）	%
——糖	克（g）	
膳食纤维	克（g）	%
钠	毫克（mg）	%
维生素 A	微克活性视黄醇当量（μgRAF）	%
钙	毫克（mg）	%

注:核心营养素应采取适当形式使其醒目。

3. 附有外文的格式 见表 17-4。

表 17-4 营养成分表（附外文格式）

项目/Items	每 100 克（g）或 100 毫升（ml）或每份/per 100g/100ml or per serving	营养素参考值%/NRV%
能量/Energy	千焦（kJ）	%
蛋白质/Protein	克（g）	%
脂肪/Fat	克（g）	%
碳水化合物/Carbohydrate	克（g）	%
钠/Sodium	毫克（mg）	%

4. 横排格式 见表 17-5。

表 17-5 营养成分表（横排格式）

项目	每 100 克（g）/毫升（ml）或每份	营养素参考值% 或 NRV%	项目	每 100 克（g）/毫升（ml）或每份	营养素参考值% 或 NRV%
能量	千焦（kJ）	%	蛋白质	克（g）	%
碳水化合物	克（g）	%	脂肪	克（mg）	%
钠	毫克（g）	%	其他营养成分		%

5. 文字格式 包装的总面积小于 100cm^2 的食品，如进行营养成分标示，允许用非表格的形式，并可省略营养素参考值（NRV）的标示。根据包装特点，营养成分从左到右横向排开，或者自上而下排开。例如

营养成分/100g：能量××kJ，蛋白质××g，脂肪××g，碳水化合物××g，钠××mg。

6. 附有营养声称和（或）营养成分功能声称的格式 营养声称、营养成分功能声称可以在标签的任意位置。例如

表 17-6 营养成分表（附营养声称、营养成分功能）

项目	每 100 克（g）或 100 毫升（ml）或每份	营养素参考值%或 NRV%
能量	千焦（kJ）	%
蛋白质	克（g）	%
脂肪	克（g）	%
碳水化合物	克（g）	%
钠	毫克（mg）	%

营养声称如：低脂肪××；
营养成分功能声称如：每日膳食中脂肪提供的能量比例不宜超过总能量的 30%。

三、检 测 系 统

食品营养标签中标示的数值来源，可以通过食物成分表计算或者产品检测获得。

计算法是根据食品原料的配比，或其他确实的资料如公认的食物营养成分数据、相似的同类食品等的成分数据计算出终产品的营养成分含量，所得结果应可信。

可使用的食物成分数据库：中国疾病预防控制中心营养与食品安全所编著的《中国食物成分表》第一册和第二册；美国农业部 USDA National Nutrient Database for Standard Reference、英国食物标准局和食物研究所 McCance and Widdowson's the Composition of Foods 或其他国家的权威数据库资料。

测定数值是指通过有资质的实验室或者企业自己实验室多次检验得到的结果，所用的检验方法、样品采集原则按照国家标准规定执行。检验方法应首先选择国家标准方法的最新版本，当无国标方法时，推荐优先使用美国公职分析化学家协会（AOAC）的方法，经过验证的、引自权威文献报道或行业公认的权威方法也可以使用。表 17-7 中列出了核心营养素及宜标示的重要营养成分的常用分析方法。

表 17-7 营养标签中核心和重要营养成分的测定方法

营养成分	标准号		标准名称
蛋白质	GB 5009.5—2016	食品安全国家标准	食品中蛋白质的测定
脂肪	GB 5009.6—2016	食品安全国家标准	食品中脂肪的测定
脂肪酸	GB 5009.168—2016	食品安全国家标准	食品中脂肪酸的测定
胆固醇	GB 5009.128—2016	食品安全国家标准	食品中胆固醇的测定
糖	GB 5009.7—2016	食品安全国家标准	食品中还原糖的测定
	GB 5009.8—2016	食品安全国家标准	食品中果糖、葡萄糖、蔗糖、麦芽糖、乳糖的测定
淀粉	GB 5009.9—2016	食品安全国家标准	食品中淀粉的测定
膳食纤维	GB 5009.88—2014	食品安全国家标准	食物中膳食纤维的测定
	AOAC 985.29	食物中总膳食纤维 酶-重量法	
	AOAC 991.43	食物中总的、可溶性和不溶性膳食纤维 酶-重量法 MES-TRIS 缓冲液	
	AOAC 992.16	总膳食纤维 酶重量法	
	AOAC 993.21	淀粉含量≤2%的食物及其制品中总膳食纤维 非酶重量法	
	AOAC 994.13	总膳食纤维（测定值等于中性糖、糖醛酸残基和 Klason 木质素）气相色谱-比色-重量法	
	AOAC 997.08	食物制品中的果聚糖 离子交换色谱法	
	AOAC 999.03	测定食物中总的果聚糖	
	AOAC 2000.11	食物中聚葡萄糖 离子交换色谱法	
	AOAC 2001.02	测定特定食品中的反式低聚半乳糖 离子交换色谱法	
	AOAC 2001.03	测定特定食品中的总膳食纤维 包含抗性麦芽糊精 酶重量法和液相色谱法	
	AOAC 2002.02	淀粉与植物性基质中的抗性淀粉 酶消化法	
	Englyst 方法	膳食纤维（非淀粉多糖）的常规测定比色法	
钠	GB 5009.91—2017	食品安全国家标准	食品中钾、钠的测定
	GB/T 11904	水质 钾和钠的测定 火焰原子吸收分光光度法	
	GB 5009.44—2016	食品安全国家标准	食品中氯化钠的测定
	GB 5009.268—2016	食品安全国家标准	食品中多元素的测定
钙	GB 5009.92—2016	食品安全国家标准	食品中钙的测定

续表

营养成分	标准号	标准名称	
钙	GB/T 7476	水质 钙的测定 EDTA滴定法	
	GB/T 7477	水质 钙和镁总量的测定 EDTA滴定法	
	GB/T 11905	水质 钙和镁的测定 原子吸收分光光度法	
维生素A	GB 5009.82—2016	食品安全国家标准	食品中维生素A、维生素D、维生素E的测定
	GB 5009.83—2016	食品安全国家标准	食品中胡萝卜素的测定

第四节 国内外食品营养标签标准与法规比较

2003年世界卫生组织/联合国粮农组织（WHO/FA0）在发布的"膳食、营养与慢性病"专家报告中指出了高脂肪含量、低水果和蔬菜含量的膳食与肥胖、心血管疾病、癌症、Ⅱ型糖尿病等慢性疾病的风险增加有关。大量研究表明营养膳食可作为一个很好的调节剂对慢性病的预防和控制起着重要的作用。各国对于食品营养标签的管理渐渐成为一个重点，目前强制标示营养标签的国家已占了全球约2/3的地区，实施营养标签已成为国际发展趋势。目前世界上有许多国家和地区建立了食品营养标签法规或标准。

国际食品法典委员会（CAC）在1985年首先制订了食品营养标签通用导则，并相继制定了有关方面的多个指导性文件。这些文件对标签中营养成分的标示、营养声称等方面的内容进行了明确的规定，强调了营养标签真实科学的原则，涉及范围涵盖了特殊膳食和普通包装食品，对世界各国食品营养成分的标示提供了指导和参考标准。CAC将普通食品营养标签内容划分为营养成分标示和营养健康声称两部分内容，指导性文件主要有4个：声称通用指南（CAC/GL1—1979，Rev.1991）；营养标签通用导则（CAC/GL 2—1985，Rev.1993，2003，2006）；营养和健康声称应用指南（CAC/GL23—1997，Rev.2001，2004，2008）；特殊膳食用食品标签与声称通用标准（CODEX STAN 146—1985）。

美国是世界上食品法律和法规最健全的国家之一，现已有营养标签有关标准、法规超过25个，显示了美国对食品营养标签法规方面的重视。1993年开始实施《营养标签和教育法案》和《特殊功能食品标签说明》，旨在澄清市场上不科学的食品宣传给消费者造成的误导，帮助消费者选择更适合于自身健康的食品，改变食品管理混乱现象。美国还于1992～1994年开展的关于《营养标签和教育法案》的全民宣教，大大提高了全民的营养意识。2003年，美国又一次修改了营养标签标识范围和扩大了健康声称条目，2006年1月起，又增加了反式脂肪酸的强制标示。目前营养标签上强制性标识的营养成分达到了15项，从而使美国成为目前营养成分强制性标识最多的国家。

欧洲共同体在1990发布的《食品营养标签指令》（90/496/EEC），规定了自愿和强制性标识的原则。2003年又一次进行了修改，并增加了营养声称、健康声称和膳食指南等内容，以指导和协调欧洲各国食品营养标签标准和法规的推进。2006年欧盟正式颁布了食品营养标签和健康声称的规定。

加拿大在《食品标签和广告指南》执行前有3年的准备期（2003—2006），其间加拿大食品检验署也发布了本国营养标签的指南，同时还对法规标准执行的一致性进行了研究，评估了营养标签的标示给食品企业和消费者带来的风险。

2002年，澳大利亚和新西兰食品法典委员会（FSANZ）发布了《澳大利亚新西兰食品标准法典》，要求强制标注 1+6 种核心营养素（能量、蛋白质、总脂肪、饱和脂肪、碳水化合物、糖、钠），在 2006 年通过 5 个标准对各类食品进行详细规定。在 2005 年，澳大利亚和新西兰还出版了《营养、健康及相关声称》，以指导食品营养标签的实施。

亚洲国家或地区如日本、新加坡、中国台湾地区等也早在 2000 年前后有了食品营养标签的法规，马来西亚、中国香港地区也于 2003 年开始制订相应的法规，并于 2008 年开始实施。

虽然各国或地区法规在适用范围、标示重点等方面略有不同，但总目标都是引导消费者选择健康食品，保护本国人民健康。

（阴文娅 李 鸣）

参 考 文 献

国家质检总局标准法规中心. 2012. 欧盟食品标签法规. 北京：中国质检出版社.
卫生部食品安全综合协调与卫生监督局编著. 2009. 食品营养标签管理规范释义. 北京：人民卫生出版社.
杨月欣. 2012. 掀起食品营养革命的新时代——《预包装食品营养标签通则》解读. 中国卫生标准管理. 3(2)：29-35.
中华人民共和国国家卫生和计划生育委员会. 2013. 中华人民共和国国家标准：食品安全国家标准预包装特殊膳食用食品标签 GB13432—2013. 北京：中国标准出版社.
中华人民共和国卫生与计划生育委员会. 2011. 中华人民共和国国家标准：食品安全国家标准预包装食品标签通则 GB 7718—2011. 北京：中国标准出版社.
中华人民共和国卫生与计划生育委员会. 2011. 中华人民共和国国家标准：食品安全国家标准预包装食品营养标签通则 GB28050—2011. 北京：中国标准出版社.

第十八章 食物资源利用与改造

第一节 食品强化

近年来，随着科学技术的进步和人类物质生活水平的提高，食品与健康的关系已被列入科学技术和社会发展研究的重要内容。现代食品不仅要满足人类生存和发展的需要，更重要的在于促进人类身心健康。

目前几乎没有一种完整的天然食品能满足人体所需各种营养素的需要，特别是在食品的烹调、加工、储存过程中往往还会造成部分营养素的损失。食品强化即根据营养学理论以提高食品的营养价值为目的，向食品中添加营养素或天然食品的工艺处理。这既是具有重大社会效益的公共营养措施，又是具有重大经济效益的食品深加工业。例如，我国在地方性甲状腺肿地区供应的食盐中强化碘，有效地改善了整个地区人口的碘营养，使甲状腺肿发病率从 35% 以上降低到 5% 以下，充分说明食品强化是大规模改善群体身体素质的有效的营养干预措施。

一、概　述

（一）定义

根据不同人群的营养需要，向食品中添加一种或多种营养素或某些天然食物成分，以提高食品营养价值的过程称为食品的强化，简称食品强化。这种经过强化处理的食品称强化食品；所添加的这些营养成分（包括天然和人工合成的）称为食品（营养）强化剂。营养强化剂属于公认的营养素，如维生素、矿物质和氨基酸等。目前，我国批准使用的营养强化剂有 100 多种。我国在 2012 年制订了有关营养强化剂使用的国家标准（GB 14880），在促进和规范食品营养强化方面取得了明显的成效。

食品营养强化是国际上提倡的改善居民营养状况的重要方法之一，即通过将一种或多种微量营养素添加到特定食物中，增加人群对这些营养素的摄入量，从而纠正或预防微量营养素缺乏等相关疾病。

（二）发展

1. 国外食品营养强化发展概况　1936 年，美国医学协会中的食品营养审议会建议在食盐中加碘，在牛奶、人造奶油中加维生素 A 及维生素 D；1937 年公布了强化食品法规；美国食品和药物监督管理局（FDA），对强化食品的营养作用、加工和销售承担重要责任，通过制订食品标准、强化标准及限制使用食品添加剂来进行控制。美国 FDA 近年来规定面粉、面包、通心粉、玉米粉、面条和大米等必须强化某些营养素，在低脂牛奶、脱脂牛奶、炼乳及人造奶油等食品经强化后，必须在简称上注明"强化"字样及强化内容。

日本也是强化食品发展很快的国家，1949 年设立了专门研究强化食品的机构；1952

年制订了食品的强化标准。在 20 世纪 50 年代日本政府规定面粉中要添加维生素 B_1，豆浆中要添加维生素 B_2，豆浆、酱类、人造奶油等食品中要添加钙。目前，日本主要的强化食品包括大米、面粉面包等，其中大米的强化主要是添加维生素 B_1 和维生素 B_2，而精白面粉的强化主要是添加维生素 B_1、维生素 B_2、丝氨酸及钙。

加拿大也是进行食品强化较早的国家之一。1944 年，加拿大政府根据美国的一般强化标准，在法令中强制规定在面包、面粉中强化维生素 B_1、维生素 B_2 及铁等物质。1953 年，国家法令又规定在面粉及面包中强化营养素。1978 年，加拿大卫生及社会福利部门进一步加强了面粉的强化，在原来强化维生素 B_1、维生素 B_2、烟酸的基础上，允许有选择性地在面粉中添加维生素 B_6、叶酸和泛酸。此外，还允许对人造奶油、牛奶及若干罐头食品进行强化。

欧洲各国在 20 世纪 50 年代即先后对食品强化建立了政府的监督、管理体制，现欧洲国家普遍对食品进行了强化。有些国家法令规定对若干主要食品强制添加一些营养素。例如，英国规定面粉中至少应加入维生素 B_2 2.4mg/1000g，烟酸 16.5mg/100g；丹麦规定对人造奶油及精白面粉必须进行强化。

2. 我国食品营养强化发展概况　我国食品营养强化工作起步较晚。1989 年，卫生部公布了营养强化剂的卫生标准，对赖氨酸、各种维生素及铁、钙、碘等矿物质的使用范围和每千克食品中的使用量做了规定；1994 年 2 月 22 日由卫生部批准颁布了《食品营养强化剂使用卫生标准》（GB14880—1994），于 1994 年 9 月 1 日实施，同时每年以卫生部公告的形式扩大或增补新的营养素品种和使用范围。随着我国乳品标准（特别是婴幼儿食品标准）清理工作的完成和其他相关基础标准（包括 GB 2760—2011）的修订和公布，为更好地做好与相关标准的有效衔接，方便企业使用和消费者理解，根据《中华人民共和国食品安全法》的要求，卫生部在旧版《食品营养强化剂使用卫生标准》（GB14880—1994）的基础上，借鉴国际食品法典委员会和相关国家食品强化的管理经验，结合我国居民的营养状况，修订并颁布了新版食品安全国家标准《食品营养强化剂使用卫生标准》（GB14880—2012）。于 2013 年 1 月 1 日起正式实施。

我国 2012 年将标准名称改为《食品安全国家标准食品营养强化剂使用标准》；与 1994 年颁布的标准相比主要变化有如下几点。

（1）增加了卫生部 1997~2012 年 1 号公告及《食品添加剂使用卫生标准》（GB 2760—1996）附录 B 中营养强化剂的相关规定。

（2）增加或规范了营养强化剂、营养素、其他营养成分、特殊膳食用食品的术语和定义。

（3）增加了营养强化的主要目的、使用营养强化剂的要求和可强化食品类别的选择要求。

（4）在风险评估的基础上，结合本标准的食品类别（名称），调整、合并了部分营养强化剂的使用品种、使用范围和使用量，删除了部分不适宜强化的食品类别。

（5）列出了允许使用的营养强化剂化合物来源名单。

（6）增加了可用于特殊膳食用食品的营养强化剂化合物来源名单和部分营养成分的使用范围和使用量。

（7）增加了食品类别（名称）说明。

（8）删除了原标准中附录 A "食品营养强化剂使用卫生标准实施细则"。

（9）保健食品中营养强化剂的使用和食用盐中碘的使用，按相关国家标准或法规管理。

二、目的和意义

（一）弥补天然食物的营养缺陷

人们由于饮食习惯和居住地区条件等的不同，往往可能出现某些营养成分的不足，造成营养失衡。自然界中除母乳以外几乎没有一种天然食品能满足人体全部的营养需要，有针对地进行食品强化、增补所缺乏营养素，将大大提高食品营养价值，有效改善人们的营养和健康水平。例如，以米、面为主食的地区，除了可能有多种维生素含量缺乏外，人们对其蛋白质的质和量均感不足；对于居住地区不同的人，由于地球化学的关系，内地及山区的食物易缺碘，有的地区缺锌，还有的地区缺硒。

（二）补充食品在加工、储存等过程中营养素的损失

食品在加工、储存等过程中受到机械、化学、生物等因素影响，均会引起部分营养素的损失。为了弥补营养素的损失，在食品中适当增补一些营养素是很有意义的。例如，在碾米和小麦磨粉时可有多种维生素的损失，而且加工精度越高，这种损失越大；在果蔬的加工过程中，如制造水果、蔬菜罐头时，很多水溶性和热敏性维生素均有损失；在用小麦面粉烤制面包时要损失约10%的赖氨酸。当用小麦粉烤制饼干时，其赖氨酸的损失更大，甚至可高达50%以上。与此同时，蛋氨酸和色氨酸也有较大损失。

（三）适应不同人群生理及职业的需要

不同年龄、性别、工作性质及处于不同生理、病理状况的人，他们所需营养是有所不同的，对食品进行不同的营养强化可分别满足其营养需要。

婴幼儿的成长，不论是以人乳或牛乳喂养都不能完全满足孩子的生长发育的需要，就有必要对其食品进行营养强化或给予辅助食品。对于孕妇、乳母，由于其特殊的营养需要，除应全面增加高质量膳食的供应外，尚需注意对他们最易缺乏的钙、铁和叶酸等的强化。对于接触铅的作业人员，由于铅可由消化道和呼吸道进入人体内引起慢性或急性铅中毒，如果给予大量维生素C强化的食品，可显著减少铅中毒的情况。

（四）简化膳食处理，方便摄食

天然的单一食物仅含人体所需的部分营养素，要获得全面营养就需同时进食多种食物，将不同的食物进行搭配。例如，婴儿在6个月以后，要增加辅助食品，若在其乳品中强化多种维生素、矿物质等营养素，可以满足婴儿的营养需要；对于从事地质勘探和极地探险等的人们也大多应用强化食品。

（五）预防营养不良、保健及其他

营养强化是营养干预的主要措施之一，在改善人群的营养状况中发挥着巨大的作用。从预防医学角度看，食品强化对预防和降低营养缺乏病有很重要意义。例如，对碘缺乏地区的人采取食盐加碘可大大降低当地甲状腺肿发病率；用维生素B_1防治食米地区维生素B_1缺乏导致的脚气病；用维生素C防治维生素C缺乏症；用维生素D防治小儿佝偻病等早已人所共知。某些维生素如维生素A和维生素E的防癌和抗癌作用已受到很大关注。与营养补充剂或保健（功能）食品比较，营养强化食品对于改善营养缺乏不仅效果良好，而

且价格低廉，适于大面积推广。此外，β-胡萝卜素和维生素 B_2 既具有维生素的作用，也可作为食品着色剂使用，达到改善食品色泽的目的。

三、基本原则

（一）有明确的针对性

进行食品营养强化前必须对本国（本地区）的食物种类及人们的营养状况做全面细致的调查研究，从中分析缺少哪种营养成分，之后根据本国、本地区人民摄食的食物种类和数量选择需要进行强化的食品（载体）及强化剂的种类和数量。

（二）易被机体吸收利用

食品强化用的营养素应尽量选用那些易于吸收、利用的强化剂。例如，可作为铁强化用的食品营养强化剂品种很多，通常机体对二价铁的吸收利用比三价铁好；机体对血红素铁的吸收利用比非血红素铁好。维生素 D 可促进钙的吸收，而维生素 C 则既可促进钙的吸收，也可促进铁的吸收，酪蛋白磷酸肽同样也可促进钙和铁的吸收。

（三）符合营养学原理

人体所需各种营养素有一定比例关系，所强化的营养素除了考虑其生物利用率外，还应注意保持各营养素之间的平衡和强化剂用量。这些平衡关系大致有：必需氨基酸之间的平衡、生热营养素之间的平衡，维生素 B_1、维生素 B_2、烟酸与热能之间的平衡，以及钙、磷平衡等。一般说来，天然强化剂和水溶性维生素相对较为安全。此外应注意强化剂应不会与食品中原有成分起化学反应或干扰原有营养素的吸收利用。

（四）稳定卫生、经济合理

应提高强化剂在食品中的保存率。很多强化剂如多种维生素和氨基酸遇光、热、氧均会被破坏，在食品的加工、储存等过程中会遭受损失。应选择稳定性较高的强化剂或添加稳定剂或改进强化工艺，以降低强化剂的损失。除了可考虑适当增加强化剂量外，更重要的是应努力提高强化剂的稳定性。

提高强化剂稳定性的方法主要有如下几种。

（1）改变强化剂的结构：例如，维生素 B_1，过去均用其盐酸盐进行强化。尽管它易溶于水，但是易因加热而破坏，且对碱也不稳定。为了克服这些缺点，人们现已合成十多种具有一定生理活性，而又各具特点的维生素 B_1 的衍生物，诸如硫胺素硝酸盐、硫胺素硫代氰酸盐、二苯酰硫胺素、硫胺素三十二烷酸盐、硫胺素二月桂基硫酸盐及二苯硫胺素等。

（2）添加稳定剂：如添加丁基羟基茴香醚（BHA）、没食子酸丙酯（PG）、卵磷脂及乙二胺四乙酸（EDTA）等。

（3）改进加工工艺：烫漂、水的预处理、改进热加工等方式。

（4）改善包装、储存条件。

（五）保证安全、卫生

食品营养强化剂应符合《营养强化剂使用卫生标准》和《营养强化剂卫生管理办法》，也应严格进行卫生管理，切忌滥用。尤其是对于那些人工合成的衍生物更应通过相应的卫生评价，方可使用。

(六) 保持食品原有的色、香、味等感官性状

营养强化的过程中，不应损害食品的原有感官性状，降低食品价值而影响消费者的接受性。例如，用蛋氨酸强化食品时很容易产生异味，各国实际应用甚少；当用大豆粉强化食品时易产生豆腥味，故多采用大豆浓缩蛋白或分离蛋白。

(七) 经济合理、有利推广

食品营养强化的目的主要是提高人们的营养和健康水平。通常，食品的营养强化需要增加一定的经济成本，但应注意价格不能过高，否则不易推广，起不到应有的作用。

四、应 用

食品强化剂：指为增强营养成分而加入食品中的天然的或人工合成的属于天然营养素范围的食品添加剂。

载体：被强化的食品称载体，一般选择食用范围广、消费量大、适合强化工艺处理、易于保存运输的食品，如米面等主食品；乳制品；儿童食品；饮料、罐头、酱油、食盐等调味品。

强化剂主要有氨基酸及含氮化合物、维生素类、矿物质类和天然食品。近些年来也增加某些脂肪酸和膳食纤维对食品的营养强化。我国优先考虑的强化剂有：赖氨酸、蛋氨酸、色氨酸和苯丙氨酸；维生素 A、维生素 D、维生素 B_1、维生素 B_2、维生素 B_{11} 和维生素 C；钙、铁、锌、硒；大豆粉、鱼粉、骨粉、酵母、谷胚、大豆蛋白等。

(一) 氨基酸及含氮化合物

氨基酸是蛋白质的基本组成单位，尤其是必需氨基酸更应该是营养强化剂的重要组成部分。作为食品营养强化用的氨基酸，实际应用最多的主要是人们食物中最易缺乏的一些限制性氨基酸，如赖氨酸、蛋氨酸、苏氨酸等。

1. 赖氨酸 是成年人八种必需氨基酸之一，几乎所有植物蛋白中都是含量最低、限制其生物利用率的"第一限制氨基酸"。由于谷类食物赖氨酸含量和利用率低，故谷类食品中按标准规定添加可大大提高其营养价值。例如，面粉中蛋白质利用率为 48%，加入 0.2% 赖氨酸后，则蛋白质利用率可提高到 84%；若分别加 0.4% 赖氨酸和 0.15% 苏氨酸，则蛋白质营养价值可与鸡蛋蛋白媲美。赖氨酸很不稳定，加热易分解。因而作为食品强化用的多是赖氨酸的衍生物，有 L-盐酸赖氨酸、L-赖氨酸-L-天冬氨酸盐和 L-赖氨酸-L-谷氨酸盐三种形式。赖氨酸缺乏会引起蛋白质代谢障碍及功能障碍，导致生长障碍、发育不全、体重下降、食欲缺乏、血中蛋白质减少等。

2. L-蛋氨酸 大豆蛋白中缺乏蛋氨酸，用 DL-蛋氨酸补充后其营养价值可接近牛乳蛋白，是常见的营养增补剂。

3. 苏氨酸 可采用发酵法获得。缺乏时易引起食欲缺乏和脂肪肝等症。可强化大米、小麦、面包及花生粉、燕麦粉等。为发挥最佳强化效果，可与甘氨酸及缬氨酸共用于小麦粉等。

4. L-色氨酸 可由干酪素经胰蛋白酶分解、分离纯化而得，也是一种天然抗氧化剂。对于蛋清蛋白、鱼肉蛋白、玉米蛋白等蛋白资源，L-色氨酸为限制性氨基酸，大米等谷物中含量也较少。可与赖氨酸、蛋氨酸、苏氨酸配合用于强化。

此外 L-异亮氨酸作为人体必需氨基酸,是婴儿正常发育及成人氮平衡所必需的。可用于强化小麦、麦谷蛋白、花生粉、马铃薯等。但摄入过量将与亮氨酸产生拮抗作用,反之对生长发育有害。

而某些非必需氨基酸亦可用于食品的强化。例如,L-丙氨酸除可用于食品强化外,尚可作为增味剂应用。

5. 牛磺酸 又称牛胆酸,因首先从牛胆中提取而得名。其化学名为 α-氨基乙磺酸。其作用主要是促进生长发育,维护视觉功能,有利于脂肪消化吸收等,尤其对婴儿、幼儿的正常生长发育,特别是智力发育有益。作为食品强化剂的牛磺酸系由人工合成,主要用于婴幼儿食品,特别是乳制品之中。

此外,我国优先考虑的强化剂还有如下几种。

大豆蛋白:包括全脂大豆粉、脱脂大豆粉、大豆浓缩蛋白和大豆分离蛋白。

棉籽蛋白:棉籽含油 30%、蛋白质 35%,榨油后的棉籽饼粕含蛋白质更高,但约有 0.5%的游离棉酚和 1.5%的总棉酚,需经脱酚处理使游离棉酚<0.06%方可食用。

鱼粉:鲜鱼经干燥脱脂加工而成,蛋白质达 80%,其中赖氨酸含量为 6.98%,在每千克粮食中加 20g 鱼粉,相当于增加了 16g 优质蛋白质。

酵母:蛋白质 40%~60%(其中赖氨酸占 10%)、B 族维生素含量很高,可作为饼干、面条和汤料的强化剂(添加量为 0.5%~3%,产品无异味,但长期储存有酵母味)。

谷物胚芽:小麦胚芽或米胚芽。不但是优质的蛋白质,且 B 族维生素含量高。标准的九二米、八一面能使大部分胚芽保留在产品中。

(二)维生素

维生素是维持人体正常代谢和功能所必需的一类微量营养素,维生素均为低分子有机化合物,种类繁多,化学结构和生理功能各异。

1. 水溶性维生素

(1)维生素 C:即抗坏血酸,是最不稳定的维生素之一,在食品加工过程中极易破坏而失去活性。实际应用时多使用其衍生物如抗坏血酸钠、抗坏血酸钾、抗坏血酸钙等。抗坏血酸磷酸酯镁、抗坏血酸棕榈酸酯和抗坏血酸硬脂酸酯等的稳定性更可大大提高,有的甚至尚可作为高温加工食品的营养强化。维生素 C 除作为营养强化剂外还常用作抗氧化剂,可用于强化各种食品。

(2)维生素 B_1:即硫胺素亦不稳定。缺乏时可导致糖代谢紊乱,并影响氨基酸、脂肪酸合成,造成"脚气病",故又名抗脚气病因子。缺乏者易患脚气病、神经炎,常感觉肌肉无力、神经痛,有心律不齐、消化不良等症状。用于食品营养强化的种类多是其衍生物如盐酸硫胺素和硝酸硫胺素等。主要用于谷类食品尤其是婴幼儿食品的营养强化。

(3)维生素 B_2:即核黄素,对热相对稳定,但对光高度敏感。自然界中富含维生素 B_2 的食物来源有乳、肝脏和茶。缺乏时可引起口角炎、舌炎、唇炎、脂溢性皮炎等。用于食品营养强化的维生素 B_2 品种,既可用发酵法生产,也可由化学合成。主要应用于谷类食品和婴幼儿食品。此外,本品尚可作为着色剂应用。

(4)烟酸:又称尼克酸、维生素 PP、维生素 B_5,是一种预防糙皮病的因子。烟酸稳定性好,通常用于食品营养强化的品种即为人工合成的烟酸和烟酰胺,美国尚许可使用烟酰胺抗坏血酸酯。其主要用于谷类食品和婴幼儿食品的营养强化。此外,因其具有促进亚硝酸盐对肉制品的发色作用，故也可作为发色助剂使用。

（5）维生素 B_6 和维生素 B_{12}：天然维生素 B_6 主要存在于鱼、肉、禽、坚果、谷物和蛋中。在体内维生素 B_6 经磷酸化转变为磷酸吡哆醛，后者是很多重要酶蛋白的辅酶，以各种方式参与氨基酸的代谢，涉及氨基酸的脱羧基作用、氨基转移作用及色氨酸、含硫氨酸、不饱和脂肪酸等代谢过程。缺乏时会出现多发性神经病。它的需要量随蛋白质摄入量增加而增加。用于维生素 B_6 营养强化的品种主要是人工合成的盐酸吡哆醇或 $5'$-磷酸吡哆醛。目前主要用于谷物、面粉、大米、糖果和粉状食品强化。

维生素 B_{12} 主要生理功能是提高叶酸的利用率，从而促进红细胞的发育和成熟。主要用于保健食品、谷物、果汁、乳品、婴儿食品的强化，成本较高。而作为维生素 B_{12} 营养强化用的通常是氰钴胺或羟钴胺。

（6）其他：叶酸在食物中含量甚微，且生物利用率低，易于缺乏，尤其是对于孕妇、乳母和婴幼儿更易缺乏，故对孕妇乳母专用食品和婴幼儿食品等有必要进行一定的营养强化。

胆碱是卵磷脂和鞘磷脂的重要组成部分，体内磷脂和胆碱作用相互交叉。主要有：构成生物膜、促进神经传递、维持大脑组织健康、促进脂肪代谢、降低血液胆固醇、改善血液循环、预防心血管疾病等。

对于泛酸、生物素、肌醇及 L-肉碱等亦常用于婴幼儿食品等的强化。

2. 脂溶性维生素 对维生素 A、维生素 D、维生素 E、维生素 K 等脂溶性维生素进行营养强化。

（三）矿物质

矿物质强化剂种类很多，这既包括含不同矿物元素强化剂的品种，也包括含相同矿物元素的不同矿物质强化剂品种。常用的有铁、钙、锌和碘，还有镁、硒和氟。

1. 钙 钙强化剂品种既可以有无机盐钙，也可有有机钙化合物。我国许可使用的一些钙强化剂品种及其元素钙含量如表 18-1 所示。此外，尚可使用骨粉、蛋壳粉等制品对食品进行一定的钙强化剂。

表 18-1 钙强化剂品种及钙含量

名称	元素钙含量（%）	名称	元素钙含量（%）
活性钙	48	柠檬酸钙	21.08
生物碳酸钙	38~39	葡萄糖酸钙	8.9
碳酸钙	40	苏糖酸钙	13
氯化钙	36	甘氨酸钙	21
磷酸氢钙	15.9	天门冬氨酸钙	23
乙酸钙	22.7	柠檬酸、苹果酸钙	19~26
乳酸钙	13		

维生素 D 等可提高钙的吸收利用率，酪蛋白磷酸肽等可促进钙的吸收。钙强化剂主要应用于谷类食品及婴幼儿食品等。

2. 铁 铁强化剂的品种，除了通常的硫酸亚铁和乳酸亚铁等无机和有机铁强化剂外，还可使用还原铁和电解铁等元素铁。二价铁比三价铁易于吸收，故铁强化剂多使用亚铁盐；

且机体对血红素铁的吸收远比非血红素铁好。我国许可使用的铁强化剂有：碳酸亚铁、富马酸亚铁、氯化高铁血红素、铁卟啉、乙二胺四乙酸铁钠、电解铁等。

3. 锌 锌强化剂的品种也很多。我国现已批准许可使用的品种有硫酸锌、氯化锌、氧化锌、乙酸锌、乳酸锌、柠檬酸锌、葡萄糖酸锌和甘氨酸锌等8种，它们主要应用于婴幼儿食品及乳制品等。

4. 碘和硒 作为碘强化剂的品种主要是用人工化学合成的碘化钾和碘酸钾。此外，我国尚许可使用有海带等海藻提制的海藻碘。碘强化剂除广泛应用于食盐外，也可应用于婴幼儿食品等。

有机硒化合物的毒性比无机硒化合物低，且有更好的生物有效性和生理增益作用。硒强化剂主要在缺硒地区使用，且多应用于谷类及其制品、乳制品等。富硒酵母等有机硒尚可做成片、粒或胶囊等应用。

（四）脂肪酸

用于食品营养强化的脂肪酸多为不饱和脂肪酸。主要是亚油酸、γ-亚麻酸和花生四烯酸等。

1. 亚油酸（C18：2n-6） 亚油酸是许多植物油的组成成分，作为食品营养强化用的亚油酸可由天然食物分离所得，也可通过微生物发酵制成。多应用于婴幼儿食品，尤其是婴幼儿配方奶粉中。

2. γ-亚麻酸（C18：3n-6） γ-亚麻酸在体内可由亚油酸去饱和转化而来，也可由微生物发酵制成。我国已批准许可使用 γ-亚麻酸作为食品营养强化剂应用于调和油、乳及乳制品，以及强化 γ-亚麻酸饮料中。

3. 花生四烯酸（C20：4n-6） 花生四烯酸在体内可由 γ-亚麻酸在羟基端延长，并进一步去饱和转化而来。在许多植物种子如花生等中多有存在。作为食品营养强化用的可由生物发酵制得。我国现已许可将花生四烯酸作为婴幼儿配方奶粉的营养强化剂。

（五）膳食纤维

用于食品强化的膳食纤维可由多种不同的植物原料制成。例如，可由米糠、麸皮等制成含有一定膳食纤维的米糠粉和麸皮粉，也可由某些蔬菜、水果制成不同的膳食纤维以应用。

强化剂添加量：根据载体种类、强化剂种类及强化工艺而定。氨基酸、微量元素、脂溶性维生素强化剂应从严；天然强化剂和水溶性强化剂可放宽。具体添加量可变动在1/3RNI到全部推荐量范围内，添加到一日正常食用数量的食物中。

五、种　　类

食品营养强化，可据强化目的划分，也可按食用对象、食用情况、强化剂种类等划分。

（一）按强化目的划分

1. 营养素的强化（fortification） 指向食品中添加原来含量不足或缺发的营养素，如向谷类中添加赖氨酸及食盐中加碘。

2. 营养素的恢复（restoration） 补充食品加工中损失的营养素，如向出粉率低的面粉中添加维生素等。

3. 营养素的标准化（standardization） 使一种食品尽可能满足食用者全面的营养需要而加入各种营养素，如婴儿配方奶粉、宇航食品等的生产。

4. 维生素化（vitaminization） 向原来不含某种维生素的食品中添加该种维生素，如极地探险或职业性毒害威胁下的工作人员的食品特别要强调富含某种维生素（如维生素C）及向孕妇、乳母食品中添加叶酸等。

（二）按食用对象分

按食用对象分有普通食品、儿童食品、孕妇、乳母食品、老人食品及其他各种特殊需要的食品。

（三）按食用情况分

按食用情况分有强化主食品（强化谷物食品）和强化副食品。

（四）按强化剂种类分

按强化剂种类分有维生素强化食品、矿物质强化食品、蛋白质和必需脂肪酸强化食品。

（五）按富含营养素和天然食物分

按富含营养素和天然食物分有酵母（B族维生素）、脱脂乳粉和大豆粉（富蛋白质）等。

第二节 膳食补充剂

一、概 述

近年来，随着人们保健意识的增强，膳食补充剂的使用愈发普遍。科学使用膳食补充剂对于促进健康、节约医疗费用有积极意义。因此发达国家日益重视国民膳食补充剂的使用情况，相继开展研究工作以指导人群合理使用并规范市场发展。

（一）定义

膳食补充剂（dietary supplement）又称营养补充剂、营养素补充剂等。参考美国国会、FDA、欧盟的相关规定，将"营养补充剂"定义为：口服的含有补充膳食成分的产品，包括维生素、矿物质、氨基酸、纤维素、草药制品及其他许多可以广泛利用的成分。根据中华人民共和国卫生部与计划生育委员会《营养素补充剂审评规定》"以补充维生素、矿物质为目的，不以提供能量为目的的产品。其作用是补充膳食供给的不足，预防营养缺乏和降低发生某些慢性退行性疾病的风险性"，是以膳食纤维、蛋白质或氨基酸等营养素为原料的产品。其产品形式主要为片剂、胶囊、颗粒剂或口服液；颗粒剂每日食用量不得超过20g，口服液每日食用量不得超过30ml。

最早给出定义的国家是日本，1962年日本即出现"功能食品"的概念，1991年《营养改善法》将其更名为"特殊保健用食品（foods for specified health use）"，特殊保健用食品是指有充足科学证明能达到特定健康或生理效应的加工设计食品，但产品不能为片剂或胶囊，因此许多实质上是膳食补充剂的产品被作为药品管理。欧盟目前也主要使用"功能食品（functional food）"，但尚无法确定定义。中国《保健食品管理办法》中以"保健食品"定义此类产品，指具有特定保健功能，适宜于特定人群食用，具有调节机体功能，不以治疗疾病为目的的食品。但同样存在与部分药品难以区分的问题。明确提出"膳食补充剂"这一概念，并依法管理的国家是美国。1994年其《膳食补充剂健康与教育法案》中对膳食补充剂（dietary supplement，DS）的定义为：口服的含有补充膳食成分的产品，包括维生素、矿物质、药草或类似植物、氨基酸、酶类、动物组织器官和腺体、代谢产物等制品，制造方式为提取法或浓缩法，剂型包括片剂、胶囊、丸剂、粉剂和液体等。如果某一产品曾作为膳食补充剂，后被列为新药，仍可继续作为膳食补充剂。膳食补充剂不是食品也不是药品，不能代替膳食。

（二）特点

（1）它是作为膳食以外的补充，量较少（我国对营养素补充剂的要求是每日食用量冲剂不得超过20g，口服液不得超过30g）。

（2）不以补充能量为目的（我国国家食品药品监督管理总局规定的营养素补充剂仅包括维生素和矿物质）。

（3）剂型：片剂、胶囊、冲剂、口服液（不同于强化食品，载体并非食物）。

（4）包括某些保健品（功能性食品）。

（5）口服，不同于肠外营养制剂（静脉营养）。

二、对健康的影响

（一）补充膳食摄入的不足

一般情况下，合理的、平衡的膳食提供的营养素应能满足需要，但实际上（食物选择、加工、烹调等的限制）总难以做到；特殊情况下，供应不足或需要提高，而难以从饮食上满足。

（二）强化体质

已有资料表明，如较高量的维生素C对体力负荷，维生素B_1和维生素B_2等对肌肉活动的稳定性、准确性有很大影响。

（三）防治某些慢性退行性疾病

Weber（1999）报告，维生素K在骨蛋白形成过程中促进谷氨酰胺的羟基化，对维持骨密度有重要作用，此外，维生素D、维生素C、维生素B_6和维生素K对预防骨质疏松症有一定作用。

三、使用原则及现状

（一）使用原则

（1）成分明确（有定量的检验方法）、功能确切（单纯营养素除外）。

（2）长期食用安全无害：各种原料及其产品必须符合营养素质量标准，食品卫生的要求，长期食用对人体不产生任何急、慢性毒性作用。

（3）配方的组成必须具有科学性，有的规定不允许加入中草药。

（4）剂量合适，一般控制在 DRIs 的 1/3 以上，或 FAO/IAEA/WHO 专家委员会建议的 1/3 以上。至于其安全上限，某些营养素对人体健康素质的益处，特别是维生素与矿物质类补充剂的消费量增长很快，制订安全上限极为必要。一般考虑其原则如下所示。

1）安全范围较窄，如维生素 A、维生素 D 与硒等，其上限应控制在不超过或稍高于 DRIs 水平。

2）毒性较小且量较大时对某些生理功能确有更明显好处，或能预防某些慢性退行性疾病，其上限可至最低限量的 10 倍，如维生素 E、维生素 C、维生素 B_1 和维生素 B_2。

3）毒性不大膳食中又较易缺乏，其上限可为最低限量 3~5 倍，如锌、铁及某些维生素。但上限都为 UL（可耐受最高摄入量）或 NOAEL（最高无毒副作用剂量）。

（5）合法合理：（生产加工、包装、储运与保藏）。

（6）产品标识：美国膳食补充剂的管理规定中有如下要求。

1）产品应标明膳食补充剂名称。

2）有"补充剂一览表"，内容包括推荐的一次摄入量、产品营养成分的名称和含量、组成产品营养声明（nutritional claim）等。而保健作用声明（health claim）需 FDA 批准才允许使用，并在标识中有以下内容："本声明未经 FDA 评价，本产品不用于诊断、治疗或预防疾病。"

（二）使用现状及发展趋势

合理使用膳食补充剂有预防疾病、促进健康的积极意义。世界范围内膳食补充剂的使用呈上升趋势，国外近年研究发现，发达国家膳食补充剂的使用已呈普遍现象，人群营养素整体摄入水平受到显著影响，使用不合理情况较突出。影响膳食补充剂使用的因素众多，主要有社会、经济、文化、健康状况、知识水平、心理状况等。

1990 年以前，在美国，FDA 列入膳食补充剂的只有人体必需的营养素，包括维生素、矿物质和蛋白质等三大类。1990 年才又将草本植物或类似的营养物质，也列入膳食补充剂。随后又将范围扩大到非营养素，如人参、车前草、大蒜、鱼油、酶和动物腺体，以及它们的各种混合物。1994 年《膳食补充剂健康与教育法》（DSHEA）获得通过后，美国国会修订了美国联邦食品、药品和化妆品，即膳食补充剂的食物成分，再不需如其他新食物（资源）成分，或食物成分的新功用那样进行上市前的安全性评价。但必须符合有关的安全性要。在日本，有健康食品与功能性食品。我国将营养素补充剂纳入保健食品范畴，按《保健食品管理办法》规定执行，其管理办法、使用量（名称、最低量、最高量）等正在拟定中。当前，食物的生产、供应、加热、烹调的愈来愈社会化，某些营养素的丢失增加；生活劳动环境与条件的不同，生活方式的改变，对某些营养素的需要更多；增强身体素质，提高生命质量，膳食补充剂扮演着重要角色。

第三节 功能性食品

一、概　述

功能性食品（functional food）是强调其成分对人体能充分显示机体防御功能、调节生理节律、预防疾病和促进健康等功能的工业化食品。

（一）定义

功能性食品一词最早于 1962 年由日本提出，目前各国叫法不一，有的称之为健康食品、营养食品，有的称之为改善食品。在我国，称之为功能性食品或者保健食品。

根据我国 2005 年颁布的《保健食品注册管理办法》中的阐述，功能性食品是指声称具有特定保健功能或者以补充维生素、矿物质为目的的食品。即适宜于特定人群食用，具有调节机体功能，不以治疗疾病为目的，并且对人体不产生任何急性、亚急性或者慢性危害的食品。

功能性食品，是现代社会对传统食品的深层次要求。在世界范围内，功能性食品极受欢迎，原因包括以下几个方面。

（1）随着科学技术的飞速发展，人们对许多有益健康的功效成分、各种疾病发生与膳食之间的关系更加了解，期望通过改善膳食条件和发挥食品本身的生理调节功能，达到提高人类健康的目的。

（2）高龄化社会的形成，各种老年病、慢性病的发病率的上升，引起人们对健康的关注。

（3）营养知识的普及和新闻媒介的大力宣传，使得人们更加关注健康和膳食的关系，对食品、医药和营养的认识水平得以提高。

（4）国民收入的增加和消费水平的提高，使得人们具有更强的经济实力用来购买更多功能性食品，从而形成了相对稳定的特殊营养消费群体。

（二）分类

1. 根据消费对象分类

（1）日常功能性食品：又称日常保健用食品，是根据各种不同的健康消费群（如婴儿、学生、老年人等）的生理特点和营养需求而设计的，旨在促进生长发育、维持活力和精力，强调其成分能够充分显示身体防御功能和调节生理节律的食品。

婴儿日常功能性食品，应该完美地符合婴儿迅速生长对各种营养素和微量活性物质的要求，促进婴儿健康地生长。

学生日常功能性食品，应该能够促进学生的智力发育，促进大脑以旺盛的精力应对紧张的学习。

老年人日常功能性食品，应该满足足够的蛋白质、膳食纤维、维生素和矿物元素，并要低糖、低脂肪、低胆固醇和低钠。

（2）特殊功能性食品：又称为特定保健用食品，着眼于某些特殊消费群体（如糖尿病患者、肿瘤患者、心血管病患者和肥胖者等）的特殊身体状况，强调食品在预防疾病和促进康复方面的调节功能，以解决所面临的健康与医疗问题。

2. 根据科技含量进行分类

（1）第一代产品（强化产品）：根据各类人群的营养需要，针对性地将营养素添加到食品中去。根据各营养素和有效成分的功能，来推断产品的功能，不需证实。目前，欧美各国将这类产品列入普通食品来管理，我国也以普通食品来管理。

（2）第二代产品（初级产品）：要求经过人体及动物实验，证实该产品具有某种生理功能。目前我国市场上的保健食品大多属于此类。

（3）第三代产品（高级产品）：需要验证某种生理功能外要查清该项功能的功效成分，

其结构、含量、作用机制、配伍性和稳定性等。这类产品在我国现在市场上还不多见，且功效成分多数是从国外引进，缺乏自己的系统研究。

（三）作用

功能性食品除了具有普通食品的营养（一级功能）和感官享受（二级功能）两大功能外，还具有调节生理活动的第三大功能。主要作用有：增强免疫力，延缓衰老，辅助降血脂、降血糖，抗氧化，缓解视疲劳，辅助降血压，改善睡眠，促进泌乳，缓解体力疲劳，提高缺氧耐受力，对辐射危害有辅助保护，减肥，改善生长发育，增加骨密度，改善营养性贫血，对化学性肝损伤有辅助保护，祛黄褐斑，改善皮肤水分和油分，调节肠道菌群，促进消化，通便等。

（四）与药品的区别

（1）药品是用来治病的，而功能性食品不以治疗为目的，不能取代药物对患者的治疗作用。功能性食品重在调节机体内环境，增强机体的防御功能。

（2）功能性食品要达到现代毒理学上的基本无毒或无毒水平，而作为药品，则允许一定程度的毒副作用存在。

（3）功能性食品无需医生的处方。

二、基本原则及其原料要求

（一）基本原则

根据《食品安全法》，功能性食品是供消费者直接食用的产品，其要求首先是安全，不得对人体产生任何危害，包括急性、亚急性、慢性危害；其次，功能性食品是通过消费者自由选择而获取的，对其功效信息的传播不得涉及疾病的预防和治疗作用。标签应当载明适宜人群、不适宜人群、产品的功能、功效成分或者标志性成分及其含量等。

1. 食用安全性　功能性食品的食用安全是其能够上市的必要条件。不得对人体产生任何危害，包括急性、亚急性或慢性危害。要求不仅是体现在安全性评价试验的评判结果，同时体现在配方设计、原料来源、工艺路线和产品的质量控制上。

2. 必须具有特定功能性　功能性食品不同于一般食品，其保健功能必须是明确的、具体的，而且经过科学验证是肯定的。同时，其特定保健功能并不能取代人体正常的膳食摄入和对各类必需营养素的需要。

3. 适合特定人群食用　功能性食品是针对需要调节某方面机体功能的特定人群而研制生产的，不存在对所有人都有同样作用的所谓"老少皆宜"的功能性食品。

4. 良好生产规范　我国有关法规规定功能性食品的生产必须按照《保健食品良好生产规范》的要求组织生产。其生产工艺是产品安全、功效和质量的基本保证，涉及生产功能性食品所使用的原料、添加剂、包装材料、工具和设备等各个环节。

5. 质量控制　功能性（保健）食品的质量保证贯彻在生产经营的全过程，同时需要在有关配方原料、工艺路线、质量控制等方面的研究基础上建立行之有效的质量控制措施和规程。

6. 声称审批和管理　功能声称是消费者选择产品所依据的关键信息。我国有关法规对产品的声称有明文规定，其标签说明书的内容必须真实，应当载明许可的功能、适宜人群、不适宜人群、功效成分或者标志性成分及其含量等，这些内容都列入产品的注册批件中。

保健食品必须由卫生部指定的单位进行功能评价和其他检验，而且必须经地方卫生行政部门初审同意后，报卫生部审批。

(二) 原料的选择

(1) 当功能性食品的原料是中草药时，其用量应控制在临床用量的 50% 以下。

(2) 有明显毒副作用的药材，不宜作为开发功能性食品的原料。

(3) 受国家中药保护的中成药和已获得国家药政管理部门批准的中成药，不能作为功能性食品加以开发。

(4) 传统中医药中典型强壮阳药材，不宜作为开发改善性功能功能性食品的原料。

(5) 在重点考虑功效成分的同时还要注意其他基本营养成分的均衡。

(6) 要注意在产品形式、成分含量等方面与"药品"相区分。

(7) 配方设计要和生产工艺相结合。

(三) 存在的问题

1. 低水平重复现象严重　我国对功能性食品"审批门槛"定的较低，如果将"审批门槛"定得较高，势必会有大量的产品被淘汰出局，在一定程度上会影响功能性食品产业的发展。

2. 基础研究不够　功能性食品是一个综合性产业，需要各部门密切配合。从科学发展来说，功能性食品是一个综合性学科，需要多学科携手合作。

3. 主要采用非传统的食品形态，价格较高　我国功能性食品常采用非传统食品形态，以片剂和胶囊等形式出现，脱离人们日常生活，且价格较高，使消费者望而却步。

4. 监督管理难度较大

5. 缺少诚信，夸大产品功效　一些功能性食品厂家或经销商，擅自夸大功能性食品功效的宣传，误导了消费者，对社会造成严重的不良影响，失去消费者的信任。

三、展　　望

我国功能性食品的发展趋势有以下几个方面。

(一) 大力开发第三代功能性食品

中国的功能性食品大多既是药品又是食品的中药配制产品，好处是经过了前人大量的实践，证实是有效的。需要进一步研究开发具有明确量效和构效的第三代功能食品。

(二) 加强高新技术在功能性食品生产中的应用

采用现代高新技术，如膜分离、微胶囊、生物技术等，从原料中提取有效成分，通过科学配方，确定合理的工艺，生产出一系列名副其实的具有科学、营养、健康、方便的功能性食品。

(三) 开展多学科的基础研究与创新性产品的开发

功能性食品的研究与多种学科的基本理论相关，应用多学科的知识、采用现代手段，研究功能食品的功效及功能因子的稳定性，开发出具有知识产权的功能性食品。

(四)产品向多元化方向发展

随着生命科学和食品加工技术的进步,未来功能性食品的加工更精细、配方更科学、功能更明确、效果更显著、食用更方便。产品形式除目前的口服液、胶囊、饮料、冲剂外,一些新形式的食品,如烘焙、膨化、挤压类等也将上市,功能性食品向多元化的方向发展。

(五)重视对功能性食品基础原料的研究

对功能性食品的基础原料进行全面的研究,不仅要研究其功能因子,还应研究分离保留其活性和稳定性的工艺技术。

总之,应加强基础研究,加快产品开发,规范法规,提高产品的技术含量,使中国功能食品发展走上一条具有中国特色的健康发展道路,为功能性食品的研究与开发做出应有的贡献。

研究和开发功能性食品既要注重科学性和功能性,又要考虑安全性,既要依靠食品科技工作者不断努力,更要依靠各领域各学科的科技工作者的通力合作,并要依靠权威部门和媒体加大对功能性食品的宣传,使功能性食品科学渗透到消费大众中去,消除他们对功能性食品的恐惧心理,使其从内心上真正接受。

第四节 特殊医学用途配方食品

特殊医学用途配方食品在我国还是个新生事物。虽然在临床上,一些产品如"肠内营养制剂"在我国已经有了多年的使用历史,但是目前临床使用更多的则是"肠外营养(静脉营养)制剂"。与"肠外营养"相比,"肠内营养"的优势是显而易见的,如对患者肠道功能的保护作用、产品操作简单方便、并发症相对少等等。但由于国内产品的缺失和理解的局限,以及法律地位的不明确,与发达国家患者住院期间主要依靠"肠内营养"提供营养支持的方式不同,我国目前仍主要以"肠外营养或静脉营养"为主。特殊医学用途配方食品标准正是这一背景下的产物。标准发布后引起了社会各方面的很大关注,并提出了一系列问题,包括特殊医学用途食品是一类怎样的食品、适用于哪些人、与药品有何区别等等。本节的目的旨在针对这些问题简要进行介绍。

一、概 述

(一)定义

根据国际食品法典委员会(CAC)的定义,特殊医学用途配方食品是针对进食受限、消化吸收障碍、代谢紊乱或其他特定疾病状态人群的特殊营养需要专门加工配制而成的配方食品。该类产品必须在医生或临床营养师指导下,单独食用或与其他食品配合食用。

按照中华人民共和国国家标准(GB 29922—2013)食品安全国家标准——《特殊医学用途配方食品通则》定义,特殊医学用途配方食品是为了满足进食受限、消化吸收障碍、代谢紊乱或特定疾病状态人群对营养素或膳食的特殊需要,专门加工配制而成的配方食品。该类产品必须在医生或临床营养师指导下,单独食用或与其他食品配合

（二）性质

国外长期的使用资料表明，特殊医学用途配方食品在患者治疗、康复及机体功能维持过程中起着极其重要的营养支持作用，但本身不具特定治疗作用，因此，国内外都认为其属于食品，政府按食品管理。但这类食品又区别于普通食品和保健食品，使用者一般是患者，需要在医生或临床营养师的指导下、在合理用药的基础上使用，以达到对患者的营养支持效果。

国内在相关标准出台以前，这类制剂被当作药物来管理。新标准明确表明，特殊医学用途配方食品是一类定型包装食品，其产品形态与普通食品相似，食用方便，可接受程度高，是进行临床营养支持的一种有效途径。但此类食品不是药品，不能替代药物的治疗作用，产品也不得声称对疾病的预防和治疗功能。因此，特殊医学用途配方食品是一类食品，属于特殊膳食类食品。当目标人群通过进食正常膳食或日常膳食无法满足其营养需求时，特殊医学用途配方食品可作为一种营养补充途径，为患者的疾病治疗、康复及机体功能维持起到重要的营养支持作用。针对不同年龄阶段、不同疾病的特异性代谢状态，特殊医学用途配方食品对相应的营养素含量提出了特别规定，以更好地适应目标人群的需要，对患者提供有针对性的营养支持。

（三）发展现状

1. 国外 特殊医学用途配方食品作为一种为患者或特殊医学状况人群提供营养支持的食品，在国外已经有很长的使用历史，并且取得了很好的临床效果。很多国际组织和发达国家都有针对性地制定了相应的管理政策和法律法规。目前世界上很多国家和地区都制定了特殊医学用途配方食品的标准和法规，如国际食品法典委员会（CAC）、欧盟、美国、澳大利亚、新西兰、日本等。部分国家（组织）关于特殊医学食品的法规和标准名称总结如表 18-2。

表 18-2 部分国家（组织）有关特殊医学用途食品（FSMP）的法规标准

国家（组织）	法规标准的名称
国际食品法典委员会	特殊医用食品标签和声称法典标准（CODEX STAN180—1991）
	婴儿配方及特殊医用婴儿配方食品标准（CODEXSTAN72—1981，Amended2007）
欧盟	特殊医用食品指令（1999/21/EC）
	可用于婴幼儿、FSMP 和体重控制代餐类食品中的营养物质名单（EU NO. 609/2013）
美国	医用食品的生产和监管的指导原则
澳大利亚/新西兰	特殊医学用途食品标准（Standard2.9.5）
	婴儿配方食品（含特殊医学用途婴儿配方食品）
日本	健康增进法
	全营养食品标准
	低蛋白质食品标准
	无乳糖食品标准
	除过敏原食品标准

2. 国内 在我国，特殊医学用途配方食品也就是常说的"肠内营养制剂"（enteral nutrition，EN），一直作为药品管理。EN 在我国已经有约 40 年的使用历史，据报道，1974 年 EN 制剂就已经在北京应用于临床，并取得了良好的效果。很多研究表明，EN 可以维护和改善患者的营养状态，有效地降低患者的医疗成本，提高康复速率，减少由于营养不良导致的并发症发生率和住院天数；与肠外营养（如静脉营养）相比还具有操作技术简单易掌握，并具有改善和维持患者的肠道功能、刺激消化液分泌等优点。

目前，我国的 EN 主要分为氨基酸型、整蛋白型、模块型三种类型。从组成特点角度，EN 又分为普通型、疾病代谢型和免疫强化型等。患者主要是在住院期间，在医生或临床营养师的指导下使用。目前国内上市的 EN 产品主要以国外产品为主，包括 Nutricia、Abott、Nestle Nutrition、RossLaboratories 等，国内产品相对较少，且大部分为相对技术含量较低的商品。

目前我国现有的极少的产品类型和数量与患者的极大需求存在着巨大的不平衡，导致我国肠内肠外营养支持应用的比例失调。与发达国家以肠内营养为营养支持的主要手段不同，我国临床上仍以肠外营养（parenteral nutrition，PN）为主。由于长期以来对肠内营养缺乏足够重视，我国住院患者中发生营养不良和有营养风险的比例分别达 12.0%和 35.5%，特别是在老年住院患者中营养不良的发生率更高达 29%～61%，这无疑对患者的康复带来了非常不利的影响。

当然，随着对肠内营养作用的不断认识，我国近年来肠内营养产品的使用也有了一定的发展。据某医院 2008～2010 年外科住院患者 EN 的用药金额统计显示，2008～2010 年该院外科 EN 用药金额逐年上升，2009 年、2010 年 EN 用药金额与 2008 年相比分别增长 52.3%和 66.1%。由此可见，肠内营养制剂，也就是特殊医学用途配方食品的临床需求在逐年增加。由于我国一直将这类产品作为药品管理，但其实质是食品，主要为患者提供营养支持作用，基本不具有治疗功能，因此按照药物注册的许多要求无法满足，致使国外已经有很长使用历史并且使用效果良好的产品无法服务于我国消费者。而国内产品也面临没有标准无法监管和生产的问题，极大程度地影响了该类产品的发展。各方均呼吁从产品实际和临床需求出发，改变既往管理模式，参考国际和发达国家经验，出台特殊医学用途配方食品相关标准，为这类产品的生产、销售、监管提供相应的法律依据。

在有关专家的大力呼吁下，为解决我国医用食品缺乏的情况，保障医用食品的安全，国家卫生和计划生育委员会（原卫生部，以下简称卫生计生委）提出了"2+1"的标准管理模式，即制订 GB25596—2010《食品安全国家标准特殊医学用途婴儿配方食品通则》（以下简称《特殊医学用途婴儿配方食品通则》），GB29922—2013《食品安全国家标准特殊医学用途配方食品通则》（以下简称《特殊医学用途配方食品通则》）2 项产品标准和 GB29923—2013《食品安全国家标准特殊医学用途配方食品良好生产规范》（以下简称《特殊医学用途配方食品良好生产规范》）1 项生产规范标准。

GB25596—2010《特殊医学用途婴儿配方食品通则》于 2010 年 12 月发布，2012 年 1 月正式实施，是针对 1 岁以下的患有特殊紊乱、疾病或医疗状况等特殊医学状况婴儿的营养需求而设计制订的粉状或液态配方食品标准。为各方更好地理解和执行该标准，卫生计生委于 2012 年 2 月发布了《特殊医学用途婴儿配方食品通则》官方问答，进一步详细解释了产品类别、营养素的调整依据和范围等，方便企业和监管部门使用。

GB29922—2013《特殊医学用途配方食品通则》于 2013 年 12 月发布，2014 年 7 月 1

日正式实施。该标准主要针对1岁以上人群使用。标准主要参考了欧盟指令中对于特殊医学用途配方食品的分类,将其分成三类,即全营养配方食品、特定全营养配方食品和非全营养配方食品。根据国内外的科学依据、我国疾病现状和临床需求、国外产品使用经验,标准列出了13类常见的特定全营养配方食品类型。

GB29923—2013《特殊医学用途配方食品良好生产规范》也于2013年12月发布,2015年1月1日实施。该标准对特殊医学用途配方食品的生产过程提出了要求,规定了原料采购、加工、包装、储存和运输等环节的场所、设施、人员的基本要求和管理原则,并重点关注整个生产过程中微生物的控制。该标准的出台为特殊医学用途食品(包括婴儿和成年人)的生产设定一定的准入门槛,以进一步保证产品质量。

综上所述,我国目前已经形成了"2项产品标准+1项生产规范标准"的特殊医学用途配方食品标准体系,涵盖从出生到老年的产品类别,在一定程度上可满足市场和消费者的需求;从标准体系来看,我国已经与国际和发达国家基本接轨。

二、分 类

(一)根据 GB 25596—2010《特殊医学用途婴儿配方食品通则》规定分类

根据 GB 25596—2010《特殊医学用途婴儿配方食品通则》规定,常见特殊医学用途婴儿配方食品如下。

1. 无乳糖配方或低乳糖配方食品 适用于原发或继发乳糖不耐受的婴儿。根据《预包装食品营养标签通则》(GB28050)规定,粉状无乳糖配方食品中乳糖含量应低于0.5g/100g;粉状低乳糖配方食品中乳糖含量应低于2g/100g。液态产品可以按照稀释倍数做相应折算。

2. 乳蛋白部分水解配方食品 是将牛奶蛋白经过加热和(或)酶水解为小分子乳蛋白、肽段和氨基酸,以降低大分子牛奶蛋白的致敏性。根据不同配方,此类产品的碳水化合物既可以完全使用乳糖,也可以使用其他碳水化合物部分或全部替代乳糖。其他碳水化合物指葡萄糖聚合物或经过预糊化的淀粉,但不能使用果糖。

3. 乳蛋白深度水解配方或氨基酸配方食品 食物蛋白过敏是婴儿对食物中蛋白质不恰当的免疫应答引起的不良反应。婴儿早期食物以乳类为主,因此乳蛋白过敏是婴儿出生后最常见的食物蛋白过敏。乳蛋白深度水解配方食品是通过一定工艺将易引起过敏反应的大分子乳蛋白水解成短肽及游离氨基酸。氨基酸配方食品是由单体氨基酸代替蛋白质。上述配方食品将过敏原去除或不含过敏原,适用于食物蛋白过敏婴儿。婴儿食物蛋白过敏时通常伴有腹泻等症状,因此乳蛋白深度水解配方食品或氨基酸配方食品不应含有食物蛋白,以减少对婴儿胃肠道刺激。同时,应当根据婴儿代谢状况调整部分维生素、矿物质等营养素。

4. 早产/低出生体重婴儿配方食品 临床上,孕37周前出生的婴儿称为早产儿,出生体重低于2500g的婴儿称为低出生体重儿,早产儿多为低出生体重儿。早产/低出生体重儿与足月儿在生理状况、营养需求及营养物质的消化吸收方面有较大差异,为满足其追赶生长的营养需求,此类婴儿配方食品中能量、蛋白质及一些维生素和矿物质的含量应明显高于足月儿配方食品。

5. 母乳营养补充剂 是为了补充早产/低出生体重儿母乳中能量、蛋白质、维生素和矿物质不足而特别设计的，需加入到母乳中使用的液态或粉状特殊医学用途婴儿配方食品。在提倡母乳喂养的同时，为早产/低出生体重儿提供充足的能量和营养素。在母乳营养补充剂配方设计时，对于母乳中含量水平已能够满足早产/低出生体重儿需求的营养成分，无需另外补充；对于母乳中含量水平尚不足以满足早产/低出生体重儿快速生长需求的营养成分，则需要额外添加，主要体现在能量、蛋白质、部分维生素和矿物质等方面。母乳营养补充剂不是全营养配方食品，是对早产/低出生体重儿母乳喂养的补充。

6. 氨基酸代谢障碍配方食品 氨基酸代谢障碍是指由于遗传因素造成某些酶的缺陷，使一种或几种氨基酸在婴儿体内代谢发生障碍，导致患儿体格生长发育迟滞、智力发育障碍，严重时可导致不可逆的损害。常见的氨基酸代谢障碍有苯丙酮尿症、糖尿症、丙酸血症/甲基丙二酸血症、酪氨酸血症、高胱氨酸尿症、戊二酸血症Ⅰ型、异戊酸血症、尿素循环障碍等。氨基酸代谢障碍配方食品是指不含或仅含少量代谢障碍氨基酸的特殊配方食品。用于代替普通婴儿配方食品，以改善患儿症状，减轻智力损害，同时为患儿提供必要的、充足的营养素以维持其正常生长发育的需求。

（二）根据 GB 29922—2013《特殊医学用途配方食品通则》分类

根据 GB 29922—2013《特殊医学用途配方食品通则》1 岁以上人群配方食品可分为三类。

1. 全营养配方食品 可作为单一营养来源满足目标人群营养需求的特殊医学用途配方食品。分别定义了 1～10 岁和 10 岁以上人群的全营养配方食品标准。

2. 特定全营养配方食品 可作为单一营养来源能够满足目标人群在特定疾病或医学状况下营养需求的特殊医学用途配方食品。特定全营养配方食品是在相应年龄段全营养配方食品的基础上，依据特定疾病的病理生理变化而对部分营养素进行适当调整的一类食品，单独食用时即可满足目标人群的营养需求。符合特定全营养配方食品技术要求的产品，可有针对性的适应不同疾病的特异性代谢状态，更好地起到营养支持作用。特定全营养配方食品的适用人群一般指单纯患有某一特定疾病且无并发症或合并其他疾病的人群。对于伴随其他疾病或并发症的患者，均应由医生或临床营养师根据患者情况决定是否可以选用此类食品。其主要包括：糖尿病全营养配方食品，呼吸系统疾病全营养配方食品，肾病全营养配方食品，肿瘤全营养配方食品，肝病全营养配方食品，肌肉衰减综合征全营养配方食品，创伤、感染、手术及其他应激状态全营养配方食品，炎性肠病全营养配方食品，食物蛋白过敏全营养配方食品，难治性癫痫全营养配方食品，胃肠道吸收障碍/胰腺炎全营养配方食品，脂肪酸代谢异常全营养配方食品，肥胖、减脂手术全营养配方食品。

3. 非全营养配方食品 可满足目标人群部分营养需求的特殊医学用途配方食品，不适用于作为单一营养来源，主要包括：蛋白质（氨基酸）组件、脂肪（脂肪酸）组件、碳水化合物组件、电解质配方、增稠剂组件、流质配方和氨基酸代谢障碍配方等。非全营养配方食品是按照产品组成特征来进行分类的。由于非全营养配方食品不能作为单一营养来源满足目标人群的营养需求，应在医生或临床营养师的指导下，按照患者个体的特殊医学状况，与其他特殊医学用途配方食品或普通食品配合使用。

《特殊医学用途配方食品通则》中明确了不同配方食品的能量密度（kcal/100ml）、蛋白质、脂肪和碳水化合物含量标准，也明确了其维生素、电解质、微量元素和膳食纤维的含量标准或范围，配方中需特定限制或增加的营养成分。还明确指明了可用于 FSMP 的食品原料和配方。

三、应 用

1. 满足临床需要 食品对患者和健康人的生存都是必需的。当患者体重丢失10%就会增加手术风险,机体蛋白丢失30%就会致命。延迟或限制营养素的摄入会增加发病率和死亡率。由此可见,对临床患者给予及时的、适合的营养支持是非常重要的。特殊医学用途配方食品正是这样一种食品,其主要目的就是为目标人群提供营养支持。当无法通过正常膳食管理满足其营养需求,如手术后患者无法正常进食时,特殊医学用途配方食品可作为一种"特别的食品",给患者提供其需求的营养素。而对于一些患病婴儿,在其生命早期或相当长的时间内,特殊医学用途婴儿配方食品成为其赖以生存的唯一食物。同时,针对不同疾病的特异性代谢状态,该类产品还可以有针对性地调整相应的营养素含量,更好地适应特定疾病状态或疾病某一阶段的营养需求,为患者提供有针对性的营养支持。例如,糖尿病手术后患者,FSMP可以帮助患者更好地控制血糖,在为患者提供营养的同时,更能保证其食用的安全性。

目前,特殊医学用途配方食品在我国临床应用,特别是三级甲等医院应用较为广泛,主要用于营养不良患者围手术期的营养支持、肠胃功能不良、老年患者、脑卒中昏迷患者、口腔耳鼻喉科手术后流质饮食的患者、苯丙酮尿症患儿等等。同时,营养支持在疾病治疗中发挥的作用也得到了一致认可。某医院在2012年1~7月期间,对20例肠内营养制剂补充使用患者进行分析发现,20例中有9例消化道疾病患者经过补充后,6例显效,3例有效;7例严重创伤者中5例显效,2例有效;4例老年营养不良患者,3例显效,1例有效。

此外,欧洲的统计数据显示,住院时表现出营养不良特征的患者占总患者25%~30%,而他们当中七成的人在住院期间,营养状况反而恶化。营养不良患者的感染率和失能率增加,康复情况不理想,住院时间延长,寿命缩短,增加家庭的负担,给医疗系统带来的成本增加达到每年110亿欧元(1欧元约合8.04元人民币)。我国也有报道指出营养不良在住院患者中极为常见,可导致患者免疫功能受损、创口愈合延迟、肌力减退及心理障碍等,从而使住院时间延长(可比正常营养者延长至少5日),增加医药费用接近50%。

由此可见,无论从治疗效应还是经济效应来说,在临床上特殊医学用途配方食品都有其存在的必要性和必须性。

2. 适应老龄化社会要求 随着我国人口老龄化程度的不断加深,急需一种适合老年营养不良人群需求的、基于科学的个性化营养解决方案。这正是特殊医学用途配方食品所能发挥的重要作用。据中国营养学会老年营养分会2013年发布的《中国五大城市老年人营养风险调查报告》,上海、北京、广州、成都、重庆这五大城市65岁以上的老年人,总体营养不良和营养风险的发生率高达53%。日常生活能力差、咀嚼能力差、血红蛋白低和白蛋白低都是老年人发生营养不良的危险因素。而营养不良又常常会引发痴呆、帕金森病等慢性病,两者相互影响、互为因果,形成恶性循环。特殊医学用途配方食品作为一种预包装食品,其形态与食品相似,食用方便,且具有科学、均衡和全面的配方,可以长期或短期为患者提供全面的营养,在老龄化日益严重的今天,为日渐重负的医疗保健系统提供支持。

总的来说,特殊医学用途配方食品在中国才刚刚起步,还需要开展大量的标准配套工作，如特定全营养配方食品的规定、营养素的规定、食品添加剂和营养强化剂的使用等等，与相关标准的衔接和配套工作都需要进行深入的研究和探讨。另外，加强对特殊疾病人群的营养需求的研究、探讨营养在疾病过程中的作用等等都是非常有意义的。

第五节　新资源食品

我国是世界上较早制订有关新资源食品管理制度的国家，起源于 1983 年的《食品卫生法（试行）》。欧盟关于新资源食品的议案最早提出于 1989 年，欧盟第一部的新资源食品的法案正式颁布于 1997 年，2008 年 3 月欧盟修订了关于新资源食品的法规。

为加强对新资源食品的监督管理，保障消费者身体健康，2007 年 7 月，原卫生部依据《食品卫生法》制订公布了《新资源食品管理办法》，并于同年 12 月 1 日起施行。2009 年 6 月《食品安全法》正式实施，根据《食品安全法》及其实施条例规定，国家卫生行政部门负责新食品原料的安全性评估材料审查。为规范新食品原料安全性评估材料审查工作，国家卫生与计划生育委员会将原卫生部依据《食品卫生法》制订的《新资源食品管理办法》修订为《新食品原料安全性审查管理办法》并于 2013 年 10 月 1 日正式实施。

一、概　　述

(一) 定义

新食品原料（新资源食品）是指在我国无食用习惯的符合食品基本属性的物品，新资源食品包括如下几种。

(1) 在我国无食用习惯的动物、植物和微生物：具体是指以前我国居民没有食用习惯，经过研究发现可以食用的对人体无毒无害的物质，如芦荟、玛珈、人参等列入《中华人民共和国药典》，属于中药材；白子菜等属于国外引进新品种，国内无使用历史；某些微生物如某些海藻等。

(2) 从动物、植物、微生物中分离的在我国无食用习惯的成分：具体包括从动植物种分离，提取出来的对人体有一定作用的成分，如植物甾醇、糖醇、氨基酸等；牡丹籽油、长柄扁桃籽油菊粉等。

(3) 因采用新工艺生产导致原有结构发生改变的食品成分：如甘油二酯、蔗糖聚酯等。

(4) 其他新研制的食品原料。

《新食品原料安全性审查管理办法》修改了新食品原料定义、范围。新资源食品的名称是《食品卫生法》中提出的，为与《食品安全法》相衔接，将"新资源食品"修改为"新食品原料"。同时，进一步明确了研发新食品原料的目的，规范了新食品原料应当具有的食品原料属性和特征，避免一些不具备食品原料特征的物品申报新食品原料；规定了国家卫生与计划生育委员会卫生监督中心承担新食品原料安全性评估材料的申报受理和组织开展技术评审；增加了新食品原料受理后即向社会征求意见的程序；补充并完善了新食品原料现场核查要求；增加了新食品原料申请人隐瞒造假处理条款，申请人隐瞒有关情况或者提供虚假材料申请新食品原料许可的，申请人在一年内不得再次申请该新食品原料许可。

新食品原料应当具有食品原料的特性，符合应当有的营养要求，且无毒、无害，对人体健康不造成任何急性、亚急性、慢性或者其他潜在性危害。《新食品原料安全性审查管理办法》所称的新食品原料不包括转基因食品、保健食品、食品添加剂新品种。

（二）界定

1. 与传统使用习惯食品的区别 传统使用习惯是指在省辖区内有 30 年以上食用历史，并且未载入《中华人民共和国药典》，以定型或者非定型包装进行生产经营的。

2. 与食品添加剂的区别 为了避免在监管方面的混乱，凡是已经批准为食品添加剂 GB2760 的不可以再申报新食品原料。例如，中链脂肪酸甘油酯，已经批准为食品添加剂，做乳化剂使用则按添加剂标准执行，作为食品原料使用必须按照添加剂标准执行。例如，环状糊精，已经批准为食品添加剂，做增稠剂使用则按照添加剂标准执行，作为食品配料使用参考添加剂标准。

3. 与营养强化剂的区别 2009 年开始，已经列入营养强化剂（GB14880）标准中的物质，不可以申报新食品资原料。2009 年前批准的产品有：花生四烯酸、DHA、低聚木糖。

4. 与保健食品原料的区别 卫生部 2009 年 14 号公告指出申请用于保健食品原料的，不作为新资源食品管理。之前批准的有透明质酸钠、珠肽粉。2009 年后不再批准，因为大多以药理活性强不宜作为食品原料管理为由不批准。

5. 与中药材的区别 《中华人民共和国药典》收录的中药材，拟开发作为食品原料使用的，符合新资源食品的定义，可以申报；有明显的药理作用且有药品批准号的，一般不予批准为食品原料，如三七、冬凌草；但是具有多年传统食疗用途的中药材，根据食用历史判定可否作为食品原料管理，如人参、芦荟、当归。

二、申　　请

我国 2013 年颁布实施的《新食品原料安全性审查管理办法》中明确规定：拟从事新食品原料生产、使用或者进口的单位或者个人（以下简称申请人），应当提出申请并提交以下材料：①申请表；②新食品原料研制报告；③安全性评估报告；④生产工艺；⑤执行的相关标准（包括安全要求、质量规格、检验方法等）；⑥标签及说明书；⑦国内外研究利用情况和相关安全性评估资料；⑧有助于评审的其他资料。另附未启封的产品样品 1 件或者原料 30g。

申请进口新食品原料的，除提交以上材料外，还应当提交以下材料：①出口国（地区）相关部门或者机构出具的允许该产品在本国（地区）生产或者销售的证明材料；②生产企业所在国（地区）有关机构或者组织出具的对生产企业审查或者认证的证明材料。

申请人应当如实提交有关材料，反映真实情况，对申请材料内容的真实性负责，并承担法律责任。国家卫生与计划生育委员会受理新食品原料申请后，向社会公开征求意见。国家卫生与计划生育委员会自受理新食品原料申请之日起 60 日内，组织专家对新食品原料安全性评估材料进行审查，做出审查结论。

三、我国批准作为新食品原料使用的物质

国家卫生与计划生育委员会批准为新食品原料使用的物质，共分为以下九类。

1. 中草药和其他植物 人参、党参、西洋参、黄芪、首乌、大黄、芦荟、枸杞子、巴戟天、荷叶、菊花、五味子、桑椹、薏苡仁、茯苓、广木香、银杏、白芷、百合、山苍子油、山药、鱼腥草、绞股蓝、红景天、莼菜、松花粉、草珊瑚、山茱萸汁、甜味藤、芦根、生地、麦芽、麦胚、桦树汁、韭菜籽、黑豆、黑芝麻、白芍、竹笋、益智仁。

2. 果品类 大枣、山楂、猕猴桃、罗汉果、沙棘、火棘果、野苹果。

3. 茶类 金银花茶、草木咖啡、红豆茶、白马蓝茶、北芪茶、五味参茶、金花茶、胖大海、凉茶、罗汉果苦丁茶、南参茶、参杞茶、牛蒡健身茶。

4. 菌藻类 乳酸菌、脆弱拟杆菌（BF-839）、螺旋藻、酵母、冬虫夏草、紫红曲、灵芝、香菇。

5. 畜禽类 熊胆、乌骨鸡。

6. 海产品类 海参、牡蛎、海马、海窝。

7. 昆虫爬虫类 蚂蚁、蜂花粉、蜂花乳、地龙、蝎子、壁虎、蜻蜓、昆虫蛋白、蛇胆、蛇精。

8. 矿物质与微量元素类 珍珠、钟乳石、玛瑙、龙骨、龙齿、金箔、硒、碘、氟、倍半氧化羧乙基锗（Ge-132）、赖氨酸锗。

9. 其他类 牛磺酸、SOD、变性脂肪、磷酸果糖、左旋肉碱。

2008 年以来卫生部和国家卫生与计划生育委员会公告批准的新食品原料（新资源食品）有：低聚木糖、透明质酸钠、叶黄素酯、L-阿拉伯糖、短梗五加、库拉索芦荟凝胶、低聚半乳糖、水解蛋黄粉、异麦芽酮糖醇等。2009 年公布的有：蛹虫草、菊粉、多聚果糖、茶叶籽油、共轭亚油酸、盐藻及提取物、地龙蛋白等。2010～2014 年公布的有：DHA 藻油、植物甾醇、翅果油、吗咖粉、乌药叶、磷虾油、茶叶茶氨酸等。新食品原料的生产经营应当符合有关法律、法规、标准规定。

四、发 展 前 景

世界各国十分重视研究各种不同功能特性、能够促进人类健康的新食品原料。随着人们健康消费观念的逐渐形成，"健康食品"原料成为企业研发的工作的重点。发现、创造新的食物资源是推动食品业进步、满足人民生活的重要基础。我国新食品原料种类繁多，数量庞大，资源非常丰富，随着我国新食品原料的法规管理日益完善、食品产业的快速崛起，新食品原料的市场前景极其广阔。

（王　玉　阴文娅）

参 考 文 献

韩军花. 2015. 特殊医学用途配方食品系列标准实施指南. 北京：中国标准出版社.
孙长颢，凌文华，黄国伟. 2012. 营养与食品卫生学. 北京：人民卫生出版社.

杨月欣. 2014. 公共营养师培训教材. 北京：中国劳动社会保障出版社.
杨长平，卢一. 2012. 公共营养与特殊人群营养. 北京：清华大学出版社.
殷继永，黄建. 2009. 食品营养强化原则的比较研究. 中国食品卫生杂志，21（9），523-528.
郑建仙. 2006. 功能性食品学. 北京：中国轻工业出版社.
中华人民共和国. 2015. 中华人民共和国食品安全法.

附录一 中国居民膳食营养素参考摄入量（2013版）

附表1-1 中国居民膳食能量需要量（EER）

人群（岁）	能量（MJ/d）						能量（kcal/d）					
	身体活动水平（轻）		身体活动水平（中）		身体活动水平（重）		身体活动水平（轻）		身体活动水平（中）		身体活动水平（重）	
	男	女	男	女	男	女	男	女	男	女	男	女
0～	—[a]	—	0.38MJ/(kg.d)	0.38MJ/(kg.d)	—	—	—	—	90kcal/(kg.d)	90kcal/(kg.d)	—	—
0.5～	—	—	0.33MJ/(kg.d)	0.33MJ/(kg.d)	—	—	—	—	80kcal/(kg.d)	80kcal/(kg.d)	—	—
1～	—	—	3.77	3.35	—	—	—	—	900	800	—	—
2～	—	—	4.6	4.18	—	—	—	—	1100	1000	—	—
3～	—	—	5.23	5.02	—	—	—	—	1250	1200	—	—
4～	—	—	5.44	5.23	—	—	—	—	1300	1250	—	—
5～	—	—	5.86	5.44	—	—	—	—	1400	1300	—	—
6～	5.86	5.23	6.69	6.07	7.53	6.9	1400	1250	1600	1450	1800	1650
7～	6.28	5.65	7.11	6.49	7.95	7.32	1500	1350	1700	1550	1900	1750
8～	6.9	6.07	7.74	7.11	8.79	7.95	1650	1450	1850	1700	2100	1900
9～	7.32	6.49	8.37	7.53	9.41	8.37	1750	1550	2000	1800	2250	2000
10～	7.53	6.9	8.58	7.95	9.62	9	1800	1650	2050	1900	2300	2150
11～	8.58	7.53	9.83	8.58	10.88	9.62	2050	1800	2350	2050	2600	2300
14～	10.46	8.37	11.92	9.62	13.99	10.67	2500	2000	2850	2300	3200	2550
18～	9.41	7.53	10.88	8.79	12.55	10.04	2250	1800	2600	2100	3000	2400
50～	8.79	7.32	10.25	8.58	11.72	9.83	2100	1750	2450	2050	2800	2350
65～	8.58	7.11	9.83	8.16	—	—	2050	1700	2350	1950	—	—
80～	7.95	6.28	9.2	7.32	—	—	1900	1500	2200	1750	—	—
孕妇（早）	—	+0[b]	—	+0	—	+0	—	+0	—	+0	—	+0
孕妇（中）	—	+1.26	—	+1.26	—	+1.26	—	+300	—	+300	—	+300
孕妇（晚）	—	+1.88	—	+1.88	—	+1.88	—	+450	—	+450	—	+450
乳母	—	+2.09	—	+2.09	—	+2.09	—	+500	—	+500	—	+500

注：a. 未制定参考值者用"—"表示；b. "+"表示在同龄人群参考值基础上额外增加量。

附表 1-2　中国居民膳食蛋白质参考摄入量（DRIs）

人群（岁）	EAR (g/d)		RNI (g/d)	
	男	女	男	女
0~	—a	—	9（AI）	9（AI）
0.5~	15	15	20	20
1~	20	20	25	25
2~	20	20	25	25
3~	25	25	30	30
4~	25	25	30	30
5~	25	25	30	30
6~	25	25	35	35
7~	30	30	40	40
8~	30	30	40	40
9~	40	40	45	45
10~	40	40	50	50
11~	50	45	60	55
14~	60	50	75	60
18~	60	50	65	55
50~	60	50	65	55
65~	60	50	65	55
80~	60	50	65	55
孕妇（早）	—	+0b	—	+0
孕妇（中）	—	+10	—	+15
孕妇（晚）	—	+25	—	+30
乳母	—	+20	—	+25

注：a. 未制订参考值者用"—"表示；b. "+"表示在同龄人群参考值基础上额外增加量。

附表 1-3　中国居民膳食碳水化合物、脂肪酸参考摄入量（DRIs）

人群（岁）	总碳水化合物（g/d）	亚油酸（%Eb）	α-亚麻酸（%E）	EPA+DHA（g/d）
	EAR	AI	AI	AI
0~	60（AI）	7.3（0.15gc）	0.87	0.10d
0.5~	85（AI）	6.0	0.66	0.10d
1~	120	4.0	0.60	0.10d
4~	120	4.0	0.60	—
7~	120	4.0	0.60	—
11~	150	4.0	0.60	—
14~	150	4.0	0.60	—
18~	120	4.0	0.60	—
50~	120	4.0	0.60	—

续表

人群（岁）	总碳水化合物（g/d）	亚油酸（%E^b）	α-亚麻酸（%E）	EPA+DHA（g/d）
	EAR	AI	AI	AI
65~	—^{a}	4.0	0.60	—
80~	—	4.0	0.60	—
孕妇（早）	130	4.0	0.60	0.25（0.20^d）
孕妇（中）	130	4.0	0.60	0.25（0.20^d）
孕妇（晚）	130	4.0	0.60	0.25（0.20^d）
乳母	160	4.0	0.60	0.25（0.20^d）

注：a. 未制订参考值者用"—"表示；b. %E 为占能量的百分比；c. 为花生四烯酸；d. DHA。我国 2 岁以上儿童及成人膳食中来源于食品工业加工产生的反式脂肪酸的 UL 为<1%E。

附表 1-4　中国居民膳食宏量营养素可接受范围（AMDR）

人群（岁）	总碳水化合物（%E^a）	添加糖（%E）	总脂肪（%E）	饱和脂肪酸 U-AMDR（%E）	n-6 多不饱和脂肪酸（%E）	n-3 多不饱和脂肪酸（%E）	EPA+DHA（g/d）
0~	—^{b}	—	48（AI）	—	—	—	—
0.5~	—	—	40（AI）	—	—	—	—
1~	50~65	—	35（AI）	—	—	—	—
4~	50~65	<10	20~30	<8	—	—	—
7~	50~65	<10	20~30	<8	—	—	—
11~	50~65	<10	20~30	<8	—	—	—
14~	50~65	<10	20~30	<8	—	—	—
18~	50~65	<10	20~30	<10	2.5~9.0	0.5~2.0	0.25~2.0
50~	50~65	<10	20~30	<10	2.5~9.0	0.5~2.0	0.25~2.0
65~	50~65	<10	20~30	<10	2.5~9.0	0.5~2.0	0.25~2.0
80~	50~65	<10	20~30	<10	2.5~9.0	0.5~2.0	0.25~2.0
孕妇（早）	50~65	<10	20~30	<10	2.5~9.0	0.5~2.0	—
孕妇（中）	50~65	<10	20~30	<10	2.5~9.0	0.5~2.0	—
孕妇（晚）	50~65	<10	20~30	<10	2.5~9.0	0.5~2.0	—
乳母	50~65	<10	20~30	<10	2.5~9.0	0.5~2.0	—

注：a. %E 为占能量的百分比；b. 未制订参考值者用"—"表示。

附表 1-5 中国居民膳食微量营养素平均需要量（EAR）

人群（岁）	钙 (mg/d)	磷 (mg/d)	镁 (mg/d)	铁 (mg/d) 男	铁 (mg/d) 女	碘 (μg/d)	锌 (mg/d) 男	锌 (mg/d) 女	硒 (μg/d)	铜 (mg/d)	钼 (μg/d)	维生素A (μgRe/d)[c] 男	维生素A (μgRe/d)[c] 女	维生素D (μg/d)	维生素B₁ (mg/d) 男	维生素B₁ (mg/d) 女	维生素B₂ (mg/d) 男	维生素B₂ (mg/d) 女	维生素B₆ (mg/d)	维生素B₁₂ (μg/d)	叶酸 (μgDFE/d)[d]	烟酸 (mgNE/d)[e] 男	烟酸 (mgNE/d)[e] 女	维生素C (mg/d)
0~	—[a]	—	—	—	—	—	—	2.8	—	—	—	—	—	—	—	—	—	—	—	—	—	—	—	—
0.5~	—	—	—	7	7	—	—	—	—	—	—	—	—	—	—	—	—	—	—	—	—	—	—	—
1~	500	250	110	6	6	65	3.2	3.2	20	0.25	35	220	220	8	0.5	0.5	0.5	0.5	0.5	0.8	130	5	5	35
4~	650	290	130	7	7	65	4.6	4.6	25	0.30	40	260	260	8	0.6	0.6	0.6	0.6	0.6	1	150	7	6	40
7~	800	400	180	10	10	65	5.9	5.9	35	0.40	55	360	360	8	0.8	0.8	0.8	0.8	0.8	1.3	210	9	8	55
11~	1000	540	250	11	14	75	8.2	7.6	45	0.55	75	480	450	8	1.1	1	1.1	0.9	1.1	1.8	290	11	10	75
14~	800	590	270	12	14	85	9.7	6.9	50	0.60	85	590	450	8	1.3	1.1	1.3	1	1.2	2	320	14	11	85
18~	650	600	280	9	15	85	10.4	6.1	50	0.60	85	560	480	8	1.2	1	1.2	1	1.2	2	320	12	10	85
50~	800	600	280	9	9	85	10.4	6.1	50	0.60	85	560	480	8	1.2	1	1.2	1	1.3	2	320	12	10	85
65~	800	590	270	9	9	85	10.4	6.1	50	0.60	85	560	480	8	1.2	1	1.2	1	1.3	2	320	11	9	85
80~	800	560	260	9	9	85	10.4	6.1	50	0.60	85	560	480	8	1.2	1	1.2	1	1.3	2	320	11	8	85
孕妇（早）	+0[b]	+0	+30	—	+0	+75	—	+1.7	+4	+0.10	+7	—	+0	+0	—	+0	—	+0	+0.7	+0.4	+200	—	+0	+0
孕妇（中）	+160	+0	+30	—	+4	+75	—	+1.7	+4	+0.10	+7	—	+50	+0	—	+0.1	—	+0.1	+0.7	+0.4	+200	—	+0	+10
孕妇（晚）	+160	+0	+30	—	+7	+75	—	+1.7	+4	+0.10	+7	—	+50	+0	—	+0.2	—	+0.2	+0.7	+0.4	+200	—	+0	+10
乳母	+160	+0	+0	—	+3	+85	—	+3.8	+15	+0.50	+3	—	+400	+0	—	+0.2	—	+0.2	+0.2	+0.6	+130	—	+2	+40

注：a. 未制订参考值者用"—"表示；b. "+"表示在同龄人群参考值基础上额外增加量；c. 视黄醇活性当量（Re, μg）=膳食或补充剂来源全反式视黄醇（μg）+1/2补充剂纯品全反式β-胡萝卜素（μg）+1/12膳食全反式β-胡萝卜素（μg）+1/24其他膳食维生素A原类胡萝卜素（μg）；d. 膳食叶酸当量（DFE, μg）=天然食物来源叶酸（μg）+1.7×合成叶酸（μg）；e. 烟酸当量（NE, mg）=烟酸（mg）+1/60色氨酸（mg）。

附表 1-6 中国居民膳食矿物质推荐摄入量（RNI）或适宜摄入量（AI）

人群（岁）	钙 (mg/d) RNI	磷 (mg/d) RNI	钾 (mg/d) AI	钠 (mg/d) AI	镁 (mg/d) RNI	氯 (mg/d) AI	铁 (mg/d) RNI 男	铁 (mg/d) RNI 女	碘 (μg/d) RNI	锌 (mg/d) RNI 男	锌 (mg/d) RNI 女	硒 (μg/d) RNI	铜 (mg/d) RNI	氟 (mg/d) AI	铬 (μg/d) AI	锰 (mg/d) AI	钼 (μg/d) RNI
0~	200 (AI)	100 (AI)	350	170	20 (AI)	260	0.3 (AI)		85 (AI)	2 (AI)		15 (AI)	0.3 (AI)	0.01	0.2	0.01	2 (AI)
0.5~	250 (AI)	180 (AI)	550	350	65 (AI)	550	10		115 (AI)	3.5		20 (AI)	0.3 (AI)	0.23	4	0.7	15 (AI)
1~	600	300	900	700	140	1100	9		90	4		25	0.3	0.6	15	1.5	40
4~	800	350	1200	900	160	1400	10		90	5.5		30	0.4	0.7	20	2	50
7~	1000	470	1500	1200	220	1900	13		90	7		40	0.5	1	25	3	65
11~	1200	640	1900	1400	300	2200	15	18	110	10	9	55	0.7	1.3	30	4	90
14~	1000	710	2200	1600	320	2500	16	18	120	11.5	8.5	60	0.8	1.5	35	4.5	100
18~	800	720	2000	1500	330	2300	12	20	120	12.5	7.5	60	0.8	1.5	30	4.5	100
50~	1000	720	2000	1400	330	2200	12	12	120	12.5	7.5	60	0.8	1.5	30	4.5	100
65~	1000	700	2000	1400	320	2200	12	12	120	12.5	7.5	60	0.8	1.5	30	4.5	100
80~	1000	670	2000	1300	310	2000	12	12	120	12.5	7.5	60	0.8	1.5	30	4.5	100
孕妇（早）	+0[a]	+0	+0	+0	+40	+0	—[b]	+0	+110	—	+2.0	+5	+0.1	+0	+1	+0.4	+10
孕妇（中）	+200	+0	+0	+0	+40	+0	—	+4	+110	—	+2.0	+5	+0.1	+0	+4	+0.4	+10
孕妇（晚）	+200	+0	+0	+0	+40	+0	—	+9	+110	—	+2.0	+5	+0.1	+0	+6	+0.4	+10
乳母	+200	+0	+400	+0	+0	+0	—	+4	+120	—	+4.5	+18	+0.6	+0	+7	+0.3	+3

注："+"表示在同龄人群参考值基础上额外增加量；a. 未制订参考值者用"—"表示。b. 未制订参考值者用"—"表示。

附表 1-7 中国居民膳食维生素推荐摄入量（RNI）或适宜摄入量（AI）

人群（岁）	维生素 A (μgRAE/d)[a] RNI 男	维生素 A (μgRAE/d)[a] RNI 女	维生素 D (μg/d) RNI	维生素 E (mg/d)[d] AI	维生素 K (μg/d) AI	维生素 B$_1$ (mg/d) RNI 男	维生素 B$_1$ (mg/d) RNI 女	维生素 B$_2$ (mg/d) RNI 男	维生素 B$_2$ (mg/d) RNI 女	维生素 B$_6$ (mg/d) RNI	维生素 B$_{12}$ (μg/d) RNI	泛酸 (mg/d) AI	叶酸 (μgDFE/d)[e] RNI	烟酸 (mgNE/d)[f] RNI 男	烟酸 (mgNE/d)[f] RNI 女	胆碱 (mg/d) AI 男	胆碱 (mg/d) AI 女	生物素 (μg/d) AI	维生素 C (mg/d) RNI
0~	300 (AI)	300 (AI)	10 (AI)	3	2	0.1 (AI)	0.1 (AI)	0.4 (AI)	0.4 (AI)	0.2 (AI)	0.3 (AI)	1.7	65 (AI)	2 (AI)	2 (AI)	120	120	5	40 (AI)
0.5~	350 (AI)	350 (AI)	10 (AI)	4	10	0.3 (AI)	0.3 (AI)	0.5 (AI)	0.5 (AI)	0.4 (AI)	0.6 (AI)	1.9	100 (AI)	3 (AI)	3 (AI)	150	150	9	40 (AI)
1~	310	310	10	6	30	0.6	0.6	0.6	0.6	0.6	1	2.1	160	6	6	200	200	17	40
4~	360	360	10	7	40	0.8	0.8	0.7	0.7	0.7	1.2	2.5	190	8	8	250	250	20	50
7~	500	500	10	9	50	1	1	1	1	1	1.6	3.5	250	11	10	300	300	25	65
11~	670	630	10	13	70	1.3	1.1	1.3	1.1	1.3	2.1	4.5	350	14	12	400	400	35	90
14~	820	630	10	14	75	1.6	1.3	1.5	1.2	1.4	2.4	5.0	400	16	13	500	400	40	100
18~	800	700	10	14	80	1.4	1.2	1.4	1.2	1.4	2.4	5.0	400	15	12	500	400	40	100
50~	800	700	10	14	80	1.4	1.2	1.4	1.2	1.6	2.4	5.0	400	14	12	500	400	40	100
65~	800	700	15	14	80	1.4	1.2	1.4	1.2	1.6	2.4	5.0	400	14	11	500	400	40	100
80~	800	700	15	14	80	1.4	1.2	1.4	1.2	1.6	2.4	5.0	400	13	10	500	400	40	100
孕妇（早）	—	+0[c]	+0	+0	+0	—	+0	—	+0	+0.8	+0.5	+1.0	+200	—	+0	—	+20	+0	+0
孕妇（中）	—	+70	+0	+0	+0	—	+0.2	—	+0.2	+0.8	+0.5	+1.0	+200	—	+0	—	+20	+0	+15
孕妇（晚）	—	+70	+0	+0	+0	—	+0.3	—	+0.3	+0.8	+0.5	+1.0	+200	—	+0	—	+20	+0	+15
乳母	—	+600	+0	+3	+5	—	+0.3	—	+0.3	+0.3	+0.8	+2.0	+150	—	+3	—	+120	+10	+50

注：a. 视黄醇活性当量（RAE, μg）=膳食或补充剂纯品全反式视黄醇（μg）+1/2 补充剂全反式 β-胡萝卜素（μg）+1/12 膳食全反式 β-胡萝卜素（μg）+1/24 其他膳食维生素 A 原类胡萝卜素（μg）；
b. 未制订参考值者用"—"表示；c. "+"表示在同龄人群参考值基础上额外增加量；d. α-TE）=膳食中总 α-TE 当量（mg）=1×α-生育酚（mg）+0.5×β-生育酚（mg）+0.1×γ-生育酚（mg）+0.02×δ-生育酚（mg）+0.3×α-三烯生育酚（mg）；e. 膳食叶酸当量（DFE，μg）=天然食物来源叶酸（μg）+1.7×合成叶酸（μg）；f. 烟酸当量（NE, mg）=烟酸（mg）+1/60 色氨酸（mg）。

附表 1-8　中国居民膳食营养素建议摄入量（PI-NCD）

人群（岁）	钾（mg/d）	钠（mg/d）	维生素 C（mg/d）
0~	—[a]	—	—
0.5~	—	—	—
1~	—	—	—
4~	2100	1200	—
7~	2800	1500	—
11~	3400	1900	—
14~	3900	2200	—
18~	3600	2000	200
50~	3600	1900	200
65~	3600	1800	200
80~	3600	1700	200
孕妇（早）	3600	2000	200
孕妇（中）	3600	2000	200
孕妇（晚）	3600	2000	200
乳母	3600	2000	200

注：a. 未制订参考值者用"—"表示。

附表 1-9 中国居民膳食微量营养素可耐受最高摄入量（UL）

人群（岁）	钙 (mg/d)	磷 (mg/d)	铁 (mg/d)	碘 (μg/d)	锌 (mg/d)	硒 (μg/d)	铜 (mg/d)	氟 (mg/d)	锰 (mg/d)	钼 (μg/d)	维生素 A[a][b] (μgRe/d)[c]	维生素 D (μg/d)	维生素 E (mgα-TE/d)[d]	维生素 B$_6$ (mg/d)	叶酸[e] (μgDFE/d)	烟酸 (mgNE/d)	烟酰胺[f] (mg/d)	胆碱 (mg/d)	维生素 C (mg/d)
0～	1000	—[a]	—	—	—	55	—	—	—	—	600	20	—	—	—	—	—	—	—
0.5～	1500	—	—	—	—	80	—	—	—	—	600	20	—	—	—	—	—	—	—
1～	1500	—	25	—	8	100	2	0.8	—	200	700	20	150	20	300	10	100	1000	400
4～	2000	—	30	200	12	150	3	1.1	3.5	300	900	30	200	25	400	15	130	1000	600
7～	2000	—	35	300	19	200	4	1.7	5	450	1500	45	350	35	600	20	180	1500	1000
11～	2000	—	40	400	28	300	6	2.5	8	650	2100	50	500	45	800	25	240	2000	1400
14～	2000	—	40	500	35	350	7	3.1	10	800	2700	50	600	55	900	30	280	2500	1800
18～	2000	3500	42	600	40	400	8	3.5	11	900	3000	50	700	60	1000	35	310	3000	2000
50～	2000	3500	42	600	40	400	8	3.5	11	900	3000	50	700	60	1000	35	310	3000	2000
65～	2000	3000	42	600	40	400	8	3.5	11	900	3000	50	700	60	1000	35	300	3000	2000
80～	2000	3000	42	600	40	400	8	3.5	11	900	3000	50	700	60	1000	30	280	3000	2000
孕妇（早）	2000	3500	42	600	40	400	8	3.5	11	900	3000	50	700	60	1000	35	310	3000	2000
孕妇（中）	2000	3500	42	600	40	400	8	3.5	11	900	3000	50	700	60	1000	35	310	3000	2000
孕妇（晚）	2000	3500	42	600	40	400	8	3.5	11	900	3000	50	700	60	1000	35	310	3000	2000
乳母	2000	3500	42	600	40	400	8	3.5	11	900	3000	50	700	60	1000	35	310	3000	2000

注：a. 未制订参考值者用"—"表示，有些营养素未制定可耐受最高摄入量，主要是因为研究资料不充分，并不表示过量摄入没有健康风险；b. 不包括来自膳食维生素 A 原类胡萝卜素的摄入量上限，不包括天然食物来源的叶酸。
Re, μg）=视黄醇活性当量（Re, μg）=膳食或补充剂纯品全反式视黄醇（μg）+1/2 补充剂纯品全反式β-胡萝卜素（μg）+1/12 膳食全反式β-胡萝卜素（μg）+1/24 其他膳食维生素 A 原类胡萝卜素（μg）；d. α-生育酚当量（α-TE），膳食中总α-TE 当量（mg）=1×α-生育酚（mg）+1.5×β-生育酚（mg）+0.1×γ-生育酚（mg）+0.02×δ-生育酚（mg）+0.3×α-三烯生育酚（mg）；e. 指合成叶酸（μg）；f. 烟酸当量（NE, mg）=烟酸（mg）+1/60 色氨酸（mg）。

附录二 重要营养素的主要食物来源

附表 2-1 高能量食物含量表（以 100g 可食部计）

食物名称	含量（kcal）	食物名称	含量（kcal）
棕榈油、辣椒油、混合油	900	腊肠	584
（菜籽油+棕榈油）、胡麻油	900	猪肉（脖）	577
橄榄油、椰子油、棉籽油、麦芽油	899	炸素虾（豆制品）	576
葵花籽油、花生油、红花油	899	炒南瓜籽	574
豆油、大麻油、茶油、菜籽油	899	西瓜籽（炒）	573
芝麻油、色拉油、玉米油	898~895	巧克力（维夫）	572
牛油（炼）、猪油（炼）	898~895	腰果	552
鸭油（炼）、羊油（炼）	898~895	牛肉干	550
黄油	888	曲奇饼	546
奶油	879	全蛋粉	545
酥油	860	木榧	539
牛油	835	芝麻南糖	538
猪油	827	鸭皮	538
羊油	824	芝麻籽（黑）	531
猪肉（肥）	807	焦圈	530
白脱（牛油）	744	维夫饼干	528
松子仁	698	麻花	524
蛋黄粉	644	白芝麻	517
松子（生）	640	开口笑	512
核桃（干）	627	凤尾酥	511
芝麻酱	618	香肠	508
葵花籽（炒）	616	奶油（食品工业用）	504
油炸土豆片	612	起酥（点心）	499
炸杏仁	607	猪头皮	499
山核桃（干）	601	全脂羊乳粉	498
杏仁（炒）	600	腊肉（生）	498
黄油渣	599	油面筋	490
葵花籽	597	全脂加糖奶粉	490
花生酱	594	桃酥	481
榛子（炒）	594	核桃脆饼	480
花生（炒）	594	全脂牛奶粉	478
羊肉干	588	方便面	472
巧克力	586	奶片	472

附表 2-2　低能量食物含量表（以 100g 可食部计）

食物名称	含量（kcal）	食物名称	含量（kcal）
灵蜜瓜	3	西葫芦	18
籽瓜	4	小水萝卜	18
黄河蜜瓜	5	苦瓜、红萝卜	19
玉米笋罐头	6	香菇	19
水浸地衣	6	芦笋、芥蓝、茄子	19
白醋	6	姜	19
芥菜（茎）	7	丝瓜、油菜薹	20
白瓜、西葫芦	10	木耳菜	20
冬瓜、油菜	11	芹菜（茎）	20
笋瓜、节瓜	12	空心菜	20
海带	12	茼蒿	21
西红柿	12	甜椒、南瓜	22
生菜	13	草菇、蘑菇	23
豆浆	14	辣椒、油菜	23
大白菜	14	葱、菜花	24
芥菜	14	菠菜、韭菜	24
芹菜	14	泡发蹄筋、海参	25
萝卜缨	14	西瓜（均值）	25
酸白菜	14	木瓜、四季豆	27
牛皮菜	14	苹果、红肖梨	30
软梨	14	豆奶	30
莴笋	14	草莓	30
豆腐脑	15	鲜橘汁	30
葫芦	15	醋、啤酒	31～32
小白菜	15	杏、李子	36
黄瓜	15	葡萄（均值）	43
瓢儿菜	15	梨（均值）	44
生菜	15	酸奶	48
佛手瓜	16	香蕉、苹果（金元帅）	49
大白菜（均值）	17	牛奶	51
菊苣	17	柑橘（均值）	51
莴笋叶	18	石榴	63
绿豆芽	18	柿、桂圆、荔枝	71

附表 2-3 高蛋白质食物含量表（以 100g 可食部计）

食物名称	含量（g）	食物名称	含量（g）
骆驼掌	72.8	油炸豆花	33.4
墨鱼干	65.3	香杏片口蘑（干）	33.4
鱿鱼	60.0	南瓜子仁	33.2
豆腐丝	57.7	西瓜子（炒）	32.7
扇贝（干）	55.6	蛋黄粉	31.6
奶酪（干）	55.1	奶酪	31.5
鲍鱼（干）	54.1	酱牛肉	31.4
脱脂奶豆腐	53.7	虾皮	30.7
海参（干）	50.2	鲮鱼（罐头）	30.7
贻贝（干）	47.8	榛子（炒）	30.5
干酵母	47.6	驴鞭	29.7
奶豆腐（鲜）	46.2	扒鸡	29.6
鱼片干	46.1	羊肉（手抓）	27.3
咖喱牛肉干	45.9	马牙大豆	27.2
牛肉干	45.6	驴肉（煮）	27.0
腐竹	44.6	蚕豆	27.0
豆腐皮	44.6	羊肚菌（干）	26.9
虾米（海米）	43.7	油面筋	26.9
鸡蛋粉	43.4	鸭掌	26.9
豆粕	42.4	紫菜（干）	26.7
味精	40.1	开花豆	26.7
口蘑	38.7	蝎子	26.2
肉松	38.6	羊肉串（烤）	26.0
丁香鱼（干）	37.5	白笋（干）	26.0
小麦胚粉	36.4	柿叶茶	25.8
南瓜子（炒）	36.0	奶酪（干）	25.7
黑豆	36.0	杏仁（炒）	25.7
猪蹄筋	35.3	骆驼蹄	25.6
牛蹄筋（熟）	35.2	酱山羊肉	25.4
黄豆	35.0	蚕豆（去皮）	25.4
青豆	34.5	扁豆	25.3
羊蹄筋（生）	34.3	福建肉松	25.1
酱驴肉	33.7	花生仁（生）	24.8

附表 2-4　低蛋白质食物含量表（以 100g 可食部计）

食物名称	含量（g）	食物名称	含量（g）
果汁、茶水	0.1	荔枝	0.8
葡萄酒	0.1	枇杷	0.8
糖	0.1	猕猴桃	0.8
白糖	0.1	黄瓜	0.8
藕粉	0.2	心里美萝卜	0.8
各种苹果	0.2	芸豆	0.8
各种梨	0.2~0.3	沙棘	0.8
粉皮	0.3	芹菜	0.8
金糕	0.2	西葫芦	0.8
凉粉	0.2	水萝卜	0.8
什锦籽果	0.3	地瓜	0.9
桃	0.3	蜜桃	0.9
葡萄	0.4	番茄	0.9
啤酒	0.4	杏	0.9
木瓜	0.4	红、胡萝卜	1.0
香蕉苹果	0.4	草莓	1.0
柿	0.4	苦瓜	1.0
白令瓜	0.4	甜菜根	1.0
豌豆	0.4	丝瓜	1.0
冬瓜	0.4	甜椒	1.0
蜂蜜	0.4	樱桃	1.1
苹果酱、桃酱	0.4	鲜枣	1.1
淀粉	0.5	茄子	1.1
粉条	0.5	玉米笋	1.1
黄桃	0.5	菊苣	1.2
菠萝	0.5	茭白	1.2
西瓜、菜瓜	0.5~0.6	辣椒、小萝卜	1.3
芒果、杨桃	0.5~0.6	芦笋、莴笋叶	1.4
久保桃	0.5~0.6	甘薯（白心）	1.4
西红柿、柑橘	0.6~0.7	酸枣、无花果	1.5
富士苹果、李子	0.7	蛇瓜、白菜	1.5
葫芦	0.7	水发木耳	1.5
南瓜	0.7	藕、山药	1.9

附表 2-5　高脂肪食物含量表（以 100g 可食部计）

食物名称	含量（g）	食物名称	含量（g）
植物油（16 种）	99.9～100	桃仁	37.6
鸭、猪油	99.7	广东香肠	37.3
玉米油	99.2	腰果	36.7
羊油（炼）	99.6	花生（炒）	48.0
黄油	98.0	羊肉干	46.7
奶油	97.0	黑芝麻	46.1
酥油	94.4	西瓜子仁	45.9
牛油	92.0	杏仁	45.4
板油、肥肉	88.6	母麻鸭	44.8
羊油	88.0	榛子（干）	44.8
白脱（工业食品）	82.7	西瓜子（炒）	44.8
松子仁	70.6	猪皮	44.6
松子（生）	62.6	炸素虾	44.4
猪肉（猪脖）	60.5	花生仁（生）	44.3
猪肋条肉	59.0	黄油渣	43.8
桃仁（干）	58.8	木榧	42.0
松子（炒）	58.5	北京填鸭	41.3
奶油	55.5	巧克力	40.1
油炸杏仁	55.2	牛肉干	40.0
鸡蛋黄粉	55.1	白芝麻	39.6
葵花籽仁	53.4	维夫巧克力	38.4
花生酱	52.7	全蛋粉	36.2
炒葵花籽	52.8	咸肉	36.0
芝麻酱	52.7	芝麻南糖	35.6
炒杏仁	51.0	肉鸡（肥）	35.4
山核桃	50.8	猪肉（软五花）	35.3
炒榛子	50.3	维夫饼干	35.2
鸭皮	50.2	焦圈	34.9
葵花籽（生）	49.9	鸭蛋黄	33.8
腊肉（生）	48.8	春卷	33.7
马铃薯片（油炸）	48.4	起酥（点心）	31.7
腊肠	48.3	曲奇饼	31.6
南瓜子仁	48.1	麻花	31.5

附表 2-6 低脂肪食物含量表（以 100g 可食部计）

食物名称	含量（g）	食物名称	含量（g）
各种淀粉	微、0.1	大蒜	0.2
面粉类	0.1	瓢儿菜	0.2
豆汁	0.1	莴笋叶	0.2
粉条	0.1	酸菜、小白菜	0.2
白、红萝卜	0.1	竹笋	0.2
绿豆芽	0.1	辣椒	0.3～0.4
芸豆	0.1	各种豆角	0.3～0.4
葫子	0.1	洋葱	0.3
西红柿	0.1	菠菜	0.3
莴笋	0.1	西瓜	0.1
佛手瓜	0.1	甜瓜	0.1
芦笋	0.1	海带	0.1
苦瓜	0.1	鲜蘑	0.2
南瓜	0.1	草菇、香菇	0.2
韭菜	0.1	木耳	0.2
大白菜	0.1	各种萝卜	0.2
甜菜根	0.1	各种豆角	0.2
韭苔	0.1	空心菜	0.3
萝卜缨	0.1	茼蒿	0.3
黄瓜	0.1	芥菜	0.3
各种苹果	0.1	芥蓝、冬寒菜	0.4
各种梨	0.1	生菜、香菜	0.4
桃	0.1	苋菜、茴香	0.4
杏	0.1	油菜	0.5
柑橘	0.1	脱水马铃薯	0.5
米饭	0.2	枣（干）	0.5
苤蓝、芥菜头	0.2	赤豆、芸豆	0.6
茄子（平均）	0.2	豆浆、绿豆面	0.7
丝瓜	0.2	面条、小米粥	0.7
菜瓜	0.2	大米	0.8
冬瓜	0.2	绿豆、豆腐脑	0.8
西葫	0.2	馒头、蚕豆	1
蒜黄	0.2	小麦粉	1.1

附表 2-7 高胆固醇食物含量表（以 100g 可食部计）

食物名称	含量（mg）	食物名称	含量（mg）
鸡蛋黄粉	2850	鸭肝	341
猪脑	2571	羊肺	319
牛脑	2447	鱼片（干）	317
鸡蛋粉	2251	墨鱼干	316
鸡蛋黄（乌骨鸡）	2057	鱼片干	307
羊脑	2004	猪皮	304
鹅蛋黄	1696	牛肝	297
鸭蛋黄	1576	黄油	296
鸡蛋黄	1510	鸭肫	295
鸡蛋（土）	1338	火鸡肝	294
猪胆肝	1017	羊肾	289
鱿鱼干	871	猪肝	288
鹅蛋	704	鹅肝	285
咸鸡蛋	647	明虾	273
松花蛋（鸭蛋）	608	乌贼	268
松花蛋（鸡蛋）	595	河蟹	267
鸡蛋	585	虾脑酱	249
鸭蛋	565	乌鱼蛋	243
虾米（海米）	525	鲍鱼（杂色）	242
鹌鹑蛋	515	河虾	240
贻贝（干）	493	鸭胰	230
鸡肝（肉鸡）	476	酥油	227
蛏干	469	墨鱼	226
卤猪肝	469	扒鸡	211
虾皮	428	奶油	209
丁香鱼（干）	379	卤猪杂	208
银鱼	361	蝎子	207
骆驼掌	360	石螺	198
鸡肝	356	香海螺	198
猪肾	354	肯德基炸鸡	198
羊肝	349	鸡心	194
扇贝（干）	348	对虾	193
火鸡肫	342	猪蹄	192

附表 2-8 低胆固醇食物含量表（以 100g 可食部计）

食物名称	含量（mg）	食物名称	含量（mg）
豆奶	5	骆驼蹄	55
海蜇皮	8	午餐肉	56
海蜇头	10	牛肉（瘦）	58
牛蹄筋（发）	10	火鸡腿	58
人乳	11	羊蹄筋	58
酸乳	15	小泥肠	59
牛乳（平均）	15	兔肉	59
脱脂酸奶、果味奶	18	羊瘦肉	60
羊蹄筋（发）	28	狗肉	62
鲜牛乳	31	海参（干）	62
牛乳	32	花蛤蜊	63
鸭掌	36	牛肉里脊	63
脱脂奶豆腐	36	色拉油	64
鲜奶豆腐	36	猪肘棒	65
喜乐乳酸菌饮料	38	奶片	65
田鸡	40	大比目鱼	65
方腿	45	蟹肉	65
腊肉（培根）	46	叉烧肉	68
鸭皮	46	大马哈鱼	68
风干肠	47	海鲫鱼	70
午餐肠	47	鲨鱼	70
鸭翅	49	牛前腿	71
火鸡胸脯肉	49	咸肉	72
水发海参	50	比目鱼	73
猪血	51	糍粑	73
蒜肠	51	牛后腿	74
牛蹄筋（发）	51	驴肉	74
海参	51	鹅肉	74
杏仁露	52	小黄鱼	74
羊肉（青羊肉）	53	鲅鱼	75
牛肉（后腿）	54	带鱼	76
罗非鱼	54	黄鳝丝	77
猪肉（里脊）	55	平鱼	77

附表 2-9　高碳水化合物食物含量表（以100g可食部计）

食物名称	含量（g）	食物名称	含量（g）
白砂糖	99.9	麦芽糖	82
冰糖	99.3	无核蜜枣	81.9
什锦糖	98.9	脱水洋葱（白）	81.9
绵白糖	98.9	籼米粉	81.5
酸梅晶	98.4	枣（干）	81.1
水晶糖	98.2	白薯粉	80.9
固体橘子饮料	97.5	脱水马铃薯	80.7
宝宝福	97.3	脱水洋葱（紫）	80.6
猕猴桃晶	97.1	白薯干	80.5
红糖	96.6	糜子米（炒）	80.5
橘子晶	96.5	牛奶饼干	80.3
山楂晶	95.9	香油炒面	80.1
藕粉	93	果丹皮（山楂）	80
山楂球	92.6	脱水蕨菜	79.7
豌豆粉丝	91.7	炗食米	79.6
泡泡糖	89.8	南瓜粉	79.5
麻香糕	88.7	脱水百合	79.3
麻烘糕	87.2	陈皮	79
米花糖	85.8	五谷香	78.9
团粉/淀粉	85.8-85.3	魔芋精粉	78.8
龙虾片	85.5	栗子（干）	78.4
苹果脯	84.9	红果（干）	78.4
奶糖	84.5	籼米	78.3
蜜枣	84.4	糯米（平均）	78.3
茯苓夹饼	84.3	江米条	78.1
豆腐粉	84.3	脱水胡萝卜	77.9
粉条	84.2	稻米（平均）	77.9
粉丝	83.7	小米面	77.7
葡萄干	83.4	干切面	77.7
南瓜果脯	83.3	桃脯	77.6
杏干	83.2	西瓜脯/青梅果脯	77.5
玉米片（即食）	82.3	马铃薯粉	77.4
杏脯	82	麦乳精	77

附表 2-10 富含维生素 A 和胡萝卜素食物含量表（以 100g 可食部计）

食物名称	维生素 A（μgRAE）	食物名称	维生素 A（μgRAE）
羊肝	20 972	白沙蒿	733
牛肝	20 220	胡萝卜（红）	688
鸡肝	10 414	胡萝卜（黄）	668
鹅肝	6100	独行菜	655
猪肝	4972	红茶	645
鸭肝（母麻鸭）	4675	沙棘	640
猪肝（卤煮）	4200	甜菜叶	610
辣椒粉	3123	脱水菠菜	598
脱水胡萝卜	2875	枸杞菜	592
鸡肝（肉鸡）	2867	脱水油菜	577
脱水甜椒	2818	芥兰	575
鸭蛋黄	1980	全蛋粉	525
鹅蛋黄	1977	大蓟叶	508
枸杞子	1625	芹菜叶	488
蒿蓄菜	1592	菠菜（赤根）	487
豆瓣菜	1592	刺梨	483
紫苏（鲜）	1232	脱水香菜	472
西兰花	1202	豌豆尖	452
冬寒菜	1158	豌豆苗	445
低、地笋	1055	苣荬	440
鸭肝	1040	鸡蛋黄	438
车前（鲜）	1028	荠菜	432
败酱（野菜）	1003	酥油	426
刺儿菜	998	番杏	425
白薯叶	995	豆瓣辣酱	417
车前子（鲜）	975	小叶橘	410
绿茶	967	茴香	402
地肤	953	河蟹	389
鸡心	910	苦苦菜	357
甲级龙井	888	苋菜（绿）	352
花茶	885	马兰头（鹅儿肠）	340
早橘	857	木耳菜	337
鸡蛋蛋粉	776	金针菜	307

附表 2-11　富含维生素 C 食物含量表（以 100g 可食部计）

食物名称	维生素 C（mg）	食物名称	维生素 C（mg）
刺梨	2585	蜜枣	55
酸枣	900	红果	53
柿叶茶	866	豆瓣菜	52
脱水甜椒	846	败酱	52
枣（鲜）	243	萝卜樱（小萝卜）	51
沙棘	204	芥菜	51
橘汁	187	西兰花	51
脱水白菜	187	枸杞子	48
蔊蓄菜	158	香菜	48
辣椒（红、小）	144	草莓	47
脱水油菜	124	苋菜（绿）	47
苜蓿	118	番杏	46
无核蜜枣	104	乌塌菜	45
脱水菠菜	82	芦笋	45
脱水菜花	82	水萝卜	45
脱水大蒜	79	刺儿菜	44
萝卜樱（白萝卜）	77	藕	44
芥蓝	76	白菜苔	44
脱水香菜	75	木瓜	44
酸刺	74	桂圆	43
芥菜	72	荠菜	43
甜椒	72	荔枝	41
番石榴	68	萝卜樱（青）	41
豌豆苗	67	胡萝卜樱	41
油菜薹	65	苤蓝	41
苦苦菜	62	毛核桃	40
中华猕猴桃	62	香椿	40
辣椒（青、尖）	62	甘兰	40
菜花	61	豆角（白）	39
枸杞菜	58	黄麻叶	37
紫菜苔	57	金橘	35
白薯叶	56	蒜苗	35
苦瓜	56		

附表 2-12 富含维生素 B_2 食物含量表（以 100g 可食部计）

食物名称	含量（mg）	食物名称	含量（mg）
大红菇（干）	6.90	鲜酵母	0.81
酵母	3.35	小麦胚芽	0.81
香杏丁蘑	3.11	鸭胰	0.78
猪胆肝	2.50	苜蓿	0.73
羊肚蘑	2.25	郁李仁	0.71
蚕蛹	2.23	午餐肠	0.71
黄鳝丝	2.08	冬虫夏草	0.70
猪肝	2.08	南瓜粉	0.70
羊肾	2.01	奶豆腐	0.69
杏仁（大）	1.82	酸梅晶	0.69
羊肝	1.75	猪肾	0.69
松蘑	1.48	榛蘑	0.69
冬菇	1.40	麦维面包	0.68
柿叶茶	1.37	鸭蛋黄	0.62
山楂晶	1.34	桑椹	0.61
牛肝	1.30	豆腐丝（干）	0.60
香菇（干）	1.26	鹅蛋黄	0.59
婴儿奶粉	1.25	维生素面包	0.58
火鸡肝	1.21	鸡肝	0.58
猪肾	1.14	扁蓿菜	0.58
鸡肝	1.10	杏仁（大）	0.56
蘑菇（干）	1.10	藿香	0.54
蝎子	1.09	乌梅	0.54
鸭肝	1.05	发菜	0.54
桂圆肉	1.03	龙牙豆	0.54
黄螺	1.02	菊花	0.51
紫菜（干）	1.02	腊羊肉	0.50
黄蘑	1.00	金丝小枣	0.50
黄鳝	0.98	鹌鹑蛋	0.49
奶酪（干）	0.91	猪心	0.48
鸭心	0.87	枸杞子	0.46
牛肾	0.85	豆瓣酱	0.46
辣椒粉	0.82	木耳	0.44

附表 2-13　高钙食物含量表（以 100g 可食部计）

食物名称	含量（mg）	食物名称	含量（mg）
石螺	2458	丁香鱼干	590
牛乳粉（多维）	1797	虾米（海米）	555
脱水香菜	1723	湖盐	552
芥菜干	1542	红螺	539
芝麻酱	1170	白沙蒿籽	505
石榴花茶	1143	脱水胡萝卜	458
发菜（干）	1018	花茶	454
田螺	1030	大车前	443
豆腐干（小香干）	1019	藿香	436
虾皮	991	酸枣	435
全蛋粉	654	铁观音	416
脱水白菜	908	脱水菠菜	411
脱水蕨菜	851	草虾、白米虾	403
甘草	832	甲级龙井	402
奶皮子	818	李广杏脯	397
榛子（炒）	815	西瓜子（话梅）	392
奶酪（干）	799	红茶	378
黑芝麻	780	北五味子叶	363
茴香籽	751	羊奶酪	360
豆腐干（卤干）	731	奶豆腐（脱脂）	360
奶酪干	730	洋葱（脱水紫皮）	351
螺（均值）	722	红萝卜樱	350
苜蓿	713	芸豆（杂、带皮）	349
虾脑酱	667	海带（干）	348
芥末	656	薄荷（鲜）	341
花椒	639	苦豆子	332
桑椹（干）	622	脑豆	327
白芝麻	620	绿茶	325
鲮鱼（罐头）	598	河虾	325
奶豆腐	597	素鸡	319
脱水油菜	596	千张	313
奶豆腐	597	红花	312
脱水油菜	596	白沙蒿	305

附表 2-14 高锌食物含量表（以 100g 可食部计）

食物名称	含量（mg）	食物名称	含量（mg）
生蚝	71.20	黑笋（干）	7.60
蝎子	26.71	太仓肉松	7.35
小麦胚芽	23.40	牛肉干	7.26
蕨菜（脱水）	18.11	酱牛肉	7.12
蛏干	13.63	南瓜籽（炒）	7.12
山核桃	12.59	奶酪	6.97
马肉	12.26	牛肉（里脊）	6.92
羊肚菌	12.11	鸭肝（母麻）	6.91
扇贝（鲜）	11.69	榛蘑（干）	6.79
泥蚶	11.59	西瓜子（炒）	6.76
赤贝	11.58	贻贝（干）	6.71
猪肝	11.25	鸡蛋黄粉	6.66
鱿鱼（干）	11.24	山核桃（干）	6.42
山羊肉	10.42	中国鳖	6.30
螺蛳	10.27	蘑菇（干）	6.29
芝麻南糖	10.26	河蚌	6.23
墨鱼干	10.02	松蘑	6.22
腊羊肉	9.95	羊肉干	6.19
糌粑	9.55	蚕蛹	6.17
牡蛎	9.39	石螺	6.17
火鸡腿	9.26	桑椹（干）	6.15
口蘑（白）	9.04	黑芝麻	6.13
松子（生）	9.02	砂仁	6.07
香菇（干）	8.57	羊肉（瘦）	6.06
辣椒（红、尖、干）	8.21	葵花籽（生）	6.03
兔肉（野）	7.81	麸皮	5.98
香杏丁蘑（干、大）	7.78	鸡蛋粉	5.95
香醋	7.79	葵花籽（炒）	5.91
羊肉（冻）	7.67	话梅西瓜子	5.88
乌梅	7.65	榛子（干）	5.83
羊肉（前腿）	7.61	猪肝	5.78
香肠	7.61	梭子蟹	5.50
咖喱牛肉干	7.60	章鱼	5.18

附表 2-15　高铁食物表（以 100g 可食部计）

食物名称	含量（mg）	食物名称	含量（mg）
苔菜（干）	283.7	车前子（鲜）	25.3
普中红蘑（干）	235.1	榛蘑	25.1
珍珠白蘑（干）	189.8	鸡血	25.0
猪胆肝	181.3	杀鸡	24.8
香杏片口蘑	137.5	石榴花茶	24.2
黑木耳（干）	97.4	墨鱼干	23.9
蛏干	88.8	甲级龙井	23.7
松蘑（干）	86.0	脱水蕨菜	23.7
发菜（干）	85.2	鸭肝	23.1
姜（干）	85.0	黑芝麻	22.7
菊花	78.0	鲍鱼（杂色）	22.6
冬虫夏草	66.5	猪肝	22.6
紫菜（干）	54.9	黄蘑（干）	22.5
蘑菇（干）	51.3	脱水香菜	22.3
芝麻酱	50.0	辣椒粉	20.7
鸭肝	50.1	火鸡肝	20.7
桑葚（干）	42.5	田螺	19.7
青稞	40.7	胡麻籽	19.7
白沙蒿籽	40.4	白蘑	19.4
鸭血	35.7	脱水油菜	19.3
芥菜干	39.5	扁豆	19.2
鸭肝	35.1	黑笋（干）	18.9
五香粉	34.4	奶疙瘩	18.3
蛏子	33.6	羊血	18.3
蝎子	30.8	咖喱牛肉干	18.3
羊肚菌	30.7	酵母（干）	18.3
鸭血（白鸭）	30.5	藕粉	18.2
红花	29.1	花茶	17.9
红茶	28.1	荠菜	17.8
南瓜粉	27.8	腐竹	17.2
河蚌	26.6	豆瓣酱	16.4
脱水菠菜	25.9	白沙蒿	16.4
湖盐	25.4	牛肉干	15.6

附表 2-16　高硒食物含量表（以 100g 可食部计）

食物名称	含量（μg）	食物名称	含量（μg）
魔芋精粉	350.2	花豆（紫）	74.1
马哈鱼子酱	203.1	牛肾	70.2
猪肾	156.7	芥末	69.0
鱿鱼（干）	156.1	毛蛤蜊	68.3
海参	150.0	鲍鱼（干）	66.6
蛏干	121.2	小麦胚芽	65.2
贻贝（干）	120.5	海参	63.9
中国鳖	113.5	黄菇鱼	63.6
墨鱼（干）	104.4	赤贝	60.0
松蘑（干）	98.4	黄鱼	55.2
普中红蘑	91.7	蛏子	55.1
梭子蟹	91.0	蛤蜊（平均）	54.3
秋蛤蜊	87.1	鲅鱼	51.8
牡蛎	86.8	沙丁鱼	49.0
银蚶	86.3	鲮鱼	48.1
海蟹	82.6	虾虎	46.6
堤鱼	80.4	梅童鱼	45.1
香海螺	79.2	腊羊肉	44.6
珍珠白蘑	78.5	松花鸡蛋	44.3
花蛤蜊	77.1	猪肝	42.7
扇贝（干）	76.4	黄鱼	42.6
羊肾	58.9	章鱼	41.9
鲐鱼	58.0	泥蚶	41.4
贻鱼	57.8	生蚝	41.4
鲜贝	57.4	丁香鱼（干）	41.2
鸭肝	57.3	杂色蛤蜊	40.6
鲨鱼	57.0	基围虾	39.7
河蟹	56.7	龙虾	39.4
海虾	56.4	蘑菇（干）	39.2
红茶	56.0	鸡肝	38.6
虾米	75.4	乌贼（鲜）	38.2
红螺	74.8	羊脑	38.2
虾皮	74.4	乌鱼蛋	38.0

附表 2-17 高碘食物含量表（以 100g 可食部计）

食物名称	含量（μg）	食物名称	含量（μg）
海带（干）	36 240	香菇片	39.0*
海带浓缩液	22 780	葵花籽（熟）	38.5*
裙带菜	15 878	热狗肠	38.5*
紫菜	4323.0	开心果	37.9*
海带菜	923	鹌鹑蛋	37.6
贻贝（淡菜）	346	肉酥	35.4*
碘蛋	329.6*	牛肉辣酱	32.5*
咸海杂鱼	295.9*	三明治火腿	32.2*
鱼香海带酱	295.6	奶粉	30~150*
海苔	289.6	咸鸭蛋	30.0
强力碘面	276.5*	葵花籽（酱香）	31.4*
杏仁咸菜	274.5*	酱排骨	28.3*
虾皮	264.5	熏烤小里脊	28.1*
海藻饮料	184.5	鸡蛋	27.2
虾酱	166.6	鸡精粉	26.7*
生姜粉	133.5	怪味胡豆	25.3*
小香肠（广式）	91.6*	脱水菠菜	24.0
烤鸭	89.7*	豆豉鱼	24.1*
海米	82.5	油浸沙丁鱼	23.0
碎米芽菜	64.8*	羊肉串	22.7
叉烧肉	57.4*	茄汁沙丁鱼	22.0
火腿心（全精肉）	56.3*	山核桃	18.8
红烧鳗鱼	56.8*	鸭蛋	18.5
丁香鱼	56.7*	豆豉鲮鱼	18.4*
芥末酱	55.9*	茶树菇	17.1
脆皮香肠	49.6*	凤尾鱼	17.0*
清香牛肉	49.7*	炸箭鱼	15.6
豆腐干	46.2*	黄伞菇	12.6
火腿肠（洛阳）	46.2*	腊肉	12.3
海鸭蛋	45.7	金鲨鱼翅	10.9

注：*食品中的含量高低与是否用碘盐有关。

附表 2-18　高钾食物含量表（以 100g 可食部计）

食物名称	含量（mg）	食物名称	含量（mg）
口蘑	3106	茴香籽	1104
甲基龙井	2812	辣椒（红、尖、干）	1085
榛蘑	2493	蚕豆（烤）	1053
石榴花茶	2455	马铃薯粉	1075
白菜（脱水）	2269	扁豆（白）	1070
黄磨（干）	1953	芸豆（杂）	1058
红茶	1934	绿豆面	1055
黄豆粉	1890	西瓜脯	1040
紫菜（干）	1796	脱水香菜	1031
白笋（干）	1754	葡萄干	989
羊肚蘑	1726	蚕豆（带皮）	992
绿茶	1661	番茄酱	985
花茶	1643	扇贝	969
刺楸	1641	脱水菠菜	919
银耳	1588	洋葱（紫、干）	912
小麦胚芽	1523	芥菜干	883
黄豆	1503	麦麸	862
铁观音茶	1462	赤小豆	860
甜椒（脱水）	1443	猪肝	855
豆粕	1391	一级酱油	848
黑豆	1377	莲子（干）	846
辣椒粉	1358	砖茶	844
桂圆（干）	1348	豌豆	823
墨鱼（干）	1261	芸豆（虎皮）	809
榛子（干）	1244	去皮蚕豆	801
腌龙须菜	1237	脱水大蒜	798
蘑菇（干）	1225	绿豆	787
芸豆（红）	1215	杏干	783
冬菇（干）	1155	豆瓣酱	772
五香粉	1138	豆浆粉	771
鱿鱼	1131	木薯	764
脱水胡萝卜	1117	海带（干）	761
蚕豆	1117	黑木耳（干）	757

附表 2-19　低钠食物含量表（以 100g 可食部计）

食物名称	含量（mg）	食物名称	含量（mg）
白酒	0.1	香蕉	0.8
节瓜	0.2	香梨	0.8
刺儿菜	0.2	菠萝	0.8
早酥梨	0.2	粳米	0.9
小麦酒	0.3	橘	0.9
蜂蜜	0.3	石榴	0.9
竹笋	0.4	五香谷	1.0
青稞酒	0.4	佛手瓜	1.0
白砂糖	0.4	防风叶	1.0
玉米面（白）	0.5	韭苔	1.0
芸豆（红）	0.5	扁豆	1.0
晚桃（黄）	0.5	鸭广梨	1.0
二锅头（58°）	0.5	软梨	1.0
福橘	0.5	杏仁	1.0
雪花梨	0.6	鲜玉米	1.1
吊蛋	0.6	鲜枣、黑枣	1.2
葫芦	0.6	葡萄	1.3
古西湖瓜	0.6	杨桃	1.4
肉桂	0.6	柑橘	1.4
胡麻油	0.6	面条、富强粉	1.5
海棠果	0.6	糯米（均值）	1.5
黄元帅苹果	0.6	苹果	1.6
红富士苹果	0.7	葡萄酒	1.6
红元帅苹果	0.7	青豆	1.8
杨梅	0.7	黄豆、赤豆	2.2
高山白桃	0.7	小麦	2.2
茶油	0.7	梨、杏	2.3
京白梨	0.7	薏米、苦荞粉	2.3
香蕉苹果	0.8	马铃薯	2.7
早、晚籼米	0.8	玉米（干、均值）	2.9
南瓜	0.8	绿豆	3.2
柿子	0.8	稻米（均值）	3.8

注：食物中的盐含量=钠含量÷0.4；1g 的盐约含钠 0.4g。

附录三 国内外重要的营养相关网站

附表 3-1 中国内地（大陆）营养网站

网站名	网址
国家发展和改革委员会	www.sdpc.gov.cn/
国家粮食局	www.chinagrain.gov.cn/
中国食品安全网	www.cfsn.cn/
中国食品药品监督管理局	www.sfda.gov.cn/
国家质量监督检验检疫总局	www.aqsiq.gov.cn/
国家中医药管理局	www.satcm.gov.cn/
国务院妇女儿童工作委员会	www.nwccw.gov.cn/
健康在线	www.shei.gov.cn/
中华人民共和国卫生和计划生育委员会	www.nhfpc.gov.cn/
中华人民共和国科学技术部	www.most.gov.cn/
中华人民共和国农业部	www.agri.gov.cn/
中华人民共和国人力资源和社会保障部	www.mohrss.gov.cn/
中华人民共和国教育部	www.moe.edu.cn/
中国疾病预防控制中心	www.chinacdc.cn/
中国食品安全资源数据库	www.fsr.org.cn/
中华医学会	www.cma.org.cn/
中华预防医学会	www.cpma.org.cn/
联合国世界粮食计划署（中国）	cn.wfp.org/
亚洲营养学会	www.ananutrition.com/
中国营养学会	www.cnsoc.org/
学生营养餐网	www.xsyyc.org/
中国保健协会	www.chc.org.cn/
中国健康教育网	www.nihe.org.cn/
中国绿色食品网	www.greenfood.org.cn/
中国食品营养网	www.neasiafoods.org/
中国饮料工业协会	www.chinabeverage.org/
中国农业科学院	www.caas.net.cn/
国家食品安全监测信息系统	ww.chinafoodsafety.net/
国家食品质量监督监测中心	www.cfda.com.cn/
国家食物与营养咨询委员会	www.sfncc.org.cn/
中国医学协会	www.cha.org.cn/

续表

网站名	网址
中国消费者协会	www.cca.org.cn/
中华预防医学会儿童保健分会	www.cpma-soch.org.cn/
美国营养学会北京代表处	www.asns.org.cn/

附表 3-2　中国香港营养网站

网站名	网址
香港卫生署	www.dh.gov.hk/
香港卫生防护中心	www.chp.gov.hk/
香港食物及卫生局	www.fhb.gov.hk/
香港食物安全中心	www.cfs.gov.hk/
香港食物环境卫生署	www.fehd.gov.hk/
香港健康饮食专题网站	www.eatsmart.gov.hk/
香港卫生署中央健康教育组	www.cheu.gov.hk/
香港医院管理局营养咨询中心	www.ha.org.hk/
香港营养师协会	www.hkda.com.hk/
香港营养学会	www.hkna.org.hk/
世界癌症研究基金会（香港）	www.wcrf-hk.org/

附表 3-3　中国台湾营养网站

网站名	网址
台湾营养学会	www.nutrition.org.tw/
高雄县政府卫生局国民营养专栏	www.khshb.gov.tw/
营养师公会联合会	www.dietitians.org.tw/
台湾静脉暨肠道营养医学会	www.tspen.org.tw/
台湾营养医学推广协会	www.nutraceutical.org.tw./
董式基金会	www.jtf.org.tw/
均衡饮食资讯网	140.137.70.177/
台北荣总营养部	www.homepage.vghtpe.gov.tw/
中国医药大学营养学系	www.cmu.edu.tw/

附表 3-4　各国营养学会网站

网站名	网址
American Dietetic Assosiation（ADA）	www.eatright.org/
British Dietetic Assosiation（BDA）	www.bda.uk.com/
Dietitians Association of Australia（DAA）	www.daa.asn.au/
Dietitians of Canada	www.dietitians.ca
New Zealand Dietetic Association（NZDA）	www.dietitians.org.nz/

附表 3-5　国外肠外肠内营养学会网站

网站名	网址
美国肠外肠内营养学	www.nutritioncare.org/
欧洲肠外肠内营养学	www.espen.org/
澳洲肠外肠内营养学	www.auspen.org.au/
亚洲肠外肠内营养学	www.pensa.org/
英国肠外肠内营养学	www.bapen.org.uk/

附表 3-6　与营养相关的政府组织/机构网站

网站名	网址
Center for Disease Control and Prevention Department of Health and Human Service	www.cdc.gov/
Center for Nutrition Policy and Promotion	www.cnpp.usda.gov/
Food and Nutrition Service（FNS）	www.fns.usda.gov/
Food Standard Agency（FSA）	www.food.gov.uk/
National Institutes of Health（NIH）	www.nih.gov/
U.S. Food and Drug Administration	www.fda.gov/

附表 3-7　营养相关的非政府组织/机构网站

网站名	网址
American Cancer Society	www.cancer.org/
American Diabetes Association	www.diabetes.org/
American Heart Association	www.americanheart.org/
American Society for Nutrition（ASN）	www.nutrition.org/
Australian Nutrition Foundation	www.nutritionaustralia.org/
British Dietetic Association	www.bda.uk.com/
Dietitians of Canada	www.dietitians.ca/
World Health Organizaiton	www.who.int/